»Ein Vorwort ist meist eine Verteidigungsrede, in der der Verfasser bei aller Beredsamkeit seiner Sache nichts nützt; sie ist ebensowenig imstande, ein gutes Werk zur Geltung zu bringen, als ein schlechtes zu rechtfertigen.«
Diese Maxime Vauvenargues' gilt auch für die weltberühmten französischen Aphorismensammlungen aus dem 17. und 18. Jahrhundert, die hier in der bewährten Übersetzung des Bonner Romanisten Fritz Schalk wieder vorgelegt und dem verehrten Leserpublikum empfohlen worden.

Die französischen Moralisten

Band 1:
La Rochefoucauld · Vauvenargues
Montesquieu · Chamfort

Herausgegeben und übersetzt
von Fritz Schalk

Deutscher
Taschenbuch
Verlag

Dezember 1973
Deutscher Taschenbuch Verlag GmbH & Co. KG,
München
© 1962 Carl Schünemann Verlag, Bremen
Umschlaggestaltung: Celestino Piatti
Gesamtherstellung: C. H. Beck'sche Buchdruckerei,
Nördlingen
Printed in Germany · ISBN 3-423-06026-3

Inhalt

Einleitung 7

La Rochefoucauld
Reflexionen oder moralische Sentenzen und Maximen
(vollständig)
Vorrede der ersten Auflage von 1665 45
Reflexionen oder moralische Sentenzen und Maximen . . 47
Nachgelassene Maximen 90
Unterdrückte Maximen 95

Vauvenargues
Reflexionen und Maximen (vollständig)
Vorbemerkung 107
Reflexionen und Maximen 108
Nachgelassene Maximen 142
Unterdrückte Maximen 182

Montesquieu
Meine Gedanken
Vorbemerkung 205
Der Verfasser 205
Über die Literatur 216
Über das Glück 219
Leidenschaften 232
Geist 246
Vorzüge und Fehler 250
Über die Frauen 253
Porträts 254

Chamfort
Maximen und Gedanken. Charaktere und Anekdoten
(vollständig)
Maximen und Gedanken
  I. Allgemeine Maximen 261
  II. Fortsetzung der allgemeinen Maximen 274
  III. Von der Gesellschaft, den Großen, den Reichen und
       den Weltleuten 285
  IV. Vom Geschmack am einsamen Leben und von der
      Würde des Charakters 300

V.	Moralische Gedanken	304
VI.	Über Frauen, Liebe, Ehe und Galanterie	311
VII.	Von Gelehrten und Schriftstellern	319
VIII.	Über Sklaverei und Freiheit, über Frankreich vor und nach der Revolution	327

Charaktere und Anekdoten 338

Anhänge
  Vorwort 449
  Anhang zu den ›Maximen und Gedanken‹ 450
  Anhang zu den ›Charakteren und Anekdoten‹ 459

Anhang
Anmerkungen 477
Erläuterndes Personenregister 485
Sachregister 508

Fußnoten mit Sternchen stammen von den Autoren, solche mit Ziffern vom Herausgeber.

Einleitung

I

Als erstes Land in Europa hat Frankreich, durch Jahrzehnte Schauplatz heftiger Macht- und ideologischer Kämpfe im Ancien régime, den entscheidenden Anstoß zur Bildung des »modernen« Staates gegeben. Das Neben- und Ineinander, das freilich meist ein Gegeneinander war – von Krone, Klerus, Adel (Parlamenten) und dem dritten Stand –, spiegelt sich in einer außerordentlich reichhaltigen Literatur wider, die, wie es in der Natur der Sache liegt, von der augenblicklichen Situation bestimmt ist, aber auch hilft, sie umzugestalten und das französische und damit auch das europäische Leben in neue, revolutionäre Bahnen zu lenken.

Während in der neueren Zeit in England die beiden Häuser des Parlaments das Königtum in eine symbolische Erscheinung verwandeln, in Schweden und in Polen Reichsrat und Adelspartei die Macht in Händen halten, hat sich in Frankreich die Krone als eine Macht *gegen* die Stände behauptet, das heißt gegen die Privilegierten (Klerus, Adel) wie gegen den langsam zur Macht emporsteigenden dritten Stand. Hauptkennzeichen aller drei Stände war ihre Uneinheitlichkeit und Zersplitterung, die es ihnen unmöglich machten, auseinanderstrebende Kräfte zum einheitlichen Kampf gegen die Krone zusammenzuführen. Denn der Klerus war geschieden in Regulär- und Säkularklerus, hohe und niedere Geistlichkeit, und charakterisiert durch die Abhängigkeit von der Krone, der durch die pragmatische Sanktion von Bourges (1438) und das Konkordat (1516) die Verfügung über die Kirchenpfründen zustand. Die niedere Geistlichkeit jedoch stand in engem Konnex mit dem dritten Stand und in scharfem Gegensatz zu den Privilegierten. Aber auch innerhalb des Adels herrschte eine streng hierarchische Gliederung, und die unterschiedenen Gruppen von *noblesse de race, noblesse de robe, noblesse de cloche* – Blutsadel, Amtsadel, Munizipaladel – waren zwar als Nutznießer der Privilegien verbunden, aber im übrigen äußerst uneinheitlich; der Einfluß des Erbadels war durch die Masse der Nichtadligen, die die Nobilitierung kaufen konnten, immer mehr eingeschränkt, und innerhalb der verschiedenen, vom Geld bedingten Abstufung lag kein wahres, eine neue Ordnung bildendes Element. Wenn der dritte Stand auch Ende des 18. Jahrhunderts den Begriff des Staatsbürgers und damit der Nation verwirklicht hat, so war er doch während des Ancien régime noch nicht in der Lage, den neuen Ideen und Grundsätzen Geltung zu verschaffen. Zwar gehörten dem dritten Stand viele Philosophen – »Schriftsteller« – an, die in ihren Prinzipien ein einigendes Band besaßen, das stärker war als die Anhänglichkeit an die Überlieferung. Aber die Gruppen, aus denen sich der dritte Stand zusammensetzte – Bürgertum (Finanz, Industrie, Beamtentum, freie Berufe, Zünfte), Bauern, Arbeiter –, waren viel zu verschieden, als daß es zum Bund einer gegenüber den beiden anderen Ständen ihrer Eigenart und Besonderheit bewußten Gemeinschaft hätte kommen können. So konnte die Krone über so viele einander widerstreitende Standesinteressen immer wieder siegen, zumal da die Generalstände nie einberufen worden sind und die allgemeine Uneinheitlichkeit auch durch die Uneinheitlichkeit des Rechtes – das römische Recht bestand im Süden, neben dem jedoch das Gewohnheitsrecht *(coutumes)* weiterlebte – noch gesteigert wurde.

Man versteht aus solchen Gegensätzen die Gegensätze innerhalb der politischen Literatur. Es gab viele Spielarten: die Verteidiger der Generalstände, denen allerdings die Periodizität abging, trotzdem haben sogar manche Theoretiker die Krone förmlich abhängig sein lassen wollen von ihnen; von der Krone wurden die Parlamente – im wesentlichen ein Gerichts- und Pairshof – bald gegen die Generalstände ausgespielt, bald die Generalstände gegen die Parlamente. Aber für die Entwicklung ist es charakteristisch, daß niemand in der Theorie die Idee der unbegrenzten königlichen Macht vertritt, die im Gegenteil durch die Grundgesetze *(Lois fondamentales)* eingeschränkt werden sollte. Claude Seyssels ›Großes französisches Parlament‹ (1519) begrenzt die oberste Macht durch Religion, Justiz, Police, das heißt durch das Parlament. Pasquier (1565) und de Maillart (1570) erneuern seine Gedanken. Von ihnen führt der Weg zu Roche Flavins ›Dreizehn Büchern über das Parlament‹ (1617), die Montesquieus ›Geist der Gesetze‹ präludieren, die Fortsetzung der parlamentarischen Diskussion des 17. Jahrhunderts. Es gab ferner Vertreter der Interessen der Generalstände – Fénelon und Jurieu im 17. Jahrhundert und im 16. Jahrhundert die Anhänger Calvins. Calvin selbst, auch Hotman, Duplessis-Mornay räumen den Generalständen oder auch dem Adel, die sie unmittelbar von Gott, nicht vom König abhängig sein lassen, ein Widerstandsrecht ein, das ihrer politischen und religiösen Ideologie gleichzeitig zugute kommt. Aber auch die Fürsprecher der absoluten Monarchie – Bodin, Bossuet –, die den König als legibus solutus (über dem Gesetz) bestimmen, finden in den göttlichen Gesetzen, denen auch er verpflichtet ist, eine Schranke seiner Macht. Darum unterscheidet Bossuet scharf zwischen absoluter und willkürlicher Regierung *(gouvernement absolu* und *gouvernement arbitraire)*.

Es ist klar, daß seit dem Ende des 17. Jahrhunderts bis zur Französischen Revolution der Macht- und Ideenkampf zwischen Krone, Parlament und den Interessen der Generalstände in unverminderter Stärke anhält. Sehr interessant ist in dieser Auseinandersetzung auch, wie lange sich alle Parteien im Kampf gegeneinander auf Traditionen berufen; auch die Krone bedient sich in der Polemik gegen die Stände historischer Argumente. Aber der Augenblick kommt, in dem man radikal von der Geschichte abbiegt und an die Stelle der ständischen Ordnung als einer natürlichen die wahrhaft natürliche setzen will, den sogenannten *ordre naturel et essentiel des peuples*. Das tun die Physiokraten und nach ihnen Holbach, Condorcet, beide nicht zufällig Gegenspieler von Montesquieu. Ihre naturrechtliche Argumentation, die ein neues Leben entzündet, läßt dem Spiel der einander hemmenden Gewalten keinen Raum mehr, weil sie Frankreich unter die Herrschaft des *einen* Gesetzes nehmen möchte. Damit sind wir nahe bei Rousseaus Theorie des Gemeinwillens *(volonté générale)* und bei der Verfassung von 1791, das heißt bei der »modernen« Staatsidee, die in Jahrhunderte währenden dramatischen Kämpfen entstanden ist.

Von diesen Vorgängen der allgemeinen Geschichte lassen sich die literarischen Ereignisse nie absondern. Und man kann auch von dem Verhältnis der Moralisten zum Alten Frankreich (Ancien régime) nicht sprechen, ohne in ihm zwischen zwei verschieden gerichteten Phasen zu unterscheiden: einer wesentlich humanistischen (La Rochefoucauld, Vauvenargues) und einer humanistisch-politischen (La Bruyère, Montesquieu, Chamfort), in der sich der Geist der Kritik einer imaginären Vollendung der Gesellschaft oder ihrer revolutionären Umbildung zubewegt. Man wird den Weg der Moralisten richtig überblicken, wenn man versteht, daß es sich um zwei Wege handelt, die zwar zusammengehören, aber doch auf verschiedenen Ebenen verlaufen.

Es mag überraschen, daß zunächst die Politik, die Lage

Frankreichs gar nicht Thema der Betrachtung wird. Es ist, als ob die Verfasser sie beiseite schöben, um sich ganz auf das problematische Wesen des Menschen zu konzentrieren. Der ständige Zusammenstoß zweier Welten, der Privilegierten und der Nichtprivilegierten, das drückende Steuer- und Finanzsystem offenbarte dauernd den tiefen Zwiespalt, der die nach außen unter Richelieu, Mazarin, Ludwig XIV. geeinte Nation mit dem schmerzlichen Gefühl der Ungleichheit belastete. Aber man konnte in einer durch die Zensur bestimmten Zeit kaum wagen, diesem Gefühl einen freien Ausdruck zu verleihen. »Wer als Christ und Franzose geboren ist, sieht sich in der Satire beschränkt: die großen Gegenstände sind ihm versagt«, meint La Bruyère am Schluß des 1. Kapitels seines Buches ›Die Charaktere oder Die Sitten des Jahrhunderts‹[1], und es findet sich nur *ein* vielbemerkter Passus bei ihm, in dem die Kritik an der Notlage der Bauern Gestalt gewinnt: »Es gibt eine Art scheue Tiere, von männlichem und weiblichem Geschlecht, die man da und dort auf den Feldern sieht, dunkel, fahl und von der Sonne verbrannt, über die Erde gebeugt, die sie mit zäher Beharrlichkeit durchwühlen und umgraben; sie scheinen so etwas wie eine Sprache zu besitzen, und wenn sie sich aufrichten, zeigen sie ein Menschenantlitz, und es sind in der Tat Menschen; nachts ziehen sie sich in ihre Höhlen zurück, wo sie sich von schwarzem Brot, Wasser und Wurzeln nähren. Sie ersparen den andern Menschen die Mühe zu pflügen, zu säen und zu ernten, damit sie leben können, und haben wohl verdient, daß ihnen nicht das Brot mangle, das sie gesät haben.«[2] Aber auch in dem Kapitel ›Von den großen Herren‹ wird deutlich, daß der Schwerpunkt der Kritik La Bruyères am nationalen Leben sich oft von literarischen Gegenständen auf die gesellschaftliche und politische Seite verschieben konnte. Es ist eine Kritik, die die spätere aufklärerische vielfach vorwegnimmt und schon dem Strome angehört, in dem sich wie bei Montesquieu, Chamfort, Diderot, Rousseau die Erneuerung auch des politischen Denkens vollzieht. La Rochefoucauld und Vauvenargues blieben zwar nicht mehr im Glaubensrahmen der christlichen Religion – der Glaube war den Schichten der adligen Welt zunehmend entglitten –, aber Lebensideale der literarisch führenden Gesellschaft des Ancien régime haben in ihrem Werk eindeutig die Führung, und ihr Blick wird festgehalten im Be-

---

[1] Hrsg. von G. Hess. Leipzig 1940, S. 31.
[2] Ebd., S. 272.

reich ihrer nächsten Umgebung. Das Bildungsideal, das sie auf verschiedene Weise aussprechen, ist allerdings etwas ganz Allgemeines und keineswegs identisch mit dem Zug zu einem bestimmten Stand. Denn das Königtum hatte sich von der Mitregierung des Adels und der Stände gelöst, und selbst aus dem Schwertadel *(noblesse d'épée)* war ein gehorchender und repräsentierender Adel geworden. Aber politisch entmachtet, siegt doch der Adel noch einmal ideell dadurch, daß er zum Inbegriff der Bildung wird. Der an sich alte Gedanke einer Vergeistigung des Adelsprinzips wird im 17. Jahrhundert in Frankreich erneuert; die Wiederentdeckung dieses Prinzips gibt der Bildung den Charakter des eigenen Kulturkreises, dem sich alle Schriftsteller zurechnen. Der Gebildete *(honnête homme)* – der sich ständisch nicht gebunden fühlt – wird daher ein Leitbild der Epoche, und in dem französischen Terminus ist die sittliche *und* gesellschaftliche Geltung in *einem* Begriff zusammengezogen – der »honnête homme«, der gebildete Mann von Welt, ist ganz auf den Reflex in der Umwelt abgestellt, und nur in ihr erfüllt er sich. Er muß in der kunstvollen Geselligkeit gefallen, sich niemals in bloße Fachgelehrsamkeit verlieren, mit einem Wort, universal sein und kein »Spezialist«. Die Bildung muß mühelos wirken, in keiner Gesellschaft das Gleichgewicht mit andern stören, aber das Ziel des Zusammenwirkens niemals aus dem Auge verlieren. Mag eine so verstandene Bildung die politischen Probleme – die doch einen La Bruyère bedrängt haben – nicht – oder kaum nur – ins Auge gefaßt haben: durch die entspannende, auflockernde Art, die Wissenschaften zu begründen, hat sie geholfen, die Grundlage für die Macht einer weltlichen und aufgeklärten Kultur zu schaffen. Es ergab sich aus einer solchen Auffassung die geistige Abgrenzung gegen *jeden* Stand. So spottet La Rochefoucauld beispielsweise über das bürgerliche Wesen, das allenfalls in der Armee, doch niemals am Hofe die ihm anhaftenden Züge wirklich abstreifen kann, und in einem sehr spöttischen Kapitel von Vauvenargues über die Bourgeoisie lebt zwar das Bewußtsein einer unumgänglichen Verbundenheit mit allen Ständen, aber zugleich wird die Möglichkeit, einen von ihnen – Adel, Bourgeoisie oder Kleinbürgertum – als ein Vorbild des eigenen Lebens anzusehen, ausgeschlossen[3].

Wohl aber empfindet man, je genauer man Vauvenargues

[3] Essai sur quelques caractères (De la bourgeoisie). In: Œuvres I. Ed. Pierre Varillon. Paris 1929, p. 216 ff.

liest, wie stark er in der literarischen Vergangenheit lebt, seine Kraft aus dem Strom antiker und klassischer Überlieferung (La Rochefoucauld, Pascal, La Bruyère) schöpft und sich doch die Kraft zu ihrer selbständigen Weiterbildung und Erneuerung wahrt. In Montesquieu und Chamfort jedoch findet dann eine charakteristische Akzentverschiebung von der im wesentlichen psychologischen Betrachtungsweise zu einer geistigen Haltung statt, die *auch* unter dem Zeichen politischer Kritik steht. Die äußere Erklärung für eine solche Haltung, die sich von der Überlieferung nicht mehr in Fesseln schlagen läßt, ist begründet in einem Umschwung der Verhältnisse, durch den es zu einer völligen Veränderung des geistigen Klimas gekommen ist.

Die schärfste politische Kritik, die die Brücke zur aufklärerischen Welt geschlagen hätte, konnte sich innerhalb Frankreichs nicht an die Öffentlichkeit wagen[4]. Aus einem Brief der Madame de Sévigné vom 6.11.1689 an ihre Tochter sieht man deutlich, wie kritisch man die Entmachtung der Provinzstatthalter, ja überhaupt die bedingungslose Abdankung so vieler Gruppen und Stände, die Konzentration aller Macht in einer Person aufgenommen hatte. »Findest Du es edel und gerecht«, schreibt sie, »daß man die schöne Statthalterschaft herabdrückt und sich noch ein Verdienst daraus macht?... Die armen Statthalter! Was tun sie nicht alles, um ihrem Herrn zu gefallen... Denken sie an ihr Leben, ihr Vergnügen, ihren persönlichen Nutzen, wenn es sich darum handelt, *ihm* zu gehorchen und angenehm zu sein? Und man gibt ihnen nur widerwillig eine Ehre, eine Auszeichnung, eine Gelegenheit, vornehmen Leuten in der Provinz Vergnügen zu machen. Warum wollen sie denn geliebt und geehrt werden und König spielen? Nicht etwa im Dienste des wirklichen Königs? Oder für sich selbst? Ach, sie sind so leidenschaftlich *seinem* Dienst ergeben, daß sie nur den einen Wunsch hegen, ihre große Komödienrolle aufzugeben und nach Versailles zu kommen, um *seinen* Anblick zu haben, wenn auch sie selbst keines Blickes von *ihm* gewürdigt werden sollten.« Und eine der Maximen La Rochefoucaulds richtet sich eindeutig gegen die Außenpolitik Ludwigs XIV.: »Es gibt Verbrechen, die unschuldig, ja sogar ruhmreich werden durch ihren Glanz, ihre Zahl und ihre Größe; daher kommt es, daß die öffentlichen Diebstähle Heldentaten genannt werden und daß ohne jedes

---

[4] Außerhalb Frankreichs übten die vertriebenen Hugenotten heftige Kritik; vgl. E. Haase, Einführung in die Literatur des Refuge. Berlin 1959.

Recht Provinzen wegnehmen Eroberungen machen heißt.« Aber sie gehört zu den unterdrückten Maximen und war sowenig bekannt wie die schonungslos Hof, Königtum, Gesellschaft kritisierenden Memoiren des Herzogs von Saint-Simon. Nach dem Tode Ludwigs XIV. aber sah man sich durch Rücksichten auf die Zensur weit weniger gehemmt und hintangehalten. Die Kritik, auch in Fragen, die das religiöse und politische Gebiet betreffen, wird gleichsam wiederhergestellt. Darum berühren sich fortan die Ideen der Moralisten und »Philosophen« der Aufklärung nicht nur mit der Gesamtheit der überlieferten spekulativen und psychologischen Probleme, sondern auch mit den konkreten Tendenzen des geschichtlichen Lebens. Die ›Gedanken‹ Montesquieus bewegen sich daher auch um Fragen der Verfassung und des Staatsrechts, um die Gesetze, um wirtschaftliche und soziale Forderungen und um den immer wieder hervorgehobenen Gedanken der Freiheit, an dem der Absolutismus der Macht seine Schranke findet. Aber die Gedanken Montesquieus, die wohl Raum ließen für die mannigfaltigsten Umbildungen des Systems des aufgeklärten Despotismus, haben dieses doch nicht in seiner Geltung aufgehoben. In den Chamfortschen Maximen bildet jedoch die durchgängige Kritik an sämtlichen Formen des Ancien régime in so hohem Grade das chrakteristische Grundgesetz, daß alle wie geeint zu sein scheinen durch die Beziehung auf eine neue Ordnung, an der jeder mitzuwirken hat. Man ahnt, daß die gewaltigen Wandlungen, die bevorstehen, nicht mehr nur durch das Denken, sondern zugleich durch die gesammelten Kräfte des Willens und der Tat hervorgebracht werden müssen.

Wie die politische Lage, so verändert sich im Verlauf des Ancien régime auch die »Gesellschaft«[5]. Die Gesellschaft des

---

[5] Hier wie im folgenden wird das französische *société* – für das im Ancien régime stellvertretend auch *la bonne compagnie, le monde, le public, la cour et la ville* gesagt werden konnte – mit »Gesellschaft« wiedergegeben. »Gesellschaft« hat zwar seither im Deutschen manchen Bedeutungswandel erfahren, aber es gibt keinen andern adäquaten Ausdruck. Aus dem Kontext wird allemal klar, daß mit dem Wort ein bestimmtes Publikum gemeint ist, das sich aus dem ständisch sich nicht mehr gebunden fühlenden, funktionslos gewordenen Adel und dem Bürgertum zusammensetzt. Das Bürgertum geht so wenig im Beruf auf, daß es sich mit der politisch machtlosen Aristokratie im Glauben an das neue Bildungsideal zu einer Gemeinschaft, zum gebildeten Publikum zusammenschließen kann. Vgl. zum Terminus: F. Schalk, Societas – société. In: Deutsche Vierteljahrsschrift f. Literaturwiss. u. Geistesgeschichte (1951) und zum Thema: W. Krauss, Die Träger der klassischen Gesinnung im 17. Jahrhundert. In: Ges. Aufsätze. Frankfurt 1946; E. Auerbach, La Cour et la ville. In: Vier Untersuchungen zur Geschichte der französischen Bildung. Bern 1951.

Ancien régime ist zu einem Teil Fortführung von Formen, die die Provence im 12. Jahrhundert und später die oberitalienischen Fürstenhöfe ausgebildet haben. La Rochefoucauld hat in einer Betrachtung ›Über die Gesellschaft‹[6] die Theorie des Zusammenlebens in die besondere Richtung gelenkt, die durch viele Diskussionen und Traktate vorgezeichnet war. Die Gesellschaft erscheint hier nicht wie eine natürliche Tatsache, sondern wie ein Werk des wollenden und gestaltenden Geistes. Es ist, als erblickte der Mensch in ihrem Spiegel sich selbst, sofern er als ein Weltmann die Reife des Menschen repräsentiert und an der Bildung und Humanität orientiert ist. La Rochefoucauld deckt die Kräfte der gebildeten Schicht wunderbar auf, er beschreibt jenen geselligen Zustand, in dem Freiheit und Selbständigkeit des einzelnen so weit gewahrt bleiben, als sie nicht dem Zusammenspiel vielfältiger entgegengesetzter Anregungen im Wege stehen. In der Mannigfaltigkeit und Verschiedenheit der Gesellschaft waltet stets die Ordnung und Regel, die sie sich selber gegeben hat. Alle bedeutenden Moralisten standen in Verbindung mit dieser Gesellschaft und kannten das feinmaschige Netz ihrer Normen. Die Herrschaft dieser Gesellschaft war die Herrschaft der Salons, der geselligen Zusammenkünfte in den Hotels der Adligen. Sie traten nur zeitweise, unter Ludwig XIV., hinter dem Hof von Versailles zurück. Nach dem Tode des Königs fiel die Herrschaft wieder an das gebildete Paris, und die Salons erfüllen in der Geschichte der ästhetischen Kultur des Ancien régime eine wichtige Funktion. Nur in ihrer Welt konnten sich die verschiedenen Künste schwesterlich zusammenfinden, konnten die anspruchsvollen Gesprächsthemen und die Kunstgattungen – Witz, Anekdote und Porträt – ihre Vollendung erfahren. Der Geist, aber auch das Geistreiche, Sarkasmus und Spott, Verstecken des gemeinten Sinnes – all diese Motive verknüpfen sich miteinander, um auf die verschiedenste Weise zur Anwendung zu gelangen. Marmontel schildert einmal seine Gönnerin, Madame de Geoffrin, die am Montag einen Kreis von Künstlern, am Mittwoch einen Kreis von Schriftstellern einzuladen pflegte: »Sie verstand es vortrefflich, die beiden Gesellschaften zu leiten, sie innerhalb der Schranken des Anstands zu halten oder sie mit einem Wort, einem Wink dahin zurückzuführen. Ihre größte Gabe war die

---

[6] De la société. Réflexions diverses. In: Œuvres complètes. Ed. La Pléiade. Paris 1938, S. 358.

Erzählung, und sie erzählte gern zur Erheiterung ihrer Gäste; aber sie erzählte einfach, anspruchslos und ungekünstelt, nur um anzuregen; denn sie ließ nichts außer acht, was ihre Gesellschaft angenehm machen konnte.«

In den drei Formen der »Gesellschaft«, das ist der Salons bis 1661, der Salons neben dem Hof von Versailles und schließlich der letzten im 18. Jahrhundert, handelt es sich nicht um absolute Gegensätze, dennoch besagt Chamforts übersteigernd scharfe Maxime: »Liest man die Memoiren und Dokumente aus dem Zeitalter Ludwigs XIV., so findet man selbst bei der schlechten Gesellschaft von damals etwas, das der guten von heute fehlt«, etwas Wesentliches. Das trifft nicht die Politik im allgemeinen – dazu stand Chamfort den politischen Tendenzen der Enzyklopädie, den politischen Klubs viel zu nahe –, wohl aber Interessengegensätze und Intrigen aller Art, die der höheren Geselligkeit und feinen Sitte den Boden zu entziehen drohten. Dann sank die Gesellschaft unter Preisgabe der Freiheit des Geistes unter ihre ursprüngliche Idee zurück. Diese ihre letzte Umbildung ist ein Wendepunkt in der Geschichte des Ancien régime; ihre von Chamfort grausam und anklagend beschriebene Entartung hat sie vor der Nachwelt schließlich ins Unrecht gesetzt. Chamfort, der die Gesellschaft nicht nur an einer früheren Zeit, sondern auch an der Natur mißt – nicht zuletzt unter dem Eindruck der ersten Discours von Rousseau –, löst kraft seiner Kritik das Band, das ihn noch mit ihr verbindet. Er besaß nicht die philosophische Kraft Rousseaus, die ihm erlaubt hätte, aus der bedingten Situation einen Ausweg in die Konstruktion einer neuen politischen Ordnung zu finden, die an die augenblickliche Gegenwart nicht mehr gebunden war. Deswegen konnte er den Weg Rousseaus nicht gehen und nicht die Idee der wahren Gemeinschaft entwerfen als der Form, in der es – wie im ›Contrat social‹ – weder Herrscher noch Beherrschte gibt. Hin- und hergerissen zwischen dem Drang zur Welt und der Flucht in die Einsamkeit, konnte er schwer das Gleichgewicht wahren im Strom der Zeit. Erst als ihn schließlich gar keine Neigung mehr an die Gesellschaft fesselt, ist sein Sinn auf das Innerste des eigenen Wesens gerichtet, auf die Verborgenheit, in der er sich als ein Charakter gegen die Zeit ungehemmt entfalten kann. Eine Einsamkeit, die zugleich die Schutzmaske des in höheren Welten lebenden Schriftstellers vor der Verständnislosigkeit des Publikums war. Das gespannte Verhältnis des Künstlers zur menschlichen Gesellschaft bildet wie in einer

Vorwegnahme romantischer Stimmungen ein wesentliches Thema zahlreicher Maximen des letzten der klassischen Moralisten Frankreichs.

II

Wir haben bisher die politische Entwicklung in Frankreich bis zum Ausgang des Ancien régime ins Auge gefaßt, ohne nach dem künstlerischen Wesen der Moralisten zu fragen, deren Neues nicht zuletzt in der aphoristischen Form liegt, in der ihr Denken erscheint, und in der Kunst, die diesem Denken Flügel verleiht. Diese Kunst zeigt sich in sehr verschiedenen Formen, und die Entwicklung bleibt, da es sich um bedeutende und angesehene Persönlichkeiten handelt, mit den Vorgängen der gleichzeitigen französischen Geistes- und Gesellschaftsgeschichte stets in enger Fühlung.

Nach französischer Auffassung, die der deutschen Sprach- und Vorstellungsweise fremd und ungewöhnlich klingt, gebührt die Bezeichnung Moralist allen Denkern, die das Wesen des Menschen, Fragen der Menschenkunde und Lebensführung zum Problem erhoben haben. In diesem weiten Sinn kann man Aristoteles so gut einen Moralisten nennen wie den Fabeldichter La Fontaine, einen Romanschriftsteller wie Stendhal so gut wie Sainte-Beuve, den großen Kritiker der französischen Literatur im 19. Jahrhundert. In einem engeren Sinn spricht man von den klassischen, den eigentlichen Moralisten, die durch eine innere Gemeinsamkeit von Formen und Anschauungen miteinander verbunden sind. Wegweiser sollten sie werden für den allmählichen Übergang von der systematischen zur künstlerischen, psychologischen Analyse, Schöpfer eines Zeitenwandels, einer werdenden poetischen Technik, der die rationale Analyse der Leidenschaften – die »Affektenlehre« – ebenso dient wie die sich stets verfeinernde Kunst, Charaktere und Sitten zu erfassen und die Vielgestaltigkeit des individuellen und gesellschaftlichen Lebens zu beschreiben. Verbunden mit der komisch-grotesken Darstellung der Typen kräftigt sie den Sinn für die Buntheit der Erscheinungswelt.

Jene moralistische Bewegung erhielt um so größere Triebkraft, je mehr das Ideal des literarischen Lebens und der Nationalliteratur im Bewußtsein der Menschen Gestalt gewann. Die Zeit der staatlichen Einheit ist zugleich eine Zeit kulturellen Reichtums ohnegleichen gewesen, und dieser Reichtum tritt uns auch in den Moralisten entgegen, die für das französische und allgemeine Bildungsleben entscheidende Bedeutung gewonnen haben.

Im Mittelpunkt ihrer Betrachtungen steht immer der ganze Mensch. Wilhelm Dilthey, der in Deutschland zuerst die Bedeutung der Moralisten erkannte, bemerkte, daß in ihren Reflexionen ein Verstehen des Menschen in seiner ganzen Wirklichkeit zu finden sei, hinter der alle erklärende Psychologie weit zurückbleibe. In der Tat, die moralistische Psychologie der Klassifizierung und Nuancierung der Leidenschaften, verwoben mit der Kunst, die geheimsten Motive des Handelns aufzudecken, die »Charaktere« zu schildern und das Leben zu gestalten, hat, von den Affekten ausgehend, allmählich zu einer organischen Betrachtung des Menschen sowohl als auch der zeitgenössischen Gesellschaft und des Staates übergeleitet. Die Gesellschaft, in der die Moralisten lebten, die sie durchschauten und belehrten, war die Luft, in der sie atmeten. In einem meist zwiespältigen Verhältnis zu dieser Gesellschaft, der sie den Dualismus von Ideal und Wirklichkeit entgegenhielt, hat sich die moralistische Literatur entwickelt; aus der Atmosphäre der Geselligkeit kam sie und strebte über sie hinaus in das Reich der stoisch oder noch christlich gefärbten »Weisheit«, in dem der Affekt durch die Vernunft gefesselt und das Glück durch entsagende Hinnahme der Wirklichkeit gewonnen wird.

Themen und Formen der Moralisten weisen jahrhundertelang eine überraschende Kontinuität auf. Die Ergründung der Leidenschaften verband sich mit der Methode, sie zu lenken und zu bekämpfen – antike Gedanken, die in einen neuen geistigen Raum übernommen wurden, fanden hier ihre Erben. Aber auch die Themen des privaten und schließlich die des öffentlichen Lebens, die Rolle der Gewohnheit – der Lebensalter, über die schon Aristoteles in der ›Nikomachischen Ethik‹ gehandelt hatte –, Liebe und Ehe, Freundschaft, Religion, Kultur und Politik hängen in der moralistischen Tradition zusammen; es handelt sich um ein Lebensgefühl, das sich in der Auseinandersetzung mit der höfischen Gesellschaft als ein eigenes Gestaltungsprinzip äußert, aber auch in der selbständigen Formung der neuen Ideale des Schriftstellers *(homme de lettres)* und Bürgers *(citoyen)* noch unverkennbar nachwirkt.

Der ständige Kampf der Moralisten gegen die Systematik ist der Wurzelboden einer Form gewesen, die sich aus dem Verlangen erklärt, die ganze Fülle des Lebens zu verstehen. Da das Leben ein unendliches Ganzes ist, das nie erschöpft, nie abschließend beschrieben werden kann, mußte eine Form gefunden werden, die den leer gewordenen Platz der Systematik einnehmen und Empirie, Gedanken und Anschauung zu höchster Harmonie vereinigen konnte. Sie mußte aus der Vorstellung von der Unerschöpflichkeit der menschlichen Natur erwachsen, fragmentarisch sein wie das Leben selbst und Allgemeingültigkeit nur durch eine scheinlogische Form vortäuschen, die belehrt und niemals langweilt und herausfordernd auf die unlösbaren Widersprüche, zwischen denen man lebt, zurücklenkt. Zu den in sich fragmentarischen Formen wie Dialog, Essay, Porträt kommt als die wesentlichste, vornehmste Form die Maxime, in der die moralistische Literatur ihren selbstbewußten und geprägten Ausdruck erhalten hat. Wie sind jene Maximen entstanden?

Sentenzen, Maximen, Reflexionen, Betrachtungen, Einfälle – mit einem Wort, das im allgemeinen Sprachgebrauch lange außerhalb seiner künstlerischen Bedeutung lag, Aphorismen[7] sind die Kunstform, in der die wesentlichen Anschauungen der französischen Moralisten des 17. und 18. Jahrhunderts ausgedrückt sind. Die Franzosen haben diese Gattung, der in Spanien Graciáns ›Handorakel der Weltklugheit‹ sehr nahekommt und die in Deutschland erst Lichtenberg ausgebildet hat, zuerst entdeckt und gepflegt: La Rochefoucauld war der erste europäische Aphoristiker. Antike, humanistische Einflüsse waren für die Entstehung einer solchen Gattung bedingend. Zwei berühmte Schriftsteller haben, noch ehe die Form gefunden war, ihre Bedeutung entwickelt und vorahnend eine Auffassung von ihrem Wesen gewonnen: Erasmus und Francis Bacon. Für beide ist die Auseinandersetzung mit der Antike der Ansporn zur Loslösung von System und Form der Scholastik und zur Erneuerung von Sprache, Stil und Methode geworden, einer Erneuerung, die schon das erste Jahrhundert des Humanismus durch Petrarcas Traktate und Episteln eingeleitet hat. Doch brachte erst Erasmus, wie sein Biograph Huizinga bemerkt, das Gold des klassischen Geistes in Umlauf. Seine Sammlungen von Sprüchen aus dem Schatz griechischer und lateinischer Weisheit, die ›Adagia‹, ›Apophthegmata‹, stammen aus einer Wurzel, aus der humanistischen Leidenschaft für die schöne Literatur, die ihm durch die scholastische Sprache und Methode ver-

---

[7] Vgl. meinen Aufsatz Zur ›Geschichte des Wortes Aphorismus‹ im Romanischen. In: Exempla romanischer Wortgeschichte, Frankfurt 1964 (1961).

dorrt zu sein schien. Erasmus aber wollte als ein christlicher Humanist die Theologie durch die Beredsamkeit der Alten bereichern und schmücken. Er mußte die überlieferten Formen sprengen, um eine neue möglich zu machen, in der die Antike mit der Erfahrung seines eigenen lebendigen Geistes verschmelzen konnte. Nichts ist göttlicher, meinte er in seinen Schriften zur Sprache, als die wahre Beredsamkeit, nichts wunderbarer, knapper als die Sprüche der Weisen – beide sollten mit die Grundlage der aphoristischen Literatur werden. Und seine ›Erziehung des christlichen Fürsten‹ (›Institutio principis christiani‹) trägt Erasmus in Aphorismen vor, damit die »Lektüre nicht so mühselig sei«: ein neuer Geist triumphiert hier über die scholastische Form, und nicht nur durch ein methodisches Prinzip, sondern auch durch Satire, Witz und die popularisierte antike Weisheit, die erst seit Erasmus in Sinnsprüchen aller Art offen dalag, jedermann zugänglich, als Witzwort verwertbar, in die Umgangssprache einströmend, als Anekdote den Stil der Zeit färbend, verändernd, auflockernd, so sich innerlich mit den in der Renaissance aufkommenden essayistischen Formen begegnend. Die Sprachelemente werden hier nicht durch ein logisches Verfahren aneinandergereiht, sondern eben lose, »aphoristisch« miteinander verbunden; der Essay ist nicht eingebettet in einen *systematischen* Zusammenhang, sondern er ist ein ständig neues Anfangen, ein »Versuch«, Erkenntnis zu gewinnen. In der Gattung lag ein prinzipiell Neues, dem Bacon durch die Unterscheidung von methodisch und aphoristisch zu systematischem Ausdruck verholfen hat.[8] Neben der methodischen gibt es für ihn eine aphoristische Tradition, die auf Beweise, Erläuterungen, Beispiele verzichtet und den Leser ganz auf sich selbst zum Weiterdenken verweist.

Die gleichzeitige Wirkung dieser beiden großen Schriftsteller – auf Erasmus hörte damals die Welt – hat die tiefsten Veränderungen in Denken, Stil und Sprache hervorgerufen. Das Denken, das nicht mehr auf einen vorbestimmten Zusammenhang angewiesen war, konnte sich frei von der Fessel jeder deduktiven Methode entfalten, frei von allen Bindungen, die es als scholastisches und gelehrtes Denken eingegangen war. Die Sprache fand durch die Aufnahme der antiken Welt, durch

---

[8] In verschiedenen Schriften, so in ›Über die Würde und Erweiterung der Wissenschaften‹, im ›Novum Organon‹, das auch unmittelbar der aphoristischen Gattung angehört.

das Eindringen der antiken Ideen in den scholastischen und religiösen Lehrgehalt erst die Möglichkeit, die geistigen Spannungen, die aus der damaligen Situation erwachsen sind, aufzunehmen und künstlerisch zu lösen. Erst dem so emanzipierten Denken, das die antiken Formen aufgenommen, umgebildet und erweitert hat, waren die verschiedenen Möglichkeiten des Aphorismus gegeben.

Erasmus und Bacon waren hierin im Einklang miteinander. Sie wollten eine antike Tradition, die vergessen worden war, erneuern und sich von der herrschenden scholastischen lösen. So verstanden sie, daß in der aphoristischen Darstellung als ihre unerläßliche Bedingung eine sprachschaffende und -umbildende Kraft mit eingeschlossen lag: ein Satz, der für sich leben soll, muß anders geformt sein als ein Satz, der sich mit andern Sätzen mischen und verbinden kann. Und Bacon erkannte, daß Aphorismen nicht wie Sätze in einer systematischen Darstellung durch Vorder- und Nachsatz korrigiert, ergänzt und verbunden werden können; er erkannte gleichzeitig, daß Aphorismen nur solche Sätze sein können, die mit einem Schlage den eigentlichen, inneren Kern der Sache selbst offenbaren. Solchen Aphorismen, Sätzen, die keine Folge haben und die in keinen systematischen Zusammenhang eingefügt sind, ist es eigentümlich, daß sie ihre Wahrheit erst erschließen lassen; sie appellieren an den Leser und fordern ihn auf weiterzudenken und -zusuchen, sie sprechen die Wahrheit aus, indem sie sie verschweigen, nicht anders als jene Sprüche der Weisen, die Erasmus mit den Orakeln der Götter verglich. Eine Kunstform also, in der etwas gerade dadurch ausgesprochen wird, daß es nicht ausgesprochen wird, und deren innere Verwandtschaft mit Witz, Satire, Ironie an diesem Punkt faßbar wird: es ist kein Zufall, daß der Aphoristiker oft geheimnisvoll, orakelhaft spricht, daß die ironische Sprachkraft am Werke ist in Pascals ›Gedanken‹, die er selbst Hintergedanken nennt, die witzige, satirische bei La Rochefoucauld, Vauvenargues, Chamfort. Die jeweils sich wandelnde Geistesverfassung und poetische Technik im Verlauf des 17. und 18. Jahrhunderts hat sich des Aphorismus als einer spezifischen, neueroberten Möglichkeit der Sprache bemächtigen können. Freilich ist die Darstellung in Aphorismen, deren Funktion es ist, die systematische Form zu überwinden, und der Aphorismus als Kunstform der Neuzeit Ursache einer ständigen Zweideutigkeit, denn der Begriff muß nicht notwendig aus der Verkettung beider Momente erwachsen[9]. Sie können verwoben sein zu einer Einheit oder auseinanderfallen. Von aphoristischen Werken können wir auch dort sprechen, wo die einzelnen Teile einer Darstellung der Verbindung und Verknüpfung ermangeln, wo sie selbständig oder relativ selbständig sind. Als einzelne Teile sind sie nicht ineinander fundiert, sondern erst in einem Ganzen, in einer höheren Einheit. Mögen sich auch die einzelnen Glieder solcher Gedankenketten zur Bedeutungseinheit fügen, sie sind nicht unmittelbar aufeinander bezogen, sondern auseinandergerissen. Eine solche Art der Darstellung, die sich in jedem Satz gleichsam auf dem Sprung zu einem neuen Anfang befindet, bietet auch mit jedem einen neuen Aphorismus. Die Neigung zum selbstgenügsamen Aphorismus erfährt eine Ablenkung durch die Umgebung, mit der das einzelne bald zur Einheit verschmelzen, bald sich absondern kann, so daß Gedanke und Sprache hinübergleiten in eine Phantasie, in der der isolierte Satz unumschränkt herrschen kann. Denn es ist für die Erscheinungsform des Aphorismus als Kunstform überhaupt charakteristisch, daß er für sich stehen kann oder eingebettet in einen Aphorismenzusammenhang. Für sich in einem doppelten Sinn: Es lassen sich Sätze aus einem Werk, aus einem Essay, aus einem philosophischen Traktat, einem Fontenelleschen, Swiftschen Dialog als Aphorismen herauslösen oder wie die ›Maximen und Reflexionen‹ Goethes zu einem neuen Aphorismenzusammenhang verbinden. Wenn Voltaire sagt: »Wer nicht den Geist seines Alters hat, hat alles Unglück seines Alters«, so ist die Aufmerksamkeit des Lesers wie gebannt und festgehalten, weil der Schriftsteller die Kraft seiner Überlegung in einen Satz so gesammelt hat, daß wir zwischen den Zeilen und Sätzen die übersprungene Begründung finden. Indem der Künstler vorbereitend, antizipierend eine Erkenntnis kunstvoll aphoristisch verdichtet, entläßt er uns aus seinem Gedankenzusammenhang in die eigene Reflexion. Der Aphorismus kann sich von seiner Umgebung als ein völlig selbstgenügsames Gebilde lösen und gleichzeitig in der Sammlung sein Gepräge mitempfangen von den Aphorismen, die in erkennbarer Beziehung zu ihm stehen, ihn einfassen und erst in seiner ganzen Bedeutung hervortreten lassen. Es gründet in seinem Wesen,

---

[9] So sind z. B. A. v. Humboldts ›Aphorismen aus der Lehre der chemischen Pflanzenphysiologie‹, Görres' ›Aphorismen über die Kunst‹ und ›Aphorismen über die Organonomie‹, Schopenhauers ›Aphorismen zur Lebensweisheit‹ nicht Kunstformen, sondern nur unsystematische Darstellungen.

daß er selbständig außerhalb jedes Zusammenhangs wie gegeben, verbunden und einig mit seiner anschaulichen Umgebung verstanden werden kann. Er kann einzeln erscheinen wie ein Gedicht und außerhalb jedes Zusammenhangs, auch jedes historischen, und oft sind die Maximen, Sentenzen, Reflexionen in der ersten Fassung für sich allein aufgetreten, um dann später in der Buchform, in einen Sachzusammenhang gegliedert, bei der innigsten wechselseitigen Durchdringung in neuer Luft zu leben.

Solche Aphorismen als glückliche Eingebungen des Augenblicks, Sentenzen als die Einfälle der Philosophen, Maximen als Lebensregeln sind in Frankreich erst entstanden, als die Literatur sich von jener ständigen Verbindung mit der Bibel zu lösen anfing, deren gestaltende Einwirkung auf das aphoristische Werk von Pascal man so oft an seinen ›Gedanken‹ studieren kann. Denn es macht den besonderen Charakter der französischen Literatur seit dem Anfang des 17. Jahrhunderts aus, daß die schwebenden großen theologischen Fragen der Zeit der ausschließlichen Behandlung durch die Fachtheologen entzogen werden. Schon seit der Renaissance und den Glaubenskriegen, seit der Hof nicht mehr die Religion des Landes bestimmte, sondern selbst Schauplatz und Zentrum der theologischen Diskussion geworden war, sind theologische Fragen Tagesfragen der Zeit, und sie werden im 17. Jahrhundert zu Tagesfragen einer Gesellschaft, deren individuelle Voraussetzungen zugleich Vorbedingungen einer neuen Sprachform waren, die sich erst im Aphorismus beruhigen konnte. In Pascals ›Gedanken‹ faßt man den Wendepunkt einer neuen Entwicklung, die in einer der dogmatischen Tradition entgegengesetzten Richtung verläuft, die Themen der theologischen Tradition übernimmt, aber nur um eine neue, die aphoristische Theologie auszubilden. Man hat zwar sehr oft in den ›Gedanken‹ nur Trümmer eines großen Werkes sehen wollen, nur Notizen und Aufzeichnungen, die Pascal selbst wahrscheinlich zu einem System, zu einer Apologie oder Dogmatik im Stil der traditionellen Theologie verbunden hätte. Und man bemüht sich immer wieder, den Plan Pascals zu rekonstruieren, ohne doch über die Grundlinien des Aufbaus eine wirkliche Übereinstimmung zu erzielen, ja auch ohne die Möglichkeit, die Stelle zu bestimmen, die einzelne Gruppen von Gedanken im System Pascals einnehmen sollten. Wie aber, wenn die Methode Pascals sich gerade dadurch in ihrer Eigentümlichkeit zu erkennen gäbe, daß sie planmäßig auf jeden Plan verzichtete? »Man sage nicht, daß ich nichts Neues gesagt habe. Die Einteilung des Stoffes ist neu. Beim Ballspiel benutzen alle denselben Ball, aber einer bringt ihn am besten ans Ziel.« – damit bezeichnet Pascal selbst Richtung und Weg, auf dem er zu einem neuen Ausdruck kommen mußte. Und: »Ich werde meine Gedanken ohne Ordnung niederschreiben, aber nicht in einer planlosen Verworrenheit: es ist die wahre Ordnung, die ihr Thema gerade durch die Unordnung bezeichnet. Ich erwiese meinem Thema zuviel Ehre, wenn ich es nach einer Ordnung behandeln wollte, da ich zeigen will, daß es dessen nicht fähig ist.« Durch das ganze Werk Pascals zieht sich der Gedanke einer Ordnung, die vom Gesichtspunkt der herkömmlichen Systematik und Logik der Mathematik (des *Esprit géométrique*) eine Unordnung wäre und in Christus selbst ihre unmittelbare Wurzel hat, die Ordnung des Herzens, die eine religiöse Gewißheit widerspiegelt, in der alle Widersprüche verschwunden sind, die in einer verstandesmäßigen Erklärung auseinanderklaffen müssen. In dieser Ordnung ist für die Form des Beweises und der Prinzipien, irgendeines Fortschreitens und Fortschrittes der Argumentation gar kein Raum mehr, sie ist eine Digression, ein ewiges Kreisen des Denkens um das Licht des Evangeliums und die Wahrheit. Nicht ein »System«, sondern die ständige Neuschöpfung eines vorherrschenden Prinzips in einer Sprache, die so sehr in der christlichen Ordnung des Herzens verwurzelt ist, daß sie nie ganz frei werden kann als selbständiges Ausdrucksmittel des menschlichen Geistes, Scharfsinns, Witzes, dessen Kräfte nur als dienende in sie eingehen, so daß sie nie den eigentlichen Sinn der Aphorismen: dem Leser den Gehalt des Christentums zuzuführen, verdecken, nie ihm ablenken können. So überschreitet zwar die Theologie den Bereich aller traditionellen dogmatischen Erklärungen, aber der Sprache fällt eindeutiger als in der späteren Literatur des 17. Jahrhunderts die Funktion der Verkündigung zu. Die Aphorismen haben noch ihren Ursprung in einer biblischen Hermeneutik, in der die biblische Sprache die eigentliche ist, die Sprache schlechthin, der eine wunderbare beschwörende Kraft innewohnt, und so mußten Pascals Aphorismen, im Gegensatz zu allen Prinzipien scholastischer Theologie, in Anlehnung an die Bibel, leben vom doppelten und paradoxen Sinn der Worte, die auf eine geheime, hinter ihnen liegende Bedeutung verweisen, als Sprache gleichsam über die Sprache hinausdringen.

Wie sehr die nun sich ausbildende aphoristische Kunst von dem mehr oder minder starken Einfluß Pascals abhängt, läßt sich aus dem Festhalten der überlieferten Formen und Themen in einer stufenweise fortgehenden Entwicklung erschließen. Es verblaßt allmählich die ursprünglich rein theologische Problematik, und die Sprache, aus Geist und Witz und Gemüt hervorgehend, tritt in einen anderen Bereich über, um die Philosophie und Lebensweisheit auszudrücken. Die Themen der Aphorismen bleiben zwar zunächst der theologischen Problematik verwandt; denn die verschiedenen Versuche der Entlarvung und der Wiedererweckung der Leidenschaften entspringen der christlichen Stimmung, die die Gesellschaft des 17. Jahrhunderts wie eine ewige Reue begleitete und manchmal in ihren Taten und Handlungen lähmte. Die Aphorismen treten aber nicht mehr in den Dienst der Religion, sondern entfalten sich als ein freies und philosophisches Raisonnement zur Menschenkunde und Theorie der Lebensführung. Und wenn bei Pascal die Theologie in der Sicherheit der Ordnung des Herzens begründet ist, so begegnet man jetzt immer wieder einer entsprechenden philosophischen Wendung, aus der für die Gestaltung des Lebens, die Kultur des Sprechens und der Sprache Ergebnisse von größter Tragweite entsprangen. Der Sprachgeist hat sich, indem er in zahllosen Formen das neue Ideal der Gesittung und Bildung – honnêteté, politesse, délicatesse, finesse – umspielte, von aller Pedanterie des Ausdrucks gelöst, um in lebendigster Wechselwirkung mit der Welt zu leben. In dem Milieu, in dem Ton und Geste und hauptsächlich die Form der Rede den Menschen charakterisierten, in dem alles aufeinander abgestimmt und bezogen war, konnten Aphorismen auch zur Umgangssprache der Gebildeten werden und zum vornehmsten Mittel der Charakterisierung neben dem Porträt; nicht zufällig sind La Rochefoucauld, Vauvenargues, La Bruyère auch Porträtisten, ja bei La Bruyère sind Porträt und Aphorismus in einer einheitlichen Beschreibung aufgegangen. Jene Aphorismen, die die Entwicklung des Stils und der Sprache mitbestimmen – denn man spricht und schreibt in Maximen –, sind doch niemals *nur* aus der Gesellschaft, aus der allgemeinen Aphorismenmode zu verstehen, von der La Rochefoucauld sich einmal spöttisch distanziert: »Es ist lächerlich, Maximen schreiben zu wollen, ohne das Zeug dazu zu haben.« Denn der Aphorismus als eine spezifische Kunstgattung unterscheidet sich durch seine philosophische Absicht als eine apodiktische, verallgemeinernde Wahrheit von den Allegorien, Gleichnissen, Witzworten, die man *auch* bei den Aphoristikern des öfteren findet, wie von allen Arten der Preziosität und witzigen Geselligkeit, jener besonderen Würze der Salonunterhaltung des Ancien régime. Die Ideale eines neuen philosophischen und antischolastischen Geistes wohnen in seiner Form nebeneinander und werden von allen Aphoristikern immer wieder geltend gemacht. Vauvenargues meint, die Franzosen hätten es in der Kunst des feinen Ausdrucks weiter gebracht als irgendein Volk der Welt, und er will den mittelmäßigen und pedantischen Schriftstellern die Methode langer Beweisketten überlassen; sie, die Pedanten, verstünden die Philosophie nicht, die in wenigen stolzen und kühnen Strichen male.

Den Reiz der Sprachkürze steigert und erhöht noch die Verallgemeinerung. Es liegt eine besondere Ironie der Aphoristiker darin, diese Verallgemeinerung als eine scheinbare hinzustellen. La Rochefoucauld tröstet den Leser, es gäbe keine Maxime, die ihn im besonderen anginge, obwohl sie allgemeingültig zu sein schiene, und Vauvenargues stellt im Vorwort seines Werks spöttisch die antichristliche Maxime: »Das Gewissen der Sterbenden verleumdet ihr Leben« als eine christliche hin; es gäbe keine allgemeinen Sätze ohne Ausnahmen. Ein Aphorismus kann den Charakter eines allgemeingültigen Lehrsatzes haben, weil er sich an die Eingeweihten wendet: Ein überlegener Geist versteht, warum eine Maxime nur auf diesen oder jenen Fall oder überhaupt nicht anwendbar ist (Chamfort). Das heißt: die Gattung zwingt zur Verallgemeinerung; die Maxime begründet, indem sie die Begründung überflügelt; sie ist ein allgemeines Urteil in der Form einer Ironie über das Urteil. Es ist ebenso falsch, von ihr Beweise zu verlangen – »Eine Maxime, die bewiesen werden muß, ist schlecht formuliert« (Vauvenargues) –, wie sie widerlegen zu wollen, da die verabsolutierende, zwingende Beweiskraft der Sprache jeder Kritik der Logik spottet. Und da der Aphorismus sich nur in den Formen des Allgemeinen aussprechen kann, sucht er ständig über die Gebundenheit an eine bestimmte poetische Sprachform und Technik hinwegzutäuschen; als eine Form der Wahrheit überhaupt scheint er, zumal isoliert, die Zeitlichkeit überspringend, der Identifizierbarkeit und Datierbarkeit zu spotten. Man muß hinter die allgemeinen, unpersönlich sein wollenden Formen zurückgehen und versuchen, sie aus dem

Werk und dem Leben der Personen, der einzelnen Moralisten besser zu verstehen.

III

François de La Rochefoucauld, mit dessen ›Maximen‹ wir unsere Sammlung eröffnen, ist 1613 zu Paris geboren. Das Stammgut seiner Familie war in Westfrankreich, nordöstlich von Bordeaux gelegen. Er erhielt die Erziehung eines Adligen. Bis zum Tode seines Vaters führte er den Titel eines Prinzen von Marcillac und wurde 1650 Herzog von La Rochefoucauld, Pair von Frankreich. Alle Biographen heben seine stets bewiesene persönliche Tapferkeit hervor. Madame de Sévigné rühmt seine Haltung vor dem Tode, dem er gleichmütig und ruhig entgegensah. 1680, am Ende von Frankreichs großem Jahrhundert, ist La Rochefoucauld gestorben.

Er trat in dem Augenblick handelnd auf, in dem Richelieu das Fundament für den absolutistischen französischen Staat zu legen hatte. Der große Plan hatte die Niederwerfung der Feudalherren, des Adels, der Hugenotten, kurz, aller Staatsfeinde erfordert. Parteinahme für den aufständischen Adel, ein gewisser Mangel an politischer Begabung haben La Rochefoucauld den Weg zum Einfluß im politischen Leben versperrt. Er hat viele Niederlagen als Aufständischer erlitten, Ruf und Namen erworben als einer der Adligen, in denen sich aller Groll und Haß gegen die Unerbittlichkeit der Regierung Richelieus gesammelt hat. Dennoch, trotz der Verfolgungen, die er erleiden mußte, hat er den großen Kardinal in seinen Memoiren als einen weitblickenden, durchdringenden Geist, als einen herben und schwierigen Charakter geschildert. »Niemand hat so gut wie er die Macht des Königtums gekannt und sie ganz in die Hand des Souveräns gelegt. Die Härte seiner Regierung hat viel Blut gekostet, die Großen des Reiches wurden unterworfen, die Völker durch Steuern bedrückt, aber die Eroberung von La Rochelle[10], die Vernichtung der Hugenotten, die Demütigung des Hauses Österreich, all die Größe in seinen Plänen und Geschicklichkeit, sie zu verwirklichen, müssen das Ressentiment des einzelnen ersticken und seinem Andenken das wohlverdiente Lob sichern.« So urteilte La Rochefoucauld über ihn, als er später nach den leidenschaftlichen Empfindungen einer

---

[10] Hugenottenstadt, deren Widerstand Richelieu erst nach vielen Jahren Belagerung brechen konnte. Vgl. die ausführliche Darstellung bei C. J. Burckhardt, Richelieu I. München 1935.

Zeit, in der er alle Befriedigung nur in der Erfüllung kühner Pläne in Kampf und Aufstand fand, zur Klarheit und Ruhe des Betrachtens zurückgekehrt war. Die Salons, die Gesellschaft waren der Rahmen, in den er nun, in seiner zweiten Periode, eintrat. In der Luft dieser feinen Geselligkeit, aus der Unterhaltung über die Fragen der Religion, Psychologie und Politik sind die ›Reflexionen und Maximen‹ entstanden. Sie haben den Ruhm seines andern großen, an sich fesselnden Werkes, der Memoiren über drei Jahrzehnte französischer Geschichte (1624 bis 1652), überschattet. »Man liest die Memoiren des Herzogs von La Rochefoucauld, und man weiß seine Maximen auswendig«, urteilte Voltaire.

Der Mensch, die Wirklichkeit des Menschen stehen im Mittelpunkt dieser Maximen, deren erste Ausgabe in Paris 1665 erschienen ist (der Haager Druck von 1664 war unvollständig). In ihnen verflechten sich christliche Anschauungen mit der durch lange Erfahrung im politischen und gesellschaftlichen Leben gesteigerten Fähigkeit der Menschenbeobachtung. Kühle Illusionslosigkeit, lieblose Schärfe des Tadels, Skepsis, der die Tugend nur Schein ist (»Unsere Tugenden sind meist nur verkappte Laster«), hinter den man zurückgehen muß, um die wahre Wirklichkeit, die Eigenliebe als Grundmotiv des menschlichen Handelns zu entdecken, werden noch getragen vom Schwung des gesellschaftlichen Ideals des vollkommenen Menschen, für dessen überlegene Gelassenheit Raum bleibt in der Welt des Scheins.

Eigensucht und Dünkel als Triebkräfte des Handelns, als Sünden, erwachsend aus der Verderbtheit der menschlichen Natur – in dieser immer wiederkehrenden, vielfach abgewandelten und nuancierten These, in der Lust, im Menschen immer wieder den Glauben an sich zu vernichten, wirkt ohne Zweifel christlicher, vielleicht Pascalscher Einfluß nach. Man hat in der psychologischen Verschärfung des Blicks bei La Rochefoucauld Spuren der moralischen Skepsis des Christentums entdecken wollen und damit gemeint, den Kreis der Anregungen und Eindrücke zu umschreiben, der für La Rochefoucauld von Bedeutung war. Aber man kann freilich noch andere Motive in den Maximen finden. In dem Moralisten, der die Verstellung in allen Schlupfwinkeln aufspürte, in allen Formen, in die sie sich versteckte, aufsuchte, kreuzte sich die richtende und vernichtende Schärfe des Urteils mit einer Einstellung zum Leben, die die Verkettung von Gut und Böse hinnimmt. In der Perspektive La Rochefoucaulds müssen sich die Laster mit der Tugend mischen wie Gifte mit den Heilmitteln. Aus der argwöhnischen und desillusionierenden Weltverneinung entsteht oftmals Weltklugheit, die die Notwendigkeit der gesellschaftlichen Ordnung zugibt, die sie so schonungslos entlarvt hat, erwachsen politische Erkenntnisse, die an die Moralisten des 18. Jahrhunderts erinnern und den Vergleich mit Tacitus nahelegen, dessen Pessimismus und verkürzende Sprachschärfe man seit der Renaissance nicht aufgehört hat zu bewundern. Die Wirkung der Maximen ist uns durch zahlreiche Urteile – der Madame de Sévigné und La Fayette, von La Fontaine und durch die Korrespondenz La Rochefoucaulds – bezeugt. Die wunderbare Verknappung und Zuspitzung der Form, in der Philosophie und Kunst sich verflechten, der Verstand die Sprache des Witzes, der Witz – in des Wortes vielfältiger Bedeutung so oft Organ der französischen Literatur des 17. und 18. Jahrhunderts – die Sprache der Philosophie spricht, die überlegene Ironie, die aller Widerlegung spottet und von Wahrheiten des Christentums, zu denen sie führen könnte, leicht die Aufmerksamkeit des Lesers auf die blitzartig überraschende und kühne Kunst des Ausdrucks zurücklenkt – all dies zusammen hat die Aphorismenstimmung entwickelt und den Maximen den Ruhm eines Musters und Vorbilds verschafft.

In der verwandelnden Aneignung solcher großer Muster oder in ihrer Umdeutung und Widerlegung haben die Moralisten nach La Rochefoucauld ihre Erfahrungen aussprechen können. Moralisten auch sie, denn auch ihr Ziel war es, eine Wissenschaft vom Menschen zu begründen und Maximen zur Beherrschung des Lebens aufzustellen. Sie bedienen sich derselben Form wie La Rochefoucauld, und nicht nur aus einer künstlerischen Abhängigkeit, aus der Nachwirkung einer großen Sprach- und Sprechkultur, sondern auch aus einem sachlichen Gegensatz, indem man sich oft zur Widerlegung der Form des zu widerlegenden Autors bedient. Vauvenargues, wiewohl er vielfach noch ganz unter dem Bann der ›Maximen‹ steht, erblickt seine Mission darin, die La Rochefoucauldschen Begriffe umzuschmelzen und den unterdrückten Leidenschaften wieder zu ihrem Recht zu verhelfen.

Luc de Clapier, Marquis de Vauvenargues, ist 1715 in Aix-en-Provence geboren. Seine schwächliche Gesundheit hat ihm seinen Studien- und Bildungsgang sehr erschwert, dennoch hat die

Beschäftigung mit antiken Schriftstellern – Plutarch, Seneca, Cicero – seine frühe Jugend erfüllt. Achtzehnjährig zog er als Unterleutnant ins Feld; die Perspektive einer glanz- und ruhmreichen Laufbahn hat ihn lange bei der französischen Armee festgehalten, an deren Feldzügen in Italien und in Böhmen er teilgenommen hat. Verwundung und schwere Krankheit zwangen ihn, 1743 seinen Abschied vom Offiziersberuf zu nehmen. Aber auch eine andere, nur wenige Monate währende Hoffnung auf eine zweite Form des tätigen Lebens, auf den Diplomatenberuf, schlug fehl. Eine neue Krankheit, die ihn fast das Augenlicht gekostet hätte, zwang ihn zu einem kontemplativen, einsamen Leben, dem alle Freuden der Salons, der Gesellschaft und Geselligkeit versagt blieben. Nur in seiner Vorstellung konnten sie sich zu Gebilden verdichten und den festen Umriß von Gestalten annehmen. Vauvenargues lebte als Schriftsteller, krank und siech und unbeachtet. In einer Fülle von Unglück und Schmerzen sind seine Schriften entstanden, von denen er 1746 die ›Reflexionen und Maximen‹ anonym veröffentlichen konnte. Die laute Anerkennung und Bewunderung Voltaires war das einzige Licht, das noch in die Verdüsterung seines Daseins drang. 1747 ist er, erst zweiunddreißig Jahre alt, in Paris vereinsamt und unbekannt gestorben.

Vauvenargues' Werk weist mannigfache Berührungspunkte mit den großen Autoren des 17. Jahrhunderts auf. Sein systematisches Buch, die ›Einführung in die Erkenntnis des menschlichen Geistes‹, ergänzen Schriften, die im Zuge der klassischen Tradition die Mitte halten zwischen der von außen kommenden Beschreibung der Charaktere und der Analyse des Nebeneinanders verschiedener Eigenschaften als Dispositionen und Möglichkeiten, der Beschreibung der Offenbarungsweisen des menschlichen Geistes. Wir besitzen von Vauvenargues Werke verschiedener Gattung: die reiche und fesselnde Korrespondenz mit dem Marquis von Mirabeau, mit Voltaire, mit Saint-Vincens, einem verständnisvollen, jungen Freund, der mit lebhafter Anteilnahme die Entstehung seiner Schriften verfolgte. Dann Reden, Meditationen, Charaktere in der Art La Bruyères, Fragmente, Reflexionen, literarische Versuche, die als Proben einer undogmatischen Kunstkritik bekannt geworden sind.

Die Themen der kurzen Reden sind sehr charakteristisch: zum Beispiel ›Über den Ruhm‹, ›Über die Vergnügen‹, ›Über den Charakter der verschiedenen Jahrhunderte‹, ›Lobrede auf Ludwig XV.‹. In diesen Reden, in denen sich die Gaben eines

Geistes entfalten, der seine Einsichten anmutig und spielend vorträgt, wird versucht, Begriffe, die die Skepsis nicht unangetastet gelassen hatte, wieder als beherrschende und höchste Prinzipien des Lebens einzuführen, anderseits Vorurteile, die damals tief eingewurzelt waren, durch eine neue und überraschende Form zu entkräften. Es kündigt sich hier schon der Gegensatz zu La Rochefoucauld an, den Vauvenargues als sehr scharf empfunden hat: »La Rochefoucauld hat wunderbar die schwache Seite des menschlichen Geistes charakterisiert, *vielleicht war ihm dessen Stärke nicht verborgen geblieben,* vielleicht hat er Verdienst und ruhmreiche Handlungen nur geleugnet, um die falsche Weisheit zu entlarven« – als hätte La Rochefoucauld gleichsam die »falsche« Tugend aufgehoben, damit Vauvenargues der wahren Platz machen könnte. Ruhm und Tugend sind nur Formen der »Tätigkeit« *(activité),* die für Vauvenargues ein universales Prinzip ist, das das Zusammenleben der Menschen in Staat und Gesellschaft bestimmt. Die Kluft, die den Adel von den übrigen Ständen trennte, hat er in dem Dialog zwischen Bossuet und Fénelon zwar bemerkt, aber solche Kritik, die bei ihm nie zu dauernder Opposition, zu einem äußeren Kriegszustand wird, der die Lebensform prägt, schloß niemals den Kult der Größe und des Außerordentlichen als einer ständigen Verführung des Menschen aus. So möchte er einmal zu den Franzosen über den Ruhm sprechen, wie ein Athener zur Zeit des Themistokles und Sokrates es getan hätte, und die Lektüre der Lebensbeschreibungen des Plutarch vermittelte ihm – wie er an Mirabeau schreibt – ein Gefühl von römischer Kraft, Herrschaft und Stärke, das in grenzenlose Begeisterung versetzen kann.

Wer so stark in der Vergangenheit leben kann, verweigert leicht seiner eigenen Zeit die Gefolgschaft. Ideale des Fortschritts der Wissenschaft und der Kultur könnten nicht schärfer negiert werden als in der ›Rede über den Geist der Jahrhunderte und die Sitten der Zeit‹; Vauvenargues' Neigungen lagen immer wieder im Widerstreit und im angestrebten Einklang mit einer aufgeklärten Welt. Denn wenn ihn die Kritik an Descartes' Ideenlehre, die Vorliebe für Locke und Pope, der Versuch, die Leidenschaften wieder als die wahren und eigentlichen Triebkräfte des Lebens und Denkens erscheinen zu lassen, mit vielen Zeitgenossen verbindet, so ist doch die Entdeckung der Wahrheit des Gefühls eine Erkenntnis, die erst in Diderots späten Schriften ein Seitenstück findet. »Große Gedanken entspringen im Herzen«, lautet eine berühmte Maxime, die durch eine Stelle aus einem Brief an Mirabeau ergänzt wird: »Aus Neigung bin ich Philosoph geworden ... meine ganze Philosophie entspringt im Herzen ... sie liegt in der Liebe zur Unabhängigkeit, und das Joch der Vernunft müßte ihr noch unerträglicher sein als das der Vorurteile.«

Das gilt in gewissem Sinn auch von der religiösen Anschauungswelt Vauvenargues'. Dem Christentum stand er, ohne ihm anzugehören, sehr nahe. So entschieden er mit La Bruyère die äußere Frömmigkeit ablehnt, so stark hat er anderseits die Einwirkung Pascals und des großen Kanzelredners Bossuet erfahren. Einmal spottet er über die unbedeutenden Menschen, die sich für geniale Verächter einer Religion halten, die der große, tapfere Turenne verehrt hat.

In seinen Maximen kehren die Motive aus allen übrigen Schriften wieder. Das Denken kann sprunghaft sein, sich der Laune und Stimmung hingeben, in die wir uns hineingerissen fühlen, aus einem gesicherten Zustand in das Unerwartete, das uns umgibt und das wir so leicht übersehen. Dann gleicht das Denken Wachträumen, in denen unsere Gedanken, gleichsam frei schwebend, sich selbst überlassen, überraschende Ideen aus sich hervorgehen lassen. Was ihnen dann das Profil gibt, ist der unvermittelte, jähe Übergang; sie bezeichnen oft nur die Pole, zwischen denen das Entgegengesetzte auf- und niederspielen kann. »Ich bin«, schreibt Vauvenargues einmal an Mirabeau, »von meinen Gedanken und Leidenschaften erfüllt, und das ist keine Verschwendung, wie Sie glauben, sondern ein ständiges Weitergehen, eine sehr lebhafte Beschäftigung.«

Wie La Bruyère weicht er der systematischen Verknüpfung der Gedanken aus und überläßt es dem Leser, in der Gesamtheit der thematisch verbundenen oder vereinzelten Aphorismen die philosophische Leitidee zu finden, die manchmal schärfer hervortritt, manchmal in einer unsichtbaren Folge verborgen bleibt. Der Sinnspruch, die Betrachtung, die mitunter persönlich gefärbte Erinnerung stehen hier neben Entwürfen, besonders der ›Unterdrückten Maximen‹, in denen Vauvenargues oft mehr notiert als geschrieben hat. Allegorien, Gleichnisse stehen neben der vollendeten, oft ironischen Maxime, die sich in die Form überraschter, scheinbar verwunderter Feststellung kleiden kann und deren besondere Kunst man fühlt, noch ehe man sie analysieren kann. Sie wendet sich an die kleine Zahl erlesener Geister – in die Voltaire schon früh Vauvenargues aufgenommen hat –, die durch den verhüllenden und verschleiernden Sinn der Worte zur wahren Meinung des Autors vordringen können. Dieser weiß zwar: »Unsre Gedanken sind unvollkommner als die Sprache«, aber es gilt auch: »Sprache und Geist haben ihre Grenzen; die Wahrheit ist unerschöpflich.«

Die Probleme der Politik und Geschichte mußten Vauvenargues, der Montesquieu gekannt und bewundert, Voltaires kleine Schriften noch gelesen hatte, sehr naheliegen. In der Tat versucht er in vielen Maximen, das Wesen der Politik als Wissenschaft zu beschreiben, den Typus des Politikers und Diplomaten zu kennzeichnen. In einem kurzen Dialog zwischen Richelieu und Fénelon deckt er den Ehrgeiz als ein Hauptmotiv des politischen Handelns auf. Er erörtert das Problem von Macht und Recht, und oft versucht er, ein unbefangenes Verständnis der Zusammenhänge der geschichtlichen Welt zu entwickeln. Seitdem aber Montesquieus Werke die großen Tendenzen der Zeit beherrschen, mußte notwendig ein Wandel in der Zielsetzung der Moralisten eintreten: Politik und Geschichte mußten zu einem ihrer Hauptthemen werden.

Die wesentlichen Stufen des Entwicklungsganges von *Charles Secondat, Baron de La Brède et de Montesquieu* (1689–1755) bieten folgendes Bild: Er beginnt 1721 mit den satirischen, anmutigen ›Persischen Briefen‹ seine schriftstellerische Wirksamkeit, 1734 folgen die ›Betrachtungen über die Ursache der Größe und des Verfalls der Römer‹, und noch vor Erscheinen der großen historischen Werke Voltaires ist 1748 der ›Geist der Gesetze‹ vollendet; erst postum ist die Masse der ›Gedanken‹ und Entwürfe zugänglich geworden. 1716 war Montesquieu das Amt des Parlamentspräsidenten von Bordeaux zugefallen, das er 1726 aufgab, um als Schloßherr (auch als Winzer) von La Brède ein freies und unabhängiges, durch verschiedene große Reisen[11] unterbrochenes Leben zu führen, im wesentlichen ein Gelehrtenleben.

In Montesquieu verbanden sich mächtige, einander oft widersprechende Anschauungen zur Bildung eines neuartigen Geschichtsbewußtseins. Kausal-deterministische Gedanken flossen in seinem Weltbild mit moralischen zusammen. Er dachte bald im Sinn eines absoluten, zeitlos gültige Normen

[11] Zwei Bände Aufzeichnungen über Reisen aus den Jahren 1728–1731 sind uns erhalten.

aufstellenden Naturrechts, bald im Sinn eines relativen, das die Normen zwar nicht preisgab, aber doch mit absoluten und relativen Kräften *zugleich* rechnen mußte. Aus dem absoluten Naturrecht ergab sich für Montesquieu, daß die Sklaverei wider die Natur sei, aus dem relativen, daß sie in gewissen Klimaten auf einer »natürlichen Vernunft« beruhe. So ist Montesquieus Lehre und Terminologie, weil sie mit absoluten und relativen Prinzipien zugleich operiert, oft eigentümlich gemischt. Je mehr die verabsolutierende Vernunft auf Normen pochte, desto entschiedener hatte die relativierende in natürlichen Kausalzusammenhängen ihre stärkste Grundlage, und Montesquieus Schriften bieten das Schauspiel eines Denkens, das durch den offenen Blick für die Notwendigkeit geschichtlicher Entwicklung, durch die Aufgeschlossenheit für das Recht des Sonderdaseins von Verfassungen, Staaten und Völkern stets von neuem überrascht. Weit vorurteilsloser als Voltaire vermochte er Bezirke der Individualität – von Institutionen, Völkern – eingehend zu studieren. Die verschiedensten Einrichtungen haben ihn beschäftigt; er sammelte eine Unsumme von Tatsachen, die Bausteine waren für eine neue empirisch-universale Wissenschaft. Indem er das Zusammenwirken verschiedener Faktoren – Klima, Bodenbeschaffenheit, Bevölkerungsdichte, räumliche Ausdehnung, Ökonomie, politische Einrichtungen – erfaßte, gelang es ihm, alle Formen und Erscheinungen zum Ganzen des Geistes einer Nation *(esprit général)* zusammenzufügen; aus allem einzeln Beobachteten erwuchs ihm die Einheit von Völkern und Staaten, die anschaulich zu machen die Aufgabe seiner schriftstellerischen Kunst wurde.

Der ›Geist der Gesetze‹ aber verdankt seinen Welterfolg nicht nur der Begeisterung über das Erscheinen eines Werkes, das die Ergebnisse weitgespannter Studien künstlerisch gestaltet hat. Seine größte Wirkung gründet darin, daß noch einmal, einhundertsiebzig Jahre nach Bodins großem staatsrechtlichem Wurf (›La république‹ 1576), noch vor Einsetzen der Spezialisierung, die politischen Fragen an die von der philosophischen Anthropologie gezogenen Linien angepaßt wurden – jede Verfassungsform gibt einer bestimmten menschlichen Verhaltensweise Raum. Montesquieu unterscheidet, das Aristotelische Schema Monarchie, Aristokratie, Demokratie verwandelnd, Republik, Monarchie, Despotie und sieht den inneren Zusammenhang dieser Formen mit den Prinzipien Tugend, Ehre, Furcht, auf denen sie beruhen. Seine Formen sind zwar nicht aus einer bestimmten historischen Situation erwachsen und nicht der Veränderung unterworfen, sind statische – idealtypische – Abstraktionen, doch sie stellen das Mittel dar, sich in der vielgestaltigen Wirklichkeit zurechtzufinden. Die daraus resultierende Verbreiterung und Vertiefung politischen und geschichtlichen Wissens wurde ein Wesenszug des Jahrhunderts, mit dessen Geschicken Montesquieus System verflochten blieb. Die von ihm angebahnte Entwicklung haben die historisch-politischen Wissenschaften und die Soziologie des 19./20. Jahrhunderts weitergeführt – gleichgültig, ob sie ihm nun zustimmten oder nicht.

Im Lauf seines Lebens hatte sich die Stellung zur Wirklichkeit immer mehr befestigt, um sich in einigen vielfach variierten Leitbegriffen wie Glück, Ehrgeiz, Freiheit zu konzentrieren. Was in den Frühwerken nur ahnungsvoll gegenwärtig war, weitet sich zur Empfindung des Ganzen, das in einer fortlaufenden Reihe einander ergänzender Bestimmungen gefunden wird. Aber selbst in den Hauptschriften bleibt die universelle Kraft des Autors dem Leser verborgen, wenn es ihm nicht gelingt, die Synthese aus den scheinbar disparaten Elementen herzustellen. In einer Antwort an Grosley über den ›Geist der Gesetze‹ hat Montesquieu bemerkt, daß viele seiner Ausführungen zweideutig wirken könnten, weil »sie getrennt von andern sind, durch die sie ihre Erklärung finden, und weil die einzelnen Glieder einer Kette weit auseinanderliegen«. Die Verkettung soll, ganz in Sinn aphoristischer Tradition, unsichtbar bleiben, damit es dem Leser aufgegeben ist, die beständige Wechselwirkung einzelner Probleme und Problemkreise, das Ineinandergreifen verschiedener, in ihrer literarischen Äußerung getrennter Momente zu begreifen.

Das Problem, das Montesquieu – wie sein Jahrhundert – immer wieder beschäftigt hat, ist die Idee des Glücks[12], und alle Antithesen, die in seine Bestimmungen des Begriffs eingehen, lassen sich in den Grundgegensatz von Ruhe und Bewegung zusammenfassen. Denn wie es ein stilles, beständiges Glück, das bloße Glück des Daseins, gibt, das man nicht gegen das Nichtsein eintauschen möchte und das ein Geschenk der Natur ist, so gibt es ein anderes, das nicht unbeweglich in sich verharrt, sondern in dem immer wieder Begehren und Erfüllung einander durchdringen, und dessen Willensziele keine

[12] Vgl. Robert Mauzi, L'idée du bonheur dans la littérature et la pensée française du XVIIIe siècle. Paris 1960.

Illusionen sind. Die Parallele solcher Gedanken zu Montesquieus Leben ist offenkundig. Denn wenn einerseits sein Leben als Schloßherr von La Brède durch eine kontemplative Stimmung gekennzeichnet ist, in der der einzelne, ganz auf seine Individualität gerichtet, sich vom Ganzen zu isolieren scheint, so konnte sich anderseits Montesquieus Geist in vielen Reisen zur Welt entfalten, um im Schauspiel der unendlichen Mannigfaltigkeit von Ländern und Völkern sich selbst noch auf andere Art zu genießen. Aber beide Lebensweisen streben zu menschlichen Ausdrucksformen, und während Voltaire in seinem ›Zeitalter Ludwigs XIV.‹ sich doch noch zum Heroischen hingezogen fühlt, hatte Montesquieu alle Lust an der Widervernunft, alle übertreibende, schwärmende Verehrung der Heroität hinter sich gelassen, so als wollte er sich von allen gefährlichen Experimenten der Natur distanzieren. Sich distanzieren – und nicht nur in diesem Punkte – auch von Vauvenargues. Der Satz: »Je suis ami de tous les esprits, ennemi de tous les cœurs«, schränkt die Gültigkeit von Emotionen, Gefühlen, Affekten als das allen Gemeinsame ein zugunsten des Geistes, der keiner individuellen Verschiedenheit den Boden entzieht. Dies hängt mit Montesquieus Ideal des Maßhaltens zusammen, durch das er sich in Einklang mit dem Naturgesetz, mit einer ewigen Gerechtigkeit und Vernunft weiß, beharrend auf Begriffen und Vorstellungen, die nur das Ergebnis jenes großen Säkularisierungsprozesses sind, der seit der Renaissance alle Zweige der Kultur ergriffen und sich im 18. Jahrhundert sehr oft im Medium des Naturrechts vollzogen hat. Deswegen zielen auch alle Ratschläge des Gesetzgebers im ›Geist der Gesetze‹ auf die Begrenzung der Macht. Die verschiedenen Gewalten halten sich gegenseitig in Schach, um das Gleichgewicht zwischen entgegengesetzten Kräften herzustellen. Erst dann steht das Leben wirklich im Zeichen der Freiheit, die nicht nur die Selbständigkeit des einzelnen, sondern auch die Selbständigkeit von Völkern vor jeder Bedrohung durch Usurpatoren und Despoten schützt. Die Gesetze aber sind die Vorstufe, ohne die das Ziel der Freiheit nicht erreichbar ist; das Individuum findet in dem allgemeinen Gesetz, dem es sich unterwirft, sein Selbst wieder.

Von dem Hintergrund politischer Theorien heben sich solche Gedanken ab, die freilich, wo sie eine ideale Form erreichen, nicht die französische Wirklichkeit des Ancien régime widerspiegeln. Sie haben vielmehr den Charakter des Wunschbildes, dem die damalige Lage widersprach; Montesquieu antizipiert die Idee der Freiheit, die erst viel später zur Grundlage des Staates gemacht worden ist. Die Beziehung auf ein Gegenbild – das bis zu einem gewissen Grade der englischen Verfassung entnommen war – konnte nicht mehr entbehrt werden, und stets wird, indem der positive Inhalt des ›Geistes der Gesetze‹ gewonnen und gesichert wird, zugleich die Anerkennung der Denk- und Gewissensfreiheit erobert. Daneben schließt sich in den ›Gedanken‹ die Welt der Psychologie – der noch unfertigen Völkerpsychologie –, der Geschichte, der Ästhetik auf. In diesem Zusammenhang nimmt Montesquieu seinen Standort bald in der großen geschichtlichen Tradition, die ihm durch die Antike vermittelt worden war, bald versenkt er sich in die Anschauung der Gesetze, nach denen die klassische und die zeitgenössische Theorie verfahren konnten.

So erschöpft sich das Gesetz, unter dem sein geistiges Werk steht, nicht etwa in einer Richtung seines Denkens, aber die Einheit einer wesentlich kontemplativen Haltung behauptet sich gegenüber der Mannigfaltigkeit der Themen, die er ergreift, stets von neuem. Es war ihm früh zur Gewohnheit geworden, »alle Völker Europas mit derselben Unparteilichkeit anzusehen, wie die verschiedenen Völker der Insel Madagaskar« und selbst das ihm Wesensfremde als gesetzlich notwendig aus vielen Faktoren abzuleiten und zu *verstehen*; jede Nation, so meint er, würde in seinen Analysen die Rechtfertigung ihrer Anschauungen und Prinzipien finden. Denn wohl kann der große Analytiker der Gesetze und Verfassungen alle seine Analysen unter den Gegensatz von Freiheit und Zwang, von Despotismus und Gedankenfreiheit rücken – seine Kritik bleibt doch meist eine indirekte, die nicht auf den Umsturz und die Aufhebung des Gegebenen und Fixierten zielt. Daß man bestehende Gesetze nur »mit zitternder Hand« ändern dürfe, uns »belassen sollte in dem Zustand, in dem wir uns befinden«, solche und viele ähnliche in seinem ganzen Werk verstreute Formulierungen sind charakteristisch, weil sie zeigen, wie von einer betrachtenden Haltung als einem geistigen Zentrum die Fäden ausgehen, die das Ganze seiner Anschauungen miteinander verknüpfen und zusammenhalten. Chamfort hingegen trat in ganz anderm Grade der Welt, die er analysiert, in der Form des Zwanges entgegen; diesem Zwang zu widerstehen wird allmählich das große Problem seines Lebens, in dem die Kritik nicht nur zur Führerin auf dem Weg zur Erkenntnis, sondern auf dem Weg zur Begründung einer neuen Ordnung wurde. Die Kritik weist dann über sich selbst hinaus auf ein Ziel, das außer ihr liegt.

Nicolas Chamfort ist 1741 als unehelicher Sohn eines Geistlichen bei Clermont in der Auvergne geboren. Im Collège des Graffins, in dem er erzogen wurde, ist er schon früh durch seinen Witz aufgefallen. Er verließ diese Anstalt mit der Würde eines Abbés, aber ohne Lust zum geistlichen Stand. Armut zwang ihn früh, Hauslehrerstellungen anzunehmen, zuerst 1761 beim Grafen Eyk in Köln, später in Paris. Doch diese Stellungen hat er, wie die Priesterlaufbahn, sehr bald endgültig aufgegeben, um »Schriftsteller« zu werden. Aus der Welt und aus der Gesellschaft empfing er seine stärksten Lebensantriebe, akademische Preise; eine Lobschrift auf Molière (1769), eine auf La Fontaine (1774), ein kleines Lustspiel ›Die junge Indierin‹ (1764), das Stück ›Der Kaufmann von Smyrna‹ (1770) und vor allem das Trauerspiel ›Mustapha und Zéangir‹ (1770) verschafften ihm Zugang zur vornehmen Welt. Besonders die beiden letzten Stücke waren beifällig aufgenommen worden, hatten ihm die Gunst des Königs und der Königin eingebracht. Eine Pension wurde ihm gewährt, und der Prinz von Condé bot ihm eine Sekretärstelle an, die er jedoch nur kurz verwaltete und bald aus Abneigung gegen das Hofleben wieder aufgab. Der Tod von Madame de Buffon, die er nach sechs Monaten der Freundschaft verlor, scheint ihn in eine Schwermut gestürzt zu haben, die ihn lange der Gesellschaft entzog.

Im Jahre 1781 erhielt er – so groß war sein Ruf auf Grund uns heute unbedeutend erscheinender vergessener Arbeiten – einen Sitz in der Französischen Akademie. Von dieser Zeit bis zur ersten Periode der Französischen Revolution lebte er die relativ glücklichsten Jahre seines Lebens, befreundet mit dem Grafen von Vaudreuil, einem damals sehr angesehenen Hofmann, und mit Mirabeau, auf dessen Entwicklung und Laufbahn er großen Einfluß ausgeübt hat. In der Zeit der politischen Gärung, des allmählichen Vorwärtssturms der revolutionären Kräfte muß sich dann freilich ein Umschwung in ihm angebahnt haben; immer mehr entfremdete er sich der feinen aristokratischen Gesellschaft, die er genossen, geliebt und durchschaut hatte. Kurz vor Ausbruch der Revolution trennte er sich von dem Grafen von Vaudreuil.

Die Umwälzung der bestehenden Ordnung ist nun das einzige Objekt seines politischen Denkens. Gedanken revolutionären Umsturzes erfüllen ihn und verbanden sich mit einer Gesellschaftskritik, die selbst vor der eigenen Person nicht haltmachte. Das ›Journal de Paris‹ berichtet von ihm: »Er eiferte gegen die Pensionen, bis er keine mehr hatte, gegen die Akademien, deren Einkünfte seine einzige Hilfsquelle gewesen waren, bis es keine mehr gab, gegen den übermäßigen Reichtum, bis er keinen Freund mehr hatte, der reich genug gewesen wäre, ihm seine Kutsche zu leihen oder ihn zum Essen einzuladen; er eiferte gegen die Frivolität, gegen die Schöngeisterei, gegen die Literatur sogar, bis alle seine Bekannten, nur mit den öffentlichen Angelegenheiten beschäftigt, sich nicht mehr um seine Schriften, seine Schauspiele, seine Unterhaltung kümmerten.« Seine sicherlich durch die Notlage des Volkes, durch die Mißbräuche des Adels, der Kirche, der Regierung genährte Kritik, die auf ihn zurückschnellte und seine Existenz untergraben mußte, erhitzte sich leicht zu einer Grundsätzlichkeit, die sich beim Einströmen jakobinischer Ideen in die Französische Revolution genauso gegen diese kehrte wie früher gegen die aristokratische Gesellschaft. Chamfort mußte nun seinen Freimut und bittern Witz büßen; er verlor seine Stelle als Bibliothekar an der Nationalbibliothek, die er erst seit kurzem innegehabt hatte, und wurde vorübergehend verhaftet. Einer zweiten Verhaftung und Einkerkerung suchte er sich durch Selbstmord zu entziehen; an den Folgen seiner Verletzungen ist er bald darauf, am 13. April 1794, gestorben.

Das Werk Chamforts, das noch heute immer wieder gelesen wird, das Friedrich und A. W. Schlegel, Schopenhauer verehrt und bewundert haben, sind die ›Maximen‹ und ›Anekdoten‹. Durch Geist und Witz überraschende Kombinationsfähigkeit, jähe und kühne, sarkastische und grausam-ironische Zergliederungskraft haben sie ihren literarischen Ruf erworben. Es ist wie bei allen Aphoristikern und Moralisten ein Witz, der aus dem Gehalt vieler Überlegungen nur die Funken zieht, alles hinwegräumt, was der Deutlichkeit Abbruch tun könnte, die Gegensätze scharf aneinanderrückt: eine Kunst, den größten Gehalt in die knappste Form zu bannen. Er entsteht durch Vertauschung und Spiel der Worte, durch größte Sparsamkeit und Sprachschärfe, die eine ungeheure Konzentration in sich schließt, als eine Kunst, die mit geringsten Mitteln, oft im knappen Raum der Antithese, den größten Inhalt durchmißt. Immer wieder erinnert eine verblüffende Zusammenstellung an die Herrschaft einer witzigen Vorstellungsweise in einer Zeit, in der, wie Chamfort meint, schon der bloßen Wahrheit eine ironische Kraft innewohnt: »Alles ist bei uns eine Folge von Widersprüchen ... Erzählen heißt bei uns, Groteskes vorbringen ... und unsere Historiker werden einst als satirische Schriftsteller gelten.« Spöttisch sucht er den Satz: »Es gibt Zeiten, wo die öffentliche Meinung die schlechteste aller Meinungen ist«, als historisches Urteil hinzustellen. Friedrich Schlegel nannte ihn einen »Zyniker, der den kleinen Ruhm eines großen Schriftstellers verachtete. Sein köstlichster Nachlaß sind seine Einfälle und Bemerkungen zur Lebensweisheit, ein Buch voll von gediegenem Witz, tiefem Sinn, zarter Fühlbarkeit, von reifer Vernunft und fester Männlichkeit und dabei auserlesen und von vollendetem Ausdruck; ohne Zweifel das höchste und erste seiner Art.«

Seinen Gegensatz zu den früheren Moralisten hat Chamfort selber in einer – nicht ganz gerechten – Maxime bezeichnet: Die einen hätten nur die Kloaken, die andern nur das Gute gesehen, während er selbst alle Leidenschaften, Tugenden und Laster mit der gleichen Objektivität beobachten wolle, um aus ihnen ein vollständiges Bild der Gesellschaft und der Natur zusammenzusetzen. Die so oft bei ihm wiederkehrende Polarität Natur/Gesellschaft (ein typischer Gegensatz vor allem der zweiten Hälfte des 18. Jahrhunderts) läuft aber – und das unterscheidet ihn von früheren Moralisten – auf die Kritik der Gesellschaft und die Verteidigung der Natur hinaus: die wahre Natur, das wahre Wesen des Menschen kann zum Vorschein kommen, wenn man hinter alle Verschleierungen der Gesellschaft zurückgeht. Dieser Glaube, den Chamfort mit vielen Schriftstellern des 18. Jahrhunderts teilt, verleiht den scheinbar nur menschenfeindlichen Maximen doch noch einen optimistischen Akzent, der selbst solche seiner Gedanken färbt, die einen tiefen Einblick in die Zerrissenheit des französischen Staates und der französischen Gesellschaft vor der Revolution geben. Bis zu einem gewissen Grad vermag dies seine Parteinahme für die Französische Revolution zu erklären, die man psychologisch zu deuten versucht hat, und auch den bitteren Witz, der auf die meisten handelnden Personen seiner Zeit Anwendung finden konnte.

Sie waren durch die Schule der Maximen und der mit ihnen engverbundenen Anekdoten gegangen. Denn bei vielen Maximen kann man das Herauswachsen aus der Anekdote verfolgen, umgekehrt unterscheiden sich viele Anekdoten in der Selbständigkeit und Rundung ihrer Form kaum von Maximen; die Grenzen zwischen beiden Gattungen können sehr oft fließend sein, so fließend, wie die Grenzen zwischen Apophthegma und Aphorismus es oft waren. Die Gesamtanschauung beider Gruppen ist dem Inhalt nach, und zwar einem moralischen Inhalt nach, bestimmt; sie zeigen eine Minorität, die sterbende Gesellschaft des Ancien régime, in der ganzen Fragwürdigkeit ihrer Existenz, hochgestellte Personen, die rasch einander ablösenden Minister wie Choiseul und Calonne, Botschafter des In- und Auslands, Diplomaten und Höflinge, Hofdamen, die großen Herren aus allen Schichten des Adels, die Akademien, die Schriftsteller – kurz, den geschichtlichen Zustand, der an die letzte Stufe des Ancien régime gebunden ist. Es ist eine Kritik der Natur an der entarteten Gesellschaft, die sich im Nacheinander der Anekdoten entfaltet. Ein sarkastischer Geist bietet auch hier der Betrachtung stets eine negative Seite dar und eine positive dann, wenn das kämpferische Naturell des Verfassers, das Gefühl eines tiefen Ungenügens, das Leiden an der allgemeinen Not überwindend, seinen philosophischen Standpunkt lebt als eine sich selbst gegen die Welt behauptende Person, in der Theorie und Charakter unlöslich verbunden waren. Ist der eine Pol der Maximen und Anekdoten vornehmlich die französische Welt der oberen Tausend vor der Revolution, so hat der andere einen zwar nie namentlich genannten, aber gleichwohl sichtbaren Repräsentanten, nämlich den Verfasser selbst, und insofern sind die Maximen und Anekdoten *auch* autobiographisches Dokument: mit dem Abgrund, den man im Innern der Gesellschaft entdeckt, mit dem Zustand ihrer Haltlosigkeit kontrastierte ein Charakter, der sich nicht der Ausschweifung in die Arme warf.

Die Anekdoten- und Maximenleidenschaft war in Frankreich schon seit langem epidemisch. Die Phantasie mancher Epochen ist beherrscht durch schon ausgeprägte Formen, durch sich fortpflanzende Arten des Spottes über Leben und Menschen. Die Anekdoten der Antike (Plutarch, Diogenes Laertius, Sueton) liebte und sammelte man seit der Renaissance, die Bonmots führender Persönlichkeiten buchte man seit dem 17. Jahrhundert, und das Neue an den berühmten ›Historiettes‹ von Tallemant des Réaux (1619–92) war nicht zuletzt ein dahinterstehendes Motiv: die Anekdote als Ergänzung und Korrektur der offiziellen Geschichte. Durch in der Luft liegende Themen, durch äußere politische Erfahrungen erklärt sich der Gesamteindruck der vielen Sammlungen von Geschichten, Aussprüchen, Witzen. Bei Chamfort stehen die Anekdoten unter dem Zeichen des Verfalls, und der Witz eines Tiefenttäuschten, der nicht nur mit den Menschen, sondern auch mit sich selbst in einem gestörten Verhältnis lebt, entzündet sich unaufhörlich an dem Gegensatz zwischen der Einheit der Welt und der Fülle von Entzweiungen und Besonderungen, in die sie auseinanderbricht. Er gehörte seiner Substanz nach nicht mehr in dieselbe Linie wie La Rochefoucauld. Ein praktischer, ja persönlicher Horizont bestimmt eine Darstellung, die der Witz zu vielen Gebilden verdichtet, und halten sich in den Maximen noch das Allgemeine und Individuelle das Gleichgewicht, so gehen die Anekdoten weiter: sie erreichen eine Einheit von Sinn und Gestalt und geben dem Spott einen vollkommen sinnlichen Leib. Wir vergessen die Personen Chamforts sowenig wie Personen eines Romans. Darum kommt er über die organischen Grenzen der Moralisten hinaus, von der errungenen Stufe aus einem neuen Ziel entgegenstrebend. Die bewußten Schranken, die die klassische Maxime um sich gezogen hatte, fallen, wenn die Darstellung historischer Personen schon eine andere Reife des Geistes zeigt.

Die Maxime – der Aphorismus – entfaltet sich auch im 19. Jahrhundert, aber im Rahmen des romantischen Geschmacks (Jouffroy, Joubert), und, verschwenderisch, im 20. bei Paul Valéry, in dem bunten Farbenspiel seiner Sprache, in einer flutenden Welt von Formen, in der die Zauberkraft des Wortes magischen Charakter hat.

Die »klassischen« Moralisten ihrerseits sind im 19. und 20. Jahrhundert verschieden – bald enthusiastisch, bald kritisch – beurteilt worden. Aber auch in der Auffassung des 17. und erst recht des 18. Jahrhunderts, ja überhaupt des Ancien régime, bahnt sich seit Jahrzehnten ein grundlegender Wandel an. Wie verschieden man auch deuten, beurteilen und verwerfen mag, darin herrscht Übereinstimmung, daß bei allen französischen Moralisten der Mensch der große Gegenstand bleibt, an dem sie die verschiedenen Ausdrucksformen ihrer außerordentlichen Kunst des Verstehens von neuem erproben konnten. Daß in ihnen der Wunsch zur Gestaltung des Lebens und die illusionslose Erkenntnis menschlicher Unzulänglichkeiten oft in ungelöstem Widerspruch nebeneinander bestanden, hat der Nachwelt nicht verborgen bleiben können. Aber hatte schon die Aufklärung erkannt, wie viele Brücken in die Zukunft das 17. Jahrhundert entworfen hat, so hat unsere Gegenwart verstanden – und damit hat sie viele Polemiken des 19. Jahrhunderts korrigiert und aufgehoben –, wie weit gespannt der Bereich der Möglichkeiten in der Aufklärung war. Und die Anziehungskraft, die von der Form ausgeht, hielt und hält viele französische Schriftsteller im jeweiligen Herrschaftsbereich des alten Frankreichs fest: die Selbstbeobachtung und Selbstanalyse, das Studium verschiedener Charaktere, die Kunst des Umgangs führten von Gebiet zu Gebiet, so daß schließlich die Kreise des Geistes so weit gezogen waren, daß das persönliche *und* staatliche Leben, der Gedanke und die Idee der Menschheit einander begegnen. Im geistigen Haushalt Montesquieus erfüllt ein politisches und ein kosmopolitisches Ideal eine besondere Funktion, und wenn er in einem berühmten Gedanken Europa über das Vaterland, die Menschheit über Europa stellt, so formuliert er eine Überzeugung, die sich auf den Kristallisationspunkt seines Denkens konzentriert. Die Verbindung von Menschen und Interessen, von privatem und öffentlichem Leben, von Nation und Literatur, von Wirkungsmächten, die in andern Ländern getrennt nebeneinander hergehen, sich hier aber vereinigen, die lebendige Wechselwirkung entgegengesetzter Kräfte – all diese Momente lenken den Blick der Nachwelt immer wieder auf die Moralisten zurück, die, mit der Gesamterscheinung ihrer Epoche verknüpft, festgehalten im Bereich ihrer Formen, deren Spielraum künstlerisch erweitert haben.

LA ROCHEFOUCAULD

Reflexionen oder moralische Sentenzen und Maximen

*Unsere Tugenden sind meist
nur verkappte Laster.*

Vorrede der ersten Auflage von 1665

Nachricht für den Leser

Ich biete hier dem Publikum unter dem Titel ›Reflexionen oder moralische Maximen‹ ein Porträt des menschlichen Herzens. Es ist dem Schicksal ausgesetzt, nicht jedermann zu gefallen, denn man wird finden, daß es allzu ähnlich sei und nicht genug schmeichle. Es hat den Anschein, als sei es niemals die Absicht des Verfassers gewesen, dieses Werk erscheinen zu lassen, und sicher würde es noch verschlossen in seinem Zimmer liegen, wenn nicht eine schlechte Abschrift, die vor einiger Zeit sogar bis nach Holland gedrungen ist, einen seiner Freunde veranlaßt hätte, mir eine andere zu geben, die, wie er sagt, mit dem Original haargenau übereinstimmt. Aber wie getreu sie auch sein mag, sie wird dem Tadel gewisser Personen kaum entgehen, die nicht ertragen können, daß man sich erdreistet, bis auf den Grund ihres Herzens zu dringen, und die ein Recht zu haben glauben, die andern daran zu hindern, sie zu erkennen, weil sie sich nicht selber erkennen wollen. Da diese Maximen mit jener Art von Wahrheiten durchtränkt sind, in die der menschliche Eigendünkel sich nicht zu schicken vermag, so ist es fast unmöglich, daß er sich nicht gegen sie empöre und daß sie sich nicht Tadler zuziehen. Um ihretwillen berichte ich hier von einem Brief, den man mir gegeben hat und der nach dem Auftauchen der Handschrift verfaßt worden ist in der Zeit, da niemand sich versagte, seine Meinung laut werden zu lassen. Er schien mir vorzüglich den Haupteinwänden zu begegnen, die man gegen die Reflexionen erheben kann, und die Gefühle ihres Verfassers zu erklären: er begnügt sich nämlich damit, zu zeigen, daß der Inhalt der Maximen nichts anderes sei als der Abriß einer Moral, die mit den Gedanken mehrerer Kirchenväter völlig übereinstimme, und daß ihr Verfasser mit Recht habe glauben können, nicht in die Irre zu gehen, wenn er so guten Führern folge, und daß es ihm erlaubt sei, vom Menschen so zu sprechen, wie es die Kirchenväter getan haben. Aber wenn die Verehrung, die ihnen gebührt, nicht imstande ist, den Groll der Kritiker zu zügeln, wenn sie skrupellos die Meinung dieser großen Männer verdammen, indem sie dieses Buch verdammen, so bitte ich den Leser, ihnen hierin nicht zu folgen, seinen Geist nicht von der ersten Wallung seines Herzens fortreißen zu lassen und – wenn es möglich ist – dafür zu sorgen, daß die Eigenliebe sich nicht in sein Urteil mische. Denn wenn er sie befragt, braucht man nicht mehr zu erwarten, er könne für diese Maximen eingenommen sein; da sie die Eigenliebe als den Verderber der Vernunft ansehen, wird sie unweigerlich den Verstand gegen sie einnehmen. Man muß also auf der Hut sein, diese Beschuldigungen zu rechtfertigen, und sich klarmachen, daß nichts so sehr geeignet ist, die Wahrheit dieser Reflexionen zu beweisen, als der Eifer und Scharfsinn, den man aufwenden wird, sie zu bekämpfen. Es wird in der Tat schwer sein, einen vernünftigen Menschen glauben zu machen, man verdamme sie aus andern Gründen als aus heimlichem Eigennutz, aus Eigendünkel und Eigenliebe. Mit einem Wort, das Beste, was der Leser tun kann, ist, sich zuerst zu vergegenwärtigen, daß keine einzige dieser Maximen ihn im besonderen betrifft und daß er allein ausgenommen ist, obwohl sie allgemeingültig zu sein scheinen. Dann bürge ich dafür, daß er der erste sein wird, sie zu billigen, und sogar glauben wird, sie ließen dem menschlichen Herzen Gnade widerfahren. Dies hatte ich über diese Schrift im allgemeinen zu sagen.

Reflexionen oder moralische Sentenzen und Maximen

Was wir für Tugend halten, ist oft nur ein Gewebe verschiedener Handlungen und Interessen, die der Zufall oder unsere Geschäftigkeit aneinanderzureihen weiß, und nicht immer sind es Mut und Keuschheit, die die Männer mutig machen und die Weiber keusch.

Eigenliebe übertrifft alle Schmeichler.

Soviel Entdeckungen man auch im Reich der Eigenliebe gemacht hat, immer bleibt noch viel unerforschtes Land zurück.

Eigenliebe ist klüger als der klügste Mann der Welt.

Die Dauer unserer Leidenschaften hängt nicht mehr von uns ab als die Dauer unseres Lebens.

Leidenschaft macht oft den gescheitesten Mann zum Narren und den größten Dummkopf zum gescheiten Mann.

Große glänzende Taten, die das Auge blenden, werden von Politikern als Resultat großer Pläne hingestellt, und gewöhnlich sind sie nur Kinder der Laune und Leidenschaft. So war der Krieg zwischen Augustus und Antonius, den man ihrem Ehrgeiz, sich zu Herren der Welt zu machen, zuschreibt, vielleicht nur die Folge ihrer Eifersucht.

Die Leidenschaften sind die einzigen Redner, die stets überreden. Sie sind gleichsam eine natürliche Kunst, deren Regeln nie irreführen, und der einfältigste Mensch, von Leidenschaft erfüllt, überredet besser als der beredteste ohne Leidenschaft.

Leidenschaft ist ungerecht und eigennützig und deshalb eine gefährliche Führerin, der man sich nicht anvertrauen soll, selbst wenn sie noch so vernünftig erscheint.

Im menschlichen Herzen liegt eine unzerstörbare Brut von Leidenschaften, und das Ende der einen ist fast immer der Anfang einer andern.

Oft erzeugen Leidenschaften andere, die ihnen entgegengesetzt sind: Geiz Verschwendung, Verschwendung Geiz. Oft ist man hartnäckig aus Schwäche und verwegen aus Angst.

Wie man sich auch bemühen mag, seine Leidenschaften mit dem Schleier der Frömmigkeit und des Ehrgefühls zu decken, immer werden sie darunter hervorsehen.

Unsere Eigenliebe nimmt die Verurteilung unserer Lieblingsneigungen empfindlicher hin als die Ablehnung unserer Überzeugungen.

Nicht bloß leicht vergessen können die Menschen Wohltaten und Beleidigungen, selbst hassen können sie ihre Wohltäter und ihre Beleidiger zu hassen aufhören. Die Aufgabe, Gutes zu belohnen und sich für das Böse zu rächen, dünkt ihnen ein sklavischer Zwang, dem sie sich ungern unterwerfen.

Die Herablassung der Fürsten ist oft nur Politik, um die Zuneigung der Völker zu gewinnen.

Diese Herablassung, aus der man gern eine Tugend macht, üben sie: einmal aus Eitelkeit, zuweilen aus Trägheit, oft aus Furcht und fast immer aus allen dreien zusammen.

Die Wunschlosigkeit glücklicher Menschen kommt von der Windstille der Seele, die das Glück ihnen geschenkt hat.

Gelassenheit ist die Sorge, den Neid und die Verachtung auf sich zu laden, die alle, die sich an ihrem Glück berauschen, verdienen. Sie ist ein eitles Prahlen mit unserer Seelenstärke und bei Menschen auf dem Gipfel des Glücks der Wunsch, größer zu erscheinen als ihr Glück.

Wir sind alle stark genug, um zu ertragen, was andern zustößt.

Die Unerschütterlichkeit der Weisen ist nichts anderes als die Kunst, Stürme in ihrem Herzen zu verschließen.

Zum Tode Verurteilte heucheln oft eine Unerschütterlichkeit und eine Todesverachtung, die nur aus der Angst entspringt, ihm ins Gesicht zu sehen, so daß man sagen kann, Unerschütterlichkeit und Todesverachtung seien für ihren Geist, was die Binde für ihre Augen ist.

Die Philosophie besiegt leicht vergangene und zukünftige Übel, gegenwärtige aber besiegen sie.

Wenige Menschen kennen den Tod. Gewöhnlich erleidet man ihn nicht entschlossen, sondern stumpfsinnig brauchgemäß, und die meisten Menschen sterben, weil man zu sterben nicht umhin kann.

Wenn große Menschen durch die Dauer ihres Mißgeschicks kleinlich werden, so verraten sie dadurch, daß sie es nur durch die Stärke ihres Ehrgeizes und nicht aus Seelengröße ertragen haben und daß, von großer Eitelkeit abgesehen, die Helden wie andere Menschen sind.

Man bedarf weit größerer Tugenden, das Glück zu ertragen als das Unglück.

Weder die Sonne noch den Tod kann man fest ins Auge fassen.

Selbst mit den verbrecherischsten Leidenschaften prahlt man zuweilen; nur der Neid ist eine scheue und verschämte, die man nie einzugestehen wagt.

Eifersucht ist in gewisser Hinsicht gerecht und vernünftig, da sie nur den Besitz bewahren will, der unser ist oder zu sein scheint; Neid dagegen ist Eifern über den Besitz anderer.

Was wir Böses tun, zieht uns nicht so viel Verfolgung und Haß zu wie unsere Vorzüge.

Wir haben mehr Stärke als Willen, und nur um uns vor uns selbst zu entschuldigen, halten wir oft Dinge für unmöglich.

Wenn wir keine Fehler hätten, würden wir nicht mit so lebhaftem Vergnügen in andern welche entdecken.

Eifersucht nährt sich von Zweifeln, und sie wird zur Raserei oder vergeht, wenn man vom Zweifel zur Gewißheit gelangt.

Immer hält sich der Stolz schadlos und verliert nichts, selbst wenn er auf Eitelkeit verzichtet.

Wenn wir nicht stolz wären, würden wir uns nicht über den Stolz anderer beklagen.

Der Stolz ist in allen Menschen gleich, nur die Mittel und Wege, ihn zu zeigen, sind verschieden.

Die Natur, die die Organe unseres Körpers zu unserm Glück so weise eingerichtet hat, hat uns auch den Stolz mitgegeben, um uns das schmerzliche Bewußtsein unserer Unvollkommenheit zu ersparen.

An den Lehren, die wir denen spenden, die Fehler begangen haben, hat der Stolz mehr Anteil als die Güte, und wir tadeln sie nicht so sehr, um sie zu bessern, als um sie zu überzeugen, daß wir selbst frei sind von solchen Fehlern.

Wir versprechen gemäß unserer Hoffnung und erfüllen gemäß unserer Furcht.

Der Eigennutz spricht alle Sprachen und spielt alle Rollen, selbst die des Uneigennützigen.

Der Eigennutz macht die einen blind und die andern sehend.

Wer sich zuviel mit kleinen Dingen abgibt, wird gewöhnlich unfähig zu großen.

Wir sind nicht stark genug, unserer ganzen Einsicht zu folgen.

Oft glaubt der Mensch sich selbst zu führen, wenn er geführt wird, und während sein Geist nach einem Ziele strebt, führt ihn sein Herz unmerklich einem andern zu.

Geisteskraft und Geistesschwäche sind schlechte Namen: sie sind nur die gute oder schlechte Anlage der Organe des Körpers.

Die Launen unseres Gemüts sind noch seltsamer als die des Schicksals.

Die Wertschätzung oder Gleichgültigkeit, die die Philosophen dem Leben gegenüber zeigten, ist nur eine Geschmacksrichtung ihrer Eigenliebe, über die man so wenig streiten sollte wie über den Geschmack der Zunge oder den Wert der Farben.

Unsere Laune verleiht allen Gaben des Glücks ihren Wert.

Das Glück liegt im Genuß, nicht in den Dingen, und der Besitz dessen, was man liebt, macht glücklich, nicht dessen, was andere liebenswert finden.

Niemals ist man so glücklich oder unglücklich, wie man glaubt.

Wer Verdienste zu haben glaubt, macht sich eine Ehre aus seinem Unglück, um andern und sich selbst einzureden, daß er des Ringens mit dem Schicksal wert sei.

Nichts sollte unsere Selbstzufriedenheit so sehr vermindern als die Erkenntnis, daß wir heute verwerfen, was wir morgen billigen.

Bei aller Ungleichheit der Geschicke gibt es doch einen gewissen Ausgleich von Gut und Böse, der alle gleichmacht.

Welch große Vorzüge auch die Natur gewähren mag, nicht sie allein, sondern sie und das Schicksal machen erst den Helden.

Die Verachtung des Reichtums war bei den Philosophen ein geheimer Trieb, ihre Verdienste an dem ungerechten Schicksal durch Geringschätzung eben der Güter, die es ihnen versagte, zu rächen. Es war die Kunst, sich vor den Demütigungen der Armut zu schützen. Ein Umweg zu der Achtung, die sie nicht durch Reichtum gewinnen konnten.

Der Haß gegen Günstlinge ist nichts anderes als Liebe zur Gunst. Der Unmut, keine Gunst zu besitzen, tröstet und mildert sich durch die Verachtung derer, die sie besitzen, und wir verweigern ihnen unsern Respekt, weil wir ihnen nicht nehmen können, was ihnen den Respekt aller übrigen verschafft.

Um es in der Welt zu etwas zu bringen, tut man, als habe man es zu etwas gebracht.

Obwohl die Menschen sich auf ihre großen Taten etwas zugute tun, sind diese doch meist nicht Resultat eines großen Vorsatzes, sondern des Zufalls.

Es scheint, daß unsere Taten unter guten oder bösen Gestirnen stehen, denen sie einen großen Teil des Lobes oder Tadels verdanken, der auf sie fällt.

Kein Zufall ist so unglücklich, als daß kluge Leute nicht Vorteil daraus zögen, und keiner so glücklich, als daß unüberlegte ihn nicht zu ihrem Nachteil wenden könnten.

Alles lenkt das Glück zum Vorteil seiner Günstlinge.

Glück und Unglück der Menschen hängen nicht weniger von ihrer Laune ab als von ihrem Schicksal.

Aufrichtigkeit ist Herzensoffenheit. Man trifft sie bei wenigen Menschen; die man gewöhnlich sieht, ist nur eine feine Verstellung, um Vertrauen zu gewinnen.

Abscheu vor Lügen ist oft nichts als versteckter Ehrgeiz, unsern Aussagen Gewicht und unsern Worten eine Art religiöser Verehrung zu sichern.

Die Wahrheit stiftet nicht soviel Nutzen in der Welt wie ihr Schein Schaden.

Kein Lob, das man nicht der Klugheit spendet, und doch kann sie nicht einmal den Erfolg der geringsten Sache verbürgen.

Ein lebensgewandter Mann muß seine Interessen nach seinem Vorteil abstufen können; oft mengt die Begehrlichkeit sie durcheinander und treibt uns zu so vielen Dingen auf einmal, daß wir, gerade wenn wir nach den unwichtigen greifen, die wichtigen verfehlen.

Elegante Haltung ist für den Körper, was gesunder Menschenverstand für den Geist.

Es ist schwer, die Liebe zu definieren: in der Seele ist sie Leidenschaft zu herrschen, in den Gedanken Sympathie, im Körper ein versteckter Drang, nach so vielem Geheimtun zu besitzen, was man liebt – dies nur weiß man von ihr.

Gibt es eine reine Liebe, in die sich gar keine andern Leidenschaften einmengen, so hält sie sich, uns selber unbekannt, im innersten Herzen verborgen.

Es gibt keine Verstellung, die die Liebe, wo sie ist, lange verbergen oder, wo sie nicht ist, vortäuschen könnte.

Es gibt kaum Menschen, die sich nicht schämen, einander geliebt zu haben, wenn sie sich nicht mehr lieben.

Beurteilt man die Liebe nach den meisten ihrer Wirkungen, so hat sie mehr vom Haß an sich als von der Freundschaft.

Man mag Frauen finden, die niemals eine Liebschaft gehabt haben, aber selten eine, die nur eine einzige gehabt hätte.

Es gibt nur ein Original der Liebe, aber tausend verschiedene Kopien.

Liebe kann, wie Feuer, nicht ohne ewige Bewegung bestehen, und sie hört auf zu leben, sobald sie zu hoffen und zu fürchten aufgehört hat.

Mit der wahren Liebe ist es wie mit den Gespenstererscheinungen: alle Welt spricht von ihnen, aber wenige haben sie gesehen.

Die Liebe leiht ihren Namen einer unendlichen Menge von Verhältnissen, an denen sie nicht mehr Anteil hat als der Doge an dem, was zu Venedig geschieht.

Gerechtigkeitsliebe ist bei den meisten Menschen nur die Angst, Ungerechtigkeit zu erleiden.

Schweigen ist der sicherste Weg für den, der sich selbst nicht traut.

Wir sind so veränderlich in unsern Freundschaften, weil es schwer ist, die Eigenschaften der Seele, und leicht, die des Verstandes kennenzulernen.

Wir lieben alles nur im Hinblick auf uns, auf unsern Geschmack, und wir folgen unserem Vergnügen, wenn wir unsere Freunde uns selber vorziehen, und doch kann nur durch dieses Vorziehen Freundschaft wahr und vollkommen werden.

Aussöhnung mit unseren Feinden ist nur der Wunsch, unsere Lage zu verbessern, ist Kriegsmüdigkeit und Angst vor etwaigen schlimmen Folgen.

Was die Menschen Freundschaft genannt haben, ist nur eine Zweckgemeinschaft zur gegenseitigen Interessenschonung und zum Austausch guter Dienste; es ist ein Geschäft, von dem der Eigennutz sich immer irgendeinen Gewinn verspricht.

Es ist ehrloser, seinen Freunden zu mißtrauen, als von ihnen betrogen zu werden.

Oft bilden wir uns ein, daß wir Leute lieben, die mächtiger sind als wir, und doch ist es bloß Eigennutz, der unsere Freundschaft erzeugt. Wir hängen nicht an ihnen, weil wir etwas für sie tun wollen, sondern weil sie etwas für uns tun sollen.

Unser Mißtrauen rechtfertigt den Betrug der andern.

Die Menschen würden nicht so lange in Gemeinschaft leben, wenn sie nicht Betrüger und Betrogene zugleich wären.

Eigenliebe vergrößert oder verkleinert uns die guten Eigenschaften unserer Freunde, je nach unserer Zufriedenheit mit ihnen, und wir beurteilen ihre Verdienste nach ihrem Benehmen gegen uns.

Jedermann klagt über sein Gedächtnis, niemand über seinen Verstand.

Wir gefallen im Verlauf des Lebens mehr durch unsere Fehler als durch unsere guten Eigenschaften.

Der größte Ehrgeiz zeigt sich nicht im mindesten, wenn er sich vor der unbedingten Unmöglichkeit befindet, zu erreichen, was er anstrebt.

Einem Selbstzufriedenen seine Illusionen nehmen, heißt ihm einen ebenso schlechten Dienst erweisen, wie man ihn dem athenischen Narren erwies, der alle Schiffe, die im Hafen einliefen, für die seinen hielt.

Greise geben gern gute Lehren, um sich zu trösten, daß sie nicht mehr imstande sind, schlechte Beispiele zu geben.

Große Namen, die man nicht bewahren kann, erhöhen nicht, sondern drücken nieder.

Es ist ein Beweis von außergewöhnlichen Verdiensten, wenn die, welche sie beneiden, gezwungen sind, ihre Lobredner zu werden.

Mancher Undankbare kann weniger für seine Undankbarkeit, als der, welcher ihm Gutes getan hat.

Man hat sich getäuscht, als man meinte, Geist und Urteil seien zwei verschiedene Dinge. Die Urteilskraft ist nur der Scharfblick des Geistes, ein Licht, das auf den Grund der Sache dringt, bemerkt, was bemerkt werden muß, und wahrnimmt, was verborgen scheint. So muß man zugeben, daß der Scharfblick des Geistes alle Wirkungen hervorbringt, die man der Urteilskraft zuschreibt.

Jedermann sagt Gutes von seinem Herzen, niemand von seinem Verstande.

Höflichkeit des Geistes besteht darin, daß man feine und zarte Dinge denkt.

Artigkeit des Geistes, Schmeichelhaftes gefällig zu sagen.

Oft stellen sich die Dinge dem Geist vollendeter dar, als er sie mit wirklicher Kunst hervorbringen könnte.

Immer hält das Herz den Verstand zum besten.

Wer seinen Verstand kennt, kennt nicht immer sein Herz.

Menschen und Dinge verlangen eine besondere Perspektive. Es gibt manche, die man aus der Nähe sehen muß, um sie richtig zu beurteilen, und andere, die man nie richtiger beurteilt, als wenn man sie aus der Ferne sieht.

Nicht der ist vernünftig, der durch Zufall zur Vernunft kommt, sondern der sie kennt, sie wählt, sie genießt.

Um die Dinge gut zu kennen, muß man sie in den Einzelheiten kennen, und da diese zahllos sind, bleiben unsere Kenntnisse stets oberflächlich und unvollkommen.

Es ist eine Art von Koketterie, merken zu lassen, daß man keine hat.

Der Verstand könnte niemals lange die Rolle des Herzens spielen.

Die Jugend wechselt ihre Neigungen aus Heißblütigkeit, und das Alter bewahrt die seinen aus Gewohnheit.

Mit nichts ist man freigebiger als mit Ratschlägen.

Je heftiger man in eine Geliebte verliebt ist, desto näher ist man daran, sie zu hassen.

Fehler des Geistes nehmen im Alter zu wie die Falten des Gesichts.

Es gibt gute Ehen, aber keine köstlichen.

Man ist untröstlich, von seinen Feinden betrogen und von seinen Freunden verraten zu werden, aber oft sehr befriedigt, beides durch sich selber zu sein.

Sich selbst zu betrügen, ohne es zu merken, ist so leicht, als es schwer ist, andere zu betrügen, ohne daß sie es merken.

Nichts ist sowenig aufrichtig als die Art, Ratschläge zu erteilen und zu erbitten. Wer darum bittet, scheint eine respektvolle Achtung für die Gefühle seines Freundes zu hegen, während er doch nur die Billigung der eigenen erreichen und den Freund zum Bürgen seines Benehmens machen will. Wer Ratschläge erteilt, bezahlt das Vertrauen, das man ihm erweist, mit der

Münze tätiger, uneigennütziger Teilnahme, obgleich er in dem Rat, den er erteilt, seinen eigenen Vorteil oder Stolz sucht.

Die feinste List besteht darin, unverdächtig in die Falle zu gehen, die einem gestellt wird, und nie ist es leichter, uns zu betrügen, als wenn wir dabei sind, andere zu betrügen.

Die Absicht, nie zu betrügen, setzt der Gefahr aus, oft betrogen zu werden.

Wir sind so gewöhnt, uns vor andern zu verstellen, daß wir uns am Ende vor uns selbst verstellen.

Man begeht Verrat öfter aus Schwäche als aus einem vorsätzlichen Plan zu verraten.

Oft tut man Gutes, um ungestraft Böses tun zu können.

Wenn wir unsern Leidenschaften widerstehen, danken wir es mehr ihrer Schwäche als unserer Stärke.

Man hätte wenig Freude, wenn man sich niemals schmeichelte.

Die Allerlistigsten geben sich immer für Feinde der List aus, um sich ihrer bei einer großen Gelegenheit und für einen wichtigen Plan zu bedienen.

Immer listig zu sein, ist das Kennzeichen eines kleinen Geistes, und fast immer geschieht es, daß sich der, welcher sich dadurch auf der einen Seite deckt, auf der andern eine Blöße gibt.

List und Verrat entspringen nur aus einem Mangel an wirklicher Klugheit.

Der wahre Weg, betrogen zu werden: sich für klüger zu halten als andere.

Zu große Feinheit ist falscher Takt, und der wahre Takt ist eine unverbildete Feinheit.

Oft genügt Primitivität, um gegen Schlauheit gefeit zu sein.

Schwachheit ist der einzige Fehler, den man nicht verbessern kann.

Der geringste Fehler der Frauen, die sich an die Liebe verloren haben, ist, daß sie sich an die Liebe verloren haben.

Es ist weit leichter, für andere als für sich weise zu sein.

Die einzigen guten Kopien sind die, welche das Lächerliche erbärmlicher Originale ins Licht setzen.

Man macht sich durch Eigenschaften, die man hat, nie so lächerlich als durch die, welche man haben möchte.

Manchmal ist man von sich ebenso verschieden wie von andern.

Es gibt Leute, die sich nie verliebt hätten, wenn sie nicht von der Liebe hätten sprechen hören.

Wir reden wenig, wenn die Eitelkeit uns nicht reden macht.

Lieber sagt man Schlechtes von sich als gar nichts.

Einer der Gründe, warum man so selten Leute trifft, die im Gespräch verständig und angenehm erscheinen, ist der, daß es fast niemanden gibt, der nicht mehr an das dächte, was er sagen will, als daran, auf das, was man ihm sagt, treffend zu antworten. Die Feinsten und Gescheitesten begnügen sich mit der Miene der Aufmerksamkeit, während man ihren Augen ansieht, wie sich ihr Geist von dem, was man sagt, entfernt und ungeduldig dem zuwendet, was sie sagen wollen. Man vergißt, daß es ein schlechtes Mittel ist, andern zu gefallen und sie zu gewinnen, wenn man sich selbst so eifrig zu gefallen sucht, und daß die Kunst, gut zuzuhören und treffend zu antworten, die allerhöchste ist, die man im Gespräch zeigen kann.

Ein Mann von Verstand müßte oft sehr verlegen sein ohne die Gesellschaft von Dummköpfen.

Oft rühmen wir uns, uns nicht zu langweilen, und sind so eitel, daß wir uns mit uns selbst nicht in schlechter Gesellschaft finden wollen.

Wie es der Charakter der großen Geister ist, mit wenig Worten viel zu sagen, so besitzen im Gegenteil die kleinen Geister die Gabe, viel zu sprechen und nichts zu sagen.

Mehr aus Achtung unserer eigenen Gefühle vergrößern wir die Vorzüge anderer als aus Achtung für ihre Verdienste, und wir ernten Lobsprüche, während wir sie zu spenden scheinen.

Man lobt ungern, und man lobt nie jemanden ohne Eigennutz. Lob ist eine listige, versteckte, feine Schmeichelei, die Spender und Empfänger anders befriedigt. Dieser nimmt sie als Preis für seine Verdienste an, und jener gibt sie, um seine Billigkeit und Urteilskraft ins rechte Licht zu setzen.

Wir wählen oft giftige Lobsprüche, die durch einen Gegenstoß Fehler an dem Gelobten hervorspringen lassen, die wir auf keine andere Art aufzudecken wagen.

Gewöhnlich lobt man, um gelobt zu werden.

Wenige Menschen sind weise genug, nützlichen Tadel verräterischem Lob vorzuziehen.

Es gibt lobenden Tadel und tadelndes Lob.

Lobsprüche ablehnen heißt nochmals gelobt werden wollen.

Der Wunsch, das Lob zu verdienen, das man uns erteilt, steigert unsere Tugend, und das Lob, das man Geist und Mut und Schönheit gönnt, hilft mit, sie zu erhöhen.

Es ist weit schwerer, sich von andern nicht beherrschen zu lassen als andere zu beherrschen.

Wenn wir uns selbst nicht schmeichelten, könnte uns die Schmeichelei anderer nicht schaden.

Die Natur schafft die Begabung, und das Schicksal hebt sie heraus.

Das Schicksal verbessert manche Fehler an uns, welche die Vernunft nicht verbessern könnte.

Es gibt vorzügliche Leute, die widerlich sind, und andere, die mit ihren Fehlern gefallen.

Es gibt Leute, deren ganzes Verdienst darin besteht, alberne Dinge mit Nutzen zu tun und zu sagen, und die alles verderben würden, wenn sie ihr Benehmen änderten.

Der Ruhm großer Menschen muß stets an den Mitteln gemessen werden, wodurch sie ihn errangen.

Die Schmeichelei ist eine falsche Münze, die nur dank unserer Eitelkeit Kurs hat.

Es genügt nicht, große Eigenschaften zu haben; man muß auch mit ihnen wirtschaften können.

So blendend eine Tat auch sein mag, sie soll nicht für groß gelten, wenn sie nicht Folge eines großen Vorsatzes war.

Es muß ein gewisses Verhältnis zwischen Handlungen und Vorsätzen bestehen, wenn man alle Wirkungen erzielen will, die sie hervorbringen können.

Die Kunst, mittelmäßige Eigenschaften geschickt ins Werk zu setzen, erschleicht die Achtung und verschafft oft mehr Ruf als wahres Verdienst.

Sehr viele Arten der Lebensführung erscheinen lächerlich, denen geheime, sehr weise und sehr überlegte Ursachen zugrunde liegen.

Es ist leichter, der Ämter würdig zu erscheinen, die man nicht besitzt, als derer, die man bekleidet.

Unsere Verdienste verschaffen uns das Lob der rechtschaffenen Menschen und unser Stern das des Publikums.

Die Welt belohnt öfter den Schein des Verdienstes als das Verdienst selber.

Geiz ist der Sparsamkeit entgegengesetzter als Freigebigkeit.

Die Hoffnung, so trügerisch sie auch ist, dient doch wenigstens dazu, uns auf anmutigem Pfad ans Ende des Lebens zu führen.

Wenn Trägheit und Schüchternheit uns bei unserer Pflicht erhalten, fällt oft alle Ehre davon auf die Tugend.

Es ist schwer, zu beurteilen, ob ein reines, offenes, redliches Betragen aus Redlichkeit oder Klugheit entspringt.

Die Tugenden verlieren sich im Eigennutz, wie die Ströme sich im Meer verlieren.

Wenn man die verschiedenen Wirkungen der Gleichgültigkeit untersucht, so wird man finden, daß sie gegen mehr Pflichten fehlen läßt als die Selbstsucht.

Es gibt verschiedene Arten von Neugier: eine aus Eigennutz, die uns antreibt, zu lernen, was uns nützen kann, eine aus Stolz, die dem Trieb entstammt, zu wissen, was andere nicht wissen.

Es ist besser, wir brauchen unsern Verstand, gegenwärtige Unfälle zu ertragen als kommende zu erforschen.

Beständigkeit in der Liebe ist eine beständige Unbeständigkeit, vermöge deren unser Herz sich nach und nach an alle Eigenschaften des geliebten Wesens hängt und bald dieser, bald jener den Vorzug gibt. So ist diese Beständigkeit nichts als Unbeständigkeit, an denselben Gegenstand gebunden und auf ihn beschränkt.

Es gibt zwei Arten von Beständigkeit in der Liebe: die eine kommt daher, daß man an der Geliebten immer neue Gründe findet, sie zu lieben, die andere, daß man sich eine Ehre daraus macht, beständig zu sein.

Beharrlichkeit ist eine Tugend, die weder großen Tadel noch großes Lob verdient, weil sie nichts ist als die Dauer von Launen und Gefühlen, die man sich weder nehmen noch geben kann.

Was uns an neuen Bekanntschaften fesselt, ist nicht so sehr der Überdruß an alten oder Vergnügen am Wechsel als Empfindlichkeit, von denen, die uns zu gut kennen, nicht genug, und Hoffnung, von denen, die uns nicht so gut kennen, um so mehr bewundert zu werden.

Oft beklagen wir uns leichthin über unsere Freunde, um im voraus unsere Leichtfertigkeit zu rechtfertigen.

Unsere Reue ist nicht so sehr Bedauern des Bösen, das wir getan, als Furcht vor dem, das uns daraus erwachsen kann.

Es gibt eine Unbeständigkeit, die aus Flüchtigkeit oder aus der Schwäche des Geistes entspringt, alle Meinungen anderer anzunehmen, und eine andere, eher entschuldbare, die aus Überdruß hervorgeht.

Die Laster mischen sich zum Stoff der Tugend wie die Gifte zum Stoff der Heilmittel. Die Klugheit sammelt und mildert sie und bedient sich ihrer mit Nutzen gegen die Übel des Lebens.

Man muß zur Ehre der Tugend zugeben, daß die Menschen durch Verbrechen ins größte Unglück geraten.

Wir gestehen unsere Fehler ein, um durch Aufrichtigkeit den Schaden zu tilgen, den sie uns in der Meinung anderer zugefügt haben.

Es gibt Helden im Bösen wie im Guten.

Man verachtet nicht alle, welche Laster haben, aber alle, die nicht eine einzige Tugend haben.

Der Name Tugend dient dem Eigennutz ebenso vorteilhaft wie das Laster.

Die Gesundheit der Seele ist nicht verbürgter als die des Körpers. Scheint sie auch fern von allen Leidenschaften, so ist man nicht weniger in Gefahr, von ihnen fortgerissen als krank zu werden, wenn man gesund ist.

Die Natur scheint jedem Menschen bei der Geburt Grenzen im Laster und in der Tugend gesteckt zu haben.

Nur großen Menschen kommt es zu, große Fehler zu haben.

Man könnte sagen, die Laster erwarteten uns auf dem Weg des Lebens gleich Wirten, bei denen man nacheinander einkehren muß, und ich zweifle, ob die Erfahrung uns sie vermeiden ließe, wenn wir den Weg zweimal machen dürften.

Wenn die Laster uns verlassen, schmeicheln wir uns mit dem Wahn, wir hätten sie verlassen.

Es gibt Rückfälle in die Krankheiten der Seele wie in die Krankheiten des Körpers. Was wir für Heilung halten, ist oft nur ein Stillstand oder ein Wechsel des Übels.

Gebrechen der Seele sind wie Wunden des Körpers; so sorgfältig man sie auch heilen möchte, Narben bleiben immer, und jeden Augenblick sind sie in Gefahr, wieder aufzubrechen.

Was uns verhindert, einem einzigen Laster nachzuhangen, sind mehrere.

Wir vergessen unsere Fehler leicht, wenn niemand sie kennt als wir.

Es gibt Menschen, von denen man niemals Schlechtes glauben könnte, ohne es gesehen zu haben, aber niemals welche, an denen es uns befremden dürfte, wenn wir es sehen.

Wir erhöhen den Ruhm des einen, um den des andern zu schmälern, und man würde den Prinzen von Condé und Herrn von Turenne weniger loben, wenn man nicht beide tadeln wollte.

Der Wunsch, klug zu erscheinen, verhindert oft, es zu werden.

Tugend ginge nicht so weit, wenn Eitelkeit ihr nicht Gesellschaft leistete.

Wer glaubt, daß er auf alle Welt verzichten könnte, täuscht sich, aber wer glaubt, daß man auf ihn nicht verzichten könnte, täuscht sich noch viel mehr.

Die scheinbar Gediegenen verbergen ihre Fehler vor sich und andern, die wirklich Gediegenen kennen sie und gestehen sie ein.

Ein Weltmann weiß seine Bildung zu verbergen.

Die Sprödigkeit der Weiber ist Putz und Schminke ihrer Schönheit.

Die Ehrbarkeit der Frauen ist oft Liebe zu ihrem Ruf und zu ihrer Ruhe.

Das heißt wahrhaft ein redlicher Mann sein, wenn man den Blicken aller Redlichen ausgesetzt sein will.

Die Torheit folgt uns durch jede Periode des Lebens. Wenn jemand weise erscheint, so liegt es darin, daß seine Torheiten seinem Alter und Vermögen angemessen sind.

Es gibt alberne Menschen, die sich kennen und ihre Albernheit geschickt zu nutzen verstehen.

Wer ohne Narrheit lebt, ist nicht so weise, wie er glaubt.

Mit dem Alter nimmt man zu an Torheit und Weisheit.

Manche Leute gleichen den Gassenliedern, die man nur eine Zeitlang singt.

Die meisten Leute beurteilen die Menschen nur nach dem Aufsehen, das sie erregen, oder nach ihrem Vermögen.

Ruhmsucht, die Furcht vor Schande, das Verlangen, sein Glück zu machen, und die Sucht, andere zu erniedrigen, das sind oft die Quellen der unter den Menschen so gerühmten Tapferkeit.

Bei gemeinen Soldaten ist die Tapferkeit ein gefährliches Handwerk, das sie ergriffen haben, um ihren Lebensunterhalt zu verdienen.

Vollkommene Tapferkeit und erklärte Feigheit sind zwei Extreme, zu denen man selten gelangt. Der Abstand zwischen beiden ist groß und umfaßt alle übrigen Arten des Mutes, die unter sich so ungleich sind wie die Gesichter und Gemütsarten. Es gibt Menschen, die am Anfang eines Treffens Gefahr suchen und nur infolge seiner Dauer nachlassen und des Kampfes überdrüssig werden. Es gibt andere, die zufrieden sind, wenn sie der allgemeinen Ehre genuggetan haben, und die wenig über diese hinaus tun, wieder andere, die nicht immer gleichmäßig ihre Furcht beherrschen können. Es gibt auch solche, die sich manchmal von einer allgemeinen Panik fortreißen lassen, andere stürzen sich in Gefahr, weil sie nicht wagen, auf ihrem Posten auszuharren. Manche sind, durch kleinere Gefahren ermutigt, an größere gewöhnt, dann gibt es auch welche, die dem Säbel, aber nicht den Kugeln, oder den Kugeln, aber nicht dem Säbel standhalten. Alle diese verschiedenen Arten von Mut treffen darin zusammen, daß die Nacht, die die Furcht steigert und große wie kleine Taten zudeckt, Freiheit läßt, sich zu schonen. Noch allgemeiner ist ein anderer Grund, sich zu schonen: Niemand tut, was er tun würde, hätte er die Sicherheit, lebend davonzukommen. So ist es klar, daß die Furcht vor dem Tode der Tapferkeit etwas nimmt.

Vollkommene Tapferkeit besteht darin, daß man ohne Zeugen tut, was man vor aller Welt zu tun fähig wäre.

Unerschrockenheit ist eine ungewöhnliche Stärke der Seele, die sie über alle Erregungen, Unruhen und Stürme erhebt, welche der Anblick großer Gefahren in ihr hervorrufen könnte, und einzig durch diese Stärke bewahren sich die Helden ihren ruhigen Gleichmut und den freien Gebrauch ihrer Vernunft selbst bei den überraschendsten und furchtbarsten Ereignissen.

Heuchelei ist eine Huldigung des Lasters für die Tugend.

Die meisten Männer setzen sich im Kriege hinlänglich der Gefahr aus, um ihre Ehre nicht zu verlieren, aber wenige so fest, als es nötig wäre, die Pläne zu verwirklichen, derentwegen sie sich der Gefahr aussetzen.

Eitelkeit, Scham und vor allem das Temperament machen oft den Mut der Männer und die Tugend der Weiber aus. Man will das Leben nicht verlieren und will Ruhm erwerben; daher kommt es, daß die Tapferen mehr Geschicklichkeit und Verstand aufbringen, dem Tode zu entrinnen, als die Rabulisten, sich ihr Eigentum zu erhalten.

Es gibt kaum Menschen, die beim ersten Nahen des Alters nicht verrieten, wo ihr Körper und Geist zuerst schwach werden dürften.

Mit der Erkenntlichkeit steht es wie mit Treu und Glauben unter Kaufleuten; sie unterhält den gesellschaftlichen Verkehr, und wir bezahlen, nicht weil es sich gehört, sondern um leichter Leute zu finden, die uns borgen.

Wer die Pflichten der Dankbarkeit erfüllt, darf sich noch nicht einbilden, dankbar zu sein.

Man verrechnet sich in der Dankbarkeit, weil sich der Stolz des Wohltäters mit dem Stolz des Empfängers über ihren Preis nicht einig werden können.

Allzu große Eile, sich von Verbindlichkeiten zu befreien, ist eine Art Undank.

Glückliche Menschen bessern sich kaum und glauben stets recht zu haben, da das Schicksal ihre schlechte Aufführung unterstützt.

Der Stolz will nichts schuldig sein, und die Eigenliebe nichts bezahlen.

Das Gute, das uns jemand erwiesen hat, verlangt, daß wir die Übel hinnehmen, die er uns zufügt.

Nichts ist so ansteckend wie das Beispiel, und wir können nichts sehr Gutes und nichts sehr Böses tun, das nicht ähnliches Gute oder Böse hervorbrächte. Gute Handlungen ahmen wir aus Wetteifer nach und die schlechten aus Verderbtheit unserer Natur, die von der Scham gefangengehalten und durch das böse Beispiel nun in Freiheit gesetzt wurde.

Welch große Narrheit, allein gescheit sein zu wollen!

Was für Gründe wir auch unsern Leiden unterschieben – stets sind es Eigennutz und Eitelkeit, die sie hervorbringen.

In den verschiedenen Arten des Kummers liegen verschiedene Arten von Heuchelei verborgen. Bald beweinen wir in einer geliebten Person uns selbst, wir beweinen das Ende einer guten Meinung über uns; beweinen die Minderung unseres Vermögens, unserer Freuden, unseres Ansehens. So fällt auf die Toten die Ehre der Tränen, die den Lebenden fließen. Ich nenne es Heuchelei, weil man in diesen Arten des Kummers sich selbst täuscht. Eine andere gibt es, die nicht so unschuldig ist, weil sie die Welt täuscht: der Kummer gewisser Personen, die nach dem Ruhm eines schönen, unsterblichen Schmerzes streben. Nachdem die alles lindernde Zeit den Schmerz, den sie wirklich fühlen, gestillt hat, hören sie nicht auf, hartnäckig ihre Tränen, Klagen, Seufzer hervorzupressen; sie nehmen ein düsteres Wesen an und wollen durch ihre Handlungen überzeugen, daß ihre Niedergeschlagenheit erst mit ihrem Leben endigen würde. Diese traurige und ermüdende Eitelkeit findet sich gewöhnlich bei ehrgeizigen Frauen. Da ihr Geschlecht ihnen die Wege zum Ruhm versperrt, quälen sie sich ab, durch Zurschautragen eines untröstlichen Kummers berühmt zu werden. Und noch eine andere Art von Tränen gibt es, die aus kleinen, leicht fließenden und leicht versiegenden Quellen kommt: Man weint, um in den Ruf eines zarten Herzens zu kommen, man weint, um beweint zu werden und endlich weint man, um der Schande zu entgehen, nicht zu weinen.

Man widersetzt sich öfter aus Stolz als aus Mangel an Einsicht den gültigsten Meinungen: man findet die Vorderplätze in den guten Wagen besetzt, und Hinterplätze will man nicht.

Wir trösten uns leicht über das Mißgeschick unserer Freunde, wenn es dazu dienen kann, unsere Zärtlichkeit für sie an den Tag zu bringen.

Es scheint, daß die Eigenliebe von der Güte überlistet wird und daß sie sich selbst vergißt, wenn wir zugunsten anderer arbeiten, und dennoch heißt dies, den sichersten Weg zu seinem Ziele nehmen, es heißt, auf Wucher leihen, während man zu geben scheint; es heißt endlich, durch feine und ausgesuchte Mittel alle Welt für sich zu gewinnen.

Niemand verdient das Lob der Güte, wenn er nicht auch die Kraft besitzt, böse zu sein; jede andere Güte ist meist nur Trägheit oder Willensschwäche.

Es ist nicht so gefährlich, den meisten Menschen Böses zu tun, als ihnen zuviel Gutes zu tun.

Nichts schmeichelt mehr unserm Stolz als das Vertrauen der Großen, weil wir es für eine Wirkung unseres Verdienstes halten; wir vergessen, daß es sehr oft aus Eitelkeit oder aus Unvermögen, ein Geheimnis zu bewahren, entspringt.

Man kann sagen, daß Anmut ohne Schönheit eine Art von Symmetrie ist, deren Regeln man nicht kennt; eine geheime Sympathie aller Züge miteinander, mit den Farben und dem ganzen Wesen.

Koketterie ist der Grundzug des Charakters der Weiber, aber nicht alle üben sie, weil sie bei einigen durch Furchtsamkeit oder Vernunft zurückgehalten wird.

Oft ist man andern lästig, wenn man glaubt, ihnen nie lästig sein zu können.

Es gibt wenig an sich unmögliche Dinge; die Tatkraft, sie möglich zu machen, fehlt uns mehr als die Mittel.

Die größte Weltklugheit besteht darin, den Preis der Dinge zu kennen.

Es beweist große Geschicklichkeit, seine Geschicklichkeit zu verbergen.

Was als Edelmut erscheint, ist oft nur verkappter Ehrgeiz, der den kleinen Vorteil verachtet, um dem größeren nachzugehen.

Redlichkeit ist bei vielen Menschen nichts als ein Kunstgriff der Eigenliebe, um Vertrauen zu gewinnen; ein Mittel, uns über andere zu erheben und uns zu Bewahrern höchst wichtiger Dinge zu machen.

Hochherzigkeit verschmäht alles, um alles zu bekommen.

Es liegt nicht weniger Beredsamkeit im Ton der Stimme, in Auge und Blick als in der Wahl der Worte.

Wahre Beredsamkeit besteht darin, daß man sagt, was zu sagen ist, und nichts als das, was gesagt werden muß.

Einigen Leuten stehen ihre Fehler gut, andere sind bei ihren guten Eigenschaften widerwärtig.

Der Geschmack ändert sich oft, die Neigung selten.

Der Eigennutz führt alle Arten von Lastern und Tugenden ins Treffen.

Demut ist oft nur eine erheuchelte Unterwerfung, um sich andere zu unterwerfen. Ein Kunstgriff des Stolzes, der sich erniedrigt, um sich zu erheben; und mag er sich auf tausend Arten verkleiden, niemals ist er besser verkappt und fähiger zu täuschen, als wenn er sich unter der Maske der Demut zeigt.

Alle Empfindungen haben ihre eigene Stimme und Gebärde und ihr Mienenspiel, und ihr Zusammenklang – ob gut oder schlecht – entscheidet, ob Menschen einem gefallen oder mißfallen.

Man nimmt in jedem Stande eine Miene und Haltung ein, um zu scheinen, wofür man gehalten sein will, so daß man sagen kann, die Welt bestehe aus lauter Masken.

Würde ist eine körperliche Kunst, erfunden, um die Mängel des Geistes zu verbergen.

Der gute Geschmack entspringt mehr der Vernunft als dem Verstand.

Das Vergnügen bei der Liebe liegt im Lieben und das Glück in der Leidenschaft, die man empfindet, und nicht in der, die man erregt.

Höflichkeit ist der Wunsch, höflich behandelt und für fein und gesittet gehalten zu werden.

Die Erziehung, die man jungen Leuten gewöhnlich gibt, ist eine zweite Eigenliebe, die man ihnen einflößt.

In keiner Leidenschaft herrscht die Eigenliebe mächtiger als in der Liebe, und stets ist man eher geneigt, die Ruhe derer, die man liebt, zu opfern als die seine zu verlieren.

Was man Freigebigkeit nennt, ist fast immer eine Eitelkeit, die das Geben lieber hat als die Gaben.

Oft ist Mitleid Gefühl unserer eigenen Leiden in den Leiden anderer. Es ist eine kluge Voraussicht der Leiden, die uns begegnen können. Wir helfen andern, damit sie uns bei ähnlichen Gelegenheiten helfen, und die ihnen erwiesenen Dienste sind eigentlich Wohltaten, die wir uns selber auf Vorschuß leisten.

Kleinliche Begriffe erzeugen den Starrsinn, und nicht leicht reicht unser Glaube weiter als unser Auge.

Es ist falsch, wenn man glaubt, nur stürmische Leidenschaften könnten die andern besiegen. Auch die Trägheit, so schwerfällig sie auch ist, wird nicht selten ihrer Herr. Sie drängt sich bei allen Plänen und Handlungen ein und untergräbt und verzehrt unmerklich die Leidenschaften wie die Tugenden.

Die Voreiligkeit, das Böse zu glauben, ohne es untersucht zu haben, ist eine Folge der Hoffart und Trägheit. Man will Schuldige haben und sich nicht bemühen, die Anklagen zu prüfen.

Wir verwerfen Richter um einer Geringfügigkeit willen und unterwerfen lieber unsern guten Namen und unsern Stolz dem Urteil von Menschen, die uns, ob durch Eifersucht oder Voreingenommenheit oder geringe Einsicht, völlig entgegengesetzt sind, und bloß um ihr Urteil zu unsern Gunsten zu wenden, setzen wir so vielfältig unsere Ruhe und unser Leben aufs Spiel.

Kein Mensch ist klug genug, um all das Böse zu kennen, das er tut.

Erworbene Ehre ist Bürge für die zu erwerbende.

Die Jugend ist dauernde Trunkenheit; sie ist das Fieber des Verstandes.

Nichts sollte Menschen, die wirklichen Ruhm verdient haben, tiefer demütigen als die Sorgfalt, mit der sie sich noch durch kleine Dinge Geltung zu verschaffen suchen.

Man billigt Leute in der Welt, deren Verdienst in Untugenden besteht, die der Gesellschaft nützlich sind.

Der Reiz der Neuheit ist für die Liebe, was Schmelz und Reif auf Früchten, ein Glanz, der vergeht und niemals wiederkehrt.

Gutherzigkeit, die so sehr mit ihrer Empfindsamkeit prahlt, wird oft durch die Aussicht auf den geringsten Gewinn unterdrückt.

Trennung vermindert mittlere Leidenschaften und steigert große, wie der Wind Lichter ausbläst und Flammen anfacht.

Oft glauben die Weiber zu lieben, wenn sie noch nicht lieben. Die Beschäftigung mit einem Abenteuer, die Anregung, die eine Liebschaft mit sich bringt, die Neigung zur Lust sich lieben zu lassen, die Unlust des Abweisens – dies alles macht sie glauben, daß sie lieben, während sie bloß kokett sind.

Man ist oft mit Unterhändlern unzufrieden, weil sie fast immer das ihnen anvertraute Interesse fahrenlassen für das Interesse am Erfolg ihrer Verhandlungen, das ihr eigenes wird der Ehre zuliebe, ihre Geschäfte erfolgreich abgeschlossen zu haben.

Wenn wir die Zärtlichkeit unserer Freunde für uns größer machen, als sie ist, so geschieht es weniger aus Dankbarkeit als aus dem Wunsch, unsere Verdienste ins rechte Licht zu setzen.

Der Beifall, den wir neuen Größen spenden, entstammt oft dem heimlichen Neid auf die anerkannten.

Der Stolz, der uns so großen Neid einflößt, dient oft auch dazu, unsern Neid zu mäßigen.

Es gibt verkappte Unwahrheiten, die die Wahrheit so natürlich spielen, daß, sich von ihnen nicht täuschen zu lassen, Mangel an Urteil gleichkäme.

Oft bedarf es nicht geringerer Klugheit, einen guten Rat zu nützen, wie sich selber gut zu raten.

Böse Menschen wären weniger gefährlich, wenn sie gar keine Güte besäßen.

Die Großherzigkeit wird schon durch ihren Namen erklärt, dennoch könnte man sagen, sie sei Scharfsinn des Stolzes und das edelste Mittel, bewundert zu werden.

Es ist unmöglich, zum zweitenmal zu lieben, wen man wirklich zu lieben aufgehört hat.

Es ist nicht so sehr Fruchtbarkeit des Geistes, was uns mehrere Wege zu demselben Ziel wissen läßt, sondern Mangel an Scharfsinn läßt uns bei all dem verweilen, was sich unserer Vorstellungskraft bietet, und hindert uns, das Beste auf den ersten Blick zu unterscheiden.

Es gibt Angelegenheiten und Krankheiten, die in gewissen Zeiten durch Heilmittel verschlimmert werden, und es bedarf großer Kunst, zu wissen, wann es gefährlich ist, welche anzuwenden.

Erkünstelte Einfalt ist eine feine Heuchelei.

Fehler des Gemüts sind häufiger als Fehler des Verstandes.

Das Talent des Menschen hat seine Jahreszeiten wie die Früchte.

Vom Gemüt des Menschen kann man wie von manchen Gebäuden sagen, daß es verschiedene Ansichten habe, schöne wie häßliche.

Der Mäßigung kommt das Lob nicht zu, daß sie den Ehrgeiz bekämpfe und überwinde. Beide kommen niemals zusammen vor. Mäßigung ist Schlaffheit und Trägheit der Seele, Ehrgeiz dagegen deren Lebhaftigkeit und Glut.

Immer lieben wir die, welche uns bewundern, und nicht immer die, welche wir bewundern.

Wir wissen bei weitem nicht alles, was wir wollen.

Es ist schwer, die zu lieben, die wir nicht schätzen, aber ebenso schwer, die zu lieben, die wir höher schätzen als uns.

Die Lebenssäfte haben einen regelmäßigen und gewohnten Lauf, der unvermerkt unsern Willen weckt und lenkt. Sie fließen zusammen und üben nacheinander eine geheime Herrschaft über uns aus, und so haben sie einen beträchtlichen Anteil an allen unseren Handlungen, ohne daß wir es wissen.

Die Dankbarkeit der meisten Menschen ist nur ein geheimes Verlangen nach noch größeren Wohltaten.

Fast alle Menschen tragen gern kleine Verbindlichkeiten ab; viele empfinden Erkenntlichkeit für größere, aber fast niemand hat für die großen etwas anderes als Undankbarkeit.

Es gibt Narrheiten, die sich wie ansteckende Krankheiten verbreiten.

Viele Menschen verachten den Reichtum, aber wenige sind stark genug, ihn wegzugeben.

Gewöhnlich haben wir nur bei kleinen Dingen das Glück, dem Schein nicht zu trauen.

Wieviel Gutes man uns auch über uns sagen mag, man sagt uns nichts Neues.

Wir verzeihen oft denen, die uns langweilen, aber niemals denen, die wir langweilen.

Der Eigennutz, dem man alle unsere Verbrechen aufbürdet, verdient oft die Ehre, unserer guten Taten wegen gelobt zu werden.

Man findet selten Undankbare, solange man noch etwas zu geben hat.

Es ist ebenso ehrenvoll, stolz mit sich, wie lächerlich, es mit andern zu sein.

Man macht aus der Bescheidenheit eine Tugend, um den Ehrgeiz der Großen einzuschränken, und die Mittelmäßigkeit über ihr geringes Glück und über ihr geringes Verdienst zu trösten.

Es gibt Menschen, denen es bestimmt ist, dumm zu sein, und die nicht freiwillig, sondern aus unwiderstehlichem Zwang ihre Dummheiten begehen.

Es treten öfter im Leben Umstände ein, aus denen man sich nur mit einiger Tollheit herauswinden kann.

Sollte es Menschen geben, an denen das Lächerliche niemals hervorgetreten ist, so hat man nicht genug nachgeforscht.

Liebespaare langweilen sich nicht miteinander, weil sie beständig von sich selber sprechen.

Warum langt unser Gedächtnis, um unsere Erlebnisse bis auf die unbedeutendsten Züge zu bewahren, und warum nicht, um uns zu erinnern, wievielmal wir sie schon ein und derselben Person erzählt haben?

Bei grenzenlosem Vergnügen, von uns selber zu sprechen, sollen wir fürchten, unsern Zuhörern sehr wenig zu bereiten.

Was uns gewöhnlich hindert, unsere Freunde auf den Grund unseres Herzens blicken zu lassen, ist nicht so sehr Mißtrauen gegen sie als gegen uns.

Schwache Menschen können nicht aufrichtig sein.

Es ist kein großes Unglück, Undankbare zu verpflichten, aber ein unerträgliches, einem schlechten Menschen verpflichtet zu sein.

Man hat Mittel, Narrheiten zu heilen, aber keins, einen Wirrkopf einzurenken.

Man würde die Gefühle, die man für seine Freunde und Wohltäter hegen soll, nicht lange bewahren können, wenn man sich die Freiheit nähme, oft von ihren Fehlern zu sprechen.

Fürsten für Tugenden loben, die sie nicht besitzen, heißt, ihnen ungestraft Schmähungen sagen.

Wir könnten eher die lieben, welche uns hassen, als die uns mehr lieben, als wir wollen.

Nur verächtliche Menschen fürchten verachtet zu werden.

Unsere Weisheit ist nicht weniger ein Ball des Zufalls als unser Vermögen.

In der Eifersucht liegt mehr Eigenliebe als Liebe.

Wir trösten uns oft aus Schwäche, wenn die Vernunft zu schwach ist, uns zu trösten.

Lächerlich zu werden entehrt mehr, als entehrt zu werden.

Wir gestehen kleine Fehler nur ein, um glauben zu machen, wir hätten keine großen.

Neid ist unversöhnlicher als Haß.

Oft glaubt man die Schmeichelei zu hassen und haßt nur die Art des Schmeichelns.

Man verzeiht, solange man liebt.

Es ist weit schwerer, der Geliebten treu zu sein, wenn man glücklich ist, als wenn sie einen quält.

Weiber sind koketter, als sie wissen.

Weiber sind niemals wahrhaft spröde ohne Abneigung.

Die Weiber können ihre Koketterie weniger beherrschen als ihre Leidenschaft.

In der Liebe geht der Betrug fast immer über das Mißtrauen hinaus.

Es gibt eine Art von Liebe, deren Übermaß keine Eifersucht aufkommen läßt.

Mit manchen guten Eigenschaften steht's wie mit den Sinnen: wer sie nicht hat, sieht und begreift sie nicht.

Wenn unser Haß zu heftig ist, erniedrigt er uns unter die, welche wir hassen.

Unsere Eigenliebe gibt den Maßstab für das Gefühl unserer Freuden und Leiden ab.

Die meisten Frauen benutzen ihren Verstand mehr zur Deckung ihrer Narrheiten, als um ihre Vernunft zu stützen.

Das Feuer der Jugend wirkt dem gemeinen Besten nicht stärker entgegen als die Lauheit der alten Leute.

Der Tonfall des Landes, in dem man geboren, bleibt im Geist und im Herzen wie in der Sprache.

Um ein großer Mann zu sein, muß man sein Glück in seinem ganzen Umfang zu nutzen verstehen.

Die meisten Menschen haben wie die Pflanzen versteckte Eigenschaften, die der Zufall hervorzieht.

Gelegenheit macht, daß andere und noch viel mehr wir selber uns kennenlernen.

Es gibt für Verstand und Herz der Weiber keine Regeln, als die das Temperament gutheißt.

Wir finden kaum andere Menschen vernünftig als die, welche einer Meinung mit uns sind.

Wenn man liebt, zweifelt man oft an dem, wovon man am festesten überzeugt ist.

Das größte Wunder der Liebe: von der Koketterie zu heilen.

Wir sind erbittert auf Leute, die uns überlisten wollen, weil sie sich für klüger halten als wir.

Es ist sehr schwer zu brechen, wenn man sich nicht mehr liebt.

Man langweilt sich fast immer mit Leuten, mit denen es nicht erlaubt ist.

Ein Mann von Rang kann wahnsinnig, aber nicht wie ein Narr verliebt sein.

Manche Fehler, wenn man sie geschickt spielen läßt, glänzen heller als die Tugend selber.

Man verliert bisweilen Menschen, die man mehr bedauert als betrauert, und andere, die man betrauert, aber nicht bedauert.

Gewöhnlich loben wir nur die aufrichtig, die uns bewundern.

Kleine Geister werden durch Kleinigkeiten verletzt, die große Geister auch sehen, ohne verletzt zu werden.

Demut ist das wahre Kennzeichen christlicher Tugenden. Ohne sie bleiben uns alle unsere Fehler, und sie werden nur vom Stolz bedeckt, der sie andern und auch uns selbst verbirgt.

Untreue müßte die Liebe auslöschen, und daher sollte man nie eifersüchtig sein, wenn man Grund dazu hat. Nur Menschen, welche vermeiden, Eifersucht zu erregen, sind der Eifersucht wert.

Man macht sich mehr bei uns verhaßt durch die kleinste Treulosigkeit gegen uns als durch die größte gegen andre.

Eifersucht wird stets mit der Liebe geboren, aber nicht immer stirbt sie mit ihr.

Die meisten Frauen beweinen den Tod ihrer Liebhaber nicht aus Liebe, sondern um neuer Liebe würdig zu erscheinen.

Die Gewalt, die uns andre antun, greift uns nicht so sehr an als die, welche wir uns selbst antun.

Man weiß allgemein, daß man nicht von seiner Frau sprechen darf, aber nicht so allgemein weiß man, daß man noch weniger von sich selbst sprechen darf.

Manche Vorzüge arten in Fehler aus, wenn sie angeboren sind, und manche werden erworben niemals vollkommen. So muß zum Beispiel die Vernunft uns mit unserm Vermögen, mit unserm Vertrauen wirtschaften lehren, aber die Natur muß uns mit Güte und Mut ausstatten.

So mißtrauisch wir auch gegen die Aufrichtigkeit mancher Menschen sind, die mit uns sprechen, wir glauben doch, daß sie mit uns wahrhaftiger seien als mit andern.

Es gibt wenig ehrbare Frauen, die nicht müde wären, es zu sein.

Die meisten ehrbaren Frauen sind versteckte Tresors, die nur deshalb in Sicherheit sind, weil sie niemand sucht.

Die Gewalt, die man sich antut, seine Liebe zu unterdrücken, ist oft schmerzlicher als die Strenge der Geliebten.

Die Feiglinge wissen selten, was alles sie fürchten.

Fast immer ist es die Schuld dessen, der liebt, nicht zu merken, daß man ihn nicht mehr liebt.

Die meisten jungen Leute glauben natürlich zu sein, wenn sie nur unerzogen und ungehobelt sind.

Es gibt eine Art von Tränen, die uns selbst täuscht, nachdem sie andre getäuscht hat.

Wenn man seine Geliebte aus Liebe zu ihr zu lieben glaubt, irrt man sich sehr.

Die Mittelmäßigkeit verurteilt meist alles, was ihren Horizont übersteigt.

Wahre Freundschaft verdrängt den Neid, wahre Liebe die Koketterie.

Der Hauptfehler des Scharfsinns besteht nicht darin, nicht bis ans Ziel zu dringen, sondern darüber hinaus.

Man gibt wohl gute Ratschläge, aber man bestimmt nicht die Lebensart.

Mit unsern Vorzügen sinkt auch unser Geschmack.

Das Schicksal läßt unsere Tugenden und Laster erscheinen wie das Licht die Gegenstände.

Die Gewalt, die man sich antut, in der Liebe treu zu bleiben, ist nicht viel besser als Untreue.

Unsere Handlungen sind wie Endreime, auf die jeder sich einen Vers machen kann.

Der Hang, von uns selbst zu sprechen und unsere Fehler nur in dem Licht zu zeigen, in dem wir sie sehen lassen wollen, macht einen großen Teil unserer Offenherzigkeit aus.

Nur darüber sollte man erstaunen, noch erstaunen zu können.

Wer heftige Liebe und wer kaum noch welche fühlt, ist gleich schwer zu befriedigen.

Kein Mensch hat öfter unrecht, als der nicht vertragen kann, nicht recht zu haben.

Ein Dummkopf hat nicht Substanz genug, um gut zu sein.

Wenn Eitelkeit auch nicht gerade alle Tugenden umstößt, so erschüttert sie doch alle.

Die Eitelkeit anderer ist uns unerträglich, weil sie unsere kränkt.

Man entsagt leichter seinem Vorteil als seiner Neigung.

Niemals erscheint das Schicksal so blind, als wenn es einem nicht wohlwill.

Mit dem Schicksal muß man es halten wie mit der Gesundheit: es genießen, wenn es gut, und Geduld haben, wenn es böse ist, und zu starken Mitteln nur im äußersten Notfall greifen.

Bürgerliches Wesen verliert sich zuweilen in der Armee, aber nie bei Hofe.

Man kann findiger sein als ein andrer, aber niemals findiger als alle andern.

Man ist bisweilen weniger unglücklich, von der Geliebten getäuscht zu werden als enttäuscht.

Wenn man keinen zweiten nimmt, behält man lange den ersten Liebhaber.

Wir haben im allgemeinen nicht Mut genug, zu sagen, daß wir keine Fehler und unsere Feinde keine Vorzüge hätten, aber im einzelnen sind wir nahe daran, es zu glauben.

Keinen Fehler gestehen wir lieber ein als Trägheit. Wir meinen, sie hinge mit allen stillen Tugenden zusammen und mache die übrigen, ohne sie ganz zu vernichten, nur zeitweilig unwirksam.

Es gibt eine Hoheit, die vom Schicksal unabhängig ist: das ist eine gewisse Überlegenheit, die uns für große Dinge zu bestimmen scheint, ein Wert, den wir unmerklich uns selbst verleihen. Dies nötigt andern Ehrfurcht ab und stellt uns höher über sie als Geburt, Würden und Verdienste.

Es gibt Verdienste ohne Hoheit, aber niemals Hoheit ohne Verdienst.

Hoheit ist für das Verdienst, was der Schmuck für schöne Personen.

Was man in der Galanterie am wenigsten findet, ist Liebe.

Zuweilen bedient sich das Schicksal unserer Fehler, um uns emporzubringen, und mancher unbequeme Mensch würde schlecht belohnt, wenn man nicht seine Abwesenheit erkaufen wollte.

Es scheint, als ob die Natur im Innern unsres Geistes Talente und Anlagen verborgen hielte, von denen wir nichts wissen.

Einzig die Leidenschaften haben das Vorrecht, sie ans Licht zu bringen und uns oft gewissere Einsichten zu vermitteln als der größte Scharfsinn.

Wir gelangen stets als Schüler in die verschiedenen Stadien des Lebens, und oft fehlt es uns an Erfahrung trotz der Jahre.

Die Koketten prahlen mit der Eifersucht auf ihre Liebhaber, um ihren Neid auf andre Frauen zu verbergen.

Leute, die wir überlistet haben, erscheinen uns lange nicht so lächerlich, als wir uns selbst erscheinen, wenn sie uns überlistet haben.

Die gefährlichste Lächerlichkeit alter Leute, die einst liebenswert waren, liegt darin, zu vergessen, daß sie es nicht mehr sind.

Wir würden uns oft unserer edelsten Handlungen schämen, wenn die Welt deren Motive kennte.

Auf der höchsten Stufe der Freundschaft offenbaren wir dem Freunde nicht unsere Fehler, sondern die seinen.

Keiner unserer Fehler ist so unverzeihlich als die Mittel, mit denen wir ihn verbergen wollen.

So schändlich wir uns auch betragen haben – fast immer steht es in unserer Macht, unsern guten Ruf wiederherzustellen.

Man gefällt nicht lange, wenn man nur eine Art von Geist hat.

Narren und Tröpfe sehen alles durch die Brille ihrer Laune.

Manchmal dient uns der Geist dazu, kühn Dummheiten zu begehen.

Lebhaftigkeit, die mit dem Alter zunimmt, grenzt an Narrheit.

Wer in der Liebe zuerst geheilt ist, ist immer am besten geheilt.

Junge Frauen, die nicht kokett, und alternde Männer, die nicht lächerlich erscheinen wollen, dürfen niemals von der Liebe als von einer Sache sprechen, an der sie Anteil haben könnten.

Wir können groß erscheinen in einem kleinen Amte, aber wir erscheinen öfter klein in einem Amte, das größer ist als wir.

Wir glauben Standhaftigkeit im Unglück zu haben, wenn wir nur Ermattung zeigen und es ertragen, ohne daß wir wagten, es ins Auge zu fassen, wie Feiglinge sich töten lassen aus Furcht, sich zu wehren.

Vertrauen gibt dem Gespräch mehr Stoff als der Geist.

Jede Leidenschaft verleitet zu Fehlern, die Liebe zu den lächerlichsten.

Wenige Menschen verstehen alt zu sein.

Wir suchen eine Ehre in Fehlern, die unsern wirklichen entgegengesetzt sind, und oft, wenn wir schwach sind, rühmen wir uns, eigensinnig zu sein.

Der Scharfsinn hat etwas Prophetisches an sich, das unserer Eitelkeit mehr schmeichelt als alle Vorzüge des Verstandes.

Reiz der Neuheit und lange Gewohnheit mögen einander noch so entgegengesetzt sein – sie verhindern uns gleicherweise, die Fehler unserer Freunde zu bemerken.

Die meisten Freunde verleiden einem die Freundschaft, und die meisten Frommen die Frömmigkeit.

Wir verzeihen unsern Freunden gern die Fehler, die uns nicht angehen.

Liebende Frauen verzeihen leichter große Indiskretionen als kleine Treulosigkeiten.

Im Alter der Liebe wie im Alter des Lebens lebt man noch für Leiden, aber nicht mehr für Freuden.

Nichts verhindert so sehr, natürlich zu sein, wie die Sucht, es zu scheinen.

Man hat Anteil an edlen Handlungen, wenn man sie aufrichtig rühmt.

Das sicherste Kennzeichen angeborener Vorzüge ist Neidlosigkeit.

Haben unsere Freunde uns hintergangen, so dürfen wir Gleichgültigkeit bei ihren Freundschaftsbezeugungen, aber nie Teilnahmslosigkeit bei ihrem Unglück zeigen.

Zufall und Laune regieren die Welt.

Es ist leichter, die Menschen, als einen einzigen Menschen kennenzulernen.

Man soll den Wert eines Menschen nicht nach seinen großen Vorzügen beurteilen, sondern nach dem Gebrauch, den er von ihnen macht.

Es gibt eine lebhafte Dankbarkeit, die empfangene Wohltaten vergilt und unsere Freunde unversehens aus Gläubigern zu Schuldnern macht.

Schwerlich würden wir etwas lebhaft verlangen, wenn wir wüßten, was wir verlangen.

Die meisten Frauen legen wenig Wert auf die Freundschaft, weil sie matt und leer wirkt, wenn man die Liebe gefühlt hat.

In der Freundschaft wie in der Liebe ist man oft glücklicher durch das, was man nicht weiß, als durch das, was man weiß.

Wir versuchen, uns eine Ehre aus den Fehlern zu machen, die wir nicht ablegen wollen.

Selbst die heftigsten Leidenschaften gönnen uns bisweilen ein wenig Erholung, nur die Eitelkeit erhält uns in rastloser Bewegung.

Alte Narren sind weit närrischer als junge.

Schwäche ist der Tugend entgegengesetzter als Laster.

Die Schmerzen der Schande und Eifersucht sind so heftig, weil die Eitelkeit nicht helfen kann, sie zu ertragen.

Schicklichkeit ist das geringste und befolgteste aller Gesetze.

Einem gesunden Geist fällt es weniger schwer, sich einem Querkopf zu unterwerfen, als ihn zu lenken.

Wenn das Schicksal uns überraschend einen hohen Posten verleiht, ohne uns schrittweise hinaufgeführt zu haben oder ohne daß unsere Hoffnungen uns nicht schon emporgehoben hätten, so ist es fast unmöglich, sich auf demselben zu behaupten und seiner würdig zu erscheinen.

Oft nimmt unser Stolz um das zu, was wir an andern Fehlern ablegen.

Die beschwerlichsten Dummköpfe sind Dummköpfe mit Geist.

Es gibt keinen Menschen, der glaubte, in jeder seiner Eigenschaften dem Mann unterlegen zu sein, den er am höchsten schätzt.

In der Politik soll man weniger versuchen, neue Gelegenheiten zu schaffen, als die sich bietenden zu nutzen.

Wir könnten kaum einen schlechteren Tausch machen, als wenn wir auf das Gute, das man von uns sagt, verzichteten unter der Bedingung, daß man nichts Böses von uns sagen solle.

So groß auch die Neigung der Welt zu unrichtigen Urteilen ist, sie läßt doch weit öfter dem falschen Verdienst Gnade widerfahren als dem wahren Unrecht.

Man kann bisweilen auf einen Dummkopf mit Witz treffen, aber niemals auf einen mit wirklichem Urteil.

Wir würden mehr dabei gewinnen, wenn wir uns gäben, wie wir sind, als wenn wir scheinen wollen, was wir nicht sind.

Unsere Feinde kommen in ihrem Urteil über uns der Wahrheit näher als wir selber.

Es gibt viele Mittel gegen die Liebe, aber kein unfehlbares.

Wir wissen bei weitem nicht alles, wozu uns unsere Leidenschaften bringen.

Das Alter ist ein Tyrann, der bei Todesstrafe die Freuden der Jugend verbietet.

Eben der Stolz, der uns die Fehler tadeln läßt, von denen wir frei zu sein glauben, bewegt uns, die guten Eigenschaften zu verachten, die wir nicht haben.

Oft beklagen wir das Unglück unserer Feinde mehr aus Stolz als aus Mitleid. Um ihnen zu zeigen, daß wir erhaben über sie sind, geben wir ihnen Beweise unseres Mitleids.

Es gibt ein Übermaß an Lust und Leid, das über unsere Empfindung geht.

Die Unschuld findet nicht so viele Beschützer wie das Verbrechen.

Unter allen heftigen Leidenschaften steht den Weibern die Liebe am wenigsten schlecht.

Eitelkeit läßt uns mehr gegen unsere Neigung tun als Vernunft.

Manche schlechte Eigenschaften erzeugen große Talente.

Man wünscht nicht heiß, was man nur aus Vernunft wünscht.

Alle unsere Eigenschaften sind ungewiß und zweifelhaft, im Guten wie im Bösen, und fast alle sind das Spiel der Gelegenheit.

In der ersten Liebe lieben die Frauen den Geliebten, in den späteren die Liebe.

Der Stolz hat gleich den übrigen Leidenschaften seine Launen. So schämt man sich, einzugestehen, daß man eifersüchtig ist, und macht sich eine Ehre daraus, es gewesen oder dazu fähig zu sein.

So selten die wahre Liebe ist – wahre Freundschaft ist noch seltener.

Es gibt wenig Frauen, deren Wert ihre Schönheit überdauerte.

Das Verlangen, beklagt oder bewundert zu werden, liegt oft dem Vertrauen zugrunde.

Unser Neid dauert stets länger als das Glück derer, die wir beneiden.

Dieselbe Festigkeit, die hilft, der Liebe zu widerstehen, macht sie auch tief und dauernd, und schwache Menschen, die beständig ein Spielball der Leidenschaften sind, haben selten wahre.

Die Phantasie vermöchte nie so viele Verkehrtheiten zu erfinden, als von Natur im Herzen jedes Menschen liegen.

Nur starke Menschen können wirklich liebreich sein, die meisten erscheinen sanft nur aus Schwäche, die leicht in Bösartigkeit umschlägt.

Schüchternheit ist ein Fehler, den man nicht tadeln darf, wenn man ihn heilen will.

Nichts ist seltener als wahre Güte; selbst die sie zu besitzen glauben, besitzen gewöhnlich nur Gefälligkeit oder Schwäche.

Der Geist heftet sich aus Lässigkeit oder Beharrlichkeit an Dinge, die ihm leicht und angenehm sind. Diese Gewohnheit setzt unsern Kenntnissen stets Grenzen, und noch nie hat sich ein Mensch die Mühe gegeben, seinen Verstand so weit zu spannen und zu führen, als er konnte.

Üble Nachrede entspringt meist mehr der Eitelkeit als der Bosheit.

Wenn das Herz noch von den Nachwehen einer Leidenschaft bewegt ist, ist es mehr in Gefahr, einer andern zu verfallen, als wenn es ganz geheilt ist.

Wer heftige Leidenschaften gehabt hat, ist sein ganzes Leben glücklich und unglücklich, von ihnen geheilt zu sein.

Es gibt mehr Menschen ohne Eigennutz als ohne Neid.

Unser Geist ist träger als unser Körper.

Die ruhige oder unruhige Stimmung hängt nicht so sehr von den entscheidenden Ereignissen unseres Lebens ab als von der behaglichen oder unbehaglichen Regelung der kleinen Dinge des Alltags.

So bösartig die Menschen auch sein mögen, sie wagen es doch nicht, als Feinde der Tugend aufzutreten, und wenn sie sie verfolgen, so stellen sie sich so, als ob sie sie für unecht hielten, oder sie bürden ihr Verbrechen auf.

Man geht oft von der Liebe zum Ehrgeiz über, aber selten kehrt man vom Ehrgeiz zur Liebe zurück.

Äußerster Geiz geht fast immer irre – keine Leidenschaft entfernt sich öfter von ihrem Ziel, über keine hat die Gegenwart auf Kosten der Zukunft mehr Gewalt.

Die Habsucht bewirkt oft das ihr Entgegengesetzte: Es gibt sehr viele Menschen, die ihr ganzes Vermögen zweifelhaften Hoffnungen aufopfern, und andere, die große künftige Vorteile um kleiner gegenwärtiger willen verschmähen.

Es scheint, als ob die Menschen nicht genug Fehler an sich fänden: sie vermehren deren Zahl noch durch gewisse seltsame Eigenheiten, mit denen sie sich ausschmücken, und sie pflegen sie mit solcher Sorgfalt, daß sie am Ende natürliche Fehler werden, die abzulegen nachher nicht mehr in ihrer Gewalt steht.

Daß die Menschen ihre Fehler besser einsehen, als man glaubt, ist klar: denn sie haben nie unrecht, wenn man sie von ihrer Handlungsweise sprechen hört. Eben die Eigenliebe, die sie verblendet, öffnet ihnen die Augen und verleiht ihnen einen so richtigen Blick, daß sie die kleinsten Umstände, die verurteilt werden könnten, unterdrücken oder verhüllen.

Junge Leute, die zuerst in der »großen Welt« auftreten, müssen schüchtern oder draufgängerisch sein: ein sicheres und gemessenes Wesen verwandelt sich gewöhnlich in Unverschämtheit.

Keine Streitigkeit würde lange dauern, wenn das Unrecht immer nur auf einer Seite wäre.

Es hilft nicht, jung und nicht schön oder schön und nicht jung zu sein.

Manche Menschen sind so oberflächlich und leichtfertig, daß sie von wahren Fehlern so weit entfernt sind wie von wahren Vorzügen.

Man zählt gewöhnlich nur dann die erste Liebschaft der Frauen, wenn sie auch eine zweite haben.

Manche Menschen sind so erfüllt von sich, daß sie, verliebt, sich zwar mit ihrer Leidenschaft, aber nicht mit der Person, der sie gilt, beschäftigen.

Die Liebe, so angenehm sie auch ist, gefällt doch mehr noch durch die Art und Weise, in der sie sich zeigt, als durch sich selber.

Wenig Geist bei gesundem Verstand ist auf die Dauer minder ermüdend als ein geistreicher Querkopf.

Eifersucht ist das größte aller Leiden und erregt dennoch bei den Personen, die es verursachen, das geringste Mitleid.

Wir haben bisher den falschen Schein so vieler Tugenden dargelegt, also ist es billig, auch etwas über die Unwahrheit der Todesverachtung zu sagen. Ich meine jene Verachtung des Todes, die die Heiden aus eigener Kraft, ohne Hoffnung auf ein besseres Leben, aufzubringen sich rühmen. Es ist ein Unterschied: den Tod mit Festigkeit ertragen und ihn verachten. Das erste ist ziemlich häufig, das zweite aber, glaube ich, nie aufrichtig gemeint. Nichtsdestoweniger hat man alle Künste der Überredung erschöpft, um zu beweisen, daß der Tod kein Übel sei; auch die schwächsten Menschen wie die Helden haben tausend berühmte Beispiele zur Unterstützung dieser Meinung gegeben. Dennoch bezweifle ich, daß je der gesunde Menschenverstand es geglaubt habe, und die Mühe, die man sich gibt, sie andern und sich selbst einzureden, zeigt hinlänglich, daß dieses Unterfangen nicht so leicht sei. Man kann verschiedene

Ursachen haben, des Lebens überdrüssig zu sein, aber nie einen Grund, den Tod zu verachten. Selbst die ihn freiwillig wählen, halten ihn nicht für so unbedeutend, und sie entsetzen sich vor ihm und weisen ihn so wie die übrigen Menschen zurück, wenn er auf einem andern als dem selbstgewählten Wege kommt. Die Ungleichheit, die man bei dem Mut vieler unerschrockener Männer bemerkt, kommt daher, daß sich der Tod unter verschiedenen Gestalten ihrer Einbildungskraft zeigt, bald näher, bald ferner. So geschieht es, daß sie anfangs verachten, was sie nicht kennen, und am Ende scheuen, was sie kennen. Man muß vermeiden, ihn mit allen seinen Umständen ins Auge zu fassen, wenn man sich nicht überzeugen will, daß er das größte aller Übel sei. Die Klügsten und Entschlossensten gebrauchen ehrenhafte Vorwände, um ihn nicht anzusehen, aber jeder Mensch, der ihn zu sehen versteht, wie er wirklich ist, findet, daß er etwas Schreckliches sei. Die Notwendigkeit, zu sterben, machte die ganze Festigkeit der Philosophen aus: sie glaubten mit gutem Anstand hingehen zu müssen, wo sie nicht wegbleiben konnten, und da sie ihr Leben nicht ewig machen konnten, unterließen sie nichts, um wenigstens ihren Ruf zu verewigen und aus dem Schiffbruch zu retten, was noch zu retten war. Begnügen wir uns also damit, eine gute Miene zu machen und vor uns selbst zu verbergen, was wir darüber denken, und erwarten wir mehr von unserem Temperament als von den schwachen Vernünfteleien, die uns weismachen wollen, man könnte sich dem Tod mit Gleichgültigkeit nähern. Der Ruhm, entschlossen zu sterben, die Hoffnung, vermißt zu werden, der Wunsch, einen glänzenden Ruf zu hinterlassen, die Gewißheit, von den Mühseligkeiten des Lebens und dem launischen Spiel des Zufalls befreit zu sein: das sind Hilfsmittel, die man nicht verwerfen muß. Nur muß man sie nicht für unfehlbar halten. Sie leisten uns, was im Kriege eine bloße Hecke zur Sicherheit derer leistet, die sich einer Stelle, von der aus man schießt, nähern müssen. Ist man weit, so glaubt man, die Hecke sei eine Deckung, kommt man aber näher, so findet man, ihre Hilfe sei sehr schwach. Es heißt uns schmeicheln, wenn wir glauben, der Tod sei in der Nähe das, als was er uns in der Ferne erscheint, und unsere Gefühle, die nur Schwäche sind, würden stark genug sein, der heftigsten aller Prüfungen standzuhalten. Es heißt auch, die Wirkungen der Eigenliebe schlecht kennen, wenn man glaubt, daß sie uns helfen könne, für nichts zu achten, was sie notwendig vernichten muß, und die Vernunft, in der man so viele Hilfsquellen finden soll, ist in diesem Fall zu schwach, um zu erreichen, was wir gern möchten. Sie täuscht uns vielmehr am öftesten, und statt uns Verachtung des Todes einzuflößen, dient sie gerade dazu, uns zu zeigen, was er Grauenvolles und Schreckliches an sich hat. Alles, was sie für uns tun kann, ist, uns zu raten, die Augen abzuwenden und auf andere Gegenstände zu richten. Cato und Brutus wählten erhabene, ein Lakai vor kurzem begnügte sich damit, auf dem Schafott, auf dem er gerädert werden sollte, zu tanzen. So bringen ungleiche Motive gleiche Wirkungen hervor. Wahr ist es also, daß, so groß auch der Unterschied zwischen großen und gemeinen Seelen ist, man tausendmal diese wie jene den Tod mit derselben Miene hat erleiden sehen, aber mit dem Unterschied, daß bei der Verachtung, die große Menschen für den Tod an den Tag legten, Ruhmsucht ihn ihren Augen entrückte, während es bei den gewöhnlichen nur Mangel an Einsicht war, was sie verhinderte, das Unglück in seiner Größe zu erfassen, und ihnen die Freiheit ließ, an anderes zu denken.

Nachgelassene Maximen

Gott hat dem Menschen verschiedene Talente gegeben, wie er verschiedene Bäume in die Natur gepflanzt hat, so daß jedes Talent wie jeder Baum seine ihm eigentümlichen Besonderheiten und Kräfte hat. Daher kommt es, daß der beste Birnbaum der Welt auch nicht die geringsten Äpfel hervorzubringen vermöchte und daß das hervorragendste Talent nie die Wirkungen des gewöhnlichsten erzielen könnte. Daher kommt es auch, daß es ebenso lächerlich ist, Sentenzen schreiben zu wollen, wenn man nicht das Zeug dazu hat, wie es lächerlich wäre, Tulpen von einem Beete zu erwarten, in das man keine Tulpenzwiebeln gesetzt hat.

Unmöglich, alle Arten von Eitelkeit zu zählen!

Die Welt ist voll Töpfen, die sich über die Schüsseln lustig machen.

Die allzu stolz auf ihren Adel sind, sind nicht stolz genug auf seinen Ursprung.

Um den Menschen für die Erbsünde zu strafen, hat Gott ihm erlaubt, sich einen Götzen aus seiner Eigenliebe zu bilden, auf daß er in allen Handlungen seines Lebens von ihm gequält werde.

Der Eigennutz ist die Seele der Eigenliebe, und gleich wie ein Körper ohne Seele Gesicht, Gehör, Bewußtsein und Bewegung verliert, so fühlt die gewissermaßen von ihrem Vorteil getrennte Eigenliebe nichts mehr und erstarrt. Daher kommt es, daß ein und derselbe Mann, der über Länder und Meere seinem Vorteil nachjagt, dem Vorteil anderer Menschen gegenüber stumpf wird; daher überfällt alle, denen wir von unsern eigenen Angelegenheiten erzählen, fast ein totenähnlicher Schlummer, daher auch ihre schnelle Auferstehung, wenn wir in unsere Erzählung etwas einmischen, das sie selber angeht. So können wir in Gesprächen und Verhandlungen bemerken, wie ein und derselbe Mensch in ein und demselben Augenblick sein Bewußtsein verliert oder wieder zu sich kommt, je nachdem sein Eigeninteresse sich ihm nähert oder von ihm abrückt.

Wir fürchten als sterbliche Geschöpfe und wünschen, als wären wir unsterblich.

Auf die Grenze mancher Tugend hat der Teufel selber, scheint es, mit Absicht die Trägheit postiert.

Wir glauben so leichthin an die Fehler anderer, weil man immer leicht glaubt, was man wünscht.

Das Heilmittel gegen die Eifersucht besteht in der Gewißheit dessen, was man gefürchtet hat, eine Gewißheit, die das Ende des Lebens oder der Liebe mit sich bringt; ein grausames Mittel, und dennoch milder als Verdacht und Zweifel.

Hoffnung und Furcht sind unzertrennlich, denn es gibt keine Furcht ohne Hoffnung und keine Hoffnung ohne Furcht.

Wir dürfen uns nicht kränken, daß andere uns die Wahrheit so oft verbergen, denn oft verbergen wir sie uns selber.

Was uns so oft hindert, Sentenzen, die die Unechtheit der Tugend beweisen, richtig zu beurteilen, ist der allzu schnelle Glaube an die Echtheit der Tugend in uns.

Verehrung, die man den Fürsten zollt, ist eine zweite Eigenliebe.

Das Ende des Glücks ist ein Unglück, und das Ende des Unglücks ist ein Glück.

Die Philosophen verurteilen den Reichtum nur, weil wir ihn schlecht gebrauchen. Es hängt von uns ab, ohne Verbrechen welchen zu erwerben und zu nutzen. Anstatt, daß er Verbrechen nährt und zunehmen läßt, wie das Holz das Feuer speist, könnten wir ihn ganz jeglicher Tugend widmen und dadurch glänzender und liebenswerter machen.

Der Ruin des Nächsten erfreut Freund und Feind.

Da der glücklichste Mensch der Welt der ist, dem wenig genügt, sind in dieser Hinsicht die Großen und Ehrgeizigen die Unglücklichsten, denn es bedarf der Güter in Mengen, um sie glücklich zu machen.

Je vernünftiger der Mensch ist, um so mehr errötet er ob der Überspanntheit, Niedrigkeit und Verderbtheit seiner Gefühle. Das beweist klar, daß er nicht geschaffen wurde, wie er ist.

Gegen die Maximen, die das Herz des Menschen entdecken, kämpft man so heftig an, weil man fürchtet, durch sie selber entdeckt zu werden.

Die Macht, die geliebte Menschen über uns besitzen, ist fast immer größer als die Macht, die wir über uns selber haben.

Leicht tadelt man die Fehler der andern, aber selten bedient man sich ihrer, um die eigenen zu verbessern.

Der Mensch ist so elend, daß er unaufhörlich über seine Leidenschaften seufzt, obwohl er alles tut, um sie zu befriedigen. Er kann weder deren Gewalt ertragen, noch die Gewalt, die er sich antun müßte, um sich von ihnen zu befreien; er ist ihrer überdrüssig und auch der Heilmittel gegen sie, und er kann sich weder mit der Kümmernis der Krankheit noch mit der Mühe der Heilung abfinden.[1]

Das Gute und Schlechte, das uns widerfährt, erschüttert uns nicht nach seiner Größe, sondern nach unserer Empfindlichkeit.

Findigkeit ist eine karge Klugheit.

Man lobt nur aus Gewinnsucht.

Die Leidenschaften sind nur die verschiedenen Neigungen der Eigenliebe.

Äußerste Langeweile hebt sich selbst auf.

Man lobt und tadelt die meisten Dinge nur, weil es Mode ist, sie zu loben oder zu tadeln.

Viele wollen fromm sein, niemand demütig.

Körperliche Arbeit befreit von der Anstrengung des Geistes; darin liegt das Glück der Armen.

Echte Kasteiungen sind verborgen, die andern macht die Eitelkeit leicht.

Demut ist der Altar, auf dem nach Gottes Willen unsere Opfer dargebracht werden sollen.

Wenig macht den Weisen glücklich, nichts den Toren zufrieden, deswegen sind fast alle Menschen unglücklich.

Wir plagen uns weniger, glücklich zu werden als glauben zu machen, daß wir es seien.

Es ist leichter, einen ersten Wunsch zu ersticken als alle zu befriedigen, die ihm folgen.

Weisheit ist für die Seele, was Gesundheit für den Körper.

Da die Großen der Erde weder Gesundheit des Körpers noch Ruhe des Geistes geben können, erkauft man das Gute, das sie tun können, stets zu teuer.

Ehe man sehnsüchtig etwas wünscht, gilt es, das Glück dessen zu prüfen, der es besitzt.

Ein wahrer Freund ist das größte aller Güter, das man am wenigsten zu erwerben bemüht ist.

Liebende sehen die Fehler der Geliebten erst, wenn ihre Verzauberung vorbei.

Klugheit und Liebe sind nicht füreinander gemacht: wächst die Liebe, so schwindet die Klugheit.

Es ist manchmal für den Ehegatten angenehm, eine eifersüchtige Frau zu haben, stets hört er von dem sprechen, was er liebt.

Wie beklagenswert ist die Frau, in der Liebe und Tugend zusammentreffen!

Für den Weisen ist es besser, sich in gar nichts einzulassen als zu siegen.

Es ist notwendiger, die Menschen zu studieren als die Bücher.

Glück oder Unglück haben es gewöhnlich auf die abgesehen, die am meisten von dem einen oder andern besitzen.

Eine ehrbare Frau ist wie ein verborgener Schatz; wer ihn gefunden hat, tut gut, sich seiner nicht allzusehr zu rühmen.

Wenn wir allzusehr lieben, ist es schwer zu erkennen, wann man aufhört, uns zu lieben.

Man tadelt sich nur, um gelobt zu werden.

Man langweilt sich fast immer mit denen, die man langweilt.

Es ist niemals so schwer, treffend zu sprechen, als wenn man sich schämt zu schweigen.

Nichts ist natürlicher und trügerischer, als sich einzubilden, geliebt zu werden.

Lieber sehen wir die, denen wir Gutes tun, als die, von denen wir es erfahren.

Es ist schwerer, Gefühle zu verbergen, die man hat, als die zu heucheln, die man nicht hat.

Wieder geknüpfte Freundschaften verlangen mehr Pflege als nie zerrissene.

Ein Mensch, dem niemand gefällt, ist weit unglücklicher als einer, der keinem gefällt.

Das Alter ist die Hölle der Frauen (Saint-Évremond).

Unterdrückte Maximen

Eigenliebe ist Liebe zu sich selbst und zu allen Dingen um seinetwillen; sie macht die Menschen zu Selbstanbetern und würde sie zu Tyrannen über andere machen, wenn das Schicksal ihnen die Mittel dazu gäbe. Sie verweilt niemals außer sich und streift fremde Gegenstände nur wie die Bienen die Blumen, um das ihr Eigene zu gewinnen. Nichts ist so stürmisch wie ihre Wünsche, nichts so verborgen wie ihre Absichten, und nichts so verschlagen wie ihre Handlungsweise. Ihre Geschmeidigkeit läßt sich nicht darstellen, ihre Wandlungen übertreffen die der Metamorphosen, ihre Verfeinerungen die der Chemie. Man kann weder die Tiefen ihrer Abgründe ermessen noch die Finsternisse durchdringen. Dort unten lebt sie, den schärfsten Augen verborgen, und bewegt sich auf tausend heimlichen Gängen. Dort ist sie oft unsichtbar sich selber, dort empfängt, nährt und bildet sie, ohne es zu wissen, unzählige Regungen von Liebe und Haß, und so ungeheuerliche, daß sie sie nicht erkennt, oder sich nicht entschließen kann, sie einzugestehen, wenn sie sie ans Tageslicht heraufgelassen hat. Aus der Nacht, die sie bedeckt, entstehen die lächerlichen Meinungen über sich selbst, in denen sie befangen ist, dort entspringen auch ihre Irrtümer, ihre Unwissenheit, Plumpheit und Albernheiten über sich selber; dorther kommt es, daß sie ihre Gefühle für tot hält, wenn sie nur schlafen, und sich einbildet, keine Lust mehr zu haben, zu laufen, wenn sie nur rastet, und glaubt, von allen Lüsten frei zu sein, wenn sie sie nur gestillt hat. Aber diese dichte Finsternis, die sie ihrem Auge verbirgt, hindert sie nicht, alles außer ihr Liegende vollkommen wahrzunehmen; hierin ist sie ähnlich unsern Augen, die alles entdecken und blind nur für sich selbst sind. In ihren größten Interessen und wichtigsten Angelegenheiten, in denen der Sturm ihrer Wünsche ihre ganze Aufmerksamkeit aufruft, fühlt, hört, erahnt, argwöhnt, durchdringt und errät sie alles, so daß man versucht sein möchte, zu glauben, jede ihrer Leidenschaften besäße ihre besondere Magie. Nichts ist so innig und stark wie ihre Zuneigungen, die sie angesichts drohendsten Unglücks umsonst zu unterdrücken versucht. Trotzdem gelingt ihr bisweilen in kurzer Zeit und mühelos, was sie im Laufe mehrerer Jahre mit Anspannung aller ihrer Kräfte nicht zuwege brachte, woraus man schließen kann, daß ihre Begierden eher durch sich selber als durch die Schönheit oder den Wert der Gegenstände entzündet werden, daß ihr Geschmack der Preis ist, der sie erhöht, die Schminke, die sie verschönert, daß sie nur hinter sich selbst herläuft, wenn sie die Dinge verfolgt, die ihr zusagen. Sie vereint alle Gegensätze: sie ist gebieterisch und fügsam, aufrichtig und falsch, barmherzig und grausam, zaghaft und verwegen: sie hat, gemäß der Verschiedenheit der Temperamente, verschiedene Neigungen, die sie in ewigem Wechsel bald dem Ruhm, bald dem Reichtum und bald dem Genuß in die Arme werfen. Sie wechselt ihre Neigungen je nach dem Wechsel unseres Alters, unseres Geschickes und unserer Erfahrungen, aber es ist ihr gleichgültig, deren mehrere oder nur eine zu haben, weil sie sich in mehrere teilen oder in eine zusammenziehen kann, wenn es sein muß, wie es ihr gefällt. Sie ist unbeständig, und außer den Wandlungen, die von außen kommen, stammen eine Menge aus ihr selbst und aus ihrem eigenen Innern. Sie ist unbeständig aus Unbeständigkeit, aus Leichtsinn, aus Liebe, aus Neuerungssucht, aus Müdigkeit und aus Überdruß. Sie ist launisch, und bisweilen arbeitet sie sich mit höchstem Eifer und unglaublicher Mühe um Dinge ab, die ihr keinen Vorteil bringen, auf die sie aber aus ist, weil sie sie will. Sie ist wunderlich, und oft steckt sie ihren ganzen Fleiß in die leersten Unternehmungen, an den abgeschmacktesten findet sie ihr höchstes Vergnügen und in den veräditlichsten bewahrt sie ihren Stolz. Sie ist in allen Lebensumständen und Lebenslagen; sie lebt überall und von allem, und sie lebt von nichts und findet sich in die Dinge und findet sich mit deren Mangel ab, sie gleitet sogar in die Partei der Leute hinüber, die ihr den Krieg erklärt haben, sie schleicht sich in ihre Absichten hinein, und, was wunderbar ist, sie haßt mit ihnen sich selber, zettelt Verschwörungen an zu ihrem Untergang und arbeitet an ihrem Sturz. Sie ist im Grunde nur darauf aus, zu sein, und wenn sie sein kann, will sie gern auch ihr eigener Feind sein. Es darf einen also nicht wundern, wenn sie sich mitunter mit der äußersten Strenge verbündet, und sich kühn zu ihrer eigenen Vernichtung mit ihr zusammenschließt, weil sie sich stets, wenn sie sich hier zerstört hat, dort einnistet. Ihre scheinbaren Ruhepausen sind nur Unterbrechungen oder Veränderungen ihres Willens, und selbst wenn sie besiegt ist, und man glaubt von ihr befreit zu sein, findet man sie glücklich, über ihre eigene Niederlage triumphierend, wieder. Das ist das Bild der Eigenliebe, deren ganzes Leben nur eine einzige große Unruhe ist. Das Meer ist ihr Gleichnis, die ungestüme Aufeinanderfolge ihrer Bewegungen findet einen getreuen Ausdruck in Ebbe und Flut der ewigen Wogen.

Alle Leidenschaften sind nichts anderes als die verschiedenen Grade der Wärme und Kälte des Blutes.

Mäßigung im Glück ist Scheu vor der Scham, die auf den Übermut folgt, und Angst, zu verlieren, was man hat.

Mäßigung ist wie Mäßigkeit: man würde gerne weiteressen, fürchtet aber, sich zu schaden.

Jedermann hat am andern auszusetzen, was man an ihm auszusetzen hat.

Nachdem der Eigendünkel ganz allein die verschiedenen Rollen der menschlichen Komödie gespielt hat, zeigt er, seiner Verstellungen und verschiedenen Metamorphosen müde, endlich sein wahres Gesicht und gibt sich als Stolz zu erkennen, so daß genaugenommen Stolz Offenbarung und Erklärung des Dünkels ist.

Die Beschaffenheit, die Begabung für kleine Dinge verleiht, ist der entgegengesetzte, die man für große braucht.

Es ist eine Art Glück, zu begreifen, wie unglücklich man sein soll.

Wenn man seine Ruhe nicht in sich findet, ist es zwecklos, sie anderswo zu suchen.

Man ist niemals so unglücklich, wie man sich einbildet, noch so glücklich, wie man erhofft hatte.

Man tröstet sich oft, unglücklich zu sein, durch ein gewisses Vergnügen, das man darin findet, unglücklich zu erscheinen.

Man müßte bürgen können für sein Schicksal, um zu verantworten, was man tun wird.

Wie könnte man bürgen für das, was man in der Zukunft will, da man nicht einmal genau weiß, was man in der Gegenwart will.

Die Liebe ist für die Seele des Liebenden, was die Seele für den Leib, den sie beseelt.

Da es einem niemals freisteht, zu lieben oder aufzuhören zu lieben, kann weder der Liebhaber sich mit Recht über die Unbeständigkeit seiner Geliebten beklagen noch sie sich über die Flatterhaftigkeit ihres Liebhabers.

Gerechtigkeit ist nur eine lebhafte Angst, man könnte uns nehmen, was uns gehört: ihr entstammt die Hochachtung und der Respekt vor allen Gütern des Nächsten, und die peinliche Sorgfalt, ihm keinen Schaden zuzufügen. Diese Furcht hält den Menschen in den Grenzen des Besitzes fest, den Geburt oder Schicksal ihm zugeteilt haben, denn ohne diese würde er ununterbrochen ausschweifen nach dem Besitz der andern.

Die Gerechtigkeit milder Richter ist nur Liebe zu ihrer Würde.

Nicht aus Abneigung tadelt man die Ungerechtigkeit, sondern nur wegen des Schadens, den sie uns zufügt.

Sind wir einer Liebe müde, so freuen wir uns über die Untreue, die uns von unserer Treue erlöst.

Die erste freudige Regung, die wir beim Glück unserer Freunde empfinden, entspringt nicht der Güte unserer Natur, noch der Freundschaft, die wir für sie fühlen; es ist eine Wirkung der Eigenliebe, die sich mit der Hoffnung schmeichelt, auch an uns könnte die Reihe kommen, oder das Glück der Freunde könnte uns nützlich sein.

Im Unglück der besten Freunde finden wir immer etwas, das uns nicht mißfällt.

Wie können wir glauben, ein anderer könne unser Geheimnis bewahren, wenn wir selber es nicht hüten können?

Die Verblendung der Menschen ist die gefährlichste Wirkung ihres Dünkels; sie dient dazu, ihn zu nähren und zu steigern, und nimmt uns die Kenntnis der Mittel, die unser Elend lindern und uns heilen könnten von unsern Fehlern.

Man hat den Verstand verloren, wenn man nicht mehr hofft, bei andern welchen zu finden.

Wenn die Faulen ihrer Faulheit genuggetan haben, treiben sie mehr als sonst jemand die andern an, fleißig zu sein.

Man hat über alle, die uns lehren, uns selber zu erkennen, soviel Grund zur Klage wie jener athenische Narr über den Arzt, der ihn von dem Glauben, reich zu sein, geheilt hatte.

Die Philosophen, Seneca vor allem, haben durch ihre Lehren keineswegs die Verbrechen beseitigt, sondern sie nur als Material verwendet für das Gebäude des Selbstgefühls.

Es ist ein Beweis geringer Freundschaft, das Erkalten der Freundschaft unserer Freunde zu übersehen.

Die Weisesten sind weise in gleichgültigen Dingen, aber fast niemals in ihren wichtigsten Angelegenheiten.

Höchste Narrheit ist aus der höchsten Weisheit gewebt.

Mäßigkeit ist Liebe zur Gesundheit oder Unfähigkeit, viel zu essen.

Jede menschliche Begabung wie jeder Baum hat nur die ihr eigentümliche Kraft.

Man vergißt niemals Dinge besser, als wenn man müde geworden ist, von ihnen zu sprechen.

Bescheidenheit, die Lob abzulehnen scheint, ist in Wirklichkeit nur der Wunsch, noch feiner gelobt zu werden.

Nur aus Eigennutz tadelt man das Laster, lobt man die Tugend.

Das Lob, das man uns erteilt, dient wenigstens dazu, uns in der Ausübung der Tugend zu stärken.

Geist, Schönheit und Tapferkeit steigert und vervollkommnet der Beifall, er befähigt sie zu größeren Wirkungen, die sie von selbst nicht hätten erzielen können.

Das verhindert Eigenliebe wohl, daß, der uns schmeichelt, uns am meisten schmeichelt.

Man macht keinen Unterschied zwischen den verschiedenen Arten des Zornes, obwohl es einen leichten und fast unschuldigen gibt, der aus der Hitze des Gemüts kommt, und einen andern sehr schuldigen, der, um ihn beim wahren Namen zu nennen, die Raserei des Eigendünkels ist.

Große Seelen haben nicht weniger Leidenschaften und mehr Tugenden als die gewöhnlichen, sondern nur größere Entwürfe.

Könige prägen die Menschen wie die Münzen, sie bestimmen ihren Preis, und man ist gezwungen, sie nach ihrem Kurs und nicht nach ihrem wahren Wert anzunehmen.

Natürliche Wildheit macht weniger grausam als die Eigenliebe.

Man kann von all unsern Tagen sagen, was ein italienischer Dichter[2] von der Ehrbarkeit der Frauen gesagt hat: daß sie nur in der Kunst bestünde, ehrbar zu scheinen.

Was die Welt Tugend nennt, ist meist nur ein Phantom, das unsere Leidenschaften erschaffen haben und dem man einen ehrlichen Namen gegeben hat, um ungestraft tun zu können, was einem beliebt.

Wir sind zu unsern Gunsten so voreingenommen, daß wir für Tugenden Laster halten, die ihnen gleichen und die uns die Eigenliebe verhüllt.

Es gibt Verbrechen, die unschuldig, ja sogar ruhmreich werden durch ihren Glanz, ihre Zahl und ihre Größe; daher kommt es, daß die öffentlichen Diebstähle Heldentaten genannt werden und daß ohne jedes Recht Provinzen wegnehmen Eroberungen machen heißt.

Wir gestehen unsere Fehler nur aus Eitelkeit ein.

Weder das Gute noch das Böse findet man im Menschen im Übermaß.

Wer unfähig ist zu großen Verbrechen, traut nicht leicht andern welche zu.

Der Prunk der Begräbnisse steigert mehr die Eitelkeit der Lebenden als die Ehre der Toten.

Ungewißheit und Wechsel in der Welt mögen noch so groß erscheinen, trotzdem bemerkt man so etwas wie eine geheime Verkettung und eine von der Vorsehung bestimmte Gesetzmäßigkeit, die bewirkt, daß alles in seiner Reihe geht und der Bahn des Schicksals folgt.

Unerschrockenheit sollte das Herz bei Verschwörungen stärken, während die Tapferkeit allein ihm die Festigkeit verleiht, deren es in Kriegsgefahren bedarf.

Wer den Sieg nur durch seine Entstehung erklären will, wäre wie die Dichter versucht, ihn einen Sohn des Himmels zu nennen, denn auf Erden entdeckt man seinen Ursprung nicht. Er wird in der Tat durch zahllose Handlungen herbeigeführt, die nicht auf ihn selbst, sondern auf das Sonderinteresse derer abzielen, die diese Handlungen begehen. Denn alle, aus denen eine Armee zusammengesetzt ist, denken an ihren eigenen Ruhm und an ihre Beförderung und fördern dabei doch ein so großes und so allgemeines Gut.

Man kann für seinen Mut nicht einstehen, wenn man niemals in Gefahr war.

Weit öfter setzt man seiner Erkenntlichkeit Grenzen als seinen Wünschen und Hoffnungen.

Nachahmung ist immer unglücklich, und alles, was nachgeahmt ist, mißfällt durch eben die Eigenschaften, die entzücken, wenn sie natürlich sind.

Wir betrauern den Verlust unserer Freunde nicht immer nach ihren Verdiensten, sondern je nach unserer Lage und je nach der Meinung, die sie von uns hatten.

Es ist recht schwierig, die Gutherzigkeit aller Welt von großer Schlauheit zu unterscheiden.

Damit wir immer gut sein könnten, müßten die andern glauben, niemals ungestraft böse gegen uns sein zu können.

Die Zuversicht zu gefallen, ist oft ein Mittel, unfehlbar zu mißfallen.

Wir glauben nicht leicht, was über unsern Horizont hinausgeht.

Selbstvertrauen ist die Quelle des Vertrauens zu andern.

Es gibt eine totale Revolution, die die geistige Verfassung der Menschen verwandelt, wie die Geschicke der Welt.

Wahrheit ist Grundlage und Ursache der Vollkommenheit und Schönheit. Ein Ding – was immer es auch sei – kann niemals schön und vollkommen sein, wenn es nicht wahrhaft ist, was es sein soll, und wenn es nicht alles besitzt, was es besitzen soll.

Manches Schöne hat mehr Reiz, wenn es unvollkommen, als wenn es allzu vollendet ist.

Großherzigkeit ist ein edler Aufschwung des Stolzes, durch den er den Menschen Herrn seiner selbst werden läßt, um ihn zum Herrn über alle Dinge zu machen.

Luxus und allzu große Verfeinerung in den Staaten sind ein sicheres Kennzeichen ihres Untergangs, weil die einzelnen sich selbst nur so weit fördern konnten, wenn sie das allgemeine Wohl aus den Augen verloren.

Unter allen Leidenschaften kennen wir die Lässigkeit am schlechtesten. Sie ist die glühendste und bösartigste von allen, obwohl ihr Einfluß unmerklich und der Schaden, den sie stiftet, sehr verborgen ist. Wenn wir aufmerksam ihre Macht untersuchen, so werden wir erkennen, daß sie sich bei jeder Gelegenheit zum Herrn über unsere Gefühle, unsern Vorteil und unsere Freuden zu machen versteht, sie gleicht dem Wunderfisch, der die größten Schiffe anhalten konnte; sie ist wie die Windstille, die den wichtigsten Unternehmungen gefährlicher werden kann als Sandbänke und heftige Stürme. Die Ruhe der Trägheit ist eine heimliche Verzauberung unserer Seele, die auf einmal die glühendsten Vorsätze und festesten Entschlüsse preisgibt. Um schließlich eine wahre Vorstellung von dieser Leidenschaft zu vermitteln, muß man sagen, daß die Lässigkeit eine Art Seligkeit der Seele ist und sie über alle Verluste tröstet und ihr alle Güter ersetzt.

Aus verschiedenen Taten, die das Schicksal zusammenwürfelt, wie es ihm gefällt, werden vielfach Tugenden.

Man durchschaut gern andere und will ungern selbst durchschaut werden.

Eine langweilige Krankheit, sich die Gesundheit nur durch eine allzu strenge Lebensweise zu erhalten!

Es ist leichter, der Liebe zu verfallen, wenn man frei von ihr ist, als sich von ihr zu lösen, wenn sie einen ergriffen hat.

Die meisten Frauen geben sich mehr aus Schwäche als aus Leidenschaft hin. Daher kommt es, daß stürmische Männer – ohne liebenswerter zu sein als andere – besser ans Ziel gelangen.

In der Liebe kaum zu lieben, ist ein sicheres Mittel, geliebt zu werden.

Die Aufrichtigkeit, die Liebende voneinander fordern, um zu erfahren, wann ihre Liebe zu Ende sei, entspringt weniger dem Willen, zu erfahren, wann man einander nicht mehr liebt, als dem Wunsch, des Gegenteils versichert zu werden.

Man kann die Liebe am besten mit dem Fieber vergleichen; über beide haben wir, was die Heftigkeit oder Dauer angeht, keine Macht.

Größte Findigkeit der minder Findigen besteht darin, sich der Führung anderer zu unterwerfen zu wissen.

Stets scheut man sich, die Geliebte zu sehen, wenn man anderswo Abenteuer gehabt hat.

Man soll sich trösten über seine Fehler, wenn man die Kraft hat, sie einzugestehen.

VAUVENARGUES

Reflexionen und Maximen

*Große Gedanken
entspringen im Herzen.*

Vorbemerkung

Da es Menschen gibt, die bei ihrer Lektüre nur Irrtümer bei einem Schriftsteller aufspüren wollen, so bemerke ich für alle, die diese Reflexionen lesen: falls irgendeine der Frömmigkeit widerspricht, so verwirft der Verfasser diese Auslegung und stimmt als erster der Kritik zu. Er hofft jedoch, daß Unvoreingenommene mühelos seine Sätze richtig lesen werden. Wenn er zum Beispiel sagt: »Der Gedanke an den Tod betrügt uns, denn er läßt uns vergessen zu leben«, so schmeichelt er sich, man werde wohl verstehen, daß er hier nur vom Gedanken an den Tod rede, ohne jede Beziehung auf die Religion. Und wenn er an einer andern Stelle sagt: »Das Gewissen der Sterbenden verleumdet ihr Leben«, so ist er weit entfernt, zu leugnen, daß die Anklage des Gewissens berechtigt ist. Aber jedermann weiß ja, daß es keine allgemeinen Sätze ohne Ausnahmen gibt. Wenn nicht versucht wurde, diese anzuführen, so deswegen, weil die Form der Darstellung, die hier gewählt wurde, es nicht zuläßt. Vergleicht man den Verfasser mit sich selbst, so wird man die Reinheit seiner Absichten erkennen.

Ich teile dem Leser noch mit, daß nicht alle diese Gedanken, aber einige unmittelbar zusammenhängen, die dunkel oder fehl am Orte erscheinen würden, wenn man sie aus ihrem Zusammenhang löste. Dann: Ich habe in dieser Auflage nicht die Anordnung der ersten beibehalten; einige Maximen sind ausgeschieden, einige erweitert, einige hinzugefügt worden.

Reflexionen und Maximen

Es ist leichter, Neues zu sagen, als das schon Gesagte mit sich in Übereinstimmung zu bringen.

Der menschliche Geist ist durchdringender als folgerecht und umfaßt mehr, als er vereinigen kann.

Ist ein Gedanke zu schwach, um einen schlichten Ausdruck zu tragen, so soll er verworfen werden.

Klarheit schmückt tiefe Gedanken.

Dunkelheit ist das Reich des Irrtums.

Es dürfte keine Irrtümer geben, die, klar ausgedrückt, nicht von selbst zergingen.

Die Selbsttäuschung manches Schriftstellers kommt aus dem Glauben, die Dinge so wiederzugeben, wie er sie wahrnimmt oder fühlt.

Man würde weniger Gedanken eines Werkes ablehnen, wenn man sie wie der Verfasser auffaßte.

Wenn ein Gedanke sich uns wie eine tiefe Entdeckung darbietet und wir uns dann die Mühe nehmen, ihn zu entwickeln, merken wir oft, daß es nur ein Gemeinplatz war.

Selten erfaßt man den Gedanken eines anderen in seiner Tiefe, und daher bildet man sich, wenn man dieselbe Überlegung anstellt, leicht ein, sie sei neu, so viele ihrer Beziehungen und Folgerungen waren einem entgangen.

Wenn ein Gedanke oder ein Werk nur wenige interessieren, werden auch nur wenige davon sprechen.

Es ist ein Zeichen von Mittelmäßigkeit, nur mäßig zu loben.

Plötzliches Glück aller Art ist auf schwankendem Grund gebaut, weil es selten verdient ist. Die Früchte der Arbeit und Klugheit reifen spät.

Die Hoffnung befeuert den Weisen und narrt den Vermessenen und den Trägen, die gedankenlos auf ihren Versprechungen ausruhen.

Viele vernünftige Hoffnungen und Befürchtungen erfüllen sich nicht.

Glühender Ehrgeiz verbannt alle Freuden schon in der Jugend, um allein zu herrschen.

Glück macht wenig Freunde.

Zeiten langen Glücks zerrinnen oft in einem Augenblick, so wie die heißen Sommertage von einem Gewittersturm verweht werden.

Mut hat mehr Mittel gegen das Unglück als die Vernunft.

Vernunft und Freiheit sind unvereinbar mit Schwäche.

Die Lasten des Krieges sind nicht so groß wie die der Knechtschaft.

Die Knechtschaft erniedrigt den Menschen so weit, daß er sie liebgewinnt.

Das Glück schlechter Könige ist das Unglück der Völker.

Es ist der Vernunft nicht gegeben, alle Fehler der Natur zu verbessern.

Ehe man einen Mißbrauch angreift, muß man überlegen, ob man seine Grundlagen zerstören kann.

Unvermeidliche Mißbräuche sind Naturgesetze.

Wir haben kein Recht, die Menschen elend zu machen, die wir nicht gut machen können.

Man kann nicht gerecht sein, wenn man nicht menschlich ist.

Mancher Schriftsteller hat in der Moral dasselbe Ziel wie die moderne Architektur, die vor allem die Bequemlichkeit anstrebt.

Es ist etwas anderes, es der Tugend leicht zu machen, um sie einzuführen, als ihr das Laster gleichzustellen, um sie zu vernichten.

Unsere Irrtümer und Uneinigkeiten in der Moral kommen oft daher, daß wir postulieren, die Menschen könnten völlig gut oder völlig lasterhaft sein.

Es gibt keine Wahrheit, die in einem Flachkopf nicht zum Irrtum werden könnte.

Die Weltanschauungen entstehen und vergehen wie die Geschlechter der Menschen und sind gut oder sinnlos in dauerndem Wechsel.

Wir kennen nicht den Reiz gewaltiger Erregungen. Menschen, deren stürmisches Leben wir beklagen, verachten unsere Ruhe.

Niemand will seiner Irrtümer wegen bedauert werden.

Die Stürme der Jugend sind von strahlenden Tagen umgeben.

Junge Leute kennen eher die Liebe als die Schönheit.

Für Frauen und Jünglinge fällt Achtung und Neigung zusammen.

Gewohnheit macht alles, selbst in der Liebe.

Es gibt wenig beständige Leidenschaften, aber viele aufrichtige. Das ist immer so gewesen. Aber die Menschen setzen ihren Stolz darein, beständig oder gleichgültig zu sein, je nach der Mode, die immer über die Natur hinausgeht.

Die Vernunft errötet über die Neigungen, über die sie nicht Rechenschaft ablegen kann.

Das Geheimnis der kleinsten natürlichen Freuden geht über die Vernunft hinaus.

Stets zu unterscheiden zwischen achtenswert und liebenswert ist ein Kennzeichen von Beschränktheit: die großen Seelen lieben von Natur aus alles, was ihre Achtung verdient.

Achtung nutzt sich ab wie die Liebe.

Das Gefühl, nicht die Achtung eines Menschen erwerben zu können, treibt leicht dazu, ihn zu hassen.

Wer es an Redlichkeit in Scherz und Spiel fehlen läßt, heuchelt bei Geschäften. Es ist das Kennzeichen einer unedlen Natur, wenn Freude nicht menschlich macht.

Im Lebensgenuß werden die Fürsten erst mit den Menschen vertraut.

Handel mit Ehre bereichert nicht.

Wer uns seine Redlichkeit zum Kauf anbietet, verkauft gewöhnlich nur seine Ehre.

Gewissen, Ehre, Keuschheit, Liebe und Achtung der Menschen sind käuflich, und Freigebigkeit vermehrt nur die Vorteile des Reichtums.

Nützliche Verschwendung des Überflusses ist edle und große Sparsamkeit.

Flachköpfe begreifen geistreiche Menschen nicht.

Niemand hält sich für fähiger, kluge Menschen hinters Licht zu führen als ein Flachkopf.

Wir vernachlässigen oft die Menschen, über die uns die Natur einen Einfluß verliehen hat. Gerade sie müßten wir an uns fesseln, denn die anderen sind ja doch nur anhänglich aus Eigennutz, schwankend und unverläßlich.

Niemand ist härter als die Sanftmütigen aus Berechnung.

Eigennutz macht selten Glück.

Man hat sein Glück nicht gemacht, vermag man nicht, es zu genießen.

Ruhmesliebe schafft die großen Schicksale zwischen den Völkern.

Wir besitzen so wenig Tugend, daß es uns lächerlich erscheint, den Ruhm zu lieben.

Das Glück will gepflegt sein. Man muß geschmeidig und unterhaltend, intrigant sein, niemanden beleidigen, den Frauen und Hochgestellten gefallen, sich in Vergnügungen und Geschäfte stürzen, sein Geheimnis hüten, imstande sein, sich die ganze Nacht bei Tisch zu langweilen und drei Kartenspiele zu spielen, ohne einmal aufzustehen. Und selbst dann ist man seiner Sache nicht sicher. Wieviel Widerwärtigkeiten und Plagen könnte man sich ersparen, wagte man, direkt und nur durch Verdienst und Leistung berühmt werden zu wollen!

Ein paar Narren sagten bei Tisch zueinander: Nur wir gehören zur guten Gesellschaft, und man glaubte ihnen.

Die Spieler haben den Vorrang vor den geistig hervorragenden Menschen, denn sie haben die Ehre, den Reichtum zu repräsentieren.

Geistreiche Menschen wären oft einsam ohne die Flachköpfe, die stolz auf sie sind.

Wer vor acht Uhr morgens aufsteht, um bei der Gerichtssitzung zuzuhören oder um Gemälde im Louvre zu besichtigen oder um sich bei den Proben eines Stückes einzufinden und sich etwas darauf zugute tut, jegliche Arbeit anderer zu beurteilen, dem fehlt es oft nur an zweierlei: an Geist und an Geschmack.

Wir sind weniger gekränkt, von Dummköpfen verachtet, als von bedeutenden Menschen auf Mittelmaß eingeschätzt zu werden.

Es heißt die Menschen beleidigen, wenn man sie lobt, denn man zeigt dadurch die Grenzen ihres Verdienstes; wenige sind bescheiden genug, zu vertragen, daß man sie richtig einschätzt.

Es ist schwer, jemanden so zu achten, wie er geachtet sein will.

Man soll sich trösten, keine großen Talente zu besitzen, wie man sich tröstet, keine großen Posten einzunehmen; über beides kann uns das Herz erheben.

Vernunft und Überspanntheit, Tugend und Laster können glücklich machen. Zufriedenheit ist noch kein Anzeichen von Verdienst.

Könnte Geistesruhe ein besserer Beweis tugendhaften Lebens sein? Gesundheit gibt sie.

Wenn Ruhm und Verdienst die Menschen nicht glücklich machen, ist das Glück dann noch ihrer Sehnsucht wert? Würde eine mutige Seele sich dazu herablassen, Wohlstand, Geistesruhe, Mäßigung anzunehmen, wenn sie dafür die Kraft der Gefühle und den Schwung des Geistes zum Opfer bringen müßte?

Die Mäßigung der großen Menschen ist eine Schranke nur für ihre Laster.

Die Mäßigung der Schwachen ist Mittelmäßigkeit.

Anmaßung bei den Schwachen ist Aufschwung bei den Starken, wie die Kraft der Kranken Raserei und die der Gesunden Lebensmut ist.

Das Gefühl unserer Kräfte steigert sie.

Man urteilt über andere nicht so verschieden wie über sich selbst.

Es ist nicht wahr, daß die Menschen in der Armut besser sind als im Reichtum.

Ob arm oder reich, niemand ist tugendhaft oder glücklich, wenn ihn das Schicksal nicht an den richtigen Platz gestellt hat.

Man muß die Kraft des Körpers erhalten, um die des Geistes zu bewahren.

Von Greisen sind nicht viel Dienste zu erwarten.

Die Menschen haben den guten Willen zur Dienstfertigkeit nur bis zur Gelegenheit, sie zu beweisen.

Der Geizhals sagt sich insgeheim: Muß ich mitverantwortlich sein für das Schicksal der Mühseligen und Armen? So stößt er das Mitleid von sich, das ihm zur Last ist.

Wer glaubt, auf andre nicht mehr angewiesen zu sein, wird unerträglich.

Selten kann man viel haben von Menschen, deren man bedarf.

Wenig erreicht man durch Findigkeit.

Unsere Talente sind unsere treuesten Beschützer.

Alle Menschen glauben, die höchsten Posten zu verdienen, aber die Natur, die ihnen die Fähigkeiten dazu nicht mitgegeben hat, stellt sie zufrieden auch mit den niedersten.

Man verachtet kühne Pläne, wenn man sich große Erfolge nicht zutraut.

Groß sind die Ansprüche, und klein die Pläne der Menschen.

Große Menschen unternehmen große Dinge, weil sie groß sind, und die Narren, weil sie sie für leicht halten.

Oft ist es leichter, eine Partei zu bilden, als sich schrittweise bis an die Spitze einer schon bestehenden emporzuarbeiten.

Keine Partei ist so leicht zerstörbar, als eine nur auf Klugheit aufgebaute. Die Launen der Natur sind nicht so vergänglich wie die Meisterwerke der Kunst.

Man kann durch die Gewalt herrschen, aber niemals durch bloße Geschicklichkeit.

Mit bloßer Geschicklichkeit nimmt man nirgends den ersten Rang ein.

Die Gewalt kann sich alles leisten gegen die Geschicklichkeit.

Höchste Gewandtheit: ohne Gewalt zu herrschen.

Es ist mittelmäßige Schlauheit, die Menschen hinters Licht führen zu wollen.

Die Redlichkeit, die mittelmäßige Geister hindert, ans Ziel zu kommen, ist ein Mittel mehr zum Erfolg der Geschickten.

Wer aus anderen keinen Vorteil ziehen kann, ist meist selber wenig zugänglich.

Die berechnende Schlauheit stößt niemanden ganz zurück.

Äußerstes Mißtrauen ist so schädlich wie das Gegenteil. Die meisten Menschen werden nutzlos für den, der das Risiko, hintergangen zu werden, nicht mehr auf sich nehmen will.

Von der Zeit und von den Menschen muß man alles erwarten und alles befürchten.

Es überrascht böse Menschen stets, die berechnende Schlauheit auch bei den Guten zu finden.

Zuviel und zuwenig Verschwiegenheit über unsere eigenen Angelegenheiten sind gleichermaßen das Kennzeichen einer schwachen Seele.

Vertraulichkeit ist das Lehrjahr des Geistes.

Wir entdecken in uns selbst, was die anderen uns verbergen, und erkennen in anderen, was wir vor uns selber verbergen.

Die Grundsätze der Menschen verraten ihr Herz.

Halbheit wechselt stets ihre Grundsätze.

Oberflächlichkeit neigt zur Gefälligkeit.

Lügenhaftigkeit ist niedrige Ruhmsucht.

Wenige Maximen sind wahr in jeder Hinsicht.

Man sagt wenig Gründliches, wenn man stets nach Originalität strebt.

Wir schmeicheln uns törichterweise, anderen einreden zu können, was wir selber nicht glauben.

Unser Ergötzen am Geist anderer dauert nicht lange.

Selbst die besten Schriftsteller reden zuviel.

Das Epische ist oft eine Ausflucht mangelnder Phantasie.

Gefühlsarmut nährt die Trägheit.

Ein Mann, der weder mittags noch abends zu Hause speist, hält sich für beschäftigt. Und wer den Morgen damit zubringt, sich den Mund zu spülen und seinen Schneider zu empfangen, macht sich lustig über den Müßiggang des Schriftstellers, der jeden Morgen spazierengeht.

Es würde wenig Glückliche geben, wenn es anderen zustünde, unsere Beschäftigungen und Vergnügungen uns vorzuschreiben.

Kann uns etwas nicht schaden, so dürfen wir denen keine Aufmerksamkeit schenken, die uns davor schützen wollen.

Es gibt mehr schlechte Ratschläge als Launen.

Man soll nicht ohne weiteres glauben, daß das lasterhaft sei, was die Natur liebenswürdig gemacht hat. Es gibt kein Jahrhundert und kein Volk, das nicht eingebildete Tugenden und Laster aufgestellt hätte.

Die Vernunft täuscht uns öfter als die Natur.

Die Vernunft begreift nicht die Interessen des Herzens.

Wenn die Leidenschaft oft kühner rät als die Reflexion, so verleiht sie auch mehr Kraft zur Ausführung.

Die Leidenschaften begehen mehr Fehler als die Vernunft, wie die Regierenden mehr Fehler begehen als Privatleute.

Große Gedanken entspringen im Herzen.

Guter Instinkt bedarf der Vernunft nicht; er verleiht sie.

Man zahlt die geringsten Güter teuer, wenn man sie nur aus Vernunft besitzt.

Die Großherzigkeit schuldet der Klugheit nicht Rechenschaft über ihre Motive.

Niemand ist mehr Fehlern ausgesetzt, als wer nur aus Überlegung handelt.

Auf Rat tut man nicht viel Gutes.

Das Gewissen ist die veränderlichste aller Normen.

Der Defekt des Gewissens bleibt unbewußt.

Das Gewissen ist vermessen in dem Starken, schüchtern in dem Schwachen und Unglücklichen, unruhig in dem Unentschlossenen, also ein Organ der Stimmungen, die uns beherrschen, und der Meinungen, die uns lenken.

Das Gewissen der Sterbenden verleumdet ihr Leben.

Festigkeit oder Schwäche im Tod hängt von der letzten Krankheit ab.

Die vom Schmerz erschöpfte Natur betäubt manchmal das Gefühl der Kranken und hemmt die Beweglichkeit ihres Geistes. Und die angstvoll dem fernen Tod entgegengesehen haben, sterben furchtlos.

Krankheit zerstört in einigen Menschen den Mut, in anderen die Furcht, ja, sogar die Liebe zum Leben.

Nichts verfälscht so sehr das Urteil über das Leben als der Tod.

Es ist ungerecht, von einer niedergeschlagenen und durch den Ansturm eines furchtbaren Übels besiegten Seele zu verlangen, sie solle dieselbe Kraft aufbringen wie ein ruhiges Leben. Überrascht es, daß ein Kranker weder gehen noch wachen noch sich aufrecht erhalten kann? Wäre es nicht weit seltsamer, wenn er noch selber wäre wie in gesunden Tagen? Wenn wir

Kopfschmerzen gehabt und schlecht geschlafen haben, entschuldigt man an einem solchen Tag unsere Unfähigkeit zu jeglicher Arbeit gerne, und niemand verdächtigt uns des steten Unfleißes. Dürfen wir einem Sterbenden das Vorrecht verweigern, das wir einem, der an Kopfschmerzen leidet, zugestehen? Dürfen wir wagen, zu behaupten, er hätte in gesunden Tagen niemals Mut besessen, wenn er im Todeskampf keinen an den Tag legte?

Um Großes zu vollbringen, muß man leben, als müßte man niemals sterben.

Der Gedanke an den Tod betrügt uns, denn er läßt uns vergessen zu leben.

Mitunter sage ich mir selbst: das Leben ist zu kurz, als daß ich um seinetwillen mich beunruhigen dürfte, aber wenn mich ein lästiger Besuch daran hindert, mich anzukleiden oder auszugehen, so verliere ich die Geduld und kann es nicht ertragen, mich eine halbe Stunde zu langweilen.

Die falscheste aller Philosophien ist jene, welche den Menschen unter dem Vorwande, sie von der Unruhe der Leidenschaften zu befreien, Müßiggang, Sorglosigkeit und Selbstvergessenheit rät.

Wenn alle unsere Voraussicht unser Leben nicht glücklich machen kann, wieviel weniger kann es unsere Unbekümmertheit.

Niemand spricht morgens: Ein Tag ist bald vorüber, erwarten wir die Nacht. Im Gegenteil, schon am Abend träumt man von dem, was man am nächsten Morgen tun will. Man wäre sehr traurig, auch nur einen einzigen Tag Opfer der Launen der Zeit und der Störungen lästiger Besucher zu sein, man läßt den Zufall nicht einmal über ein paar Stunden verfügen, und das mit Recht, denn wer kann hoffen, eine Stunde ohne Langeweile zu verbringen, wenn er dieser knappen Zeit nicht selbst Inhalt gibt? Aber was man für eine Stunde nicht zu versprechen wagt, verspricht man manchmal fürs ganze Leben und sagt: Wozu sich sorgen, wenn der Tod alles endet? Wie sinnlos, sich derart über die Zukunft zu beunruhigen, das heißt, wir sind nicht klug, unser Schicksal nicht dem Zufall zu überlassen und uns um das zu kümmern, was zwischen uns und dem Tod liegt.

Weder ist Ekel ein Zeichen von Gesundheit noch Appetit eine Krankheit, ganz im Gegenteil! So denkt man über den Körper, aber die Seele beurteilt man nach anderen Regeln, man nimmt an, daß eine Seele stark ist, die frei ist von Leidenschaften, und da die Jugend feuriger und ungestümer ist als das hohe Alter, so sieht man sie wie eine Zeit des Fiebers an und verlegt die Kraft des Menschen in seine Hinfälligkeit.

Der Geist ist das Auge der Seele und nicht ihre Kraft. Ihre Kraft liegt im Herzen, das heißt in den Leidenschaften. Die erleuchtetste Vernunft führt nicht zum Handeln und Wollen. Genügt es, gut zu sehen, um gut zu gehen? Muß man nicht auch Füße haben und Willen und Kraft, sie zu regen?

Vernunft und Gefühl raten und ergänzen einander abwechselnd. Wenn man eins von beiden zu Rate zieht und auf das andere verzichtet, beraubt man sich unbesonnen eines Teiles der Hilfsmittel, die uns zu unsrer Führung gewährt sind.

Wir danken den Leidenschaften vielleicht die größten Vorzüge des Verstandes.

Wenn die Menschen den Ruhm nicht liebten, so hätten sie weder Verstand noch Tugend, ihn zu verdienen.

Hätten wir ohne die Leidenschaften die Künste gepflegt, und hätte uns Überlegung allein unsere Hilfsmittel, unsere Bedürfnisse und unsere Gaben offenbart?

Die Leidenschaften haben die Menschen die Vernunft gelehrt.

In der Kindheit aller Völker, wie aller einzelner, ging immer das Gefühl der Reflexion voran und war ihr erster Lehrer.

Wer das Leben eines einzelnen Menschen betrachtet, findet darin die Entwicklung der ganzen Menschheit, die weder Wissen noch Erfahrung gutzumachen imstande waren.

Wenn es wahr ist, daß man das Laster nicht ausrotten kann, so sollte die Weisheit der Regierenden danach streben, es für das allgemeine Beste nutzbar zu machen.

Die jungen Leute leiden weniger unter ihren Fehlern als unter der Weisheit der Alten.

Die Ratschläge der Alten spenden Licht, ohne zu wärmen wie die Wintersonne.

Wer andere unglücklich macht, gibt gewöhnlich vor, ihr Bestes zu wollen.

Es ist unrichtig, von den Menschen zu verlangen, sie möchten aus Respekt vor unseren Ratschlägen tun, was sie nicht für sich selber tun wollten.

Man muß den Menschen erlauben, Fehler gegen sich selbst zu begehen, um ein noch größeres Übel zu vermeiden: die Knechtschaft.

Wer strenger als die Gesetze ist, ist ein Tyrann.

Was die soziale Ordnung nicht stört, hat das Gericht nicht zu kümmern.

Ohne Notwendigkeit strafen heißt sich in die Milde Gottes einmischen.

Strenge Moral vernichtet die Kraft des Geistes, wie die Jünger Äskulaps den Leib zerstören, um ein oft nur eingebildetes Übel des Blutes zu beseitigen.

Milde ist besser als Gerechtigkeit.

Wir tadeln Unglückliche ihrer geringsten Fehler wegen sehr und beklagen sie um ihres größten Unglücks wegen wenig.

Wir sparen unsere Nachsicht für die Vollkommenen.

Man beklagt einen Menschen nicht, weil er ein Dummkopf ist, und vielleicht mit Recht. Aber es ist komisch, sich einzubilden, es sei seine Schuld.

Kein Mensch ist aus Wahl schwach.

Wir schelten die Unglücklichen, um sie nicht beklagen zu müssen.

Der Edle leidet unter den Leiden anderer, als wäre er dafür verantwortlich.

Die hassenswerteste, aber allgemeinste und älteste Undankbarkeit ist die der Kinder gegen ihre Väter.

Wir wissen unseren Freunden für die Schätzung unserer guten Eigenschaften wenig Dank, wenn sie auch nur wagen, unsere Fehler wahrzunehmen.

Man kann von ganzem Herzen diejenigen lieben, in denen man große Fehler entdeckt hat. Es wäre anmaßend zu glauben, einzig die Vollkommenheit hätte ein Recht uns zu gefallen. Mitunter verbinden uns unsere Schwächen ebenso eng miteinander, wie es die Tugend vermöchte.

Fürsten machen viele Undankbare, weil sie niemals so viel geben, wie sie könnten.

Haß ist stärker als Freundschaft und schwächer als Liebe.

Wenn unsere Freunde uns Dienste erweisen, so denken wir, sie schuldeten sie uns als Freunde, ohne zu bedenken, daß sie uns ihre Freundschaft nicht schuldig sind.

Man ist nicht zum Ruhm geboren, wenn man den Wert der Zeit nicht kennt.

Tätigkeit erreicht mehr als Klugheit.

Wer zu gehorchen geboren ist, wird auch noch auf dem Thron gehorchen.

Es sieht nicht so aus, als ob die Natur die Menschen zur Unabhängigkeit erschaffen habe.

Um sich der Gewalt zu entziehen, war man gezwungen, sich dem Recht zu unterwerfen: Recht oder Gewalt, zwischen diesen beiden Herren hat man wählen müssen, so wenig waren wir geschaffen, frei zu sein.

Abhängigkeit entstammt der Gesellschaft.

Darf man sich wundern, daß die Menschen geglaubt haben, die Tiere seien für sie erschaffen, da sie doch von ihresgleichen ebenso denken; sich wundern, daß das Schicksal die Mächtigen gewöhnt, auf der ganzen Erde nur mit sich selber zu rechnen?

Unter Königen, Völkern, Einzelnen gibt sich der Starke Rechte über den Schwachen, und dieselbe Regel gilt bei den Tieren und unbeseelten Wesen, so daß alles in der Welt durch Gewalt geschieht. Und dieses Gesetz, das wir mit einem Anschein von Recht tadeln, ist das allgemeinste, absoluteste, unveränderlichste und älteste aller Naturgesetze.

Die Schwachen wollen abhängig sein, um beschützt zu werden. Wer die Menschen fürchtet, liebt die Gesetze.

Wer alles ertragen kann, kann alles wagen.

Es gibt Beleidigungen, die man nicht bemerken darf, will man seine Ehre nicht kompromittieren.

Es ist gut, unbeugsam aus Anlage und nachgiebig aus Überlegung zu sein.

Die Schwachen wollen mitunter, daß man sie für böse halte, aber die Bösen wollen immer für gut gelten.

Herrscht Ordnung innerhalb der Menschheit, so ist es ein Beweis, daß Vernunft und Tugend die Oberhand haben.

Der Geist ist demselben Gesetz unterworfen wie der Körper, der sich nur durch beständige Nahrung erhalten kann.

Wenn die Lust uns erschöpft hat, glauben wir, wir hätten die Lust erschöpft, und sagen, nichts könne das Herz des Menschen ausfüllen.

Wir verachten vieles, um uns nicht selbst verachten zu müssen.

Unser Überdruß ist nicht ein Mangel oder Ungenüge der Außenwelt, wie wir gerne glauben, sondern Erschöpfung unserer eigenen Organe und Beweis unserer Schwäche.

Feuer, Luft, Geist, Licht, alles lebt durch Tätigkeit: daher die Verbindung und Verknüpfung aller Wesen, die Einheit und Harmonie des Weltalls. Trotzdem halten wir dieses so fruchtbare Naturgesetz am Menschen für ein Laster. Und da er ihm gehorchen muß, weil er in Ruhe nicht bestehen kann, so schließen wir, er sei fehl am Platz.

Der Mensch nimmt sich die Ruhe nur vor, um sich von Zwang und Arbeit zu befreien, aber sein Genuß liegt im tätigen Leben, und er liebt nur dieses.

Die Frucht der Arbeit ist die süßeste aller Freuden.

Wo alles abhängig ist, gibt es keinen Herrn: die Luft dient dem Menschen, der Mensch der Luft; nichts ist für sich, nichts gesondert.

O Sonne, o Himmel, wer seid ihr? Wir haben das Geheimnis und Gesetz eurer Bewegung erlauscht. Blinde und vielleicht gefühllose Kräfte in der Hand des Wesens aller Wesen, verdient die Welt, über die ihr herrscht, unsere Ehrfurcht? Der Umsturz der Reiche, das wechselnde Antlitz der Zeiten, die Völker, die geherrscht haben, und die Menschen, die das Schicksal dieser selben Völker bestimmt, die wesentlichsten religiösen Anschauungen und Gebräuche, die Religion, die Kunst, Moral und Wissenschaft –, all das, als was kann es erscheinen? Ein fast unsichtbares Atom, das man Mensch nennt, das auf der Oberfläche der Erde kriecht, dessen Lebenszeit nur einen Tag währt und das mit einem Blick das Schauspiel des Weltalls zu allen Zeiten umspannt.

Mit viel Einsicht bewundert man wenig, hat man keine, ebenso. Bewunderung ist nur das Maß unserer Kenntnisse und beweist weniger die Vollkommenheit der Dinge als die Unvollkommenheit unseres Geistes.

Es ist kein großer Vorteil, einen lebhaften Geist zu besitzen, der nicht auch urteilsscharf ist; die Vollkommenheit einer Uhr besteht nicht darin, schnell, sondern richtig zu gehen.

Unvorsichtig sprechen und verwegen sprechen ist fast immer ein und dasselbe. Aber man kann unvorsichtig und doch treffend sprechen und soll nicht glauben, ein Mensch sei fehlerhaft in seinem Urteil, weil die Kühnheit seines Charakters und die Lebhaftigkeit seines Temperaments ihm wider Willen eine gefährliche Wahrheit entrissen haben.

Es liegt mehr Ernst als Narrheit im Geist des Menschen. Wenige sind witzig geboren. Die meisten werden es durch Nachahmung, kalte Epigonen der Lebhaftigkeit und Heiterkeit anderer.

Die sich über ernste Neigungen lustig machen, lieben ernstlich die Nichtigkeiten.

Verschiedener Geist, verschiedener Geschmack: nicht immer setzt man sich aus Eifersucht gegenseitig herab.

Man beurteilt Geisteswerke wie mechanische Arbeiten. Kauft man einen Ring, so sagt man: Der ist zu groß, der ist zu klein, bis man einen passenden findet. Aber dennoch bleibt keiner beim Juwelier, denn der für mich zu klein war, paßt einem anderen.

Wenn zwei Schriftsteller sich in verschiedenen Gattungen in gleicher Weise hervorgetan haben, so achtet man gewöhnlich nicht genug auf den Rang ihrer Begabung, und Boileau wird mit Racine zusammengestellt: das ist ungerecht.

Ich liebe einen Schriftsteller, der alle Zeiten und alle Länder überblickt, der viele Wirkungen auf wenige Ursachen zurückführt, der die Vorurteile und Sitten der verschiedenen Jahrhunderte vergleicht und durch Beispiele, die der Malerei oder der Musik entnommen sind, mich die Schönheiten der Beredsamkeit und die enge Verknüpfung der Künste erkennen lehrt. Von einem Mann, der so Beziehungen zwischen allem Menschlichen auffindet, sage ich, daß er einen großen Geist besitzt, wenn seine Folgerungen richtig sind. Wenn er aber falsch schließt, so vermute ich, daß er die Gegenstände schlecht unterscheidet oder daß er ihren Zusammenhang nicht mit einem einzigen Blick überschaut, und schließlich, daß er doch nicht die wirkliche Weite und Tiefe des Geistes besitzt.

Man unterscheidet leicht wahre und falsche Weite des Geistes: denn die eine läßt ihren Gegenstand groß erscheinen, und die andere erstickt sie durch Episoden und unnatürliche Gelehrsamkeit.

Wenige, mit wenigen Worten an richtiger Stelle wiedergegebene Beispiele geben dem Gedanken mehr Glanz, mehr Gewicht und Autorität: aber zu viele Beispiele und Einzelheiten schwächen immer eine Rede. Zu lange und zu häufige Abschweifungen zerstören die Einheit des Gegenstandes und ermüden den denkenden Leser, der von der Hauptsache nicht abgelenkt werden will und nur mit Mühe einer allzu langen Kette von Tatsachen und Beweisen folgen kann. Man kann gar nicht konzentriert genug sein, nicht schnell genug schließen. Mit einem Blick muß man die zwingende Schlußfolgerung seiner Rede erkennen und sich auf sie stürzen. Ein durchdringender Geist flieht die Nebensächlichkeiten und überläßt es den mittelmäßigen Schriftstellern, die Blumen zu pflücken, die am Wege blühen. *Sie* nämlich mögen das Volk unterhalten, das planlos, ohne Geistesschärfe, ohne Geschmack liest.

Ein Dummkopf mit gutem Gedächtnis steckt voll Gedanken und Fakten, aber er hat keine Kraft zur Synthese, und daran hängt alles.

Die Fähigkeit, die Dinge in ihrer Beziehung zu erfassen, ist Verstandesschärfe, und die Gabe, viele und große Dinge miteinander in Verbindung zu setzen, verrät den umfassenden Geist. Verstandesschärfe scheint also die erste Stufe und durchaus notwendige Bedingung eines umfassenden Geistes zu sein.

Ein gefräßiger Mensch, der schlecht verdaut – das ist wohl ein getreues Bild der Geistesart der meisten Gelehrten.

»Ein gebildeter Mann müsse von allem etwas wissen«, dieser Maxime stimme ich durchaus nicht zu[1]. Ein oberflächliches und unsystematisches Wissen ist fast immer nutzlos und bisweilen schädlich. Es ist wahr, daß das Wissen der meisten Menschen kaum in die Tiefe geht, aber ebenso wahr ist auch, daß die oberflächliche Wissenschaft, nach der sie streben, nur dazu dient, ihre Eitelkeit zu befriedigen. Sie schadet allen wirklich Produktiven, denn sie lenkt sie notwendig von ihrem Hauptgegenstand ab, verbraucht ihren Fleiß in Einzelheiten und für Dinge, die ihren natürlichen Bedürfnissen und Gaben fremd sind, und schließlich dient sie keineswegs dazu – wie man sich schmeichelt –, den Wert des Geistes zu beweisen. In allen Zeiten gab es Menschen, die bei einem mittelmäßigen Verstande sehr viel wußten, und hingegen bedeutende Geister, die sehr wenig wußten. Weder ist Unwissenheit Mangel an Geist noch Wissen Kennzeichen des Genies.

Die Wahrheit entzieht sich dem Verstande, wie sich die Tatsachen dem Gedächtnis entziehen. Ein reger Geist sieht die Dinge immer wieder von einem andern Standpunkt an, so daß er dieselben Meinungen bald widerruft, bald wieder annimmt. Der Geschmack ist nicht weniger unbeständig, er wird müde der reizvollsten Dinge und wechselt wie unsere Stimmungen.

Es gibt vielleicht ebensoviele Wahrheiten unter den Menschen wie Irrtümer, ebensoviele gute Eigenschaften wie schlechte, ebensoviele Freuden wie Leiden, aber wir kritisieren gern die menschliche Natur, um uns über unsere Gattung zu erheben und uns mit dem Ansehen zu schmücken, das wir ihr rauben wollen. Wir sind so eingebildet zu glauben, wir könnten unser persönliches Interesse von dem der Menschheit trennen und das menschliche Geschlecht herabsetzen, ohne uns selber bloßzustellen. Diese lächerliche Eitelkeit hat die Bücher der Philosophen mit Schmähungen gegen die Natur angefüllt – der Mensch steht bei allen Denkern in Ungnade, und um die Wette belädt man ihn mit neuen Lastern. Aber vielleicht ist er gerade im Begriff, sich wieder zu erheben und sich seine Tugenden wieder zurückerstatten zu lassen, denn nichts ist beständig, und die Philosophie hat ihre Moden wie die Kleidung, die Musik, Architektur usw.

Schon daß eine Meinung Gemeingut geworden ist, genügt, um die Menschen zu veranlassen, sie aufzugeben und das Gegenteil zu glauben, bis auch dieses veraltet, und sie etwas anderes wählen müssen, um sich auszuzeichnen. Wenn sie also in irgendeiner Kunst oder Wissenschaft das Höchste erreichen, so kann man sicher sein, daß sie darüber hinauskommen werden, um neuen Ruhm zu erwerben; das ist zum Teil der Grund, warum die schönsten Jahrhunderte so schnell entarten und in die Barbarei, der sie eben erst entronnen, zurücksinken.

Die großen Menschen haben die Schwachen, als sie sie das Denken lehrten, auf den Weg des Irrtums geführt.

Wo Größe ist, fühlen wir sie auch wider Willen. Der Ruhm der Eroberer ist stets bekämpft worden, die Völker haben immer unter ihm gelitten und ihn stets respektiert.

Der Beschauliche, im Genuß der Behaglichkeit seiner teppichbekleideten Stube, beschimpft den Soldaten, der die Winternächte am Ufer eines Flusses verbringt und schweigend unter den Waffen über die Sicherheit seines Vaterlandes wacht.

Nicht um Hunger und Elend in ein fremdes Land zu tragen, jagt der Heros dem Ruhme nach, sondern um beides für den Staat zu erleiden, nicht um den Tod zu bringen, sondern um ihm zu trotzen.

Das Laster hetzt zum Krieg, aber die Tapferkeit kämpft. Gäbe es keine Tapferkeit, so hätten wir für immer Frieden.

Geisteskraft oder Gewandtheit haben den ersten Besitz erschaffen, die Ungleichheit der Lebensbedingungen ging aus der Ungleichheit von Geist und Mut hervor.

Es ist falsch, daß Gleichheit ein Naturgesetz sei. Die Natur hat nichts Gleiches erschaffen. Ihr oberstes Gesetz ist Unterordnung und Abhängigkeit.

Man schränke die Souveränität in einem Staate noch so sehr ein, kein Gesetz kann den Tyrannen verhindern, seine Stellung zu mißbrauchen.

Man muß die natürlichen Gaben achten, die weder Fleiß noch Glück vermitteln können.

Die meisten Menschen sind gefesselt in der Sphäre ihrer Lebenslage, so daß sie nicht einmal in ihren Gedanken wagen, über sie hinauszudringen, und wenn man welche findet, die das Denken über die letzten Dinge gewissermaßen unfähig zu kleinen gemacht hat, so findet man noch mehr, denen die Beschäftigung mit kleinen Dingen jedes Gefühl für die letzten genommen hat.

Die lächerlichsten und kühnsten Hoffnungen sind manchmal die Ursache außerordentlicher Erfolge gewesen.

Die Untertanen erweisen ihre Huldigungen mit weit mehr Eifer, als die Fürsten sie hinnehmen. Die Zweckhaftigkeit ist ein stärkeres Motiv als der bloße Genuß.

Aus purer Trägheit bilden wir uns ein, den Ruhm zu schmähen, und plagen uns doch sehr um des geringsten Vorteils willen.

Wir lieben mitunter sogar das Lob, das wir nicht für aufrichtig halten.

Es gehört viel Geistes- und Charakterstärke dazu, die Aufrichtigkeit interessant zu finden, selbst wenn sie kränkt, oder sich ihrer zu bedienen, ohne zu verletzen. Wenige Menschen sind tief genug, die Wahrheit zu ertragen und zu sagen.

Manche Menschen bilden sich unbewußt eine Vorstellung von ihrem Äußern, das ihrer beherrschenden Stimmung entspricht; daher kommt es wohl, daß ein Geck sich immer für schön hält.

Wer nur Geist hat, hat Sinn für große Dinge, Leidenschaft für kleine.

Die meisten Menschen werden alt in einem kleinen Gedankenkreis, der nicht einmal aus ihnen selbst stammt; es gibt vielleicht weniger enge als unfruchtbare Geister.

Wenig scheint die Menschen zu unterscheiden. Was macht Schönheit oder Häßlichkeit, Gesundheit oder Krankheit, Geist oder Stumpfsinn? Eine geringe Verschiedenheit der Organe, etwas mehr oder weniger Galle usw. Doch dieses Mehr oder Weniger ist von ungeheurer Bedeutung für die Menschen, und wenn sie darüber anders urteilen, so sind sie im Irrtum.

Zwei Dinge können im Alter Talent und Lebensgenuß zur Not ersetzen: Ruf oder Reichtum.

Wir hassen die Scheinheiligen, die berufsmäßig alles verachten, worauf wir stolz sind, während sie selber stolz sind auf noch Verächtlicheres.

Wieviel Eitelkeit man uns auch vorwirft, von Zeit zu Zeit haben wir es nötig, unserer Verdienste versichert zu werden.

Über große Demütigungen trösten wir uns selten – wir vergessen sie.

Je machtloser man in der Welt ist, um so strafloser kann man Fehler begehen, um so nutzloser wirklich jemand sein.

Will das Schicksal Weise demütigen, so überrascht es sie gewöhnlich bei jenen kleinen Gelegenheiten, in denen man meist sorglos und wehrlos ist. Der begabteste Mensch der Welt kann es nicht verhindern, daß wirkliche Belanglosigkeiten furchtbares Unglück nach sich ziehen, und er verliert seinen Ruf oder sein Vermögen durch eine geringfügige Unbedachtsamkeit, wie ein andrer sich beim Aufundabgehen im Zimmer ein Bein bricht.

Sei es Lebhaftigkeit, Hochmut, Habsucht – jedes Menschen Charakter bietet einen dauernden Anlaß, Fehler zu begehen, und wenn sie ohne Folgen bleiben, hat er es seinem Schicksal zu verdanken.

Wir sind bestürzt über unsere Rückfälle und betroffen, zu sehen, daß selbst unser Unglück uns nicht von unsern Fehlern zu heilen vermochte.

Notwendigkeit lindert mehr Leiden als die Vernunft.

Notwendigkeit vergiftet die Übel, die sie nicht heilen kann.

Die Günstlinge des Glücks oder des Ruhms, unglücklich in unseren Augen, lenken uns dennoch nicht von unserm Ehrgeiz ab.

Geduld ist die Kunst zu hoffen.

Verzweiflung ist nicht nur der Gipfel unseres Unglücks, sondern auch unserer Schwäche.

Weder die Gaben noch die Schläge des Schicksals kommen denen der Natur gleich, sie übertrifft sie an Härte wie an Güte.

Höchstes Glück und tiefstes Unglück vermag die Mittelmäßigkeit nicht zu fühlen.

Es gibt vielleicht mehr oberflächliche Geister in der großen Welt als in den unteren Gesellschaftsschichten.

Leute der feinen Welt unterhalten sich nicht über etwas so Unbedeutendes wie das Volk, und das Volk gibt sich nicht mit etwas so Leichtfertigem ab wie sie.

Die Geschichte berichtet von großen Männern, die die Wollust oder Liebe beherrscht hat, sie erinnert mich aber an keine, die nur galant gewesen wären. Was den Wert einiger Menschen ausmacht, kann bei andern nicht einmal als Schwäche bestehen.

Wir laufen manchmal hinter Menschen her, deren Äußeres uns Eindruck gemacht hat, wie junge Verliebte hinter einer Maske her sind, weil sie sie für das schönste Weib der Erde halten; und sie necken sie so lange, bis sie sich ihnen entdeckt als ein kleiner schwarzbärtiger Mann.

Der Dumme nickt ein und verhungert in guter Gesellschaft wie ein Mensch, den die Neugier aus seinem Element gelockt hat und der in der feinen Luft nicht leben und atmen kann.

Der Dumme gleicht dem Volk, das mit wenigem reich zu sein glaubt.

Will man nichts verlieren noch verbergen von seinem Witz, so schmälert man gewöhnlich dessen Ruf.

Erhabene Autoren haben es nicht verschmäht, die andern auch durch die Anmut ihrer Werke zu übertreffen, stolz die Kluft zwischen diesen beiden äußersten Grenzen zu überbrücken und den ganzen Bereich des menschlichen Geistes zu umspannen. Anstatt der Allseitigkeit ihres Talents Beifall zu spenden, hat das Publikum gemeint, sie hätten sich im Heroischen nicht halten können, und man wagt es nicht, sie jenen großen Männern gleichzustellen, die in einer einzigen großen und schönen Stilart befangen und den Anschein erwecken, als hätten sie verschmäht zu sagen, was sie verschwiegen, und die Nebengebiete den unbedeutenden Talenten überlassen.

Was dem einen wie Geistesfülle erscheint, ist für den andern nur Gedächtnis und Oberflächlichkeit.

Es ist leicht, einen Autor zu kritisieren, schwer, ihn richtig zu beurteilen.

Es schmälert in nichts die Größe Racines, des weisesten und formvollendetsten aller Dichter, daß er nicht allzuviele Dinge behandelt hat – deren Schönheit er gesteigert hätte –, sondern daß er sich begnügte, in einer einzigen Gattung die Fülle und den Reichtum seines Geistes zu zeigen. Ich fühle mich aber doch gezwungen, einen kühnen und fruchtbaren, erhabenen, durchdringenden, leichten und unermüdlichen Geist zu verehren, der ebenso geistreich und liebenswürdig in den unterhaltenden Schriften, wie groß und ergreifend in andern ist, eine unbegrenzte Phantasie besitzt und im Fluge den Zusammenhang der menschlichen Dinge umspannt und durchdrungen hat, und dem weder die abstrakten Wissenschaften noch die Künste noch die Politik noch die Sitten der Völker noch ihre Anschauungen, ihre Geschichte, ihre Sprache haben entgehen können; schon an der Schwelle der Jugend berühmt durch die Größe und Kraft seiner gedankenreichen Poesie, und bald danach durch die Anmut, Originalität und Bündigkeit seiner Prosa, hat dieser erlauchte Philosoph und Dichter alles, was am Menschen Größe hat, in seinen Schriften ausgebreitet; er hat die Leidenschaften mit hellen und feurigen Zügen gemalt und sie auf der Bühne bald zärtlich, bald ungestüm sprechen lassen; die außerordentliche Weite seines Geistes setzte ihn instand, die Wesenszüge der guten Werke jedes Volkes nachzuahmen und deren Geist zu erfassen – aber nichts ahmte er nach, ohne es zu verschönern, glänzend selbst in den Fehlern, die man in seinen Werken zu entdecken glaubte, hat er, trotz der Mängel, die unvermeidlich mit so selten hohen Vorzügen verknüpft sind, und trotz der Anstrengungen der Kritik ohne Unterlaß Freunde und Feinde durch die Arbeit seiner Nächte in Atem gehalten, und von seiner Jugend auf das Ansehen unserer Literatur – deren Grenzen er erweitert hat – zu fremden Nationen getragen[2].

Betrachtet man nur bestimmte Werke der besten Schriftsteller, so wird man versucht sein, sie geringzuachten. Um gerecht zu urteilen, muß man alles lesen.

Man darf die Menschen nicht danach beurteilen, was sie nicht wissen, sondern danach, was sie wissen, und *wie* sie es wissen.

Ebensowenig darf man von Schriftstellern eine Vollkommenheit verlangen, die sie nicht erreichen können. Man tut dem menschlichen Geist zuviel Ehre an, wenn man meint, unregelmäßige Werke hätten kein Recht, ihm zu gefallen, besonders wenn diese Werke Leidenschaften schildern. Es gehört keine große Kunst dazu, selbst hervorragende Geister unsicher zu machen und ihnen die Mängel einer kühnen und ergreifenden Schilderung zu verbergen. Jene vollkommene Regelmäßigkeit, die den Schriftstellern fehlt, liegt auch nicht in unsern Begriffen. Der natürliche Charakter der Menschen verträgt nicht so viele Regeln. Wir dürfen im Gefühl nicht den Takt voraussetzen, den wir nur durch Überlegung besitzen. Es fehlt noch viel, daß unser Geschmack so schwer zu befriedigen sei wie unser Urteil.

Es fällt uns leichter, uns einen Anstrich von unendlich viel Kenntnissen zu geben, als einige wenige wirklich zu besitzen.

Solange man nicht das Geheimnis gefunden hat, die Menschen urteilsfähig zu machen, solange werden alle Schritte auf dem Weg zur Wahrheit vor falschem Denken nicht bewahren, und je weiter man die Menschen über populäre Wahrheiten hinausführen will, desto tiefer wird man sie in gefährliche Irrtümer verstricken.

Niemals können die Literatur und der Geist der Kritik Gemeingut eines ganzen Volkes werden, ohne daß man in Philosophie und in den schönen Künsten dasselbe bemerkte wie bei den Volksregierungen, bei denen jede auch nur denkbare phantastische Albernheit ihre Anhänger findet.

Der Irrtum, den man zur Wahrheit hinzufügt, vergrößert sie keineswegs. Man erweitert nicht das Gebiet der Kunst, wenn man schlechten Gattungen Einlaß gewährt, sondern man verdirbt den Geschmack, führt das Urteil der Menschen irre, das sich leicht von Neuheiten bestechen läßt und dann, das Wahre mit dem Falschen vermengend, sich in seinen Schöpfungen von den Nachahmungen der Natur bald abwendet und so durch den leeren Ehrgeiz nach neuen Formen sich von den antiken Vorbildern entfernt und in kurzer Zeit verarmt.

Was wir einen glänzenden Gedanken nennen, ist meist nur ein verfänglicher Ausdruck, der uns mit Hilfe von ein wenig Wahrheit einen verblüffenden Irrtum aufzwingt.

Mit dem Größten vermag man auch das Kleinste, sagt man. Das ist falsch. Der König von Spanien, so mächtig er auch ist, kann in Lucca nichts ausrichten. Und die Grenzen unserer Talente sind noch viel unverrückbarer als die der Reiche, eher könnte man die ganze Erde erobern als die geringste Tugend.

Die meisten großen Persönlichkeiten waren auch die beredtesten Männer ihres Jahrhunderts. Die Schöpfer der schönen Systeme, die Führer der Parteien und Sekten – wer je die größte Macht über den Geist des Volkes gehabt hat, verdankte den größten Teil seines Erfolges der lebhaften und natürlichen Beredsamkeit seiner Seele. Es scheint nicht, daß sie in der Pflege der Dichtkunst gleich glücklich waren; das kommt daher, daß die Poesie kaum zuläßt, daß man sich zersplittert, daß eine so erhabene und schwierige Kunst kaum sich mit dem Drang der Geschäfte und der lärmenden Betätigung des öffentlichen Lebens verträgt, während die Beredsamkeit sich mit allem verbinden kann und den größten Teil ihrer verführerischen Wirkung dem Geist der Vermittlung und Unterhandlung verdankt, der die Staatsmänner und Politiker macht.

Die Meinung der Großen, sie könnten mit ihren Worten und Versprechungen verschwenderisch umgehen, ohne sie einzulösen, ist trügerisch. Nur widerstrebend lassen sich die Menschen nehmen, was sie sich durch Hoffnung gewissermaßen schon angeeignet haben. Man täuscht sie nicht lange über ihre Interessen, und sie hassen nichts so sehr, als betrogen zu werden. Darum hat der Betrug so selten Erfolg; auch um jemanden zu verführen, bedarf es der Aufrichtigkeit und Redlichkeit. Die die Völker über ihre allgemeinen Interessen täuschen konnten, waren gegenüber den einzelnen ehrlich: ihre Geschicklichkeit bestand darin, die Geister durch wirkliche Vorteile zu gewinnen. Wenn man die Menschen gut kennt und sie seinen Plänen dienstbar machen will, so darf man sich nicht auf einen so schwachen Köder wie Reden und Versprechungen verlassen. Die großen Redner – wenn es mir erlaubt ist, diese beiden Dinge miteinander zu verknüpfen – suchen keineswegs durch ein Gewebe von Schmeichelei und Lügen, durch dauernde Verstellung und eine geistreichelnde Sprache zu wirken; wenn sie über einen Hauptpunkt hinwegtäuschen wollen, so können sie es nur durch Wahrheit und Aufrichtigkeit in den Einzeldingen. Denn die Lüge ist an sich schwach, sie muß sich sorgfältig verbergen, es erfordert Mühe, wenn man durch bestechende Redeweise wirklich etwas erreichen will. Doch zu Unrecht würde man schließen, darin bestünde die Kunst der Beredsamkeit. Erkennen wir vielmehr aus dieser Macht des Scheins der Wahrheit, wie beredt die Wahrheit selbst ist und wie sehr überlegen unserer Kunst!

Ein Lügner ist ein Mensch, der nicht zu täuschen versteht, und ein Schmeichler täuscht meist nur Dummköpfe. Nur wer sich der Wahrheit geschickt zu bedienen weiß und ihre Kraft kennt, darf sich einbilden, schlau zu sein.

Wer hat mehr Phantasie als Bossuet, Montaigne, Descartes, Pascal – lauter große Philosophen? Wer besitzt mehr Verstand und Weisheit als Racine, Boileau, La Fontaine, Molière – lauter geniale Dichter? Es ist also falsch, daß die beherrschenden Eigenschaften die andern ausschließen, sie setzen sie voraus. Es würde mich überraschen, wenn ein großer Dichter nicht auch tiefe Einblicke in die Philosophie, zumindest in die Moralphilosophie, getan hätte, und selten gibt es einen echten Philosophen ohne alle Phantasie. Descartes hat in einigen seiner Prinzipien irren können, nicht aber oder nur selten in seinen Folgerungen. Man schlösse also aus seinen Irrtümern zu Unrecht, daß Phantasie und Kombinationskraft sich nicht mit folgerichtigem Denken verbinden können. Die große Eitelkeit der Phantasielosen besteht darin, sich allein für urteilsfähig und scharfsinnig zu halten. Sie beachten nicht, daß die Irrtümer des Descartes, eines schöpferischen Geistes, die von drei- oder viertausend Philosophen, lauter phantasielosen Menschen, gewesen sind. Inferiore Geister können sich freilich keine eigenen Irrtümer leisten, denn sie sind unfähig, auch nur Falsches zu erfinden. Dagegen werden sie, ohne es zu wissen, stets von den Irrtümern anderer mitgerissen, und wenn sie selbst irren, was oft vorkommen kann, so tun sie es nur in Einzelheiten und in Schlußfolgerungen. Aber ihre Irrtümer besitzen zuwenig Wahrscheinlichkeit, um ansteckend zu wirken, und sind zu belanglos, um irgendwelches Aufsehen zu erregen.

Von Natur beredte Menschen sprechen mitunter mit solcher Klarheit und Knappheit über große Dinge, daß die meisten Menschen sich nicht vorstellen könnten, sie sprächen auch tief. Schwerfällige Köpfe und Sophisten erkennen die Philosophie nicht an, wenn die Beredsamkeit sie volkstümlich macht und sie das Wahre in stolzen und kühnen Strichen zu malen wagt. Sie betrachten diesen Glanz des Ausdrucks, der den Beweis großer Gedanken in sich schließt, als oberflächlich und leichtfertig. Sie verlangen Definitionen, Paragraphen, Einzelheiten und Beweise. Wenn Locke die weisen Wahrheiten seiner Schriften in einigen lebendigen Seiten vorgelegt hätte, würden sie nicht gewagt haben, ihn unter die Philosophen seines Jahrhunderts zu rechnen.

Es ist ein Unglück, daß die Menschen kein Talent besitzen ohne die Sucht, alle andern herabzusetzen. Wenn sie fein sind, so schmähen sie die Kraft. Wenn sie Mathematiker oder Physiker sind, schreiben sie gegen die Dichtkunst und Beredsamkeit, und die Laien, die nicht daran denken, daß jemand, der sich auf einem speziellen Gebiet ausgezeichnet hat, über ein anderes Talent schlecht urteilen kann, lassen sich durch ihre Urteile beeinflussen. Wenn zum Beispiel Metaphysik und Mathematik Mode sind, so entscheiden Metaphysiker und Mathematiker über den Ruf der Dichter und Musiker und umgekehrt; jedesmal unterwirft die herrschende Geistesrichtung alle andern ihrem Richterspruch und die meisten Zeitgenossen ihren Irrtümern.

Wer kann sich rühmen, zu jeder Stunde des Tages zu denken, zu erfinden, zu begreifen? Die Menschen besitzen nur ein kleines Maß von Geist, Geschmack, Talent, Tugend, Heiterkeit, Gesundheit, Kraft usw., und selbst über dieses wenige, das ihnen die Natur mitgegeben hat, können sie nicht nach ihrem Willen verfügen, auch nicht in der Not und nicht in jedem Lebensalter.

Die Maxime, »man solle die Menschen nicht vor ihrem Tode loben«, ist vom Neid erfunden und von den Philosophen allzu leicht aufgenommen worden. Ich meine im Gegenteil, man sollte sie während ihres Lebens loben, wenn sie es verdient haben. Gerade wenn Eifersucht und das Denunziantentum, tobend gegen ihre Tugenden oder ihr Talent, sich anstrengen, sie herabzusetzen, muß man den Mut haben, für sie einzustehen. Ungerechte Kritik muß man vermeiden, aber keineswegs das ehrliche Lob.

Der Neid kann sich nicht verbergen. Er klagt an und verurteilt, ohne Beweise zu haben; er übertreibt die Fehler, er hat maßlose Namen für die geringsten Irrtümer, und seine Sprache ist voll Bitterkeit, Übertreibung und Mißgunst. Mit unerbittlichem Haß und rasender Wut stürzt er sich auf jedes wirkliche Verdienst; er ist blind, jähzornig, gefühllos, brutal.

Man muß in den Menschen das Gefühl ihrer Klugheit und Kraft steigern, wenn man ihren Geist erhöhen will. Alle, die in ihren Reden und Schriften nur bestrebt sind, rücksichtslos und ohne Unterschied die Lächerlichkeiten und Schwächen der Menschheit aufzudecken, erleuchten viel weniger die Vernunft und Urteilskraft des Publikums, als sie seine Neigungen verderben.

Den Sophisten, der sich gegen Ruhm und Geist großer Männer ereifert, bewundere ich nicht. Denn indem er mir über die Schwäche der größten Geister die Augen öffnet, lehrt er mich, ihn selbst einzuschätzen, und er ist der erste, den ich von der Tafel der berühmten Männer streiche.

Ganz zu Unrecht meinen wir, daß schon ein Fehler alle Tugend ausschließt, und zu Unrecht sehen wir in der Verbindung von guten und bösen Zügen etwas Ungeheuerliches und Rätselhaftes. Nur infolge unseres Mangels an Scharfsinn können wir Widersprüche nicht verbinden.

Pseudophilosophen suchen die Aufmerksamkeit der Menschen dadurch zu erregen, daß sie Widersprüche und Schwierigkeiten in unserm Geist aufweisen, die sie selber erst erschaffen haben, wie andere die Kinder mit Kartenstückchen unterhalten, die den Geist des Kindes verwirren, obwohl es dabei mit ganz natürlichen Dingen zugeht. Wer so die Dinge künstlich verknüpft um des Verdienstes willen, sie wieder aufzulösen, ist ein Scharlatan der Moral.

Es gibt keinen Widerspruch in der Natur.

Widerstrebt es der Vernunft oder der Gerechtigkeit, sich selbst zu lieben? Und warum wollen wir, daß die Eigenliebe unbedingt ein Laster sei?

Wenn es eine von Natur hilfreiche und mitfühlende Selbstliebe gibt und eine andere ohne Menschlichkeit, ohne Billigkeit, ohne Grenzen, ohne Vernunft – muß man sie miteinander verwechseln?

Gesetzt, die Menschen wären nur aus Vernunft tugendhaft – was folgt daraus? Lobt man uns mit Recht unserer Gefühle wegen, müßte man uns nicht auch unserer Vernunft wegen loben? Gehört sie etwa weniger uns an als der gute Wille?

Man vermutet, wer der Tugend aus Überlegung dient, könnte sie um eines nützlichen Lasters willen verleugnen? Ja, wenn einem vernünftigen Menschen das Laster nützlich erscheinen könnte!

Es liegen Keime der Güte und Gerechtigkeit im Herzen des Menschen. Selbst wenn der Eigennutz vorherrscht, so ist dies – ich wage es zu behaupten – nach der Natur, ja auch nach der Gerechtigkeit, gesetzt, daß niemand unter dieser Eigenliebe leidet, und die Gesellschaft dadurch nicht mehr verliert, als sie gewinnt.

Wer Ruhm durch Tugend sucht, verlangt nur, was er verdient.

Ich habe es immer lächerlich gefunden, daß die Philosophen sich eine Tugendlehre ausgedacht haben, die mit der menschlichen Natur unvereinbar ist, um dann kaltherzig zu behaupten, es gäbe gar keine Tugend. Mögen sie von dem Phantom ihrer Phantasie reden, die sie nach Belieben aufgeben oder zerstören können, da sie sie ja geschaffen haben, aber die wahre Tugend, die sie mit diesem Namen nicht nennen wollen, da sie mit ihren Definitionen nicht übereinstimmt und die ein Werk der Natur und nicht das ihre ist und die vor allem in der Güte und Kraft der Seele besteht, diese Tugend hängt nicht von ihrer Phantasie ab und wird in ewigen unauslöschlichen Zügen fortbestehen.

Der Körper hat seine Anmut, der Geist seine Talente. Sollte das Herz nur Laster haben? und der Mensch, der Vernunft fähig, unfähig sein zur Tugend?

Wir sind empfänglich für Freundschaft, Gerechtigkeit, Mitleid, Vernunft. O meine Freunde! was ist dann Tugend?

Wenn der berühmte Autor der Maximen so gewesen wäre, wie er alle Menschen zu schildern versucht hat, verdiente er dann unsere Achtung und den abgöttischen Kult seiner Anhänger?

Das Gefühl der Leere, das aus den meisten Büchern über Moral aufsteigt, kommt daher, daß ihre Verfasser so unaufrichtig sind. Der eine ist das schwache Echo des andern, und keiner wagt, seine wahren Gedanken und geheimen Gefühle auszusprechen. So reden und schreiben, nicht nur in der Moral, sondern auf jedem Gebiet, fast alle Menschen ein Leben lang, was sie nicht denken; wer aber sich noch ein wenig Liebe zur Wahrheit bewahrt hat, fordert den Haß und die Vorurteile des Publikums heraus.

Es gibt kaum einen Menschen, der alle Seiten einer Sache zu gleicher Zeit erfassen könnte, und das ist, so scheint mir, die häufigste Quelle der menschlichen Irrtümer. Während der größere Teil der Nation in Armut, Arbeit und Schande dahinsiecht, wird der andere Teil, der in Ehre, Bequemlichkeiten und Freuden schwelgt, nicht müde, die Macht der Politik zu bewundern, die Handel und Künste blühen läßt und die Macht des Staates fürchten lehrt.

Die größten Werke des menschlichen Geistes sind sicherlich seine unvollkommensten. Die Gesetze, die schönste Erfindung der Vernunft, waren nicht imstande, die Ruhe der Völker zu sichern, ohne ihre Freiheit zu verringern.

Wie groß ist mitunter die Schwäche und Inkonsequenz der Menschen! Wir wundern uns über die rauhen Sitten unserer Väter, die jedoch auch heute im Volke, dem größten Teil der Nation, noch lebendig sind, und wir verachten gleichzeitig die schönen Wissenschaften und die Kultur des Geistes, den einzigen Vorzug, der uns vom Volk und unsern Vorfahren unterscheidet.

Vergnügungs- und Prunksucht tragen in den Herzen der Großen den Sieg über den Eigennutz davon. Unsere Leidenschaften entsprechen in der Regel unseren Bedürfnissen.

Das Volk und die Großen haben weder dieselben Tugenden noch dieselben Laster.

Unserm Herzen kommt es zu, die Abstufung unserer Interessen zu bestimmen, unserer Vernunft, sie zu leiten.

Geistige Mittelmäßigkeit und Bequemlichkeit machen mehr Menschen zu Philosophen als das Denken.

Niemand ist aus Überlegung ehrgeizig und lasterhaft aus Geistesschwäche.

Alle Menschen sind hellsichtig, wenn ihr Vorteil auf dem Spiel steht, und selten gelingt es, sie durch List abzulenken. Man hat die diplomatische Überlegenheit des Hauses Österreich bewundert, aber nur in der Zeit der ungeheuren politischen Macht dieser Familie, nicht länger. Die günstigsten Verträge schließt das Gesetz des Stärkeren.

Der Handel ist die Schule des Betrugs.

Wenn man sieht, wie's die Menschen treiben, könnte man mitunter auf den Gedanken kommen, das menschliche Leben und die Geschäfte der Welt seien ein ernsthaftes Spiel, in dem jeder Betrug gestattet ist, um sich auf eigene Gefahr das Gut anderer anzueignen, wobei der Glückliche den Unglücklichen oder weniger Schlauen in allen Ehren berauben und plündern darf.

Es ist ein großes Schauspiel, anzusehen, wie die Menschen im geheimen nachgrübeln, wie sie sich gegenseitig schaden könnten und wie sie doch, wider alle Neigung und Absicht, einander helfen müssen.

Wir haben weder die Kraft noch die Gelegenheit, all das Gute und Böse zu tun, das wir planen.

Unsere Handlungen sind nicht so gut und nicht so lasterhaft wie unsere Absichten.

Sobald man Gutes tun kann, hat man auch die Macht, zu hintergehen. Ein einziger Mensch hält dann eine Menge anderer zum besten, die alle nur darauf aus sind, ihn zu täuschen. So kostet es den Höhergestellten wenig, die Untergebenen zu betrügen, aber für den Hilfsbedürftigen ist es schwer, irgend jemandem Eindruck zu machen. Wer anderer bedarf, weckt das Mißtrauen gegen sich; ein unnützer Mensch hat große Mühe, irgend jemanden zu narren.

Unsere Gleichgültigkeit gegenüber den Wahrheiten der Moral kommt aus unserer Entschlossenheit, unter allen Umständen unsern Leidenschaften zu folgen, und deshalb zögern wir nicht, im Ernstfall rasch zu handeln, trotz der Unsicherheit unserer Meinungen. Es kommt nicht darauf an, sagt man, zu wissen, wo die Wahrheit sei, wenn man weiß, wo das Vergnügen wartet.

Die Menschen mißtrauen der Sitte und Tradition ihrer Vorfahren weniger als ihrer Vernunft.

Die Schwäche oder Stärke unseres Glaubens hängt mehr von unserer Stärke als von unserer Einsicht ab: nicht alle, die sich über die Auguren lustig machen, haben mehr Geist, als die an sie glauben.

Es ist leicht, die Schlauen zu betrügen, wenn man ihnen Vorschläge macht, die ihren Verstand überschreiten und ihr Herz verführen.

Wie es natürlich ist, vieles ohne Beweis zu glauben, so ist es natürlich, an anderem trotz des Beweises zu zweifeln.

Wer möchte sich über die Irrtümer der Antike verwundern, wenn er bedenkt, daß heute, in dem philosophischsten aller Jahrhunderte, sehr viele und sehr kluge Menschen nicht wagen würden, zu dreizehn zu speisen?

Die Furchtlosigkeit eines ungläubig Sterbenden kann ihn vor einiger Angst doch nicht schützen, wenn er folgendermaßen überlegt: Ich habe mich tausendmal über meine handgreiflichsten Interessen getäuscht, es ist möglich, daß auch meine Vorstellung von der Religion irrig ist. Aber ich habe weder Kraft noch Zeit, das zu untersuchen, und ich sterbe ...

Der Glaube ist der Unglücklichen Trost und der Glücklichen Schrecken.

Die kurze Dauer des Lebens kann uns nicht von seinen Freuden abbringen, noch über seine Mühsal trösten.

Wer die Vorurteile des Volkes bekämpft, glaubt selbst nicht zum Volk zu gehören. Ein Mann, der in Rom einen Einwand gegen die heiligen Hühner vorbrachte, hielt sich vielleicht für einen großen Philosophen, aber die wahren Philosophen spotteten des Narren, der nutzlos die Meinungen des Volkes angriff, und Cäsar, der wahrscheinlich nicht an die Haruspices glaubte, hat doch eine Abhandlung über sie verfaßt[3].

Sammelt man unparteiisch die Beweisgründe entgegengesetzter Sekten, ohne sich selber einer anzuschließen, so scheint man sich in gewisser Hinsicht über die Parteien zu erheben. Man frage jedoch die neutralen Philosophen um ihre Meinung oder um ihre Lehre, und man wird sehen, daß sie nicht weniger befangen sind als alle andern. Die Welt ist mit kalten Geistern bevölkert, die, selbst unproduktiv, sich damit trösten, zu verwerfen, was andre gedacht haben, und sich durch eine zur Schau getragene Verachtung fremder Werke interessant zu machen glauben.

Wer sind sie, die uns verkünden, die Welt sei alt geworden? – ich glaube ihnen gern. Ehrgeiz, Ruhm, Liebe, mit einem Wort, alle Leidenschaften der ersten Zeitalter rufen nicht mehr dieselbe Verwirrung und denselben Lärm hervor. Nicht daß diese Leidenschaften heute weniger lebhaft wären als ehedem, aber man leugnet sie ab und bekämpft sie. Ich sage also, daß die Welt einem Greis gleicht, der alle Lust der Jugend sich bewahrt hat, sich aber ihrer schämt und sie verheimlicht, sei es, weil er über den Wert vieler Dinge enttäuscht wurde oder es scheinen möchte.

Die Menschen verbergen aus Schwäche und aus Furcht vor Verachtung ihre liebsten, beständigsten und mitunter tugendhaftesten Neigungen.

Die Kunst zu gefallen ist die Kunst zu täuschen.

Wir sind zu unaufmerksam oder zu sehr mit uns selbst beschäftigt, um uns gegenseitig zu ergründen. Wer auf einem Ball die Masken gesehen, wie sie freundschaftlich miteinander tanzten, sich bei der Hand hielten, ohne sich zu kennen, und sich im Augenblick darauf verließen, um sich nie wiederzusehen – der kann sich eine Vorstellung vom Wesen der Welt machen.

Nachgelassene Maximen

Lichtvolle Natürlichkeit deckt den innern Sinn der Dinge auch denen auf, die ihn selber nie finden können.

Natürlichkeit ist leichter verständlich als die Begriffsschärfe: sie ist die Sprache des Gefühls und besser als die der Phantasie und der Vernunft, weil sie schön und volkstümlich ist.

Es gibt wenige Geister, die den Wert der Natürlichkeit kennen und die Natur ungeschminkt lassen. Die Kinder frisieren ihre Kätzchen, ziehen den kleinen Hunden Handschuhe an, und als Männer studieren sie sich eine besondere Haltung ein und werden gekünstelt in Stil und Sprache. Ich kam einst durch ein Dorf, in dem man an einem Festtag alle Maulesel zusammentrieb, um sie einzusegnen, und ich sah, wie man die Rücken dieser armen Tiere mit Bändern schmückte. So teuer ist den Menschen die Verkleidung, daß sie selbst noch Pferde kleiden.

Ich kenne Menschen, die die Natürlichkeit abstößt, so wie manche zarten Seelen durch den Anblick einer nackten Frau verletzt wären; sie wollen den Geist in Kleider stecken wie den Körper.

Man schwingt sich nicht zu großen Wahrheiten auf ohne Enthusiasmus: kalten Blutes diskutiert man, aber man erfindet nichts. Vielleicht machen erst Leidenschaft und Verstandesschärfe zusammen den echten Philosophen.

Großes erreicht der Geist nur sprungweise.

La Bruyère war ein großer Maler und vielleicht kein großer Philosoph, der Herzog von La Rochefoucauld war Philosoph, aber kein Maler.

Locke war ein großer Philosoph, aber abstrakt und diffus und manchmal dunkel. Sein Kapitel über die Macht ist voll Dunkelheiten und Widersprüchen und weniger geeignet, die Wahrheit erkennen zu lassen als unsere Gedanken zu verwirren[4].

Findet jemand ein Buch dunkel, so muß der Verfasser sich nicht verteidigen. Man wage nur, zu beweisen, daß man zu Unrecht nicht verstanden wurde, man versuche, seine Ausdrucksweise zu rechtfertigen – die Leute werden den Inhalt anfechten: »Ja«, wird man sagen, »ich verstehe Euch wohl, konnte aber nicht glauben, daß dies Eure Meinung wäre.«

Ein guter Geist bleibt nicht bei der Wortbedeutung stehen, wenn er die Meinung des Autors erkennt.

Weist man auf einen Gedanken in einem Werk hin, so bekommt man zu hören, er sei nicht neu; fragt man aber weiter, ob er wahr sei, so merkt man, daß die Leute nicht mehr mitreden können.

Will man Tiefes sagen, so gewöhne man sich zunächst, nichts Falsches zu sagen.

Warum nennt man eine blumige, elegante, geistreiche, ausgewogene Rede akademisch und nicht den kräftigen, lichtvollen, einfachen Vortrag? Wo soll die wahre Beredsamkeit gepflegt werden, wenn die Akademie sie abtötet?

Der einfache ungeschminkte Ausdruck der Wahrheit ohne spielerische Umschweife erscheint heute vielen Leuten schwerfällig.

Jemand sandte einem Freund einen Brief über eine wichtige Frage: er sprach mit Wärme, um zu überzeugen. Als er den Brief einem geistreichen, aber vom Zeitgeist beeinflußten Mann zeigte, bekam er zu hören: Warum habt Ihr Eurem Schreiben keine witzige Wendung gegeben? Ich rate Euch, es nochmals abzufassen.

Ich weiß nicht, von welchem Volk man erzählt, daß es die Orakel befragte, was es denn tun müsse, um bei öffentlichen Beratungen nicht lachen zu müssen. Unsere Narrheit ist noch lange nicht so vernünftig wie die dieses Volkes.

Es ist bemerkenswert, daß alle Dichter Ausdrücke Racines gebrauchten und daß Racine selber niemals seine eigenen Ausdrücke wiederholt hat.

Wir bewundern Corneille, dessen schönste Stellen aus Seneca und Lucan stammen, die wir nicht bewundern[5].

Ich möchte, daß man mir sagte, ob die Lateinkundigen nicht Lucan für einen größeren Dichter halten als Corneille.

Es gibt keinen Prosadichter, aber es steckt mehr Poesie in Bossuet als in allen Gedichten von La Motte.

Wie es viele Soldaten und wenig Helden gibt, so gibt es auch viele Verseschmiede und wenige Dichter. Die Menschen stürzen sich massenweise auf die ehrenvollen Berufe, ohne andere Berufung als ihre Eitelkeit oder höchstens Ruhmesliebe.

Boilcau hat Quinault nur nach seinen Fehlern beurteilt, und die Liebhaber des lyrischen Dichters sehen nur auf seine Schönheiten[6].

Die Musik von Montéclair ist erhaben in dem berühmten Chor aus Jephta, aber die Worte des Abbé Pellegrin sind bloß schön. Ich tadle nicht, daß man in der Oper um ein Grab tanzt oder daß man singend stirbt; kein Vernünftiger wird das lächerlich finden, aber ich beklage, daß die Verse immer schlechter sind als die Musik, der sie ihre eigentliche Ausdruckskraft verdanken. Das ist ein Mangel, und wenn ich höre, daß Quinault seine Gattung vervollkommnet hat, so wundert mich das – und ich kann nicht zustimmen, so wenig ich auch davon verstehe.

Alle bloß folgerichtigen Geister sind ungerecht, sie sind wohl imstande, aus einer Prämisse Schlüsse zu ziehen, aber sie überschauen nicht alle Prämissen und die Vielseitigkeit einer Erscheinung. So ist ihr Urteil einseitig, und sie täuschen sich. Um gerecht zu sein, bedarf es nicht nur eines geraden, sondern auch eines weiten Geistes, aber der großzügige Blick verbindet sich selten mit der scharfen Deduktion – so ist nichts so selten wie wahre Gerechtigkeit. Manche sind folgerichtig, aber eng, sie täuschen sich in allem, was wirklichen Weitblick verlangt, andre umspannen einen großen Bereich, haben aber nicht die

Gabe scharfer Schlußfolgerung und erliegen leicht der Gefahr, sich zu verlieren.

Man prüfe alle Lächerlichkeiten, und man wird fast keine finden, die nicht auf eine törichte Eitelkeit zurückginge oder auf eine Leidenschaft, die uns blind macht für unsere Grenzen; lächerlich erscheint der Mensch, der seinen Charakter und seine Kräfte überschreitet.

Alle Lächerlichkeiten der Menschen charakterisieren nur eine schlechte Eigenschaft, nämlich die Eitelkeit, und da die Leute der großen Welt ihre Leidenschaften dieser Schwäche unterordnen, so liegt offenbar deswegen so wenig Wahrheit in ihrer Lebensführung. Nichts ist so natürlich im Menschen wie die Eitelkeit und nichts entfremdet ihn so sehr der Natur.

Die blendenden Kritiken sind oft nicht vernünftig. Montaigne hat Cicero getadelt, weil er nach großen Taten für den Staat noch durch seine Beredsamkeit berühmt werden wollte, aber Montaigne bedachte nicht, daß Cicero jene großen Taten eben durch seine Beredsamkeit vollbracht hatte[7].

Ist es wahr, daß nichts unsere Einbildung, wenig dagegen die Natur zufriedenstellt?[8] Aber die Vergnügungssucht, der Durst nach Ruhm, die Gier nach Reichtümern, mit einem Wort, die Leidenschaften, sind sie nicht alle unersättlich? Was beflügelt unsere Phantasie, was begrenzt oder erweitert unsern Geist, wenn nicht die Natur? Verleitet uns nicht Natur, uns von der Natur zu entfernen, wie die Vernünfteleien uns manchmal von der Vernunft entfernen und wie das reißende Wasser eines Flusses die Dämme niederreißt und über sein Bett hinausströmt?

Catilina kannte die Gefahr einer Verschwörung wohl, aber sein Mut ließ ihn hoffen, er werde sie überwinden: die Meinung beherrscht nur die Schwachen; aber die Hoffnung täuscht die größten Seelen.

Alles hat seine Ursache und geschieht, wie es geschehen muß. Es gibt keine Instanz, die man gegenüber Gefühl oder Natur anrufen könnte. Ich verstehe mich, aber es kümmert mich nicht, ob die anderen mich verstehen.

Ein Weib, sagt man, muß nicht durch Geist glänzen, ein König nicht beredt sein und Verse machen, von einem Soldaten erwartet man nicht feine Lebensart. Kurzsichtigkeit vermehrt die Normen und Vorschriften, denn je beschränkter man ist, um so mehr Schranken errichtet man den Dingen. Aber die Natur spottet dieser kleinlichen Regeln, sie durchbricht den engen Zaun unserer Vorurteile und schafft uns zum Trotz gelehrte Frauen und königliche Dichter[9].

Man leitet die Kinder an zu Furcht oder Gehorsam; Geiz, Stolz oder Furchtsamkeit der Väter schulen sie in Sparsamkeit, Hochmut und Unterwürfigkeit. Man ermutigt sie auch noch nachzubeten, was andre sagen: niemand denkt daran, sie originell, kühn und unabhängig zu machen.

Könnte man den Kindern Lehrer im Denken und in der Beredsamkeit geben, so wie man ihnen Sprachlehrer gibt, versuchte man, weniger ihr Gedächtnis als ihre Selbständigkeit, ihre Anlagen auszubilden, würde man, statt die Lebhaftigkeit ihres Geistes abzustumpfen, Schwung und Bewegung ihrer Seele steigern – was dürfte man nicht von einer schönen Begabung erwarten. Aber man denkt nicht daran, daß Kühnheit, Liebe zur Wahrheit oder zum Ruhm Eigenschaften sind, die für die Jugend Bedeutung haben, im Gegenteil, man denkt nur daran, sie zu unterdrücken, damit sie früh genug erfahren, daß Abhängigkeit und Anpassungsfähigkeit die sichersten Grundlagen der Karriere sind.

Das Nachfolgerecht der Kinder liegt nur im Gesetz, ebenso vererbt sich auch der Familienadel. Die Rangunterschiede im Königreich sind eines der Grundgesetze des Staates.

Wer die Gesetze achtet, ehrt das Glück hoher Geburt; die Achtung, die er dem Adel entgegenbringt, stützt sich ferner darauf, daß er sich seit langem im Besitz der höchsten Ehren befindet. Der Besitz ist die einzige Rechtsgrundlage auf Erden. Das Vermögen der einzelnen, Verträge und Grenzen des Staates, die königliche Würde selbst – alles beruht darauf. Wer die Entwicklung bis an den Ursprung zurückverfolgen wollte, könnte nichts finden, das nicht umstritten wäre: Besitz ist also der achtenswerteste aller Titel, denn er bringt uns den Frieden.

In unserem eigenen Geist, nicht in der Außenwelt, erblicken wir die meisten Erscheinungen. Die Flachköpfe kennen infolge ihrer Leere und Engherzigkeit fast nichts, aber die großen Seelen tragen in sich selbst die Außenwelt. Sie müssen weder lesen noch reisen noch arbeiten, um die höchsten Wahrheiten zu entdecken; sie müssen sich nur in sich selbst versenken und sozusagen ihre eignen Gedanken durchblättern.

Das Gefühl verdächtige ich nicht, falsch zu sein.

Gibt nicht der berühmte Verfasser des ›Télémaque‹ den Fürsten einen ängstlichen Rat, wenn er ihnen nahelegt, ehrgeizige, aber fähige Männer aus den Ämtern zu entfernen? Ein großer König fürchtet seine Untertanen nicht und hat nichts von ihnen zu fürchten[10].

Ein König muß wenig Verstand oder eine schwache Seele haben, wenn er die nicht beherrscht, deren er sich bedient.

Die Tugenden herrschen glorreicher als die Klugheit; Großherzigkeit ist der Geist der Könige.

Mangel an Ehrgeiz bei den Großen ist bisweilen die Quelle vieler Fehler: daher die Pflichtvergessenheit, Anmaßung, Feigheit und Schlaffheit. Ehrgeiz hingegen macht die Großen zugänglich, arbeitsam, ehrenwert, gefällig. Er läßt sie Tugenden üben, die ihnen von Natur abgehen, und das ist oft mehr Verdienst als diese Tugenden selbst, denn es zeugt von einer starken Seele.

Man kann nicht oft genug wiederholen, daß alle menschlichen Vorzüge vergehen, ohne die Eigenschaften, die sie hervorgebracht haben: Reichtum erschöpft sich ohne Sparsamkeit, Ruhm verblaßt ohne Tatendrang, hohe Stellung ist nur eine Verführung zur Weichlichkeit, ohne den Ehrgeiz, der sie erobert hat und der allein ihr Achtung und Ansehen erhalten kann.

Welch seltsames Schicksal für Bossuet, Kaplan von Versailles zu sein[11]! Fénelon allerdings war hier an seinem Platz, denn er war der geborene Ratgeber der Fürsten, aber Bossuet hätte ein großer Minister unter einem ehrgeizigen König sein sollen.

Ich bin immer verwundert, daß die Könige nie erproben, ob Schriftsteller, die große Gedanken haben, nicht auch imstande wären, sie auszuführen; es kommt wohl daher, daß ihnen die Zeit zum Lesen fehlt.

Ein Fürst, der bloß gutherzig ist, liebt seine Diener, seine Minister, seine Familie, seinen Günstling, aber er ist nicht mit dem Staat verbunden. Um ein ganzes Volk zu lieben, muß man ein großer König sein.

Der Fürst, der sein Volk nicht liebt, kann ein großer Mensch sein, aber nicht ein großer König.

Ein Fürst ist groß und liebenswürdig, wenn er die Tugenden eines Königs besitzt und die Schwächen eines Privatmannes.

Ludwig XIV. hatte zuviel Würde; ich wünschte, er wäre volkstümlicher gewesen. Er schrieb an Herrn von***: »Ich freue mich als Ihr Freund des Geschenks, das ich Ihnen als Ihr Herr übersende.« Er vergaß niemals, daß er der Herr war. Er war ein großer König: ich bewundere ihn, aber ich habe nie bedauert, nicht unter seiner Regierung geboren zu sein.

Luynes erhielt mit achtzehn Jahren die Würde des Connetables; die Günstlinge des Königs kommen auf dem kürzesten Weg zu großem Glück; daher sucht auch, wer nicht bis zu den Fürsten vordringen kann, wenigstens das Wohlwollen des Ministers zu gewinnen, und wer beim Minister nicht Gehör findet, macht dem Kammerdiener den Hof. Aber sie alle irren. Nichts ist so schwer zu erringen wie die Gunst eines Großen, man muß Verdienste haben, und zwar besondere Verdienste. Fehlte es am Hof Ludwigs XIII. an Achtzehnjährigen, um einen Connetable daraus zu machen?

Mittelmäßigkeit ist kein Hindernis für ein großes Glück, bringt es aber nicht hervor und verdient es nicht.

Ein Edelmann kann wohl unwillig sein gegen die, deren Glück ihm unverdient zu sein scheint, aber nie kann er es ihnen neiden.

Unsere Bauern lieben ihre Weiler, die Römer hingen heiß an ihrer Heimat, solange sie nicht größer war als ein Marktflecken. Je mächtiger aber Rom wurde, um so schwächer ward die

Vaterlandsliebe seiner Bewohner; eine Stadt, die die Welt beherrscht, hatte keinen Raum mehr in ihrem Herzen. Die Menschen sind nicht geboren, das Große zu lieben.

Die Torheiten Caligulas verwundern mich nicht, ich kannte, glaube ich, junge Männer genug, die ihr Pferd zum Konsul gemacht hätten, wenn sie römische Kaiser gewesen wären. Ich verarge es aus anderen Gründen Alexander nicht, daß er sich göttliche Ehren erweisen ließ wie Herkules und Bacchus, die Menschen waren wie er und nicht so groß. Die Alten verbanden mit dem Wort »Gott« nicht dieselbe Vorstellung wie wir; sie verehrten verschiedene Götter, die durchaus nicht vollkommen waren; und die Handlungen der Menschen muß man aus ihrer Zeit verstehen. Die vielen Tempel, die die römischen Kaiser dem Gedächtnis verstorbener Freunde errichteten, waren nichts anderes als Totenehrungen ihrer Zeit, und diese kühnen Zeugnisse des Stolzes der Herrscher der Welt beleidigten weder die Religion noch die Sitten eines göttergläubigen Volkes.

Ich saß einst in der Oper neben einem Mann, der jedesmal lächelte, wenn das Parterre Beifall klatschte. Er sagte mir, er sei in seiner Jugend ein fanatischer Musikliebhaber gewesen. Aber von einem gewissen Alter an komme man von manchem wieder ab. Denn man beurteile die Dinge kaltblütig. Einen Augenblick später bemerkte ich, daß er taub war, und ich sagte mir, das nennen also die Menschen kaltblütig urteilen. Die Greise und die Weisen haben recht, man muß jung und feurig sein, um urteilen, und vor allem, um über die Freuden urteilen zu können.

Ein Mann von kaltem Blute gleicht einem, der zuviel gegessen hat und dann mit Ekel das köstlichste Mahl betrachtet – liegt es an den Speisen oder an seinem Magen?

Meine Leidenschaften und meine Gedanken sterben, aber um wiedergeboren zu werden; ich sterbe selbst jede Nacht auf meinem Lager, aber nur, um frische Kräfte zu schöpfen. Diese Erfahrung des Todes hilft mir über Zerfall und Auflösung des Körpers hinweg. Wenn ich sehe, wie die Kraft meiner Seele erloschene Gedanken wieder lebendig macht, verstehe ich, daß der Schöpfer meines Körpers noch eher diesem das Sein wiedergeben kann. Ich sage mir verwundert: Was hast du getan mit den flatternden Dingen, die eben noch deine Gedanken beschäftigten? Flüchtige Bilder, kehrt an den Ort, den ihr verlassen habt, zurück. Ich spreche, und meine Seele erwacht. Die sterblichen Bilder verstehen mich, und die Gestalten der Vergangenheit gehorchen mir und erscheinen. O ewige Seele der Welt, so wird deine Stimme hilfreich ihre Werke wiederfordern, und die Erde, von Furcht ergriffen, wird ihren Raub zurückerstatten.

Es ist ein Zeichen von Roheit und Niedrigkeit, einen Menschen, der im Elend seinen guten Namen verloren hat, noch zu kränken. Bemitleidenswürdig erscheint zarten Seelen jede Schmach, die das Elend verschuldet.

Die Schande mancher Menschen ist eher ein Unglück als ein Laster; Schmach ist ein Gesetz der Armut.

Schande und Unglück hängen eng miteinander zusammen. Armut stürzt mehr Menschen in Schande als lasterhafte Gesinnung.

Armut demütigt die Menschen, so daß sie selbst über ihre Tugenden erröten.

Schlechte Eigenschaften in einem Menschen schließen nicht immer die guten aus; nicht leichthin soll man jemanden, der noch liebenswert ist, für schlecht halten: in diesem Falle muß man mehr den Regungen des Herzens, das anzieht, als der Vernunft, die abstößt, folgen.

Ich hasse die Strenge und halte sie keineswegs für allzu nützlich. Waren die Römer streng? Verbannte man nicht Cicero, weil er die Hinrichtung des Lentulus veranlaßt hatte, dessen Verrat doch nachgewiesen war? Begnadigte der Senat nicht alle Mitverschworenen des Catilina? So herrschte die mächtigste und gefürchtetste Nation der Welt, und wir kleines barbarisches Volk glauben, es könne nie genug Galgen und Todesstrafen geben.

Wie verächtlich die Tugend, die hassen und gehaßt sein will, die durch ihre Weisheit nicht den Kranken hilft, sondern die Schwachen und Unglücklichen einschüchtert, eine Tugend, die in hochfahrender Selbstüberschätzung vergißt, daß die Pflichten der Menschen auf ihrer wechselseitigen Schwäche beruhen.

Rühmt einem strengen Richter die Milde: Ihr werdet im Bett erwürgt werden, wird er antworten, wenn die Gerechtigkeit nicht unerbittlich ist. O blutrünstige Ängstlichkeit!

Betrachtet man die außerordentliche Schwäche der Menschen, den Zwiespalt zwischen ihrem Schicksal und ihrem Temperament, ihr Unglück, das immer größer ist als ihre Schuld, ihre Tugenden, die nie ihren Pflichten gewachsen sind, so muß man meinen, daß auf Erden nichts gerecht ist als das Gesetz der Menschlichkeit und die Stimmung der Nachsicht.

Die Kinder schlagen die Fenster ein, wenn ihre Lehrer nicht zugegen sind; die Soldaten legen Feuer an das Lager, das sie verlassen, allen Befehlen des Feldherrn zum Trotz, ohne Hemmung zerstampfen sie das hoffnungsvollste Ährenfeld und reißen stolze Bauwerke nieder. Was zwingt sie, überall tiefe Spuren der Barbarei zu hinterlassen? Ist es allein die Lust am Zerstören? Oder sollten die schwachen Seelen in der Zerstörung sich zu Kühnheit und Kraft erheben wollen?

Die Soldaten erbittert auch das Volk, in dessen Land sie Krieg führen, weil der Diebstahl nicht freisteht und Plündern bestraft wird. Wer dem Nebenmenschen unrecht tut, haßt ihn.

Eine große Wahrheit, von der man durchdrungen ist und die man lebhaft fühlt, kann man ruhig aussprechen, auch wenn andre sie schon ausgesprochen haben. Jeder Gedanke ist neu, der das Siegel der Eigenart eines Schriftstellers trägt.

Es gibt sehr viel, das wir nur halb wissen und das sehr wohl wiederholt werden darf.

Neu und originell wäre das Buch, das einen alte Wahrheiten lieben lehrte.

Hat jemand schon gesagt, daß man bei der kühnen Schilderung eines edlen Themas nicht übertreiben, sondern die Natur nackt zeigen müsse? Wenn man es gesagt hat, so kann man es wieder sagen; denn es scheint nicht, daß die Menschen sich noch daran erinnern. Ihr Geschmack ist so verdorben, daß sie kühn nennen, nicht was wahrscheinlich ist und der Wahrheit am nächsten kommt, sondern was sich am weitesten von ihr entfernt.

Die Natur hat viele Talente entworfen, die sie nicht auszuführen geruht. Die schwachen Keime von Genialität verleiten eine feurige Jugend, ihnen die Freuden und schönsten Tage des Lebens zu opfern. Ich sehe diese jungen Leute an wie die Frauen, die ihr Glück von ihrer Schönheit erwarten: Verachtung und Armut sind die harte Strafe ihrer Hoffnungen. Die Menschen verzeihen dem Unglücklichen nicht das irrtümliche Streben nach Ruhm.

Man muß die freimütigen und unparteiischen Kritiken an bedeutenden Werken hinnehmen können. Ich hasse den Übereifer mancher Menschen, die nicht ertragen können, daß man Mängel von Schönheiten trennt, und die alles gleichmäßig heiligsprechen wollen.

Sollte man wirklich glauben, daß einige Menschen, deren Namen man achtet und die ihren Geist durch Weltläufigkeit und wahllose Lektüre gebildet haben, uns entzückt haben durch Feinheiten, die eines Tages vernachlässigt sein werden; daß sie uns Eindruck gemacht haben durch Verdienste, die man nicht immer geachtet hat? Sich mit vielen oberflächlichen Kenntnissen schmücken, ein gekünsteltes Wesen zur Schau tragen, geistreich sein bei jeder Gelegenheit, unnatürlich denken und sprechen – all das nannte man früher pedantisch.

Die Politik ist die größte aller Wissenschaften.

Die wahren Politiker kennen die Menschen besser als die Berufsphilosophen; ich möchte sagen, sie seien wahrere Philosophen.

Die meisten großen Politiker haben ein System wie alle großen Philosophen, das ihre Lebensführung bestimmt und sie beständig dem gleichen Ziel zustreben läßt. Leichtfertige verachten diese Beharrlichkeit und behaupten, man müsse sich nach dem Zufall richten, aber der Mann, der am fähigsten ist, jeweils den besten Entschluß zu fassen, wird ohne Zweifel ein System haben, das freilich im besonderen Ausnahmen zulassen kann.

Wer die Menschen beherrscht, hat einen großen Vorteil gegenüber dem, der sie belehrt, denn er ist nicht verpflichtet, sich vor jedermann und für alles zu rechtfertigen. Und wenn man ihn auch wegen mancher politischer Entscheidungen tadelt, die man nicht versteht, so lobt man doch auch sehr viele Dummheiten.

Manchmal ist es schwerer, einen einzigen Menschen als ein ganzes Volk zu beherrschen.

Darf man sich über die Politik freuen, wenn ihr höchster Zweck ist, einige Menschen auf Kosten der Ruhe so vieler anderer glücklich zu machen? Und worin besteht die vielgerühmte Weisheit der Gesetze, die so viele Übelstände nicht beseitigen und so wenig Glück bringen können?

Entdeckte man das Geheimnis, den Krieg für immer abzuschaffen, das menschliche Geschlecht zu vermehren und die Existenz aller Menschen zu sichern – wie töricht und barbarisch erschienen unsre besten Gesetze.

Es gibt keine Art von Gewalttätigkeit oder Usurpation, die sich nicht durch ein Gesetz rechtfertigen ließe. Selbst wenn keinerlei Vertrag zwischen den Fürsten zustande käme, so bezweifle ich doch, daß mehr Unrecht geschehen könnte.

Was wir mit dem Namen Frieden ehren, ist oft nur ein kurzer Waffenstillstand, in dem der Schwächere auf seine gerechten oder ungerechten Ansprüche verzichtet, bis er Gelegenheit findet, sie mit Waffengewalt wieder geltend zu machen.

Wenn Weltreiche erstarken oder einstürzen, wenn ein Volk sich zu großer Macht erhebt und ein andres zu Fall kommt, so sind das nur Launen und Spiele der Natur. Ihre Hauptwerke und sozusagen ihre Meisterstücke sind die wenigen genialen Geister, die von Zeit zu Zeit wie Lichtbringer erscheinen. Sind sie bei Lebzeiten auch oft kaum beachtet, so wächst doch nach ihrem Tode ihr Ruhm durch die Zeiten, und sie leben länger im Gedächtnis der Nachwelt als die Königreiche, die mit ihnen entstanden und ihnen ihr bißchen Ansehen streitig machten.

Mehrere berühmte Architekten hatten der Reihe nach den Auftrag bekommen, einen prächtigen Dom zu bauen. Ohne daß sie ihren Plan vorher miteinander besprochen hatten, arbeitete ein jeder nach seinem Geschmack und seiner Begabung – da warf ein junger Mann einen Blick auf das prächtige Gebäude, aber er sah mehr auf die Fehler als auf die allerdings unregelmäßigen Schönheiten. Und so hielt er sich für weit bedeutender als jene großen Meister. Als er aber selbst beauftragt wurde, eine Kapelle im Dom zu bauen, verfiel er in viel größere Fehler, als jene waren, die er so gut bemerkt hatte, und erhob sich auch nicht zu den geringsten Schönheiten.

Ein Schriftsteller, dem das Talent der Schilderung abgeht, soll vor allem Einzelheiten aus dem Weg gehen.

Kein Charakter ist so unbedeutend, daß man ihn nicht durch Farbtönung reizvoll erscheinen lassen könnte; La Bruyères »Blumenfreund« beweist es[12].

Die Schriftsteller, die sich hauptsächlich durch formale Feinheiten auszeichnen, veralten früher als andre.

Manche Werke veralten um derselben Vorzüge willen, um derentwillen sie nachgeahmt wurden.

Aber die Werke bedeutender Menschen, soviel man sie auch studiert und nachgeahmt hat, bewahren doch, der Zeit trotzend, ihren originalen Charakter. Andre Menschen erheben sich nie, selbst wenn sie die Dinge noch so gut kennen, zu ähnlicher Vollkommenheit des Entwurfs und des Ausdrucks. Die lebhafte und tiefe Einsicht und Gestaltungskraft charakterisiert auf allen Gebieten die genialen Menschen. Deshalb verwandeln sich unter ihren Händen auch die einfachsten und banalsten Ideen und können nicht mehr veralten.

Die großen Menschen sprechen einfach wie die Natur, die größte Wirkung geht von ihnen aus, weil sie Einfachheit und Zuversicht vereinen. Sie verkünden, und das Volk glaubt. Wer weder schwach genug ist, sich unter das Joch zu beugen, noch stark genug, es anderen aufzuzwingen, wirft sich leicht dem Skeptizismus in die Arme. Viele Unwissende stürzen sich auf den Zweifel, um die Wissenschaft in ein leeres Spiel zu verwandeln, aber bedeutende, phantasievolle, entschiedene Geister können kaum in der Luft der Unbestimmtheit atmen, sie sind verliebt in ihr System und stehen unter dem verführerischen Eindruck der eigenen Erfindung.

Der bedeutende Mensch gestaltet lebhafter und vollkommener als sonst jemand, daher erscheinen die guten Schriftsteller so klar und lichtvoll, daß man unmittelbar von ihren Gedanken ergriffen wird.

Den guten Maximen bleibt es nicht erspart, trivial zu werden.

Die Menschen schätzen die Karikatur, denn sie nimmt ihnen die Rache ab an Fehlern, an denen die Gesellschaft krankt. Mehr noch schätzen sie die Satiren auf bedeutende Eigenschaften, die sie bedrücken. Aber der Gebildete verachtet den Künstler, der sich herabläßt, der Eifersucht der Plebs oder seiner eigenen zu schmeicheln, und berufsmäßig verringert, was Achtung verdient.

Die meisten Schriftsteller schätzen die Kunst, aber nicht die Tugend. Alexanders Statue bedeutet ihnen mehr als sein Edelmut. Das Abbild der Dinge berührt sie, aber das Original läßt sie kalt. Sie wollen nicht als bloße Handarbeiter behandelt werden, und doch sind sie Handarbeiter durch und durch, bis ins Mark hinein.

Die ersten und strengsten Maßstäbe sind zu hoch für die Menschen. Nicht nur in den schönen Künsten und Wissenschaften, sondern auch in Religion, Moral und Politik und in der Praxis des Alltags. Sie sind vor allem zu hart für mittelmäßige Schriftsteller und würden sie zwingen, das Schreiben ganz zu lassen.

Wer kann sagen, daß einst Horaz gelebt hat? Oder wer glaubt, daß es heute eine Königin von Ungarn gibt? Ich könnte ihnen zeigen, daß manches, das noch evidenter war, von den Philosophen geleugnet wurde. Daß ein Faktum dunkel, ein Prinzip zweifelhaft sei, wird durch den Widerspruch noch nicht bewiesen, im Gegenteil muß man daraus auf einige Wahrscheinlichkeit schließen, denn die geistreichen Menschen bestreiten nur, was die übrigen Menschen für unbestritten halten.

Wer an der Wahrheit aller Prinzipien zweifelt, müßte um so höher die Beredsamkeit einschätzen. Gibt es keine Realität, so steigt der Wert des Scheins.

Alles erscheint dir problematisch, nirgends findest du Sicherheit, du achtest weder die Kunst noch Redlichkeit und Ruhm, und doch glaubst du, schreiben zu müssen, und denkst schlecht genug von den Menschen, daß du ihnen Interesse zutraust für Nichtigkeiten, die du selbst für unwahr hältst. Wolltest du sie nicht auch überzeugen, daß du Geist hast? Eine Wahrheit gibt es also doch, und du hast die größte und für die Menschen bedeutungsvollste gewählt. Du hast ihnen gezeigt, daß du mehr Geschmack und Scharfsinn hast als sie. Das ist die große Lehre, die sie deinen Werken entnehmen können. – Sollten sie je müde werden, sie zu lesen?

Das Glück erleuchtet die Klugheit.

Der Vorteil ist die Richtschnur der Klugheit.

Nur durch Mut kann man sein Leben in Ordnung bringen.

Die wahren Meister in Politik und Moral streben das Gute an, das man erreichen kann, und nichts darüber hinaus.

Eine weise Regierung nimmt auf das geistige Niveau der Untertanen Rücksicht.

Nicht zu jeder Zeit kann man sich an alle guten Vorbilder und Maximen halten.

Man verdirbt die Sitten leichter, als man sie verbessert.

Wenn die Einführung einer Neuerung auf zu große Schwierigkeiten stößt, beweist das, daß sie unnötig ist.

Die für die Staaten notwendigen Veränderungen vollziehen sich fast immer von selbst.

Es ist fast ein Eingriff in Gottes Rechte, wenn man die Zivilisation eines großen Reiches neu ordnen will, und doch, es gibt Leute, die damit fertig werden.

Durch Gewalt läßt sich niemand für die Tugend begeistern.

Menschlichkeit ist die erste Tugend.

Tugend kann böse Menschen nicht glücklich machen.

Der Friede, der die Talente hemmt und die Völker schlaff macht, ist weder moralisch noch politisch gut.

Liebe ist die Urmutter des Menschengeschlechts.

Einsamkeit ist eine große Gefahr für die Keuschheit.

Einsamkeit ist für den Geist, was Fasten für den Körper, tödlich, wenn sie zu lange dauert, und doch notwendig.

Die gewöhnliche Klippe der mittelmäßigen Geister ist die Nachahmung der Reichen; niemand ist so geckenhaft wie ein Schöngeist, der Weltmann sein will.

Eine junge Frau hat nicht so viele Verehrer wie ein reicher Mann durch die Freuden seiner Tafel.

Die gute Küche ist das innigste Band der guten Gesellschaft.

Tafelfreuden besänftigen durch Spiel und Liebe erregte Gemüter und versöhnen die Menschen, ehe sie sich schlafen legen.

Spiel, Bigotterie, Schöngeistigkeit – drei Auswege für Frauen, die nicht mehr jung sind.

Die Einfaltspinsel stehen vor einem bedeutenden Menschen ratlos, wie vor einer Statue Berninis, der sie im Vorbeigehen ein lächerliches Lob spenden.

Alle Vorzüge des Geistes und des Herzens sind vergänglich wie die des Glücks.

Im Glück und in der Tugend möchte man so weit kommen wie möglich; über alles andre helfen Verstand und Tugend selbst hinweg.

Selten ist ein Unglück ausweglos; die Verzweiflung ist trügerischer als die Hoffnung.

Es gibt wenig verzweifelte Situationen für den starken Geist, der mit ungleichen Kräften, aber mutig gegen die Notwendigkeit ankämpft.

Wir loben häufig die Menschen um ihrer Schwäche und tadeln sie um ihrer Kraft willen.

Es kann kein Fehler sein, daß die Menschen ihre Stärke fühlen.

Es kommt oft vor, daß man uns achtet in dem Maße, wie wir uns selbst achten.

In der Geckenhaftigkeit bringt es der Handwerker so weit wie die besten Namen.

Demütigung durch unsere Mängel verrät weniger Urteil als Schwäche und ist der Ursprung aller Niedrigkeit.

Daß wir uns so leicht den Gedanken an eine größere Vollkommenheit aus dem Sinn schlagen, scheint mir ein vornehmer Zug unserer Natur zu sein.

Wir können unsere Unvollkommenheit sehr gut kennen, ohne durch diese Einsicht bedrückt zu sein.

Hochgestellte kennen das Volk nicht und denken auch gar nicht daran, es kennenzulernen.

Das Licht ist das erste Geschenk der Geburt, damit wir lernen, daß die Wahrheit das höchste Gut des Lebens ist.

Nur die Wahrheit währt ewig.

Nur den starken und tiefen Seelen steht es zu, die Wahrheit zum Hauptgegenstand ihrer Leidenschaften zu machen.

Die Wahrheit ist nicht so abgenutzt wie die Sprache, weil es weniger Leuten zusteht, sie zu gebrauchen.

Den Vorstellungen der Menschen fehlt nicht so sehr die Richtigkeit als die Deutlichkeit und Genauigkeit. Etwas absolut Falsches findet man selten in ihrem Denken und die reine und unverfälschte Wahrheit noch seltener in ihren Ausdrücken.

Es gibt keine Wahrheit, der wir nicht zustimmten, wenn man sie uns klar und deutlich darstellt.

Es gibt keine eingeborenen Ideen im Sinne der Cartesianer, sondern alle Wahrheiten bestehen unabhängig von unserer Zustimmung und sind ewig.

Die Wahrheit läßt sich nur beweisen durch ihre Evidenz, und ein Beweis ist nichts anderes als die aus Vernunftschlüssen gewonnene Evidenz.

Die Wahrheit hat ihren eigenen Klang, den sie selbst der Lüge leihen kann. Ich möchte ihn als den wahren guten Ton bezeichnen; nichts ist der Beredsamkeit fremder als der Jargon der Geistreichen.

Geistreich sein ersetzt das Wissen nicht.

Geistreichigkeit verhüllt alle Einfachheit der Natur, um alle Ehre nur für sich zu haben.

Nur eine Leidenschaft spricht eine lächerliche Sprache ohne Beredsamkeit: die Leidenschaft, geistreich zu sein.

Der wahre und echte Geist entspringt im Herzen.

Der bloße Geist würzt selten die Unterhaltung.

Eigennutz, nicht Geist ist die Würze der Unterhaltung. Der Geist ist, wie mir scheint, nur insofern angenehm, als er die Leidenschaften ins Spiel setzt, wenn er nicht selbst die Hauptleidenschaft des Gesprächs ausmacht.

Nur aus Eitelkeit langweilt man sich mit manchen Menschen und unterhält sich mit andern.

Bedürftigkeit durchkreuzt unsre Wünsche zwar, aber sie schränkt sie ein. Überfluß vermehrt unsre Bedürfnisse und hilft uns, sie zu befriedigen. Ist man auf seinem Platz, so ist man glücklich.

Es gibt Menschen, die glücklich leben, ohne es zu wissen.

Die Leidenschaften der Menschen sind Wege, um zu ihnen zu gelangen.

Wollen wir die Menschen über unsre Interessen täuschen, so täuschen wir sie doch nicht über die ihren.

Mancher Menschen muß man sich versichern, ehe sie erkalten.

Mittelmäßige Schriftsteller werden mehr bewundert als beneidet.

Es gibt keinen noch so lächerlichen Schriftsteller, den nicht schon irgend jemand als hervorragend gewürdigt hätte.

Sparsamen kann man nicht durch Geschenke den Hof machen.

Bei den Großen macht man eher sein Glück, wenn man ihnen die Straße zu ihrem Ruin ebnet, als wenn man ihnen den Weg zum Reichtum zeigt.

Wir wollen nicht ernstlich das Glück derer, denen wir nur Ratschläge spenden.

Großmut spendet weniger Rat als Hilfe.

Die Philosophie ist eine veraltete Mode, die noch manche Liebhaber findet, so wie andre rote Strümpfe tragen der Welt zum Trotz.

Wir haben nicht genügend Zeit, über alle unsere Handlungen nachzudenken.

Der Ruhm wäre unsre stärkste Leidenschaft, wenn er nicht so unsicher wäre.

Der Ruhm erfüllt die Welt mit Tugenden, und wie eine gnädige Sonne bedeckt er die Erde mit Blumen und Früchten.

Der Ruhm verschönert den Helden.

Es gibt keinen vollkommenen Ruhm ohne den der Waffen.

Ruhmsucht beweist ebensosehr unsre Anmaßung als die Unsicherheit über unsern Wert.

Wir verlangten nicht so ehrgeizig die Achtung der Menschen, wenn wir sicherer wären, sie zu verdienen.

Die gelehrten Zeitalter sind nur weiter als die andern durch nützlichere Irrtümer.

Wir übertreffen die sogenannten barbarischen Völker weder an Mut noch an Menschlichkeit noch an Gesundheit noch an Heiterkeit. Und obgleich wir also weder tugendhafter noch glücklicher sind, verzichten wir doch nicht darauf, uns für weiser zu halten.

Der ungeheure Unterschied, den wir zwischen uns und den Wilden bemerken, besteht nur darin, daß wir etwas weniger unwissend sind.

Unsere Kenntnis des Unnützen ist größer als unsere Unkenntnis des Notwendigen.

In der Einfalt finden wir Entspannung nach großen Spekulationen.

Ich glaube, es gibt kaum Schriftsteller, die mit ihrem Jahrhundert zufrieden waren.

Auch wenn man die alte Geschichte nur als Roman betrachtet, so müßte man sie noch verehren als entzückende Schilderung der schönsten Sitten, deren die Menschen je fähig waren.

Ist es nicht ungereimt, daß wir dieselbe Liebe zur Tugend und zum Ruhm, die wir an den Griechen und Römern bewundern, die Menschen waren wie wir, obgleich sie nicht so aufgeklärt waren, bei uns als lächerliche Eitelkeit ansehen?

Jede Lebenslage hat ihre dunklen und lichten Seiten, jedes Volk hat seine Sitten und seinen Charakter, die seiner Entwicklung gemäß sind. Die Griechen, denen wir durch unsern feinen Geschmack überlegen sind, sind uns überlegen durch ihre Einfachheit.

Wie wenig exakte Gedanken gibt es, und wie viele mögen uns scharfsinnige Geister wohl noch entwickeln?

Worüber man auch schreiben mag, für die Menge sagt man nie genug und für die Klugen stets zuviel.

Nie ist ein Schriftsteller schwächer, als wenn er schwächlich Großes behandelt.

Nichts Großes schließt Mittelmäßigkeit in sich.

Manche Menschen verlangen von einem Autor, daß er sie in ihren Meinungen und Gefühlen festige, und andre bewundern ein Werk nur, wenn es alle ihre Ideen umstürzt und keines ihrer Prinzipien gelten läßt.

Wir verzichten nicht auf die Güter, die wir noch glauben, erwerben zu können.

Kein Name wird so sehr verehrt und mit solcher Begeisterung verteidigt als einer, der eine Partei ehrt.

Die großen Könige, die großen Feldherren, die großen Staatsmänner, die erhabenen Schriftsteller sind Menschen. Alle hochtrabenden Beiwörter, an denen wir uns berauschen, besagen nichts weiter.

Jedes Unrecht, das uns nicht unmittelbar nützt, verletzt uns.

Niemand ist furchtsam, ruhmsüchtig oder eigennützig genug, um alle ihm schädlichen Wahrheiten zu verbergen.

Verstellung ist eine Anstrengung des Verstandes und keineswegs ein Laster der Natur.

Wer einen Anlaß zur Lüge braucht, ist kein geborener Lügner.

Alle Menschen werden aufrichtig geboren und sterben als Lügner.

Es scheint, als würden die Menschen geboren, andre und sich selbst zu betrügen.

Die Abneigung gegen die Betrüger entstammt meist der Furcht, betrogen zu werden. Daher der Haß von Menschen ohne Scharfsinn, nicht nur gegen die Kunstgriffe der Verführung, sondern auch gegen die Umsicht und Vorsicht der Klugen.

Wer sein Wort leicht gibt, bricht es leicht.

Wie schwer, ein eigennütziges Gewerbe ohne Eigennutz auszuüben!

Die sogenannten Ehrenmänner aller Stände gewinnen nicht am wenigsten.

Seltsam: Zwei Menschen wollen sich in gleicher Weise bereichern, einer versucht es durch offnen Betrug, der andre durch Treu und Glauben, und beide kommen ans Ziel.

Eigennutz ist die Seele der Weltleute.

Es gibt hartherzige Menschen, die der Eigennutz vollends unzugänglich macht.

Ist es leicht, Menschen in hohen Ämtern zu schmeicheln, so ist es noch leichter, sich selbst in ihrer Nähe zu schmeicheln. Hoffnung macht noch mehr Narren als Schlauheit.

Die Großen verkaufen ihren Schutz zu teuer, als daß man sich zu irgendeiner Dankbarkeit verpflichtet fühlen könnte.

Die Großen achten die anderen Menschen zu wenig, als daß sie daran dächten, sie durch Wohltaten an sich zu fesseln.

Man betrauert nicht den Verlust aller Menschen, die man liebt.

Eigennutz tröstet uns über den Tod unsrer nächsten Freunde hinweg, wie die Freundschaft uns über ihr Leben getröstet hat.

Wir tadeln manche Menschen, weil sie sich zu sehr kränken, wie wir andern sagen, sie seien allzu bescheiden, obwohl wir sehr gut wissen, wie es damit steht.

Es ist ein unpassendes Spiel, Trost zu spenden für erheuchelte Schmerzen, die man durchschaut.

So zärtlich wir auch Freunde und Verwandte lieben, das Glück der andern reicht doch nicht aus, das unsre zu machen.

Man gewinnt keine Freunde mehr im Alter; dann ist jeder Verlust unersetzlich.

Die Alten haben die rein menschliche Morallehre besser und geschickter begründet als unsere modernen Philosophen.

Sittenlehre gibt keine Menschenkenntnis.

Ist ein Bauwerk einmal bis zum Gipfel geführt worden, so kann man es nur noch verzieren oder Einzelheiten verändern, aber nicht das Fundament erneuern. Und so müssen wir auch auf den alten Moralprinzipien weiterkriechen, wenn wir nicht imstande sind, ein neues Fundament zu legen, das weiter und fester begründet ist, mehr Möglichkeiten in sich trägt und der Reflexion ein neues Feld eröffnet.

Erfindung ist das einzige Kennzeichen des Genius.

Man lehrt die Menschen die wahren Freuden nur, wenn man ihnen die falschen Güter nimmt, wie man den guten Samen nur keimen macht, wenn man das Unkraut ausjätet, das ihn umgibt.

Es gibt keine falschen Freuden, sagt man. Gut! Aber es gibt niedrige und verächtliche. Sollen wir diese wählen?

Die lebhaftesten Freuden der Seele sind die, welche man dem Körper zuschreibt, denn der Körper kann nicht fühlen, sonst wäre er Seele.

Die höchste Vollkommenheit der Seele ist ihre Fähigkeit zur Freude.

Eitelkeit ist das größte Interesse und die höchste Freude der Reichen.

Es ist der Fehler der Lobredner oder ihrer Helden, wenn sie langweilen.

Wir müssen die Nachsicht unsrer Freunde und die Strenge unsrer Feinde auszunutzen verstehen.

Den Armen nimmt die Not gefangen, den Reichen zerstreuen seine Vergnügungen. Jede Lage hat ihre Pflichten, Gefahren, Ablenkungen, und nur das Genie wird ihrer Herr.

Ich wünschte von ganzem Herzen, daß die Gleichheit herrschte, ich hätte lieber keine Untergebenen als einen Herrn über mir. Nichts bietet der Spekulation so glänzende Möglichkeiten wie die Idee der Gleichheit. Aber nichts ist so undurchführbar und chimärisch.

Große Menschen sind es oft auch in Kleinigkeiten.

Wir wagen nicht immer, die andern mit unsern eignen Ansichten zu unterhalten, aber wir verstehen gewöhnlich so schlecht ihre Gedanken, daß wir weniger in ihren Augen verlieren würden, wenn wir sprächen, wie wir denken, und wir würden sie weniger langweilen.

Es ist wahr, daß eigene Erfindung nicht so originell aussieht, wie man denkt.

Selten schreibt und spricht man, wie man denkt.

Wie mannigfach wechselvoll und interessant wären die Bücher, wenn man nur schriebe, was man denkt.

Vergangene Leiden und ohnmächtige Abneigung verzeiht man leicht.

Wer Großes wagt, setzt unvermeidlich seinen Ruf aufs Spiel.

Wenn das Schicksal Macht über einen Menschen gewinnt, so fassen Bosheit und Schwäche Mut, es ist, als ob ein Signal zum Angriff auf ihn gegeben würde.

Die bedeutendsten Eigenschaften lassen die Menschen nicht zum Vorschein kommen, sondern bemühen sich am meisten, sie zu verbergen; denn die Leidenschaften bilden in Wirklichkeit den Charakter, aber man bekennt sich zu seinen Leidenschaften nicht, wenn sie nicht so leer sind, daß die Mode sie rechtfertigt, oder so schwach, daß sie die Vernunft nicht erröten machen. Man verhüllt vor allem seinen Ehrgeiz, der eine Art demütigende Anerkennung der Überlegenheit der Großen ist und ein Eingeständnis der Kleinheit unsres Standes und des Dünkels unsres Geistes. Nur wer wenig begehrt oder wer Aussicht hat, seine Ansprüche zu verwirklichen, darf sie zeigen, ohne die Schicklichkeit zu verletzen. Die Lächerlichkeiten der Welt beruhen auf offenkundig schlecht begründeten oder maßlosen Ansprüchen. Und weil Ruhm und Glück so schwer sich erobern lassen, so bleibt denen, die beide verfehlen, auch niemals der Spott erspart.

Ein hochgesinnter und mutiger Mensch, der arbeitsam, stolz und ehrgeizig ist, nicht niedrig, sondern tief und originell denkt, hat – ich wage es zu sagen – die größte Aussicht, von den Großen und denen, die die Ämter besetzt halten, auf die Seite geschoben zu werden. Denn nichts fürchten sie so sehr, als Menschen, über die sie keine Gewalt haben.

Ehrgeizigen, denen der Weg zur Ehre verschlossen ist, hat das Schicksal das Schlimmste angetan.

Aus bloßer Bescheidenheit ist niemand mit seinem Stande zufrieden, nur die Religion oder die Macht der Verhältnisse können den Ehrgeiz eindämmen.

Mittelmäßige Talente fürchten sich oft vor hohen Stellen, aber wenn sie nicht danach aus sind, so kann man nur daraus schließen, daß sie sich ihrer Mittelmäßigkeit bewußt sind.

Selbst die Tugendhaftesten können oft nicht umhin, die Gaben des Glücks zu verehren, wie das Volk es tut. So sehr fühlen auch sie die Stärke und den Nutzen der Macht, aber sie unterdrücken dieses Gefühl wie ein Laster und Eingeständnis ihrer Schwäche.

Jedermann würde dem Verdienst den Vorzug vor dem Glück geben, wenn es nur eines Teiles seines Ansehens sich erfreute.

Großes Glück ist häufiger als großes Talent.

Die Diplomatie bedarf keiner langen Lehrzeit. Ist doch unser ganzes Leben eine ständige Einübung im Ränkespiel und Eigennutz.

Bedeutende Geister lassen sich durch bedeutende Ämter schnell belehren.

Der Geistesgegenwart bedarf der Diplomat weit mehr als der Minister: zu hohen Posten braucht man bisweilen auch nicht das geringste Talent.

Ist die Armee siegreich und leidet der Staat, so ist der Minister verantwortlich, sonst nicht: es sei denn, daß er schlechte Generäle gewählt oder die Pläne der guten durchkreuzt hat.

Man müßte die Vollmacht eines Diplomaten begrenzen können, ohne sein Talent einzuschränken oder wenigstens ohne ihn in der Ausführung seiner Befehle zu stören. So zwingt man ihn oft, in der Unterhandlung nicht dem Instinkt seiner Natur, sondern dem Geist seines Ministers zu folgen, dessen Anordnungen seiner Einsicht so oft zuwiderlaufen. Sollte es so schwer sein, zuverlässige und gewandte Menschen zu finden, denen man das Geheimnis und die Führung der Unterhandlung anvertrauen könnte? Oder wollen die Minister alles bestimmen und ihr Amt mit niemandem teilen? Diese Eifersucht der Autorität hat man oft so weit getrieben, daß manche sich einbildeten, von ihrem Kabinett aus die entferntesten Kriege führen zu können; denn so sklavisch waren die Generäle an den Befehl des Hofes gebunden, daß es ihnen unmöglich war, günstige Gelegenheiten auszunutzen, obwohl man ihnen die Verantwortung für jeden Mißerfolg aufbürdete.

Kein Vertrag, der nicht ein Denkmal der Unehrlichkeit der Herrscher wäre.

Zweideutigkeiten werden oft von beiden Vertragspartnern verschleiert. Das beweist, daß beide sich förmlich vorgenommen haben, bei der ersten Gelegenheit den Vertrag zu brechen.

Kriege werden heute in Europa so menschlich, so geschickt und mit so wenig Gewinn geführt, daß es nicht paradox ist, sie mit Prozessen zu vergleichen, deren Kosten höher sind als der Einsatz und bei denen weniger Gewalt als List im Spiel ist.

Wie viele Dienste man auch den Menschen erweist, man tut ihnen niemals soviel Gutes, wie sie zu verdienen glauben.

Vertraulichkeit und Freundschaft erzeugen viele Undankbare.

Höchste Tugenden erregen höchste Eifersucht, hoher Edelmut höchsten Undank; es ist zu anstrengend, gerecht gegen überragende Verdienste zu sein.

Armut kann starke Seelen nicht demütigen, Reichtum niedrige nicht erheben; man kann berühmt werden, auch wenn man wenig bekannt ist, und Schande bleibt auch Hochgestellten nicht erspart. Das Schicksal, das man für allmächtig hält, ist ohnmächtig ohne die Natur.

Einfluß auf Menschen ist mehr wert als Reichtum.

Es gibt Menschen, die der größte Vorteil nicht zum geringsten Verzicht bewegen kann.

Was macht es dem Ehrgeizigen, der sein Glück unwiederbringlich verfehlt hat, aus, ärmer zu sterben?

Größte Anstrengung kostet es dem Geist, sich auf der Höhe des Glückes und des Reichtums zu halten.

Es gibt herzensgute Leute, die sich nur auf Kosten der Gesellschaft unterhalten können.

Viele unterhalten sich vertraulich und ohne alle Umstände mit dem ersten besten, so wie sich jemand, dem in der Kirche schlecht wird, auf den Nachbar stützt.

Daß es Menschen ohne Tugend oder ohne Fehler gäbe, ist ohne Beispiel.

Genügte Tugend sich selbst, so wäre sie nicht eine menschliche, sondern eine übernatürliche Eigenschaft.

Das Merkmal einer starken Seele ist, von einer edlen und kühnen Leidenschaft beherrscht zu sein, die die andern sich unterordnet, ohne sie zu ersticken. Aber ich möchte daraus nicht schließen, daß eine unausgeglichene Seele immer schwach, nur vermuten, daß sie unbeständiger sei.

Nicht aus Schwäche sind die Menschen weder völlig gut noch völlig schlecht, sondern weil in ihnen Tugenden und Laster nebeneinander wohnen. Ihre entgegengesetzten Leidenschaften kreuzen sich, und sie werden bald von guten, bald von schlechten Eigenschaften fortgerissen. Nicht die Weisesten oder Verrücktesten gehen am weitesten im Guten oder Bösen, sondern die von einer starken Leidenschaft vorwärts getrieben werden, die sie vor Zersplitterung bewahrt. Je mehr man von starken, einander widerstehenden Leidenschaften beherrscht ist, um so weniger ist man imstande, auf irgendeinem Gebiet hervorzuragen.

Die Menschen sind so abhängig geboren, daß selbst die Gesetze, die ihre Schwachheit regieren, ihnen nicht genügen. Das Schicksal hat ihnen noch nicht genug Herren gegeben; sie bedürfen noch der Mode, die alles, selbst die Form der Schuhe vorschreibt.

Gern würde ich unter einem Tyrannen leben, wenn ich nur von seinen Launen abhängen müßte und frei wäre von der Tyrannei der Moden, Gewohnheiten und Vorurteile; der Zwang der Gesetze ist noch der geringste.

Notwendigkeit befreit von der Qual der Wahl.

Höchster Triumph der Notwendigkeit: den Stolz zu beugen; die Tugend wird eher bezwungen als die Eitelkeit. Vielleicht aber ist die Eitelkeit, die der Macht des Schicksals widersteht, selbst eine Tugend.

Wer den Handelnden verurteilt, verurteilt die Fruchtbarkeit. Handeln heißt erzeugen; jedes Handeln bedeutet das Werden eines Neuen, das noch nicht da war. Je mehr wir handeln, um so produktiver sind wir, um so mehr leben wir. Alles Irdische kann sich nur durch ständige Neugeburt am Leben erhalten.

Die Körperwelt hängt nicht von einem Prinzip oder einer allumfassenden Ursache ab, wie man glaubt. Denn ich, als freies Wesen, muß nur auf ein wenig Schnee hauchen, um das ganze Natursystem zu stören. Seltsame Täuschung! zu glauben, daß ein einziges Gesetz die ganze Natur beherrsche, während die Erde von hundert Millionen Kraftzentren beherrscht ist, die alle nach ihrer Laune diese Macht durchkreuzen.

Wer wird für das Theater arbeiten, wer Porträts oder Satiren entwerfen? Wer wird behaupten, die Menschen belehren oder unterhalten zu können? Tausende quälen sich damit ab, und nie hat es so viele Künstler gegeben, doch die Menschen schätzen nur, was neu oder selten ist. Wir haben Meisterwerke in allen Gattungen, alle großen Themen hat man behandelt; hätte man selbst Geist genug, um neben den großen Mustern zu bestehen, so würde man doch kaum in der Welt noch denselben Erfolg erringen können.

Man wird des Besten überdrüssig, wenn es populär geworden ist.

Das Beste ist heute allgemein zugänglich, man kauft für einen Taler den Geist Pascals und für noch weniger Geld stehen jedem, der Zeit hat, alle Vergnügungen offen; nur die überflüssigsten Launen kann man schwer befriedigen, leider das einzige, wonach der Geschmack der Menschen dürstet.

Soll man sich schmeicheln, noch durch Philosophie oder Literatur zu glänzen, die so wenige Menschen beurteilen können, während der Ruhm der Politiker – faßbar und nützlich aller Welt – Verächter findet und Verblendete, die öffentlich seine Ansprüche bestreiten?

Die Menschen verachten die schönen Wissenschaften, weil sie sie wie ein Handwerk nach dem Ertrag beurteilen.

Man muß vernünftig geboren werden, denn fremde Erkenntnisse und Erfahrungen nützen uns herzlich wenig.

Man kann nicht viel Vernunft und wenig Geist haben.

Eine Maxime, die erst bewiesen werden muß, ist schlecht formuliert.

Gute Lehren haben wir genug, aber wenig gute Lehrer.

Ein kleines Gefäß ist bald gefüllt; es gibt wenig gute Mägen, aber viel gute Nahrung.

Das Waffenhandwerk schafft weniger Besitz, als es zerstört.

Kriegsleute kann man nur nach ihrem Rang oder nach ihrem Talent befördern; beides kann ein Vorwand der Gunst sein, um Ungerechtigkeit zu verdecken.

Es gibt Leute, deren Gaben man ohne ihre Fehler nie erkannt hätte.

Die Schriftsteller nehmen uns unsern geistigen Besitz und verkleiden ihn, um uns die Freude des Wiederfindens zu machen.

Man darf den Leser nicht voraussehen lassen, was man ihm sagen will, aber man muß ihn dazu bringen, den Gedanken selbst zu finden, denn dann achtet er uns, weil wir denken wie er, aber später als er.

Die Kunst zu gefallen, die Kunst zu denken, die Kunst zu lieben, die Kunst zu sprechen – lauter schöne Lehren, aber unnütz, wenn die Natur sie nicht verkündet.

Wir denken nicht so gut wie wir handeln.

Wen Armut nicht drückt, macht Hochmut unglücklich.

Hochmut tröstet die Schwachen.

Wir überlegen es oft lange, ehe wir eine Dummheit machen wollen, und versammeln unsre Freunde, um ihren Rat zu hören, so wie die Fürsten alle Formalitäten des Rechts beobachten, wenn sie entschlossen sind, es zu brechen.

Die Schöngeister rächen sich für die Verachtung der Reichen an denen, die bloß begabt sind.

Der Geist steht heute nur infolge des Überangebots so niedrig im Preis.

Die Witze der Philosophen sind so maßvoll, daß man sie von der Vernunft nicht unterscheiden kann.

Ein Trunkener ist bisweilen witziger als die besten Witzbolde.

Manche wären sehr erstaunt zu erfahren, worauf ihre Achtung vor den Menschen beruht.

Unter Kasteiungen leidet nie bloß der Körper; die Seele verhärtet sich mit ihm.

Man sieht oft jämmerliche Gestalten, dahinsiechende Opfer eines unermüdlichen Geistes, der sie unerbittlich quält, bis der Tod sie erlöst. Ich denke dann an ein großes Reich, das der ruhelose Ehrgeiz eines einzigen erschüttert und verheert, bis alles zerstört ist und der Staat zerfällt.

Die Sonne, die nach stürmischen Tagen durchbricht, ist nicht so strahlend wie die Tugend, die über eine lange und tückische Verfolgung gesiegt hat.

Die düsteren und kalten Herbsttage sind ein Symbol des nahenden Alters; es gibt nichts in der Natur, das nicht ein Gleichnis des menschlichen Lebens wäre, denn das menschliche Leben ist selbst ein Bild aller Dinge, und das ganze Universum ist von einheitlichen Gesetzen beherrscht.

Den Kindern kündigt sich die Liebe an wie der Ehrgeiz, noch ehe sie eine Wahl getroffen haben; und auch Erwachsene ergreift das Gefühl im voraus ohne wirklichen Gegenstand, und sie suchen ihren Überwinder, ohne ihm zu begegnen.

Die ständig verleumden, schaden selten, sie erdenken sich mehr Bosheiten, als sie ausführen können.

Ein Vorwort ist meist eine Verteidigungsrede, in der der Verfasser bei aller Beredsamkeit seiner Sache nichts nützt; sie ist ebensowenig imstande, ein gutes Werk zur Geltung zu bringen, als ein schlechtes zu rechtfertigen.

In einem gewissen Sinn ist es der einzige Fehler aller Werke, zu lang zu sein.

Viele Schriftsteller verbergen einander die gegenseitige Bewunderung. Sie erwarten vom Lob kein Gegenlob und fürchten ein Ansehen, das sie selbst gesteigert hätten.

Boileau war voll Erfindungsgabe, war aber, glaube ich, kein großer Genius; mancher hingegen, an dem man keine spezielle Veranlagung entdecken kann, war gleichwohl ein großer Genius, zum Beispiel Richelieu.

Man vermißt bei Rousseau die Erfindung im Ausdruck und die Größe im Denken. Seine Gedichte sind nicht inhaltsreich genug, kunstvoll, aber kalt.[13]

Wer hat mehr geschrieben als Cäsar, und wer hat größere Taten vollbracht?

Man kann den Geist wie den Körper lebhafter und geschmeidiger machen; beide bedürfen der Übung.

Beredsam ist ein Mann, der, selbst ohne es zu wollen, mit seiner Überzeugung oder Leidenschaft Geist und Herz anderer erfüllt.

Wer noch im lebhaften und ungezwungenen Gespräch matt und farblos redet, kann unmöglich ein guter Schriftsteller sein.

Wenn jemand lange über einen großen Prozeß spricht, die Gesetze zitiert und auf den betreffenden Fall anwendet, so werden die Zuhörer ihn für einen guten Richter halten; spricht ein anderer von Gräben, Festungen, gedeckten Wegen und skizziert vor den Frauen den Plan einer Schlacht, bei der er nicht mitgekämpft hat, so wird man sagen, daß er seinen Beruf verstehe und daß es ein Vergnügen sei, ihm zuzuhören. Auf die Verachtung der Wissenschaft tun sich die Menschen etwas zugute, aber ihr trügerischer Schein imponiert ihnen.

Was hilft es dem Juristen zu wissen, wie man einen Platz einnimmt? Warum will ein Finanzmann die Metrik verstehen? Begnügten sich die Menschen mit den Kenntnissen, die sie brauchen und die ihrer Veranlagung entsprechen, so hätten sie Zeit genug, sie zu vertiefen, aber einen Anstrich von allen Wissenschaften verlangt heute die Mode. Ein Mensch, der nur über seinen Beruf sprechen kann, wagt nicht mehr zu glauben, daß er Geist haben könnte.

Das universale Wissen würde ich durchaus billigen, wenn die Menschen dazu fähig wären, aber ich schätze den Tischler, der sein Handwerk versteht, höher ein als den Schwätzer, der alles zu verstehen glaubt und doch nichts sein eigen nennt.

Noch nie hat man den Geist der Menschen mit so vielen unnützen und oberflächlichen Kenntnissen überladen wie heute. Die alte Gelehrsamkeit ist von einer Prunk- und Wortwissenschaft verdrängt worden. Was haben wir dabei gewonnen? Wäre es nicht besser, pedantisch zu sein wie Huet und Ménage?

Die Weltleute haben eine besondere Art von Gelehrsamkeit: sie wissen von allem genug, um verkehrt darüber sprechen zu können. Welch eine Manie, die Grenzen unsres Geistes und unsrer Bedürfnisse zu überschreiten und unser Gedächtnis mit so viel Unnützem zu überladen! Mußten wir denn, kaum geheilt vom übertriebenen Respekt für die wahre Gelehrsamkeit, der falschen verfallen?

Das Duell hatte das Gute, den Übermut der Großen im Zaume zu halten – deshalb wundre ich mich, daß sie noch kein Mittel fanden, es ganz abzuschaffen.

Das Volk kommt leicht ins Handgemenge, aber Amtspersonen und Priester lassen es in ihren Streitigkeiten nie zu solchen Unschicklichkeiten kommen. Könnte nicht auch der Adel sich solcher Höflichkeit und Sitte bequemen? Warum nicht, wenn zwei so mächtige Körperschaften schon so weit sind?

Findet jemand, daß ich mir widerspreche, so antworte ich: »Wenn ich mich einmal oder mehrmals getäuscht habe, so denke ich nicht daran, mich immer zu täuschen.«

Sehe ich einen Menschen, der in allem für den Verstand eingenommen ist, so wette ich alsbald, daß er keinen hat.

Ich halte viel von einem jungen Mann, der scharfblickend ist, ohne sich von der Vernunft unterjochen zu lassen; ich sage mir: Das ist eine starke und kühne Seele; ihre Leidenschaften werden sie oft täuschen, aber wenigstens wird sie nur von den eignen Leidenschaften getäuscht, nicht von fremden.

Nichts bringt größere Verlegenheit, als stolz und mittellos geboren zu sein.

Man wundert sich immer, daß ein überlegener Geist lächerliche Seiten habe oder großen Irrtümern unterworfen sei, aber ich wäre überrascht, wenn eine starke und kühne Phantasie nicht auch zu großen Irrtümern verleitete.

Dummheiten und Narrheiten begehen, ist etwas sehr Verschiedenes. Ein mittelmäßiger Geist kann keine Narrheiten, aber er muß notwendig viele Dummheiten begehen.

Der dümmste aller Menschen ist der, der Narrheiten aus Affektation begeht.

Wir verachten die Legenden unsrer Heimat und lehren die Kinder die Legenden des Altertums.

Wir verachten die Legenden unsrer Heimat und viele Leute kennen sie gar nicht, aber ich hoffe, daß sie eines Tages zur Erziehung der Kinder gehören werden. Sie müssen notwendig unsern Nachkommen überliefert werden, da wir heute so sorgfältig die Legenden des Altertums studieren.

Zweck der Prosa ist, etwas zu sagen, aber Toren glauben, der Reim sei der einzige Zweck der Poesie, und wenn ihre Verse die richtige Silbenzahl haben, so glauben sie, was sie mit so viel Mühe gemacht hätten, lohne auch die, es zu lesen.

Warum gefällt uns ein Jüngling mehr als ein Greis? Fast niemand kann uns sagen, warum er einen Menschen liebt oder achtet oder sich selbst anbetet.

Ein Philosoph spielt eine kalte oder eine unwahre Rolle und soll nur einen Augenblick in einem Gedicht vorkommen, das ein wahres und leidenschaftliches Gemälde der Natur sein will.

Die meisten großen Menschen haben den größten Teil ihres Lebens mit andern Menschen verbracht, die sie nicht verstanden, nicht geliebt und kaum geachtet haben.

Ist es nicht wirklich eigentümlich, daß man nicht einmal in der Kunst des Gesanges ungestraft hervorragen kann?

Es gibt Leute, die sich einbilden, auf der höchsten Stufe des Geistes zu stehen, und dabei versichern, daß sie Nichtigkeiten schätzen, daß Harlekinaden sie entzücken, daß sie Farcen, komische Oper und Pantomime liebten – was mich anlangt, so wundert mich das keineswegs, und ich glaube ihnen aufs Wort.

Bei meinem Eintritt in die Welt war ich erstaunt über die Schnelligkeit, mit der man über eine Menge wichtigster Dinge hinwegging, und ich sagte mir selbst: Die geistreichen Leute glauben, daß man vieles nicht auszusprechen braucht, denn sie sehen gleich, worauf es hinausläuft – und sie haben recht. Seither habe ich meine Illusionen verloren und gesehen, daß man in der guten Gesellschaft sich des langen und breiten über alles aussprechen kann wie anderswo, wenn man nur das Richtige wählt.

Als ich auf Reisen war, sagte mir mein junger Lakai, ich hätte soeben mit einem sehr geistreichen Mann gespeist. Ich fragte ihn, woran er erkenne, daß jemand Geist habe, und bekam zur Antwort: »Wenn er immer die Wahrheit spricht.« – »Das heißt, wenn er niemanden täuscht?« – »Nein, mein Herr, wenn er sich selbst nicht täuscht.« Und ich fand, daß dieser junge Mann geistreicher war als Voiture und Benserade; jedenfalls hätte ein Schöngeist nicht so treffend erwidert.

Fast alles, was die Menschen als schmählich ansehen, ist durchaus unschuldig: man errötet, weil man nicht reich, nicht vornehm ist, einen Höcker oder kurzen Fuß hat und anderes, worüber ich gar nicht sprechen will. Diese Verachtung, durch die wir das Elend der Unglücklichen vergrößern, ist der stärkste Beweis für die Sinnlosigkeit und Roheit unsrer Meinungen.

Ich kann keinen Menschen verachten, wenn ich nicht das Unglück habe, ihn zu hassen wegen eines Unrechts, das er mir getan hat, und ich verstehe nicht die ruhige Mißachtung, die man grundlos andren Menschen entgegenbringt.

Als ich in Plombières war, sah ich Personen beiderlei Geschlechts, jedes Alters und jedes Standes, bescheiden im selben Wasser baden und verstand auf einmal, was ich schon öfter gehört hatte, ohne es glauben zu wollen, daß Schwächen und Unglück die Menschen einander näherbringen und verträglich machen. Kranke sind menschlicher und weniger hochmütig als andre Menschen.

In diesen Bädern bemerkte ich auch, daß Nacktheit mir keinen Eindruck machte; das kam von meiner Krankheit. Seither, wenn ich einen Menschen sehe, den die reine Natur nicht ergreift, vermute ich, daß sein Geschmack krank sei.

Manchmal ist es verlorene Mühe, die großen Themen und allgemeinen Wahrheiten zu behandeln. Wie viele Bände gibt es über die Unsterblichkeit der Seele, über das Wesen der Körper und Geister, über Raum und Bewegung! Die großen Gegenstände imponieren der Phantasie der Menschen, und man verschafft sich den Respekt der Welt, wenn man ihr Themen bietet, die ihre Fassungskraft übersteigen. Aber es gibt wenige unter diesen Arbeiten, die wirklich nützlich sind. Es ist besser, sich mit wahren, lehrreichen und nützlichen Dingen zu beschäftigen als mit großen Spekulationen, aus denen man nichts Vernünftiges oder Entscheidendes schließen kann. Die Menschen müssen viele kleine Einzelheiten wissen, über die man sie vor allem unterrichten muß.

Feinheit soll nicht der vorherrschende Zug eines Werkes sein. Ein Buch ist ein öffentliches Denkmal, das groß und fest gegründet sein soll. Die Feinheit soll sich mit so viel Einfachheit offenbaren, daß man sie sozusagen fühlt, ohne sie zu bemerken. Nur was sich eindeutig nicht aussprechen läßt, darf man mit Feinheit sagen.

Manche Menschen, deren Geist natürlich, beweglich, vielseitig, ungestüm ist, verwerfen den kurzen, knappen Stil, der zum Nachdenken zwingt; eiligst möchten sie bei ihrer Lektüre weiterkommen und sich nicht aufhalten lassen; sie gleichen den Menschen, die müde werden, wenn sie zu langsam spazierengehen.

Faßt man nicht auf, was man liest, so darf man sich nicht darauf versteifen, es verstehen zu wollen, sondern muß die Lektüre aufgeben, um sie an einem andren Tage oder zu einer andern Stunde wiederaufzunehmen, und man wird mühelos dem Autor folgen. Scharfblick wie Phantasie besitzt man nicht in jedem Augenblick, nicht immer ist man gestimmt für eine fremde Geistesart.

Es genügt, daß ein Autor immer ernst sei und sich unterwürfig allen Vorurteilen anpasse, so wird man ihm besseres Urteil nachrühmen als allen Dichtern; ich bin überzeugt, daß viele Leute Rollin für einen größeren Dichter halten als Voltaire.

Die Sophisten schätzen Fénelon nicht, weil er ihnen nicht philosophisch genug ist; ich aber schätze einen Autor, der edle Empfindungen in mir weckt, höher ein als eine Sammlung spitzfindiger Gedanken.

Manche Schriftsteller haben große Gedanken ausgesprochen, aber sie sind gesucht, sind nicht ihres Geistes Kinder, dem sie sie aufgezwungen und aufgepfropft haben. So kann man nicht umhin, diese Schriftsteller trotz ihrer großen Gedanken für klein zu halten.

Man nannte Bayard den Ritter ohne Furcht und Tadel, er ist das Vorbild unsrer meisten Theaterhelden. Anders geartet sind die Helden Homers, Hektor ist meist mutig, aber manchmal furchtsam.

Stolz ist ohne Zweifel eine auf der Bühne sehr wirksame Leidenschaft, aber er muß motiviert sein; ein Geck ist grundlos frech, während eine starke Seele ihre Größe nie ohne Zwang zeigt.

Einzelfehler sind Irrtümer des Urteils, wenn zum Beispiel die Personen eines dramatischen Gedichts sagen, was sie verschweigen sollten, wenn sie ihrem Charakter nicht treu bleiben oder ihn durch lange, unnütze Reden abschwächen – all das sind Irrtümer des Urteils. Ist die Konzeption richtig, aber die Ausführung fehlerhaft, so sündigt der Dichter nicht weniger gegen die Richtigkeit der dramatischen Gesetze, als wenn die Einzelheiten vollkommen, die Konzeption aber verfehlt ist.

Sind die Einzelheiten einer Tragödie schwach, so ermattet die Aufmerksamkeit der Zuhörer, ihr Geist erkaltet, und sie sind nicht gefaßt auf eine wirklich schöne Stelle, die darum keinen Eindruck macht. Käme man erst zum 5. Akt, so wäre man kaum so erschüttert durch den Ausgang, wie wenn man das Stück gehört und sich für die Personen erwärmt hätte.

Könnte es eine weise Republik geben, es müßte, scheint mir, die Gelehrtenrepublik sein, die nur aus geistreichen Leuten besteht; aber vielleicht liegt es im Wesen der Republik, schlecht regiert zu sein. Daher kommt auch, daß man in einem solchen Staat die höchsten Tugenden antrifft, denn die Menschen tun niemals Großes, als wenn sie die Freiheit haben, ungestraft viele Dummheiten zu begehen.

Der Ehrgeiz ist Geschicklichkeit, der Mut Weisheit, die Leidenschaften Geiz, der Geist Wissenschaft oder alles das Gegenteil, denn es gibt nichts, was nicht gut oder schlecht, nützlich oder schädlich sein könnte, je nach Gelegenheit und Umständen.

Liebe ist heftiger als Selbstliebe, denn man kann auch eine Frau lieben, die einen verachtet.

Ich beklage einen verliebten Greis, die Leidenschaften der Jugend richten einen verbrauchten und welken Körper furchtbar her.

Man darf nicht mit grauen Haaren erst tanzen lernen und nicht zu spät ein Weltmann werden.

Eine häßliche geistreiche Frau ist oft böse aus Kummer, nicht schön zu sein, wenn sie sieht, daß Schönheit alles aufwiegt.

Die Frauen sind meist eher eitel als temperamentvoll, eher temperamentvoll als tugendhaft.

Es ist närrisch, die Welt zu lieben, wenn man die Frauen nicht liebt, das Spiel nicht liebt.

Wer ist so oberflächlich wie ein Franzose, wer reist wie er nach Venedig, um die Gondeln zu sehen?

Es ist so natürlich, daß die Menschen alles an sich ziehen und sich aneignen, daß sie selbst den Willen ihrer Freunde sich aneignen, selbst aus deren Gefälligkeiten das Recht ableiten, sie tyrannisch zu beherrschen.

Machen Dummheit oder Bosheit oder beide zusammen so viele schlechte, lächerliche, abgeschmackte Possenreißer?

Zwischen Freimütigkeit und Roheit besteht derselbe Unterschied wie zwischen Geschicklichkeit und Lüge, man ist grob oder lügnerisch nur infolge eines geistigen Defekts, die Lüge ist nur die Roheit falscher Menschen, der Abschaum der Falschheit.

Unvollkommenheit ist die Wurzel jedes Lasters, aber die Vollkommenheit ist einzig und unmittelbar.

Man muß verzeihen, daß die Menschen mit dem Schein des Ruhms zufrieden sind, wenn ihnen der Weg zum wahren Ruhm versperrt ist, aber wenn ein geistreicher Mann sich zerstreut, sich zugrunde richtet in leeren Beschäftigungen, so gleicht er den Schlemmern. Nichts ist törichter, als wenn er glaubt, noch in seinem Verfall durch Eigenschaften Erfolg haben zu können, die ihm Erfolg gebracht haben in jungen Tagen; der liebenswürdigsten Eigenschaften der jungen Leute muß das Alter sich schämen.

Das Alter kann seine Nacktheit nur durch wahren Ruhm bedecken; Ruhm allein ersetzt die in einem langen Leben verbrauchten Gaben.

Hoffnung ist das einzige Gut, das der Überdruß noch achtet.

Eine Mode schließt die andere aus; die Menschen sind zu engherzig, um mehrere Dinge zugleich zu schätzen.

Die Kunst zu gefallen ist nicht dem gegeben, der sie zu nutzen verstünde; und wer sie besitzt, versteht sie nicht zu nutzen. Ebenso verhält es sich mit Geist, Reichtum, Gesundheit, die Gaben der Natur und des Glücks sind nicht so selten als die Kunst, sie zu genießen.

Der Umgang mit Menschen jedes Charakters und Standes wäre die beste Fürstenerziehung. Es ist das gewöhnliche Unglück der Fürsten, daß sie ihr Volk nicht kennen. Man trägt immer eine Maske neben ihnen. Sobald sie die Herren sind, sehen sie viele Untertanen, gar keine Menschen. So vergreifen sie sich in der Wahl der Günstlinge und Minister; das macht ihren Ruhm welken und ruiniert ihre Völker.

Lehrt man den Fürsten, nüchtern, keusch, fromm, freimütig sein, so tut man viel für ihn, wenig für seinen Staat. Man lehrt ihn nicht, König zu sein. Erst dann hat man ihn mit allen Herrschertugenden erfüllt, wenn man ihn über der Liebe zu seinem Volk den Gedanken an den Ruhm nicht vergessen ließ.

Kleine Ämter muß man auch kleinen Menschen geben. Dort entfalten sie ihre Talente und ihre Eigenliebe, verachten niedere Aufgaben nicht, sondern machen sich eine Ehre aus ihnen. Manche verteilen gern Stroh, stecken einen Soldaten ins Gefängnis, der seine Krawatte schlecht gebunden hat, erteilen Stockschläge bei der Übung – sie sind voll anmaßender Roheit, hochmütig, zufrieden mit ihrem kleinen Posten. Was ihre Freude ausmacht, würde einen bedeutenderen Menschen demütigen, und er würde vielleicht seine Pflicht versäumen.

Die Soldaten kämpfen gegen den Feind, wie die Kapuziner zur Frühmette gehen. Nicht Kriegslust, nicht Ruhmes- oder Vaterlandsliebe erfüllen unsre Armeen, der Tambour führt sie hin und wieder zurück, so wie die Glocke morgens und abends den Mönchen läutet. Man wird zwar noch aus Frömmigkeit Mönch und Soldat aus Abenteuerlust, aber gar bald erfüllt man dann seine Pflicht nur aus Zwang oder Gewohnheit.

Man muß zugeben, daß es unvermeidliche Übel gibt. Beim Trommel- und Trompetenklang erschießt man einen Menschen, um die Fahnenflucht im Heer zu verhindern, und diese Barbarei ist notwendig.

Nichts, das lang währt, ist sehr angenehm, nicht einmal das Leben, und trotzdem liebt man es.

Es ist erlaubt, das Leben zu lieben, wenn man es um seiner selbst willen liebt und nicht aus Angst vor dem Tod.

O wie schwer ist der Entschluß zum Sterben!

Unterdrückte Maximen

Die ersten Schriftsteller arbeiteten ohne Vorbilder und schöpften alles aus sich selbst; – so kommt es, daß ihre Schriften ungleichmäßig sind und tausend Schwachheiten mit einem vollkommen göttlichen Genie vereinen. Alle Epigonen haben von ihren Erfindungen gezehrt und sich so selbst gefunden, niemand findet alles in sich allein.

Wer selbständig denken und edle Ideen zu bilden vermag, soll, wenn er kann, getrost die Art der Meister annehmen. Alle Schätze des Ausdrucks stehen mit Recht denen zu Gebote, die sie an der richtigen Stelle zu verwenden wissen.

Ebensowenig soll man fürchten, eine alte Wahrheit zu wiederholen, wenn man sie durch eine bessere Wendung verständlicher machen oder sie mit einer andern, sie erhellenden Wahrheit zu einem vernünftigen Zusammenhang verbinden kann. Es ist das Besondere der Erfinder, die Verknüpfung der Dinge zu erfassen und sie miteinander zu verketten. Die alten Entdeckungen gehören weniger denen, die sie gemacht haben, als denen, die sie auswerten.

Man findet Talent und Lust zur Schriftstellerei an einem Weltmann lächerlich. Nun frage ich die vernünftigen Menschen: Was tun eigentlich die, welche nicht schreiben?

Die koketten Frauen haben ein schlechtes Los erwählt. Selten entfachen sie eine große Leidenschaft, nicht weil sie leichtsinnig sind, wie man gemeinhin glaubt, sondern weil niemand zum besten gehalten sein will. Aus Tugendhaftigkeit verachtet man die Falschheit, und aus Eigennutz haßt man sie.

Sind die Leidenschaften Ausdruck der Kraft oder des Unvermögens und der Schwäche? Verrät es Größe oder Mittelmäßigkeit, frei von Leidenschaften zu sein? Oder ist alles ein Ineinander von Stärke und Schwäche, Größe und Kleinheit?

Was ist notwendiger für den Bestand einer Gemeinschaft schwacher Menschen, die ihre Schwäche zusammengeführt hat: Milde oder Strenge? Man muß beide anwenden: Das Gesetz sei scharf und die Menschen nachsichtig.

Härte der Gesetze bedeutet Menschlichkeit für die Völker, Härte am einzelnen ist das Anzeichen einer engherzigen und grausamen Veranlagung; nur die Notwendigkeit kann sie entschuldigen.

Wäre einzig und allein die gerechte Herrschaft rechtmäßig, so wären wir schlechten Königen gegenüber zu nichts verpflichtet.

Rechne selten auf das Vertrauen und die Achtung eines Menschen, der sich in deine Angelegenheiten mischt, ohne von den seinen zu sprechen.

Es ist der offenbare Beweis unsrer Unfähigkeit, daß das Glück so uneingeschränkt über alles gebietet. Nichts ist so selten in der Welt als große Gaben, wirkliche Bewährung in einem Amt: das Glück ist zwar parteiisch, aber nicht ungerecht.

Seine Pläne in das Geheimnis hüllen, verrät manchmal mehr Schwäche, als sie nicht verschweigen zu können, und schadet uns oft mehr.

Alle, die ein niedriges Gewerbe treiben, Diebe wie Dirnen, machen sich eine Ehre aus ihren Verbrechen und sehen die ehrbaren Leute als Narren an: im Grunde verachten die meisten Menschen die Tugend, aber nur wenige die Ehre.

La Fontaine war, wie er selber sagt, überzeugt, daß die Fabel eine göttliche Kunst sei: große Menschen haben sich wohl niemals daran ergötzt, Fabeln zu erfinden.

Eine schlechte Vorrede verlängert beträchtlich ein schlechtes Buch, aber was gut gedacht ist, ist gut gedacht, und was gut geschrieben ist, ist gut geschrieben.

Nur mittelmäßige Werke soll man kürzen; nie noch habe ich eine langweilige Vorrede in einem guten Buch gefunden.

Jeder affektierte Stolz ist kindisch; gründet er sich auf unterschobene Titel, so ist er lächerlich; sind diese Titel Nichtigkeiten, so ist er gemein: das Wesen des wahren Stolzes besteht darin, immer an seinem Platz zu sein.

Wir erwarten von einem Kranken nicht, er solle die Heiterkeit der Gesundheit und die Kraft des Körpers bewahren; wir verwundern uns, wenn er bis zum letzten Augenblick seine Vernunft bewahrt; zeigt er Festigkeit, so trauen wir ihm Heuchelei im Tode zu; so selten und schwer ist das. Geschieht es aber, daß ein andrer im Tod die Festigkeit verleugnet oder die Prinzipien seines Lebens widerruft, daß er im schwächsten Zustand der Welt einige Schwäche verrät – o blinde Bosheit des menschlichen Geistes! Es gibt keine auch noch so offenbaren Widersprüche, deren sich der Neid nicht bediente, wenn es gilt, jemandem zu schaden.

Man ist nicht zur Leitung großer Geschäfte, noch zu den Wissenschaften, noch zur Kunst oder Tugend berufen, treibt man diese Dinge nicht um ihrer selbst willen, unabhängig von dem Ansehen, das sie verschaffen. Von falschen Voraussetzungen aus würde man sie unnütz pflegen, denn weder Geist noch Eitelkeit können Genie verleihen.

Die Weiber können nicht verstehen, daß es Männer gibt, denen sie gleichgültig sind.

Einem Mann, der in der großen Welt lebt, steht es nicht frei, den Frauen zu huldigen oder nicht.

Wie groß auch die Vorzüge der Jugend sein mögen – ein junger Mann ist den Weibern nicht willkommen, solange sie nicht einen Gecken aus ihm gemacht haben.

Es ist eigentümlich, daß man ein Gesetz der Schamhaftigkeit den Weibern gemacht hat, die an den Männern nur die Schamlosigkeit schätzen.

Weder eine mittelmäßige Frau noch einen mittelmäßigen Schriftsteller kann man so loben, wie sie selber es tun.

Eine Frau, die sich gut anzuziehen glaubt, denkt nicht daran, daß ihr Putz eines Tages so lächerlich werden könnte wie die Haartracht der Katharina von Medici: alle Moden, von denen wir eingenommen sind, werden vielleicht vor uns altern, und sogar der *gute Ton*.

Wenige Dinge wissen wir wirklich.

Schreibt man nicht, weil man denkt, so ist es zwecklos, zu denken, um zu schreiben.

Alles, was man nur für andre gedacht hat, ist gewöhnlich unnatürlich.

Klarheit ist die Ehrlichkeit der Philosophen.

Klarheit ist der Firnis der Meister.

Deutlichkeit erspart Längen und kann Gedanken beweisen.

Kennzeichen treffenden Ausdrucks ist, daß auch das, was an sich zweideutig ist, nur eindeutig ausgelegt werden kann.

Die großen Philosophen sind Genien der Vernunft.

Um zu erkennen, ob ein Gedanke neu ist, muß man ihn nur einfach ausdrücken.

Es gibt wenige bedeutende, aber viele einander nahekommende Gedanken.

Wenn ein scharfsinniger Kopf nicht einsieht, daß ein Gedanke nützlich ist, so ist er höchstwahrscheinlich falsch.

Wir nehmen oft großes Lob hin, ehe wir vernünftiges verdienen.

Unlauter erworbener Ruf schlägt in Verachtung um.

Hoffnung ist das nützlichste oder verderblichste aller Güter.

Irrtum ist die Nacht des Geistes und die Falle der Unschuld.

Die Halbphilosophen loben den Irrtum, nur um wider Willen der Wahrheit die Ehre zu geben.

Wie vermessen, einem einreden zu wollen, man hätte nicht genug Illusionen, um glücklich zu sein.

Wer ernstlich Illusionen wünscht, könnte welche bekommen weit über seine Wünsche hinaus.

Die politischen Körper haben ihre unvermeidlichen Gebrechen wie die verschiedenen Lebensalter. Und wer schützt vor Altersschwäche außer der Tod?

Weisheit ist der Tyrann der Schwachen.

Leutselige Blicke zieren das Gesicht der Könige.

Ungebundenheit steigert alle Tugenden und Laster.

Der Friede macht die Völker glücklich und die Männer schwach.

Der erste Seufzer der Kindheit gilt der Freiheit.

Trägheit ist der Schlummer des Geistes.

Die heftigsten Leidenschaften sind die, deren Gegenstand am nächsten ist, wie im Spiel, in der Liebe usw.

Wenn Schönheit über die Augen herrscht, herrscht sie wahrscheinlich auch noch anderswo.

Nicht alle Untertanen der Schönheit kennen ihre Herrin.

Wenn Schwächen der Liebe verziehen werden, so hauptsächlich den Frauen, die durch Liebe herrschen.

Beständigkeit ist die Schimäre der Liebe.

Wer nicht mehr imstande ist, den Weibern zu gefallen, und es weiß, lebt ohne sie weiter.

Die ersten Tage des Frühlings sind nicht so anmutig wie die keimende Tugend eines jungen Mannes.

Das Feuer des Morgenrots ist nicht so lieblich wie der erste Blick des Ruhms.

Die Nützlichkeit der Tugend ist so offenbar, daß die Bösen sie aus Eigennutz üben.

Nichts ist so nützlich wie guter Ruf, und nichts verschafft ihn so sicher wie Verdienst.

Ruhm beweist die Tugend.

Allzu große Sparsamkeit macht mehr Toren als Verschwendung.

Freigebigkeit des Bedürftigen heißt Verschwendung.

Verschwendung macht nur dem Schande, dem sie nicht Ehre bringt.

Wenn ein verschuldeter kinderloser Mann sich eine Rente sichert und so die Annehmlichkeiten des Lebens genießt, sagen wir, er sei ein Narr, der sein Vermögen aufgegessen hat.

Freigebigkeit und Liebe zu den Wissenschaften haben noch niemand ruiniert, aber den Sklaven des Glücks ist stets die Tugend zu teuer.

Liebt man Altertümer nicht, so macht man sich nicht viel aus einer Denkmünze; ebenso legen die, welche kein Gefühl für wahres Verdienst haben, keinen sonderlichen Wert auf die größten.

Der große Vorteil der Begabung zeigt sich darin, daß Vermögen ohne Verdienst fast unnütz ist.

Man versucht sein Glück gewöhnlich mit Talenten, die man nicht hat.

Es ist besser, seinem Stand untreu zu werden als seinem Geist. Um den Preis eines großen Schicksals und Ruhmes bei einem mittelmäßigen Stand zu bleiben, wäre nicht recht gescheit.

Jedes Laster ist schädlich, wenn es geistlos ist.

Ich habe nachgeforscht, ob es kein Mittel gäbe, ohne jedes Verdienst sein Glück zu machen, und ich habe keins gefunden.

Je weniger man sein Glück verdienen will, um so mehr Mühe muß man sich geben, es zu machen.

Die Schöngeister haben einen Platz in der guten Gesellschaft besetzt, aber den letzten.

Die Dummköpfe nutzen die Klugen, so wie kleine Menschen hohe Absätze tragen.

Es gibt manche Menschen, über die man besser schweigt, als daß man sie nach Verdienst lobt.

Man soll sich nicht anstrengen, Neidische zufriedenzustellen.

Die Verachtung unsrer Natur ist ein Irrtum unsrer Vernunft.

Etwas Kaffee nach dem Essen, und man schätzt sich höher ein; manchmal bedarf es auch nur eines kleinen Scherzes, um eine große Anmaßung niederzuschlagen.

Man zwingt die jungen Leute, ihr Vermögen zu verwenden, als ob es sicher wäre, daß sie alt werden müßten.

In dem Maß, wie das Alter die Bedürfnisse der Natur steigert, engt es die Phantasie ein.

Alle Welt maßt sich Recht über einen Kranken an. Priester, Ärzte, Diener, Fremde und Freunde – ja bis herunter zu den Wärtern glaubt jeder, ihn beherrschen zu können.

Geiz kündigt Altersverfall und überstürzte Flucht der Freuden an.

Geiz ist die letzte und tyrannischste unsrer Leidenschaften.

Die größten Minister sind oft die gewesen, die am weitesten vom Ministerium geboren waren.

Die Wissenschaft der Planung besteht darin, den Schwierigkeiten der Ausführung zuvorzukommen.

Zaghaftigkeit in der Ausführung macht tollkühne Unternehmungen zunichte.

Man verspricht viel, um nicht ein weniges geben zu müssen.

Eigennutz und Trägheit vernichten die mitunter aufrichtigen Versprechungen der Eitelkeit.

Geduld erreicht bisweilen von den Menschen, was sie niemals zu gewähren dachten. Und Gelegenheit kann selbst die ärgsten Betrüger zwingen, ihre falschen Versprechungen zu halten.

Interessierte Geschenke sind lästig.

Wenn es möglich wäre zu geben, ohne zu verlieren – – immer noch würden sich unzugängliche Menschen finden.

Der verstockte Lästerer spricht zu Gott: Warum hast Du Unglückliche erschaffen?

Geizhälse sind gewöhnlich nicht auf allzuviel stolz.

Der Irrwahn derer, die Erfolg haben, besteht darin, sich für schlau zu halten.

Spott stellt die Eigenliebe auf die Probe.

Heiterkeit ist die Mutter von Einfällen.

Aphorismen sind die Einfälle der Philosophen.

Schwerfällige Menschen sind eigensinnig.

Unsre Gedanken sind unvollkommner als die Sprache.

Sprache und Geist haben ihre Grenzen; die Wahrheit ist unerschöpflich.

Die Natur hat den Menschen verschiedene Talente verliehen: die einen sind geboren, zu erfinden, die andern, zu verschönern; aber der Vergolder zieht mehr Blicke auf sich als der Baumeister.

Ein wenig Mutterwitz würde viel Geist aufheben.

Das geistreiche Unwesen lebt auf Kosten der Vernunft.

Ohne Urteilsschärfe ist man um so unvernünftiger, je mehr Geist man hat.

Der Geist will beschäftigt werden; deshalb muß viel sprechen, wer wenig denkt.

Kann man sich selbst nicht unterhalten und amüsieren, so will man andre unterhalten und amüsieren.

Die Faulen sind stets aufgelegt, irgend etwas zu tun.

Die Vernunft soll die Tugend nicht maßregeln, sondern ergänzen.

Sokrates wußte viel weniger als Bayle und F.; es gibt wenig nützliche Wissenschaften[14].

Bedienen wir uns unsrer schlechten Motive, um uns in unsern guten Vorsätzen zu stärken.

Am nützlichsten sind die Ratschläge, die am leichtesten zu befolgen sind.

Raten, das heißt den Menschen Motive zum Handeln geben, die sie nicht kennen.

Wir mißtrauen der Lebensführung der besten Geister und nicht unsern Ratschlägen.

Kann das Alter das Recht geben, die Vernunft zu beherrschen?

Wir bilden uns ein, das Recht zu haben, einen Menschen auf seine Kosten glücklich zu machen, und wollen nicht, daß er es selbst hat.

Wenn sich ein Mensch, der oft krank ist, erkältet hat, so versäumt man nicht, ihm zum Trost zu sagen, daß es seine Schuld war.

Es gibt mehr Strenge als Gerechtigkeit.

Man sollte uns wenigstens die Fehler verzeihen, die ohne unser Mißgeschick keine wären.

Man ist gegen seine Feinde nicht so ungerecht wie gegen seine Nächsten.

Der Haß der Schwachen ist nicht so gefährlich wie ihre Freundschaft.

In der Freundschaft, in der Ehe, in der Liebe, in welcher Bindung auch immer wollen wir gewinnen, und wenn die Bindung an Verwandte, Brüder, Freunde, Liebende usw. dauernder, enger und lebhafter ist als alle andern, so muß man sich nicht wundern, mehr Undankbarkeit und Ungerechtigkeit darin zu finden.

Haß ist nicht weniger flatterhaft als Freundschaft.

Mitleid ist nicht so zärtlich wie Liebe.

Man weiß am besten, was man nicht gelernt hat.

Wir lassen uns gern zumuten, an das zu glauben, was außerordentlich zu sein scheint, wenn uns Außerordentliches fehlt.

Der Geist entfaltet die Einfalt des Gefühls, um sich alle Ehre zuzuschreiben.

Man wendet seine Gedanken wie einen Rock, um sich ihrer mehrmals zu bedienen.

Es schmeichelt uns, wenn man uns als Mysterium eröffnet, was wir ganz natürlich gedacht haben.

Man schätzt die Philosophen nur mäßig, weil sie uns zuwenig von dem sprechen, was wir wissen.

Trägheit und die Furcht, sich bloßzustellen, haben gute Sitten in die wissenschaftliche Diskussion eingeführt.

Wenn große Gedanken uns täuschen, so unterhalten sie uns doch.

Wie groß auch das Verdienst sein mag, sich um hohe Posten nicht zu kümmern, ein größeres liegt vielleicht darin, sie gut auszufüllen.

Kein Verfasser von Stanzen, der sich nicht höher einschätzte als Bossuet, den einfachen Prosaisten: denn es liegt in der Natur der Sache, daß niemand so verkehrt denkt wie ein verfehltes Genie.

Ein Verseschmied erkennt keinen kompetenten Beurteiler seiner Schriften an: wenn man keine Verse macht, versteht man nichts davon, macht man welche, so ist man sein Nebenbuhler.

Und er glaubt die Sprache der Götter zu sprechen, während er nur die der Menschen spricht, vergleichbar dem schlechten Schauspieler, der nicht natürlich vortragen kann.

Ein andrer Fehler schlechter Poesie besteht darin, die Prosa in die Länge zu ziehen, während es das Wesen der guten ausmacht, sie abzukürzen.

Nicht alles, was wir in der Moral für mangelhaft halten, ist es.

Wir bemerken viele Laster, um wenige Tugenden zuzugeben.

Der Geist ist beschränkt bis in den Irrtum hinein, den man für sein ureigenstes Reich hält.

Die Selbstsucht einer einzigen, oft unglücklichen Leidenschaft hält manchmal alle andern gefesselt, und die Vernunft trägt ihre Ketten, ohne sie brechen zu können.

Es gibt – wenn man wagen darf, es zu sagen – Schwachheiten, die unzertrennlich mit unsrer Natur verbunden sind.

Wenn man das Leben liebt, fürchtet man den Tod.

Ruhm und Stumpfsinn verbergen den Tod, ohne über ihn zu triumphieren.

Der höchste Mut ist Unerschrockenheit angesichts des sicheren Todes.

Adel ist ein Denkmal der Tugend, unsterblich wie der Ruhm.

Wenn wir die Gedanken rufen, fliehen sie uns, wenn wir sie verjagen, überfallen sie uns und zwingen uns, die Augen die ganze Nacht offenzuhalten.

Zuviel Zerstreuung und zuviel Studium erschöpfen den Geist und lassen ihn verdorren: kühne Einfälle jeder Art kommen keinem abgespannten oder übermüdeten Geist.

Wie es flüchtige Seelen gibt, die abwechselnd von allen Leidenschaften beherrscht werden, so gibt es lebhafte und schwankende Geister, die, von allen Meinungen fortgerissen, die entgegengesetzten annehmen, ohne eine Entscheidung zu wagen.

Die Helden Corneilles breiten hochtrabende Sinnsprüche aus und sprechen großartig von sich selber, und diese Aufgeblasenheit ihrer Reden gilt denen als Tugend, die keinen Maßstab haben, um Seelengröße von Prahlerei zu unterscheiden.

Der Verstand lehrt die Tugend nicht kennen.

Kein Mensch hat Geist genug, um niemals langweilig zu sein.

Auch die reizendste Unterhaltung langweilt den Menschen, der in eine Leidenschaft verstrickt ist.

Die Leidenschaften trennen uns bisweilen von der Gesellschaft und lassen uns allen Geist in der Welt als ebenso unnütz erscheinen, wie wir es selbst für die Vergnügungen andrer werden.

Die Welt ist voll Menschen, die andern durch ihren Ruhm oder ihr Schicksal imponieren. Kommt man ihnen aber zu nahe, so geht man plötzlich von der gespannten Bewunderung zur Verachtung über – wie man manchmal in einem Augenblick geheilt ist von der Liebe zu einer Frau, die man eben noch heiß begehrt hat.

Hat man nichts als Geist, so gefällt man noch lange nicht.

Geist sichert uns nicht gegen die Albernheiten unserer Laune.

Verzweiflung ist der größte unsrer Irrtümer.

Der Zwang zu sterben ist unser bitterster Kummer.

Wer würde an seinem Schicksal verzweifeln, wenn das Leben kein Ende hätte? Der Tod macht das Mißgeschick voll.

Wie wenig können doch die besten Ratschläge helfen, wenn unsre eigenen Erfahrungen uns so wenig belehren.

Die Ratschläge, die man für die weisesten hält, sind unsrer Lage am wenigsten angemessen.

Wir besitzen Regeln der Bühne, die die Kraft des menschlichen Geistes übersteigen und die die bedeutendsten Geister kaum befolgen können.

Ein Stück, das für die Aufführung geschrieben ist, darf man nicht beurteilen, wenn man es nur gelesen hat.

Einem Übersetzer mag es wohl anstehn, auch noch die Fehler seines Originals zu bewundern und dessen Dummheiten der Barbarei seiner Zeit zuzuschreiben. Wenn man aber bei einem Schriftsteller immer dieselben Schönheiten und Fehler findet, so läßt das eher auf eine Verbindung großer Mängel mit hervorragenden Vorzügen schließen: auf lebhafte Phantasie und wenig Urteil, auf Energie und geringe formale Begabung usw. Und wenn ich auch den menschlichen Geist nicht sehr bewundere, so möchte ich ihn doch nicht so weit herabsetzen, um einen einseitigen Geist, der ständig den gesunden Menschenverstand beleidigt, unter die Besten zu rechnen.

Wir möchten das Menschengeschlecht all seiner Tugenden entkleiden, um uns selber für unsre Fehler zu rechtfertigen und sie an die Stelle der zerstörten Tugenden zu setzen, gleich jenen, die sich wider die gesetzliche Macht empören, nicht um durch Freiheit die Menschen einander gleichzumachen, sondern um eben die Macht an sich zu reißen, die sie vorher geschmäht haben.

Ein wenig Kenntnisse und gutes Gedächtnis, einige Kühnheit in den Ansichten und gegen die Vorurteile charakterisieren den umfassenden Geist.

Anerkannte Anschauungen soll man nicht lächerlich machen, man verletzt dadurch nur ihre Anhänger, ohne sie zu überzeugen.

Auch der beste Scherz überzeugt nicht, so sehr ist man gewohnt, daß Satiren sich auf falsche Voraussetzungen gründen.

Die Ungläubigkeit findet ebenso blinde Anhänger wie der Aberglaube: wie man Frömmler trifft, die Cromwell den Verstand abstreiten, so trifft man Menschen, die Pascal und Bossuet für kleine Geister halten.

Der weiseste und tapferste aller Menschen, Herr von Turenne, hat die Religion verehrt, und eine Menge unbedeutender Menschen halten sich für große Geister und starke Seelen, nur weil sie sie verachten.

So leiten wir aus unsern Schwächen und Irrtümern das Recht der Eitelkeit ab. Wagen wir, es einzugestehen: die Vernunft schafft Philosophen, der Ruhm Helden, und einzig und allein die Tugend Weise.

Was wir zu unsrer Belehrung oder Erleichterung geschrieben haben, wird höchstwahrscheinlich auch andern nützen. Denn niemand ist einzig in seiner Art, und wir selbst sind niemals so wahr, so lebhaft und gefühlvoll, als wenn wir die Dinge für uns selbst betrachten.

Während unsere Seele voll Gefühl ist, sind unsere Reden voll Zweckmäßigkeit.

Das Falsche, kunstvoll dargestellt, überrascht und verblüfft, aber das Wahre überzeugt und herrscht.

Das Genie kann man nicht nachahmen.

Man muß nicht lang nachdenken, um ein Huhn zu kochen, und doch sehen wir Menschen, die ihr ganzes Leben schlechte Köche bleiben, so sehr muß man zu jedem Beruf durch einen besonderen, von der Vernunft unabhängigen Instinkt berufen sein.

Wir sind so sehr mit uns und unsresgleichen beschäftigt, daß wir alles übrige, obwohl es unter unsern Augen lebt, kaum beachten.

Wie wenige Dinge beurteilen wir richtig!

Wir haben nicht genug Eigenliebe, um die Verachtung eines andern geringzuschätzen.

Niemand tadelt uns so scharf, als wir uns oft selber verurteilen.

Liebe ist nicht so empfindlich wie Eigenliebe.

Wir nehmen gewöhnlich Erfolg und Mißerfolg auf uns und tadeln oder loben uns für die Launen des Schicksals.

Niemand kann sich rühmen, niemals verachtet worden zu sein.

Unsre Geschicklichkeiten und Irrtümer verfehlen oft ihre Wirkung, so wenig hängt von unserm Handeln ab.

Wie viele Tugenden und Laster bleiben ohne Folgen!

Wir sind nicht damit zufrieden, findig zu sein, wenn man nicht weiß, daß wir es sind, und um nicht unsern Ruhm davon einzubüßen, bringen wir uns oft um die Früchte.

Eitle Menschen können nicht schlau sein, denn sie haben nicht die Kraft zu schweigen.

Oft ist es von größtem Nutzen für einen Diplomaten, wenn er den Glauben erwecken kann, er kenne die Vorteile seines Vorgesetzten nicht und lasse sich nur von seinem Gefühl beraten; dadurch vermeidet er, durchschaut zu werden, und zwingt die, welche zum Abschluß kommen wollen, in ihren Ansprüchen bescheidener zu werden. Die Schlauesten glauben nämlich oft, einem Menschen nachgeben zu müssen, der selbst der Vernunft widersteht und den Maschen ihrer Netze stets entschlüpft.

Aller Gewinn, den man durch Verleihung hoher Posten an manche Leute erzielt, beschränkt sich darauf, festzustellen, ob sie geschickt seien.

Es gehört nicht soviel dazu, schlau zu sein, als schlau zu scheinen.

Nichts ist für Menschen auf hohen Posten leichter, als sich das Wissen andrer anzueignen.

Auf hohen Posten ist es vielleicht nützlicher, sich mit Verstand unterrichteter Männer zu bedienen, als selbst unterrichtet zu sein.

Wer Verstand hat, weiß viel.

Unsre Neigung für die Politik mag noch so groß sein: nichts ist so langweilig und ermüdend zu lesen wie ein Staatsvertrag.

Das Wesen des Friedens ist, ewig zu sein, und doch sehen wir kein Menschenalter und kaum eine Regierung vergehen, ohne daß er nicht mehrmals hätte erneuert werden müssen. Aber darf man sich wundern, daß Geschöpfe, die der Gesetze bedürfen, um gerecht zu sein, auch fähig sind, sie zu verletzen?

Die Politik erreicht unter den Fürsten, was Gerichte unter Privatleuten. Mehrere Schwache, gegen einen Starken verbündet, zwingen ihn dazu, seinen Ehrgeiz und seine Gewalttätigkeit zu mäßigen.

Für die Griechen und Römer war es leichter, große Völker zu unterjochen, als es heute ist, eine kleine, rechtmäßig eroberte Provinz zu bewahren inmitten eifersüchtiger Nachbarn und großer Völker, die in Politik und Kriegswesen gleich unterrichtet und durch ihre Interessen und durch Künste und Handel ebenso miteinander verbunden wie durch ihre Grenzen getrennt sind.

Herr von Voltaire sieht Europa nur als einen großen, aus verschiedenen Oberhoheiten gebildeten Gesamtstaat an. So beschränkt ein großer Geist scheinbar die Dinge, indem er sie in eine Gesamtheit eingliedert, die sie auf ihre richtige Bedeutung zurückführt; in Wirklichkeit vergrößert er sie aber, indem er ihre Beziehungen entwickelt und so viele ungleiche Teile zu einem einzigen großen und schönen Bild zusammenfügt.

Es ist eine nützliche, aber beschränkte Politik, sich immer durch die Gegenwart bestimmen zu lassen, das Gewisse dem Ungewissen – selbst wenn es nicht so verführerisch ist – vorzuziehen. So bringt sich kein Staat in die Höhe, ja nicht einmal ein einzelner.

Die Menschen sind geborene Feinde füreinander, nicht weil sie sich hassen, sondern weil sie nicht weiterkommen können, ohne daß ihre Wege sich kreuzten, so daß sie sich unter sorgsamer Beobachtung aller Spielregeln der Höflichkeit, der Gesetze des stummen Krieges, den sie gegeneinander führen, sich dennoch stets – ich wage es zu sagen – sehr ungerecht gegenseitig der Ungerechtigkeit zeihen.

Die Privatleute unterhandeln, schließen Bündnisse, Verträge, führen Krieg und machen Frieden – mit einem Wort, alles, was die Könige und die mächtigsten Völker der Erde tun können.

Aller Welt gleichmäßig Gutes nachsagen ist eine kleine und schlechte Politik.

Bosheit ersetzt Geist.

Geckenhaftigkeit entschädigt für Herzensleere.

Wer sich selbst imponiert, imponiert auch andern.

Der Feige muß weniger Beleidigungen schlucken als der Ehrgeizige.

Es fehlt einem niemals an Gründen, wenn man sein Glück gemacht hat, einen Wohltäter oder alten Freund zu vergessen, und man erinnert sich mit Unwillen all dessen, was man über ihre Launen verschweigen mußte.

Wie eine Wohltat auch sein mag, hat man sie empfangen, so muß man – es koste, was es wolle – sich erkenntlich zeigen, wie man auch einen schlechten Handel einhält, wenn man sein Wort verpfändet hat.

Es gibt keine Beschimpfung, die man nicht verzeiht, wenn man sich gerächt hat.

Man vergißt einen Schimpf, den man erlitten hat, so sehr, daß man durch Gleichgültigkeit sich neuen zuzieht.

Ist es wahr, daß unsre Freuden kurz sind, so sind unsre Leiden meist nicht lang.

Die größte Kraft des Geistes tröstet uns nicht so schnell wie seine Schwäche.

Keinen Verlust fühlt man so heftig und so kurz wie den einer geliebten Frau.

Wenig Trauernde können sich so lange verstellen, wie es sich für ihre Ehre schickt.

Unsre Tröstungen sind Schmeicheleien für die Leidtragenden.

Wenn die Menschen nicht einander schmeichelten, könnten sie kaum in Gemeinschaft leben.

Es steht uns frei, den fanatischen Freimut unsrer Väter zu bewundern, die uns gelehrt haben, uns wegen einer Lüge zu erdrosseln: eine solche Verehrung der Wahrheit unter Barbaren, die nur die Naturgesetze kannten, ist ein Ruhm für die Menschheit.

Wir reden uns oft unsre eignen Lügen ein, um uns nicht Lügen strafen zu müssen, und täuschen uns selbst, um die andern zu täuschen.

Wahrheit ist die Sonne des Geistes.

Während ein Teil der Nation sich zu höchster Bildung und zu feinstem Geschmack erhebt, bleibt die andre Hälfte in unsern Augen barbarisch, ohne daß ein so eigentümliches Schauspiel uns um unsre Verachtung der Bildung bringen könnte.

Alles, was unsrer Eitelkeit am meisten schmeichelt, gründet sich auf die Bildung, die wir verachten.

Die Erfahrung von den Grenzen der Vernunft macht uns für Vorurteile empfänglich und läßt uns dem Argwohn und den Phantomen der Furcht Einlaß gewähren.

Die Überzeugung des Geistes zieht nicht immer die des Herzens nach sich.

Die Menschen verstehen einander nicht. Es gibt weniger Narren, als man glaubt.

Wenn man sich nur ein wenig frei über Religion und das Elend des Menschen ausläßt, läßt man sich ohne Widerstand unter die überlegenen Geister einreihen.

Ängstliche und um des geringsten Vorteils willen zitternde Menschen tun so, als ob sie den Tod nicht fürchteten.

Wenn die geringsten Gefahren in Geschäften uns schon leeren Schrecken einjagen, in welche Aufregung wird uns erst der Tod stürzen, wo es sich für immer um unser ganzes Sein handelt und es nicht mehr in unsrer Macht steht, unsern eignen Vorteil zu berücksichtigen, ja nicht einmal ihn zu kennen?

Newton, Pascal, Bossuet, Racine, Fénelon, das heißt die erlauchtesten Männer der Erde in dem philosophischsten aller Jahrhunderte und in der Vollkraft ihres Geistes und Lebens, haben an Jesus Christus geglaubt, und der große Condé wiederholte sterbend die Worte: »Ja, wir werden Gott erblicken, wie er ist, sicuti est, facie ad faciem.«

Die Krankheiten heben unsre Tugenden und Laster auf.

Stille und Nachdenken erschöpfen die Leidenschaften, wie Arbeit und Fasten die Launen verzehren.

Tätige Menschen ertragen die Langeweile ungeduldiger als die Arbeit.

Jede wahre Schilderung entzückt uns, selbst als Lob andrer.

Bilder verschönern die Vernunft, und Gefühl überredet sie.

Beredsamkeit ist mehr als Wissen.

Wenn wir durchaus gerecht Verstand dem Wissen vorziehen, so kommt das daher, daß dieses schlecht benannt ist und gewöhnlich weder so nützlich noch so ausgebreitet ist als das, was wir aus Erfahrung kennen oder durch Überlegung erwerben können. Wir sehen den Verstand auch als die Ursache des Wissens an und schätzen die Ursache höher ein als die Wirkung: das ist vernünftig. Dennoch: wer alles wüßte, hätte auch den größten Verstand, denn der größte Verstand der Welt ist nur Wissenschaft oder die Fähigkeit, welche zu erwerben.

Die Menschen schätzen sich nicht hoch genug ein, um einander die Fähigkeit zu großen Ämtern zuzutrauen. Sie schwingen sich nur dazu auf, die, welche hohe Ämter mit Erfolg bekleidet haben, nach dem Tod zu achten. Aber man stelle sich den geistreichsten Mann vor: Ja, sagt man, wenn er erfahrener wäre oder weniger träge oder wenn er besser gelaunt wäre oder auch im Gegenteil, denn man versäumt keinen Vorwand, um den Bewerber auszuschließen, und wenn man keinen findet, geht man so weit, zu sagen, er sei zu anständig. So wenig wahr ist die Maxime, »daß es leichter sei, großer Ämter würdig zu erscheinen, als sie auszufüllen«.

Wer den Menschen geringschätzt, hält sich selbst für einen bedeutenden Menschen.

Wir sind viel eifriger, die oft eingebildeten Widersprüche eines Schriftstellers festzustellen, als aus seinen – wahren oder falschen – Einsichten zu lernen.

Damit man sagen könne, daß ein Schriftsteller sich widersprochen habe, muß es unmöglich sein, ihn mit sich in Einklang zu bringen.

MONTESQUIEU

Meine Gedanken

Vorbemerkung

Dies sind Gedanken, die ich nicht durchdacht habe und die ich aufhebe, um gelegentlich darauf zurückzukommen.

Ich werde mich wohl hüten, für alle Gedanken einzustehen, die hier enthalten sind. Die meisten habe ich nur aufgenommen, weil ich keine Zeit fand, sie zu überdenken, und ich werde sie überprüfen, wenn ich von ihnen Gebrauch mache.

Der Verfasser

I. Sein Charakter

Einer meiner Bekannten sagte mir: »Ich will etwas recht Törichtes unternehmen: mein Selbstporträt.«

Ich kenne mich ziemlich genau.

Ich habe fast niemals Kummer und noch weniger Langeweile empfunden.

Ich bin so glücklich veranlagt, daß alle Dinge mich noch so lebhaft berühren, um mir Vergnügen zu bereiten, aber nicht genug, um mir Kummer zu verursachen.

Ich besitze so viel Ehrgeiz, wie nötig ist, um an den Dingen dieses Lebens Anteil zu nehmen, aber keinen, der mir Abscheu vor dem Platz einflößen könnte, auf den die Natur mich gestellt hat.

Der Genuß eines Vergnügens berührt mich tief, und ich bin immer erstaunt, es mit so viel Gleichgültigkeit gesucht zu haben.

In meiner Jugend war ich so glücklich, mich Frauen zu verbinden, von denen ich meinte, sie liebten mich – war dieser Glaube geschwunden, so löste ich mich rasch von ihnen.

Die Beschäftigung mit geistigen Dingen war für mich das vornehmste Heilmittel gegen alle Widrigkeiten des Lebens, da ich niemals einen Kummer hatte, den eine Stunde Lektüre nicht verscheucht hätte.

Im Laufe meines Lebens bemerkte ich, daß nur solche Leute allgemein verachtet waren, die sich in schlechter Gesellschaft aufhielten.

Morgens erwache ich mit einer geheimen Freude, fast verzückt erblicke ich das Licht. Den ganzen übrigen Tag bin ich zufrieden. – Ich verbringe die Nacht, ohne aufzuwachen, und abends, wenn ich zu Bett gehe, hemmt eine Art Erschlaffung mich, Überlegungen anzustellen. – Ich bin mit Toren fast ebenso zufrieden wie mit geistreichen Menschen, kaum einer ist so langweilig, daß er mich nicht oft amüsiert hätte, nichts ist so erheiternd wie ein lächerlicher Mensch.

Ich bin keineswegs abgeneigt, mich innerlich über die Menschen lustig zu machen, die ich sehe – es steht ihnen frei, mich für das zu nehmen, was sie wollen.

Erst hatte ich vor den meisten Großen, die ich sah, eine kindische Furcht. Sobald ich sie näher kannte, bin ich in meiner Bewertung fast ohne Übergang bis zur Verachtung gegangen.

Den Frauen habe ich gerne Artigkeiten gesagt und ihnen jene Art von Gefälligkeiten erwiesen, die so wenig kosten.

Natürlich liebe ich das Wohl und die Ehre meines Vaterlandes und weniger, was man Ruhm nennt, ich empfand immer eine heimliche Freude, wenn man eine Maßnahme traf, die auf das allgemeine Wohl abzielte.

Wenn ich in fremden Ländern reiste, habe ich mich ihnen verbunden gefühlt, ich nahm teil an ihrem Glück und hätte gewünscht, daß sie in einem blühenden Zustand lebten.

Oft habe ich geglaubt, Geist bei Leuten zu finden, von denen es hieß, sie hätten keinen.

Ich nahm es hin, für zerstreut zu gelten: das hat mich so manche Nachlässigkeit wagen lassen, die mich sonst in Verlegenheit gebracht hätte.

In der Unterhaltung und bei Tisch war ich immer entzückt, auf jemanden zu treffen, der den Ehrgeiz hatte zu glänzen: Ein solcher Mensch gibt sich immer eine Blöße, und alle andern sind in Deckung.

Nichts unterhält mich mehr, als einem langweiligen Erzähler zuzuhören, der eine umständliche Geschichte erbarmungslos wiedergibt; ich achte nicht auf die Geschichte, aber auf die Art der Darbietung.

Den meisten Leuten stimme ich lieber bei, als daß ich ihnen zuhöre.

Ich habe es nie dulden wollen, daß ein geistreicher Mann sich erlaubte, mich zwei Tage hintereinander zu verspotten.

Meine Familie liebte ich so sehr, daß ich in wesentlichen Dingen tat, was zu ihrem Wohl gereichte, aber um das Unwesentliche habe ich mich nicht gekümmert.

Obwohl mein Name weder gut noch schlecht ist, da er nicht mehr als dreihundertfünfzig Jahre erwiesenen Adel aufweist, bin ich ihm doch sehr verbunden und wäre durchaus geneigt, einen Erben für ihn anzunehmen.

Traue ich jemandem, so tue ich es ohne Vorbehalte, aber ich traue nur wenigen.

Eines hat mir stets eine ziemlich schlechte Meinung über mich eingeflößt: Ich wäre nur für wenige Berufe im Staat wirklich brauchbar gewesen.

Für meinen Beruf als Gerichtspräsident hatte ich stets ein rechtschaffenes Herz: Ich verstand die Fragen an sich ziemlich gut, aber nichts vom praktischen Verfahren. Und doch hatte ich mir Mühe damit gegeben, aber es stieß mich ab, an Dummköpfen die Fähigkeiten zu bemerken, die mir gewissermaßen versagt blieben.

Ich bin so veranlagt, daß ich in allen komplizierten Stoffen mich erst sammeln muß. Sonst verwirren sich meine Gedanken, und fühle ich, daß man mir zuhört, so scheint es mir, als verflüchtige sich die ganze Frage vor mir. Gleichzeitig scheinen mehrere Wege zum Ziel zu führen, und das Ergebnis ist, daß keiner eingeschlagen wird.

Bei logischen Beweisführungen, in denen die Gegenstände zergliedert und wieder zergliedert werden, stehe ich ganz gut meinen Mann.

Ich habe nie Tränen fließen sehen, ohne Rührung zu empfinden.

Ich verzeihe leicht, weil ich außerstande bin zu hassen. Es scheint mir, daß der Haß Schmerz bereitet. Es schmeichelte meiner Eitelkeit, wenn sich jemand mit mir aussöhnen wollte, und ich hörte auf, einen Menschen als Feind zu betrachten, der mir den Gefallen erwies, mir zu einer guten Meinung über mich selbst zu verhelfen.

Auf meinen Gütern und bei meinen Vasallen habe ich nie geduldet, daß man mich gegen jemanden aufhetzen wollte. Sagte man mir: »Wenn Sie wüßten, was alles geredet wird«, so antwortete ich: »Ich will es nicht wissen.« War das, was man mir hinterbringen wollte, falsch, so wollte ich nicht Gefahr laufen, es zu glauben, war es wahr, so wollte ich mir nicht die Mühe machen, einen Schurken zu hassen.

Im Alter von fünfunddreißig Jahren liebte ich noch.

Es ist mir ebenso unmöglich, jemanden aus Eigennutz aufzusuchen, wie es mir unmöglich ist, in der Luft zu fliegen.

Als ich in der Gesellschaft lebte, hing ich so an ihr, als ob ich die Zurückgezogenheit nicht ertragen könnte. Als ich wieder auf meinen Gütern war, habe ich nicht mehr an die Gesellschaft gedacht.

Ich bin, glaube ich, fast der einzige Mensch, der Bücher geschrieben hat in der ständigen Angst, als Schöngeist zu gelten. Die mich kannten, wissen, daß ich im Gespräch mich bemühte, nicht als solcher zu erscheinen, und daß ich mich der Sprache derjenigen anzupassen verstand, unter denen ich lebte.

Zu meinem Unglück bin ich sehr oft der Leute überdrüssig geworden, deren Wohlwollen ich mir am meisten ersehnt hatte. Meine Freunde aber habe ich mir mit Ausnahme eines einzigen alle erhalten.

Ich befolgte stets den Grundsatz, nie durch andere tun zu lassen, was ich aus eigener Kraft leisten konnte. Das hat mich in die Lage versetzt, mein Glück mit den mir zur Verfügung stehenden Mitteln zu machen, nämlich Mäßigkeit und Einfachheit, und nicht mit fremden, die stets gemein oder ungerecht sind.

Mit meinen Kindern habe ich wie mit meinen Freunden gelebt.

Wenn man erwartete, ich würde in einer Unterhaltung glänzen, so tat ich es niemals. Die Unterstützung durch einen geistreichen Mann war mir stets lieber als die Zustimmung der Toren.

Niemand habe ich mehr verachtet als die kleinen Schöngeister und die großen Herren, die nicht redlich sind.

Niemals geriet ich in Versuchung, Spottverse gegen jemanden zu dichten.

Ich habe nie den Eindruck eines Verschwenders gemacht, aber ich bin auch nie geizig gewesen, und ich wüßte nichts, was leicht genug gewesen wäre, daß ich es getan hätte, um Geld zu verdienen.

Ich habe, glaube ich, nichts unterlassen, um mein Vermögen

zu mehren, auf meinen Gütern habe ich große Verbesserungen durchgeführt. Aber ich fühlte, daß es mehr wegen der daraus resultierenden Vorstellung von Geschicklichkeit geschah als aus dem Gedanken, reich zu werden.

Etwas hat mir immer sehr geschadet: Wen ich nicht schätzte, den habe ich zu sehr verachtet.

Ich habe nicht mein Glück am Hofe machen wollen: Ich wollte es dadurch machen, daß ich den Wert meines Grundbesitzes steigerte, um mein Vermögen unmittelbar aus der Hand der Götter zu empfangen.

Ich war immer erfüllt von einer Schüchternheit, die Verlegenheit in meinen Antworten erscheinen ließ. Trotzdem fühlte ich, daß ich mit geistreichen Leuten nie so verlegen war wie mit Dummköpfen. Ich hatte Hemmungen, weil ich mich gehemmt glaubte und dadurch beschämt fühlte, daß sie mir irgendwie überlegen sein könnten.

Ich habe stets ungern die Lächerlichkeit anderer genossen. Dem Geist anderer sperrte ich mich nie, mit der Denkweise fast aller konnte ich mich befreunden, nur sehr selten mit ihrem Herzen. Schüchternheit war die Geißel meines ganzen Lebens, sie schien sogar meine Sinne zu verdunkeln, die Zunge zu hemmen, meine Gedanken zu vernebeln und meine Worte zu verwirren. Solche Mutlosigkeit überfiel mich weniger vor klugen als vor dummen Leuten. Bei jenen hoffte ich auf Verständnis, und das flößte mir Vertrauen ein.

Ich glaube, daß ich noch keine vier Louis verschleudert, noch einen Besuch aus Eigennutz gemacht habe. In allem, was ich unternahm, befolgte ich die Regeln der Klugheit und handelte nicht so sehr, um die Geschäfte nicht zu versäumen als um ihnen nachzukommen.

Fortsetzung meiner Überlegungen. Ich kann deshalb sagen, kein unglückliches Leben geführt zu haben, weil mein Geist die Fähigkeit besitzt, mit einem Satz aus dem Zustand des Kummers in einen andern hinüberzuwechseln und ebenso aus einem Zustand des Glücks in einen andern gleicher Art zu gelangen.

Wenn ich etwas wüßte, was meiner Nation nützlich, aber verderblich für eine andere wäre, so würde ich es meinem Fürsten nicht vorschlagen, weil ich erst Mensch und dann Franzose bin oder vielmehr weil ich wesensmäßig Mensch bin und nur zufällig Franzose.

Wenn mir etwas bekannt wäre, das mir nützte, aber nachteilig wäre für meine Familie, so verbannte ich es aus meinen Gedanken. Wenn mir etwas bekannt wäre, das meiner Familie nützlich wäre, aber nicht meinem Vaterland, so würde ich mich bemühen, es zu vergessen. Wenn mir etwas bekannt wäre, das meinem Vaterland nützen, aber Europa schaden oder Europa nützen, aber der Menschheit schaden würde, so sähe ich dies wie ein Verbrechen an.

Ich sagte: »Ich wünsche, schlichte Umgangsformen zu haben, möglichst wenig Gefälligkeiten zu erfahren und möglichst viele zu erweisen.«

Geringe Würden schätze ich nicht; wußte man vorher nicht, wessen einer würdig war, so legen sie einen nun fest und bemessen genau, was einem zukommt.

Ich habe in meinem Leben viele Torheiten, aber keine Bösartigkeit begangen.

Einen verdienstvollen Mann nehme ich stets als Ganzes, einen mittelmäßigen mit einigen guten Eigenschaften zergliedere ich immer.

Neid. Wo immer ich ihm begegne, mache ich mir ein Vergnügen daraus, ihn zur Verzweiflung zu bringen. Vor einem Neidischen lobe ich immer, die ihn erbleichen machen. Welch eine Niedrigkeit, sich durch das Glück der andern entmutigen zu lassen und niedergedrückt zu werden durch ihren Wohlstand!

Unvergleichlich lieber möchte ich unter meinem Herzen als unter meinem Geist leiden.

Außer denjenigen Euklids übernehme ich keine fremden Meinungen.

Ich sagte: »Ich gehöre weder zu den zwanzig Leuten in Paris, die die Wissenschaft beherrschen, noch zu den fünfzigtausend, die sie zu beherrschen glauben.«

Ich hätte die heidnische Religion gut praktiziert; es handelte sich ja nur darum, vor irgendeiner Statue das Knie zu beugen.

Wenn man maßvolle Grundsätze hat! In Frankreich gelte ich als zuwenig, in England als allzu religiös.

Ich sagte: »Ich schätze die Häuser, wo ich mit meinem gesunden Menschenverstand mein Auskommen finde.«

Wenn ich die Ehre hätte, Papst zu sein, so würde ich alle Zeremonienmeister entlassen und es vorziehen, ein Mensch zu sein statt Gott.

Ich bin ein guter Staatsbürger, aber das wäre ich auch gewesen, wenn ich in irgendeinem andern Land geboren wäre. Ich bin ein guter Staatsbürger, weil ich immer mit meinem Zustand zufrieden war, weil ich immer mit meinem Schicksal einverstanden war, niemals errötend mich seiner geschämt, noch andere um das ihre beneidet habe. Ich bin ein guter Staatsbürger, weil ich die Regierung liebe, unter der ich geboren bin, ohne sie zu fürchten, und weil ich von ihr keine andere Gunst begehre als das unendlich Gute, das ich mit allen meinen Landsleuten teile, und ich danke dem Himmel, daß er mir in allem das Maßhalten geschenkt hat, meiner Seele aber mehr als dieses.

Als ich etwas vergessen hatte, schrieb ich: »Ich bin zerstreut, nur im Herzen habe ich Gedächtnis.«

Ich sagte zu jemandem, der schlecht von meinem Freund sprach: »Greift mich an und verschont meine Freunde.«

Jemand warf mir meine Sinnesänderung in bezug auf sich vor. Ich sagte zu ihm: »War es eine Wandlung für Sie, so war es eine Revolution für mich.«

Wenn ein Fürst dumm genug wäre, mich zu seinem Günstling zu machen, so würde ich ihn zugrunde richten.

Ich hasse Versailles, weil dort alle klein sind, ich liebe Paris, weil dort alle groß sind.

In La Brède bin ich gerne, denn dort spüre ich das Geld unter meinen Füßen. In Paris scheint es mir immer auf den Schultern zu liegen. In Paris sage ich: »Ich darf nur so und soviel ausgeben«, auf dem Lande hingegen: »Ich muß das alles ausgeben.«

II. Sein Leben

Es gibt Leute, die ihre Gesundheit dadurch erhalten, daß sie sich purgieren, zur Ader lassen usw. Meine Lebensweise besteht nur darin, Diät zu halten, wenn ich unmäßig war, zu schlafen, wenn ich zu lang wachte, und mich weder vom Kummer noch von Vergnügungen, weder von der Arbeit noch vom Müßiggang langweilen zu lassen.

Gott hat mir Gutes geschenkt, und ich habe mir das Überflüssige gewährt.

Wenn ich in England geboren wäre, wäre ich untröstlich, kein Vermögen erworben zu haben. In Frankreich bin ich gar nicht ärgerlich, es nicht dazu gebracht zu haben.

Ich spielte schlecht, ich löste mich von einer Lächerlichkeit, die mich teuer zu stehen gekommen war. Ich möchte sein wie diejenigen, denen ihre Lächerlichkeiten nichts kosten.

Von meinem Vaterland verlange ich weder Pensionen noch Ehren oder Auszeichnungen; die Luft, die ich atme, ist mir Lohn genug, nur möchte ich, daß man sie mir nicht verdirbt.

Ich sagte: »Ich habe eine Unzahl Geschäfte, die ich nicht habe.«

Ich sagte: »Ich möchte nicht die Geschäfte, die man hat, um jener willen aufgeben, die man sich macht.«

Graf Kinsky sagte mir, als ich in Wien ankam: »Sie werden das kaiserliche Palais sehr häßlich finden.« Mein Herr, gerne sieht man das häßliche Palais eines Fürsten, wenn die Häuser seiner Untertanen schön sind.

Der Prinz Eugen sagte mir: »Ich habe, was die Finanzen angeht, niemals den Plänemachern Gehör geschenkt, denn ob man die Schuhe oder die Perücken besteuert, es kommt auf eins hinaus.« Er hatte recht: Die ewigen Reformen bewirken, daß man eine Reform braucht.

In Wien fand ich die Minister sehr entgegenkommend. Ich sagte ihnen: »Sie sind Minister am Morgen und Menschen am Abend.«

Die Griechen sagten: »Nur in Sparta ist das Altern schön.« Ich sagte: »Alt zu werden ist nur in Wien schön.« Die Frauen von sechzig Jahren hatten dort Liebhaber, die Häßlichen hatten die ihren. Schließlich: Man stirbt wohl in Wien, aber man altert dort nicht.

Ich sagte in Rom: »Ich kaufe weder die Jungfernschaften noch die Bilder von Raffael.«

Ich sagte zu einem jungen Mann: »Sie treten ein in die Welt, und ich verlasse sie. Ihr Weg ist voll Hoffnung und der meine voll Klage.«

Ich baue in La Brède: Mein Haus schreitet voran und ich zurück.

Ich schrieb: »In meinen Wäldern suche ich die Stille und ein ruhiges, friedliches Leben, aber mein Herz sagt mir, daß Sie in Paris oder in Lunéville waren, und meine Wälder sagen mir nichts mehr.

Nur um zweierlei muß ich mich noch kümmern: um die Kunst, krank zu sein, und um die zweite: sterben zu können.

III. Seine Schriften

Ich bin von der Krankheit befallen, Bücher zu schreiben und mich ihrer nachher zu schämen.

Ich sagte: »Ich spreche von den verschiedenen Völkern Europas wie von den verschiedenen Völkern von Madagaskar.«

Bei all dem möchte ich unsere Nation weder loben noch tadeln. In meinem Handeln bin ich Bürger, aber wenn ich schreibe, bin ich Mensch und sehe alle Völker Europas mit derselben Unparteilichkeit an wie die verschiedenen Völker der Insel Madagaskar.

Ich beurteile die Menschen niemals auf Grund dessen, was sie wegen der Vorurteile ihrer Zeit getan oder nicht getan haben. Die meisten großen Menschen standen unter ihrem Bann. Schlimm nur, wenn sie welche hinzugefügt haben, denn meist haben sie die Vorurteile ihrer Zeit nicht gesehen, weil sie sie nicht sehen wollten. Manche Dummköpfe behaupten, geistreicher zu sein als die großen Menschen, die von Vorurteilen abhängig waren. Ich beurteile Ludwig den Heiligen nicht nach seinen Kreuzzügen. Es ist mir gleichgültig, daß Herr Arnauld Jansenist war, wenn er richtig über den Jansenismus gedacht hat. Ich achte einen Menschen nicht, weil er ihnen folgte, und lege weder Wert auf die Armut des Fabricius noch auf die Rückkehr des Regulus (ich spreche nur von der Rückkehr), aber ich lege Wert auf die Festigkeit und Tugend von Plato und Sokrates.

Ich sagte: »Ich möchte gerne der Bekenner der Wahrheit, aber nicht ihr Märtyrer sein.«

Man sagte mir, ich würde nach England gehen, um den Beifall über den ›Geist der Gesetze‹ entgegenzunehmen. Ich sagte dazu: »Man muß Zustimmung suchen, aber niemals Beifall.«

Was ich auch Gutes sagen mag, ich überlasse es ganz der Anmaßung derer, die es kritisieren wollen.

Man wird finden, daß ich in der Beurteilung verschiedener Verfasser mehr Lob gespendet als Kritik geübt habe. Ich habe nur Verfasser beurteilt, die ich schätze, da ich nach Möglichkeit nur die besten gelesen habe.

Übrigens, ohne mit schönen Gefühlen zu prahlen, ich war mein ganzes Leben der Belästigung durch die kleinen Schöngeister ausgesetzt, die mir die Hölle heiß gemacht haben mit ihrer Kritik dessen, was sie schlecht oder gar nicht gelesen hatten, und so glaube ich ihnen zum Teil dankbar sein zu müssen für das Vergnügen, das mir ein ausgezeichnetes Werk bereitet oder ein gutes, das vielleicht dem ausgezeichneten nahekommen wird, ja selbst ein mittelmäßiges, das ein gutes werden könnte.

Übrigens – ich gestehe es – ich habe gar keine Vorliebe für die alten oder neuen Werke, und aller Streit in dieser Hinsicht scheint mir nichts anderes zu beweisen, als daß es sehr gute Werke gibt, und zwar sowohl bei den Alten wie bei den Modernen[1].

Ich sagte: »Ich habe keine Zeit, mich um meine Werke zu kümmern; ich habe sie dem Publikum ausgehändigt.«

Seit fünfundzwanzig Jahren arbeite ich an einem Werk, das alles enthalten soll, was wir über die Metaphysik und Theologie wissen und was die Modernen in den riesigen Werken, die sie über diese Dinge geschrieben haben, vergaßen.

Ich gestehe meine Vorliebe für die Alten. Die Antike entzückt mich, und ich bin immer geneigt, mit Plinius zu sagen: »Geht nach Athen. Verehrt die Götter.«

Den Streit um die Alten und Modernen sehe ich gern. Er läßt mich erkennen, daß es gute Werke bei den Alten und bei den Modernen gibt.

Ich gestehe, daß mich am meisten bei den Arbeiten der Alten entzückt hat, wie sie das Große und das Einfache gleichzeitig zu treffen wissen, während unsere Modernen, wenn sie das Große suchen, das Einfache preisgeben, und wenn sie das Einfache suchen, das Große verlieren. Bei den einen glaube ich, schöne und weite Landschaften in ihrer Einfachheit zu sehen, bei den andern Gärten eines reichen Mannes mit ihren Bosketten und Beeten.

Die Ehebrüche der Götter waren keineswegs ein Zeichen ihrer Unvollkommenheit, sie waren vielmehr ein Beweis ihrer Macht, man ehrte sie, indem man davon sprach.

Über die Literatur

Man kann nicht sagen, daß Kunst und Wissenschaft nur der Unterhaltung einer Schicht der Bürger dienen: Man muß sie unter einer andern Perspektive betrachten. Man hat beobachtet, daß ihre Blüte eng an den Aufschwung der Staaten geknüpft ist, daß sie unzweifelhaft dessen Anzeichen oder Ursache ist. Wirft man einen Blick auf das heutige Weltgeschehen, so sieht man: Europa beherrscht die drei übrigen Weltteile und lebt im Wohlstand, während der Rest der Erde in Sklaverei und Elend seufzt, im gleichen Verhältnis aber ist Europa aufgeklärter als die übrige Welt, wo Wissenschaft und Kunst in dichte Nacht gehüllt sind. Blickt man auf Europa, so sieht man, daß die Staaten von höchster Kultur auch die mächtigsten sind.

Wenn wir nur unser Frankreich ins Auge fassen, so sehen wir, daß Wissenschaft und Kunst mit seinem Ruhm aufsteigen oder untergehen, sie leuchten schwach auf unter Karl dem Großen und verlöschen dann; unter Franz I. erscheinen sie wieder und folgen dem Glanz unseres Königtums. Und wenn wir uns beschränken auf die lange Regierungszeit Ludwigs XIV., so beobachten wir, daß, je stärker der Pulsschlag im öffentlichen Leben, desto mächtiger auch der Widerhall der Literatur.

Blickt man auf das römische Reich, prüft man die Kunstwerke, die es hinterlassen hat, so sieht man, wie Plastik, Baukunst und alle übrigen Künste hinabgezogen werden in seinen Verfall. Bildhauerkunst und Architektur entwickeln sich von Augustus bis zu Hadrian, dann verfallen sie bis zu Konstantins Zeit.

Blickt man auf das Reich der Kalifen, so sieht man, daß die aus der Familie des Abbas, deren allgemeine Geisteshaltung die Blüte der Wissenschaften begünstigte, Almansor, Raschid und sein Sohn Alamon, der in dieser Neigung alle seine Vorfahren übertraf, der vom Kaiser von Byzanz griechische philosophische Texte erhielt, eine große Zahl derselben übersetzen ließ...

Blickt man auf das türkische Reich, auf seine Schwäche in dem Land, in dem man einstmals eine so große Zahl mächtiger Nationen gesehen hatte, so erkennt man, daß in diesem Land nur die Unwissenheit der Schwäche gleichkommt, von der wir sprechen, und wenn wir diesen Zustand mit dem jetzigen vergleichen, mit den Perioden, in denen sie die Macht hatten, alles zu erobern oder zu zerstören, so erkennt man, daß alles aus dem festen Prinzip herrührt, daß es nur zwei Arten von wirklich mächtigen Völkern auf der Erde geben kann: entweder völlig kultivierte oder völlig barbarische Nationen.

Man weiß, daß die mächtigen Reiche von Peru und Mexiko nur durch ihre Unwissenheit zugrunde gegangen sind, und es scheint, daß sie sich gegen unsere Technik verteidigt hätten, hätte nicht ebendiese Unwissenheit in ihre Seele einen Aberglauben gesenkt, der sie stets hoffen ließ, was sie nicht hoffen, stets fürchten, was sie nicht fürchten durften. Der sichere Beweis dafür ist, daß die kleinen Völker, die auf diesem weiten Kontinent leben, nicht unterworfen werden konnten und es zum Teil bis heute nicht sind.

Man darf also nicht in einer großen Nation Wissenschaft und Kunst wie eine nutzlose Beschäftigung ansehen – es handelt sich um etwas Ernsthaftes.

Und wir haben uns nicht vorzuwerfen, daß unsere Nation nicht sorgfältig daran gearbeitet hätte. Aber wie in einem Reich nichts dem Verfall nähersteht als eine hohe Blüte, so ist auch in der Gelehrtenrepublik zu fürchten, daß die Blüte zum Niedergang führt. Wir haben nur die Nachteile, die wir in unserm Wohlstand finden, glücklich, nicht mehr in den Zeiten zu leben, wo man nur solche fand, die aus einer entgegengesetzten Ursache stammten.

Das Wissen hat durch die uns gebotenen Hilfen aller Art den Anschein der Bequemlichkeit und Leichtigkeit bekommen, die dazu führen, daß jeder sich für gelehrt oder für einen Schöngeist hält und das Recht erworben zu haben glaubt, die übrigen zu verachten. Daher jene Nachlässigkeit, zu lernen, was man schon zu wissen glaubt. Daher jenes alberne Vertrauen in die eigene Kraft, das unternehmen läßt, was man unfähig ist durchzuführen. Daher jene Urteilswut, jene Scham, wenn man keine Entscheidung trifft, jener Anschein von Verachtung für alles, was man nicht kennt, jene Sucht, alles zu verkleinern, was zu hoch steht in einer Zeit, wo jeder eine Persönlichkeit zu sein glaubt oder sein will. Daher bei denen, die sich verpflichtet glauben, Schöngeister zu sein, und doch nicht das Gefühl ihres geringen Wertes unterdrücken können, der Hang zur Satire, die bei uns diese literarischen Erzeugnisse vervielfacht hat und zweierlei schlechte Wirkung erzielt: Sie entmutigt die Talente der

Begabten und fördert die geistlose Bösartigkeit der Unbegabten. Daher die Tonart, die immer darauf abzielt, das Gute und sogar die Moral lächerlich zu machen. Alle Welt mischt sich ein, und man hat den Geschmack verdorben. Vor lauter Reden, daß man ihn suche, ist er verschwunden, und wenn wir schon keinen Sokrates haben, so haben wir noch viel weniger einen Aristophanes.

Vergil und Horaz empfanden zu ihrer Zeit die Last des Neides. Wir wissen das, aber nur aus den Werken dieser Großen. Die gegen sie gerichteten satirischen Schriften sind untergegangen, die Werke, denen der Angriff galt, sind unsterblich. So sterben die Insekten, die die Blätter an den Bäumen zum Verdorren bringen, die mit dem nächsten Frühling als stets frisches Grün wieder hervorsprossen.

Eine Empfindlichkeit hat bewirkt, daß man äußerst zurückhaltend wurde allem gegenüber, was nicht jene Vollkommenheit aufweist, zu der die menschliche Natur fähig ist, und indem man zuviel fordert, entmutigt man das Talent.

Endlich haben die großen Entdeckungen der letzten Zeit bewirkt, daß man als eitel ansieht, was nicht den Anschein unmittelbaren Nutzens für die Gegenwart trägt, ohne daran zu denken, daß alles miteinander verbunden ist, alles sich gegenseitig trägt.

Was ferner unsern Fortschritt aufhält, ist der Ruf der Lächerlichkeit, unter dem das Wissen steht, und der Anschein von Sicherheit, den sich die Unwissenheit gibt.

Das Talent, alles ins Lächerliche zu ziehen, ein Talent, das so verbreitet ist in unserer Nation, daß man leichter Leute finden wird, die es bis zu einem gewissen Grad besitzen, als solche, denen es völlig abgeht.

Der Geschmack an der Parodie beweist es zur Genüge: Ein Werk dieser Art kann selbst ein mittelmäßiger Geist nicht verfehlen.

Man muß in einer großen Nation sich vor der Neigung hüten, selbst das Gute ins Lächerliche zu ziehen. Man muß das Lächerliche als Waffe gegen das Nichtgute bewahren. So wurde der Fanatismus in England vernichtet. Man darf also nur zum Wohl der Menschen sich der menschlichen Bosheit bedienen[2].

Die Art des Beweises oder Kampfes führt noch nicht zur Entscheidung, weil ein Scherz keine Begründung ist.

Die Blüte von Kunst und Wissenschaft führt zu ihrem Untergang – es verhält sich damit wie bei der politischen Macht. Höhepunkte und das Übermaß können nicht den gewöhnlichen Lauf der Dinge bilden.

Über das Glück

Glück oder Unglück bestehen in einer günstigen oder ungünstigen Veranlagung der Organe. Bei günstiger Veranlagung vermehren oder vermindern Umstände wie Reichtum, Ehren, Gesundheit, Krankheiten das Glück. Bei ungünstiger vermehren oder vermindern die Umstände das Unglück.

Wenn wir von Glück oder Unglück sprechen, so täuschen wir uns stets, weil wir nach den Verhältnissen, nicht nach den Personen urteilen. Eine Lage ist nie unglücklich, wenn man Gefallen an ihr findet, und wenn wir von einem Menschen sagen, er sei unglücklich in seiner Lage, so meint dies nichts anderes, als daß wir unglücklich wären, wenn wir bei unserer organischen Beschaffenheit an seiner Stelle wären.

Streichen wir daher aus der Zahl der Unglücklichen alle Leute, die nicht am Hofe sind, obwohl ein Höfling sie als die Unglücklichsten des Menschengeschlechts ansieht*. Streichen wir alle Provinzbewohner, obwohl die Hauptstädter sie für Wesen halten, die nur vegetieren. Streichen wir die Philosophen, obwohl sie nicht im Lärm der Welt leben, und die Weltleute, obwohl sie nicht in der Zurückgezogenheit leben.

Ziehen wir von der Zahl der glücklichen Leute auch die Großen ab, obwohl sie Würdenträger sind, die Finanzleute, obwohl sie reich sind, den Amtsadel, wie selbstbewußt er sich auch gibt, die Soldaten, obwohl sie oft von sich reden, die jungen Leute, obwohl man glaubt, sie hätten glänzende Aussichten, die Frauen, obwohl man ihnen schmeichelt, endlich die Männer der Kirche, obwohl sie durch ihre Hartnäckigkeit es zu Ansehen oder zu Würden bringen können. Die wahren Wonnen sind nicht immer in den Herzen der Könige, aber sie können leicht dort sein.

* Angeblich hält sich alle Welt für unglücklich. Mir scheint im Gegenteil, daß alle Welt sich für glücklich hält. Der Höfling meint, daß nur er wirklich lebt.

Was ich sage, ist wohl kaum anfechtbar. Jedoch wenn es wahr ist, was soll dann aus aller antiker und moderner Moralbetrachtung werden? Kaum jemals hat man sich gründlicher geirrt, als man die Gefühle der Menschen in ein System pressen wollte, und unstreitig findet man das schlechteste Abbild des Menschen in den Büchern, die eine Anhäufung allgemeiner, meist falscher Lehren darstellen*.

Ein unglücklicher Autor, der kein Organ für Vergnügungen hat, der von Traurigkeit und Überdruß niedergedrückt ist, den sein Schicksal nicht die Annehmlichkeiten des Lebens oder sein Geist nicht die des Glücks genießen läßt, hat trotzdem den Stolz, sich glücklich zu nennen, und betäubt sich mit Worten wie »höchstes Gut«, mit Vorurteilen der Kindheit und Beherrschung der Leidenschaften.

Es gibt zwei Arten unglücklicher Menschen.

Den einen eignet eine Ohnmacht der Seele, die bewirkt, daß diese durch nichts bewegt wird. Ihre Seele hat nicht die Kraft, etwas zu begehren, und alles, was sie berührt, erzeugt nur dumpfe Gefühle. Wer eine solche Seele besitzt, lebt in beständiger Mattigkeit dahin, das Leben ist ihm eine Bürde, jeder Augenblick lastet auf ihm. Er liebt das Leben nicht, aber er fürchtet den Tod.

Die andere Art Unglücklicher bilden im Gegensatz zu diesen alle, die ungeduldig ersehnen, was sie nicht haben können, und die verdorren in der Hoffnung auf ein Gut, das immer wieder in die Ferne entschwindet.

Ich habe hier nur eine glühende Sucht der Seele, nicht eine einfache Regung im Auge. So ist jemand nicht unglücklich, weil er Ehrgeiz besitzt, wohl aber, wenn er davon verzehrt wird. Fast immer ist ein solcher Mensch so veranlagt, daß er auch unglücklich wäre, wenn der Ehrgeiz, das heißt der Wunsch, Großes zu vollbringen, in ihm nicht Wurzel geschlagen hätte.

Der bloße Wunsch, unser Glück zu machen, ist hingegen, weit entfernt davon, uns unglücklich zu machen, ein Spiel, das uns durch tausend Hoffnungen ergötzt. Tausend Wege scheinen uns zum Ziel zu führen, und kaum ist der eine versperrt, so scheint ein anderer sich zu eröffnen.

Es gibt auch zwei Arten glücklicher Menschen.

Die einen werden lebhaft durch Dinge erregt, die ihrer Seele

---

* Man sehe, wie glücklich die Galeerensträflinge sind. Und dann sehne man sich nach dem Ordensband zu seinem Glück.

zugänglich sind und die sie leicht erreichen können. Ihre Wünsche sind lebhaft, sie hoffen, sie genießen, und bald fangen sie aufs neue an zu wünschen.

Die andern sind so veranlagt, daß sie ständig in einer leisen Schwingung sind, die unterhalten, nicht erregt wird: eine Lektüre, ein Gespräch genügen ihnen.

Mir scheint, daß die Natur für Undankbare gearbeitet hat. Wir sind glücklich, und unsere Reden erwecken den Anschein, als ahnten wir es gar nicht. Dennoch finden wir überall Freuden, sie gehören zu unserem Wesen, und die Leiden sind nur Begleiterscheinungen. Überall scheinen die Dinge uns zur Freude bereitet zu sein; ruft uns der Schlaf, so gefällt uns das Dunkel, und wenn wir erwachen, so entzückt uns das Tageslicht. In tausend Farben schmückt sich die Natur. Unsern Ohren schmeicheln die Töne, die Speisen haben einen angenehmen Geschmack, und als wäre dies noch nicht genug Glück des Daseins: Unser Wesen muß stets von neuem aufnahmefähig gemacht werden für unsere Freuden.

Unsere Seele, die durch die Sinne angenehme oder schmerzliche Empfindungen aufnehmen kann, hat die Gabe, sich die einen zu verschaffen und die andern fernzuhalten. Und hierin vertritt die Kunst stets die Natur. So berichtigen wir unaufhörlich die Eindrücke der Außenwelt: wir lassen fort, was uns schaden könnte, und fügen hinzu, was sie uns angenehm machen könnte.

Noch mehr. Die Schmerzen der Sinne führen uns notwendig zur Lust. Ich wette, daß man einen Eremiten nicht zum Fasten bringen kann, wenn man seinen Kräutern einen neuen Geschmack gibt. Nur die sehr heftigen Leiden können uns verletzen. Die schwächeren sind von der Lust nicht weit entfernt und nehmen uns nicht die Freude am Dasein. Die Leiden des Geistes jedoch lassen sich nicht vergleichen mit der Befriedigung, die unser steter Dünkel uns gewährt; selten gibt es eine Viertelstunde, wo wir nicht in irgendeiner Hinsicht zufrieden mit uns sind. Hochmut ist ein Spiegel, der stets schmeichelt: er vermindert unsere Fehler, vermehrt unsere Tugenden, er ist ein neuer Sinn der Seele, der ihr ständig neue Befriedigung spendet. Die angenehmen Leiden bedienen uns weit pünktlicher als die traurigen. Fürchten wir Dinge, die nicht eintreffen, so erhoffen wir ungleich mehr, das sich nie ereignet. Das ergibt ebenso viele glückliche Viertelstunden, die wir gewonnen haben. Eine Frau hoffte gestern, einen Liebhaber zu gewinnen;

hat sie keinen Erfolg, so hofft sie, ein anderer, den sie gesehen hat, werde an seine Stelle treten. So vergeht ihr Leben im Hoffen. Da uns das Leben mehr Hoffnung als Erfüllung gewährt, sind unsere Hoffnungen zahlreicher als unsere Ängste. Es ist dies alles ein Rechenexempel, aus dem zu ersehen ist, wieviel das, was für uns ist, das Widrige überwiegt.

Wenn die Leiden uns von den Freuden ablenken, lenken uns nicht die Freuden von den Leiden ab? Der geringste Gegenstand, der auf unsere Sinne wirkt, vermag uns die verzehrenden Gedanken an den Ehrgeiz zu nehmen. Man müßte die Menschen von dem Glück überzeugen, das sie nicht kennen, selbst wenn sie es genießen*.

Um glücklich zu sein, bedarf es eines Objekts, weil dies das Mittel ist, unsern Handlungen Dauer zu verleihen. Sie werden je nach der Art des Objekts um so wichtiger und beschäftigen desto mehr unsere Seele.

Merkt euch das schöne Wort von Plutarch: »Ja, wenn das Glück käuflich wäre!«[3]

Man ist glücklich, wenn man eine Sache erstrebt, obgleich die Erfahrung lehrt, daß man nicht durch die Sache selbst glücklich wird, aber diese Illusion genügt uns. Der Grund hierfür ist, daß unsere Seele eine Abfolge von Ideen ist. Sie leidet, wenn sie unbeschäftigt bleibt, als ob diese Abfolge unterbrochen und sie dadurch in ihrem Dasein bedroht würde. Weil wir wie Götter sein wollen, sind wir nicht glücklich, aber wir begnügen uns damit, glücklich wie Menschen zu sein.

Diejenigen, die auf Grund ihrer Lage keine notwendigen Beschäftigungen haben, sollen versuchen, sich welche zu verschaffen. Die passendste für gebildete Leute, die Lektüre, nimmt uns einige Stunden, die uns in der Leere jedes Tages unerträglich wären, und kann die erfüllten Stunden zu köstlichen gestalten.

Die großen Städte bieten den Vorteil, daß man zu ihnen zurückkehren kann. Hat man seine Gesellschaft schlecht gewählt, man findet andere.

* Ich habe die Galeeren in Livorno und in Venedig gesehen, ich sah keinen einzigen traurigen Menschen. Und nun bemüht euch um ein blaues Ordensband, um glücklich zu sein.

In den Republiken hat man Freunde und Feinde, weder diese noch jene hat man in den Monarchien. Dort wird man gehaßt, hier verachtet. Dort beruht die Freundschaft auf Interessen, hier auf Freuden.

Man ist glücklicher durch Unterhaltungen als durch Freuden. Denn die Unterhaltung belebt gleichermaßen Leiden wie Freuden.

Seele wie Körper müssen behutsam mit ihrem Wesen umgehen.

Die Tiere sind eine Art von Saiteninstrumenten, ihren Nerven fällt die Funktion von Saiten in Musikinstrumenten zu. Spielt man auf diesen, so muß man ihnen die nötige Spannung geben. Verhält es sich nicht so beim Menschen, so ist der Umgang zwischen der Seele und den Objekten gewissermaßen unterbrochen, oder dieser Umgang wird ihr so mühsam, daß ihr Zustand ihr unerträglich wird.

Den großen Herren gehen für gewöhnlich die seelischen Freuden sehr ab. So kommt es, daß sie vielfach an den körperlichen hängen, denn nur diese werden durch ihren Stand begünstigt und können die Folge ihrer Größe sein. Aber ebendiese Größe entfernt sie so weit von den Freuden des Geistes, daß diese ihnen unerreichbar werden. Ihre Größe zwingt sie, sich zu langweilen. Sie brauchten Eroberungen zu ihrer Unterhaltung, aber ihre Nachbarn verbieten ihnen, sich zu unterhalten. Karl V. und der König Viktor erstrebten die Zurückgezogenheit, um sich aus der Verwirrung zu retten, in der sie sich befanden. Bald merkten sie, daß die Zurückgezogenheit ihnen unerträglicher war als ihre Sorgen und daß es besser war, die Welt zu beherrschen als sich in ihr zu langweilen, und daß der Zustand der Erregung angepaßter war als der der Zerknirschung. Wenn einige Kartäuser glücklich sind, so sicherlich nicht, weil sie in Ruhe leben, sondern weil ihre Seele durch große Wahrheiten bewegt wird. Bedrückt vom Zustand unseres Lebens, können sie sich doch daran erfreuen, wie ein unglücklicher, vom Thron verjagter Fürst glücklich wird, wenn er sieht, daß der Thron ihm wieder näher kommt.

Wir müssen versuchen, uns an das Leben anzupassen; es ist nicht Sache des Lebens, sich an uns anzupassen. Seien wir weder zu leer noch zu erfüllt.

Ist es unsere Bestimmung, uns zu langweilen, so sollten wir uns darauf verstehen und deswegen das Vergnügen, das wir einbüßen, richtig einschätzen und dem, das wir uns verschaffen können, seine Bedeutung nicht nehmen.

Als ich erblindete, begriff ich zunächst, daß ich mich darein schicken würde, blind zu sein.

In den meisten unglücklichen Situationen – so kann man annehmen – kommt es darauf an, daß man sich zu helfen weiß.

Ist man dazu imstande, so fügt sich die unglückliche Lage meist in den Plan eines glücklichen Lebens ein. Es ist sehr leicht, sich durch ein wenig Nachdenken von traurigen Affekten zu befreien.

Rousseau hat sehr gut gesagt: »Ich habe erlebt, daß es leichter war zu dulden als sich zu rächen.«[4]

Die meisten Leute schaden einem, ohne überhaupt die Absicht zu haben, einem zu schaden. Sie machen feindselige Bemerkungen und sind uns nicht feind. Sie sprechen gegen einen, und sie wollten nicht sprechen. Es war ihnen ein Bedürfnis, das sie gestillt haben: Sie haben gegen einen gesprochen, weil sie außerstande waren zu schweigen. Diese Leute, die dir wenig Wohlwollen gezeigt haben, würden dir gerne ihre Dienste erweisen, wenn du sie darum bitten wolltest, und würden diejenigen von ganzem Herzen tadeln, die sie dir gegenüber gelobt haben. Laß dir Gerechtigkeit widerfahren. Bist du dazu geschaffen, von jedermann gelobt zu werden? Ist, was man gesagt hat, nicht beleidigend, weil du zu feinfühlig bist? Hast du es nicht verdient von dem Augenblick an, da du die Schwäche hattest, dich zu beklagen? War man nicht rücksichtsvoll genug dir gegenüber, so ist man unhöflich, und nicht du bist es. Wäre es wahr, daß man es an Achtung fehlen ließ, niemand hat dich veranlaßt, dich an dem Grad der Achtung zu messen, die jemand für dich hat. Du kannst leicht dich nicht festlegen lassen. Meist ist die Verachtung nur der Verachtung würdig. Die Dinge, die entehren, bringen ihre Wirkung nur hervor, weil man übereingekommen ist, sie nicht zu verachten, und sein Ressentiment nicht zeigen, heißt zustimmen. Wende das Kapitel der Unehre nicht gegen dich selbst, und halte dich an seine Vorschriften.

Wird in dir eine Leidenschaft wach, so vergleiche die Abfolge von Glück und Unglück, die daraus resultieren kann; ich rede keineswegs vom Standpunkt der Religion: da gäbe es nichts zu überlegen. Ich spreche aus der Sicht dieses Lebens. Aber wenn du dein Glück jemandem anvertrauen willst, so überlege wenigstens, wem du es anvertraust. Befiehlt dir nicht gerade hier die Eigenliebe eine richtige Wahl? Es trifft sehr selten zu, daß das Herz nur einem gehört und daß man vom Schicksal nur einem einzigen bestimmt ist und daß ein wenig Vernunft einen nicht einem andern bestimmen könnte.

Indem ich über das Glück sprach, meinte ich, gewöhnliche Gedanken vorzubringen und mich damit begnügen zu sollen, das, was ich fühle, empfinden zu lassen und auch in andere Seelen den Frieden der meinen zu pflanzen. Es bedarf nicht viel Philosophie, um glücklich zu sein: Ein bißchen gesunder Menschenverstand langt aus. Eine Minute Aufmerksamkeit genügt, und man braucht sich dazu nicht in der Stille zu sammeln: Besser als dort lernt man derlei im Strom der Welt.

Ich habe Leute vor Kummer sterben sehen, weil man ihnen nicht das Amt gab, das sie hätten ausschlagen müssen, wenn man es ihnen angeboten hätte.

Schöne Worte Senecas: »Sic praesentibus voluptatibus utaris, ut futuris non noceas.«[5]

Hat eine Mutter ihre Schönheit verloren? Du siehst, wie stolz sie auf die ihrer Tochter ist.

Man ist glücklich in dem Gesellschaftskreis, in dem man lebt: das beweisen die Galeerensträflinge. Jeder schafft sich den Kreis, in den er sich stellt, um glücklich zu sein.

Wie sich zu Freuden oft die Leiden gesellen, so die Leiden zu den Freuden. Es ist nicht zu glauben, wie weit das Entzücken über falschen Kummer geht, wenn die Seele fühlt, daß sie Aufmerksamkeit und Mitgefühl auf sich lenkt. Dies ist ein angenehmes Gefühl. Diese Unterstützung für die Seele zeigt sich recht naiv beim Spiel: Während der eine sich beim Gewinnen brüstet und sich für bedeutender hält, weil er gewinnt, sieht man, wie die Verlierenden sich durch ihre kleinen Klagen ungezählte kleine Tröstungen bei ihrer Umgebung verschaffen. Man spricht von sich: das genügt der Seele.

Mehr noch: Der wahre Kummer langweilt niemals, weil er die Seele intensiv beschäftigt. Es ist eine Freude, wenn sie sich gerne mitteilen, es ist wieder eine andere, wenn sie gerne schweigen, und zwar eine so große, daß man niemanden von seinem Schmerz ablenken kann, ohne ihm einen größeren zu bereiten.

Die Freuden der Lektüre, wenn die Seele sich in den Objekten findet, sich mit den Objekten, für die sie sich interessiert, identifiziert. Es gibt so manche Liebesgeschichte, deren Schilderung denen, die sie gelesen, mehr Vergnügen bereitet hat als denen, die sie erlebt haben. Wenig Gärten gibt es, die so lieblich sind, daß sie den Spaziergängern mehr Vergnügen bereitet haben als denen, die lustwandeln in den Gärten der Armida.

Die Seele ist stets am Werk und arbeitet für sich ohne Unterlaß.

Was die Schönheit der Frauen angeht, so gibt es wenig Menschen, die, wenn ihre Leidenschaften zum Schweigen gebracht sind, nicht entzückter wären über ein schönes Bild als über das Original.

Psychologie

Selbst die Freude ermüdet auf die Dauer, sie nimmt den Geist zu sehr in Anspruch, und man darf nicht glauben, daß die Leute, die immer bei Tisch oder beim Spiel sitzen, mehr Vergnügen dabei empfinden als die andern. Sie sind dort, weil sie nicht anderswo sein könnten, und sie langweilen sich, um sich anderswo weniger zu langweilen.

Achtet wohl darauf, daß das meiste, das uns Vergnügen bereitet, unvernünftig ist.

Große Freude hat stets zweierlei Wirkung: stimmt sie nicht heiter, so macht sie traurig, weil sie unangebracht erscheint. Das große Geheimnis besteht darin, sie richtig zu dosieren, sonst ist der Heiterkeit sehr oft die Traurigkeit zugesellt. Um liebenswürdig zu sein, muß man seinen Charakter der Gelegenheit anpassen können, wenn er uns nicht in Gang bringt, schleudert er uns aus der Bahn.

Mit der andauernden Freude verhält es sich ebenso: Ist man traurig, so wirkt die Freude der andern bedrückend, weil sie einen um die Lust bringt, sich dem Trübsinn zu überlassen. Man tut uns Gewalt an, und das ist schmerzlich.

Ich sagte: »Die großen Herren haben ihren Spaß, das Volk freut sich.«

Der Vorzug der Liebe vor der Ausschweifung liegt in der Vermehrung der Freuden. Alle Leiden, jeder Geschmack, alle Gefühle werden gegenseitig. In der Liebe habt ihr zwei Körper und zwei Seelen, in der Ausschweifung habt ihr nur eine Seele, die sogar des eigenen Körpers überdrüssig ist.

Glück. Herr von Maupertuis stellt nur Freuden und Leiden in sein Kalkul ein, das heißt alles, was die Seele von ihrem Glück oder Unglück unterrichtet[6]. Er trägt gar nicht Rechnung der Daseinsfreude und dem gewohnheitsmäßigen Glücksgefühl, das für die Seele nicht weiter in Erscheinung tritt, eben weil es zur Gewohnheit geworden ist. Wir nennen hier Freude, was nicht bloße Gewohnheit ist. Wenn wir ständig die Freude hätten, mit Appetit zu essen, würden wir dies nicht als Freude bezeichnen – es wäre Dasein oder Natur. Man darf nicht sagen, das Glück sei der Augenblick, den wir gegen keinen andern eintauschen wollten. Laßt uns hingegen sagen: Glück ist der Augenblick, den wir nicht gegen das Nichtsein eintauschen wollen.

Jeder muß sich im Leben soviel glückliche Augenblicke verschaffen wie möglich. Deswegen braucht man sich nicht den Geschäften zu entziehen: Diese sind oft unentbehrlich zur Lebensfreude. Aber sie dürfen nur als deren Anhang erscheinen, nicht umgekehrt. Und man darf sich nicht einbilden, alle Freuden haben zu können – das ist unmöglich –, sondern soviel man haben kann. So muß der Großtürke das Serail verlassen, wenn er seiner Frauen überdrüssig ist. Wenn man keinen Appetit hat, muß man nicht bei Tisch bleiben, sondern auf die Jagd gehen.

Was ich auch immer über das Glück, das auf Veranlagung beruht, gesagt habe – es soll nicht heißen, daß nicht auch unsere Seele durch ihre Schmiegsamkeit zu unserm Glück beitragen könne. Und zwar deswegen, weil die meisten Schmerzen durch die Vorstellungskraft erheblich gesteigert werden – was bei Frauen und Kindern, die untröstlich sind wegen der geringsten Schmerzen und Kümmernisse, deutlich in Erscheinung tritt. Übrigens werden Schmerzen noch erhöht durch die Furcht vor ihren Folgen. Nun kann man seine Seele daran gewöhnen, die Dinge prüfend zu beobachten, so wie sie wirklich sind. Zwar wird man der Einbildungskraft nicht Herr, das ist unmöglich, aber man kann ihre Anwandlungen einschränken. Eine der wirksamsten Betrachtungen, die uns abhärten könnte gegenüber unserm Unglück, ist die der Unendlichkeit der Dinge und der Geringfügigkeit der Sphäre, in der wir leben. Da dies Dinge sind, die die Philosophie uns durch das Medium der Empfindungen beweist, so ergreifen sie uns weit mehr als das, was durch theologische oder moralische Beweisgründe vorgebracht wird und sich nur an den reinen Geist wendet.

Immer neue Wünsche zu hegen und ihnen alsbald willfahren, das ist der Gipfel der Glückseligkeit. Die Seele verweilt weder lang genug bei ihren Kümmernissen, um sie zu empfinden, noch beim Genuß, um seiner überdrüssig zu werden. Ihre Bewegungen sind so leise wie ihre Ruhe lebendig, was sie nicht hindert, in jene Ermattung zu sinken, die uns niederdrückt und unsere Auflösung anzukündigen scheint.

Die Erwartung ist eine Kette, die alle unsere Freuden verbindet.

Die Furcht vermehrt unsere Leiden, so wie die Begehrlichkeit unsere Freuden steigert.

In den kleinen Städten hat man keine Genüsse, in den großen keine Wünsche.

Wir können aus allem Guten uns Gutes bilden und können sogar unsere Übel zu Gutem umbilden.

Um eine Abhandlung über das Glück zu schreiben, muß man den Punkt bestimmen, bis zu dem es der Natur des Menschen nach reichen kann. Zunächst darf man nicht das Glück der Engel oder anderer Kräfte, die glücklicher sind als wir, verlangen.

Das Glück besteht mehr in einer allgemeinen Veranlagung des Geistes und des Herzens, das sich dem Glück, so wie es die Natur des Menschen gewähren kann, öffnet, als in einer Vielzahl bestimmter glücklicher Augenblicke im Leben. Es besteht mehr in der Fähigkeit, diese glücklichen Augenblicke aufzunehmen. Es besteht nicht in der Freude, sondern in der spielend leichten Fähigkeit, Freude zu empfangen, in der begründeten Hoffnung, sie zu finden, wann immer man will, in der Erfahrung, daß man keinen allgemeinen Überdruß empfindet an den Dingen, die das Glück der andern ausmachen.

Zwei Faktoren bilden zusammen das geistige Unglück: die Langeweile, die aus Geringschätzung oder aus Überdruß an allem entspringt, und die allgemeine Mutlosigkeit, die auf das Gefühl der eigenen Niedrigkeit zurückgeht.

Wenn man nur glücklich sein wollte, das wäre bald getan. Aber man will immer glücklicher sein als die andern, und das ist fast immer schwierig, weil wir die andern für glücklicher halten, als sie sind.

Um glücklich zu sein, darf man nicht begehren, glücklicher zu sein als die andern. Hätte man das Flügelroß des Ariost[7], den Ring, der unsichtbar macht – wäre man glücklicher? Man denke auch an den Schild, der alle Menschen versteinert.

Wären die Menschen in ihrem kleinen Garten geblieben, so hätten wir eine andere Vorstellung von Glück und Unglück als die, die wir jetzt haben.

Est miser nemo nisi comparatus[8]. Wären wir im irdischen Paradies geblieben, hätten wir eine andere Vorstellung von Glück und Unglück, als wir jetzt haben.

Geht es einem gut, so wird man dieses Zustands leicht müde. Denn so gut geht es einem nie, daß nicht etwas dabei nicht stimmte, das das Gefühl des Überdrusses erzeugt. Wenn es uns gut geht, fühlen wir diesen Überdruß leicht und wenig unser Wohlbefinden. Aber geht es einem schlecht, so empfindet man nur den augenblicklichen Zustand des Leidens. Neues Leiden, das uns zustößt, macht sich gar nicht bemerkbar. Daher kommt es, daß es weder Diener noch Untertanen gibt, die nicht gerne ihren Herrn wechselten, wenn sie glücklich sind.

Wer ist glücklich? Die Götter wissen es, denn sie schauen ins Herz der Weisen, der Könige und der Hirten.

Der König von Marokko hat in seinem Serail weiße, schwarze und gelbe Frauen. Der Arme! Kaum bedarf er einer Farbe!

Jemand bat den Herzog von Orléans, ob er einen rotgestickten Rock tragen dürfe. »Gerne«, sagte dieser, »wenn Ihr Schneider einverstanden ist.« So geht es im Leben mit allem, was wir begehren oder besitzen. Immer ist irgendein Schneider nicht einverstanden.

Ich habe den Kardinal Imperiali sagen hören: »Es gibt niemanden, den das Glück nicht einmal in seinem Leben besucht. Aber wenn es ihn nicht bereit findet zum Empfang, kommt es zur Tür herein und geht zum Fenster hinaus.«

Hat man einem einzigen Wunsch Einlaß in seine Seele gewährt, so ist man noch nicht glücklich; dieser Wunsch erzeugt eine Unmenge anderer, zumal wenn es sich um Geld handelt, denn das Geld vervielfältigt sich. Oft begreift jemand, der Amt und Würden innehat, daß er nicht noch andere haben kann. Aber wer, der 100 000 Francs besitzt, würde nicht 200 000 wünschen?

Ich habe stets beobachtet, daß man, um Erfolg in der Welt zu haben, närrisch scheinen und weise sein muß.

Die Menschen brauchen ein wenig Logik und ein wenig Moral.

Die Laster haben einer Unmenge von Menschen geholfen, ihr Glück zu machen. Ich wünschte nur, daß sie nebensächliche wären.

Ich sagte: »Es ist ein Glück, vornehmer, kein Unglück, mittlerer Abstammung zu sein, das Verdienst hilft über alles hinweg.«

Handelt es sich darum, Ehren zu erlangen, so kommt man durch persönliches Verdienst wie mit einem Ruderboot voran, während man durch seine Abkunft mit vollen Segeln dahinfährt.

Will man einen General herabsetzen, so sagt man, daß er glücklich sei. Aber es ist schön, daß sein Glück auch das öffentliche ausmacht.

Man müßte die Menschen vom Glück überzeugen, das sie, selbst wenn sie es genießen, nicht sehen.

Wohlstand verwirrt die Köpfe mehr als das Mißgeschick, denn das Mißgeschick gibt uns warnende Winke, während der Wohlstand bewirkt, daß man sich selbst vergißt.

Das Glück ist unsere Mutter, das Unglück unser Erzieher.

Ich schrieb Madame de Talmont zum Tod ihres Sohnes: »Unsere Leiden verringern sich im Verhältnis zu unserer Vernunft, nach deren Willen das Unglück der Vergangenheit so wenig das der Zukunft ausmacht wie das verflossene Glück das künftige.«

Ich sagte zu Hagel- oder Frostkatastrophen, daß sie naturgewollt sich von Zeit zu Zeit ereignen müßten und daß man dies im allgemeinen wissen müßte, daß es also gleichgültig sei, ob sie in dies oder jenes Jahr fielen, und daß alle, die sich derlei zu Herzen nahmen, es vom ersten Tag ihrer Betätigung an hätten wissen müssen.

Es ist ein Jammer, daß die Zeit so kurz ist zwischen der Spanne, wo man zu jung, und jener, wo man zu alt ist.

Wie unglücklich ist die Natur des Menschen! Kaum ist der Geist zur Reife gelangt, so beginnt der Körper schwächer zu werden.

Unser Leben ist nicht wie eine Komödie, die notwendig fünf Akte haben muß, manche Leben haben nur einen Akt, manche drei, wieder andere fünf.

Die Tiere sind glücklicher als wir, sie fliehen das Übel, aber sie fürchten den Tod nicht, von dem sie keine Vorstellung haben.

Es ist gut, daß es in der Welt Gutes und Schlechtes gibt. Sonst wäre man verzweifelt beim Abschied vom Leben.

Alle unglücklichen Menschen nehmen ihr Zuflucht zu Gott, oft aus menschlicher Sicht. Wer zur Hinrichtung geführt wird, wünscht, daß es einen Gott gäbe, der ihn an seinen Feinden räche. Ludwig XI. wünscht, daß Gott dem braven Arzt die Macht gäbe, ihn zu heilen. Unser Unglück läßt uns jenes mächtige Wesen aufsuchen, das Glück läßt es uns fliehen oder fürchten. Wir sind neugierig, sein Wesen kennenzulernen, weil wir daran interessiert sind, so wie Untertanen herausbringen möchten, was für ein Mann ihr König sei, und wie Diener bestrebt sind, ihren Herrn kennenzulernen.

Als der alte Law von so vielen bedeutenden Begabungen sprach, die sich in der unendlichen Schar der Menschen verloren haben, sagte er wie Kaufleute: »Sie sind gestorben, ohne ihre Waren auszubreiten.«

Die Blätter fallen jeden Winter von den Bäumen. Fünf oder sechs bleiben am Baum hängen und werden der Spielball der Winde.

Leidenschaften

Ich sagte: »Man muß Meinungen, man muß Leidenschaften haben: Dann ist man im Einklang mit der Welt. Wer nur gemäßigte Gefühle hat, ist mit niemandem im Einklang.«

Ich weiß nicht, wer gesagt hat: »Die Neigungen sind geizig, die Leidenschaften verschwenderisch.«

Die stillen Leidenschaften stellen auch keine klügeren Überlegungen an als die stürmischen. Ist etwa der Geiz berechnend? Beispiele: der König von Preußen, Ludwig XIII., Mylord Marlborough.

Eigenliebe

Herr Nicole sagt sehr richtig, daß Gott den Menschen die Eigenliebe gab wie den Mahlzeiten den Geschmack.

Wir kehren niemals zu Unerfreulichem in uns selbst zurück, ohne daß die Eitelkeit uns nicht alsbald ablenkte: Wir sehen uns erst von einer andern Seite.

Fehlt einem Menschen eine Eigenschaft, die er nicht haben kann, so springt die Eitelkeit ein und suggeriert ihm, daß er sie hat. So bildet sich eine häßliche Frau ein, schön, ein Dummkopf, geistreich zu sein. Fühlt jemand, daß ihm eine Eigenschaft abgeht, die er haben kann, so entschädigt er sich durch die Eifersucht. So ist man eifersüchtig auf die Reichen und die Großen.

Der Grund dafür liegt darin, daß es der Eitelkeit nicht möglich ist, sich in bezug auf Reichtum und Größe zu täuschen.

Aus mangelnder Selbsteinschätzung entstehen so viele Fehler wie aus übertriebener Selbstachtung.

Ich sagte: »Die Gecken sind niemals böse. Sie bewundern sich nämlich selbst und sind gegen niemanden gereizt.«

Die Sucht zu gefallen ist der Kitt der Gesellschaft; das Glück für das Menschengeschlecht bestand darin, daß die Eigenliebe, die bestimmt war, die Gesellschaft aufzulösen, sie geradezu stärkt und unerschütterlich macht.

Eine unruhige Eitelkeit erzeugt die Laune; man glaubt, man sei nicht gut behandelt.

Die Menschen sind erstaunlich: Sie schätzen ihre Meinungen höher ein als die Sachen.

Es gehört wenig Eitelkeit dazu, um zu glauben, daß man einer Stellung bedürfe, um in der Welt einiges Verdienst zu erwerben und sich für nichts mehr zu achten, wenn man sich nicht mehr hinter der Amtsperson verbergen kann.

Es ist nicht erstaunlich, daß man so viel Antipathie empfindet gegenüber Leuten, die sich zu hoch einschätzen, denn es ist kein großer Unterschied zwischen hoher Selbstachtung und Verachtung der andern.

Die Eitelkeit der meisten Leute ist wohl begründet wie diejenige, die mir heute in einem Abenteuer bei dem Kardinal de Polignac, bei dem ich speiste, widerfahren ist. Er ergriff die Hand des Ältesten des Hauses von Lothringen, des Herzogs von Elbeuf, und nach Tisch, als der Fürst nicht mehr anwesend war, gab er sie mir. Er gibt sie mir: das ist eine Gebärde der Verachtung. Er ergriff die des Fürsten: das ist eine Gebärde der Wertschätzung. Deswegen stehen die Fürsten auf so vertrautem Fuße mit ihren Dienern. Diese meinen, es handle sich um Gunstbezeigung – es ist Verachtung.

Ich sehe gerne einen Mann von geringem Wert eingebildet und eitel werden, weil er die Tochter eines Gecken geheiratet hat, der in Ansehen steht. Er brüstet sich dessen, was ihn demütigen sollte. Ich habe solche Leute gesehen: O faex hominum e sanguine Deorum[9] (Rosmarin, der die Nichte des Siegelbewahrers geheiratet hatte).

Ich sah einen Dummkopf, der nach der Rückkehr von einer Gesandtschaft nur noch einsilbig redete. Wenn dieser Mann doch wüßte, wieviel er verliert, indem er den Grafen von Avaux abgeben will, und wieviel er gewänne, ungekünstelt unter uns zu sein!

Gravitätischer Ernst ist der Schild der Dummen. Aber er ist, einmal ans Licht gekommen, die verächtlichste Waffe von der Welt. Man entrüstet sich gegen einen Menschen, weil er sich maskiert hat, und überwältigt ihn, weil er ohne Deckung ist.

»Mein Verdienst ist offenbar geworden«, sagte ein Mann, der reich geworden war, »seit gestern habe ich es zu mehr Freunden gebracht als in meinem ganzen Leben. Wie kam es, daß man mich noch vor acht Tagen so verachtete? Offenbar war es nicht meine Schuld, sondern die jener geschmacklosen, ungebildeten Dunkelmänner, denen ich damals begegnete. Aber sicherlich werde ich nun auf die schlechte Gesellschaft verzichten, oder aber ich werde sie sicherlich nicht mehr sehen.«

Ich sagte: »Wer wenig Eitelkeit besitzt, steht dem Dünkel näher als andere.«

Edler Stolz kleidet den gut, der große Talente besitzt.

Die christliche Demut ist ebenso ein Dogma der Philosophie wie der Religion. Sie bedeutet nicht, daß ein redlicher Mann sich für schlechter halten muß als einen Schurken, noch daß ein begabter Mann kein Vertrauen in seine Begabung setzen soll, denn das wäre ein Urteil, das der Geist unmöglich fällen kann. Die christliche Demut besteht darin, daß wir die Wirklichkeit unserer Fehler und die Mängel unserer Tugenden erkennen.

Zwischen den Menschen besteht für gewöhnlich so wenig Unterschied, daß kaum Grund zur Eitelkeit vorliegt.

Ich bin überzeugt, daß die Engel nicht so sehr die Menschen wie diese sich gegenseitig verachten.

Warum macht Zustimmung so viele und der Ruhm so wenige Menschen glücklich? Wir leben eben zusammen mit denen, die uns anerkennen, während man nur aus der Ferne bewundert, nur aus der Ferne bewundern *kann*.

Wir werden gerne von Personen, die in unserer Nähe weilen, geachtet und geliebt, weil sie uns oft, ja sozusagen alle Augenblicke, ihre Liebe oder Achtung empfinden lassen. Ein Vorteil, den niemand aus der Ferne gewähren kann.

Welch großes Martyrium ist die Scham, wenn man an seinem Charakter leidet!

Ein Kapital an Bescheidenheit trägt viele Zinsen.

Ich sagte: »Seinen Hochmut kann man verbergen, aber nicht seine Bescheidenheit.«

Ich sagte: »Ich habe verstanden, was ich schon ahnte: daß man, um in der Welt zu leben, keine Ansprüche stellen darf. Die Pfeile der Menschen treffen euch, wenn ihr aus euren vier Wänden herausgeht. Kehrte ich wieder in die Welt zurück, so würde ich mich nur wärmen wollen im Winter und Eis zu mir nehmen im Sommer.«

Ich kann die Leute nicht ausstehen, die ständig Triumphe erringen über die Bescheidenheit der andern. (Die Frechen.)

Warum gefallen uns unsere Arbeiten im höchsten Grade, unabhängig von der Eigenliebe? Weil sie mit allen unsern Ideen in engem Zusammenhang stehen und ihnen entsprechen. Und warum gefallen sie uns nach einer bestimmten Zeit nicht mehr so sehr? Sie stehen dann in keinem engen Zusammenhang mit unsern andern Gedanken und entsprechen ihnen auch nicht mehr so.

Liest man die Bücher, so findet man die Menschen besser, als sie sind, denn kein Autor ist ohne Eitelkeit; jeder sucht den Eindruck zu erwecken, als sei er besser, als er ist, indem er stets zugunsten der Tugend entscheidet. Die Autoren sind eben Schauspieler.

Lobsprüche sind Reden, durch die man seinen Geist oder sein gutartiges Naturell zeigen möchte, man läßt sich darauf ein, um jemanden aus der Fassung zu bringen oder um ihm seine Frechheit zu zeigen. Spott ist Reden zugunsten des Geistes entgegen dem guten Naturell, nur der Scherz ist erträglich.

Wir lieben die Leute je nach der Achtung, die sie uns bezeugen.

Oft kritisiert man seine Freunde, um nicht den Anschein zu erwecken, als hätte man ihre Fehler nicht durchschaut.

Die Schmeichelei ist eine einschläfernde Musik. Ich hörte Herrn Coste sagen, daß Herr Locke nur in der Schmeichelei leben könne, nur indem er von sich selber spräche; daß Mylord Shaftesbury, nachdem er gemerkt hatte, daß Herr Locke so sehr daran gewöhnt war, ihr selber verfiel, da er fünf oder sechs Jahre auf dem Lande mit Untergebenen gelebt hat, daß Herr Locke, als er auf dem Lande mit Herrn Isaac Newton und ihm bei Mylady Masham eingeladen war, durch Herrn von Newton im Zaum gehalten war; daß er, kaum daß dieser seinen Wagen bestiegen hatte, sich anschickte zu sagen: »Was mich angeht, *ich* . . .« Es war – so scheint es mir – eine gespannte Feder, die sich entspannte.

Ich nenne Schmeichler einen Sklaven, der für keinen Herrn taugt.

Ich sagte: »Man kann schelten, soviel man will, wenn man es nur nicht merken läßt.« Das gilt auch vom Lob.

LEIDENSCHAFTEN

Zuneigung und Gefühl

Voreingenommenheit der Väter. Es handelt sich nicht um die Voreingenommenheit des Menschen – es ist die der Natur. Man hat seine Enkel lieber als die Söhne. Denn man weiß ziemlich genau, welche Hilfe man von seinem Sohn zu erwarten hat, und kennt dessen Vermögen und Verdienst. Aber auf den Neffen blickt man voll Hoffnung und Illusion.

Neffen sind eigene Kinder, wenn man will; die eigenen Kinder sind es auch ohne unsern Willen.

Quietisten. Es ist unmöglich, wenn man gesunden Menschenverstand hat, nicht zu merken, daß die Eigenliebe und die Liebe zur Vereinigung ein und dasselbe sind, und ein Liebhaber, der für seine Geliebte sterben will, tut es nur aus Selbstliebe, weil er sich einbildet, daß er das Vergnügen empfinden wird, Großes für sie getan zu haben. Nicht die Vorstellung des Todes erfüllt ihn, sondern die Lust an der Liebe zu seiner Geliebten.

Madame die Prinzessin von Lix bat mich um meine Meinung über die Ehe von M. mit M. Ich sandte ihr die folgenden Maximen:
1. Die Liebe offenbart niemals, was die Freundschaft in ihrer höchsten Form sagen läßt.
2. Die Liebe – wie immer sie auch sei – hat ihre Regeln, und diese sind bei höhergearteten Seelen stärker als ihre Gesetze.
3. Das Herz gehört ganz der Liebe, die Seele bleibt der Tugend.
4. Zwei alltägliche Schönheiten stoßen einander ab, zwei bedeutende setzen sich gegenseitig ins Licht.
5. Nur die wertvollen Menschen bleiben bei ihresgleichen in guter Stimmung.
6. Ich sagte: »Ich bin verliebt in die Freundschaft.«

Hier ist der Text einer Aufzeichnung, die eine Frau von sechzehn Jahren macht, die verstorbene Marquise von Gontaud: Ich habe das Schriftstück nicht gesehen, das den Charakter der Fürstin von Kleve betraf. Aber ich habe gehört, daß es den folgenden Gedanken enthielt: »Die Herzen, die für die Liebe geschaffen sind, binden sich nicht leicht.« Ich glaube, daß dieser Gedanke wahr ist.

Der Fürst von Kleve war liebenswürdig, da mußte der Herzog von Nemours abgewartet werden[10]. Ein Herz, das für die Liebe geschaffen ist, bindet sich nicht leicht, weil ein Herz, das von allem berührt wird, was liebenswert ist, nicht für die Liebe geschaffen ist, sondern für eine gewöhnliche Leidenschaft. Eine Frau, die sich an einen von den zwanzig liebenswürdigen Männern bindet, an die man sie verheiraten könnte, hat kein Herz, das für die Liebe geschaffen ist. Ein solcher ergibt sich der Gesamtheit liebenswürdiger Eigenschaften des andern, die der Gesamtheit der eigenen Eigenschaften entspricht und eine besondere Einheit darstellt, die sich sonst nicht findet, da sie in einer Unendlichkeit von Verbindungen einen Sonderfall darstellt. Ein Herz ist dann zur Liebe geschaffen, wenn der Gegenstand, den es liebt, weder durch einen andern ersetzt, noch jemals jetzt oder in Zukunft ersetzt werden kann. Dann wird der Verlust des Liebhabers wie der Verlust der Liebe empfunden. Die Welt ist nicht mehr als ein Mann, und ein Mann ist die Welt. Das Herz, dem das Gefühl noch fremd geblieben war, ist erstaunt, es zu spüren. Es ist ein Glück, das es in der Natur entdeckt, ein neues Wesen, das man nimmt oder findet, es ist eine ebenso große Verwunderung für die Seele, plötzlich eine Ordnung der Gefühle zu finden, die man nicht kannte, wie wenn man plötzlich eine neue Ordnung der Erkenntnis entdeckte, es sei denn, man hätte sie bereits gekannt – dann ist diese nur eine neue Errungenschaft für sie. Aber die neuen Gefühle sind eine Neuschöpfung in ihr selber.

Ich dachte immer, daß bei Liebesabenteuern der Dümmste die schönste Rolle spielte.

Die Liebe scheint mir darin angenehm zu sein, daß sie der Eitelkeit Befriedigung ohne Scham gewährt. Wenn eine Geliebte zu mir von mir selber spricht, wenn ich von mir zu meiner Geliebten spreche, wenn sie weniger zärtlich zu mir als einem andern gegenüber ist, wenn sie mir nicht immer den Vorzug vor andern gibt – geringe Gefühle meiner Eitelkeit werden erregt, ohne daß ich es mir vorwerfen kann, was unausbleiblich wäre, legte ich dieselben Gefühle bei andern Gelegenheiten an den Tag.

Sehr heftig Verliebte sind gewöhnlich verschwiegen.

Die Bürgersfrauen suchen in ihren Liebschaften Würden, die Damen vom Hofe noch andere Eigenschaften als die des Wappenschildes.

Ich denke, daß wir eifersüchtig sind aus einem geheimen Schmerz über das Vergnügen anderer, wenn wir selbst weder dessen Ursache noch Zweck sind, oder aus Scham, das heißt Beschämung über unsere Unvollkommenheiten, die uns gezwungen haben, manches vor aller Augen zu verbergen: daher kam es, daß ein Ehemann die Geheimnisse seiner Frau wie die seinigen ansieht, oder aus der Kenntnis des geringen Ausmaßes der leichtbefriedigten Leidenschaften und der Torheit der Natur, die bewirkt, daß ein zwischen zwei Personen geteiltes Herz sich ganz der einen schenkt oder sich von beiden löst, oder wegen des Eigentumsrechts an Kindern einer Frau, das man dem Ehemann gibt, ein Eigentumsrecht, das man sich bemüht, sowenig zweifelhaft zu gestalten wie möglich, oder aus Angst vor der Lächerlichkeit, die dank der schlechten Witzbolde aller Nationen über diesem Stoff liegt: wenn jeder, der sich von einer Leidenschaft ergreifen ließ, die, einmal in Bewegung gesetzt, zu allen andern führt (spricht man Rache, so wird es nur den angehen, der erfüllt ist von einer Beleidigung, die man ihm angetan hat – alle andern werden in eisiger Ablehnung verharren, aber spricht man Liebe, so schenkt man euch Aufmerksamkeit, und alle Herzen öffnen sich), oder schließlich aus einem geheimen Wunsch, geliebt zu werden von Personen, die man liebt: ein Wunsch, der zum Wesen der Seele, das heißt zu ihrer Eitelkeit gehört, ein Wunsch, der nicht unterschieden ist von jenem, von jedermann geachtet zu werden, besonders von denen, die am meisten mit uns verkehren: ein Franzose möchte lieber in Deutschland geachtet werden als in Japan, lieber in Frankreich als in Deutschland, und da uns niemand so nahegeht wie die Personen, welche wir lieben, so wünschen wir uns umso mehr, gerade von ihnen wiedergeliebt zu werden.

Eifersucht scheint mir in heißen Ländern, die Freiheit in kalten Zonen notwendig. Ein physischer Grund dafür ist folgender: Es ist sicher, daß die Frauen in heißen Ländern mit acht, zehn, zwölf Jahren heiratsfähig sind und dann gleich altern, das heißt, Kindheit und Ehe fallen fast immer zusammen. Da aber die Vernunft die Herrschaft in Händen hat, jedoch fast nie mit den Reizen vereint erscheint, die eine noch stärkere Macht begründen, müssen die Frauen in Unterwürfigkeit gehalten werden. Die Vernunft aber kann ihnen im Alter nicht wieder die Macht zuspielen, die sie besaßen, als sie noch im Besitz von Schönheit und Anmut waren. In heißen Ländern besitzen schließlich die Frauen Vernunft nur, wenn sie alt sind, und sind nur schön, solange sie nicht vernünftig sind. Sie konnten aber niemals Einfluß auf die Männer erlangen. Ihr rasches Altern hat notwendig zur Polygamie führen müssen.

In den Ländern der kalten Zonen heiraten die Frauen in dem Alter, wo ihr Verstand am stärksten ist und ihre Reize länger erhalten bleiben, so folgt auf ihr Altern das der Gatten. Der Genuß geistiger Getränke, der dort zur Unmäßigkeit bei den Männern führt, verleiht diesen gegenüber meistens den Frauen den Vorteil der Vernunft. Es gibt manche Länder, wo die Männer alle Abende betrunken sind. Die Frauen sind in dieser Hinsicht von einer natürlichen Zurückhaltung, weil sie sich stets verteidigen müssen. Sie haben infolgedessen große Vorteile vor den Männern, diese aber wiederum in anderer Hinsicht, so daß die Gleichheit daraus resultiert.

Deswegen ist das römische Recht, das die Christen übernommen haben und das nur *eine* Frau gestattet, dem physischen Klima Europas angemessen und nicht dem physischen Klima Asiens, und deswegen hat der Islam so leicht in Asien Wurzel schlagen können und so schwer in Europa; deswegen hat das Christentum sich in Europa erhalten und ist in Asien beseitigt worden, haben die Mohammedaner so große Fortschritte in China gemacht und die Christen so geringe.

Die Natur, die die Reize nicht für die Männer geschaffen hat, hat diesen keine andere Grenze gesetzt als die ihrer Kraft und Vernunft; den Frauen, denen sie Schönheit und Anmut geschenkt hat, keine andere Grenze als das Schwinden ihrer Reize. Daraus hat sich zwangsläufig die Vielweiberei entwickelt wie etwas in gewisser Hinsicht Notwendiges, sonst hätte schon wegen der Ausschweifungen, die das Klima begünstigt, die Monogamie den Frauen einen ungeheuren Vorteil gewährt.

Es scheint aus ›Tausendundeiner Nacht‹[11] hervorzugehen, daß im Orient die Eifersucht keinen Anstoß daran nimmt, wenn eine Frau jemand liebte, den sie kennengelernt hat, und daß sie nur verletzt wäre durch das schimpfliche Verhalten des Mannes, der die Frau oder Geliebte eines andern besitzt. Hier begnügt Tourmente sich, Ganem recht zu geben, der sie respektiert und gesagt hatte, daß der Besitz des Herrn dem Sklaven heilig ist. Worauf sie dem Kalifen – ohne daß dieser sie befragt hätte – sagt, daß sie Ganem liebgewonnen hat, was der Kalif nicht mißbilligt, und Tourmente sagt, daß er sie mit ihm verheiraten wolle.

Es ist sicher, daß der Charakter der Liebe und Freundschaft ganz verschieden ist: diese hat noch niemals einen Mann ins Irrenhaus gebracht.

Die bei allen Nationen üblichen Trauerriten setzen immer sehr deutlich voraus, daß die Menschen sich beliebt machen wollen.

Freunde. Ihre Freunde haben es mit Vorliebe auf Sie abgesehen, damit man ihnen nicht ihr geringes Unterscheidungsvermögen zum Vorwurf machen kann und daß sie nicht die ersten waren, die Ihre Fehler entdeckt haben.

Es gibt auch Freunde, die bei dem, was Ihnen zustößt, bei Fehlern, die Sie machen, ein falsches Mitleid zeigen, so daß sie gerade durch ihre Klagen Ihre Fehler übertreiben. Übrigens lassen sie, um zu zeigen, daß sie klüger seien als Sie, Sie als hartnäckig oder unverbesserlich erscheinen, und zwar, indem sie ihre eigene Voraussicht preisen oder behaupten, Ihnen kluge Reden gehalten zu haben.

Sind Sie in irgendeiner Hinsicht lächerlich geworden, so schreiben Sie es einem Ihrer Freunde zu, einem andern wäre es nicht der Mühe wert gewesen, oder er hätte es übersehen.

Freundschaft ist ein Vertrag, durch den wir uns verpflichten, jemandem kleine Dienste zu erweisen, damit er uns mit großen lohnt.

Ich sagte über die tyrannischen und anmaßenden Freunde: »Die Liebe kann ausgleichen, wozu die Freundschaft nicht imstande ist.«

Sehr glückliche oder sehr unglückliche Leute verfallen in gleicher Weise der Hartherzigkeit; was die Mönche und Eroberer beweisen. Nur die mittlere Haltung oder die Mischung von Glück und Unglück führt zum Mitleid.

Viele gibt es, denen bekannt zu sein seine großen Nachteile hat.

Patriotismus und Ehrgeiz

Obwohl man sein Vaterland lieben soll, ist es ebenso lächerlich, mit Anmaßung davon zu sprechen wie von seiner Frau, seiner Geburt oder seinem Glück. Wie albern ist die Eitelkeit überall!

Es wundert mich gar nicht, daß die Ehrgeizigen sich den Anschein der Bescheidenheit geben und sich gegen den Ehrgeiz verwahren wie gegen ein schändliches Laster. Wer seinen ganzen Ehrgeiz zeigte, würde die in Erstaunen setzen, die ihm dienen wollen. Da zudem niemand des Erfolgs auf dem Weg des Glücks sicher ist, bereitet man sich auf die Ausflucht vor, glauben zu machen, man hätte es verachtet.

Die Ehrgeizigen. Ihr Ehrgeiz ist wie der Horizont, der immer vor ihnen steht.

Ich sagte: »Nicht aus Ehrgeiz lügen die meisten Leute: Sie wollen durch den Erfolg einer Geschichte die Aufmerksamkeit auf sich lenken.«

Was bewirkt, daß die klügsten Leute empfänglich sind für Ehren, die man ausschließlich ihrem Amt erweist, ist der Umstand, daß sie fühlen, daß ihre Ämter solche Ehrungen verlangen, und, erweist man sie nicht, leicht sich einfallen lassen, es läge an einem Mangel ihrer Person, und das demütigt sie zu sehr.

Ich sagte: »Um in der Welt nicht entehrt zu werden, genügt es, nur ein halber Dummkopf und ein halber Schurke zu sein.«

Ich sage, daß die Geschäftsleute glücklich sind, einen Stolz zu besitzen, der sie dazu treibt, sich mit dem Adel zu verbinden. Sonst wären sie eine besondere Kaste. Das ist ihnen nützlich, indem es sie aus derselben ausbrechen läßt.

Ich habe das folgende Wort des Abbé von Mongault sehr gerne: »In der Jugend beurteilen wir die Leute nach den Posten, im Alter die Posten nach den Leuten.«

Habsucht und Freigebigkeit

Es kann unterhaltend sein, sein Glück zu machen: Man ist stets voll Hoffnung.

Ich finde, daß die meisten daran arbeiten, zu großen Reichtümern zu kommen, um, wenn sie soweit sind, verzweifelt zu sein, daß sie nicht berühmter Abkunft sind.

Jemand, der niederer Abkunft ist, müht sich gar sehr, sein Glück zu machen, das heißt, dahin zu gelangen, wo er sein ganzes Leben über seine Herkunft und die Schande diese Vorstellung erröten wird.

Der Geizige liebt das Geld um seiner selbst willen, nicht wegen des Nutzens, den er daraus zieht. Das nennt man: appetere malum quia malum.

Ich sagte zu einem Geizigen: »Sie tun gut daran, während Ihres Lebens Geld zu sparen, man weiß nicht, was nach dem Tod geschieht.«

Der Geiz. Der Geiz ist so dumm, daß er sich nicht einmal auf das Rechnen versteht.

Geiz. Oft gibt es Geizige, die sich keine Sorgen machen, große Geldsummen auszugeben. Nur die kleinen Ausgaben belasten sie. Sie arbeiten nämlich an einem Werk, das sie ausfüllt: eine große Summe aus lauter kleinen zusammenzusetzen. Ich vergleiche sie den wahnsinnigen Soldaten des Antonius (während des Partherfeldzugs), die eine Pflanze aßen, die bewirkte, daß sie alle Steine auf einen Haufen zusammentürmten; nachher kümmerten sie sich nicht mehr darum.

In den Handelsstädten wie in den kaiserlichen Städten und in denen Hollands hat man sich daran gewöhnt, für alles einen Preis festzusetzen; man verpachtet seine Handlungen, man handelt mit geistigen Tugenden, und was die Menschheit verlangt, verkauft man für Geld.

Ich sagte: »Für den Geiz gibt es keine kleinen Summen. Hat nicht der Herzog von Marlborough einen Schilling verlangt, um – so sagte er – seine Träger zu bezahlen; dann ging er zu Fuß weiter. Pulteney war Zeuge. Zu guter Letzt beklagte er sich noch über seinen Geiz.«

Der verstorbene Herzog von Antin hatte niemals in der Lotterie gespielt, niemals etwas für eine Kollekte gegeben, kein Neujahrsgeschenk, ja überhaupt kein Geschenk gemacht und niemals jemandem ein Trinkgeld gegeben.

Der Geiz wird noch stärker im Alter. Denn immer noch begehren wir den Genuß. In der Jugend kosten wir den Genuß nur im Verschwenden, im Alter nur im Bewahren aus.

Ausgaben sind ein Vergleich zwischen dem Geld, das man ausgibt (oder dem Wert dessen, was man sich einbilden möchte, für sein Vergnügen zu besitzen), und der Sache, wofür man es ausgibt. Nun erfreuen uns im Alter nur noch wenig Sachen.

Ein freigebiger Mensch ist nicht jemand, der viele Medaillen kauft, weil er an ihnen Gefallen findet – es ist jemand, der Ausgaben macht über seine Neigungen hinaus.

Man muß den Wert des Geldes kennen; die Verschwender kennen ihn nicht und die Geizhälse noch weniger.

Auf das Geld möchte ich anwenden, was Caligula gesagt hat: Es habe nie einen so guten Sklaven und so bösen Herren gegeben.

Ich sagte: »Man muß sein Vermögen wie einen Sklaven ansehen, aber man darf es nicht verlieren wie seinen Sklaven.«

Das Geld ist sehr schätzenswert, wenn man es verachtet.

Reichtum ist ein Unrecht, das man gutzumachen hat. Man könnte sagen: »Entschuldigen Sie, daß ich so reich bin.«

Ein Priester, der 500000 Livres Rente hat, gewann in der Lotterie ein Los von 50000 Franken. Ich sagte: »Ich wollte, daß dieser Schuft an seiner Freude stürbe.«

Ein Sekretär des Markgrafen Ludwig von Baden nahm kein Geld, aber er verkaufte Schindmähren allen, die ihn brauchten.

Die Leute, die keine Ordnung in ihren Geschäften haben, sagen: »Ich wäre froh, wenn ich 10000 Livres mehr hätte.« Hätten sie diese 10000 Livres mehr, so wären sie wiederum unzufrieden und würden sagen: »Hätte ich doch noch 10000 mehr und so weiter in infinitum.«

Sehr viele Leute betrachten nur das als notwendig, was überflüssig ist.

Die Engländer sind Rechner; es gibt nämlich bei ihnen zwei Extreme, die die Mitte umgreifen: die Händler und die Philosophen. Die Frauen gelten nichts bei ihnen, hier in Frankreich sind sie alles.

Neugier

Die Neugier ist die Quelle des Vergnügens, das man in den Werken des Geistes findet. Hobbes sagt, daß die Neugier dem Menschen allein eigentümlich sei. Darin täuscht er sich: Jedes Tier besitzt Neugier im Umkreis seiner Kenntnisse.

Gern lesen heißt, die einem im Leben zugeteilten Stunden der Langeweile gegen solche des Entzückens eintauschen.

Man muß viel studiert haben, um wenig zu wissen.

Mein Freund N. verschrieb sich achtzig Jahre der Philosophie. Er war, wie der Held des dritten Buches von Vergil, stärker als die jungen Leute.

Ein undankbares Vaterland sagt den Gelehrten stets, daß sie unnütze Bürger seien, und während es alle Vorteile von ihrer Nachtarbeit hat, fragt es noch, wie sie sie genutzt hätten.

Frömmigkeit und Intoleranz

Frömmigkeit kommt aus dem Hang, um welchen Preis auch immer eine Rolle in der Welt zu spielen.

Frömmigkeit ist ein Glaube, daß man mehr wert sei als ein anderer.

Ich nenne Frömmigkeit eine Krankheit des Körpers, die die Seele in einen Wahnsinn versetzt, deren Wesen es ausmacht, völlig unheilbar zu sein.

Um eine böse Tat zu tun, findet die Frömmigkeit Gründe, die einem einfachen, redlichen Mann nie in den Sinn kommen würden.

Der heilige Kyrillos spricht in einem Brief vom Jubel, mit dem das Volk die Erklärung der Jungfrau zur Mutter Gottes durch das Konzil aufnahm. »Das ganze Volk«, sagt er, »war an den Toren. Jeder, der uns sah, ging uns entgegen, dankend, glückwünschend, segnend ...« Das Volk ist immer entzückt, den Kult noch zu steigern, und immer geneigt zu dieser Art von Frömmigkeit, und es ginge, ließe man es handeln, noch viel weiter.

Die Frömmigkeit hat ihre Liebhabereien. Die Herzogin von Brissac sagte während der Predigt zu ihrer Begleitung: »Wenn über Maria Magdalena gepredigt wird, so wecken Sie mich bitte. Wenn über die Heilsnotwendigkeit gepredigt wird, so lassen Sie mich schlafen.«

Oft wollen Leute ohne Religion nicht, daß man sie zwänge, die Religion zu wechseln, die sie hätten, wenn sie eine hätten, weil sie fühlen, daß darin ein Akt der Gewalttätigkeit liegt, die sich nicht gegen sie richten darf. Der Geist des Widerspruchs läßt sie ein Vergnügen am Widersprechen finden, das heißt ein Glück. Übrigens fühlen sie, daß ihr Leben und ihre Habe ihnen nicht mehr gehören als ihre Religion oder ihre Art des Denkens und daß, wer ihnen das eine nähme, auch das andere nehmen könnte.

Geist

Zwei Arten von Menschen: Die einen denken, die andern amüsieren sich.

Meine Definition des Talents lautet: Eine Gabe, die Gott uns im geheimen geschenkt hat und die wir unbewußt enthüllen.

Ich sagte: »Ein großer Mensch ist, wer weit, schnell und richtig sieht.«

Gewöhnlich sind diejenigen, die einen großen Geist besitzen, sich dessen nicht bewußt.

Es gehört zum Entzücken des menschlichen Geistes, allgemeine Sätze aufzustellen.

Es gehört nicht viel Geist dazu, alles zu verwirren, viel aber, alles auszugleichen. Drei Viertel des Heroismus des Herzogs von Marlborough bestanden aus dem Geist des Ausgleichs.

Die vernünftigen Leute. Sie haben mehr Gründe zur Verachtung und weniger zur Geringschätzung.

Einfachheit und geistige Kultur sind gut zum Sieg, wie die ersten Römer, die Tataren, die Araber beweisen.

Ich sagte: »Wer Geistesgegenwart besitzt, hat bares Geld. Wer keine besitzt, hat sein Vermögen in Landgütern stecken.«

Ich sagte: »Lebhaftigkeit führt zu schönen Repliken und Kaltblütigkeit zu schönen Handlungen.«

Manche Leute meinen, man wäre nicht feurig in seinen Gedanken, weil man es nicht ist in der Art, sie zu verteidigen.

Ich sagte: »Die Laune ist die Leidenschaft des Geistes.«

Man ist nicht einig über den Geist, weil er zwar, soweit er sieht, etwas Wirkliches, aber soweit er Gefallen erregt, etwas völlig Relatives ist.

Zwischen einem geistreichen Mann und einem Schöngeist besteht derselbe Unterschied wie zwischen einer schönen Frau und einer Schönheit.
Niemals ist man Schöngeist, wenn man nicht behauptet, es zu sein.

Es ist sehr schwer, zu wissen, ob die Frauen Geist haben oder nicht. Sie bestechen ihre Richter immer. Ihre heitere Art ersetzt bei ihnen den Geist. Man muß warten, bis ihre Jugend vorbei ist. Dann können sie sagen: »Jetzt werde ich erfahren, ob ich Geist besitze.«

Ist jemand ein guter Mathematiker und als solcher anerkannt, so muß er nur noch beweisen, daß er Geist hat.

In einem Auszug aus dem ›Journal des Savants‹[12], August 1736, steht ein griechisches Lied: »Das erste aller Güter ist die Gesundheit, das zweite die Schönheit, das dritte die ohne Betrug erworbenen Reichtümer, das vierte die Jugend, die man mit Freunden verbringt.«
    Es ist dort nicht die Rede vom Geist, der hauptsächlich ein Attribut der modernen Zeiten ist.

Niemals wird die Akademie zu Fall kommen: Solange es Toren gibt, gibt es auch Schöngeister.

Geistreiche Leute werden von Kammerdienern, Dummköpfe von geistreichen Leuten regiert.

Über den Geist von Einfällen. Man müßte die Geistesblitze aus den Irrenhäusern sammeln, man fände viele.

Mir ist oft aufgefallen, daß Kinder, um sehr klug zu sein, eine Mutter, die ein wenig närrisch und geistreich, und einen schwerfälligen Vater haben müssen oder umgekehrt: Ich denke an die Mutter der Brüder Corneille und ihren Vater, der nur ein braver Mann war und die gedruckten Stücke des Sohnes eigenhändig aufschrieb, an den Vater Fontenelles, dessen Mutter eine geborene Corneille war, an den ziemlich schwerfälligen Marschall de Brancas und an seine recht tolle Frau, die Mutter des Herrn von Forcalquier.

Ich sagte: »Läuft man hinter dem Geist her, so erwischt man die Dummheit.«

Ich finde nichts so schwer, als bei Dummköpfen Geist zu haben.

Man muß viel Geist haben in der Unterhaltung mit Fürsten, denn da es Leute sind, deren Ruf schon feststeht, so darf man ihnen, wenn man sie lobt, nur sagen, was auch die Zuhörer denken können.

Glaubt mir: Der Geist ist oft dort, wo er nicht glänzt, und wie die falschen Diamanten scheint er oft zu glänzen, wo er nicht ist.

Wie viele sehe ich, die nicht genug Geist und doch viel Geist haben! Wie viele, die genug Geist haben und doch sehr wenig!

Wenn ein Mädchen sieben Jahre alt ist, scheint es klug zu sein, weil es sich vor nichts fürchtet. Mit zwölf verfällt es in eine Art Blödigkeit, weil es alles bemerkt. Ebenso verhält es sich mit den Kindern, die so klug zu sein scheinen und so dumm werden. Sie machen so manche kluge oder dumme Bemerkungen, weil sie weder wissen noch fühlen, was sie sagen, während Kinder, die dumm zu sein scheinen, eine Art frühreifen Gefühls von den Dingen haben und deswegen verschlossener sind. Man achte darauf! Was am Sprechen eines Kindes gefällt, kommt im Grunde aus seiner Unvernunft, denn es ist nicht – wie es sein müßte – berührt von dem, was gesagt wird, und hat weder gefühlt noch gesehen, was es müßte. Nur die Klugen scheinen dumm zu sein.

Eigenartige Leute. Es gibt so wunderliche Leute, daß sie wie Zerrbilder unserer Art wirken.

Ihr Geist weicht völlig von dem aller übrigen ab. Sobald jemand denkt und Charakter hat, sagt man: »Das ist ein eigenartiger Mensch.«

Die meisten Menschen gleichen einander darin, daß sie nicht denken: ewige Echos, die niemals etwas gesagt und immer nur nachgebetet haben, ungeschickte Handlanger der Ideen anderer.

Die Eigenart muß in einer feinen Art des Denkens bestehen, die den andern entgangen ist, denn ein Mensch, der sich nur durch ein besonderes Schuhwerk auszeichnet, wäre ein Dummkopf in jedem Land.

Die Gedanken und Handlungen eines besonderen Menschen sind dermaßen ihm eigentümlich, daß kein anderer sie jemals anwenden könnte, ohne sich zu verleugnen.

Es ist leicht zu bemerken, was im allgemeinen lächerlich ist, aber man besitzt feinen Takt, wenn man fühlt, was jetzt und hier, vor einer bestimmten Gesellschaft und Person, lächerlich ist.

Vorzüge und Fehler

Die meisten Widersprüche im Menschen werden dadurch bewirkt, daß Trieb und Vernunft fast niemals übereinstimmen. Die Vernunft müßte einen jungen Mann zum Geiz verleiten, aber der Trieb lenkt ihn ab. Die Vernunft müßte einen Greis zur Verschwendung treiben, der Trieb führt ihn zum Geiz. Die Vernunft verleiht den Greisen Stärke und Beständigkeit, der Trieb nimmt sie ihnen. Die Vernunft lehrt einen Greis Verachtung des Lebens, der Trieb macht es ihm noch teurer. Die Vernunft müßte dem Leben eines jungen Mannes großen Wert geben, der Trieb vermindert ihn. Die Vernunft läßt die Strafen des Jenseits in nächster Nähe erblicken, der Trieb kettet uns an alles Gegenwärtige und rückt sie von uns weg.

Man spricht viel von der Erfahrung des Alters. Das Alter nimmt uns die Torheit und Fehler der Jugend, aber es gibt uns nichts.

Jeder arbeitet an seinem Geist, nur wenige am Herzen, denn die neuerworbenen Kenntnisse spüren wir deutlicher als die neuerrungene Vollkommenheit.

Ein großartiger Geist ist lange nicht so selten wie eine große Seele.

Ein ehrlicher Mann ist ein Mann, der sein Leben auf die Grundsätze seiner Pflicht gründet. Wäre Cato in einer gesetzlich verankerten Monarchie geboren, so wäre er seinem Fürsten so treu gewesen, wie er es der Republik war.

Ich sagte: »Wenn ein Mensch im Ruf der Redlichkeit und Menschlichkeit steht, so kommt es vor, daß man ihn ausnutzen möchte, man kommt ihm mit Vorschlägen, die man keinem andern machen würde. Man zählt auf seine Großmut.«

Ich sagte von jemandem: »Er tut das Gute, aber er tut es nicht gut.« Eine edle Tat ist eine Tat, die Güte besitzt und Kraft verlangt, um getan zu werden.

Um Großes zu tun, braucht man nicht eine so bedeutende Begabung zu sein, man muß nicht über den Menschen stehen, sondern mit ihnen sein.

Der Geist des Ruhmes und der Tapferkeit verliert sich allmählich unter uns. Die Philosophie hat Boden gewonnen. Die alten Ideen von Heldentum und die neuen von Ritterlichkeit sind geschwunden. Die bürgerlichen Stellen sind von Leuten mit Vermögen besetzt und die militärischen um ihren Ruf gebracht durch Habenichtse. Schließlich ist es für das Glück fast überall gleichgültig, ob man diesem oder jenem Herrn dient. Weil früher eine Niederlage oder die Eroberung einer Stadt ihre Zerstörung bedeutete, folgte daraus, als Sklave verkauft zu werden, seine Heimat zu verlieren, seine Götter, seine Frau und seine Kinder. Die Einrichtung des Handels mit öffentlichen Geldern, die ungeheuerlichen Geschenke der Fürsten, die bewirken, daß eine Unzahl von Menschen im Müßiggang leben und gerade durch den Müßiggang Achtung erringen – das heißt durch ihre Vergnügungen –, die Gleichgültigkeit gegenüber dem Jenseits, die zur Schlaffheit im Diesseits verleitet und uns fühllos und unfähig zu allem macht, was Anstrengung voraussetzt, weniger Möglichkeiten, sich auszuzeichnen, eine gewisse methodische Art, Städte zu nehmen und Schlachten zu schlagen (es handelt sich nur darum, eine Bresche zu schlagen, und wenn sie geschlagen ist, sich zu ergeben), der Krieg, der mehr zu einer Technik geworden ist, als daß er den persönlichen Eigenschaften derer, die ihn führen, Spielraum ließe (man weiß bei jeder Belagerung die Zahl der Soldaten, die man opfern will, der Adel, der nicht mehr als Körperschaft kämpft . . .

Die Philosophie und – ich wage es zu sagen – ein gewisser gesunder Menschenverstand haben in diesem Jahrhundert zu viel Boden gewonnen, als daß der Heroismus jemals wieder wirklich sein Glück machen könnte, und wenn einmal der eitle Ruhm in unserer Zeit ein wenig lächerlich wird, werden die Eroberer, die ihre Interessen im Auge behalten, niemals sehr weit gehen . . .

Jedes Zeitalter hat seinen spezifischen Geist: Ein Geist der Unordnung und Unabhängigkeit entstand in Europa zur Zeit der Goten, der Geist des Mönchtums bestimmte die Epoche der Nachfolger Karls des Großen, dann herrschte der Geist des Rittertums, schließlich der der Eroberung mit stehenden Heeren, heute herrscht der Geist des Handels.

Dieser Geist des Handels bewirkt, daß man alles berechnet. Aber der Ruhm als solcher hat keinen Raum in der Berechnung der Dummköpfe.

Ich spreche hier nicht vom eitlen Ruhm noch von dem, der sich auf die Prinzipien der Pflicht gründet, vom Eifer für den Fürsten, von der Vaterlandsliebe, mit einem Wort, ich spreche vom Ruhm Alexanders, nicht von dem des Epaminondas. Dieser gehört als eine Wirklichkeit allen Nationen und Zeiten an, jener als eine Schimäre unterliegt denselben Revolutionen wie die Vorurteile.

Es ist gut, in Bedrängnis zu leben; das wirkt wie eine gespannte Feder.

Welch schönen Tempel würde man dem Starrsinn errichten können!

Die Verfolgung ist wie ein gespanntes Seil: Die Kraft sammelt sich.

Alle schüchternen Leute drohen gerne. Denn sie fühlen, daß Drohungen auf sie selber großen Eindruck machen würden.

Ich sagte: »Ich achte die Leute nicht, weil sie keine Fehler haben, sondern weil sie sich ihre Fehler abgewöhnt haben.«

Die Welt ist voller Leute, die man wie den Janus[13] der Fabel mit zwei Gesichtern malte.

Man soll niemals etwas tun, was den Geist im Augenblick der Schwäche quälen könnte.

Ein treffliches Wort von Heinrich IV. ist, glaube ich, von Lord Bolingbroke überliefert worden. Der König fragte den spanischen Botschafter, ob sein Herr Geliebte unterhalte. »Sire«, antwortete ernst der Gesandte, »mein Herr fürchtet Gott und achtet die Königin.« – »Nun«, antwortete Heinrich IV., »ist er denn nicht tugendhaft genug, um sich ein Laster verzeihen zu lassen?«

Frivole Dinge, die nichts denjenigen geben, die ihren Genuß daran haben, und die herabsetzen, die sich damit beschäftigen.

Man will nicht, daß ein Schuft ein Ehrenmann werden kann, wohl aber, daß ein Ehrenmann ein Schuft werden kann.

Über die Frauen

Eine Frau ist gezwungen, so zu gefallen, als ob sie ihr eigenes Werk sei.

Bei jungen Frauen ersetzt die Schönheit den Geist, bei alten der Geist die Schönheit.

Es scheint mir, daß es bei den hübschesten Frauen Tage gibt, wo ich sehe, wie sie sein werden, wenn sie häßlich sein werden.

Frauen und Schwätzer. Je hohler ein Kopf ist, desto mehr bemüht er sich, sich zu entleeren.

Die Frauen sind falsch. Das rührt von ihrer Abhängigkeit her. Je stärker die Abhängigkeit, desto größer die Falschheit. Es ist damit wie mit den Zöllen, je mehr man sie erhöht, um so mehr wächst der Schmuggel.

Oft sind die Frauen aus Eitelkeit geizig, um zu zeigen, daß man sich in Unkosten für sie stürzt.

Es bedarf in einem Hause nur einer zu Liebesabenteuern aufgelegten Frau, um es bekannt zu machen und um ihm den Rang der ersten Häuser zu verschaffen.

Alle Ehemänner sind häßlich.

Man sagt, die Türken, die meinen, man müsse die Frauen lenken und nicht knechten, hätten unrecht. Ich dagegen behaupte, entweder müssen sie befehlen oder gehorchen.

Prinzessinnen reden viel, weil man sie seit der Kindheit daran gewöhnt hat.

Man muß mit Frauen plötzlich brechen, nichts ist so unerträglich wie eine matte alte Liebschaft.

Ich sagte: »Wenn man in Paris Frau gewesen ist, kann man es nirgendwo anders sein.«

Es gibt keine Frau von fünfzig Jahren, deren Gedächtnis nicht ausreicht, um sich an alle Personen zu erinnern, mit denen sie sich zerstritten, und an die, mit denen sie sich wieder ausgesöhnt hat.

Porträts

Man sagte vom Grafen von Boulainvilliers, daß er weder die Vergangenheit noch die Gegenwart noch die Zukunft kannte: Er war Historiker, hatte eine junge Frau, und er war Astrologe.

Der Marschall von Villeroi – ein schlechter Witzbold: er zielte immer und traf nie, im übrigen war er eingebildet wie eine alberne Frau.

Ich sagte: »Man gefällt und mißfällt durch sein Wesen: Fräulein von Clermont kann nicht mißfallen, der Herzog von Villars kann nicht gefallen.«

Als ich den Kardinal von Polignac reden hörte, sagte ich ihm: »Monseigneur, Sie machen keine Systeme, aber Sie sprechen Systeme.«

An Lord Waldegrave. »Ich traf Sie in Paris oder als Minister eines großen Königs. Sie sind so beliebt, daß alle, die Sie nicht am Hofe als Minister gesehen haben, Sie in der Stadt für einen Bürger halten würden.«

Ich kannte Lord Bolingbroke und habe ihn nicht mehr gekannt: Unter ihm wollte ich nicht die Moral lernen.

Ich sagte von Lord Bolingbroke und über seine Apologie gegen den Prätendenten: »Er sollte lieber gegen den regierenden König seine Apologie machen; es erübrigt sich, wenn sie nur einen unglücklichen Prinzen vollends niederdrücken kann.«

Lord Hyde sagte von ihm: »Ich habe ihn niemals verlassen, ohne ihn noch mehr zu bewundern und weniger zu achten.«

Ich sagte von B., daß man ihn weder zum Freund noch zum Feind haben möchte, daß niemand und doch jedermann auf ihn hörte.

Mein Freund und mein Beschützer in England, der verstorbene Herzog von Montagu: Er war wie die Steine, aus denen man Funken schlägt und die kalt bleiben.

Mairan, in den Wissenschaften so souverän und der sich kleiner Mittel bedient, um sich überall Ansehen zu verschaffen. Ich vergleiche ihn mit jenem Bretonen, dem Marquis von Comaduc, der 100 000 Livres Rente besaß und doch um Almosen bettelte. Die so sehr um ihren Ruf besorgt sind und wegen Nichtigkeiten gekränkt, sind wie die Körper von Newton, auf die man in Distanz einwirkt.

Der Abbé von Vaubrun. Er war mit seinem gesetzten Charakter und seiner ernsten Miene der frivolste Mensch seiner Zeit. Er hatte keine der hervorstechenden Eigenschaften, die Vergnügen bereiten, aber alle lächerlichen Züge, die Mitleid erregen. Er hatte das schmeichlerische Wesen einer Frau und den Körper eines mißgestalteten Mannes. Höchst albern in Lob und Tadel, war er unverschämt in der Bewunderung. Seine Eitelkeit ließ ihn Ansprüche an das Glück stellen, die eben durch diese Eitelkeit alle scheiterten.

So zog er aus, und kam, obwohl er den bequemsten Weg eingeschlagen hatte, doch nie ans Ziel.

Man könnte den Geist so weit erniedrigen, daß man sagte, er hätte welchen, aber es ist unmöglich, den gesunden Menschenverstand derart herabzusetzen, und bei ihm welchen zu vermuten, ist unmöglich. Bei all dem war er wunderbar in der Gesellschaft, weil er wenige Fehler und gar keine Tugenden hatte. Er hatte die Gunst eines kleinen Hofes und stand allein im Ruf, nicht auch sein Vertrauen zu besitzen.

Ich kennzeichnete Herrn von La Trémoille: »Ein großer Herr, der viele kleine Talente hat.«

Ich sagte von Herrn von La Trémoille: »Niemand weiß besser als er, was man nicht tun sollte.«

Ich sagte von Herrn von Forcalquier: »Hätte er nicht sehr viel Geist, so hätte er gar keinen.«

Ich sagte von *** von Play: »Sachte! Mir scheint, daß ich einen Wurm sehe, der Seide spinnt.«

Ich sagte von Marquis von *** : »Er besitzt eine unschickliche Vertraulichkeit, die denen nicht gefällt, die über ihm stehen, und auch denen nicht, die unter ihm stehen.«

Ich sagte von V., dessen Charakter erbärmlich war: »Er gleicht den Schildläusen, die das schönste Kolorit der Natur bilden, und doch nur Würmer sind.«

Ich sagte von T.: »Er ist falsch im Herzen, von heuchlerischem Körper, von linkischem Geiste, kindisch niedrig, töricht hochfahrend, listig ohne Verstand, pfiffig und ungeschickt.«

Er scheint in der bürgerlichen Gesellschaft zu sein und ist doch außerhalb derselben, gleich unfähig, Dienste zu erweisen und welche hinzunehmen: Er ist ein unzugänglicher Mensch.

Ich lasse mich weder vom Schmerz der Frau von Sevac noch von der Liebe der Frau von Berville zu ihrem Sohn täuschen; all das soll nur Aufsehen machen.

Ich sagte von Frau von Bonneval, daß niemand besser als sie sich auf das Zeremoniell der Liebe und Freundschaft verstand.

Ich sagte von Frau von Lixin, daß sie eine hübsche Art hatte, Geist zu haben.

Ich sagte von der *** : »Sie hat Geist, aber von der armseligen Sorte: Sie hat den Stolz eines Pedanten und alle Fehler eines Lakaien.«

Maupertuis sagt von Voltaire, daß er am meisten Geist hat zu gegebener Zeit. Ich sagte von der Herzogin von Aiguillon, daß sie am meisten log zu gegebener Zeit.

Ich sagte: »Sie ist mehr Freundin ihrer Feinde als ihrer Freunde.«

Frau von Aiguillon sagte uns, um sich zu rühmen, etwas, das sie weder getan noch gesagt hatte, obwohl sie es sich zuschrieb. Ich sagte: »Wie kann man so bescheiden für sich und so eitel bei andern sein?«

Ich sagte von der Fürstin von Rohan: »Ich beginne immer mit einer Bewunderung für sie, die ich nicht vollende.«

Lady Stafford war eine gefährliche Frau: Sie machte einen nicht lächerlich, nein, sie bedeckte einen mit Lächerlichkeit, sie überschwemmte einen damit, ließ einen versinken und ertrinken in Lächerlichkeit. Sie war in der Verzweiflung des Alters.

Die *Saint-Sulpice*: Sie ist lächerlich und findet sich sehr geduldig mit ihrer Lächlicherkeit ab.

L. war der Gunst und der Ungnade gleich wenig gewachsen, er konnte weder die eine noch die andere dieser großen Prüfungen überstehen.

Ich sagte von einem Duckmäuser: »Man zeige mir sein wahres Gesicht.«

Ich sagte von *** : »Das ist der eigenartigste Mann von Welt und der Mann von Welt, der nicht im geringsten lächerlich ist.«

CHAMFORT

Maximen und Gedanken
Charaktere und Anekdoten

> *Nachsichtige Verachtung mit dem Sarkasmus der Heiterkeit zu verbinden: das ist die beste Philosophie für die Welt.*

I
Allgemeine Maximen

Maximen, Axiome sind wie Kompendien das Werk geistreicher Leute, die, so scheint es, für die mittelmäßigen und trägen Geister gearbeitet haben. Der Träge nimmt eine Maxime an, um sich die Beobachtungen zu ersparen, die deren Verfasser zu seinem Resultat geführt haben. Der träge und der mittelmäßige Mensch getrauen sich nicht darüber hinauszugehen, und sie geben der Maxime eine Allgemeinheit, die der Verfasser, wenn er nicht selber mittelmäßig war, ihr gar nicht geben wollte. Ein überlegener Geist erfaßt mit einem Schlage die Ähnlichkeiten, die Unterschiede, die eine Maxime mehr oder minder oder überhaupt nicht auf diesen oder jenen Fall anwendbar machen. Es verhält sich hier so wie in der Naturgeschichte, deren Klassen und Unterabteilungen dem Wunsch nach Vereinfachung entstammen. Eine solche Einteilung hat Kombinations- und Beobachtungsgabe erfordert. Aber der große Naturforscher, der Genius, sieht, daß die Natur individuell verschiedene Wesen erschaffen hat, er sieht das Unzulängliche aller Klassen und Unterabteilungen, die den mittelmäßigen oder trägen Geistern so nützlich sind. Zwischen beiden besteht ein Assoziationszusammenhang; sie verhalten sich oft zueinander wie Ursache und Wirkung.

Die meisten, die Sammlungen von Gedichten oder Bonmots herausgeben, gleichen denen, die Kirschen oder Austern essen. Sie nehmen zuerst die besten und essen schließlich alle.

Seltsam müßte das Buch sein, das alle für den menschlichen Geist, die Gesellschaft und die Moral verderblichen Ideen aufweisen würde, die man in den berühmtesten Schriften, bei den geheiligtsten Autoren findet oder sucht, Ideen, die den religiösen Aberglauben, schlechte politische Grundsätze, Despotismus, Standesdünkel und volkstümliche Vorurteile aller Art verbreiten. Man würde sehen, daß fast alle Bücher verderblich sind, und daß die besten fast ebensoviel Schaden wie Nutzen stiften.

Fortwährend schreibt man über Erziehung, und die Werke über dieses Thema haben ein paar gute Gedanken aufgestellt;

ein paar tüchtige Methoden haben im einzelnen Gutes gestiftet. Doch was helfen diese Schriften im ganzen, solange man nicht gleichzeitig Gesetzgebung, Religion und öffentliche Meinung verbessert? Denn die Erziehung hat keine andre Aufgabe als den Geist der Kindheit auf diesen drei Gebieten dem öffentlichen anzupassen. Wie soll man unterrichten, solange diese drei Gebiete feindlich voneinander geschieden sind? Erziehen kann dann nur heißen: unwillkürlich dem Kind die Augen öffnen für den Widersinn von Meinungen oder Sitten, die den Stempel der heiligen, öffentlichen oder gesetzgeberischen Autorität tragen, und das heißt, das Kind die Verachtung all dessen lehren.

Es gewährt ein philosophisches Vergnügen, die Ideen zu analysieren, die das jeweilige Urteil dieses oder jenes Menschen, dieser oder jener Gesellschaft bestimmen. Die Prüfung der Ideen, die von Fall zu Fall die öffentliche Meinung bilden, ist nicht weniger interessant und oft sogar noch interessanter.

Mit der Zivilisation ist es wie mit der Küche. Sieht man leichte, gesunde und gut gekochte Speisen auf dem Tisch, so ist man zufrieden, daß das Kochen eine Kunst geworden sei. Findet man aber Brühen, Soßen und Trüffelpasteten, so flucht man den Köchen und ihrer Kunst, das heißt der verderblichen Anwendung.

Im gegenwärtigen Zustand der Gesellschaft scheint mir der Mensch mehr durch seine Vernunft als durch seine Leidenschaften verdorben zu sein. Seine Leidenschaften – ich meine, die dem Menschen im Naturzustand angehören – bewahren innerhalb der gesellschaftlichen Ordnung das bißchen Natürlichkeit, das dort noch zu finden ist.

Die Gesellschaft ist nicht, wie man gewöhnlich glaubt, die Entwicklung der Natur, sondern deren Auflösung und totale Neuschöpfung. Es ist ein zweites Gebäude aus den Trümmern des ersten, Trümmern, die man mit überraschtem Vergnügen wiederfindet. So erstaunt man über die naive Äußerung eines natürlichen Gefühls inmitten der Gesellschaft, das noch mehr gefällt, wenn es einer höhergestellten, der Natur fernen Person entgleitet. Es entzückt bei einem König, denn ein König steht am entgegengesetzten Ende. Es ist ein Rest alter dorischer oder korinthischer Architektur in einem plumpen modernen Gebäude.

Wäre die Gesellschaft nicht ein künstliches Machwerk, so würde die Äußerung jedes einfachen und wahren Gefühls nicht die große Wirkung haben, die sie hat. Sie würde gefallen, ohne in Erstaunen zu setzen. Aber sie setzt in Erstaunen und gefällt. Unsere Verwunderung ist eine Satire auf die Gesellschaft, unser Wohlgefallen huldigt der Natur.

Die Spitzbuben brauchen ihre Ehre immer so wie die Polizeispione, die schlechter bezahlt werden, wenn sie in weniger guter Gesellschaft verkehren.

Ein Mann aus dem Volke, ein Bettler, kann Verachtung, die offenbar nur seiner äußeren Erscheinung gilt, hinnehmen, ohne den Eindruck eines niedrigen Menschen zu machen. Aber ließe dieser selbe Bettler sich in seinem Gewissen beleidigen, und wäre es durch den ersten Souverän Europas, so wird er als Person nicht weniger erniedrigt denn als Stand.

Man muß zugeben, daß es unmöglich ist, in der Welt zu leben, ohne von Zeit zu Zeit Komödie zu spielen. Es nur im Notfall zu tun, und um der Gefahr zu entgehen, unterscheidet den Mann von Rang vom Spitzbuben, der den Gelegenheiten zuvorkommt.

Man stellt manchmal eine seltsame Überlegung an. Man sagt zu einem Menschen, indem man sein Zeugnis für einen Freund ablehnt: »Es handelt sich eben um Ihren Freund.« – Nun ja, er ist mein Freund, weil, was ich Gutes über ihn sage, wahr ist, weil er so ist, wie ich ihn beschreibe. Sie nehmen die Ursache für die Wirkung, und die Wirkung für die Ursache. Warum glauben Sie, daß ich Gutes über ihn sage, weil er mein Freund ist? Und warum vermuten Sie nicht vielmehr, daß er mein Freund ist, weil sich Gutes über ihn sagen läßt?

Es gibt zwei Typen von Moralisten und Politikern. Die einen haben die menschliche Natur nur von ihrer hassenswerten oder lächerlichen Seite gesehen; zu ihnen gehören Lukian, Montaigne, La Bruyère, La Rochefoucauld, Swift, Mandeville, Helvétius, überhaupt die meisten. Die andern kennen nur ihre schöne Seite, und diese nur in ihrer Vollkommenheit: so Shaftesbury und einige andere. Die ersten haben die Latrinen gesehen, aber nicht das Gebäude. Die zweiten sind Schwärmer, die den Blick abwenden von allem, was ihnen mißfällt, was aber nichtsdestoweniger da ist. Est in medio verum.

Verlangt man Belege für die völlige Wertlosigkeit aller moralischen Abhandlungen und Predigten? Dann betrachte man einmal das Vorurteil, das mit der adligen Abstammung verbunden ist. Gibt es denn eine Narrheit, die Philosophen, Redner, Dichter mit schärferen satirischen Waffen angegriffen, die verschiedensten Geister mehr in Atem gehalten, die mehr Sarkasmen zum Dasein verholfen hätte? Hat man daraufhin die Galavorstellungen bei Hofe abgeschafft? Ist das Hochgefühl, mit dem man in die Karossen steigt, vielleicht geringer, und hat man etwa Chérins Stellung eingespart?

Im Theater sucht man Wirkung: aber es unterscheidet den guten vom schlechten Dichter, daß jener wirken will durch vernünftige Mittel, während für diesen alle gut genug sind. Es verhält sich hier so wie mit ehrlichen Leuten und Spitzbuben, die beide ihr Glück machen wollen. Die ersten wenden nur erlaubte Mittel an, letztere schlechterdings alle.

In der Philosophie gibt es wie in der Medizin viele Drogen, aber sehr wenig gute Mittel und fast gar keine Spezifika.

Man zählt ungefähr hundertfünfzig Millionen Seelen in Europa, doppelt soviel in Afrika und mehr als dreimal soviel in Asien. Angenommen, es gäbe in Amerika und Australien nur halb soviel Einwohner wie auf unsrer Halbkugel, so kann man ausrechnen, daß auf der Erde täglich mehr als hunderttausend Menschen sterben. Ein Mensch, der nur dreißig Jahre gelebt hätte, wäre ungefähr vierzehnhundertmal dieser entsetzlichen Vernichtung entgangen.

Ich habe Menschen gesehen, deren Verstand schlicht und gerade, deren Geist weder umfassend noch hochfliegend war, aber kraft dieser schlichten Vernunft vermochten sie den menschlichen Eitelkeiten und Dummheiten den richtigen Platz anzuweisen, sich selbst mit dem Gefühl persönlicher Würde zu erfüllen, und dieses Gefühl auch bei andern zu schätzen. Ich habe Frauen kennengelernt, mit denen es ebenso stand, ein wahres Gefühl, schon früh empfunden, hatte sie auf das geistige Niveau derselben Gedanken erhoben. Es folgt aus diesen beiden Beobachtungen, daß alle, die allzu großen Wert auf die menschlichen Eitelkeiten und Dummheiten legen, zur letzten Klasse unsrer Gattung gehören.

Wem scherzhafte Einfälle, geistige Beweglichkeit nicht im rechten Augenblick zu Hilfe kommen, dem bleibt oft nur die Wahl zwischen Schiefheit und Pedanterie. Eine verdrießliche Alternative, der ein Weltmann durch anmutige Heiterkeit ausweicht.

Sehr oft erscheint in früher Jugend eine Meinung, eine Gewohnheit widersinnig, deren Sinn man im reifen Alter entdeckt; sie erscheint dann weniger widersinnig. Darf man daraus schließen, daß gewisse Sitten nicht lächerlich sind? Manchmal möchte man meinen, sie seien eingeführt von solchen, die das ganze Buch des Lebens gelesen haben, und würden beurteilt von Leuten, die trotz ihres Geistes erst einige Seiten kennen.

Es scheint, daß nach der in der Welt gültigen Denkart und den Gesetzen der Schicklichkeit ein Priester, ein Pfarrer ein wenig glauben muß, um nicht ein Heuchler zu sein, aber seiner Sache nicht gewiß sein darf, um nicht unduldsam zu werden. Der Weihbischof darf beim Spott gegen die Religion lächeln, der Bischof laut lachen, der Kardinal sein Wort dazu geben.

Die meisten Adligen erinnern an ihre Vorfahren wie ein italienischer Cicerone an Cicero.

Ich weiß nicht, bei welchem Reisenden ich las, daß manche wilden Stämme Afrikas an die Unsterblichkeit der Seele glauben. Sie bilden sich nicht ein zu wissen, was aus ihr würde, aber sie glauben, daß sie nach dem Tode im Gestrüpp herumirre, das ihr Dorf umgibt. Einige Tage lang suchen sie sie jeden Morgen. Dann geben sie das Suchen auf und denken nicht mehr daran. So ungefähr haben es unsre Philosophen gemacht, und sie hatten Besseres zu tun.

Ein Mann von Rang muß die allgemeine Achtung besitzen, ohne sie erstrebt zu haben, ja fast gegen seinen Willen. Wer um sie buhlt, zeigt, wieviel er wert ist.

Nach einer schönen Allegorie der Bibel ist der Baum der Erkenntnis von Gut und Böse auch die Ursache des Todes. Sagt dies Symbol nicht, daß, wenn man auf den Grund der Dinge gekommen ist, der Verlust der Illusionen den Tod der Seele zur Folge hat, das heißt eine völlige Gleichgültigkeit für alles, was andre Menschen berührt und beschäftigt?[1]

Es muß von allem etwas in der Welt geben. So gibt es im Machwerk des sozialen Systems Leute, die die Natur der Gesellschaft, die Wahrheit der Meinung, die Wirklichkeit der Konvention gegenüberstellen. Eine ursprüngliche Art von Geist und Charakter spricht sich darin aus, deren Macht sich weit häufiger fühlbar macht, als man meinen sollte. Es gibt Leute, die sich mit einer naiven und mitreißenden Überraschung auf die Wahrheit stürzen, kaum daß man sie ihnen gezeigt hat. Sie fassen kaum, daß etwas derart Einleuchtendes – wenn man nur versteht, es ihnen einleuchtend zu machen – ihnen bisher entgangen sein sollte.

Man meint, der Schwerhörige sei unglücklich in der Gesellschaft. Ist das nicht ein Urteil, das der Eigenliebe der Gesellschaft entspringt, die sich sagt: Ist ein Mensch nicht tief beklagenswert, der nicht hört, was *wir* sagen?

Das Denken bietet Trost und Heilung für alles. Hat es einem wehgetan, so verlange man von ihm das geeignete Gegenmittel, und man bekommt es.

Es läßt sich nicht leugnen: auch in der modernen Geschichte gibt es einige große Charaktere. Man wundert sich freilich, wie sie entstehen konnten, denn sie sind fehl am Ort wie die Karyatiden in einem Zwischenstock.

Nachsichtige Verachtung mit dem Sarkasmus der Heiterkeit zu verbinden: das ist die beste Philosophie für die Welt.

Ich bin nicht mehr erstaunt, wenn jemand nichts von Berühmtheit wissen will, als wenn sich ein andrer über den Lärm in seinem Vorzimmer ärgert.

Ich sah, wie man in der Welt ohne Unterlaß die Achtung vorzüglicher Menschen der Beachtung, die Ruhe dem Ruhm opferte.

Ein starker Beweis für das Dasein Gottes ist nach Dorilas[2] das Dasein des Menschen; des Menschen par excellence, im genauesten Sinn des Wortes, der kaum eine Zweideutigkeit zuläßt und infolgedessen ein wenig beschränkt ist, mit einem Wort der höheren Stände. Er ist ein Meisterwerk der Vorsehung oder vielmehr die einzige unmittelbare Schöpfung ihrer Hände. Aber man behauptet, man versichert, daß es Menschen gibt, die diesen bevorzugten Wesen vollkommen ähnlich seien. Dorilas hat gesagt: »Ist es wahr? Wie, dieselbe Gestalt, derselbe Körperbau?« Nun ja, die Existenz dieser Individuen, dieser Menschen (weil man sie einmal so nennt), welche er früher leugnete und die er nun zu seiner großen Überraschung von mehreren seinesgleichen anerkannt sieht – welche er aus diesem Grunde nicht mehr förmlich leugnet, über die er aber noch in nebelhaften und ganz verzeihlichen, ganz und gar unfreiwilligen Vorstellungen befangen ist, gegen die er nur mit Überhebung, ohne Anstand, mit herablassender Güte protestierte: die Existenz all dieser zweifellos schlecht definierten Wesen – was wird er damit anfangen, wie wird er sie erklären, wie wird er diese Erscheinung mit seiner Theorie in Einklang bringen? In welchem physischen, metaphysischen oder nötigenfalls mythologischem System wird er die Lösung dieses Problems suchen? Er denkt darüber nach; er grübelt, er ist aufrichtig. Der Einwurf ist einleuchtend; er ist erschüttert. Er hat Geist und Kenntnisse, er wird des Rätsels Lösung finden, er hat sie gefunden, er besitzt sie, und Freude strahlt aus seinen Augen. Paßt auf! Man kennt in der persischen Theologie die Lehre von den beiden Prinzipien des Guten und Bösen. Nun wohl! Ihr begreift nicht? Nichts ist einfacher als das! Genie, Talent, Tugend sind die Erfindungen des bösen Prinzips, Ahrimans, des Teufels, um gewisse Elende, wirkliche Plebejer, Bürgerliche oder kaum Geadelte ans Licht zu fördern.

Wie viele vornehme Kriegsleute, wie viele Offiziere sind gefallen, ohne ihre Namen der Nachwelt zu überliefern: weniger glücklich hierin als Bukephalos[3], und selbst der spanische Bluthund Berecillo, der auf San Domingo die Indianer zerfleischte und dafür den Sold von drei Mann bekam.

Erwünscht ist die Trägheit des Bösen und das Schweigen des Dummkopfs.

Es ist leicht erklärlich, daß die Unredlichen und selbst die Dummköpfe in der Welt immer besser fortkommen als die ehrlichen und die geistreichen Leute. Den Unredlichen und Dummköpfen fällt es leichter, mit dem Ton der Welt Schritt zu halten, der im allgemeinen aus Unredlichkeit und Dummheit besteht. Ein Rechtlicher und ein Verständiger hingegen kommen nicht so bald in Verkehr mit der Welt und verlieren kostbare Zeit. Die einen gleichen Kaufleuten, die die Landessprache verstehen und schnellen und guten Umsatz haben, die andern aber müssen erst die Sprache ihrer Kunden erlernen, ehe sie ihnen Waren anbieten und mit ihnen verkehren können. Das verbietet ihnen ihr Stolz, darum lassen sich mit ihnen keine Geschäfte machen.

Es gibt eine Klugheit, überlegen der, die man gewöhnlich so nennt: es ist die Klugheit des Adlers, zum Unterschied von der Maulwurfsklugheit. Erstere besteht darin, kühn seinem Charakter zu folgen und allen Nachteil und Schaden hinzunehmen, der aus ihm entspringt.

Will man der Vernunft all das Böse verzeihen, das sie den Menschen angetan hat, so muß man überlegen, was der Mensch ohne Vernunft wäre. Es war ein notwendiges Übel.

Es gibt gut eingekleidete Dummheiten, wie es sehr gut angezogene Dummköpfe gibt.

Hätte man Adam am Tag nach Abels Tod gesagt, daß es in einigen Jahrhunderten Gegenden geben würde, wo im Umkreis von vier Quadratmeilen sich sieben- oder achthunderttausend Menschen anhäufen würden – hätte er geglaubt, daß solche Menschenmassen jemals zusammen leben könnten? Hätte er sich nicht eine noch schlimmere Vorstellung von den Verbrechen und Ungeheuerlichkeiten gebildet, die dort begangen werden? Diese Überlegungen muß man anstellen, um sich über die Mißbräuche zu trösten, die mit solchen erstaunlichen Menschenansammlungen verbunden sind.

Ansprüche sind eine Quelle des Leidens, und die Zeit des wirklichen Lebensglücks beginnt erst, wenn wir keine mehr stellen. Ist eine Frau noch hübsch, wenn ihre Schönheit zu welken beginnt? Ihre Ansprüche machen sie lächerlich oder unglücklich; zehn Jahre später, älter und häßlicher geworden, ist sie auch ruhig und heiter. In dem Alter, in dem man bei Frauen Erfolg hat oder nicht, setzt sich der Mann Unannehmlichkeiten und sogar Beleidigungen aus; scheidet er aus dem Spiel, gibt es keine Ungewißheit mehr, und er ist ruhig. Überhaupt kommt das Übel daher, daß unsre Ideen unbeständig, unbestimmt sind. Besser nicht viel sein, aber das Wenige, das man ist, unbestritten sein. Besser Herzog oder Pair in anerkannter Stellung als ein fremder Fürst, der ständig um seinen Vorrang kämpfen muß. Wenn Chapelain sich zunutze gemacht hätte, was ihm Boileau mit dem berühmten Halbvers: »Warum schreibt er nicht Prosa?«, geraten hat, so hätte er sich viele Schmerzen erspart und sich vielleicht nicht nur durch Lächerlichkeit einen Namen gemacht.

»Schämst du dich nicht, besser sprechen zu wollen, als du kannst?« sagte Seneca zu einem seiner Söhne, der den Schluß einer langen Periode nicht fand. Sucht ein Mensch sich Grundsätze zu eigen zu machen, denen sein Charakter nicht gewachsen ist, so könnte man ebenso sagen: »Schämst du dich nicht, mehr Philosoph sein zu wollen, als du kannst?«

Die meisten Menschen leben in der Welt, in der sie leben, so unüberlegt, sie denken so wenig, daß sie die Welt, die sie immer vor sich haben, gar nicht kennen. Sie kennen sie nicht, sagte witzig Herr von ***, aus demselben Grund, aus dem die Maikäfer nichts von Naturgeschichte verstehen.

Sieht man wie Bacon zu Beginn des 16. Jahrhunderts dem menschlichen Geist den Weg wies zum Wiederaufbau des Gebäudes der Wissenschaften, so bewundert man fast nicht mehr die großen Männer, die auf ihn folgten: Bayle, Locke u. a. Er weist ihnen im voraus das Gebiet zu, das sie urbar machen oder erobern sollen. Er ist Cäsar nach dem Sieg von Pharsalus: Herr der Welt, Königreiche und Provinzen seinen Anhängern und Günstlingen spendend.

Unsre Vernunft macht uns oft unglücklicher als unsre Leidenschaften, und man kann sagen, daß der Mensch dem Kranken gleicht, den sein Arzt vergiftet hat.

Im Augenblick, in dem man die Illusionen, die Leidenschaften der Jugend verliert, bleibt oft viel Sehnsucht zurück, aber manchmal haßt man die Macht des Zaubers, der uns getäuscht hat. So verbrannte und zerstörte Armida den Palast, in dem sie verzaubert wurde[4].

Die Mediziner kennen auch nicht besser als der Durchschnitt der Menschen die Krankheiten und das Innere des menschlichen Körpers. Sie alle sind Blinde, aber die Mediziner sind die des Hospitals, die sich besser in den Straßen auskennen und sich besser aus der Affäre ziehen.

Ihr fragt: Wie macht man sein Glück? Man sehe zu, wie es im Parterre eines vollbesetzten Theaters zugeht. Die einen bleiben stehen, die andern weichen zurück, die letzten werden nach vorwärts geschoben. Das Bild ist so richtig, daß es der Volksmund in ein geflügeltes Wort aufgenommen hat. Sein Glück machen, nennt man sich vorwärts drängen. Mein Sohn, mein Neffe wird sich vorwärts drängen. Die feinen Leute sagen: vorwärtskommen, aufsteigen, emporkommen. Diese Ausdrücke klingen weniger hart. Es liegt nicht so viel Gewalttätigkeit, Roheit darin, aber in der Sache kommt es auf eins hinaus.

Die physische Welt scheint das Werk eines mächtigen und gütigen Wesens zu sein, das einen Teil seines Plans einem bösen Geist zur Ausführung übergeben mußte. Aber die geistige Welt scheint aus den Launen eines tollgewordenen Teufels entstanden.

Wer seine Behauptungen in Dingen, die sich beweisen lassen, nur mit seinem Ehrenwort bekräftigt, gleicht dem Mann, der gesagt hat: »Ich versichere Sie auf Ehre, daß die Erde sich um die Sonne dreht.«

In großen Dingen zeigen sich die Menschen so, wie man es von ihnen erwartet, in kleinen geben sie sich so, wie sie sind.

Was ist ein Philosoph? Ein Mensch, der dem Gesetz die Natur, dem Brauch die Vernunft, sein Gewissen der öffentlichen Meinung und sein Urteil dem Irrtum gegenüberstellt.

Ein Dummkopf, der einen Einfall hat, erregt Staunen und Ärgernis wie ein galoppierender Fiakergaul.

Von niemandem abhängen, der Mann seines Herzens, seiner Grundsätze, seiner Gefühle sein: nichts habe ich seltener gesehen.

Statt die Menschen von gewissen Fehlern, die der Gesellschaft unerträglich sind, zu korrigieren, müßte man die Schwäche derer, die sie dulden, korrigieren.

Dreiviertel aller Narrheiten sind bloß Dummheiten.

Die Meinung ist die Königin der Welt, weil die Dummheit die Königin der Schwachköpfe ist.

Man muß verstehen, die Dummheiten zu begehen, die unser Charakter von uns verlangt.

Würdenträgern ohne Verdienste erweist man Ehren ohne Ehre.

Für uns alle, ob groß oder klein, gilt, was der Fiaker zu den Kurtisanen in der ›Mühle von Javelles‹ sagte: »Wir können nicht ohne euch, ihr nicht ohne uns auskommen«[5].

Jemand meinte, die Vorsehung sei der Taufname des Zufalls; ein Frommer wird vielleicht sagen, der Zufall sei ein Spitzname der Vorsehung.

Es gibt wenige Menschen, die sich getrauten, unerschrocken und mutig der Kraft ihrer Vernunft freien Lauf zu lassen, und es wagten, sie in voller Stärke auf alle Gegenstände anzuwenden. Die Zeit ist gekommen, wo man sie so auf alle Gegenstände wirken lassen muß, auf Moral, Politik, Gesellschaft, auf Könige, Minister und Große, auf die Prinzipien der Wissenschaften, der schönen Künste usw., wenn man über die Mittelmäßigkeit hinauskommen will.

Es gibt Menschen, die das Bedürfnis haben zu glänzen, sich über die andern zu erheben, koste es, was es wolle. Alles ist ihnen recht, wenn sie sichtbar sind auf den Brettern des Marktschreiers. Ob Theater, Thron, Schafott – sie fühlen sich überall wohl, wo sie die Blicke auf sich ziehen.

Die Menschen werden klein, wenn sie in Massen zusammenkommen, wie die Teufel bei Milton sich in Zwergteufel verwandeln, um ins Pandämonium zu kommen.[6]

Man zerstört seinen eignen Charakter aus Furcht, die Blicke und die Aufmerksamkeit der Menschen auf sich zu ziehen, und man stürzt sich in das Nichts der Belanglosigkeit, um der Gefahr zu entgehen, besondere Kennzeichen zu haben.

Die physischen Geißeln und Drangsale der menschlichen Natur haben die Gesellschaft notwendig gemacht. Die Gesellschaft hat die Leiden der Natur noch gesteigert. Die Nachteile der Gesellschaft haben die Regierung notwendig gemacht, und die Regierung steigert noch die Leiden der Gesellschaft. Das ist die Geschichte der menschlichen Natur.

Ehrgeiz fängt die kleinen Seelen leichter als die großen, wie Stroh und Hütten leichter Feuer fangen als Paläste.

Der Mensch lebt oft mit sich und bedarf der Tugend, er lebt mit andern und bedarf der Ehre.

Die Tantalusfabel wird fast nur als Symbol des Geizes aufgefaßt. Aber sie gilt mindestens ebenso für den Ehrgeiz, für die Ruhmsucht, für fast alle Leidenschaften.

Die Natur hat Vernunft und Leidenschaften zugleich erschaffen. Durch das zweite Geschenk wollte sie wohl dem Menschen hinweghelfen über das Böse, das sie ihm mit dem ersten zufügte, und wenn sie ihn den Verlust seiner Leidenschaften nur wenige Jahre überleben ließ, geschah es offenbar aus Mitleid, um den Menschen von einem Leben zu befreien, dem nichts geblieben wäre als die Vernunft.

Alle Leidenschaften übertreiben und wären keine Leidenschaften, wenn sie nicht übertrieben.

Der Philosoph, der seine Leidenschaften ausrotten will, gleicht dem Chemiker, der sein Feuer löscht.

Die beste der Gaben der Natur ist jene Kraft der Vernunft, die uns über unsre eignen Leidenschaften und Schwächen erhebt, und auch unsre Vorzüge, Talente und Tugenden in unsre Macht gibt.

Warum sind die Menschen so töricht, so untertänig der Gewohnheit oder der Furcht, ein Testament zu machen, mit einem Wort, so albern, daß sie ihr Vermögen eher denen vererben, die über ihren Tod lachen, als denen, die ihn beweinen?

Die Natur hat Illusionen den Weisen wie den Narren mitgegeben, damit die Weisen nicht zu unglücklich würden durch ihre Weisheit.

Beobachtet man die Art, in der man in den Spitälern mit den Kranken umgeht, so möchte man glauben, die Menschen hätten diese traurigen Zufluchtsstätten nicht erfunden zum Wohl der Kranken, sondern um den Glücklichen den Anblick zu ersparen, der sie in ihrem Vergnügen stören könnte.

Heutzutage wird romantisch gescholten, wer die Natur liebt.

Das tragische Theater hat einen großen moralischen Nachteil: es überschätzt die Bedeutung von Leben und Tod.

Der verlorenste aller Tage ist der, an dem man nicht gelacht hat.

Die meisten Narrheiten macht man aus Dummheit.

Man fälscht Geist, Gewissen, Vernunft, wie man sich den Magen verdirbt.

Für Geheimnis und anvertrautes Gut gelten die gleichen Regeln.

Zwischen Geist und Herz besteht oft dasselbe Verhältnis wie zwischen Schloßbibliothek und Schloßherrn.

Dichter, Redner, sogar einige Philosophen sprechen uns von der Liebe zum Ruhm mit den Worten, mit denen man uns in der Schule zu Preisarbeiten ermunterte. Was man den Kindern sagt, damit ihnen das Lob ihrer Bonne lieber sei als Kuchen, wiederholt man den Erwachsenen, damit ihnen das Lob durch Zeitgenossen und Nachwelt lieber sei als ihr persönlicher Vorteil.

Wer Philosoph werden will, darf sich nicht von den ersten traurigen Entdeckungen abschrecken lassen, die man bei der

Erkenntnis der Menschen macht. Will man sie erkennen, so muß man den Ärger überwinden, den sie erregen. Auch der Anatom überwindet ja die Natur, seine Reizbarkeit und seinen Ekel, um in seiner Kunst geschickt zu werden.

Lernt man die Leiden der Natur kennen, so verachtet man den Tod, lernt man die Leiden der Gesellschaft kennen, so verachtet man das Leben.

Mit dem Wert der Menschen steht es wie mit den Diamanten. Bis zu einer gewissen Größe, Reinheit und Vollkommenheit haben sie ihren bestimmten festen Preis. Darüber hinaus haben sie keinen Preis und finden keinen Käufer.

II
Fortsetzung der allgemeinen Maximen

In Frankreich scheint jedermann Geist zu haben. Der Grund ist einfach. Da bei uns alles eine Folge von Widersprüchen ist, so genügt schon die leiseste Aufmerksamkeit, um sie zu bemerken und miteinander zu verbinden. So entstehen ganz ungezwungene Kontrastwirkungen, und wer sie aufdeckt, scheint ein höchst geistreicher Mann zu sein. Erzählen heißt bei uns, Groteskes vorbringen. Ein einfacher Berichterstatter wird zum Humoristen, und unsre Historiker werden einst als satirische Schriftsteller gelten.

Das Publikum glaubt nicht an die Reinheit bestimmter Gesinnungen und Gefühle und kann sich im allgemeinen nur zu niedrigen Ideen erheben.

Kein Mensch kann als einzelner so verächtlich sein wie eine Körperschaft. Keine Körperschaft kann so verächtlich sein wie das Publikum.

Es gibt Zeiten, wo die öffentliche Meinung die schlechteste aller Meinungen ist.

Die Hoffnung ist weiter nichts als ein Scharlatan, der uns narrt ohne Unterlaß. Und für mich beginnt das Glück erst, wenn ich

sie verloren habe. Über das Tor des Paradieses möchte ich gern die Worte setzen, die Dante über die Pforte der Hölle schrieb:
Lasciate ogni speranza voi ch'entrate[7].

Der Arme, aber Unabhängige untersteht nur der Notwendigkeit, der Reiche, aber Abhängige einem oder mehreren andern Menschen.

Der Ehrgeizige, der sein Ziel verfehlt hat, und dann verzweifelt, erinnert an Ixion, der aufs Rad geflochten wurde, weil er eine Wolke umarmt hatte[8].

Ein geistreicher und schlechter und ein geistreicher und anständiger Charakter unterscheiden sich wie ein Mörder und ein Weltmann, der gut fechten kann.

Was hilft es schon, wenn es aussieht, als habe man weniger Schwächen als ein andrer, und wenn man den Menschen weniger Blößen zeigt? Es genügt, wenn man eine hat, und die Menschen sie kennen. Man müßte ein Achilles sein ohne Ferse, aber das scheint unmöglich.

Das Elend des Menschen liegt darin, daß er in der Gesellschaft Trost suchen muß gegen die Leiden, die die Natur ihm zufügt, und in der Natur Trost gegen die Leiden der Gesellschaft. Wie viele haben weder hier noch dort eine Erleichterung ihrer Schmerzen gefunden!

Der ungerechteste, widersinnigste materielle Anspruch würde zwar in einer Gesellschaft von Leuten von Rang als unerträglich mit Verachtung abgelehnt werden. Aber man strenge einen regelrechten Prozeß an – jeder Prozeß kann gewonnen oder verloren werden. Ebenso kann jede Meinung, jede Behauptung, so lächerlich sie auch sei, wenn sie zwischen verschiedenen Parteien, in einer Körperschaft, in einer Versammlung zur Diskussion gestellt wird, die Stimmenmehrheit erhalten.

Es ist bekannt, daß unsre Zeit die Wörter wieder in ihre Schranken gewiesen hat. Die scholastischen, dialektischen, metaphysischen Spitzfindigkeiten hat man verworfen und ist in der Physik, Moral und Politik wieder zur Einfachheit und Wahrheit zurückgekehrt. Um nur ein Beispiel aus der Moral anzuführen: man weiß, wie viele mannigfache metaphysische Bedeutungen das Wort »Ehre« in sich schließt. Unsre Zeit empfand das als unbequem, und um alles auf die einfachste, knappste Formel zu bringen, hat man bestimmt: uneingeschränkte, ungeschmälerte Ehre gebührt jedem, der noch nicht mit den Gerichten zu tun gehabt hat. Früher einmal war das Wort Ehre eine Quelle von Mißverständnissen und Schwierigkeiten, heute gibt es nichts Klareres. Hat einer schon am Pranger gestanden oder nicht? das ist jetzt der Stand der Frage. Eine Tatsache, die leicht durch die Gerichtsregistratur entschieden werden kann. Hat man noch nicht am Pranger gestanden, so ist man ein Ehrenmann, und kann auf alles, sogar auf einen Platz im Ministerium Anspruch erheben. Man hat Zutritt zu den Körperschaften, zu Akademien und Höfen. Man sieht, wieviel Schwierigkeiten und Debatten durch Klarheit und Deutlichkeit vermieden werden, wie leicht und bequem das Leben wird.

Liebe zum Ruhm – eine Tugend! Seltsame Tugend, die durch alle Laster unterstützt, durch Stolz, Ehrgeiz, Neid, Eitelkeit, manchmal sogar durch Geiz verstärkt wird! Wäre Titus Titus, wenn er Sejanus, Narcissus, Tigellinus zu Ministern gehabt hätte?

Ruhm stellt oft einen Mann von Rang auf dieselbe Probe wie das Geld, das heißt, beide zwingen ihn, ehe sie ihn zu sich herankommen lassen, Dinge zu tun oder zu leiden, die mit der Menschenwürde unvereinbar sind. Ein unerschrockener Mann, der den Mut zu seinem Charakter hat, stößt beide gleicherweise zurück und hüllt sich in Verborgenheit oder in Elend und manchmal in beide.

Wer gerade in der Mitte zwischen unserm Feind und uns steht, scheint dem Feind näher zu sein als uns. Es ist eine Wirkung der Optik: der Springbrunnen scheint uns weniger entfernt zu sein vom andern Ufer als von dem, an welchem wir stehen.

Die öffentliche Meinung ist eine Gerichtsbarkeit, die ein rechter Mann nie ganz anerkennt und die er nie ablehnen soll.

Eitel heißt: nichtig; so ist die Eitelkeit so elend, daß man ihr nichts Schlimmeres nachsagen kann als ihren Namen. Sie gibt sich selbst als das, was sie ist.

Man glaubt, daß die Kunst zu gefallen ein Mittel sei, sein Glück zu machen. Sich langweilen lassen zu können, verspricht noch mehr Gewinn, und das Talent, sein Glück zu machen oder Erfolg bei Frauen zu haben, beruht fast ganz auf dieser Kunst.

Bedeutende Charaktere haben meist etwas Romantik im Kopf oder im Herzen. Ein Mensch ohne alle Romantik kann noch so ehrlich und geistreich sein, er verhält sich zu bedeutenden Charakteren wie ein sehr gescheiter Künstler, dem die ideale Schönheit fremd ist, zum genialen Künstler, dem sie vertraut ist.

Es gibt Menschen, deren Vorzüge im Privatleben besser zur Geltung kommen als im öffentlichen Amte. Ein solcher Rahmen würde ihr Bild verrücken. Je schöner ein Diamant ist, um so leichter muß seine Einfassung sein. Je schwerer sie ist, um so weniger kommt der Diamant zur Geltung.

Wer kein Marktschreier sein will, muß dem Podium fernbleiben. Steigt man hinauf, so muß man es sein, um nicht von der Versammlung mit Steinen beworfen zu werden.

Es gibt wenige Laster, durch die man sich seine Freunde so verscherzen kann wie durch große Vorzüge.

Manche anspruchsvolle Überlegenheit wird zunichte, wenn man sie nicht anerkennt, manche schon wirkungslos, wenn man sie nicht bemerkt.

Man wäre sehr weit im Studium der Moral, wenn man alle Züge unterscheiden könnte, die Stolz von Eitelkeit abgrenzen. Stolz ist selbstbewußt, still, ruhig, unerschütterlich, Eitelkeit unsicher, beweglich, unruhig, schwankend. Stolz macht den Menschen groß, Eitelkeit bläht ihn auf. Stolz ist die Quelle von tausend Tugenden, Eitelkeit die fast aller Laster und Fehler. Es gibt eine Art Stolz, die alle Gebote Gottes einschließt, und eine Eitelkeit, die alle sieben Todsünden umfaßt.

Leben ist eine Krankheit, von der der Schlaf alle sechzehn Stunden einmal befreit. Es ist nur ein Palliativ, der Tod ist das Heilmittel.

Die Natur scheint sich der Menschen für ihre Zwecke zu bedienen, ohne sich um ihre Werkzeuge zu kümmern, fast wie Tyrannen sich derjenigen entledigen, deren sie sich bedient haben.

An zwei Dinge muß man sich gewöhnen, um das Leben erträglich zu finden, die Unbilden der Zeit und die Ungerechtigkeiten der Menschen.

Weisheit ohne Mißtrauen begreife ich nicht. Die Heilige Schrift sagt zwar, daß der Anfang der Weisheit die Furcht vor Gott war, aber ich glaube, daß es die Furcht vor den Menschen ist[9].

Es gibt gewisse Fehler, die vor epidemischen Lastern schützen; in Pestzeiten bleiben Malariakranke vor der Ansteckung bewahrt.

Unglücklich machen die Leidenschaften nicht durch die Qualen, die sie verursachen, sondern durch die Fehler und Schändlichkeiten, die sie einen begehen lassen und die den Menschen erniedrigen. Ohne solche Nachteile hätten sie zuviel vor der kalten Vernunft voraus, die nicht glücklich macht. Durch die Leidenschaften lebt der Mensch, durch die Vernunft existiert er bloß.

Ein Mensch ohne geistigen Aufschwung kann nicht gütig, höchstens gutmütig sein.

Folgende Gegensätze sollte man vereinen können: Tugend mit Gleichgültigkeit gegen die öffentliche Meinung, Arbeitsfreude mit Gleichgültigkeit gegen den Ruhm und die Sorge um die Gesundheit mit Gleichgültigkeit gegen das Leben.

Wer einen Wassersüchtigen von seinem Durst heilt, tut mehr für ihn, als wer ihm ein Faß Wein schenkt. Man wende das auf den Reichtum an.

Auch schlechte Menschen tun mitunter Gutes, als wollten sie ausprobieren, ob es wirklich so viel Vergnügen mache, wie die guten behaupten.

Wenn Diogenes heutzutage lebte, müßte seine Laterne eine Blendlaterne sein.

Man muß zugeben: Um glücklich in der Welt zu leben, muß man gewisse Seiten seines Seelenlebens völlig ausschalten können.

Das Glück und der Aufwand, den es mit sich bringt, macht aus dem Leben eine Schaustellung, inmitten deren der ehrlichste Mensch auf die Dauer zum Komödianten werden muß.

Bei den Dingen geht alles durcheinander, bei den Menschen ist alles Stückwerk. Im Geistigen und Physischen ist alles ungeschieden; nichts rein und einheitlich.

Wenn ein Weltmann von vierzig Jahren die grausamen Wahrheiten, verdrießlichen Entdeckungen, die Geheimnisse der Gesellschaft, aus denen sich seine Erfahrung zusammensetzt, schon mit zwanzig gekannt hätte, so wäre er entweder verzweifelt, oder er hätte sich selbst vorsätzlich korrumpiert. Dennoch kennt man eine kleine Zahl von Männern dieses Alters, die, in allem unterrichtet, durchaus aufgeklärt und weder verderbt noch unglücklich sind. Klugheit leitet ihre Tugend mitten durch die öffentliche Korruption, und die Stärke ihres Charakters, die sich mit den Einsichten eines umfassenden Geistes verbindet, erhebt sie über den Kummer, den die Verdorbenheit der Menschen erregt.

Will man wissen, bis zu welchem Grad die verschiedenen gesellschaftlichen Stellungen die Menschen verdorben haben, so prüfe man sie, wenn sie ihrem Einfluß am längsten ausgesetzt waren, das heißt im hohen Alter. Man sehe, was ein alter Hofmann, ein alter Geistlicher, ein alter Richter, ein alter Arzt usw. ist.

Ein Mensch ohne Prinzipien ist gewöhnlich auch ein Mensch ohne Charakter. Denn wäre er mit Charakter auf die Welt gekommen, so hätte er das Bedürfnis nach Prinzipien empfunden.

Es bedarf oft des Anlasses der Eitelkeit, damit der Mensch die ganze Energie seiner Seele zeigt. Holz zum spitzen Stahl ergibt den Wurfspieß, zwei Federn am Holz den Pfeil.

Man kann wetten, daß jede öffentliche Meinung, jede allgemeine Konvention eine Dummheit ist, denn sie hat der großen Menge gefallen.

Achtung ist mehr als Beachtung, Ansehen mehr als Ruf, Ehre mehr als Ruhm.

Schwächlinge sind gleichsam die leichten Truppen bei der Armee der Bösen, aber sie stiften mehr Schaden als die Armee selber; sie richten Verheerungen an und plündern.

Manche Dinge lassen sich leichter legalisieren als legitimieren.

Berühmtheit: der Vorteil, denen bekannt zu sein, die einen nicht kennen.

Man teilt gern mit seinen Freunden die Freundschaft für Personen, die einen selber wenig angehen. Aber mühsam nur verschafft der Haß, und selbst der gerechteste, sich Achtung.

Mancher wird seiner Talente wegen gefürchtet, seiner Verdienste wegen gehaßt. Erst sein Charakter beruhigt die Menschen. Doch wieviel Zeit ist vergangen, bis ihm Gerechtigkeit widerfuhr.

Weder als Mensch noch als Glied der sozialen Ordnung muß man mehr sein wollen, als man kann.

Dummheit wäre nicht ganz Dummheit, wenn sie nicht den Geist fürchtete. Das Laster wäre nicht ganz Laster, wenn es nicht die Tugend haßte.

Es ist nicht wahr, was Rousseau dem Plutarch nachgesprochen hat, daß man um so weniger empfindet, je mehr man denkt. Aber es ist wahr, daß man um so weniger liebt, je mehr man urteilt, eine Regel, die nur wenige Ausnahmen zuläßt[10].

Leute, die sich in allem nach der öffentlichen Meinung richten, gleichen den Schauspielern, die dem Beifall des schlechten Publikums zuliebe schlecht spielen. Manche könnten schon besser spielen, wenn der Geschmack des Publikums besser wäre. Der Anständige spielt seine Rolle so gut er kann, ohne an die Galerie zu denken.

Dem Mut gesellt sich eine Art Vergnügen, über dem Schicksal zu stehen. Geld verachten heißt, einen König entthronen. Es hat seinen Reiz.

Es gibt eine Art Nachsicht mit seinen Feinden, die mehr Dummheit als Güte oder Seelengröße zu sein scheint. Herr von C. scheint mir in dieser Hinsicht lächerlich und dem Hanswurst zu gleichen, der sagt: »Du gibst mir eine Ohrfeige, schau, ich ärgere mich nicht.« Man muß verstehen, seine Feinde zu hassen.

Robinson auf seiner Insel, ohne alles und zu schwierigsten Arbeiten gezwungen, um seinen Lebensunterhalt zu sichern, erträgt das Leben und genießt, wie er selber sagt, einige glückliche Augenblicke. Man male sich aus, er sei auf einer verzauberten Insel, umgeben von allem, was das Leben angenehm macht – vielleicht hätte der Müßiggang ihm das Dasein unerträglich gemacht.

Wie mit Kartenspielen und ähnlichem steht es auch mit unsern Ideen. Manche gelten zuerst als gefährlich und kühn – und dann sind sie gewöhnlich, fast trivial geworden und auf Menschen gekommen, die ihrer nicht würdig sind. Und so manche von denen, die wir heute gewagt nennen, werden unsern Nachkommen schwach und gewöhnlich erscheinen.

Ich habe oft bei meiner Lektüre bemerkt: Menschen, die eine Heldentat vollbracht, sich einer großmütigen Regung hingegeben, in großen Gefahren geschwebt, für die Allgemeinheit große Vorteile errungen haben – solche Menschen weisen im ersten Augenblick die Belohnung zurück, die man ihnen anbietet. Dieses Gefühl lebt auch im Herzen des ärmsten Mannes und in den untersten Klassen des Volkes. Welcher moralische Instinkt lehrt wohl solche einfache Menschen, daß die Belohnung solcher Taten nur im Gefühl derer liegt, die sie vollbracht haben? Es scheint, daß wer uns solche Taten bezahlt, sie uns nimmt.

Eine tugendhafte Handlung, die Aufopferung eigener Interessen oder seiner selbst ist das Bedürfnis einer adligen Seele, die Eigenliebe eines großmütigen Herzens, ich möchte sagen der Egoismus eines großen Charakters.

Eintracht unter Brüdern ist so selten, daß die Legende sie nur von einem Paar berichtet. Und von diesen beiden Brüdern nimmt sie an, daß sie sich niemals sahen, denn sie gingen immer abwechselnd hin und her von der Erde zu den seligen Gefilden, und so konnte es zu keinem Streit oder Bruch kommen[11].

Es gibt mehr Narren als Weise, und im Weisen selbst steckt mehr Narrheit als Weisheit.

Die Maximen bedeuten für die Lebensführung soviel wie die Meisterregeln für die Kunst.

Überzeugung ist das Gewissen des Geistes.

Man ist glücklich oder unglücklich durch eine Menge von Dingen, die nicht ans Tageslicht kommen, über die man nicht spricht und nicht sprechen kann.

Das Vergnügen kann sich auf Illusionen stützen, aber das Glück beruht auf der Wahrheit. Nur die Wahrheit kann uns das Glück geben, dessen die menschliche Natur fähig ist. Wer durch Illusionen glücklich wird, verspekuliert sein Vermögen, wer durch die Wahrheit glücklich wird, hat es in sicheren Gütern angelegt.

Nur wenig gestattet einem rechtschaffenen Mann, Geist und Seele behaglich auszuruhen.

Wenn behauptet wird, daß die Menschen, die am wenigsten empfinden, am glücklichsten sind, so erinnere ich mich immer an das indische Sprichwort: Sitzen ist besser als stehen, liegen besser als sitzen, aber das beste ist tot sein.

Geschicklichkeit verhält sich zur List wie Rechtlichkeit zur Spitzbüberei.

Starrsinn vertritt den Charakter – so ungefähr wie Temperament die Liebe.

Liebe, ein liebenswürdiger Wahnsinn – Ehrgeiz, eine ernsthafte Dummheit.

Vorurteil, Eitelkeit, Berechnung beherrschen die Welt; wer nur Vernunft, Wahrheit, Gefühl folgt, hat fast nichts gemein mit der Gesellschaft. Er muß in sich selbst sein ganzes Glück suchen und finden.

Man muß gerecht sein, ehe man großmütig ist, wie man Hemden haben muß, ehe man Spitzen hat.

Die Holländer haben kein Mitleid mit Menschen, die Schulden machen. Sie denken, daß jeder verschuldete Mensch auf Kosten seiner Mitbürger lebt, wenn er arm, auf Kosten seiner Erben, wenn er reich ist.

Reichtümer gleichen den reichen und verschwenderischen Frauen, die die Häuser zugrunde richten, in die sie eine große Mitgift gebracht haben.

Der Wechsel der Moden ist die Steuer, die der Fleiß der Armen der Eitelkeit der Reichen auferlegt.

Geldsachen stellen kleine Charaktere auf eine große Probe, auf die geringste die vornehmen; von einem Menschen, der das Geld verachtet, zu einem wirklich Anständigen ist noch ein weiter Weg.

Der reichste aller Menschen ist der Sparsame, der Geizhals der Ärmste.

Es bestehen manchmal falsche Charakterähnlichkeiten zwischen zwei Menschen, die sie einander näherbringen und für einige Zeit miteinander verbinden. Aber allmählich klärt sich der Irrtum auf; und sie sind ganz erstaunt, einander so fernzustehen und sich gegenseitig durch alle ihre Berührungspunkte abzustoßen.

Ist es nicht seltsam, daß der Ruhm einiger großer Männer darin besteht, daß sie ihr ganzes Leben der Bekämpfung erbärmlicher, menschenunwürdiger Vorurteile gewidmet haben? Der Ruhm Bayles zum Beispiel war es, die Widersinnigkeit philosophischer und scholastischer Spitzfindigkeiten nachgewiesen zu haben, über die ein gewöhnlicher Bauer aus Gatinais die Achseln zucken würde. Der Ruhm Lockes: daß man nicht sprechen soll, ohne einander zu verstehen, und nicht glauben soll zu verstehen, was man nicht versteht. Der mehrerer andrer Philosophen, große Bücher gegen abergläubische Ideen verfaßt zu haben, vor denen ein Wilder aus Kanada verächtlich die Flucht ergreifen würde. Der Montesquieus und einiger Autoren vor ihm, daß sie, indem sie viele nichtswürdige Vorurteile respektierten, durchblicken ließen, daß die Herrscher für die Beherrschten da sind, nicht umgekehrt. Wenn sich der Traum der

Philosophen erfüllt – was wird die Nachwelt dazu sagen, daß so einfache und natürliche Resultate solcher Anstrengungen bedurften?

Ein weiser und gleichzeitig rechtlicher Mann ist sich selber schuldig, die Reinheit, die sein Gewissen befriedigt, zu verbinden mit der Klugheit, die Verleumdung erspäht und ihr zuvorkommt.

Die Rolle des Weitblickenden ist traurig genug. Er betrübt seine Freunde, indem er ihnen das Unglück voraussagt, das die Folge ihrer Unklugheit sein wird. Er findet keinen Glauben. Ist das Unglück hereingebrochen, so wissen ihm die Freunde keinen Dank für seine Voraussagen, und ihre Eigenliebe schlägt die Augen nieder vor dem Freund, der sie hätte trösten sollen und trösten dürfen, wenn sie sich nicht durch seine Gegenwart gedemütigt fühlten.

Wer sein Glück zu sehr von seiner Vernunft abhängig macht, wer es prüft und sozusagen seine Genüsse kontrolliert und nur die ausgesuchtesten sich noch erlaubt, hat schließlich gar keine mehr. Er gleicht dem Mann, der fortwährend seine Matratzen umkrempeln läßt. Dadurch werden sie nicht dicker, und zu guter Letzt liegt er auf dem Boden.

Die Zeit verringert die Stärke der *absoluten* Freuden, wie die Metaphysiker sagen, aber es scheint, daß sie die der *relativen* steigert. Ich halte das für einen Kunstgriff, durch den die Natur die Menschen ans Leben kettet, wenn sie verloren haben, was es angenehm gemacht hat.

War man viel geplagt, ermüdet durch seine eigenen Empfindungen, so merkt man, daß man in den Tag hinein leben muß, viel vergessen, das Leben auspressen, in dem Maß als es verfließt.

Falsche Bescheidenheit ist die schicklichste aller Lügen.

Man sagt, man müsse sich bemühen die Bedürfnisse immer mehr einzuschränken. Diese Maxime muß man besonders auf die Eigenliebe anwenden; ihre Bedürfnisse sind die tyrannischsten, und man muß sie am meisten bekämpfen.

Es kommt nicht selten vor, daß schwache Seelen durch den Umgang mit stärkeren sich über sich selbst erheben wollen. Dabei ergeben sich so komische Ungereimtheiten, wie wenn ein Dummkopf Geist haben will.

Tugend wie Gesundheit ist nicht das höchste Gut. Sie ist eher der Ort alles Guten als das Gute selbst. Es ist gewisser, daß das Laster unglücklich macht, als daß die Tugend Glück bringt. Die Tugend ist aber deshalb das wünschenswerteste, weil sie der größte Gegensatz zum Laster ist.

III
Von der Gesellschaft, den Großen, den Reichen und den Weltleuten

Man lernt die Welt nicht aus Büchern kennen. Das ist bekannt, weniger bekannt, warum: Weltkenntnis ist das Resultat tausend feiner Beobachtungen, die man aus Eigenliebe niemandem, auch nicht dem besten Freund anzuvertrauen wagt. Man fürchtet, für einen Kleinigkeitskrämer gehalten zu werden, obwohl gerade die Kenntnis solcher Kleinigkeiten nicht wenig zum Erfolg der größten Unternehmungen beitragen kann.

Liest man die Memoiren und Dokumente aus dem Zeitalter Ludwigs XVI., so findet man selbst bei der schlechten Gesellschaft von damals etwas, das der guten von heute fehlt.

Was ist Gesellschaft, wenn Vernunft nicht ihre Bande knüpft, Gefühl nicht an ihr Anteil hat, wenn sie nicht ein Austausch liebenswürdiger und wahrhaft wohlwollender Gedanken ist? Ein Markt, eine Spelunke, eine Herberge, ein Bordell, bald dies, bald das scheint sie denen, die sie bilden, zu sein.

Man kann das metaphysische System der Gesellschaft als ein Bauwerk ansehen, das aus verschiedenen mehr oder minder großen Gelassen und Räumen besteht. Die Lebensstellungen mit ihren Rechten und Vorrechten bilden diese verschiedenen Gelasse. Sie sind beständig, nur die Bewohner wechseln. Diese sind bald groß, bald klein, und keiner entspricht der Stellung, die er einnimmt. Hier kauert ein Riese in einer Nische, dort steht ein Zwerg unter einer Arkade. Selten herrscht zwischen Raum und Figur das richtige Verhältnis. Um das Gebäude aber tummelt sich stets eine Menschenmenge jeglicher Art. Sie warten, wo nur irgendein Plätzchen frei wird, um sich dort niederzulassen. Um einziehen zu dürfen, beruft sich jeder auf sein Recht: seine Herkunft oder Protektion. Beriefe sich nur einmal einer, um bevorzugt zu werden, auf das richtige Verhältnis, das zwischen Mensch und Stellung bestehen soll, wie zwischen Instrument und Futteral – man würde ihn auspfeifen. Sogar die Konkurrenten hüten sich, gegen ihre Gegner ein solches Mißverhältnis ins Treffen zu führen.

Man kann nach den Jahren der Leidenschaft es in der Gesellschaft nicht mehr aushalten. Sie ist nur erträglich, solange man sich mit Essen und Trinken unterhält und mit der Pflege des eigenen Ich die Zeit totschlägt.

Juristen und Amtspersonen kennen den Hof, die augenblicklichen Interessengruppen ungefähr so wie Schüler, die das »exeat« erhalten haben und außerhalb der Schule essen dürfen, die Welt kennen.

Was man in verschiedenen Kreisen sagt – in Salons, bei Festessen, in öffentlichen Versammlungen, in Büchern und zwar selbst in solchen, deren Thema die Gesellschaft ist –, all das ist falsch und unzulänglich. Man kann darauf das italienische Wort per la predica oder das lateinische ad populum phaleras anwenden[12]. Wahr und lehrreich ist, was der verantwortungsbewußte, ehrliche Mann, der viel und scharf beobachtet hat, seinem Freund am Kamin sagt; Unterhaltungen dieser Art haben mir mehr gegeben als alle Bücher und all der übliche Verkehr in der Gesellschaft. Denn sie brachten mich auf den richtigen Weg und gaben mir Stoff zum Weiterdenken.

Der Einfluß geistiger Ideen auf unser Seelenleben zeigt sich überall dann, wenn sie in Kontrast zu physischen, materiellen Eindrücken treten. Niemals aber klarer, als wenn diese Gegenüberstellung rasch, überraschend erfolgt. Man geht am Abend über die Boulevards. Da sieht man einen herrlichen Garten und in dessen Hintergrund einen geschmackvoll beleuchteten Salon, man gewahrt eine Gruppe lieblicher Frauen, Büsche, Laubengänge, aus denen man ein Lachen herüberhört. Eine schlanke Gestalt ... eine Nymphe ... Fragt man, wer diese Frau sei, so hört man, Frau von ***, die Hausherrin. Man kennt sie leider und der Zauber ist gebrochen.

Trifft man Baron von Breteuil, so unterhält er einen von seinem großen Vermögen und seinen gewöhnlichen Liebesabenteuern. Schließlich zeigt er einem das Bild der Königin mitten in einer diamantgefaßten Rose.

Ein Dummkopf, der stolz ist auf sein Ordensband, scheint mir noch unter dem lächerlichen Menschen zu stehen, der sich ein Vergnügen daraus machte, sich von seiner Geliebten Pfauenfedern in den H...... stecken zu lassen. Er hatte so zwar das Vergnügen ... aber Baron von Breteuil steht noch tief unter Peixoto.

Das Beispiel von Breteuil bezeugt, daß man diamantenbesetzte Bilder von zwölf oder fünfzehn Herrschern in den Taschen haben kann und trotzdem nicht mehr zu sein braucht als ein Dummkopf.

Das ist ein Dummkopf! – bald gesagt, so radikal ist man in allem. Was heißt es eigentlich? Es ist jemand, der seine Stellung mit sich selbst verwechselt, sein Ansehen für Verdienst, seinen Ruf für Tüchtigkeit hält. Sind nicht alle Menschen so? Wozu also die Aufregung?

Wenn die Dummköpfe aus ihren Stellungen ausscheiden, so bewahren sie, ob Minister oder Kommis, eine lächerliche Dünkelhaftigkeit und Wichtigkeit.

Ein geistreicher Mann könnte tausend Geschichten erzählen über die Dummheiten und Unterwürfigkeiten, die er mit ansehen mußte; man kann es an hundert Beispielen sehen. Das Übel ist so alt wie die Monarchie und darum nicht zu beheben. Aus tausend Zügen möchte ich schließen, daß man gern Affen zu Ministern machte, wenn sie das Talent von Papageien hätten.

Nichts ist schwerer, als eine triviale Ansicht oder eine eingebürgerte Redensart zu Fall zu bringen. Ludwig XV. hat im einzelnen drei- oder viermal Bankrott gemacht, und trotzdem schwört man ihm auf Edelmannswort. Herrn von Guémenée wird es nicht besser gehen.

Die Weltleute brauchen sich nur zusammenzurotten und glauben schon, sie seien in Gesellschaft.

Ich habe erlebt, wie Leute, um einem Menschen mit Präsidentenmütze oder Amtstalar zu gefallen, ihr Gewissen verrieten; da wundert man sich nicht, daß manche es überhaupt schon gegen die Mütze oder gegen den Talar tauschten. Alle beide sind gleich niedrig und die ersten noch absurder.

Die Gesellschaft besteht aus zwei großen Klassen: die einen haben mehr Essen als Appetit, die andern mehr Appetit als Essen.

Oft bewirtet man für zehn oder zwanzig Louis Leute, für die man nicht einmal einen Taler aufwenden würde, um ihnen nur die Verdauung einer solchen Mahlzeit zu verschaffen.

Für die Kunst des Spottes und Witzes ist eine glänzende Regel, daß Spötter und Witzbold sich der Wirkung auf ihr Opfer bewußt sein müssen. Ärgert es sich, so haben sie unrecht.

Herr *** sagte mir, ich hätte das große Unglück, mich der Allmacht der Dummheit nicht zu fügen. Er hatte recht. Ich habe eingesehen, daß in der Welt der Dummkopf den großen Vorteil hat, sich unter seinesgleichen zu befinden – wie Bruder Lourdis im ›Tempel der Dummheit‹:
>Alles gefiel ihm; ja er bildete sich ein,
>In seines Klosters Mauern noch zu sein[13].

Betrachtet man manchmal die Spitzbübereien der Kleinen und die Räubereien der Großen, so ist man versucht, die Gesellschaft für einen Wald voller Diebe zu halten. Die Häscher, die die Bande im Zaum halten sollen, sind die gefährlichsten.

Weltleute und Hof geben Menschen und Dingen einen konventionellen Wert und staunen dann, die Narren zu sein. Sie gleichen den Leuten, die eine Rechnung mit veränderlichen und willkürlichen Posten aufstellen, deren wirklichen bestimmten Wert sie erst beim Zusammenzählen errechnen können, erstaunt, nun nicht auf ihre Kosten zu kommen.

Es gibt Augenblicke, wo die Welt sich selber richtig einschätzt. Wer sich gar nichts aus ihr macht, gewinnt in ihren Augen, wie ich oft bemerkt habe; souveräne Verachtung kann sogar wie eine Empfehlung wirken, wenn es sich um eine wahre, aufrichtige, naive Verachtung ohne Affektation und Großsprecherei handelt.

Die Welt ist so verächtlich, daß die wenigen anständigen Leute einen achten, wenn man ihr mit Verachtung gegenübersteht, und sich selbst durch diese Verachtung mit leiten lassen.

Freundschaft des Hofes – Treue von Füchsen, Gemeinschaft mit Wölfen.

Wer die Gunst eines Ministers erlangen will, muß ihn lieber mit einem traurigen als mit heiterem Gesicht ansprechen. Man sieht ungern andre glücklicher, als man selber ist.

Eine grausame Wahrheit, der man aber doch wird beipflichten müssen: in der Welt, besonders in der vornehmen Welt, ist alles Künstlichkeit, Bewußtheit, Berechnung, selbst was zunächst wie Einfachheit und liebenswürdige Leichtigkeit aussieht. Ich fand Leute, bei denen alles, was sich als anmutige, ursprüngliche Regung gab, nichts anderes war als die allerdings sehr geschickte Ausführung feinster und bewußter Überlegungen. Überlegte Berechnung verband sich da mit dem Anschein von Naivität und unbekümmertem Sichgehenlassen, vergleichbar dem studierten Négligé der Koketten, deren Kunst darin besteht, keine Kunst merken zu lassen. Das ist ärgerlich, aber notwendig. Denn wehe dem, der seine Schwächen und Blößen nicht sogar dem besten Freund verbirgt! Ich habe beobachtet, wie die besten Freunde die Eigenliebe derer verletzten, deren Geheimnis sie herausbekommen hatten. In der heutigen Gesellschaft – ich spreche immer von der feinen Gesellschaft – scheint es mir unmöglich, daß irgend jemand seine Seele, die verschiedenen einzelnen Züge seines Charakters und vor allem seiner Schwächen, selbst dem besten Freund offenbaren kann. Man muß in diesen Kreisen die Kunst der Verstellung übersteigern, damit sie als solche nicht mehr durchschaut wird. Wäre es auch nur, um von einer Truppe ausgezeichneter Komödianten nicht als schlechter Schauspieler verachtet zu werden.

Die Leute, die sich für einen Fürsten begeistern, wenn sie einmal gut behandelt worden sind, kommen mir vor wie Kinder, die nach einer Prozession Pfarrer, und nach einer Truppenparade Soldaten werden wollen.

Günstlinge und Höhergestellte wollen manchmal verdiente Leute an sich ziehen, verlangen aber so viele erniedrigende Demütigungen, daß sie alle, die sich noch etwas Schamgefühl bewahrt haben, weit von sich stoßen. Ich sah, wie manche, mit denen ein Günstling oder Minister leicht fertig geworden wäre, über ein solches Ansinnen nicht weniger empört waren als ehrenwerte Leute. Einer sagte mir: »Die Großen wollen, daß man sich nicht erst für Wohltaten, sondern schon für Hoffnungen auf solche erniedrigt. Sie wollen uns nicht durch den Lotteriegewinn, sondern schon durch ein Lotterielos kaufen. Ich kenne Spitzbuben, die sie scheinbar gut behandelt haben und die in Wirklichkeit nicht besser weggekommen sind als die ehrenwertesten Leute.«

Die glanzvollsten und nützlichsten Handlungen, die sichtbarsten und größten Dienste, die man der Nation und selbst dem Hofe erweisen kann, sind, wenn man bei Hof nicht genehm ist, doch nichts andres als glänzende Laster, wie die Theologen sagen[14].

Man glaubt nicht, wie geistreich man sein muß, um niemals lächerlich zu werden.

Jeder, der lange in der Gesellschaft leben kann, beweist mir nur, daß er nicht besonders feinfühlig ist. Nichts, was dort das Herz erwärmen könnte, nichts, das es nicht verhärtete, und wäre es auch nur der Anblick der Fühllosigkeit, Leere und Eitelkeit, die dort herrschen.

Treten Fürsten einmal aus ihrer elenden Etikette heraus, so geschieht es niemals für einen wirklich verdienstvollen Mann, sondern eher für eine Dirne oder für einen Hanswurst. Wenn Frauen sich ins Gerede bringen, so fast niemals wegen eines verdienten Mannes. Überhaupt zerbricht man selten das Joch der öffentlichen Meinung, um sich über sie zu erheben, sondern fast immer, um noch tiefer zu sinken.

Es gibt Verstöße in der Lebensart, die kaum oder doch nur noch selten vorkommen. Man ist heute, wo Geist und Witz die Empfindung verdrängt haben, so raffiniert geworden, daß ein gewöhnlicher Mensch, wenn er nur ein wenig nachdenkt, gern gewisse Plattheiten aufgibt, die früher Anklang fanden. Ich sah, wie Spitzbuben manchmal vor Fürsten und Ministern stolz und würdevoll auftraten. Junge Leute und Anfänger mag das täuschen, sie wissen noch nicht, daß man einen Menschen nur nach dem Gesamteindruck seiner Grundsätze und seines Charakters beurteilen kann.

Sieht man, mit welcher Sorgfalt die sozialen Konventionen das Verdienst von allen Stellen entfernt haben, wo es der Gesellschaft nützen könnte, prüft man die Liga der Dummköpfe gegen die gescheiten Leute, so möchte man an eine Verschwörung der Dienstboten gegen die Herrschaft glauben.

Was findet ein junger Mensch beim Eintritt in die Gesellschaft? Leute, die ihn begönnern wollen, indem sie behaupten, ihn zu schätzen, zu leiten, zu beraten. Zu schweigen von denen, die ihn beiseite schieben, ihm schaden, ihn zugrunde richten oder täuschen wollen. Ist er so charaktervoll, daß er nur durch seine guten Sitten empfohlen sein will, von nichts und niemandem Auszeichnung verlangt, sich nur von seinen Grundsätzen leiten und sich nur von seinem Verstande, seiner Lage beraten läßt – lauter Dinge, die er besser kennt als irgend jemand sonst –, so wird man nicht versäumen, ihn originell, eigenwillig, unbelehrbar zu nennen. Ist ein junger Mensch aber dumm, schwung- und charakterlos, merkt er nicht, daß man seine schützende Hand über ihn halten und ihn beherrschen will, so wird er das Werkzeug derer, die ihn verwenden. Man findet ihn reizend, wie man sagt, den besten Kerl von der Welt.

Die Gesellschaft, das, was man die Welt nennt, ist nur der Kampf tausend kleiner entgegengesetzter Interessen, ein ewiges Ringen sich kreuzender, einander störender, abwechselnd verletzter und gedemütigter Eitelkeiten, die für den Triumph des einen Tages am nächsten in der Ernüchterung der Niederlage büßen müssen. Einsam leben, nicht zerrieben werden in diesen jammervollen Zusammenstößen, in denen man einen Augenblick die Blicke der Welt auf sich zieht, um im nächsten unterzugehen, das nennt man nichts sein, keine Existenz haben. Arme Menschheit!

Die tiefe Fühllosigkeit der Redlichkeit gegenüber überrascht und ärgert mehr als das Laster. Alle, die die öffentliche Niedrigkeit große Herren oder Große nennt, alle offiziellen Persönlichkeiten sind meist mit dieser hassenswerten Fühllosigkeit ausgestattet. Sollte das nicht bei ihnen auf die vage und unbestimmte Vorstellung zurückgehen, daß die Redlichen zur Intrige nichts taugen? Man überläßt sie daher als unverwendbar andern oder ihrem eignen Schicksal in einem Land, in dem man ohne Intrige, Falschheit, List zu gar nichts kommt!

Was kann man in der Welt finden? Überall einen naiven und aufrichtigen Respekt vor widersinnigen Konventionen, vor der Dummheit – die Dummen grüßen ihre Königin – oder eine erzwungene Rücksichtnahme auf ebendieselbe Dummheit – die Klugen müssen ihren Tyrannen fürchten.

Die Bürger geben aus närrischer Eitelkeit ihre Töchter als Dünger für die Ländereien der großen Herrschaften[15].

Man stelle sich zwanzig Menschen, sogar anständige Menschen vor, die alle einen Mann von anerkanntem Verdienst kennen und schätzen, Dorilas zum Beispiel. Man lobe ihn, rühme seine Talente und seine Begabung, und alle werden zustimmen. Dann wird einer sagen: »Schade, daß er so wenig vom Glück begünstigt ist.« – »Was glauben Sie«, erwidert ein andrer, »nur aus Genügsamkeit treibt er gar keinen Aufwand. Wissen Sie, daß er fünfundzwanzigtausend Franken Rente hat?« – »Wirklich?« – »Sicherlich, ich kann es beweisen.« – Wenn dann jener verdiente Mann erscheint, mag er den Empfang durch die Gesellschaft mit dem mehr oder minder kalten, obgleich achtungsvollen vergleichen, den er ohne solche Vorbereitung gefunden hatte. Er hat seufzend einen solchen Vergleich angestellt. Aber in jener Gesellschaft fand sich auch ein Mann, dessen Haltung die gleiche war: – »einer auf zwanzig«, sagt unser Philosoph, »ich bin zufrieden.«

Welch ein Leben führen doch die meisten Hofleute! Sie lassen sich langweilen, erniedrigen, knechten, quälen um kleinlicher Interessen willen. Um glücklich leben zu können, lauern sie auf den Tod ihrer Feinde, ihrer Nebenbuhler, ihrer sogenannten Freunde. Und während sie all diesen von Herzen den Tod wünschen, werden sie siech und abgezehrt, sterben schließlich und fragen gerade noch nach der Gesundheit von Herrn Soundso, Frau Soundso, die, hartnäckig genug, nicht sterben wollen.

Soviel Unsinn auch die Physiognomiker unsrer Zeit geschrieben haben, sicherlich können die Denkgewohnheiten einzelne Züge unserer Physiognomie bestimmen. Viele Höflinge schielen aus demselben Grunde, aus dem Schneider krummbeinig sind.

Es ist vielleicht nicht wahr, daß großes Vermögen immer Geist voraussetzt, wie ich sogar von geistreichen Leuten behaupten hörte. Wahrer aber ist, daß man bei einer gewissen Dosis Geist und Geschicklichkeit doch zu Vermögen kommen kann, wäre man auch noch so anständig, was, wie man weiß, den Besitz von Vermögen nahezu ausschließt.

Als Montaigne von der Größe sagte: »Da wir sie nicht erlangen können, rächen wir uns, indem wir sie schlechtmachen«, hat er etwas Witziges, oft Wahres, aber doch Empörendes gesagt, das den Dummköpfen, die das Glück begünstigt hat, Waffen in die Hand gibt. Oft haßt man aus Kleinheit die Ungleichheit der Lebenslagen, aber ein weiser und ein wertvoller Mensch können sie hassen als die Schranke, die gleichgestimmte, füreinander bestimmte Seelen trennt. Es gibt wenig hervorragende Menschen, die sich nicht den Gefühlen gesperrt hätten, die dieser oder jener vornehme Mensch in ihnen weckte, die nicht trauernd der Freundschaft entsagt hätten, die für sie eine Quelle trostreicher Freuden gewesen wäre. *Sie* können, anstatt das Wort von Montaigne zu wiederholen, sagen: »Ich hasse die Größe, die mich zwingt, zu lassen, was ich liebte oder geliebt hätte.«[16]

Wer hätte nur durchaus untadelige Freundschaften? Wer muß nicht mitunter seine Freunde um Verzeihung für seinen Verkehr bitten? Welche Frau war nicht der Gesellschaft eine Erklärung schuldig über diese oder jene Frau, die man überrascht war, bei ihr zu Besuch zu sehen?

Bist du mit einem Hofmann, mit einem Höhergestellten befreundet und wünschst, ihm die lebhaftesten Gefühle der Zuneigung einzuflößen, deren das menschliche Herz fähig ist?

Dann genügt es nicht, die Fürsorge zarter Freunschaft ihm zuteil werden zu lassen, ihm zu helfen in seinem Unglück, ihn zu trösten in seinem Elend, ihm deine Zeit zu opfern und ihm bei Gelegenheit Leben und Ehre zu retten – verliere deine Zeit nicht mit solchen Bagatellen, tu mehr und Besseres, leg seinen Stammbaum an!

Man glaubt, daß ein Minister, ein Würdenträger diese oder jene Grundsätze haben müsse: man glaubt es, weil er es sagt. Folglich bittet man ihn gar nicht um Dinge, die ihn in Widerspruch mit seinen Lieblingsgrundsätzen bringen könnten. Bald erkennt man seinen Irrtum: Vieles, was man ihn tun sieht, beweist, daß ein Minister gar keine Grundsätze, sondern nur bestimmte mechanische Gewohnheiten hat.

Manche Höflinge werden, ohne Gewinn aus ihrem Beruf zu ziehen, nur gehaßt, weil sie das Vergnügen haben, es zu sein. Sie gleichen Eidechsen, die beim Kriechen nichts gewonnen, sondern nur den Schwanz verloren haben.

Dieser Mensch sieht nicht darnach aus, als ob er jemals zu Ansehen kommen könnte; er muß Karriere machen und mit dem Pöbel leben.

Körperschaften (Parlamente, Akademien, Versammlungen) können sich noch so sehr erniedrigen – sie halten sich durch ihre Masse, und man vermag nichts gegen sie. Ehrlosigkeit, Lächerlichkeit prallen an ihnen ab wie Flintenkugeln an einem Eber oder einem Krokodil.

Beim Anblick all dessen, was auf der Welt vorkommt, müßte der größte Menschenfeind zuletzt heiter werden und Heraklit vor Lachen sterben.

Es scheint, daß bei gleichen geistigen Gaben der Reiche niemals die Natur, den Menschen, die Gesellschaft so gut kennen kann wie der Arme. Denn in dem Augenblick, wo der Reiche im Genuß aufgeht, muß der Arme sich mit dem Denken trösten.

Sieht man, wie Fürsten aus eignem Antrieb sich zu edlen Handlungen fortreißen lassen, so möchte man ihr Unrecht, ihre Schwächen größtenteils ihrer Umgebung zur Last legen; man sagt: wie schade, daß dieser Fürst Damis oder Aramont zum Freund hat! Aber man vergißt, daß Damis oder Aramont, wären sie vornehme Charaktere, niemals Freunde dieses Fürsten geworden wären.

Je mehr Fortschritte die Philosophie macht, desto größere Anstrengungen macht die Dummheit, um die Herrschaft der Vorurteile zu befestigen. Man sehe nur, welcher Gunst sich das Adelswesen bei der Regierung erfreut. Es ist so weit gekommen, daß es für die Frauen nur noch zwei Stände gibt: Adlige oder Dirne, der Rest zählt nicht. Keine Tugend erhebt eine Frau über ihren Stand, aber das Laster kann bewirken, daß sie aus ihm heraustritt.

Zu Wohlstand und Ansehen kommen trotz dem Nachteil, keine Ahnen zu haben, und trotz so vielen Leuten, die durch die bloße Geburt schon allen voraus sind, das heißt eine Partie Schach gewinnen oder Remis machen, bei der man dem Gegner den Turm vorgegeben hat. Oft aber haben die andern durch ihr Herkommen allzuviel voraus, und dann muß man auf die Partie verzichten. Auf den Turm kann man wohl verzichten, aber nicht auf die Königin.

Fürstenerzieher, die behaupten, ihren Zöglingen eine gute Ausbildung zu geben, nachdem sie sich allen Formalitäten und erniedrigenden Etiketten unterworfen haben, gleichen Rechenmeistern, die gute Rechner aus ihren Schülern machen wollen, nachdem sie ihnen zugestanden haben, daß drei und drei acht ist.

Wer ist seiner Umgebung am meisten fremd, ein Franzose in Peking oder Makao?[17] Ein Lappe in Afrika? Oder vielleicht doch ein verdienter Mann, ohne Vermögen, ohne Adelsbriefe unter solchen, die einen dieser Vorteile oder beide besitzen? Ist es nicht wunderbar, daß die Gesellschaft besteht trotz der stillschweigenden Vereinbarung, neunzehn Zwanzigstel der Gesellschaft vom Genuß aller Rechte auszuschließen?

Welt und Gesellschaft gleichen einer Bibliothek, die auf den ersten Blick ganz in Ordnung zu sein scheint. Die Bücher sind nach Format und Umfang der Bände aufgestellt, aber inhaltlich herrscht völlige Unordnung, denn nichts ist geordnet gemäß dem Aufbau der Wissenschaften, nichts nach Sachen oder Autoren.

Bedeutende oder gar illustre Verbindungen zu haben, kann kein Verdienst sein in einem Land, in dem man manchmal durch seine Laster gefällt oder wegen seiner lächerlichen Seiten gesucht wird.

Es gibt Menschen, die nicht liebenswürdig sind, aber andre nicht daran hindern, es zu sein. Der Umgang mit ihnen ist manchmal erträglich; es gibt aber auch solche, die selbst nicht liebenswürdig, durch ihre bloße Gegenwart die Liebenswürdigkeit andrer sich nicht entfalten lassen; sie sind unerträglich: das ist der große Nachteil der Pedanterie.

Erfahrung erleuchtet Privatleute und verdirbt die Fürsten und Höhergestellten.

Das jetzige Publikum ist wie die moderne Tragödie, abgeschmackt, roh und platt.

Der Stand des Höflings ist ein Handwerk, aus dem man eine Wissenschaft machen wollte. Jedermann will höher hinaus.

Die meisten gesellschaftlichen Bindungen, die Cliquen usw. verhalten sich zur Freundschaft wie der Cicisbeismus zur Liebe[18].

Die Kunst der Parenthese ist eins der großen Geheimnisse der Beredsamkeit in der Gesellschaft.

Bei Hofe ist alles Höfling: der geborene Prinz, der Kaplan, der Arzt, der Apotheker usw.

Behörden, die über die öffentliche Ordnung zu wachen haben, bekommen schließlich eine entsetzliche Meinung von der Gesellschaft. Sie glauben, die Menschen zu kennen, und kennen nur den Abschaum. Man beurteilt keine Stadt nach ihren Rinnsteinen, kein Haus nach seinen Gelegenheiten. Die meisten dieser Behörden erinnern mich an eine Schule, deren Zuchtmeister ihre Wohnung neben den Toiletten hatten und die nur hinauskamen, um die Prügelstrafe zu vollziehen.

Der Witz muß über alle Verkehrtheiten des einzelnen und der Gesellschaft Richter sein. Er schützt davor, daß man sich kompromittiert. Er hilft uns, den Dingen ihren Platz anzuweisen, ohne daß wir den unsern dazu verlassen müßten. Er bestätigt unsre Überlegenheit über die Dinge und über die Menschen, die wir verspotten, und die kein Ärgernis daran nehmen dürfen, wenn ihnen nicht Heiterkeit oder Haltung abgeht. Der Ruf, die Waffe des Spottes gut führen zu können, verschafft auch dem geringen Mann in der Welt und in der guten Gesellschaft das Ansehen, das beim Militär die guten Fechter genießen. Einen geistreichen Mann hörte ich einmal sagen: »Entzieht dem Witz sein Recht, und ich komme morgen in keine Gesellschaft mehr.« Es ist eine Art unblutigen Zweikampfes; wie der Zweikampf selbst, macht er den Menschen maßvoller und gesitteter.

Man möchte auf den ersten Blick nicht glauben, wieviel Übel der Ehrgeiz stiftet, ein so allgemeines Lob wie: »Herr Soundso ist sehr liebenswürdig« zu verdienen. Ich weiß nicht, wie es kommt, daß eine Art von Leichtigkeit, Lässigkeit, Schwäche und Unvernunft mit etwas Geist sehr gefällt. Der Mensch, der fügsam ist, dem Augenblick angehört, ist angenehmer als ein Mann, der Charakter, Grundsätze, Folgerichtigkeit besitzt; der seinen kranken oder abwesenden Freund nicht vergißt und imstande ist, auf seine Vergnügungen zu verzichten, um ihm einen Dienst zu erweisen. Eine langweilige Liste, die der Fehler und Mängel, die gefallen! Die Weltleute, die über die Kunst zu gefallen mehr nachgedacht haben, als man glaubt und als sie selber glauben, sind alle mit ihnen behaftet, und das kommt von dem Drang, daß man von ihnen sagen könne: »Herr Soundso ist sehr liebenswürdig.«

Einem jungen Mann von guter Herkunft ist manches unverständlich. Wie könnte er mit zwanzig Jahren einem Polizeispitzel mit rotem Band mißtrauen?

In Frankreich wie auch anderswo gedeihen die unsinnigsten Gewohnheiten, die lächerlichsten Etiketten unter dem Schutz des Wortes: »Es ist bei uns so Sitte.« Genau das gleiche antworten die Hottentotten, wenn man sie fragt, warum sie Heuschrecken fräßen und das Ungeziefer verschlängen, das auf ihnen herumkriecht. Sie sagen auch: »Es ist bei uns so Sitte.«

Der unsinnigste und ungerechteste Anspruch, der in einer Versammlung anständiger Leute ausgepfiffen würde, kann Prozeßgegenstand und als rechtmäßig anerkannt werden. Denn jeden Prozeß kann man gewinnen oder verlieren, so wie in Körperschaften die törichteste und lächerlichste Meinung zugelassen und die Ratschläge des Weisen verächtlich abgelehnt werden. Man muß nur diese und jene als Parteiangelegenheit hinstellen, und nichts ist leichter bei den feindlichen Parteien, in die fast alle Körperschaften zerfallen.

Was ist ein Geck ohne seine Geckenhaftigkeit? Nehmt dem Schmetterling die Flügel, und es bleibt nur die Raupe.

Höflinge sind Arme, die sich durch Bettelei bereichert haben.

Es ist leicht, den Wert der Berühmtheit auf eine einfache Formel zurückzuführen: Wer durch Vorzüge und Talente bekannt geworden ist, liefert sich dem untätigen Wohlwollen aller redlichen Menschen und dem tätigen Übelwollen aller Unredlichen aus. Man zähle beide Klassen und vergleiche ihre Kräfte.

Wenige Menschen können einen Philosophen lieben. Ist er doch ein öffentlicher Feind, er, der bei den verschiedenen Überheblichkeiten der Menschen, bei der Verlogenheit der Verhältnisse zu jedem Menschen, zu jeder Sache sagt: »Ich nehme dich nur als das, was du bist, und schätze dich nur nach deinem Wert.« Mit dem entschlossenen Bekenntnis zu diesem Standpunkt Liebe und Ansehen gewinnen wollen, ist kein leichtes Unterfangen.

Ist man erstaunt über die allgemeinen Übel der Gesellschaft, die Schrecken der Hauptstadt und der großen Städte, so muß man sich nur sagen: Noch größeres Unglück hätte daraus entstehen können, daß fünfundzwanzig Millionen Menschen einem einzigen unterworfen, und siebenhunderttausend auf zwei Quadratmeilen zusammengedrängt sind.

Allzu große Überlegenheit macht oft ungeeignet für die Gesellschaft. Man geht auch mit Kleingeld, nicht mit Goldbarren auf den Markt.

Die Gesellschaft, ihre Kreise, Salons usw., was man eben die Welt nennt, ist ein elendes Stück, eine schlechte uninteressante

Oper, die sich nur durch den Effekt der Maschinerie und der Dekoration hält.

Um sich eine richtige Anschauung vom Wesen der Dinge zu bilden, muß man jedes Wort in der dem allgemeinen Gebrauch entgegengesetzten Bedeutung verstehen. Menschenfeind zum Beispiel heißt Menschenfreund; schlechter Franzose soviel wie ein guter Bürger, der seine Stimme gegen gewisse abscheuliche Mißbräuche erhebt; Philosoph ein gradliniger Mensch, der weiß, daß zweimal zwei vier ist usw.

Heutzutage entwirft ein Maler unser Porträt in sieben Minuten, bei einem andern können wir in drei Tagen das Malen lernen. Man lehrt uns Englisch in vierzig Lektionen, ja man möchte uns acht Sprachen gleichzeitig beibringen mit Abbildungen von Gegenständen und den jeweiligen acht fremdsprachlichen Bezeichnungen. Ja, wenn man alle Freuden, Gefühle, Gedanken des ganzen Lebens auf einen Zeitraum von vierundzwanzig Stunden zusammendrängen könnte – man täte es. Man ließe uns diese Pille schlucken und sagte dann: »Mach, daß du weiterkommst.«

Man darf nicht Burrus wie einen vollkommenen Ehrenmann ansehen. Er ist es erst im Gegensatz zu Narcissus. Seneca und Burrus sind die Ehrenmänner einer Zeit, die keine hatte.

Wer in der Welt gefallen will, muß sich entschließen, eine Menge Dinge zu lernen, die man von Leuten erfährt, die sie nicht gelernt haben.

Menschen, die man nur halb kennt, kennt man überhaupt nicht. Dinge, die man nur zu drei Vierteln versteht, versteht man gar nicht. Diese beiden Überlegungen genügen zur Würdigung aller Gesellschaftsgespräche.

In einem Land, in dem alle Leute nur *scheinen* wollen, müssen viele glauben und glauben auch wirklich, es sei besser, Bankrotteur zu sein als gar nichts.

Die Drohung mit dem vernachlässigten Schnupfen ist für die Ärzte, was das Fegefeuer für die Priester ist, eine Goldquelle.

Gespräche sind wie Reisen zu Schiff. Man entfernt sich vom Festland, ehe man es merkt, und ist schon weit, ehe man merkt, daß man das Ufer verlassen hat.

Ein geistreicher Mensch behauptete in einem Kreis von Millionären, mit zweitausend Talern Rente könne man glücklich leben. Die andern verfochten mit Bitterkeit und heftig das Gegenteil. Im Weggehen überlegte er, woher die Bitterkeit bei Leuten käme, die doch mit ihm befreundet waren. Schließlich begann er zu begreifen: durch seinen Freimut hatte er den andern zu verstehen gegeben, daß er unabhängig war. Jeder Bedürfnislose droht, dem Einfluß der Reichen zu entgehen. Die Tyrannen merken, daß sie einen Sklaven verlieren. Man kann diese Überlegung auf die Leidenschaften überhaupt ausdehnen: der Mann, der seiner Triebe Herr geworden ist, zeigt einen Gleichmut, der den Frauen verhaßt ist. Sie wollen nichts mehr mit ihm zu tun haben. Darum wohl interessiert sich auch niemand für das Schicksal eines Philosophen; er ist frei von den Leidenschaften, die die Gesellschaft aufregen. Man sieht, daß man für sein Glück fast nichts tun kann, und so läßt man ihn stehen.

Es ist gefährlich für einen Philosophen, der mit einem Großen verbunden ist (wenn je Große Philosophen bei sich gehabt haben), seine Uninteressiertheit zu zeigen; man würde ihn beim Wort nehmen. So muß er seine wahren Gefühle verbergen, er ist sozusagen ein Heuchler des Ehrgeizes.

IV
Vom Geschmack am einsamen Leben und von der Würde des Charakters

Was die Städte für die Tataren, das ist eine *Stellung in der Welt* für den Philosophen; ein Gefängnis, ein Ort, wo die Gedanken zusammenschrumpfen, sich beschränken müssen, wo Seele und Geist ihre Weite und ihre Entfaltungsmöglichkeit einbüßen. Ein Mensch mit einer großen Stellung in der Welt hat ein größeres und bequemeres Gefängnis. Wer eine geringere Stellung hat, wohnt in einer Zelle. Der Mensch ohne Stellung ist frei, wenn er wohlhabend oder auf die Menschen nicht angewiesen ist.

Auch der bescheidenste Mensch, der in der Gesellschaft verkehren will, muß sicher in seinem Auftreten und ungezwungen in seinem Benehmen sein, wenn er sich nicht übervorteilen lassen will. Er muß seine Bescheidenheit mit seinem Stolz schmücken.

Charakterschwäche und geistige Leere, mit einem Wort alles, was uns hindert, mit uns selbst allein zu sein, bewahrt viele Menschen vor dem Menschenhaß.

Man ist in der Einsamkeit glücklicher als in der Welt. Kommt es nicht daher, daß man in der Einsamkeit an die Dinge denkt, in der Gesellschaft aber an die Menschen denken muß?

Die Gedanken eines einsamen, gescheiten, im übrigen durchschnittlichen Menschen wären nicht viel wert, wenn sie nicht mehr wären als das, was in der Gesellschaft geredet wird.

Wer so eigensinnig ist, weder seine Vernunft noch seine Redlichkeit noch schließlich seinen Takt irgendeiner widersinnigen, törichten Konvention der Gesellschaft zu beugen, wer niemals nachgibt, wenn seine Interessen Nachgiebigkeit verlangen, steht schließlich hilflos da, ohne einen andern Freund als das Abstraktum »Tugend«, bei dem man verhungert.

Wir sollen nicht nur mit denen leben, die uns richtig einschätzen können: solche Eigenliebe wäre zu empfindlich und zu schwer zu befriedigen. Aber unser eigentliches Leben sollen wir nur mit denen teilen, die wissen, wer wir sind. Auch der Philosoph kann nichts gegen diese Art Eigenliebe sagen.

Bisweilen sagt man von einem Menschen, der für sich lebt, er sei ungesellig. Das ist so, als wollte man jemandem nachsagen, er sei kein Freund von Spaziergängen, weil er abends nicht gern im Wald von Bondy spazierengeht[19].

Ist es so sicher, daß ein Mensch mit vollkommen scharfer Vernunft und besonderem moralischen Feingefühl wirklich mit einem andern zusammenleben könnte? Unter Zusammenleben verstehe ich nicht ein Zusammensein, ohne sich zu prügeln; ich meine damit Gefallen aneinander haben, sich gern haben und vergnügt miteinander verkehren.

Ein geistreicher Mann ist verloren, wenn er nicht auch ein Mann von energischem Charakter ist. Hat man die Laterne des Diogenes, so muß man auch des Diogenes Stock haben.

Niemand hat mehr Feinde in der Welt als ein aufrechter, stolzer, gefühlvoller Mann, der Personen und Dinge nimmt, wie sie sind und nicht wie sie sein wollen.

Die Welt verhärtet das Herz der meisten Menschen. Wer nicht hart werden kann, muß sich eine Art künstlicher Fühllosigkeit angewöhnen, um weder von den Männern noch von den Weibern zum Narren gehalten zu werden. Einen ehrlichen Menschen überkommt nach einigen Tagen in der Gesellschaft ein peinliches und trauriges Gefühl. Nur einen Vorteil hat er davon, er liebt dann die Einsamkeit um so mehr.

Der Geist des Publikums kann nur niedrig und gemein sein. Wie nichts andres bei ihm haftenbleibt als Skandal und unpassende Geschichten, so färbt es mit der gleichen Farbe alle Taten und Reden, die zu ihm dringen. Sieht es eine Verbindung, und wäre es die edelste, zwischen einem großen Herrn und einem verdienten Mann, zwischen einem Mann in öffentlicher Stellung und einem Privatmann, so sieht es im ersten Fall nur Protektion und im zweiten nur Intrige und Spionage. In einer durch ihre Großmut fesselnden Handlung sieht es nichts andres, als daß ein Dummkopf einem Schlaukopr Geld borgt. Wird eine oft sehr interessante Liebe zwischen einer anständigen Frau und einem Mann, der ihre Liebe verdient, öffentlich bekannt, so sieht es darin nur Liederlichkeit und Ausschweifung. Seine Urteile sind immer bestimmt durch die große Zahl von Fällen, wo es mit Recht verurteilt und verachtet hat. Aus diesen Beobachtungen geht hervor, daß man am besten nichts mit ihm zu tun hat.

Die Natur hat mir nicht gesagt: Sei nicht arm! Noch weniger: Sei reich! Aber sie ruft mir zu: Sei unabhängig!

Der Philosoph gibt sich für ein Wesen, das die Menschen nach ihrem wahren Wert einschätzt. Es ist klar, daß diese Art zu urteilen niemandem gefällt.

Der Weltmann, der Freund des Glücks, der Liebhaber des Ruhms – sie zeichnen sich eine gerade Linie vor, die ins Ungewisse führt. Der Weise, der Freund seiner selbst, wählt die Kreislinie, die schließlich zu ihm zurückkehrt. Er ist der totus teres atque rotundus des Horaz[20].

Über J.-J. Rousseaus Hang zur Einsamkeit darf man sich nicht verwundern. Solche Seelen müssen sich allein finden und einsam leben wie der Adler; aber wie er finden sie in der Höhe ihres Flugs und der Weite des Blicks den Reiz ihrer Einsamkeit.

Wer keinen Charakter hat, ist kein Mensch, sondern eine Sache.

Man hat das *Ich* von Medea erhaben gefunden. Aber wer nicht dasselbe in allen Katastrophen des Lebens sagen kann, ist wenig oder vielmehr nichts[21].

Einen Menschen, den man nicht sehr gut kennt, kennt man gar nicht, aber wenige Menschen verdienen, daß man sie studiert. Daher kommt es, daß der Mann von wahrem Verdienst im allgemeinen keine Eile hat bekannt zu werden. Er weiß, daß nur wenige imstande sind, ihn zu würdigen, und selbst unter diesen wenigen ist jeder durch Beziehungen, Interessen, Eigenliebe verhindert, das Verdienst so zu schätzen, wie es ihm gebührt. Mit den üblichen phrasenhaften Lobsprüchen, die man ihm entgegenbringt, kann das Verdienst nichts anfangen.

Wenn ein Mensch durch seinen Charakter so hoch steht, daß man, was rechtschaffenes Handeln angeht, in jedem Fall seiner sicher sein kann, so bringen ihn nicht nur die Spitzbuben in Verruf und meiden ihn, sondern auch die scheinbar rechtschaffenen Leute. Und die wirklich rechtschaffenen Leute sind dank seiner Grundsätze überzeugt, auf ihn zählen zu können, wenn sie ihn brauchen. Sie kümmern sich daher nicht um ihn, um sich inzwischen derer zu versichern, über die sie noch im Zweifel sind.

Fast alle Menschen sind Sklaven aus demselben Grund, den die Spartaner für die Sklaverei der Perser angaben: daß sie nicht nein sagen konnten. Dies Wort auszusprechen wissen und allein leben können – das sind die einzigen Mittel, Freiheit und Charakter zu bewahren.

Hat man sich einmal entschlossen, nur mit denen zu verkehren, die fähig sind, mit uns die Sprache der Moral, Tugend, Vernunft und Wahrheit zu sprechen, und die Konventionen, Eitelkeiten, Etiketten nur als Stützen der bürgerlichen Gesellschaft anzusehen – hat man diesen Entschluß gefaßt, und man muß es, wenn man nicht dumm, schwach oder niedrig sein will –, so lebt man fast ganz allein.

Wer weiß, daß er höherer Gefühle fähig ist, hat das Recht, eher von seinem Charakter als von seiner Stellung auszugehen, um nach Verdienst behandelt zu werden.

V
Moralische Gedanken

Die Philosophen erkennen vier Kardinaltugenden an, aus denen sie alle übrigen ableiten, nämlich Gerechtigkeit, Mäßigkeit, Kraft und Weisheit. Man kann wohl sagen, daß die letzte die beiden ersten – Gerechtigkeit und Mäßigkeit – in sich schließt und in gewisser Weise die dritte ersetzt, denn sie erspart dem, der der Kraft ermangelt, die meisten Situationen, wo er sie braucht[22].

Die Moralisten haben wie die Philosophen, die Systeme der Physik und Metaphysik entworfen haben, ihre Maximen zu sehr verallgemeinert und erweitert. Was wird zum Beispiel aus dem Wort des Tacitus: »Neque mulier, amissa pudicitia, alia abnuerit«[23], nach dem Beispiel von so viel Frauen, die eine Schwäche nicht hinderte, sich durch vielfache Tugenden auszuzeichnen? Ich sah zum Beispiel wie Frau von L. nach einer Jugend, die der von Manon Lescaut glich, noch im reifen Alter von einer Leidenschaft ergriffen wurde, die der Heloïse würdig war. Aber die Moral dieser Beispiele ist gefährlich. Man muß sie nur beachten, um nicht von der Scharlatanerie der Moralisten zum Narren gehalten zu werden.

Die schlechten Sitten der Gesellschaft hat man von allem geläutert, was den guten Geschmack verletzen könnte: eine Reform, die in den letzten zehn Jahren durchgeführt wurde.

Der kranken Seele geht es genau wie dem kranken Körper. Sie quält sich, erregt sich und beruhigt sich schließlich. Zu guter Letzt bleibt sie bei den Gefühlen und Gedanken stehen, die sie für ihre Ruhe am nötigsten hat.

Manche Menschen müssen über alle ihre Angelegenheiten in Illusionen befangen sein. Manchmal freilich nähern sie sich in einem Lichtblick der Wahrheit, von der sie aber rasch wieder abkommen, und so gleichen sie Kindern, die hinter einer Maske her sind und davonlaufen, wenn sie sich umdreht.

Das Gefühl, mit dem man seinen Wohltätern gegenübersteht, gleicht der Erkenntlichkeit, die man für den Zahnarzt hat. Man sagt sich, daß er einem wohlgetan hat, indem er von einem Übel erlöste, aber man gedenkt der Schmerzen der Behandlung und liebt ihn kaum mit Zärtlichkeit.

Ein zartfühlender Wohltäter muß bedenken, daß die Wohltat eine materielle Seite hat, die dem Beschenkten nicht fühlbar werden darf. Der Gedanke daran muß zurücktreten und ganz aufgehen in dem Gefühl, dem die Wohltat entsprungen ist, wie zwischen zwei Liebenden der Gedanke an den Genuß sich verhüllt und veredelt im Zauber der Liebe.

Jede Wohltat, die unserm Herzen nichts gegeben hat, ist uns lästig. Es ist eine Reliquie oder ein Totengebein. Man muß sie einfassen oder mit Füßen treten.

Die meisten, die sich als geheime Wohltäter geben, laufen, wenn sie Gutes getan haben, davon wie die Galatea bei Vergil: Et se cupit ante videri[24].

Man sagt, daß man sich denen verbunden fühlt, denen man eine Wohltat erwiesen hat. Das ist ein Geschenk der gütigen Natur. Es ist gerecht, daß der Lohn der Wohltat sei, zu lieben.

Verleumdung ist wie die Wespe, die uns lästig umschwärmt. Man darf nicht nach ihr schlagen, wenn man sie nicht sicher tötet, sonst greift sie noch wütender an als zuvor.

Die neuen Freunde, die wir im reifen Alter finden und mit denen wir die verlorenen zu ersetzen suchen, verhalten sich zu unsern alten Freunden wie Glasaugen, künstliche Zähne, Stelzfüße zu wirklichen Augen, natürlichen Zähnen und Beinen aus Fleisch und Blut.

In den Naivitäten eines wohlgeratenen Kindes steckt oft eine sehr liebenswürdige Philosophie.

Die meisten Freundschaften sind so mit »wenn« und »aber« gespickt, daß sie auf bloße Beziehungen hinauslaufen, die dank stillschweigender Übereinkunft weiterbestehen.

Zwischen den Sitten der Alten und den unsern besteht dieselbe Beziehung wie zwischen Aristides, dem Generalinspektor von Athen, und dem Abbé Terray.

Das Menschengeschlecht, von Natur aus schlecht, ist durch die Gesellschaft noch schlechter geworden. Jeder Mensch bringt die Fehler mit: 1. der menschlichen Natur, 2. des Individuums, 3. des Standes, dem er im sozialen System angehört. Diese Fehler verschlimmern sich mit der Zeit, und jeder Mensch faßt, älter werdend, verletzt durch die Fehler der anderen und unglücklich durch seine eigenen, eine Verachtung gegen die Menschheit und die Gesellschaft, die notwendig zum Nachteil beider ausschlägt.

Mit dem Glück verhält es sich wie mit den Uhren. Die einfachsten gehen am besten. Die Repetitionsuhr ist mancherlei Unregelmäßigkeiten ausgesetzt; zeigt sie auch die Minuten an: eine neue Fehlerquelle. Und auf die Uhr, die Wochentage und Monate anzeigt, kann man sich erst recht keinen Augenblick verlassen.

Alles ist gleich eitel am Menschen, seine Freuden und seine Leiden, aber goldne oder himmelblaue Seifenblasen sind doch schöner als graue.

Wer tyrannische Absichten, Herrschsucht und selbst Wohltätigkeit unter der Maske der Freundschaft verbirgt, erinnert an den verbrecherischen Priester, der mit der Hostie vergiftet.

Wenige Wohltäter, die nicht wie Satan sagten: »Si cadens adoraveris me.«[25]

Durch die Armut werden Verbrechen im Preis herabgesetzt.

Die Stoiker sind Begeisterte, die poetisches Feuer und Enthusiasmus in die Moral bringen.

Wenn ein Mensch ohne eigene Begabung, Anmut, Feinheit, Weite und die verschiedenen Vorzüge des Geistes eines andern fühlen und zeigen könnte, daß er sie fühlt – der Umgang mit ihm wäre immer noch sehr gesucht. Von den Vorzügen der Seele gilt dasselbe.

Beobachtet oder erlebt man die Qualen, die mit starken Gefühlen in Liebe und Freundschaft verbunden sind, beim Tode der geliebten Person oder in den Wechselfällen des Lebens, so möchte man glauben, daß Leichtsinn und Frivolität keine so großen Torheiten seien und das Leben gar nicht mehr wert sei, als was die Weltleute daraus machen.

Bei gewissen leidenschaftlichen Freundschaften hat man zum Glück der Leidenschaft noch die Billigung der Vernunft als Draufgabe.

Die höchste und zarteste Freundschaft ist oft verletzt durch die Faltung eines Rosenblatts.

Edelmut ist nur das Mitleid vornehmer Seelen.

Genießen und genießen lassen, ohne sich, noch sonst jemandem zu schaden – das ist die ganze Moral.

Für Menschen, die wirklich ehrlich sind und feste Grundsätze haben, sind die Befehle Gottes verkürzt auf der Abtei von Thelème zu lesen: Tu, was du willst[26].

Die Erziehung soll auf zwei Grundlagen beruhen: auf Moral und Klugheit. Auf Moral: zur Stütze der Tugend, auf Klugheit: zum Schutz vor den Lastern andrer. Neigt man die Waage nur nach der Seite der Moral, so macht man nur Narren oder Märtyrer, neigt man sie nach der andern, berechnende

Egoisten. Das Prinzip jeder Gesellschaft ist, sich selbst und andern gerecht zu werden. Wenn man seinen Nächsten lieben soll wie sich selbst, so ist es mindestens ebenso gerecht, sich selbst zu lieben wie seinen Nächsten.

Nur die Freundschaft vermag bei gewissen Menschen alle seelischen und geistigen Vorzüge zu entwickeln. In der Gesellschaft entfalten sich nur einige gefällige Seiten. Schöne Früchte, die nur an der Sonne reif werden können und im Treibhaus nur reizvolle und unfruchtbare Blätter hervorgetrieben hätten.

Als ich jung war und mich von der Gewalt der Leidenschaften in die Welt ziehen ließ, um in der Gesellschaft und ihren Freuden Zerstreuung von grausamen Seelenqualen zu finden, predigte man mir Liebe zur Einsamkeit, zur Arbeit und quälte mich bis zur Ermüdung mit pedantischen Redensarten über dieses Thema. Vierzig Jahre alt, frei von den Leidenschaften, welche die Gesellschaft erträglich machen, nur noch deren Elend und Nichtigkeit betrachtend, bedarf ich auch nicht mehr der Welt, um Qualen zu übertäuben, die ich nicht mehr fühle. Mein Gefallen an der Einsamkeit und an der Arbeit ist sehr groß geworden und hat alles übrige aufgesogen. Ich gehe nicht mehr in die Gesellschaft. Und jetzt quält man mich unaufhörlich zurückzukehren. Man beschuldigt mich des Menschenhasses usw. Was soll man aus diesem wunderlichen Widerspruch schließen? Daß die Menschen das Bedürfnis haben, alles zu tadeln.

Ich studiere nur, was mir gefällt. Ich widme mich nur Ideen, die mich interessieren, mögen sie mir oder andern nützlich oder unnütz sein. Mögen mit der Zeit Umstände eintreten, unter denen ich meinen Besitz verwerten kann, oder nicht – in jedem Fall habe ich den unschätzbaren Vorteil, mir nicht zuwider gehandelt zu haben und meinem Denken und meinem Charakter treu geblieben zu sein.

Ich habe meine Leidenschaften zerstört, so ungefähr wie ein Jähzorniger sein Pferd erschlägt, das er nicht mehr lenken kann.

Meine frühesten Schmerzen wurden mir zum Panzer gegen die folgenden.

Ich bewahre für Herrn von La Borde das Gefühl, das ein ehrlicher Mann empfindet, wenn er am Grab eines Freundes vorbeigeht.

Ich habe mich über Ereignisse sicherlich zu beklagen. Vielleicht auch über Menschen, über die ich aber nicht spreche. Ich beklage mich nur über die Ereignisse und gehe den Menschen aus dem Weg, weil ich nicht mit denen leben will, die mir die Last der Ereignisse aufbürden.

Will das Glück sich mit mir einlassen, so muß es die Bedingungen annehmen, die mein Charakter ihm stellt.

Bedarf mein Herz der Rührung, so erinnere ich mich an den Verlust der Freunde, die nicht mehr sind, an die Frauen, die der Tod mir entrissen hat: ich bewohne ihren Sarg, ich lasse meine Seele um die ihren schweifen – ach, ich habe drei Gräber.

Habe ich Gutes getan, und man erfährt es, so glaube ich bestraft, nicht belohnt worden zu sein.

Als ich der Welt und dem Vermögen entsagte, fand ich Glück, Stille, Gesundheit, ja Reichtum und merkte, dem Sprichwort zum Trotz, daß, wer das Spiel aufgibt, es gewinnt.

Berühmtheit ist Züchtigung des Verdienstes und Bestrafung des Talents. Die meinige, wie sie auch sei, erscheint mir nur als eine Störung, nur dazu gut, mich um meine Ruhe zu bringen. Ich empfinde, indem ich gegen sie ankämpfe, den Triumph, über einen Feind zu siegen. Diese Empfindung hat auch meine Eigenliebe besiegt, und mit meinem Interesse an den Menschen ist auch meine literarische Eitelkeit erloschen.

Die zarte und wahre Freundschaft läßt sich mit keinem andern Gefühl verknüpfen. Ich sehe es als ein großes Glück an, daß die Freundschaft zwischen mir und Herrn von *** schon bestand, ehe ich Gelegenheit hatte, ihm den Dienst zu erweisen, den nur *ich* ihm erweisen konnte. Hätte man ihn verdächtigt, alles für mich nur in berechnender Erwartung meiner Dienste getan zu haben – mein Lebensglück wäre für immer vergiftet gewesen.

Mein ganzes Leben ist ein Gewebe von augenfälligen Kontrasten zu meinen Prinzipien. Ich liebe die Fürsten nicht, und bin befreundet mit einer Fürstin und einem Fürsten. Man kennt meine republikanischen Grundsätze und mehrere meiner Freunde haben monarchische Orden. Ich liebe die freiwillige Armut und verkehre mit reichen Leuten. Ich weiche allen Ehrenbezeigungen aus, und doch sind einige zu mir gekommen. Die Literatur ist fast mein einziger Trost, und ich verkehre nicht mit Schöngeistern und gehe nicht zur Akademie. Man nehme hinzu, daß mir Illusionen für die Menschen unentbehrlich zu sein scheinen, und ich lebe ohne Illusionen; ich halte die Leidenschaften für wertvoller als die Vernunft und weiß gar nicht mehr, was Leidenschaften sind, usw.

Was ich gelernt habe, weiß ich nicht mehr. Das wenige, was ich weiß, habe ich erraten.

Es ist ein großes Unglück für den Menschen, daß seine Vorzüge ihm oft hinderlich sind und daß die Kunst, sich ihrer zu bedienen und sie zu lenken, oft nur eine späte Frucht der Erfahrung ist.

Unentschlossenheit, Ängstlichkeit ist für Geist und Seele, was die Folter für den Körper.

Der vorzüglichste Charakter hat keine Illusionen mehr. Hat er Geist, so ist seine Gesellschaft sehr angenehm. Niemals ist er pedantisch, denn er nimmt nichts allzu wichtig. Er ist nachsichtig, denn er weiß, daß er an Illusionen ebenso gelitten hat wie die, die noch von ihnen erfüllt sind. Seine Unbekümmertheit macht ihn sicher im Umgang, er erlaubt sich keine Wiederholungen im Gespräch, keine üble Nachrede, keine Intrige. Nimmt man sich so etwas gegen ihn heraus, so geht er verächtlich darüber hinweg. Er ist heiterer als irgendwer und stets zum Epigramm gegen den Nächsten aufgelegt. Sein Weg ist gerade, und er lacht über das Straucheln der andern. Damit gleicht er einem, der aus dem hellen in ein finsteres Zimmer blickt und dort die lächerlichen Bewegungen derer sieht, die blind herumtaumeln. Sein Lachen zerbricht das falsche Maß, mit dem man Menschen und Dinge mißt.

Man erschrickt über heftige Entschlüsse, aber sie passen für starke Seelen, und kräftige Charaktere ruhen sich in Extremen aus.

Das kontemplative Leben ist oft elend. Man muß mehr handeln, weniger denken und sich nicht leben sehen.

Der Mensch kann nach Tugend streben, aber nicht ernstlich glauben die Wahrheit zu finden.

Der Jansenismus der Christen ist der Stoizismus der Heiden, entstellt jedoch für den christlichen Pöbel. Und diese Sekte ist von Arnauld und Pascal verteidigt worden!

VI
Über Frauen, Liebe, Ehe und Galanterie

Ich schäme mich eurer Meinung über mich. Ich war nicht immer so schmachtender Schäfer wie jetzt. Wenn ich euch drei oder vier Züge aus meiner Jugend erzählte, würdet ihr manches sehen, was nicht allzu ehrbar ist und zur besten Gesellschaft gehört.

Die Liebe ist ein Gefühl, das, um ehrlich zu erscheinen, nur aus sich selbst zusammengesetzt sein, nur aus sich leben und bestehen darf.

Sooft ich Vernarrtheit an einem Mann oder einer Frau sehe, zweifle ich an ihrer sinnlichen Empfänglichkeit. Diese Regel hat mich noch niemals getäuscht.

In Gefühlsdingen hat, was bewertet werden kann, keinen Wert.

Die Liebe gleicht den epidemischen Krankheiten. Je mehr man sie fürchtet, desto mehr ist man ihnen ausgesetzt.

Ein Verliebter ist ein Mann, der liebenswerter sein will als er ist; darum sind fast alle Verliebten lächerlich.

Manche Frau hat sich für ihr Leben unglücklich gemacht, hat sich weggeworfen und entehrt um eines Mannes willen und dann aufgehört, ihn zu lieben, weil er schlecht gepudert war oder seine Nägel schlecht geschnitten hatte oder seine Strümpfe verkehrt angezogen.

Eine stolze, edle Seele, die die starken Leidenschaften kennengelernt hat, flieht und fürchtet sie und verschmäht die Galanterie, wie die Seele, die die Freundschaft erfahren hat, die gewöhnlichen Verbindungen und kleinen Interessen verachtet.

Man fragt, warum die Frauen die Männer ins Gerede bringen. Man erklärt es sich aus meist für die Männer kränkenden Gründen, in Wirklichkeit können sie nur so ihre Herrschaft über sie genießen.

Frauen aus mittlerem Stande, die die Hoffnung oder Manie haben, in der Gesellschaft etwas zu sein, haben weder das Glück der Natur noch das der Geltung. Es sind die unglücklichsten Geschöpfe, die ich kenne.

In der Gesellschaft werden die Männer klein, von den Frauen bleibt fast nichts übrig.

Die Frauen haben Einfälle, Launen und bisweilen Neigungen. Selbst bis zur Leidenschaft können sie sich erheben. Am wenigsten sind sie der Anhänglichkeit fähig. Sie sind geschaffen für unsre Schwächen und Torheiten, aber nicht für unsre Vernunft. Es entsteht leicht zwischen Mann und Frau die Sympathie der Oberfläche, selten die Sympathie von Geist, Seele und Charakter. Das zeigt sich darin, daß Frauen selbst desselben Alters sich so wenig aus einem Mann von vierzig Jahren machen. Schenken sie ihm ihre Gunst, dann wird man immer eine unredliche Absicht dahinter entdecken, materielle Berechnungen oder solche der Eitelkeit! Dann bestätigen solche Ausnahmen aber die Regel und sogar mehr als die Regel. In diesem Fall ist nämlich der Grundsatz: wer zuviel beweist, beweist gar nichts, nicht gültig.

Durch unsre Eigenliebe verführt uns die Liebe! Wie könnte man auch einem Gefühl widerstehen, das verschönt, was wir haben, uns wiedererstattet, was wir verloren, und schenkt, was wir nicht haben?

Wenn ein Mann und eine Frau eine heftige Leidenschaft füreinander haben, so glaube ich immer, daß sie *von Natur* zusammengehören, daß sie sich trotz aller Hindernisse wie Gatten, Eltern usw. *aus göttlichem Recht* besitzen, allen Satzungen und menschlichen Übereinkommen zum Trotz.

Man nehme der Liebe die Eigenliebe – es bleibt wenig übrig. Von Eitelkeit gereinigt, gleicht sie dem schwachen Rekonvaleszenten, der sich mühsam fortschleppt.

Die Liebe in der Gesellschaft ist nur ein Austausch zweier Launen und die Berührung zweier Körper.

Will man, daß wir eine Frau besuchen, so sagt man: Sie ist sehr liebenswürdig – aber wenn wir sie nicht lieben wollen! Man sollte besser sagen: sie ist sehr liebevoll, denn es gibt mehr Leute, die geliebt sein wollen, als solche, die selbst lieben wollen.

Man kann sich eine Vorstellung von der Eigenliebe der Frauen in der Jugend machen, wenn man sieht, wieviel davon übrig ist, wenn sie zu alt sind, um noch anziehend zu sein.

Es scheint mir, sagte Herr von *** über die Gunstbezeigungen der Frauen, umkämpft werden sie um die Wette, aber gewährt weder dem Gefühl noch dem Verdienst.

Junge Frauen und Könige haben ein gemeinsames Unglück: sie haben keine Freunde. Aber glücklicherweise empfinden sie dieses Unglück nicht: die Könige bringt ihre Größe, die Frauen ihre Eitelkeit um das Gefühl dafür.

Man sagt in der Politik, daß die Weisen keine Eroberungen machen: das gilt auch für die Galanterie.

Es ist hübsch, daß in mehreren Sprachen, bei Völkern, deren Sitten sehr einfach sind und der Natur am nächsten kommen, *eine Frau erkennen* bei ihr schlafen heißt, als ob man sie sonst nicht kennte. Wenn die Patriarchen diese Entdeckung gemacht haben, so waren sie fortgeschrittener, als man glaubt.

Die Frauen führen mit den Männern einen Krieg, bei dem diese im Vorteil sind, weil sie die Dirnen auf ihrer Seite haben.

Manche Dirne findet Gelegenheit, sich zu verkaufen, und fände keine, sich zu verschenken.

Die ehrbarste Liebe erschließt die Seele den kleinen Leidenschaften, die Ehe erschließt sie den kleinen Leidenschaften der Ehegattin, wie Ehrgeiz, Eitelkeit usw.

Man sei so liebenswürdig und ehrbar, wie man nur denken kann, liebe die vollkommenste Frau der Welt – nichtsdestoweniger muß man ihr seinen Vorgänger oder Nachfolger verzeihen.

Vielleicht muß man die Liebe gefühlt haben, um die Freundschaft richtig zu erkennen.

Der Verkehr zwischen Mann und Frau gleicht dem der Europäer in Indien. Es ist ein kriegerisches Geschäft.

Wenn eine Bindung zwischen Mann und Frau wirklich interessant sein soll, muß sie Genuß, Erinnerung oder Sehnsucht miteinander verbinden.

Eine geistreiche Frau sagte mir ein Wort, das das Geheimnis ihres Geschlechts sein könnte: daß nämlich jede Frau, die einen Liebhaber nimmt, mehr darüber nachdenkt, wie andre Frauen diesen Menschen sehen, als wie er ihr selbst erscheint.

Frau von *** ist ihrem Liebhaber nach England nachgefahren, um zärtliche Gefühle für ihn an den Tag zu legen, die ihr ganz fern lagen. Heutzutage geschehen die Skandale aus Furcht vor dem Gerede der Leute.

Ich erinnere mich an einen Mann, der mit den Ballettmädchen von der Oper nichts mehr zu tun haben wollte, weil sie, wie er sagte, so falsch seien wie die anständigen Frauen.

Ohr und Geist können müde werden, dasselbe zu hören, das Herz nie.

Empfinden macht denken. Das gibt man zu, nicht, daß das Denken sich in Empfinden umsetzt. Es ist nicht weniger wahr.

Was ist eine Geliebte? Eine Frau, bei der man alles vergißt, was man sonst auswendig weiß, das heißt alle Fehler ihres Geschlechts.

Mit der Zeit hat in der Galanterie der Reiz des Skandals den Reiz des Geheimnisses abgelöst.

Es scheint, daß die Liebe die wirklichen Vollkommenheiten nicht sucht, sondern eher fürchtet. Sie liebt nur die, die sie selbst schafft oder erdichtet, sie gleicht den Königen, die nur die Größe gelten lassen, die sie selbst erschaffen haben.

Die Naturforscher sagen, daß durch alle Tiergattungen hindurch die Entartung beim Weibchen anfängt. Die Philosophen können diese Beobachtung auf die Moral in der zivilisierten Gesellschaft anwenden.

Was den Verkehr zwischen Mann und Frau so anregend macht, das sind die zahlreichen Nebengedanken, die zwischen Männern als störend und geschmacklos, zwischen Mann und Weib als angenehm empfunden werden.

Man sagt gewöhnlich, die schönste Frau der Welt kann nicht mehr geben, als sie hat; das ist ganz falsch. Sie gibt gerade so viel, als man zu empfangen glaubt, denn hier bestimmt die Phantasie den Wert der Gabe.

Unschicklichkeit und Schamlosigkeit sind abgeschmackt in jedem System, in der Philosophie des Genusses und in der der Enthaltsamkeit.

Bei der Lektüre der Heiligen Schrift habe ich bemerkt, daß immer, wenn der Menschheit Verbrechen oder Gewalttaten vorgeworfen werden sollen, es heißt: die Menschenkinder, wenn es sich um Dummheiten oder Schwächen handelt: die Kinder der Weiber.

Man wäre zu unglücklich, wenn man sich bei den Frauen nur im geringsten an das erinnerte, was man auswendig weiß.

Es scheint, daß die Natur, indem sie den Männern einen unzerstörbaren Trieb zu den Frauen eingab, erraten hat, daß sonst die Verachtung, die ihre Fehler, vor allem die Eitelkeit hervorrufen, der Erhaltung des Menschengeschlechts hinderlich sein könnte.

Wer nicht sehr viele Dirnen gesehen hat, kann die Frauen nicht verstehen, sagte mir höchst ernsthaft ein Mann, der seine Frau bewunderte, die ihn betrog.

Ehe und Zölibat haben beide Nachteile; man muß den Stand wählen, dessen Nachteile sich beheben lassen.

Es genügt in der Liebe, durch liebenswürdige Eigenschaften, durch Reize zu gefallen. Aber in der Ehe muß man einander lieben, um glücklich zu sein, oder wenigstens zueinander passende Fehler haben.

Die Liebe macht mehr Vergnügen als die Ehe, Romane sind auch unterhaltender als die Geschichte.

Die Ehe kommt nach der Liebe wie der Rauch nach der Flamme.

Das vernünftigste und maßvollste Wort in der Streitfrage Ehe oder Zölibat lautet: »So oder so, du wirst es bereuen.« Fontenelle bereute in seinen letzten Lebensjahren, daß er ledig geblieben sei. Er vergaß fünfundneunzig sorgenfreie Jahre.

In der Ehe steht nur fest, was vernünftig, ist nur interessant, was närrisch ist. Der Rest ist niedrige Berechnung.

Man verheiratet die Frauen, ehe sie etwas sind und sein können. Der Ehemann ist nur eine Art Handwerker, der den Leib der Frau plagt, ihren Geist formt und ihre Seele ausarbeitet.

Die Ehe der Großen ist Unschicklichkeit durch Übereinkommen.

Man hat gesehen, wie ehrliche Leute, achtungswerte Gesellschaften Beifall spendeten dem Glück von Fräulein ***, einer jungen, schönen, geistreichen Person, die die Ehre hatte, die Gattin des Herrn von M., eines abstoßenden, unredlichen, dummen, aber reichen Geizhalses zu werden. Wenn etwas ein ehrloses Zeitalter charakterisiert, so solcher Anlaß zum Triumph, das Lächerliche einer solchen Freude, die Verkehrung aller moralischen und natürlichen Bewertung.

Der Ehestand hat verschiedene Unannehmlichkeiten. Der Ehemann kann überall stören, selbst im eigenen Hause, und wenn er noch soviel Verstand hat. Man kann langweilig sein, ohne den Mund aufzumachen, und lächerlich werden, wenn man die harmlosesten Sachen sagt. Wird man von seiner Frau geliebt, so kommt man über einen Teil dieser Sorgen hinweg. Herr *** sagte daher zu seiner Frau: »Meine Liebe, hilf mir, nicht lächerlich zu sein.«

Die Ehescheidung ist so natürlich, daß sie in nicht wenigen Familien jede Nacht zwischen den Ehegatten schläft.

Die schlimmste Mésalliance ist die des Herzens.

Es genügt nicht, geliebt, man muß gewürdigt werden, und man wird es nur durch unseresgleichen. Darum gibt es keine, zumindest keine dauerhafte Liebe bei zu großer Überlegenheit eines Teils, und das geht nicht auf die Eitelkeit, sondern auf die durchaus berechtigte Eigenliebe zurück, die man sich unmöglich aus der menschlichen Natur wegdenken kann. Eitelkeit gehört zur schwachen und verdorbenen Natur, Eigenliebe aber zur geordneten.

Die Frauen geben der Freundschaft nur, was sie der Liebe entlehnen.

Eine herrschsüchtige und häßliche Frau, die gefallen will, gleicht dem Bettler, der befehlen wollte, daß man ihm Almosen gibt.

Ein Mann, den seine Geliebte zu sehr liebt, scheint sie weniger zu lieben und umgekehrt. Steht es mit der Liebe wie mit den Wohltaten? Glaubt man sie nicht mehr vergelten zu können, so wird man undankbar.

Achtet eine Frau sich mehr wegen der Vorzüge ihrer Seele und ihres Geistes als um ihrer Schönheit willen, so steht sie über ihrem Geschlecht; schätzt sie ihre Schönheit höher ein als Geist und Seele, so ist sie ihrem Geschlecht treu; schätzt sie aber Abkunft und Rang höher ein als ihre Schönheit, so steht sie außer und unter ihrem Geschlecht.

Die Frauen scheinen eine Hirnwindung weniger, eine Herzensfaser mehr zu haben als die Männer. Es bedurfte einer besonderen Organisation, damit sie Kinder tragen, pflegen, liebkosen konnten.

Der mütterlichen Liebe hat die Natur die Erhaltung aller Lebewesen anvertraut und in den Freuden und selbst in den Leiden, die mit diesem köstlichen Gefühl verbunden sind, belohnt sie die Mütter.

In der Liebe ist alles wahr, alles falsch. Sie ist das einzige Ding, über das man nichts Absurdes sagen kann.

Ein Verliebter, der den Vernünftigen bemitleidet, kommt mir vor wie jemand, der Märchen liest und sich über die Leute lustig macht, die Geschichte studieren.

Die Liebe ist ein stürmischer Handel, der immer mit einem Bankrott endet, und wo der die Ehre verliert, der betrogen wird.

Einer der besten Gründe, sich niemals zu verheiraten: man ist nicht ganz der Narr der Frau, solange sie nicht die unsre ist.

Keine Frau, die einen ihrer Freunde bei einer andern Frau sieht, glaubt, diese wäre ihm gegenüber spröde. Man sieht daraus, wie sie übereinander denken, und möge seine Schlüsse ziehen.

Wie schlecht auch ein Mann über die Frauen denken mag, es gibt keine Frau, die darin nicht noch weiter ginge als er.

Einige Männer hatten alles, was sie haben mußten, um über die elenden Berechnungen hinauszukommen, die die Menschen unter ihr Verdienst erniedrigen. Aber durch Ehe und Liebschaften kamen sie auf dasselbe Niveau wie alle, die nicht an sie heranreichten. Ehe und Liebschaften verschafften diesen kleinen Leidenschaften Eingang bei ihnen.

Ich habe in der Gesellschaft Männer und Frauen kennengelernt, die in der Liebe nicht den Tausch von Gefühlen mit Gefühlen, sondern von Aktion gegen Aktion suchten und die letzteres aufgeben würden, wenn es zu ersterem führte.

VII
Von Gelehrten und Schriftstellern[27]

Es gibt eine gewisse überhitzte geistige Energie, die unzertrennlich mit bestimmten Begabungen verbunden und vielleicht deren Ursprung ist. Wer sie unglücklicherweise besitzt, kann durchaus moralisch, edler Regungen fähig sein und wird doch häufig zu Entgleisungen verleitet, die jedes moralische Gefühl auszuschließen scheinen. Eine verzehrende Herbheit, die sie nicht unterdrücken können, macht solche Naturen hassenswert. Es stimmt traurig, wenn man bedenkt, daß in England Pope und Swift, in Frankreich Voltaire und Rousseau sehr verwerflicher Handlungen, sehr verkehrter Gefühle überführt werden konnten. Und nicht etwa Haß und Eifersucht, nein, Billigkeit und Wohlwollen mußten sie verurteilen. O altitudo!

Es gibt Leute, die ihre Bücher in ihre Bibliothek stecken, aber Herr von *** steckt seine Bibliothek in seine Bücher.

Man hat beobachtet, daß die Naturwissenschaftler, Physiker, Zoologen, Physiologen, Chemiker gewöhnlich gleichmütige und im allgemeinen glückliche Charaktere waren, hingegen traurige, melancholische die Politiker, Gesetzgeber, Moralisten. Doch dies ist leicht erklärlich. Die einen studieren die Natur, die andern die Gesellschaft. Die einen betrachten die Schöpfung, der Blick der andern ruht auf den Werken der Menschen. Daraus müssen sich verschiedene Resultate ergeben.

Untersuchte man genau, welche Fülle geistiger und seelischer Vorzüge nötig ist, um gute Verse zu schätzen und zu beurteilen, wieviel Takt, Feinheit des Gehörs und Verstandes dazu nötig sind, so würde man sich bald überzeugen, daß die Dichter noch weniger gute Kritiker finden können als die Mathematiker, trotz dem Anspruch aller Gesellschaftsklassen poetische Werke beurteilen zu können. Dies könnte die Dichter veranlassen, mit dem Publikum überhaupt nicht mehr zu rechnen und sich nur noch an die Kenner zu wenden, wie es der Mathematiker Viète mit seinen Werken tat zu einer Zeit, wo das Studium der Mathematik noch nicht so verbreitet war. Er ließ eine kleine Anzahl von Exemplaren drucken und verteilte sein Buch nur an Leute, die es verstehen, benutzen, genießen konnten. An die andern dachte er nicht. Viète allerdings war reich, und die meisten Dichter sind arm. Dann ist ein Mathematiker nicht so eitel wie ein Dichter, oder er kalkuliert seine Eitelkeit richtiger ein.

Es gibt Menschen, deren Geist, dieses Werkzeug, das sich auf alles anwenden läßt, nur eine Begabung ist, durch die sie zu herrschen scheinen, die sie aber nicht beherrschen und die ihrer Vernunft nicht gehorcht.

Von den Metaphysikern möchte ich gern sagen, was Scaliger von den Basken sagte: »Man glaubt, daß sie einander verstehen, aber ich lasse es mir nicht weismachen.«

Hat der Philosoph, der alles aus Eitelkeit tut, das Recht, den Höfling zu verachten, der alles um seines Vorteils willen tut? Mir scheint, der eine trägt das Geld nach Hause und der andre ist schon zufrieden, den Klang davon gehört zu haben. Steht d'Alembert, der aus Eitelkeit Höfling Voltaires war, denn über diesem oder jenem Höfling Ludwigs XIV., der eine Pension oder eine Herrschaft wollte?

Wenn ein liebenswürdiger Mann aus Ehrgeiz den geringen Vorteil sucht, andern als seinen Freunden zu gefallen, wie es so viele Literaten tun, für die das Gefallen fast ein Gewerbe ist, so stecken sicher berechnende oder eitle Motive dahinter. Er muß wählen zwischen der Rolle einer Kurtisane und der einer Kokette, oder wenn man so will, der des Komödianten. Nur wer sich bemüht, aus Neigung für eine bestimmte Gesellschaft liebenswürdig zu sein, kann als redlicher Mann gelten.

Jemand sagte, die Alten bestehlen, heiße außerhalb der Dreimeilenzone rauben, die Modernen plündern, sei Taschendiebstahl an Straßenecken.

Die Versform gesellt Geist zu den Gedanken eines Menschen, der mitunter recht wenig hat: man spricht dann von Talent Manchmal unterschlägt sie aber den Geist in den Gedanken eines Menschen, der viel Geist hat; das beweist dann, daß ihm das Talent für die Verskunst abgeht.

Die meisten Bücher von heute scheinen in einem Tag aus der Lektüre von gestern entstanden zu sein.

Der gute Geschmack, der Takt und gute Ton haben mehr Beziehungen zueinander, als die Schriftsteller glauben. Takt ist guter Geschmack in Haltung und Benehmen, guter Ton ist guter Geschmack in Rede und Unterhaltung.

Die Bemerkung des Aristoteles in seiner Rhetorik, daß jede Metapher sich umkehren lassen müsse, ist vorzüglich. So hat man gesagt, das Alter sei der Winter des Lebens; kehrt man die Metapher um, so ist sie ebenfalls richtig, denn man kann sagen, der Winter sei das Alter des Jahres[28].

Wer in der Literatur etwas bedeuten oder wenigstens eine fühlbare Umwälzung hervorrufen will, muß, wie in der politischen Welt, alles bereit finden und zur rechten Zeit geboren sein.

Große Herren und Schöngeister sind zwei Menschenklassen, die einander suchen. Sie wollen zwei Menschentypen vereinigen, von denen die eine mehr Staub aufwirbelt und die andre mehr Lärm macht als die übrigen.

Schriftsteller schätzen, wen sie unterhalten, wie Reisende, wen sie in Erstaunen setzen.

Was ist ein Schriftsteller, dessen Stellung nicht gehoben ist durch seinen Charakter, das Verdienst seiner Freunde und ein wenig Vermögen? Wenn dieser letzte Vorteil ihm fehlt, so daß er nicht imstande ist, in der Gesellschaft zu leben, für die ihn seine Verdienste bestimmen – wozu bedarf er dann noch der Welt? Ist seine einzige Aufgabe nicht, eine Stätte zu wählen, wo er seine Seele, seinen Charakter, seine Vernunft bilden kann? Soll er die Last der Gesellschaft tragen, ohne einen der Vorteile zu haben, die sie andern Gesellschaftsklassen verschafft? Mehr als ein Schriftsteller hat durch den Entschluß zur Einsamkeit das Glück gefunden, das er sonst vergeblich gesucht hätte. Er kann von sich sagen, daß man ihm alles gab, indem man ihm alles nahm. Wie oft kann er nicht das Wort des Themistokles wiederholen: »Ach, ich würde zugrunde gehen, wenn ich nicht schon zugrunde gegangen wäre.«[29]

Man sagt und wiederholt oft nach der Lektüre eines edlen Werkes: Schade, daß die Schriftsteller sich nicht selber in ihren Schriften schildern und daß man aus einem solchen Werk nicht schließen kann, daß der Verfasser auch selbst sei, was er zu sein scheint. Es ist wahr, daß viele Beispiele diesen Gedanken nahelegen, aber ich habe beobachtet, daß man diese Überlegung oft anstellt, um die Vorzüge nicht achten zu müssen, deren Abbild man in den Schriften eines rechten Mannes findet.

Ein geschmackvoller Autor inmitten dieses blasierten Publikums gleicht einer jungen Frau unter alten Lebemännern.

Wenig Philosophie führt zur Verachtung der Gelehrsamkeit, viel Philosophie macht geneigt, sie hochzuschätzen.

Dem Dichter – und oft auch dem Schriftsteller – trägt ihre Arbeit wenig Früchte, und das Publikum läßt ihnen die Wahl zwischen dem allerschönsten Dank und einem »Geh zum Kukkuck«. Ihr ganzer Reichtum ist, sich selbst und die Zeit zu genießen.

Der Feierabend eines Schriftstellers, der gute Werke veröffentlicht hat, wird vom Publikum mehr geachtet als die betriebsame Fruchtbarkeit eines Autors, der nur die mittelmäßigen Werke vermehrt. Das Schweigen eines Menschen, der bekannt ist dadurch, daß er etwas zu sagen hat, macht mehr Eindruck als das Geschwätz des Redseligen.

Der Erfolg vieler Werke erklärt sich aus der Beziehung, die zwischen der Mittelmäßigkeit der Ideen des Autors und der Mittelmäßigkeit der Ideen des Publikums besteht.

Sieht man, wie die französische Akademie zusammengesetzt ist, so möchte man glauben, ihr Wahlspruch sei der Vers von Lukrez:
    Certare ingenio, contendere nobilitate[30].

Die Ehre, der französischen Akademie anzugehören, läßt sich vergleichen mit dem Saint-Louis-Orden, den man bei den Festessen von Marly und in den Winkelherbergen sieht[31].

Die französische Akademie gleicht der Oper, die sich nur erhält durch das, was nicht zu ihrem Wesen gehört: Gelder, die man für sie von den Provinztheatern einhebt, die Erlaubnis, vom Parterre ins Foyer zu gehen usw. So lebt auch die Akademie von den Vorteilen, die sie einem verschafft. Sie gleicht der Cidalise von Gresset:

> Nehmt sie – das ist's zunächst, wonach sie brennt,
> Und nachher achtet sie, wenn ihr es könnt[32]!

Mit dem literarischen Ruhm und besonders mit dem Theaterruhm steht es wie mit dem Vermögen, das man früher in Amerika erwarb. Man mußte nur hinüberfahren, um zu großen Reichtümern zu gelangen, aber diese großen Vermögen haben dann der nächsten Generation geschadet: die erschöpfte Erde ward nicht wieder ähnlich fruchtbar.

Heutzutage ist der Theater- und Literaturerfolg eine einzige Lächerlichkeit.

Die Philosophie entdeckt die Tugenden, die der Moral und Politik nützen. Beredsamkeit macht sie populär, Poesie sprichwörtlich.

Ein beredter, aber unlogischer Sophist verhält sich zum philosophischen Redner wie ein Taschenspieler zum Mathematiker, wie Pinetti zu Archimedes.

Mit vielen Ideen ist man noch kein geistvoller Mann, wie mit vielen Soldaten noch kein guter Feldherr.

Man nimmt es oft den Schriftstellern übel, daß sie sich von der Welt zurückziehen. Man verlangt von ihnen, daß sie sich für die Gesellschaft interessieren, die ihnen doch fast gar nichts nützt. Man will sie zwingen, ewig der Ziehung einer Lotterie zuzuschauen, für die sie kein Los haben.

Bei den alten Philosophen bewundere ich ihr Bestreben, Leben und Lehre miteinander in Einklang zu bringen. Man merkt es bei Plato, Theophrast und manchen andern. In solchem Grade war die praktische Moral der wichtigste Teil ihrer Philosophie, daß manche Haupt einer Schule wurden, die nie etwas geschrieben hatten, so Xenokrates, Polemon, Speusippos und manche andere. Sokrates hat kein einziges Werk hinterlassen, keine andre als Moralwissenschaft getrieben, und er war doch der erste Philosoph seines Jahrhunderts.

Was man am besten weiß: 1. Was man erahnt, 2. was man weiß durch Erfahrung an Menschen und Dingen, 3. was man nicht aus Büchern, sondern durch Bücher weiß, das heißt aus den Überlegungen, zu denen sie anregen, 4. was man aus Büchern oder von seinen Lehrern hat.

Schriftsteller, besonders Dichter, sind wie Pfauen, denen man einige wenige Körner in ihren Käfig wirft. Von Zeit zu Zeit holt man sie heraus und läßt sie ihr Rad schlagen. Hahn und Hühner, Enten und Truthühner laufen frei im Geflügelhof herum und füllen sich ihren Kropf, wie sie wollen.

Erfolg erzeugt Erfolg wie Geld das Geld.

Manche Bücher hätte selbst der geistreichste Mensch nicht ohne eine Mietkutsche schreiben können, das heißt nicht ohne Menschen, Dinge, Bibliotheken, Manuskripte usw.

Ein Philosoph, ein Dichter sind fast notwendig Menschenfeinde. Erstens, weil ihr Geschmack und ihr Talent sie zum Studium der menschlichen Gesellschaft veranlassen, eine Beschäftigung, die fast immer das Herz angreift. Zweitens, weil ihr Talent fast nie von der Gesellschaft belohnt und nur im besten Fall nicht bestraft wird, und das steigert noch ihre Melancholie.

Die Memoiren, die Leute in hoher Stellung oder Schriftsteller, selbst bescheidene, zur Geschichte ihres Lebens zu hinterlassen pflegen, verraten ihre geheime Eitelkeit und erinnern mich an jenen Heiligen, der hunderttausend Taler für seine Kanonisation hinterlassen hat.

Es ist ein großes Unglück, wenn wir durch unsern Charakter die Rechte verlieren, die uns unsere Talente über die Gesellschaft geben.

Bedeutende Menschen haben ihre besten Werke nach der Zeit der Leidenschaften geschaffen. Nach den vulkanischen Ausbrüchen ist die Erde am fruchtbarsten.

Die Eitelkeit der Weltleute bedient sich geschickt der Eitelkeit der Schriftsteller, die manchen Ruhm gemacht haben, der dann zu einflußreichen Stellungen geführt hat. Zuerst wird von beiden Seiten nur Wind gemacht. Aber geschickte Leute füllen mit diesem Wind die Segel ihres Glücks.

Die Nationalökonomen sind wie Chirurgen, die ein ausgezeichnetes Skalpell und ein schartiges Operationsmesser haben. So behandeln sie vortrefflich die Toten und martern die Lebenden[33].

Schriftsteller sind selten eifersüchtig auf den manchmal übertriebenen Ruf, dessen sich manche Werke der Hofleute erfreuen. Solche Erfolge sehen sie so an wie anständige Frauen das Vermögen der Huren.

Das Theater bestärkt die Sitten oder wandelt sie um. Es beseitigt die Lächerlichkeit oder macht Propaganda dafür. In Frankreich hat es bald die eine, bald die andre Wirkung.

Mehrere Schriftsteller glauben den Ruhm zu lieben und lieben nur die Eitelkeit. Dabei handelt es sich um zwei verschiedene, ja entgegengesetzte Dinge, denn das eine ist eine kleine, das andre eine große Leidenschaft. Zwischen Eitelkeit und Ruhm besteht ungefähr derselbe Unterschied wie zwischen einem Gecken und einem Liebenden.

Die Nachwelt beurteilt die Schriftsteller nur nach ihren Werken und nicht nach ihren Stellungen. »Eher, was sie vollbracht, als was sie gewesen«, scheint ihr Wahlspruch zu sein.

Sperone Speroni erklärt sehr einfach, warum ein Schriftsteller oft sich selber klar und dem Leser dunkel ist. Der Schriftsteller geht vom Gedanken zum Ausdruck, der Leser vom Ausdruck zum Gedanken.

Die Werke, die ein Schriftsteller mit Liebe schreibt, sind gewöhnlich die besten, wie Kinder der Liebe die schönsten sind.

In den schönen Künsten und selbst in vielen andern Dingen weiß man nur, was man nicht gelernt hat.

Der Maler verleiht der Gestalt Seele, der Dichter dem Gefühl und Gedanken Gestalt.

Wenn La Fontaine schlecht ist, so ist er nachlässig, wenn La Motte es ist, so ist er gesucht.

Die vollkommene Charakterkomödie wäre dann erreicht, wenn ihre Fabel zu keinem andern Stück mehr benutzt werden könnte. Vielleicht dürfte nur ›Tartuffe‹ diese Prüfung bestehen.

Auf eine amüsante Weise ließe sich beweisen, daß in Frankreich die Philosophen die unzuverlässigsten Bürger sind. Nachdem sie eine Menge wichtiger Wahrheiten auf politischem und ökonomischem Gebiet verbreitet, nützliche Ratschläge erteilt und in ihren Schriften verzeichnet haben, hielten sich die meisten Herrscher in Europa an diese Lehren, überall fast, nur nicht in Frankreich. So stärkte ein allgemeiner Aufschwung die Macht des Auslandes, während Frankreich auf seiner Stufe stehenbleibt; es hält fest an seinen Mißbräuchen, und schließlich werden die andern Mächte ihm überlegen sein, und das ist selbstverständlich nur die Schuld der Philosophen. Es ist bekannt, was der Herzog von Toskana zu einem Franzosen über die Reformen sagte, die er in seinem Land eingeführt hatte. »Sie loben mich zu sehr«, meinte er, »alle meine Ideen stammen ja aus euren französischen Büchern.«

In einer der Hauptkirchen von Antwerpen sah ich das Grabmal des berühmten Buchdruckers Plantin. Zu seinem Gedächtnis war es mit prachtvollen Werken, Gemälden von Rubens, geschmückt. Bei diesem Anblick mußte ich daran denken, welch klägliches Leben die beiden Estienne, Henri und Robert, in hohem Alter bei uns in Frankreich führen mußten, sie, die durch ihre griechische und lateinische Gelehrsamkeit der Wissenschaft den größten Dienst erwiesen haben. An Charles Estienne dachte ich, ihren Nachfolger, der in einem Spital starb und doch für unsre literarische Entwicklung fast ebensoviel getan hat wie sie. Dann gedachte ich des André Duchesne, des Vaters der französischen Geschichtsschreibung. Die Not vertrieb ihn aus Paris, und auf seinem Gütchen in der Champagne, wohin er sich flüchten mußte, starb er schließlich an einem Sturz von einem hochbeladenen Heuwagen. Adrien de Valois, dem Schöpfer der Münzkunde, ging es nicht besser. Sanson, der Vater der Geographie, mußte mit siebzig Jahren von Haus zu Haus gehen, um vom Stundengeben leben zu können. Alle Welt kennt das Los der Du Ryer, Tristan, Maynard und so vieler andrer. Corneille hatte keine Suppe bei seiner letzten Krankheit, und La Fontaine hatte es nicht besser. Wenn Racine, Boileau, Molière und Quinault glücklicher waren, so liegt das daran, daß sie ihre Begabung mehr in den Dienst des Königs gestellt hatten. Abbé de Longuerue, der eine Anzahl Anekdoten über das Schicksal unsrer berühmten Schriftsteller gesammelt hat, fügt hinzu: »So ist es in diesem elenden Land immer gewesen.« Jene berühmte Liste der Schriftsteller, denen der König Pensionen gewähren wollte und die Colbert unterbreitet wurde, war das Werk von Chapelain, Perrault, Tallemant und dem Abbé Gallois. Sie unterschlugen alle Namen, die ihnen verhaßt waren, und setzten dafür einige auswärtige Gelehrte ein. Denn das wußten sie, daß König und Minister sich gern vierhundert Meilen fern von Paris loben ließen[34].

VIII
Über Sklaverei und Freiheit, über Frankreich vor und nach der Revolution

Man hat sich lustig gemacht über die Leute, die mit Begeisterung den Naturzustand gegen den Gesellschaftszustand ausgespielt haben. Doch möchte ich wissen, was man mir auf folgende drei Einwände erwidern würde: Es gibt kein Beispiel dafür, daß erstens ein Wilder wahnsinnig geworden oder zweitens Selbstmord begangen oder drittens sich mit dem gesellschaftlichen Leben befreundet hätte. Hingegen sind viele Europäer, die am Kap, in Nord- und Südamerika unter den Wilden gelebt hatten, aus ihrer Heimat wieder in die Wälder zurückgekehrt. Man erwidere mir ohne Ausflüchte und Sophismen.

Darin liegt das Unglück der Menschheit im gesellschaftlichen Zustand: obwohl man in Moral und Politik sagen kann, das Übel sei, was schadet, kann man nicht sagen, das Gute sei, was nützt; denn was einen Augenblick von Nutzen, kann lange oder für immer zum Schaden sein.

Wenn man bedenkt, daß dreißig bis vierzig Jahrhunderte Arbeit und Aufklärung zu nichts weiter geführt haben, als daß die dreihundert Millionen Menschen auf der Erde dreißig zum größten Teil unwissenden und einfältigen Despoten ausgeliefert sind, von denen wieder jeder einzelne von drei oder vier mitunter stupiden Schurken beherrscht wird – was soll man von der Menschheit denken, was in Zukunft von ihr erwarten?

Fast die ganze Geschichte ist nur eine Folge von Schrecken. Wenn die Tyrannen sie verabscheuen, solange sie leben, so scheinen ihre Nachfolger es gerne zu sehen, daß man die Verbrechen ihrer Vorgänger der Nachwelt überliefert, um abzulenken von dem Schrecken, den sie selbst einflößen. In der Tat – man hat nichts, um die Völker zu trösten, als sie zu lehren, daß ihre Vorfahren so unglücklich waren wie sie oder sogar noch unglücklicher.

In der Natur des Franzosen vereinigen sich die Eigenschaften des Affen und des kriechenden Hundes. Er ist drollig, beweglich und im Grunde nicht weniger bösartig als der Affe, dabei aber auch gemein, schweifwedelnd wie der Hund, der seinem Herrn die Hand leckt, die ihn schlägt, der sich an die Kette legen läßt und dann vor Freude außer sich ist, wenn man ihn zur Jagd losbindet.

Früher einmal nannte man den königlichen Schatz die Sparkasse. Man errötete über diesen Namen, der überholt war, seitdem man die Schätze des Staates verschwendet hat, und man hat ihn jetzt ganz einfach wieder den königlichen Schatz genannt.

Es ist die größte Ehre für den französischen Adel, daß er seine Herkunft direkt von einigen dieser dreißigtausend Menschen herleiten kann, die mit Helm und Panzer, Arm- und Beinschienen, mit ihren geharnischten Streitrossen acht oder neun Millionen hilfloser Menschen niedertraten, die die Ahnen der heutigen Nation sind. Das ist wohl ein Recht, das der Liebe und Verehrung der Nachkommen empfohlen werden konnte! Und muß es nicht vollends diesem Adel Verehrung sichern, daß er ergänzt und erneuert wird durch Leute, die ihr Vermögen vergrößerten, indem sie die Armen ausplünderten, die die Steuern nicht bezahlen konnten! Wie erbärmlich sind die menschlichen Einrichtungen, die Verachtung und Schrecken einflößen und noch geachtet und verehrt werden wollen!

Die bekannte Unmöglichkeit, eine leitende Stellung zu erringen, wenn man nicht adlig ist, gehört zu den verhängnisvollsten Narrheiten fast aller Länder. Als wollten die Esel den Pferden die Karussells und Turniere verbieten!

Die Natur muß, wenn sie einen tüchtigen oder genialen Mann machen will, nicht erst Chérin befragen.

Wenn Sejanus Minister ist, so ist es gleichgültig, ob Tiberius oder Titus den Thron innehaben.

Hätte ein Historiker wie Tacitus die Geschichte unsrer besten Könige geschrieben, genau alle tyrannischen Handlungen überliefert, alle Mißbräuche der Autorität, die das tiefste Dunkel bedeckt, es gäbe wenig Regierungen, vor denen wir nicht den gleichen Abscheu empfänden wie vor der Tyrannei des Tiberius.

Man kann sagen, daß es in Rom keine bürgerliche Regierung mehr gab nach dem Tode des Tiberius Gracchus, und als Scipio Nasica aus dem Senat ging, um Gewalt gegen den Tribunen anzuwenden, gab er den Römern zu verstehen, daß die Gewalt allein Gesetze auf dem Forum gebe, und vor Sulla verriet er ihnen dieses verhängnisvolle Geheimnis.

Die geheime Spannung bei der Tacituslektüre kommt von dem beständigen und immer neuen Kontrast zwischen der alten republikanischen Freiheit und den gemeinen Sklaven, die der Autor schildert, vom Vergleich der alten Scaurus, Scipio usw. mit den Feigheiten ihrer Nachkommen. Mit einem Wort, es ist Livius, der Tacitus zur stärksten Wirkung verhilft.

Als Könige und Priester den Selbstmord verdammten, wollten sie die Dauer unsrer Sklaverei sichern. Sie wollen uns in ein Gefängnis ohne Ausweg stecken, wie jener Bösewicht bei Dante, der die Gefängnistür des unglücklichen Ugolino[35] zumauern läßt.

Es werden Bücher über die Interessen der Fürsten geschrieben, die besonders studiert werden sollen – war jemals die Rede vom Studium der Interessen der Völker?

Nur die Geschichte freier Völker ist wert, daß man sie studiert. Die Geschichte von Völkern, die dem Despotismus verfallen sind, ist nur eine Anekdotensammlung.

Die wahre Türkei Europas war Frankreich. Bei zwanzig englischen Schriftstellern kann man lesen: Die despotischen Länder wie Frankreich und die Türkei.

Die Minister sind nur Geschäftsführer. Sie werden wichtig, weil das Gut des Adligen, ihres Herrn, beträchtlich ist.

Ein Minister, der seine Herren Fehler und der Öffentlichkeit schädliche Dummheiten begehen läßt, festigt oft nur seine Stellung. Man könnte sagen, daß er sich durch diese Art Komplizenwirtschaft fester mit ihnen verbindet.

Warum bleibt in Frankreich ein Minister nach tausend schlechten Maßnahmen im Amt, und warum wird er nach der einzigen guten, die er getroffen hat, entlassen?

Sollte man glauben, daß der Despotismus Anhänger gefunden hat, weil er die schönen Künste fördert? Es ist nicht zu sagen, wie sehr das Zeitalter Ludwigs XIV. die Zahl der Leute, die so denken, vermehrt hat. Der Endzweck der Gesellschaft scheint ihnen zu sein, daß es schöne Tragödien und Komödien gibt. Diese Leute sehen alles Böse nach, was die Priester angerichtet haben, weil wir ohne Priester keinen Tartuffe hätten.

In Frankreich geben Verdienst und Ansehen nicht mehr Rechte auf Stellen als der Rosenhut einem Landmädchen das Recht gibt, bei Hofe vorgestellt zu werden.

Frankreich, das Land, wo es oft nützlich ist, seine Laster, und immer gefährlich, seine Vorzüge zu zeigen.

Paris, eine eigentümliche Gegend, wo man dreißig Sous zum Essen, vier Francs, um Luft zu schöpfen, braucht, hundert Louis für das Überflüssige im Notwendigen und vierhundert Louis, um nicht einmal das Notwendige im Überflüssigen zu haben.

Paris, die Stadt der Freuden und Lustbarkeiten usw., in der vier Fünftel der Einwohner an Kummer sterben!

Man könnte auf Paris die Beschreibung der heiligen Theresia von der Hölle anwenden: Der Ort, wo es stinkt und wo man nicht liebt.

Auffallend ist bei einem so heiteren und lebhaften Volke wie dem unsren die Fülle von Etikette. Auch über den pedantischen Geist und die Schwerfälligkeit unsrer Körperschaften und Gesellschaften muß man sich wundern. Es scheint, als habe der Gesetzgeber dem französischen Leichtsinn damit ein Gegengewicht anhängen wollen.

Es ist eine erwiesene Tatsache, daß sich, als Herr von Guibert Gouverneur des Invalidenhauses war, dort sechshundert angebliche Soldaten befanden, die gar nicht verwundet waren und fast alle an keiner Belagerung, keiner Schlacht jemals teilgenommen hatten, die hingegen Kutscher oder Lakaien der großen Herren oder der Leute in leitenden Stellungen waren. Welch eine Glosse! Und wieviel Stoff zum Nachdenken!

In Frankreich läßt man die Brandstifter in Ruhe und verfolgt die, welche die Sturmglocke läuten.

Fast alle Frauen von Versailles oder Paris – wenn letztere in einigermaßen angesehener Stellung sind – sind doch nur höhere Bürgerliche wie Frau Naquart, ob sie nun bei Hofe vorgestellt wurden oder nicht.

In Frankreich gibt es weder Publikum noch Nation mehr. Die Charpie ist ja auch nicht Leinwand.

Das Publikum wird so beherrscht, wie es räsonniert. Es ist sein Recht, Dummheiten zu sagen, wie das der Minister, welche zu begehen.

Geschieht irgendeine öffentliche Dummheit, so denke ich an die paar Fremden, die sich gerade in Paris aufhalten. Und es macht mich traurig, denn ich liebe mein Vaterland.

Die Engländer sind als einzige Nation imstande gewesen, die Macht eines Menschen einzuschränken, dessen Gesicht auf einem kleinen Taler zu sehen ist.

Wie kommt es, daß man sich unter dem entsetzlichsten Despotismus noch zur Fortpflanzung entschließt? Weil die Natur sanftere, aber gebieterischere Gesetze hat als die Tyrannen, und das Kind lächelt der Mutter zu unter Domitian wie unter Titus.

Ein Philosoph sagte: »Ich weiß nicht, wie ein Franzose, der einmal im Vorzimmer des Königs oder im Wartesaal war, noch von irgend jemand sagen kann: ›Das ist ein großer Herr.‹«

Die Schmeichler der Fürsten haben gesagt, daß die Jagd ein Abbild des Krieges sei, und in der Tat, die Bauern, deren Felder verwüstet werden, müssen finden, daß sie ihn recht gut wiedergibt.

Es ist schlimm für die Menschen, vielleicht gut für die Tyrannen, daß die Armen und Elenden nicht den Instinkt oder Stolz des Elefanten besitzen, der sich in der Gefangenschaft nicht fortpflanzt.

Zu dem ewigen Kampf, der sich in der Gesellschaft zwischen Armen und Reichen, Adligen und Plebejern, namhaften und gesellschaftlich nicht anerkannten Leuten abspielt, muß man zwei Beobachtungen machen. Erstens werden die Handlungen und Reden beider mit verschiedenem Maß gemessen und mit ungleichem Gewicht gewogen – hier mit einem Pfunde, dort mit zehn oder hundert. Dieses Mißverhältnis ist ein für allemal anerkannt, es ist wie etwas Unwiderrufliches; und das ist schrecklich. Diese verschiedene Einschätzung der Menschen, die durch Recht und Gebrauch anerkannt wird, ist eins der großen Gebrechen der Gesellschaft, das allein genügen würde, um alle andern zu erklären. Die zweite Beobachtung ergibt, daß diese Ungleichheit sofort eine weitere Benachteiligung des Armen zur Folge hat. Sein Pfund schmälert man auf ein Viertel, während aus den zehn Pfund des Reichen, des Vornehmen hundert werden und aus den Hunderten Tausende. Dies folgt naturnotwendig aus der Lage beider Gruppen. Der Arme und Plebejer hat alle seinesgleichen als Neider gegen sich, der Reiche und Vornehme kann stets auf seine nicht zahlreichen Standesgenossen als Helfer und Spießgesellen zählen, die ihm beistehen, um an der Beute Anteil zu haben.

Es ist unbestreitbar, daß es in Frankreich sieben Millionen Menschen gibt, die Almosen verlangen, und zwölf, die außerstande sind, sie ihnen zu geben.

Der Adel, sagen die Adligen, sei eine Zwischenstufe zwischen König und Volk. Ja, so wie der Jagdhund eine Zwischenstufe ist zwischen dem Jäger und dem Hasen.

Was ist ein Kardinal? Ein in roten Purpur gekleideter Priester, der hunderttausend Taler vom König bezieht, um sich im Namen des Papstes über ihn lustig zu machen.

Der Sinn der meisten gesellschaftlichen Einrichtungen ist es offenbar, den Menschen in jener Mittelmäßigkeit der Gedanken und Gefühle zu erhalten, auf Grund deren sie eher geneigt sind zu regieren oder sich regieren zu lassen.

Ein Bürger von Virginia, der fünfzig Morgen fruchtbarer Ländereien besitzt, zahlt zweiundvierzig Sous nach unsrem Gelde, um in Frieden unter gerechten und guten Gesetzen zu leben. Er genießt den Schutz seiner Person und seines Besitzes, der bürgerlichen und religiösen Freiheit, er hat das Recht, bei den Wahlen mitzustimmen, er kann Mitglied des Kongresses werden und so Gesetzgeber usw. Ein Bauer in der Auvergne oder im Limousin[36] wird erdrückt durch Steuern, Zehnten, Abgaben aller Art, geplagt von Unterbeamten, willkürlich eingekerkert usw. Sein Recht besteht darin, daß er einer elenden Nachkommenschaft ein Erbe voll Unglück und Erniedrigung vermachen darf.

Nordamerika ist das Land der Welt, wo die Menschenrechte am besten bekannt sind. Die Amerikaner sind die würdigen Nachkommen der berühmten Republikaner, die ihre Heimat aufgegeben haben, um der Tyrannis zu entfliehen.

Hier sind die Menschen gebildet worden, die imstande waren, selbst die Engländer zu bekämpfen und zu besiegen, die eben ihre Freiheit wiedererobert und die beste Regierungsform verwirklicht hatten. Die amerikanische Revolution wird selbst England nützlich sein, indem sie es zwingt, seine Verfassung zu überprüfen und Mißbräuche abzustellen. Und was wird die Folge sein? Die Engländer werden, wenn sie einmal aus Nordamerika vertrieben sind, sich auf die Inseln und die französischen und spanischen Besitzungen stürzen und dort eine Regierung begründen, die sich auf die natürliche Freiheitsliebe der Menschen stützt und sie noch steigert. Auf den spanischen und französischen Inseln, und besonders im nunmehr englisch gewordenen Spanisch-Amerika werden neue freiheitliche Verfassungen entstehen. Es wird den einzigartigen Ruhm der Engländer ausmachen, fast die einzigen freien Völker der Welt erzogen zu haben, die einzigen, die des Namens Mensch würdig sind, weil sie allein die Menschenrechte gekannt und bewahrt haben. Aber wie vieler Jahre wird eine solche Revolution bedürfen? Franzosen und Spanier, die nur Sklaven heranbilden können, müßten diese unendlichen Gebiete verlassen haben, Engländer müßten angesiedelt sein, um die ersten Keime der Freiheit zu bringen. Diese Keime werden sich entwickeln und neue Früchte tragen, und eine nächste Revolution wird die Engländer selbst aus ganz Amerika und von den Inseln vertreiben.

Der Engländer verehrt das Gesetz und weist die Autorität mit Verachtung zurück; der Franzose hingegen verehrt die Autorität und verachtet das Gesetz. Das Gegenteil müßte man ihn lehren, aber das ist vielleicht unmöglich angesichts der Unwissenheit, in der die ganze Nation gehalten wird, einer Unwissenheit, die durch die Aufgeklärtheit der großen Städte nicht widerlegt werden kann.

Ich, alles; der Rest nichts. Das ist der Despotismus, die Aristokratie und ihre Anhänger. Ich, das ist ein anderer, und ein anderer, das bin ich, das ist die Volksregierung und ihre Anhänger. Danach entscheide man sich.

Wer immer aus dem Volk heraustritt, bewaffnet sich und hilft, es zu unterdrücken. Der Söldner, der Krämer, der Sekretär des Königs geworden ist, der Landgeistliche, der Ergebung in die Willkürherrschaft predigt, der höfische Geschichtsschreiber bürgerlicher Herkunft usw. Es sind die Krieger des Kadmos, kaum haben sie Waffen in der Hand, so stürzen sie sich auf ihre Brüder[37].

Die Armen sind die Neger Europas.

Vergleichbar den Tieren, die nur bis zu einer bestimmten Höhe noch atmen können ohne zugrunde zu gehen, stirbt der Sklave in der Atmosphäre der Freiheit.

Man beherrscht die Menschen mit dem Kopf. Man kann nicht mit dem Herzen Schach spielen.

Man muß wieder anfangen mit der menschlichen Gesellschaft wie nach Bacon mit dem menschlichen Verstand.

Man vermindere die Leiden des Volkes, so schwächt man auch seine Wildheit ab, wie man seine Krankheiten mit Suppe heilen kann.

Ich beobachte, daß den außerordentlichen Menschen, den Urhebern der Revolutionen, die nur das Werk ihres Geistes zu sein scheinen, stets die günstigsten Umstände und der Geist der Zeit zu Hilfe kamen. Man weiß, wie viele Versuche unternommen waren, ehe Vasco da Gama seine große Reise nach Ostindien antrat. Man weiß, daß manche Seefahrer überzeugt waren, es gäbe große Inseln und zweifellos Festland im Westen, ehe Kolumbus es entdeckt hatte. Er selbst hatte die Papiere eines berühmten Lotsen in Händen, mit dem er in Verbindung stand. Philipp hatte, als er starb, alles zum Perserkrieg vorbereitet. Manche Ketzersekten, die sich gegen die Mißbräuche der römischen Kirchengemeinschaft empört hatten, waren die Vorläufer Luthers, Calvins und selbst Wycliffes.

Man glaubt gewöhnlich, Peter der Große sei eines Tages aufgewacht mit dem Plan, ein neues Rußland zu schaffen. Selbst Herr von Voltaire gibt zu, daß schon sein Vater Alexei daran dachte, die Künste dort einzuführen. Es gibt in jeder Entwicklung eine Reife, die man abwarten muß. Glücklich, wer im Augenblick dieser Reife auftritt!

Die Nationalversammlung von 1789 hat dem französischen Volk eine Verfassung gegeben, der es noch nicht gewachsen war. Sie wird sich beeilen müssen, die Nation durch eine gute öffentliche Erziehung auf diese Höhe zu bringen. Die Gesetzgeber müssen verfahren wie geschickte Ärzte, die bei erschöpften Kranken erst den Appetit anregen, ehe sie Stärkungsmittel geben.

Betrachtet man die große Zahl von Abgeordneten zur Nationalversammlung von 1789 und die Vorurteile, in denen die meisten befangen waren, so möchte man sagen, man hätte Vorurteile nur zerstört, um wieder welche zu haben, wie Leute, die ein Gebäude abreißen, das Abbruchmaterial bekommen.

Einer der Gründe, aus denen Körperschaften und Versammlungen nur Dummheiten machen können, besteht darin, daß man das Beste, was man für oder gegen eine Sache oder Person, um die es sich handelt, sagen könnte, bei öffentlichen Erörterungen nicht laut sagen darf, ohne sich großen Gefahren oder schlimmen Unbequemlichkeiten auszusetzen.

Im Augenblick, als Gott die Welt schuf, muß das aufgewühlte Chaos noch ungeordneter erschienen sein als zur Zeit, da es in einer friedlichen Unordnung ruhte. So muß bei uns das Durcheinander einer Gesellschaft, die erst wieder aufgebaut wird, den Eindruck höchster Unordnung machen.

Die Hofleute und alle, die von den Mißbräuchen lebten, unter denen Frankreich daniederlag, werden nicht müde zu versichern, man hätte jene Mißbräuche abstellen können, ohne zu zerstören, was zerstört wurde. Sie hätten wohl den Augiasstall mit einem Federwisch reinigen wollen.

Im alten Régime schrieb ein Philosoph seine kühnen Wahrheiten. Einer jener Menschen, die durch vornehme Abkunft oder Glück eine leitende Stellung einnahmen, las diese Wahrheiten, schwächte sie ab, milderte sie, nahm davon den Zehnten und galt damit für einen zwar gefährlichen, aber geistreichen Menschen. Er mäßigte seinen Eifer und machte seinen Weg. Der Philosoph selbst wurde in die Bastille geworfen. Im neuen Régime erreicht der Philosoph alles. Seine Ideen bringen ihn nicht mehr ins Gefängnis, sie dienen auch nicht mehr dazu, einem Dummkopf zu Geist und Stellung zu verhelfen. Man beurteile danach, ob die Menge der Leute, die man so verdrängt hat, sich mit der Neuordnung der Dinge zufrieden geben können.

Ist es nicht lustig, daß der Marquis von Bièvre (Enkel des Chirurgen Mareschal) glaubte nach England fliehen zu müssen wie Herr von Luxembourg und die großen Aristokraten, die nach der Katastrophe des 14. Juli 1789 geflohen waren?

Die Theologen sind stets bereit, die Menschen in Blindheit zu erhalten, die Regierungsbeamten, sie zu unterdrücken. Grundlos nehmen sie an, die große Mehrheit der Menschen sei durch die körperliche, bloß mechanische Arbeit zur Stumpfheit verurteilt. Sie meinen, der Handwerker könne sich nicht zu den Kenntnissen aufschwingen, die nötig sind, um die Menschen- und Bürgerrechte geltend zu machen. Sollte man nicht meinen, diese Kenntnisse seien sehr kompliziert? Nehmen wir an, man hätte zur Aufklärung der untersten Klassen nur ein Viertel der Zeit angewandt, die man zu ihrer Verdummung brauchte, man hätte ihnen keinen Katechismus voll unsinniger und unverständlicher Metaphysik in die Hand gegeben, sondern eine Zusammenstellung der Hauptgrundsätze der Menschenrechte und -pflichten, man wäre erstaunt darüber, wie weit sie mit einem solchen guten Elementarwerk gekommen wären. Angenommen, man hätte ihnen, statt der Lehre der Demut, des Leidens, der Selbstverleugnung und Selbsterniedrigung, die den Ausbeutern so bequem ist, die ihrer Rechte und der Pflicht, sie zu wahren, gepredigt, so hätte man erkannt, daß die Natur, die den Menschen für die Gemeinschaft geschaffen hat, ihm auch genug Verstand mitgegeben hat, um eine vernünftige Gemeinschaft zu bilden.

Charaktere und Anekdoten

Unser Jahrhundert hat acht große Komödiantinnen hervorgebracht: vier im Theater und vier in der Gesellschaft. Die vier ersten sind Fräulein Dangeville, Fräulein Dumesnil, Fräulein Clairon und Frau Saint-Huberty; die vier anderen sind Frau von Mont. (Montesson), Frau von Genl. (Genlis), Frau N. (Necker) und Frau d'Angiv. (d'Angiviller).

Herr von *** sagte mir: »Ich habe mich darauf beschränkt, alle Freuden in mir selbst zu finden, das heißt nur in der Übung meines Verstandes. Die Natur hat das Hirn des Menschen mit einer kleinen Drüse, genannt Kleinhirn, ausgestattet, dem die Funktion eines Spiegels zukommt: Man stellt sich, so gut es geht, alle Dinge der Welt im kleinen und im ganzen und im einzelnen und sogar die Hervorbringung des eigenen Denkens vor. Es ist eine Wunderlampe, deren Eigentümer der Mensch ist und vor der sich Szenen abspielen, in denen er Schauspieler und Zuschauer ist. Das ist der Mensch: hier sind die Grenzen seines Reiches: alles übrige ist ihm fremd.

»Heute, am 15. März 1782«, sagte Herr von ***, »habe ich ein gutes Werk äußerst seltener Art getan. Ich habe einen rechtschaffenen, tüchtigen Mann getröstet. Er ist gesund, geistreich, hat tausend Pfund Rente und einen sehr großen Namen. Ich selbst bin arm, unbekannt und kränklich.«

Bekannt ist die fanatische Rede, die der Bischof von Dol dem König wegen der Zurückrufung der Protestanten[1] gehalten hat. Er sprach im Namen des ganzen Klerus. Der Bischof von Saint-Pol fragte ihn damals, warum er, ohne Rücksprache mit ihnen zu nehmen, im Namen seiner geistlichen Brüder gesprochen hätte. »Ich habe nur mein Kruzifix gefragt«, antwortete er. »Dann«, entgegnete der Bischof von Saint-Pol, »hätten Sie auch nur genau das sagen sollen, was Ihnen Ihr Kruzifix erwidert hat.«

Die folgende Anekdote ist Tatsache. Die Tochter des Königs betrachtete einmal die Hand einer ihrer Kinderzofen, zählte die Finger und sagte erstaunt: »Wie? Sie haben auch fünf Finger, ganz wie ich?« Und dann zählte sie noch einmal.

Der Marschall von Richelieu schlug für Ludwig XV. eine große Dame – ich habe vergessen welche – als Maitresse vor. Doch der König sagte, sie würde zu viel kosten, wenn sie einmal den Abschied bekäme, und wollte daher nichts davon wissen.

Im Jahre 1738 hatte Herr von Tressan Couplets gegen den Herzog von Nivernois verfaßt. Er bewarb sich 1780 um einen Platz in der Akademie, ging zu Herrn von Nivernois, der ihn bestens empfing, sich mit ihm über den Erfolg seiner letzten Werke unterhielt und ihn voller Hoffnung gehen ließ. Als er sah, wie Herr von Tressan seinen Wagen bestieg, sagte er ihm: »Auf Wiedersehen, Herr Graf, ich beglückwünsche Sie dazu, daß Sie kein besseres Gedächtnis haben.«

Der Marschall von Biron lag schwer krank und wollte beichten. Er begann in Gegenwart einiger Freunde: »Was ich Gott schulde, was ich dem König schulde, was ich dem Staat ...« – »Schweig«, unterbrach ihn einer, »du stirbst insolvent.«

Duclos hatte die Gewohnheit, mitten in der Akademie stets ver... zu sagen; der Abbé von Renel, den man wegen seines langen Gesichts eine giftlose Schlange nannte, sagte ihm: »Herr, Sie sollten wissen, daß man in der Akademie nur Wörter verwenden soll, die im Wörterbuch stehen.«

Herr von L. unterhielt sich mit seinem Freunde, Herrn von B., einem sehr achtungswürdigen Mann, dem gleichwohl das Publikum wenig ersparte; er gestand ihm, welche Gerüchte und Fehlurteile über ihn im Umlauf waren. Dieser antwortete kalt: »Das stünde einem Dummkopf und Schuft wie dem heutigen Publikum wohl an, über einen Charakter meines Schlages zu urteilen!«

Herr *** sagte mir: »Ich kenne Frauen aus allen Ländern. Die Italienerin glaubt, sie werde geliebt, wenn ihr Geliebter imstande ist, ein Verbrechen für sie zu begehen; bei der Engländerin muß es eine Tollheit, bei der Französin eine Dummheit sein.«

Duclos sagte, ich weiß nicht von welchem niederen Schuft, der sein Glück gemacht hatte: »Man spuckt ihm ins Gesicht, er wischt die Spucke mit dem Fuße weg, und er bedankt sich auch noch.«

D'Alembert stand schon auf der Höhe seines Ruhmes, als er eines Tages mit dem Präsidenten Hénault und Herrn von Pont-de-Veyle bei Frau du Deffand war. Da trat ein Arzt namens Fournier ins Zimmer, der Frau du Deffand mit den Worten begrüßte: »Gnädige Frau, ich habe die Ehre, Ihnen meine größte Ergebenheit zu Füßen zu legen.« Dann wandte er sich an den Präsidenten Hénault: »Mein Herr, ich habe die Ehre, Sie zu begrüßen.« Vor Herrn von Pont-de-Veyle verneigte er sich mit den Worten: »Mein Herr, Ihr ergebenster Diener«, und schließlich sagte er zu D'Alembert: »Guten Tag, mein Herr.«

Ein Mann verbrachte seit dreißig Jahren jeden Abend bei Frau von ***. Er verlor seine Frau, und man glaubte, er würde nun die andere heiraten, und ermutigte ihn dazu. Aber er weigerte sich. »Ich wüßte nicht«, meinte er, »wo ich dann meine Abende verbringen sollte.«

Frau von Tencin hatte eine sanfte Art, sich zu geben, war aber völlig charakterlos und tatsächlich zu allem fähig. Eines Tages rühmte man ihre Sanftmut. »Ja«, sagte der Abbé Trublet, »wäre sie daran interessiert, Sie zu vergiften – sie würde sicher das mildeste Gift wählen.«

Herr von Broglie, der nur das militärische Verdienst bewunderte, sagte eines Tages: »Dieser Voltaire, den man so sehr rühmt und den ich nicht sonderlich schätze, hat doch *einen* schönen Vers geschrieben:
Le premier qui fut roi, fut un soldat heureux[2].

Man widersprach, ich weiß nicht welcher Meinung von Herrn *** über ein Buch, indem man die gegenteilige Meinung des Publikums ins Treffen führte. »Das Publikum, das Publikum!« rief er. »Wieviel Dummköpfe braucht man denn, damit ein Publikum entsteht?«

Herr d'Argenson sagte zu dem Grafen von Sébourg, der der Liebhaber seiner Frau war: »Zwei Posten wären in gleicher Weise für Sie geeignet: die Leitung der Bastille oder die der ›Invalides‹. Gebe ich Ihnen die Bastille, so wird jedermann sagen, daß *ich* Sie geschickt habe; gebe ich Ihnen die ›Invalides‹, so wird man glauben, Sie wären von meiner Frau entsandt.«

Ich beobachtete, wie der Prinz von Condé einer Medaille nachtrauerte, die, so erzählte er mir, in seinem Besitz war. Diese Medaille stellte auf der einen Seite Ludwig XIII. dar, mit den üblichen Worten: *Rex Franc. et Nav.*, und auf der anderen den Kardinal von Richelieu, eingefaßt von den Worten: *Nil sine consilio*[3].

Herr *** sagte, als er den Brief des heiligen Hieronymus gelesen hatte, in dem dieser mit größtem Nachdruck die Heftigkeit seiner Leidenschaften schildert: »Die Stärke seiner Versuchungen erregt mehr Neid in mir als seine Buße Furcht.«[4]

Herr *** sagte: »Gut ist an den Frauen nur ihr Bestes.«

Die Fürstin von Marsan, die jetzt so fromm ist, lebte früher mit Herrn von Bissy. Sie hatte ein kleines Haus gemietet, Rue Plumet, wohin sie ging, während Herr von Bissy dort gerade Dirnen bei sich hatte: Er wies ihr die Tür. Die Obsthändlerinnen der Rue de Sèvres sammelten sich um seinen Wagen und sagten: »Es ist doch höchst niederträchtig, der Prinzessin, die bezahlt, das Haus zu verweigern, um Freudenmädchen freizuhalten.«

Ein Mann, entzückt von den Reizen der Priesterschaft, sagte: »Und sollte ich verdammt werden – ich muß Priester werden.«

Ein Mann war von Kopf bis Fuß in Trauer: große Trauerbinden, schwarze Perücke, langes Gesicht. Einer seiner Freunde redet ihn traurig an: »Guter Gott, wen haben Sie verloren?« – »Ich habe niemanden verloren«, erwidert er, »denn ich bin Witwer.«

Frau von Bassompierre lebte am Hofe des Königs Stanislaus und war die Geliebte des Herrn de La Galaisière. Eines Tages kam der König zu ihr und nahm sich Freiheiten heraus, die jedoch zu nichts führten: »Ich schweige«, sagte Stanislaus, »das übrige wird Ihnen mein Kanzler sagen.«

In früheren Zeiten wählte man den Bohnenkönig vor dem Essen[5]. Herr von Fontenelle wurde König. Da er unterließ, von einem wunderbaren Gericht, das vor ihm stand, zu nehmen, sagte man ihm: »Der König vergißt seine Untertanen.« Er erwiderte: »So sind Wir eben.«

Vierzehn Tage vor dem Attentat Damiens' kam ein südfranzösischer Geschäftsmann in eine kleine Stadt, sechs Meilen von Lyon. Im Wirtshaus hörte er, wie man in einem Zimmer, das von dem seinigen nur durch eine dünne Wand getrennt war, sagte, ein gewisser Damiens werde den König ermorden. Der Geschäftsmann kam nach Paris, wollte sich Herrn Berryer vorstellen, traf ihn aber nicht an und teilte ihm seine Wahrnehmung schriftlich mit. Später kam er noch einmal und stellte sich persönlich Herrn Berryer vor. Wie er wieder nach seiner Heimat unterwegs war, erfolgte das Attentat. Herr Berryer sagte sich, daß der Geschäftsmann seine Erfahrung erzählen werde, und so werde die bewiesene Nachlässigkeit seinen (Berryers) Sturz herbeiführen. Er schickt Polizei an die Straße nach Lyon, der Geschäftsmann wird verhaftet, gefesselt und nach Paris gebracht. Man wirft ihn in die Bastille, wo er achtzehn Jahre gefangen bleibt. Herr von Malesherbes, der 1775 einige Bastille-Gefangene befreite, erzählte diese Geschichte in der ersten Aufwallung seiner Empörung.

Kardinal von Rohan, der wegen Schulden in seiner Gesandtschaft zu Wien verhaftet worden war, begab sich in seiner Eigenschaft als Hausprälat aus Anlaß der Geburt des Dauphins ins Châtelet, um Gefangene zu befreien. Da sah jemand einen großen Tumult beim Gefängnis und wollte wissen, was los sei; man erwiderte ihm, es handle sich um den Kardinal von Rohan, der an diesem Tage ins Châtelet gekommen war. »Wie«, sagte er naiv, »ist er verhaftet worden?«

Herr von Roquemont, dessen Frau sehr bereit zu Liebesabenteuern war, schlief einmal im Monat in ihrem Zimmer, um, wenn sie schwanger würde, übler Nachrede zuvorzukommen. Dann ging er und sagte: »Nun bin ich mit mir im reinen, möge kommen, wer zum Ziel kommt.«

Herr von ***, dessen bitterer Kummer seine Gesundung verhinderte, sagte mir: »Man zeige mir den Fluß des Vergessens, und ich werde den Jungbrunnen finden.«

Ein junger Mann voll Empfindung und sehr ehrlich in Liebesdingen, war die Zielscheibe des Spottes einiger Lebemänner, die sich über seine gefühlvolle Haltung lustig machten. Er erwiderte ihnen naiv: »Ist es denn meine Schuld, daß ich mehr *die* Frauen liebe, die ich liebe, als die Frauen, die ich nicht liebe?«

Man veranstaltete eine Sammlung bei der Académie Française. Schließlich fehlten noch sechs Francs und ein Louisdor. Man hatte ein Mitglied, das wegen seines Geizes bekannt war, in Verdacht, nichts beigesteuert zu haben. Aber der Geizhals behauptete das Gegenteil. »Ich habe es nicht gesehen«, sagte der Veranstalter der Kollekte, »aber ich glaube es.« Fontenelle beendete die Debatte mit der Bemerkung: »*Ich* habe es gesehen, aber ich glaub's nicht.«

Der Abbé Maury war unterwegs zum Kardinal de La Roche-Aymon. Er begegnete dem Kardinal, der gerade von der Versammlung des Klerus kam, fand ihn verstimmt und fragte nach den Gründen seiner schlechten Laune. »Ich habe sehr triftige«, sagte der alte Kardinal, »man hat mich gebeten, das Präsidium dieser Versammlung des Klerus zu übernehmen, wo alles denkbar schlecht zugegangen ist. Nicht einmal junge Agenten des Klerus wie der Abbé de La Luzerne lassen sich noch mit schlechten Argumenten abspeisen.«

Als der Abbé Raynal noch jung und arm war, las er täglich eine Messe für zwanzig Sous. Später kam er zu Geld, überließ sie dem Abbé de Laporte, behielt aber von den zwanzig Sous acht für sich. Als sich auch die Lage des Abbé de Laporte besserte, überließ er die Messe dem Abbé Dinouart und zog außer dem, was Abbé Raynal bekam, noch weitere vier Sous ab, so daß diese armselige Messe, die mit doppelten Abgaben belastet war, dem Abbé Dinouart nicht mehr als acht Sous einbrachte.

Ein Bischof von Saint-Brieuc hielt nach dem Tod Maria Theresias eine Trauerrede. Als er die Teilung Polens berühren mußte, zog er sich sehr einfach aus der Affäre und sagte: »Frankreich hat nichts zu dieser Teilung gesagt, ich mache es wie Frankreich und sage auch nichts.«

Lord Marlborough stand mit einem Freunde und einem seiner Neffen im Laufgraben, als plötzlich eine Kanonenkugel dem

Freunde den Schädel zerschmetterte, so daß dem jungen Mann das Gehirn des Toten ins Gesicht spritzte. Er wich schaudernd zurück, aber Marlborough sagte kaltblütig: »Nun, du scheinst verwundert?« – »Ja«, erwiderte er, und wischte sich das Gesicht ab, »ich wundere mich, daß ein Mann von so viel Gehirn willkürlich einer so sinnlosen Gefahr ausgesetzt wurde.«

Die Herzogin von Maine, deren Gesundheit angegriffen war, grollte ihrem Arzt und sagte ihm: »Lohnte es, mir so viele Entbehrungen aufzuerlegen und mich ganz allein leben zu lassen?« – »Aber Eure Hoheit haben jetzt vierzig Personen im Schloß?« – »Nun ja, wissen Sie nicht, daß vierzig bis fünfzig Personen das Privatleben einer Prinzessin ausmachen?«

Als der Herzog von Chartres von der Beleidigung erfuhr, die seine Schwester, die Herzogin von Bourbon, durch den Grafen von Artois erfahren hatte, sagte er: »Welch ein Glück, weder Vater noch Ehemann zu sein.«

Als man sich eines Tages bei einem Disput in der Akademie gegenseitig nicht mehr verstand, sagte Herr von Mairan: »Meine Herren, wenn doch vier von uns zu gleicher Zeit sprächen!«

Der Graf von Mirabeau, der sehr häßlich, aber sehr geistvoll war, wurde unter der Anklage der Verführung vor Gericht geladen und verteidigte sich selbst. »Meine Herren«, begann er, »man beschuldigt mich der Verführung. Statt jeder Antwort und Verteidigung verlange ich, daß mein Bild zu den Akten genommen wird.« Der Kommissär begriff nicht. »Dummkopf«, sagte der Richter, »sieh dir doch den Herrn an.«

Herr *** sagte mir: »Ich habe mich, da sich kein wahres Gefühl offenbaren konnte, entschlossen, die Liebe so zu behandeln wie jedermann. Diese Ausflucht war meine Notlösung. So wie ein Mann, der ins Theater gehen will und keinen Platz für ›Iphigénie‹ erhält, bei den ›Variétées amusantes‹[6] landet.«

Frau von Brionne brach mit dem Kardinal von Rohan wegen des Herzogs von Choiseul, den der Kardinal entlassen wollte. Es gab zwischen den beiden eine heftige Szene, die Frau von Brionne beendete, indem sie drohte, ihn zum Fenster hinauswerfen zu lassen. »Ich kann geradesogut«, sagte er, »hinunter auf dem Weg, auf dem ich so oft heraufgekommen bin.«

Der Herzog von Choiseul war im Spiel mit Ludwig XV., als er verbannt wurde. Herr von Chauvelin, der auch mitmachte, sagte dem König, daß er nicht mehr mitspielen könne, weil der Herzog beteiligt war. Der König sagte zu Herrn von Chauvelin: »Fragt ihn, ob er wieder mitspielen will.« Herr von Chauvelin schrieb nach Chanteloup. Ende des Monats fragte der König, ob der Gewinn verteilt sei. »Ja«, sagte Herr von Chauvelin, »Herr von Choiseul gewinnt dreitausend Louis.« – »Das freut mich«, sagte der König, »schickt sie ihm schnell.«

»Die Freuden der Liebe«, sagte Herr ***, »sollten nur feinen Seelen vorbehalten sein. Sehe ich niedrige Kreaturen sich zur Liebe drängen, so bin ich versucht zu sagen: Worum kümmert ihr euch? Für die Kanaille gibt es Spiele, Essen, Ehrgeiz.«

Rühmen Sie mir nicht den Charakter von N., das ist ein harter, unerschütterlicher Mensch, der sich auf eine kalte Philosophie stützt wie eine Bronzestatue auf Marmor.

»Wissen Sie auch, warum man in Frankreich in der Jugend und bis zum Alter von dreißig Jahren anständiger ist als nachher?« sagte mir Herr von ***. »Weil man nach diesem Alter desillusioniert ist, weil man bei uns Amboß oder Hammer sein muß, weil man dann klar einsieht, daß die Leiden der Nation unheilbar sind. Bis jetzt glich man dem Hund, der das Mittagessen seiner Herren gegen die anderen Hunde verteidigt[7]. Nachher benimmt man sich gleichfalls hündisch und sichert sich seinen Teil wie die anderen.«

Als Frau von B. trotz ihrer großen Verbindungen für ihren Liebhaber, Herrn von D., der zu allem andern ein mittelmäßiger Kopf war, nichts tun konnte, heiratete sie ihn. »Er gehört nicht zu den Leuten, mit denen man als Liebhaber Staat machen kann, aber als Gatte geht alles.«

Der Graf von Orsai, der Sohn eines Generalpächters, ein Mann, von dem man wußte, wie großen Wert er auf seine gesellschaftliche Stellung legte, traf mit Herrn Choiseul-Gouffier beim Vorstand der Kaufmannschaft zusammen. Choiseul wollte bei dieser Behörde die Herabsetzung seiner Kopfsteuer durchsetzen, die beträchtlich erhöht worden war. Orsai aber beklagte sich, daß man die seine verringert habe, und glaubte, daß eine Herabsetzung sein Ansehen als Adliger schmälern könnte.

Man sagte von dem Abbé Arnaud, der niemals Geschichten erzählt: »Er spricht viel, ohne geschwätzig zu sein. Wenn man spricht, erzählt man nicht.«

Herr von Autrep sagte von Herrn von Ximénès: »Das ist ein Mann, dem der Regen lieber ist als schönes Wetter, und der beim Gesang der Nachtigall sagt: Das elende Tier!«

Als Zar Peter I. in Spithead war, wollte er wissen, worin die Strafe des Kielholens besteht, die man über die Matrosen verhängt. Als sich niemand fand, der sich etwas zuschulden hatte kommen lassen, sagte Peter: »Man nehme einen meiner Leute.« – »Fürst«, erwiderte man ihm, »Ihre Leute sind in England und stehen folglich unter dem Schutz der Gesetze.«

Trotz der Anwesenheit Voltaires galt die Hauptaufmerksamkeit eines fremden Fürsten Herrn von Vaucanson. Verlegen und beschämt, daß der Fürst nichts zu Voltaire gesagt hatte, näherte er sich diesem und bemerkte: »Der Fürst hat mir noch etwas zu sagen.« (Ein für Voltaire sehr schmeichelhaftes Kompliment.) Voltaire, dem die Höflichkeit Vaucansons nicht entgangen war, erwiderte: »Ich erkenne Ihr Talent an der Art, wie Sie den Fürsten zum Sprechen bringen.«

Zur Zeit von Damiens' Attentat auf Ludwig XV. hatte Herr von Argenson offen mit Frau von Pompadour gebrochen. Am Tag nach der Katastrophe ließ ihn der König kommen, um ihm den Auftrag zu geben, Frau von Pompadour wegzuschicken. Er benahm sich wie ein Mann, der sich vollkommen auf die Kunst der Höfe verstand; er merkte, daß der König nicht ernstlich gekränkt war und, sobald er sich beruhigt hätte, Frau von Pompadour zurückrufen würde. Folglich gab er dem König zu verstehen, daß es barbarisch wäre, ihr, nachdem sie das Unglück gehabt hatte, der Königin zu mißfallen, seinen Befehl durch einen ihr feindlich Gesinnten übermitteln zu lassen. So brachte er den König dazu, den Auftrag Herrn von Machault zu übertragen, der zum Freundeskreis der Frau von Pompadour gehörte und dem Befehl durch alle Tröstungen der

Freundschaft seine Härte nehmen würde. Aber eben der Mann, den sein kluges Benehmen mit Frau von Pompadour versöhnt hatte, machte einen schülerhaften Fehler, indem er, in seinem Sieg zu weit gehend, sie mit Invektiven überhäufte in dem Augenblick, als sie, zurückgekehrt, sich Frankreich zu Füßen legen ließ.

Als Frau du Barry und der Herzog von Aiguillon die Entlassung von Herrn von Choiseul durchsetzten, waren die durch seinen Abgang freigewordenen Plätze noch nicht besetzt. Herrn von Aiguillon wollte der König nicht als Außenminister. Der Fürst von Condé unterstützte die Kandidatur von Herrn von Vergennes, den er in Burgund kennengelernt hatte, Frau du Barry die des Kardinals Rohan, der sich an sie angeschlossen hatte, Herr von Aiguillon, der damals ihr Liebhaber war, wollte weder den einen noch den anderen. So gab man die Gesandtschaft von Schweden Herrn von Vergennes, der damals vergessen und zurückgezogen auf seinen Gütern lebte, und die Gesandtschaft von Wien dem Kardinal von Rohan, damals Fürst Louis.

»Meine Ideen, meine Prinzipien«, sagte Herr ***, »sind nicht für jedermann: sie sind wie das Ailhaudsche Pulver und manche Drogen, die den schwachen Naturen sehr schaden und kräftigen höchst nützlich sind.« Diese Gründe führte er an, um sich von jedem Kontakt mit Herrn von J., einem jungen Mann bei Hofe, zu befreien, mit dem man ihn hatte in Verbindung bringen wollen.

Ich beobachtete, daß Herr von Foncemagne sich im Alter hohen Ansehens erfreute. Da ich jedoch Anlaß hatte, an seiner Rechtschaffenheit zu zweifeln, erkundigte ich mich bei Herrn Saurin, ob er ihn persönlich gekannt habe. Als er dies bejahte, fragte ich beharrlich weiter, ob er je etwas gegen ihn gehabt habe. Herr Saurin antwortete mir nach kurzer Überlegung: »Er ist schon seit langem ein ehrenwerter Mann.« Dem konnte ich nichts Positives entnehmen, es sei denn, daß das Betragen des Herrn von Foncemagne in verschiedenen Geldgeschäften hinterhältig und listig gewesen war.

In der Schlacht von Raucoux erfuhr Herr von Argenson, daß ein einfacher Soldat nur einige Schritte von dem Platz, wo er selbst und der König standen, von einer Kanonenkugel verwundet worden war. »Der Kerl wird uns gewiß nicht einmal die Ehre erweisen, daran zu sterben.«

In der unglücklichen Lage gegen Ende der Regierung Ludwigs XIV., als die Schlachten bei Turin, Oudenaarde, Malplaquet, Ramillies, Höchstädt verloren waren, sagten die ergebensten Hofleute: »Nun, der König ist wohlauf, und das ist die Hauptsache.«

Als der Graf von Estaing nach seiner Eroberung von Grenade zum erstenmal bei der Königin vorsprach, kam er auf Krücken und in Begleitung von mehreren gleichfalls schwerverwundeten Offizieren. Die Königin wußte nichts anderes zu sagen als: »Herr Graf, waren Sie mit dem kleinen La Borde zufrieden?«

»In der Gesellschaft sah ich«, meinte Herr von ***, »nur Diners ohne Verdauung, Soupers ohne Vergnügen, Unterhaltungen ohne Vertrauen, Bekanntschaften ohne Freundschaft und Schlafgenossen ohne Liebe.«

Der Pfarrer von Saint-Sulpice machte Frau von Mazarin während ihrer letzten Krankheit einen Besuch, um ihr ein wenig ins Gewissen zu reden. »Ah, Herr Pfarrer«, begann sie, »ich bin entzückt, Sie zu sehen, ich muß Ihnen sagen, daß die Butter aus der Christkind-Meierei nicht mehr sehr gut ist. Sie müßten nach dem Rechten sehen, denn die Meierei gehört zu Ihrer Kirche.«

Ich sagte zu Herrn R., einem Spötter und Menschenfeind, der mir einen jungen Mann aus seinem Bekanntenkreis vorgestellt hatte: »Ihr Freund weiß noch nichts von der Welt; er hat von ihr noch keine Vorstellung.« – »Ja«, erwiderte er, »aber er ist schon so traurig, als wüßte er alles.«

M. sagte, daß ein kluger, scharfsinniger Mann, der die Gesellschaft sieht, wie sie ist, überall nichts als Bitterkeit finden würde. Man muß unbedingt auf die heitere Seite blicken und sich daran gewöhnen, den Menschen nur wie einen Hampelmann anzusehen und die Gesellschaft wie das Brett, auf dem er springt. Dann ändert sich alles: der Geist der verschiedenen Stände, die jedem eigentümliche Eitelkeit, die verschiedenen

Nuancen in den Individuen, die Schurkereien usw. – alles wird unterhaltsam, und man bewahrt seine Gesundheit.

»Nur mit großer Mühe«, sagte M., »kann ein Mann von Verdienst sich in der Gesellschaft ohne den Rückhalt von Namen, Rang und Vermögen behaupten; der Mann, der in ihr seinen Vorteil findet, behauptet sich hingegen wider seinen Willen. Die beiden unterscheiden sich wie der Taucheranzug von einem Schwimmer.«

M. sagte: »Ich habe auf die Freundschaft von zwei Menschen verzichtet: weil der eine nur von sich sprach, der andere niemals von mir sprach.«

Ebendiesen fragte man, warum die Provinzstatthalter mit mehr Pomp auftreten als der König. »Weil die Dorfkomödianten dicker auftragen als die Schauspieler in Paris«, antwortete er.

Ein Prediger der Liga hatte als Text seiner Predigt gewählt: Eripe nos, Domine, a luto facis[8], was er folgendermaßen übersetzte: Herr, entbourbonnesiere uns!

Herr ***, Provinzintendant, hatte mehrere Personen in seinem Salon, als er in seinem Arbeitszimmer war, dessen Tür offenstand. Er macht eine geschäftige Miene und die Papiere in der Hand diktiert er gewichtig seinem Sekretär: »Ludwig, von Gottes Gnaden, König von Frankreich und Navarra. Gruß allen, die diese Briefe lesen. – Das übrige ist Formsache«, sagt er, indem er die Papiere zurückgibt; und er geht in den Sitzungssaal, um dem Publikum den großen Mann vorzuführen, der mit so viel wichtigen Geschäften zu tun hat.

Herr von Montesquiou bittet Herrn von Maurepas, sich für eine schnelle Entscheidung seiner Angelegenheit und seiner Ansprüche auf den Namen de Fezensac zu interessieren. Herr von Maurepas sagt ihm: »Es eilt gar nicht, der Graf von Artois hat Kinder.« Das war vor der Geburt des Dauphins.

Der Regent ließ dem Präsidenten Daron nahelegen, von seinem Posten als erster Präsident des Parlaments von Bordeaux zurückzutreten. Dieser erwiderte, man könne ihm seinen Posten nicht nehmen, ohne ihm einen Prozeß zu machen. Als der

Regent den Brief erhalten hatte, schrieb er nur darunter: »Darauf soll es mir nicht ankommen« und schickte ihn ohne Antwort zurück. Der Präsident, der den Fürsten kannte, mit dem er es zu tun hatte, gab seine Demission.

Ein Schriftsteller trug sich gleichzeitig mit einer poetischen Arbeit und einer geschäftlichen Angelegenheit. Man fragte ihn, wie weit er mit seiner Dichtung sei. »Fragt mich lieber«, antwortete er, »wie es mit meinen Geschäften steht. Ich komme mir vor wie jener Edelmann, der sich während eines schwebenden Strafverfahrens seinen Bart wachsen ließ. Er wollte sich nicht rasieren, ehe er wußte, ob ihm sein Kopf bleiben würde. So will ich erst wissen, ob mir etwas zum Leben bleibt, bevor ich unsterblich werde.«

Herr von La Reynière, der zwischen der Stellung eines Postverwalters und eines Generalpächters wählen mußte, nachdem er beide Posten innegehabt hatte, in denen er sich dank der Förderung der großen Herren, die bei ihm Gäste waren, halten konnte, beklagte sich bei ihnen wegen der Alternative, die man ihm vorschlug und die seine Einkünfte wesentlich herabsetzte. Einer von ihnen sagte ihm naiv: »Ach, mein Gott, das macht in Ihrem Vermögen keinen großen Unterschied. Legen Sie eine Million auf Nimmerwiedersehen an, und wir kommen trotzdem zum Souper zu Ihnen.«

Herr ***, ein Südfranzose, der manche witzige Einfälle hatte, sagte zu mir, an den persönlichen Eigenschaften der Könige und sogar der Minister sei wenig gelegen, wenn nur die Staatsmaschine richtig funktioniere. »Es sind«, sagte er, »Hunde, die den Bratspieß drehen. Bewegen sie nur die Pfoten, so geht alles schon, ob ein Hund schön oder häßlich ist, klug oder dumm, der Spieß dreht sich, und man kann stets auf ein halbwegs gutes Abendessen rechnen.«

Man tat mit der Statue der heiligen Genoveva einen Bittgang um trockenes Wetter. Der Zug hatte sich kaum in Bewegung gesetzt, als es zu regnen anfing. »Die Heilige irrt sich«, meinte witzig der Bischof von Castres, »sie glaubt, wir bitten um Regen.«

»Nach dem Ton zu schließen, der seit zehn Jahren in der Literatur herrscht«, sagte Herr ***, »scheint mir literarischer Ruhm eine Art von Verleumdung zu sein, die noch keine so üblen Wirkungen gehabt hat wie der Carcan, aber das wird noch kommen.«

Man sprach über die Gourmandise einiger Souveräne. »Was wollen Sie«, sagte der gute Herr von Bréquigny, »was sollen die armen Könige denn anfangen? Sie müssen wohl essen.«

Man fragte eine Herzogin von Rohan, wann sie ihre Entbindung erwarte. »Ich schmeichle mir«, erwiderte sie, »diese Ehre in zwei Monaten zu haben.« Die Ehre bestand darin, einen Rohan zur Welt zu bringen.

Ein Witzbold, der in der Oper das berühmte »Er sterbe«[9] von Corneille als Ballett aufführen sah, bat Noverre, doch die ›Maximen‹ von La Rochefoucauld tanzen zu lassen.

Herr von Malesherbes sagte zu Herrn von Maurepas, daß man den König veranlassen müßte, die Bastille zu besuchen. »Davor muß man sich hüten«, antwortete Herr von Maurepas, »er würde niemanden mehr hineinbringen wollen.«

Während einer Belagerung bot ein Wasserträger in den Straßen der Stadt Wasser feil. »Sechs Sous der Eimer«, rief er fortwährend. Eine Bombe flog herein und zertrümmerte ihm eins seiner Gefäße. »Zwölf Sous der Eimer«, rief er gelassen.

Der Abbé von Molières war ein einfacher und armer Mann, allem abhold außer seinen Arbeiten über das System Descartes'; er hatte keinen Diener und arbeitete mangels Brennholz in seinem Bett. Die Hose hatte er über seine Mütze gezogen, und die beiden Hosenbeine hingen links und rechts herunter. Eines Tages hörte er an seine Tür klopfen: »Wer da?« – »Öffnen Sie...« Er zieht an einer Schnur, und die Tür öffnet sich. Der Abbé von Molières, ohne aufzusehen: »Wer sind Sie?« – »Geben Sie mir Geld.« – »Geld?« – »Ja, Geld.« – »Ja, ich verstehe, Sie sind ein Dieb?« – »Dieb oder nicht, ich brauche Geld.« – »In der Tat, Sie brauchen es, nun gut, suchen Sie da drinnen...« Er streckt den Hals vor und zeigt eines der Hosenbeine; der Dieb stöbert: »Nun, da ist kein Geld.« – »In der Tat, aber da ist mein Schlüssel.« – »Nun, dieser Schlüssel...« – »Nehmen Sie ihn.« – »Ich halte ihn in der Hand.« – »Gehen

Sie zu diesem Schreibschrank, öffnen Sie...« – Der Dieb steckt den Schlüssel an eine andere Lade. »Lassen Sie das, bringen Sie nichts in Unordnung, das sind meine Papiere. Zum Teufel! Werden Sie fertig? Das sind meine Papiere: zur anderen Schublade, dort werden Sie Geld finden.« – »Da ist es.« – »Gut, nehmen Sie, schließen Sie die Lade...« Der Dieb entflieht. »Herr Dieb, schließen Sie doch die Tür. Verflucht! Er läßt die Tür offen! Hund von einem Dieb! Nun muß ich aufstehen bei der Kälte! Verfluchter Dieb!« Der Abbé springt auf, schließt die Tür und begibt sich wieder an die Arbeit.

Aus Anlaß der sechstausend Jahre Moses' sagte Herr *** im Hinblick auf die Langsamkeit des Fortschritts und den augenblicklichen Zustand der Zivilisation: »Was will er, daß man wegen seiner sechstausend Jahre macht? Man braucht länger, um Feuer aus dem Stein zu schlagen und die Zündhölzer zu erfinden.«

Gräfin von Boufflers sagte zum Fürsten von Conti, er sei der »beste der Tyrannen«.

Frau von Montmorin sagte zu ihrem Sohn: »Sie treten nun ein in die Welt; ich kann Ihnen nur einen Rat geben: in alle Frauen verliebt zu sein.«

Eine Frau sagte zu Herrn ***, sie vermute, er habe niemals mit Frauen den Boden unter den Füßen verloren. »Niemals«, sagte sie, »es sei denn im Himmel.« In der Tat, nach einem ziemlich ruhigen Anfang steigerte sich seine Liebe immer durch den Genuß.

Zur Zeit von Herrn Machault legte man dem König den Plan eines Plenarhofs vor, wie man ihn seither verwirklicht hat. Alles wurde geregelt zwischen dem König, Frau von Pompadour und den Ministern. Man diktierte dem König die Antworten, die er dem ersten Präsidenten erteilen sollte, alles wurde erklärt in einer Denkschrift, in der es hieß: »Jetzt wird der König eine ernste Miene machen; hier wird die Stirn des Königs sich glätten; hier wird der König die oder die Geste machen usw.« Diese Denkschrift ist erhalten.

»Man muß«, sagte Herr ***, »der Selbstsucht der Menschen schmeicheln oder ihrer Eigenliebe Furcht einjagen; es sind

Affen, die nur für Nüsse springen oder aus Furcht vor der Peitsche.«

Frau von Créqui sprach mit der Herzogin von Chaulnes über die Heirat mit Herrn von Giac und die unangenehmen Folgen daraus, die sie hätte voraussehen sollen, und legte dabei den Akzent auf den Altersunterschied. Frau von Giac erklärte: »Begreifen Sie, daß eine Frau vom Hofe niemals und ein Amtsadliger immer alt ist.«

Herr von Saint-Julien verlangte von seinem Sohn eine Aufstellung seiner Schulden. Als ersten Posten führte dieser sechzigtausend Livres an für einen Ratssitz im Parlament von Bordeaux. Der Vater machte ihm verdrießlich bittere Vorwürfe, denn er hielt das ganze für einen schlechten Witz. Der Sohn aber bestand darauf, er habe diesen Sitz wirklich bezahlt. »Es war damals, als ich Frau Thilorier kennenlernte«, erzählte er. »Sie wünschte einen Ratssitz im Parlament für ihren Mann. Anderenfalls hätte sie sich niemals mit mir befreundet. Sie sehen also, Vater, Sie haben gar keinen Grund, über mich erzürnt zu sein und zu glauben, ich machte schlechte Witze.«

Graf d'Argenson, ein geistreicher, aber heruntergekommener Mann, der mit seiner eigenen Schande spielte, sagte: »Meine Feinde mögen sich noch so sehr bemühen, sie werden meinen Sturz nicht herbeiführen; niemand hier ist knechtischer als ich.«

Herr von Boulainvilliers, ein geistloser, eitler Mann und stolz auf ein blaues Ordensband, das er von Amts wegen trug, sagte zu jemandem, als er sein Band anlegte, um dessentwillen er ein Amt im Werte von fünfzigtausend Talern gekauft hatte: »Wären Sie nicht sehr froh, einen ähnlichen Schmuck zu besitzen?« – »Nein«, sagte der andere, »aber ich wünschte, zu besitzen, was es Sie kostet.«

Der Marquis von Chastellux, verliebt wie mit zwanzig Jahren, sah, wie seine Frau während eines Abendessens sich nur eines jungen, schönen Fremden annahm, und machte ihr nach Aufhebung der Tafel schüchterne Vorwürfe. Da sagte ihm der Marquis von Genlis: »Geht, geht, guter Mann, man hat Ihnen schon was gegeben.« (Das war die Formel, die man den Armen gegenüber gebrauchte, die ein zweites Mal um Almosen bettelten.)

Herr ***, bekannt durch seine Gabe, sich der Gesellschaft zu bedienen, sagte mir, was ihn am meisten gefördert habe: nämlich, daß er es verstanden, gelegentlich mit Frauen von vierzig Jahren zu schlafen und Greisen von sechzig zuzuhören.

Herr *** sagte, die Jagd nach dem Glück mit Kummer und Plage, Beflissenheit den Großen gegenüber unter Vernachlässigung der Kultur des Geistes und der Seele, das wäre mit einem goldenen Angelhaken nach Gründlingen fischen.

Der Herzog von Choiseul und der Herzog von Praslin hatten einen Disput, um zu erfahren, wer dümmer sei, der König oder Herr von La Vrillière; der Herzog von Praslin blieb bei Herrn von La Vrillière, der andere, als getreuer Untertan, wettete für den König. Eines Tages im Rat sagte der König eine große Dummheit. »Nun, Herr von Praslin«, sagte der Herzog von Choiseul, »was halten Sie davon?«

Herr von Buffon umgibt sich mit Schmeichlern und Dummköpfen, die ihn schamlos loben. Ein Mann hatte bei ihm mit dem Abbé Leblanc, Herrn von Juvigny und zwei anderen Menschen dieses Schlages gespeist. Am Abend sagte er beim Essen, daß er im Herzen von Paris vier Austern an einem Felsen hängen sah. Man suchte lange nach dem Sinn dieses Rätsels, das er schließlich auflöste.

Während der letzten Krankheit Ludwigs XV., die sich vom ersten Tage an als tödlich herausstellte, wandte Lorry, der mit Bordeu entsandt worden war, in seinen detaillierten Ratschlägen stets das Wort »Man muß« an. Der König, erzürnt über dieses Wort, wiederholte leise mit brechender Stimme: »Man muß! Man muß!«

Die folgende Anekdote über den Baron von Breteuil hat mir Herr von Clermont-Tonnerre erzählt. Der Baron, der sich für Herrn von Clermont-Tonnerre interessierte, war ihm böse, weil er sich nicht genug in der Gesellschaft zeigte. »Ich habe zuwenig Geld«, erwiderte Herr von Clermont. »Sie müssen sich welches ausleihen; Sie werden mit Ihrem Namen bezahlen.« – »Aber wenn ich sterbe?« – »Sie werden nicht sterben.« – »Das hoffe ich auch, aber wenn es doch geschähe?« – »Gut, dann werden Sie mit Schulden sterben wie so viele andere.« – »Ich will nicht als Bankrotteur sterben.« – »Mein Herr, Sie müssen in die Gesellschaft gehen: mit Ihrem Namen erreichen Sie alles.« – »Sie sehen ja, wozu er mir nützt.« – »Das ist Ihre Schuld. *Ich* habe mir Geld geborgt, Sie sehen, welchen Weg ich gemacht habe, ich, der ich nur ein Plattfuß bin.« Dieses Wort wurde zwei- oder dreimal wiederholt, zur großen Überraschung des Hörers, der nicht verstehen konnte, daß jemand so von sich selbst sprach.

Cailhava, der während der ganzen Revolution nur an die Anlässe zu Klagen der Autoren über die Schauspieler dachte, beklagte sich bei einem Schriftsteller, der vielen Mitgliedern der Nationalversammlung sehr nahestand, daß der Erlaß nicht herauskam. Dieser sagte ihm: »Aber meinen Sie, daß es sich nur um die Aufführung von dramatischen Werken handelt?« – »Nein«, erwiderte Cailhava, »ich weiß wohl, daß es sich auch um die Veröffentlichung handelt.«

Frau von Pompadour ging, ehe Ludwig XV. ein Verhältnis mit ihr hatte, mit ihm zur Jagd. Der König war so aufmerksam, Herrn von Étioles ein Hirschgeweih zu schicken. Dieser ließ es in seinem Eßzimmer anbringen mit der Aufschrift: Geschenk des Königs für Herrn von Étioles.

Frau von Genlis hatte ein Verhältnis mit Herrn von Senevoy. Eines Tages war ihr Mann bei ihrer Toilette zugegen, als ein Soldat kam und sie um Fürsprache bei Herrn von Senevoy bat, seinem Oberst, bei dem er um Urlaub nachgesucht hatte. Frau von Genlis ärgert sich über den frechen Bittsteller, sagt, daß sie Herrn von Senevoy nicht besser kenne als andere Leute, und läßt ihn gehen. Herr von Genlis hält ihn jedoch zurück und sagt ihm: »Erbitte deinen Urlaub in meinem Namen und sag Senevoy, wenn er ablehnt, daß *ich* ihn beurlauben lassen werde.«

Herr *** trug oft, wenn man von der Liebe sprach, freigeistige Ansichten vor. Dabei war er im Grunde ein feinfühliger, leidenschaftlicher Mensch. Daher sagte jemand von ihm: »Er tut so unanständig, um bei den Frauen Glück zu haben.«

Herr von Richelieu sagte aus Anlaß der Belagerung von Mahon durch den Herzog von Crillon: »Ich hielt Mahon für eine Unbesonnenheit, und auf diesem Gebiet scheint Herr von Crillon mehr zu wissen als ich.«

In der Schlacht von Rocoux oder von Lawfeld wurde dem jungen Herrn von Thyanges das Pferd unter dem Leib getötet und er selbst weit fortgeschleudert, jedoch nicht verletzt. Der Marschall von Sachsen sagte ihm: »Kleiner Thyanges, nun hast du dich wohl sehr geängstigt?« – »Ja, Herr Marschall«, sagte dieser, »ich hatte Angst, Sie würden verwundet.«

Von dem ›Anti-Machiavel‹[10] des Königs von Preußen sagte Voltaire: »Er spuckt in die Suppe, um anderen den Appetit zu verderben.«

Man machte Frau von Denis Komplimente darüber, wie gut sie Zaïre[11] spielte: »Man müßte«, erwiderte sie, »schön und jung sein.« – »Ach«, sagte der Schmeichler naiv, »Sie sind wohl der Beweis des Gegenteils.«

Herr Poissonnier, der Arzt, ging nach seiner Rückkehr aus Rußland nach Ferney und sprach mit Herrn von Voltaire über dessen falsche und verzerrende Sicht dieses Landes. »Mein Freund«, antwortete Voltaire naiv, »anstatt ihren Zeitvertreib zu Widerspruch zu finden, haben sie mir gute Pelze gegeben, und mich fröstelt leicht.«

Frau von Tencin behauptete, die geistreichen Leute machten viele Fehler in ihrem Benehmen, weil sie die Welt niemals für ziemlich dumm hielten, für so dumm, wie sie ist.

Eine Frau hatte einen Prozeß vor dem Parlament von Dijon. Sie fuhr nach Paris und beschwor den Großsiegelbewahrer[12] (1784), doch ein Wort zu ihren Gunsten einzulegen, ein Wort, das sie ihre grundgerechte Sache gewinnen ließe. Der Großsiegelbewahrer wies sie ab. Die Gräfin von Talleyrand wurde auf die Frau aufmerksam und nahm ihretwegen Rücksprache: erneute Abweisung! Frau Talleyrand ließ die Sache der Königin melden: es half nichts! Es fällt ihr ein, daß ihr Sohn, der Abbé de Périgord, ein Liebling des Großsiegelbewahrers ist, sie ließ durch ihn schreiben; es erfolgte eine höfliche Abweisung. In ihrer Verzweiflung beschloß die Frau, einen letzten Versuch zu machen und selbst nach Versailles zu gehen. Tags darauf macht sie sich auf den Weg, und da es ihr in der Postkutsche unbequem wird, steigt sie in Sèvres aus, um den Rest des Weges zu Fuß zurückzulegen. Da erbietet sich ein Herr, sie auf einem bequemeren und kürzeren Weg nach Versailles zu führen. Sie nimmt das Anerbieten an und erzählt ihm ihre Geschichte. Der Mann sagt ihr: »Gut, morgen haben Sie, was Sie brauchen.« Sie sieht ihn an und bleibt ratlos. Ihr Besuch beim Großsiegelbewahrer endet mit einer neuerlichen Abweisung. Sie will nach Hause reisen, aber jener Herr veranlaßt sie, in Versailles über Nacht zu bleiben, und bringt ihr am Morgen das gewünschte Schriftstück. Es war der Gehilfe eines unteren Beamten, ein Herr Étienne.

Der Herzog von La Vallière sah in der Oper die kleine Lacour ohne Diamanten und fragte, wie das möglich sei. »Das kommt daher«, sagte sie, »daß die Diamanten der Saint-Louis-Orden unseres Standes sind.« Daraufhin verliebte er sich wahnsinnig in sie. Er hatte lange ein Verhältnis mit ihr. Sie unterwarf ihn mit den Mitteln, mit denen Frau du Barry bei Ludwig XV. Erfolg hatte. Sie nahm ihm sein blaues Band, warf es auf den Boden und sagte zu ihm: »Nun knie darauf, Kanaille von einem Herzog.«

Ein berühmter Spieler namens Sablière war soeben verhaftet worden. Er war in Verzweiflung und sagte zu Beaumarchais, der ihn am Selbstmord hindern wollte: »Ich, verhaftet wegen 200 Louis! Im Stich gelassen von all meinen Freunden! Was wären ohne mich B., D., N.? (Sie leben alle noch.) Schließlich, mein Herr, bedenken Sie das Ausmaß meiner Erniedrigung: um leben zu können, bin ich Polizeispion.«

Ein englischer Bankier namens Ser oder Sair war angeklagt, eine Verschwörung angezettelt zu haben, um den König (Georg III.) zu entführen und nach Philadelphia zu schaffen. Vor dem Gericht sagte er: »Ich weiß schon, wozu ein König einen Bankier braucht, aber was ein Bankier mit einem König tun soll, verstehe ich nicht.«

Man sagte dem englischen Satiriker Donne: »Zieht über die Laster her, aber verschont die Lasterhaften.« – »Wie«, sagte er, »soll ich die Karten verurteilen und den Schwindlern verzeihen?«

Man fragte Herrn von Lauzun, was er seiner Frau (die er seit zehn Jahren nicht gesehen hatte) antworten würde, wenn sie ihm schriebe, daß sie schwanger sei. Er überlegte und erwiderte dann: »Ich würde ihr schreiben: Ich bin entzückt, zu erfahren, daß der Himmel endlich unsere Verbindung gesegnet hat, pflegen Sie Ihre Gesundheit, ich werde Ihnen heute abend meine Aufwartung machen.«

Frau von H. erzählte mir vom Tod des Herzogs von Aumont. »Es ging sehr rasch«, sagte sie, »zwei Tage vorher hatte ihm Herr Bouvard noch zu essen erlaubt, und an seinem Todestag, zwei Stunden bevor die Lähmungserscheinungen sich wiederholten, war er noch wie ein Dreißigjähriger, wie er sein ganzes Leben lang gewesen. Er ließ sich seinen Papagei bringen, sagte: ›Bürstet doch diesen Sessel, zeigt mir meine beiden neuen Stickereien‹; kurz, in voller geistiger Frische, alle seine Gedanken wie sonst auch.«

Herr *** hat sich zur Einsamkeit entschlossen, nachdem er die Welt kennengelernt hatte. Er gab als sein Motiv an, daß er nach Erforschung der Konventionen der Gesellschaft im Hinblick auf die Beziehungen zwischen den Vornehmen und dem Pöbel gefunden hatte, daß solch geschäftlicher Verkehr töricht und trügerisch war. »Ich glich«, fügte er hinzu, »einem großen Schauspieler, der müde ist, mit Leuten zu spielen, denen man die Dame vorgeben muß. Man spielt göttlich, zerbricht sich den Kopf und gewinnt schließlich einen kleinen Taler.«

Ein Höfling sagte beim Tode Ludwigs XIV.: »Nach dem Tode des Königs kann man alles glauben.«

Von J.-J. Rousseau sagt man, daß er Frau von Boufflers besessen und sogar (man verzeihe mir den Ausdruck) ihr gegenüber versagt habe, was beide sehr gegeneinander verstimmte. Eines Tages sagte man in ihrer Gegenwart, daß die Liebe zum Menschengeschlecht die Vaterlandsliebe auslösche. »Was mich angeht«, sagte sie, »so weiß ich durch mein Beispiel und fühle, daß dies nicht wahr ist; ich bin eine sehr gute Französin und interessiere mich ebenso für das Glück aller Völker.« – »Ja«, sagte Rousseau, »mit der Brust sind Sie französisch und kosmopolitisch mit dem Rest Ihrer Person.«

Die noch (1780) lebende Marschallin von Noailles ist in ihrem geistigen Habitus eine Mystikerin wie Frau Guyon. Sie verstieg sich sogar dahin, an die Heilige Jungfrau zu schreiben.

Ihr Brief wurde in den Opferstock der Kirche von Saint-Roch gelegt, und ein Priester dieser Pfarrgemeinde erteilte die Antwort auf diesen Brief. Diese Schliche dauerten lange: der Priester wurde entdeckt und blieb nicht unbehelligt, dann aber vertuschte man doch die Angelegenheit.

Ein junger Mann hatte den Schmeichler eines Ministers beleidigt. Ein Freund, der Zeuge der Szene war, sagte ihm nach dem Abgang des Beleidigten: »Lernen Sie, daß es besser wäre, den Minister selbst beleidigt zu haben als den Menschen, der ihm in seine Garderobe folgt.«

Eine der Geliebten des Herrn Regenten sprach zu ihm bei einem Rendezvous von geschäftlichen Dingen. Er schien ihr aufmerksam zuzuhören: »Glauben Sie«, erwiderte er, »daß der Kanzler eine genußreiche Beziehung wäre?«

Herr von ***, der mit Prinzessinnen aus Deutschland ein Verhältnis gehabt hatte, sagte zu mir: »Glauben Sie, daß Herr von L. Frau von S. besessen hat?« Ich antwortete ihm: »Das beansprucht nicht einmal er; er gibt sich als das, was er ist, als Libertiner, als einen Menschen, der die Freudenmädchen über alles liebt.« – »Junger Mann«, erwiderte er, »machen Sie sich nichts vor, so kommt man zu Königinnen.«

Herr von Stainville, Generalleutnant, hatte eben seine Frau einsperren lassen. Herr von Vaubecourt, Feldmarschall, erbat einen Befehl, um auch die seine einsperren lassen zu können. Er hatte eben den Befehl erhalten und kam mit triumphierender Miene aus dem Zimmer des Ministers. Herr von Stainville sagte ihm, in der Meinung, er sei zum Generalleutnant ernannt worden, vor vielen Leuten: »Ich beglückwünsche Sie, sicher gehören Sie zu den unsern.«

L'Écluse, derselbe, der die Variétés Amusantes leitet, erzählte, als er jung und mittellos nach Lunéville gekommen, sei er just an dem Tag zum Zahnarzt des Königs Stanislaus ernannt worden, als dieser seinen letzten Zahn verlor.

Man versichert, daß Frau von Montpensier sich manchmal in Abwesenheit ihrer Frauen die Schuhe von einem ihrer Pagen habe binden lassen, den sie zu fragen pflegte, ob ihm irgendwelche Versuchungen angekommen seien. Der Page bejahte dies. Die Fürstin war viel zu ehrbar, um solch ein Geständnis auszunutzen, sie gab ihm vielmehr einige Louis, damit er bei irgendeinem Freudenmädchen der Anfechtungen ledig werden könne, deren Ursache sie war.

Herr von Marville sagte, es könnte keinen ehrbaren Mann bei der Polizei geben außer höchstens dem Polizeipräfekten.

Als der Herzog von Choiseul mit einem Postmeister, der ihn gut gefahren hatte und dessen Kinder hübsch waren, zufrieden war, sagte er ihm: »Wieviel ist zu bezahlen? Liegt Ihre Wohnung eine oder eineinhalb Poststationen entfernt von dem und dem Ort.?« – »Eine Station, gnädiger Herr.« – »Nun gut, in Zukunft sollen es eineinhalb sein.« Das Glück des Postmeisters war gemacht.

Frau von Prie, die Geliebte des Regenten, hatte auf Rat ihres Vaters, eines Händlers namens Pléneuf, eine so große Menge Getreide aufgekauft, daß das Volk zur Verzweiflung und schließlich zum Aufstand getrieben wurde. Eine Kompanie Musketiere sollte den Aufruhr beschwichtigen, und ihr Leutnant, Herr d'Avejan, hatte Befehl, auf die Kanaille zu feuern, denn so nannte man damals das Volk in Frankreich. D'Avejan machte sich aber als anständiger Mensch ein Gewissen daraus, auf seine Mitbürger schießen zu lassen und führte seinen Befehl auf folgende Art aus: Er ließ zur Salve antreten, und ehe er »Feuer« kommandierte, ging er auf die Menge zu, in der einen Hand seinen Hut, in der anderen den Befehl des Hofes. »Meine Herren«, rief er, »laut Befehl soll ich auf die Kanaille feuern. Ich bitte daher alle anständigen Leute, sich zu entfernen, bevor ich Feuer geben lasse.« Alle verschwanden so rasch wie möglich.

Bekannt ist, daß der Brief, den der König Herrn von Maurepas geschickt hatte, für Herrn von Machault geschrieben war. Man weiß, welch spezielles Interesse eine Änderung dieser Disposition bewirkt hat, aber man weiß nicht, daß Herr von Maurepas sozusagen den Posten verschwinden ließ, den man meinte, ihm angeboten zu haben. Der König wollte nur mit ihm plaudern; als die Unterhaltung zu Ende ging, sagte ihm Herr von Maurepas: »Morgen im Rat werde ich meine Ideen entwickeln.« Man versichert, daß er in dieser Unterhaltung dem König gesagt habe: »Eure Majestät machen mich doch zum Premierminister?« – »Nein«, antwortete der König, »das ist nicht meine Absicht.« – »Ich verstehe«, sagte Herr von Maurepas, »Eure Majestät wünschen zu erfahren, wie man ohne Minister auskommen könne.«

Man disputierte bei Frau von Luxembourg über den Vers des Abbé Delille:
Et ces deux grands débris se consolaient entre eux[13]; da verweist man auf das Gähnen von Breteuil und Frau La Reynière. »Der Vers ist gut«, sagte die Marschallin.

Als Herr *** mir seine Prinzipien über die Gesellschaft und Regierung, seine Art, die Menschen und Dinge zu sehen, die nur traurig und bedrückend zu sein schien, entwickelte, teilte ich ihm meinen Eindruck mit und fügte hinzu, daß er unglücklich sein müsse; er erwiderte mir, daß er es in der Tat lange gewesen sei, daß aber seine Ansichten nun nichts mehr Erschreckendes für ihn hätten. »Ich gleiche«, sagte er mir, »jenen Spartanern, denen man als Betten Dornenmatten gab, deren Dornen sie nur mit ihrem Körper brechen durften, eine Aktion, nach der ihnen ihr Bett sehr erträglich zu sein schien.«

Ein vornehmer Mann verheiratet sich, ohne seine Frau zu lieben, nimmt ein Mädchen von der Oper, die er mit den Worten wieder aufgibt: »Sie ist wie meine Frau«; nimmt eine anständige Frau der Abwechslung halber, gibt sie auf, denn sie sei auch nur wie die und jene; und so fort.

Ein paar junge Herren vom Hofe waren bei Herrn von Conflans zum Souper eingeladen. Man sang ein etwas schlüpfriges Lied, das aber nicht eigentlich unanständig war. Gleich darauf beginnt Herr von Fronsac abscheuliche Couplets zu singen, die sogar die ausgelassene Gesellschaft in Staunen versetzen. In das allgemeine Schweigen rief Herr von Conflans: »Zum Teufel, Fronsac, zwischen dem ersten Lied und diesem liegen zehn Flaschen Champagner.«

Frau du Deffand führte als kleines Kind vor ihren Altersgenossen in der Klosterschule gottlose Reden. Die Äbtissin ließ Massillon kommen, dem die Kleine ihre Gründe darlegte. Massillon zog sich mit der Bemerkung zurück: »Sie ist entzückend.« Als die Äbtissin, die das alles ernst nahm, den Bischof fragte, was man denn dem Kind zu lesen geben sollte, überlegte er einen Augenblick und sagte: »Einen Katechismus für fünf Sous.« Nichts anderes war aus ihm herauszubringen.

Der Abbé Baudeau sagte von Herrn Turgot: Ein Instrument von wunderbarer Kraft, aber ohne Griff.

Der Prätendent lebte im Alter in Zurückgezogenheit in Rom. Er war von der Gicht geplagt, und in seinen Anfällen rief er: »Armer König, armer König!« Ein Franzose, der ihn oft besuchte, sagte, er wundere sich, keine Engländer bei ihm zu sehen. »Ich weiß warum«, antwortete er, »sie bilden sich ein, daß ich mich an das erinnere, was geschehen ist. Ich würde sie heute noch mit Vergnügen sehen. *Ich* liebe meine Untertanen.«

Herr von Barbançon, der sehr schön gewesen war, besaß einen sehr hübschen Garten, den die Herzogin von La Vallière besuchte. Der Eigentümer, der damals sehr alt und gichtbrüchig war, sagte ihr, er sei einst wahnsinnig verliebt in sie gewesen. Frau von La Vallière antwortete ihm: »Ach, mein Gott, warum haben Sie nichts gesagt? So wie die anderen hätten auch Sie mich besessen.«

Der Abbé Fraguier verlor einen Prozeß, der zwanzig Jahre gedauert hatte. Man machte ihn aufmerksam auf alle Sorgen, die ihm aus dem Prozeß erwachsen waren, den er dann doch verlor. »Oh«, sagte er, »zwanzig Jahre lang habe ich ihn alle Abende gewonnen.« Dieses Wort ist sehr philosophisch und kann auf alles angewandt werden. Es erklärt, wie man die Kokette liebt: sie führt Sie ein halbes Jahr lang zum Sieg in Ihrem Prozeß und zur Niederlage an einem Tag.

Frau du Barry hatte, als sie in Louveciennes[14] war, den Einfall, Le Val zu besuchen, das Haus von Herrn von Beauvau. Sie ließ ihn fragen, ob es Frau von Beauvau genehm wäre. Frau von Beauvau fand es kurzweilig, dort zu sein und die Honneurs zu machen. Man sprach von dem, was sich unter Ludwig XV. ereignet hatte. Frau du Barry beklagte sich über Verschiedenes, das zu zeigen schien, daß man sie haßte. »Keineswegs«, sagte Frau von Beauvau, »der Groll galt nur Ihrer Stellung.« Nach diesem naiven Geständnis fragte man Frau du Barry, ob Ludwig XV. nicht sehr viel Schlechtes über sie (Frau von Beauvau) und Frau von Grammont gesagt hätte. »Oh, sehr viel.« – »Nun, was hat er denn Böses über mich gesprochen?« – »Über Sie, Madame, daß Sie hochmütig waren, intrigant, daß Sie Ihren Mann an der Nase herumführten.« Herr von Beauvau war zugegen; eilig ließ man die Unterhaltung eine andere Wendung nehmen.

Herr von Maurepas und Herr von Saint-Florentin, beide Minister zur Zeit der Frau von Pompadour, probten eines Tages scherzweise die Artigkeiten, die sie sich bei ihrer Entlassung zusenden würden. Vierzehn Tage nach dieser Posse kommt Herr von Maurepas zu Herrn von Saint-Florentin, setzt eine traurige, ernste Miene auf und bittet ihn, seinen Abschied zu nehmen. Herr von Saint-Florentin schien der Täuschung zu erliegen, als er durch lautes Lachen von Herrn von Maurepas beruhigt wurde. Drei Wochen später kam an diesen die Reihe, und zwar ernstlich. Herr von Saint-Florentin geht zu ihm, und, die ernsten Worte der feierlichen Ansprache des Herrn von Maurepas am Tag der Posse noch im Gedächtnis, wiederholt er diese. Herr von Maurepas glaubte zuerst, es sei ein Scherz, aber als er sah, daß der andere es ernst meinte, sagte er: »Gut, ich sehe, daß Sie keinen Spott mit mir treiben, Sie sind ein ehrenwerter Mann, ich will meinen Abschied nehmen.«

Der Abbé Maury versuchte den Abbé von Boimont, der alt und paralytisch war, Einzelheiten aus seiner Jugend und seinem Leben erzählen zu lassen. »Abbé«, sagte ihm dieser, »Sie nehmen mir Maß«, und gab damit zu verstehen, daß jener Stoff suchte für seine Lobrede in der Akademie.

D'Alembert war bei Voltaire mit einem berühmten Professor der Rechte. Dieser bewunderte die Universalität Voltaires und sagte zu D'Alembert: »Nur im Staatsrecht finde ich ihn etwas schwach.« – »Und ich in der Mathematik«, sagte D'Alembert.

Frau von Maurepas war mit dem Grafen von Löwendal (dem Sohn des Marschalls) eng befreundet. Als dieser von St. Domingo zurückkam, stieg er, müde von der Reise, bei ihr ab. »Da sind Sie ja, lieber Graf«, rief sie, »Sie kommen wie gerufen, uns fehlt ein Tänzer, Sie sind ganz unentbehrlich.« Er hatte kaum Zeit, ein wenig Toilette zu machen, und tanzte.

Herr von Calonne erfuhr, als er entlassen wurde, daß man seinen Posten Herrn von Fourqueux anbot, daß dieser aber schwanke, ob er annehmen solle. »Ich wünschte, daß er es täte«, sagte der Ex-Minister, »er war der Freund von Herrn Turgot, er würde auf meine Pläne eingehen.« – »Das ist wahr«, sagte Du Pont, der eng befreundet war mit Herrn von Fourqueux, und er erbot sich, ihn zu bewegen, den Posten anzunehmen. Herr von Calonne schickt ihn hin, Du Pont kommt nach einer Stunde und ruft triumphierend: »Sieg! Sieg! Wir haben ihn, er nimmt an.« Herr von Calonne meinte vor Lachen zu platzen.

Der Erzbischof von Toulouse hat Herrn von Cadignan eine Zulage von 40000 Livres zukommen lassen für die Dienste, die er ihm in der Provinz geleistet hatte. Der größte war, seine Mutter, Frau von Loménie, die alt und häßlich war, besessen zu haben.

Der Graf von Saint-Priest war nach Holland entsandt worden und in Antwerpen acht bis vierzehn Tage festgehalten worden, worauf er wieder nach Paris zurückkam. Er hatte 80000 Livres für seine Reise, und das zu einer Zeit, in der immer mehr Stellen, Ämter, Pensionen usw. abgeschafft wurden.

Der Vicomte von Saint-Priest, Intendant von Languedoc, wollte sich zurückziehen und bat Herrn Calonne um eine Pension von 10000 Livres. »Was wollen Sie mit 10000 Livres?« fragte dieser und ließ die Pension auf 20000 erhöhen. Diese Pension gehört zur geringen Zahl derer, die auch zur Zeit der Kürzung der Pensionen vom Erzbischof von Toulouse respektiert wurden, der mit dem Vicomte von Saint-Priest mehrere Zusammenkünfte mit leichten Mädchen veranstaltet hatte.

Herr *** sagte über Frau von ***: »Ich glaubte, sie verlangte einen Narren von mir, und den hätte ich gern für sie abgegeben, aber sie verlangte einen Dummkopf, und das habe ich glatt abgelehnt.«

Herr *** sagte über die lächerlichen Dummheiten der Minister: »Ohne die Regierung würde niemand mehr lachen in Frankreich.«

»In Frankreich«, sagte Herr ***, »muß man die melancholische Laune und den patriotischen Geist austreiben. Das sind zwei widernatürliche Krankheiten im Lande zwischen Rhein und Pyrenäen, und ist ein Franzose von einem dieser Leiden befallen, so ist alles zu befürchten.«

Der Herzogin von Gramont beliebte es einmal zu sagen, Herr von Liancourt hätte so viel Geist wie Herr von Lauzun. Herr von Créqui begegnet diesem und sagt ihm: »Du speist heute bei mir.« – »Mein Freund, unmöglich.« – »Du mußt und bist übrigens daran interessiert.« – »Wie?« – »Liancourt kommt zum Abendessen, man gibt ihm deinen Geist, er bedient sich desselben nicht und wird ihn dir wieder zurückgeben.«

Man sagte von J.-J. Rousseau: »Er ist eine Eule.« – »Ja«, erwiderte jemand, »aber die der Minerva, und komme ich aus dem ›Devin du Village‹[15], so möchte ich hinzufügen, eine von den Grazien verscheuchte.«

Zwei Hofdamen gingen über den Pont Neuf und sahen schon in den ersten zwei Minuten einen Mönch und einen Schimmel. Da stieß die erste die zweite mit dem Ellbogen an und flüsterte: »Was die Dirnen angeht, so brauchen wir zwei nicht lange zu suchen.«[16]

Der derzeitige Fürst Conti war betrübt, daß der Graf von Artois Grund neben seinen Jagdrevieren erworben hatte: Man gab ihm zu verstehen, daß die Grenzen deutlich abgesteckt seien, daß er nichts zu befürchten habe usw. Der Fürst unterbrach den Schwätzer: »Sie wissen nicht, was Fürsten sind!«

Herr *** sagte, die Gicht sei wie die unehelichen Kinder von Fürsten: Man taufe sie so spät wie möglich.

Herr *** sagte zu Herrn von Vaudreuil, der einen klaren Kopf hatte, aber von Illusionen nicht ganz frei war: »Sie haben keinen Fleck mehr in Ihrem Auge, nur noch ein wenig Staub auf Ihrer Brille.«

Herr von B. äußerte, man sage einer Frau um drei Uhr nicht, was man ihr um sechs Uhr sagen könne, um sechs nicht, was man ihr um neun Uhr, gegen Mitternacht usw. sage. Er fügte hinzu, daß der heiße Mittag eine Art Strenge habe, und meinte, der Ton seiner Unterhaltung mit Frau von *** sei nicht mehr der gleiche, seitdem sie das blaue Möbel ihres Zimmers karminrot habe färben lassen.

Bei der Aufführung des ›Devin du Village‹ in Fontainebleau trat ein Hofmann auf Rousseau zu und sagte in höflichem Ton zu ihm: »Gestatten Sie, daß ich Ihnen mein Kompliment mache.« – »Gewiß«, sagte Rousseau, »wenn es gut ist.« Der Höfling verschwand, und man gab Rousseau zu verstehen: »Was denken Sie sich? Was haben Sie da gesagt?« – »Etwas sehr Gutes«, erwiderte Rousseau, »gibt es denn etwas Schlimmeres als ein ungeschicktes Kompliment?«

Als Herr von Voltaire in Potsdam war, schilderte er eines Tages nach Tisch einen guten König im Gegensatz zum Tyrannen. Er kam immer mehr in Hitze und beschrieb auf schreckliche Weise das Elend, das auf den Völkern unter der Regierung despotischer, eroberungssüchtiger Herrscher laste. Gerührt vergoß der König von Preußen einige Tränen. »Seht, seht«, rief Voltaire, »der Tiger, er weint!«

Man weiß, daß Herr von Luynes, der den Dienst wegen einer Ohrfeige, die er erhalten hatte, ohne Rache dafür zu nehmen, aufgegeben hatte, bald darauf Erzbischof von Sens wurde. Eines Tages, nachdem er die bischöfliche Messe gelesen hatte, nahm ein böser Witzbold seine Bischofsmütze, breitete sie nach beiden Seiten aus und sagte: »Eigentümlich, wie diese Mütze einer Ohrfeige gleicht.«

Fontenelle wurde dreimal von der Akademie abgewiesen und gab das gern zum besten. Er fügte hinzu: »Ich erzähle diese Geschichte allen Leuten, die eine Abweisung ihres Gesuches ärgert, aber ich habe noch niemand damit getröstet.«

Als man einmal über die irdische Welt sprach, in der es arg und ärger hergeht, sagte Herr ***: »Ich habe irgendwo gelesen, daß es in der Politik nichts Schlimmeres für die Völker gibt als eine zu lange Regierung. Nun soll sogar Gott ewig sein! Das sagt alles.«

Nach einer sehr feinen, scharfsinnigen Bemerkung von Herrn *** können wir, wie lästig, wie unerträglich uns auch die Fehler der Leute, mit denen wir zusammenleben, sein mögen, doch nicht umhin, einen Teil davon zu übernehmen: Opfer von Fehlern zu sein, die unserem Charakter fremd sind, ist noch nicht einmal ein Schutz gegen sie.

Ich wohnte gestern einer philosophischen Unterhaltung zwischen Herrn D. und Herrn L. bei, in der mich ein Wort verblüfft hat. Herr D. sagte: »Wenig Personen oder Dinge interessieren mich, aber nichts interessiert mich weniger als ich!« Herr L. erwiderte: »Nicht etwa aus dem gleichen Grunde? Und erklärt nicht der eine den anderen?« – »Was Sie sagen, ist schon gut«, erwiderte kalt Herr D., »aber ich sage Ihnen Fakten. Ich bin dazu schrittweise geführt worden: Lebt man, beobachtet man die Menschen, so muß das Herz brechen oder sich verhärten.«

Daß der Graf Aranda eine Ohrfeige vom Prinzen von Asturien (heute König) bekam, ist eine in Spanien bekannte Anekdote. Es geschah in der Zeit, da er als Botschafter nach Frankreich entsandt wurde.

In meiner Jugend hatte ich Gelegenheit, am Tage Herrn Marmontel und Herrn D'Alembert zu besuchen. Ich ging morgens zu Herrn Marmontel, der damals bei Frau Geoffrin wohnte; ich klopfe, doch an der falschen Tür; ich verlange Herrn Marmontel; der Türsteher antwortet mir: »Herr von Marmontel wohnt nicht mehr in diesem Viertel«, und gab mir seine Adresse. Am Abend gehe ich zu Herrn D'Alembert, Rue Saint-Dominique. Ich bitte einen Türsteher um die Adresse; er sagt mir: »Herr Starhemberg, Botschafter von Venedig?« – »Nein, Herrn D'Alembert, von der Académie Française« – »Kenne ich nicht.«

Herr Helvétius war in seiner Jugend schön wie Gott Amor. Als er eines Tages im Foyer saß und zwar sehr gelassen, obwohl sein Platz neben Fräulein Gaussin war, flüsterte ein berühmter Finanzmann dieser Schauspielerin ins Ohr, und zwar laut genug, daß Helvétius es hören konnte: »Mein Fräulein, wären Ihnen sechshundert Louis als Gegenleistung für einiges Entgegenkommen angenehm?« – »Mein Herr«, antwortete sie, ebenfalls laut genug, um verstanden zu werden und indem sie auf Helvétius hinwies, »ich würde Ihnen zweihundert geben, wenn Sie morgen mit diesem Antlitz zu mir kämen.«

Die Herzogin von Fronsac, so jung und hübsch sie war, hatte noch keinen Liebhaber gefunden – und man wunderte sich darüber. Eine Dame, die darauf anspielen wollte, daß sie rotes Haar hatte und daß sie wohl diesem Umstand ihre Ruhe verdanke, sagte: »Sie ist wie Simson, ihre Kraft liegt in den Haaren.«

Als Frau Brisard, die ihren Ruhm galanten Abenteuern verdankte, nach Plombières kam, wollten sie etliche Damen am Hof nicht empfangen. Unter ihnen die Herzogin von Gisors. Die Freunde der Frau Brisard erkannten, daß die übrigen keine Schwierigkeiten mehr machen würden, wenn nur diese fromme Dame sie empfangen würde. Man leitete Verhandlungen ein, die zum Erfolg führten. Da Frau Brisard sehr liebenswürdig war, fand die fromme Dame bald Gefallen an ihr, und sie kamen in ein sehr freundschaftliches Verhältnis. Eines Tages gab nun Frau Gisors zu verstehen, daß sie, wiewohl sie einsähe, daß man kleine Schwächen habe, doch nicht begreifen könne, wie eine Frau es dazu brächte, die Anzahl ihrer Liebhaber über ein gewisses Maß hinaus zu vergrößern. »Ach«, sagte Frau Brisard, »ich glaubte jedesmal, es sei der letzte.«

Es ist bemerkenswert, daß Molière, der doch sonst nichts schonte, keine scharfen Worte gegen die hohe Finanz gesagt hat. Man behauptet, er und die Komödiendichter seiner Zeit hätten darüber geheime Befehle von Colbert gehabt.

Der Regent wollte inkognito einen Maskenball besuchen. »Ich weiß ein gutes Mittel«, sagte der Abbé Dubois, und als sie den Saal betraten, gab er ihm einige Tritte in den Hintern. »Abbé«, sagte der Regent, dem sie zu stark waren, »du maskierst mich zu gut.«

Einer, der von Adelsprahlerei wie besessen war, entdeckte, daß die Umgebung des Versailler Schlosses wie von Urin verpestet war. Er befahl seinen Dienern und Vasallen, auch bei seinem Schloß Wasser zu lassen.

La Fontaine hörte einmal, wie man das Los der Verdammten in der Hölle beklagte und meinte: »Nun, ich hoffe, sie gewöhnen sich daran und fühlen sich schließlich wohl wie die Fische im Wasser.«

Frau von Nesle hatte ein Verhältnis mit Herrn von Soubise. Herrn von Nesle war seine Frau zuwider und eines Tages, gelegentlich eines Gezänks, bei dem auch der Liebhaber zugegen war, sagte er ihr: »Madame, bekanntlich lasse ich Ihnen alles durchgehen, aber ich muß doch sagen, daß Sie Launen haben, die zu entwürdigend sind, als daß ich sie hingehen lassen könnte. So haben Sie Geschmack am Friseur meiner Bedienten gefunden. Ich habe gesehen, wie Sie mit ihm gekommen und gegangen sind.« Er stieß noch ein paar Drohungen aus und ließ sie dann mit ihrem Geliebten allein. Was sie auch sagen wollte, half ihr nichts. Herr von Soubise gab ihr ein paar Ohrfeigen. Ihr Mann erzählte dann überall seinen Streich und bemerkte, die Geschichte mit dem Friseur sei gar nicht wahr. Er machte sich über Herrn von Soubise lustig, der sie geglaubt, und über seine Frau, die deswegen Ohrfeigen bekommen hatte.

Der Kriegsrat in Lorient, der das Urteil in der Angelegenheit des Herrn von Grasse sprechen sollte, sei, sagt man, zu dem Beschluß gekommen: *Die Armee für unschuldig erklärt, der General unschuldig, das Verfahren gegen die Minister eingestellt, der König verurteilt, die Kosten zu tragen.* Man muß wissen, daß dieser Kriegsrat dem König vier Millionen gekostet hat und daß man den Sturz von Herrn von Castries voraussah.

Man wiederholte folgenden Scherz vor einer Versammlung von jungen Leuten vom Hofe. Einer von ihnen sagte in höchster Begeisterung, indem er nach einem Augenblick des Schweigens mit tiefsinniger Miene die Hände erhob: »Wie sollte man nicht erfreut sein über die großen Ereignisse, ja sogar die Umwälzungen, die einen so hübsche Worte sagen lassen.« Man nahm diese Idee auf, man wiederholte die Worte, die Chansons zu allen Katastrophen Frankreichs. Das Chanson über die Schlacht von Höchstädt fand man schlecht und einige bemerkten dazu: »Schade, daß diese Schlacht verloren ging; das Chanson taugt gar nichts.«

Es handelte sich darum, den noch jungen Ludwig XV. davon abzubringen, die Spitzen seiner Höflinge zu zerreißen. Herr von Maurepas übernahm diese Aufgabe. Er erschien beim König mit den schönsten Spitzengeweben der Welt: der König kommt näher und zerreißt eine, Herr von Maurepas zerreißt gelassen die Ärmel der anderen und sagt schlicht: »Das macht mir gar kein Vergnügen.« Der König, überrascht, errötete und zerriß seit dieser Zeit keine Spitzengewebe mehr.

Beaumarchais, der sich vom Herzog von Chaulnes mißhandeln ließ, ohne sich mit ihm zu schlagen, erhielt eine Herausforderung vom Herrn La Blache. Er erwiderte ihm: »Ich habe schon Besseres ausgeschlagen.«

Herr *** sagte mir, um mit einem einzigen Wort die Seltenheit der ehrenwerten Leute zu schildern, der ehrenwerte Mann sei eine Spielart der menschlichen Gattung.

Ludwig XV. dachte, daß man den Geist der Nation verändern müsse und unterhielt sich mit Herrn Bertin über die Mittel, diese große Wirkung herbeizuführen, dem kleinen Minister, welcher voll Würde Zeit erbat, um darüber nachzudenken. Das Resultat seines Nachsinnens, das heißt seiner Überlegungen war, daß man die Nation mit dem Geist erfüllen solle, der in China herrscht. Und dieser schönen Idee verdankt das Publikum die Sammlung, die den Titel trägt: *Geschichte Chinas* oder *Annalen der Chinesen*.

Herr von Sourches war ein kleiner Geck und glich in seiner Häßlichkeit mit seinem Teint einem Uhu. Als er eines Tages heimkehrte, sagte er: »Das ist das erste Mal seit zwei Jahren, daß ich zu Hause schlafe.« Der Bischof von Agde wandte sich um und sagte beim Anblick dieses Gesichts: »Der Herr nistet wohl?«

Herr von R. hatte in einer Gesellschaft drei oder vier Epigramme auf ebenso viele Leute vorgelesen, die alle nicht mehr am Leben waren. Man wandte sich an Herrn von ***, ob er nicht auch einige zur Unterhaltung beisteuern könnte. »Nein«, sagte er in aller Unschuld, »ich kann Ihnen nichts bieten, meine ganze Clique lebt noch.«

Einige Damen erheben sich in der Gesellschaft über ihren Rang, laden große Herren, große Damen zum Souper ein, empfangen Prinzen und Prinzessinnen, die dank der feinen Sitten hoch geschätzt werden. Es sind gewissermaßen von den Leuten von Welt eingestandene Dirnen, zu denen man geht, förmlich kraft einer stillschweigenden Vereinbarung, ohne daß es etwas bedeutet und die geringsten Folgen nach sich zieht. In unseren Tagen waren das Frau Brisard, Frau Caze und noch viele andere.

Herr von Fontenelle, schon siebenundneunzig Jahre alt, hatte eben der jungen, schönen, neu vermählten Frau Helvétius tausend Liebenswürdigkeiten und Höflichkeiten gesagt. Nun ging er, da er sie nicht gesehen hatte, an ihr vorbei, um sich zu Tisch zu setzen. »Seht«, sagte ihm Frau Helvétius, »wieviel Wert ich auf Ihre Höflichkeiten legen soll, Sie gehen an mir vorbei, ohne mich auch nur anzusehen.« – »Gnädigste«, sagte der Greis, »hätte ich Sie gesehen, ich wäre nicht vorbeigegangen.«

In den letzten Jahren der Regierung Ludwigs XV. verfiel der König, als er auf der Jagd war, vielleicht verstimmt gegen Frau du Barry, darauf, ein Wort gegen die Frauen zu sagen. Der Marschall von Noailles ließ sich gehen in Invektiven und sagte, daß die Frauen, hätte man ihnen angetan, was man ihnen antun muß, zu nichts mehr taugten. Nach der Jagd trafen sich Herr und Diener bei Frau du Barry, der Herr von Noailles tausend Artigkeiten sagte. »Glauben Sie ihm nicht«, sagte der König und wiederholte, was der Marschall auf der Jagd gesagt hatte. Als Frau du Barry erzürnt war, erwiderte ihr der Marschall: »Gnädigste, ich habe das in der Tat dem König gesagt, aber in bezug auf die Damen von Saint-Germain und nicht auf die von Versailles.« Die Damen von Saint-Germain waren seine Frau, Frau von Tessé, Frau von Duras usw. Diese Anekdote ist mir von einem Augenzeugen, dem Marschall Duras, erzählt worden.

Der Herzog von Lauzun sagte: »Ich habe oft lebhafte Meinungsverschiedenheiten mit Herrn von Calonne; aber da wir beide keinen Charakter haben, so überbieten wir uns im Zurücknehmen, und wer von uns beiden die hübscheste Art des Rückzuges findet, gibt nach.«

Eben hatte der König Stanislaus mehreren Ex-Jesuiten Pensionen bewilligt. Herr von Tressan sagte ihm: »Sire, wollen Eure Majestät gar nichts tun für die Familie Damiens', die im größten Elend lebt?«

Fontenelle war achtzig Jahre alt, als er einer jungen und schönen Dame den Fächer aufhob. Sie war so ungezogen, daß sie seine Höflichkeit verächtlich aufnahm. Fontenelle sagte zu ihr: »Aber Gnädige, wirklich! Sie verschwenden Ihre Kälte!«

Der adelsnärrische Herr von Brissac bezeichnete oft Gott mit den Worten: »Der Edelmann da droben.«

Herr *** sagte, daß Gefälligkeiten und Dienste ohne alle nur erdenkliche Feinfühligkeit zu erweisen fast verlorene Mühe sei. Die es daran fehlen lassen, gewinnen nie die Herzen, die man doch erobern muß. Diese ungeschickten Wohltäter gleichen den Generalen, die eine Stadt einnehmen, die Garnison sich aber in die Zitadelle zurückziehen lassen. So machen sie ihre Eroberung fast illusorisch.

Der Arzt Lorry erzählte, daß Frau von Sully ihn bei einem Unwohlsein habe rufen lassen und ihm von einer Ungehörigkeit Bordeus berichtet. Er habe zu ihr gesagt: »Ihre Krankheit kommt von Ihrer Unbefriedigung, Sie brauchen einen Mann«; und gleichzeitig sei er in wenig schicklicher Weise vor ihr gestanden. Lorry entschuldigte seinen Kollegen und sagte Frau von Sully eine Menge achtungsvoller Artigkeiten. Er fügte hinzu: »Ich weiß nicht, was inzwischen passiert ist; sicher ist nur, sie ließ mich noch einmal rufen und nahm dann wieder Bordeu.«

Der Abbé Arnaud hatte früher ein kleines Mädchen auf seinen Knien gehalten, das seither Frau du Barry geworden ist. Eines Tages sagte sie ihm, daß sie ihm Gutes tun wolle und fügte hinzu: »Gebt mir eine Denkschrift!« – »Eine Denkschrift!« sagte er, »ist schon fertig, hier ist sie: ich bin der Abbé Arnaud.«

Der Pfarrer von Bray war drei- oder viermal von der katholischen zur protestantischen Religion übergetreten. Als seine Freunde sich über seine Teilnahmslosigkeit wunderten, sagte er: »Ich, teilnahmslos! Keine Spur, im Gegenteil, ich wandle mich gar nicht: ich will der Pfarrer von Bray sein.«

Bekannt ist, welch vertraulicher Ton zwischen dem König von Preußen und einigen seiner Untergebenen herrschte. Der General Quintus Icilius machte von dieser Vertraulichkeit mit dem größten Freimut Gebrauch. Vor der Schlacht von Roßbach hatte der König zu ihm gesagt, wenn er das Treffen verlöre, würde er sich nach Venedig begeben und dort als Arzt praktizieren. »*Also immer ein Mörder*«, meinte Quintus.

Der Ritter von Montbarey hatte in irgendeiner Provinzstadt gelebt. Bei seiner Rückkehr wurde er von seinen Freunden deswegen bedauert, daß er so lange in schlechter Gesellschaft habe leben müssen. »Ihr irrt Euch«, sagte er, »die gute Gesellschaft dieser Stadt ist wie überall und die schlechte ausgezeichnet.«

Ein Bauer teilte die wenigen Güter, die er besaß, zwischen seinen vier Söhnen, um bald beim einen, bald beim anderen zu leben. Nach der Rückkehr von einer der Reisen zu seinen Kindern fragte man ihn: »Nun, wie haben sie Sie aufgenommen? Wie hat man Sie behandelt?« – »Sie haben mich«, erwiderte er, »wie ihr Kind behandelt.« Dieses Wort erscheint erhaben im Munde eines solchen Vaters.

In einer Gesellschaft, der auch Herr von Schuwalow, der frühere Liebhaber der Kaiserin Elisabeth, angehörte, wollte man über russische Angelegenheiten Aufschluß haben. »Herr von Schuwalow«, rief der Amtmann von Chabrillant, »das müssen Sie ja wissen, Sie waren ja die Pompadour dieses Landes.«

Als der Graf von Artois sich an seinem Hochzeitstag mit seiner Gemahlin zu Tisch begab, umringt von all seinen hohen Offizieren und denen der Gräfin, sagte er so laut zu seiner Frau, daß einige der Anwesenden es hören konnten: »Alle, die Sie hier sehen, sind unsere Leute.« Dieses Wort wurde bekannt, aber tausende und hunderttausende ähnliche werden den französischen Adel nicht abhalten, sich in Massen um Stellen zu bewerben, in denen man absolut keine andere als eine knechtische Funktion hat.

»Um sich ein Urteil zu bilden über das, was der Adel ist«, sagte Herr ***, »genügt es, zu beachten, daß der Fürst von Turenne adliger ist als Herr von Turenne, und daß der Marquis von Laval adliger ist als der Konnetabel von Montmorency.«

Der König von Preußen fragte D'Alembert, ob er den König von Frankreich gesehen habe. »Ja, Sire, als ich ihm meine

Antrittsrede in der Akademie überreichte.« – »Nun«, fuhr der König fort, »was sagte er zu Ihnen?« – »Er sprach gar nicht zu mir, Sire.« – »Mit wem spricht er denn?« rief Friedrich.

Herr Amelot, Minister in Paris, ein ungewöhnlich beschränkter Mann, sagte zu Herrn Bignon: »Kaufen Sie viele Bücher für die Bibliothek des Königs, damit wir diesen Necker zu Fall bringen.« Er glaubte, dreißig- oder vierzigtausend Francs mehr wären eine große Angelegenheit.

Es ist eine bekannte Tatsache, die auch den Freunden des Herrn von Aiguillon nicht verborgen ist: Der König hat ihn nie zum Außenminister ernannt. Frau du Barry sagte eines Tages zu ihm: »Das muß einmal aufhören, ich möchte, daß Sie morgen zum König gehen und sich bei ihm für Ihre Ernennung bedanken.« Sie sagte zum König: »Herr von Aiguillon wird morgen kommen und Ihnen danken für seine Ernennung zum Staatssekretär des Äußeren.« Der König erwiderte kein Wort. Als Aiguillon nicht hinzugehen wagte, befahl es ihm Frau du Barry, und er ging. Der König sagte wieder nichts, und Herr von Aiguillon trat sofort seine neue Stelle an.

Als Herr *** dem Prinzen Heinrich in Neuchâtel seine Aufwartung machte, sagte er zu ihm, die Bewohner von Neuchâtel vergötterten den König von Preußen. »Das ist doch klar«, meinte der Prinz, »daß die Untertanen einen Herren lieben, der dreihundert Meilen von ihnen entfernt ist.«

Der Abbé Raynal speiste in Neuchâtel mit dem Prinzen Heinrich, riß die Unterhaltung an sich und ließ dem Prinzen kaum die Gelegenheit, auch nur ein Wort anzubringen. Dieser tat, um sich Gehör zu verschaffen, als glaubte er, etwas sei von der Decke gefallen, und das Schweigen nützte er, um seinerseits das Wort zu ergreifen.

Der König von Preußen plauderte eines Tages mit D'Alembert, als ein Lakai eintrat, ein Mann von der schönsten Gestalt, die man je gesehen hat. D'Alembert schien verwundert. »Er ist wirklich der schönste Mann in meinem Staat, er war eine Zeitlang mein Kutscher, und ich bin stark versucht, ihn als Botschafter nach Petersburg zu schicken.«

Jemand sagte, daß die Gicht die einzige Krankheit ist, die Achtung in der Welt verschafft. »Das glaube ich wohl«, erwiderte Herr ***, »das ist der Saint-Louis-Orden der Galanterie.«

Herr von La Reynière sollte das junge und liebenswürdige Fräulein von Jarinte heiraten. Er hatte sie eben gesehen, entzückt über das Glück, das seiner harrte, und sagte zu seinem Schwager, Herrn von Malesherbes: »Glauben Sie nicht, daß mein Glück vollkommen sein wird?« – »Das hängt von einigen Umständen ab.« – »Wie! Was wollen Sie damit sagen?« – »Das hängt von dem ersten Liebhaber ab, den sie haben wird.«

Diderot hatte unter seinen Bekannten einen leichtsinnigen Burschen, der schließlich durch einen letzten Streich die Freundschaft seines Onkels verscherzte. Der Onkel war ein reicher Domherr und wollte ihn enterben. Diderot besucht den Onkel, nimmt eine ernste und philosophische Miene an und predigt zugunsten des Neffen in ergreifendem und pathetischem Ton. Der Onkel ergreift das Wort und erzählt zwei oder drei nichtswürdige Streiche des Neffen. »Er hat noch viel Schlimmeres verübt«, fährt Diderot fort. »Und?« – »Eines Tages wollte er Sie nach der Messe in der Sakristei ermorden, und nur das Dazwischentreten von zwei oder drei Leuten hat ihn daran gehindert.« – »Das ist nicht wahr«, rief der Onkel, »das ist eine Verleumdung.« – »Gut«, fuhr Diderot fort, »aber selbst wenn es wahr wäre, müßte man ihm in Anbetracht der Aufrichtigkeit seiner Reue verzeihen und bei der unglücklichen Lage, die seiner harrt, wenn Sie Ihre Hand von ihm ziehen.«

Einige aus der Klasse von Menschen, von Geburt mit starker Einbildungskraft und feinem Empfinden begabt, die bewirken, daß man mit lebhaftem Interesse nach den Frauen schaut, haben mir gesagt, wie verwundert sie waren, zu sehen, wie wenig Frauen Geschmack für die Künste, im besonderen für die Poesie hatten. Ein Dichter, der durch sehr gefällige Werke bekannt war, schilderte mir eines Tages, wie groß seine Überraschung war, als er merkte, daß eine Frau von Geist, Anmut, Gefühl, Geschmack in der Wahl ihres Schmuckes, eine gute Musikerin, die verschiedene Instrumente spielte, doch keine Vorstellung hatte vom Versmaß oder alternierenden Reimen und an die Stelle eines glücklichen und genialen Wortes ein triviales setzte, das sogar das Versmaß verletzte. Er fügte hinzu, daß er mehrmals das bemerkt hatte, was er ein kleines Unglück nannte, was aber in Wirklichkeit ein sehr großes war für einen erotischen Dichter, der sich ein Leben lang um den Beifall der Frauen bemüht hatte.

Als Herr von Voltaire bei der Herzogin von Chaulnes war, legte diese im Lob, das sie ihm spendete, den Ton hauptsächlich auf die Harmonie seiner Prosa. Plötzlich wirft sich Voltaire ihr zu Füßen. »Ah, Madame, ich lebe mit einem Schwein, das kein Organ hat, das nicht weiß, was Harmonie, Maß usw. sind.« Das Schwein, von dem er sprach, war Frau von Châtelet, seine Emilie.

Der König von Preußen ließ öfter fehlerhafte Karten von dem oder jenem Land aufziehen. Die Karte verwies auf irgendein unbetretbares Moor, das es in Wirklichkeit gar nicht war und das der Feind auf den falschen Plan hin als solches ansah.

Herr *** sagte mir, die große Welt sei ein übel beleumundetes Haus, auf das man nicht verzichtet.

Ich fragte Herrn ***, warum keine von allen Freuden auf ihn Eindruck zu machen schien; er erwiderte mir: »Nicht, daß ich dafür unempfänglich wäre, aber es gibt keine, die mir nicht zu teuer erkauft zu sein scheint. Der Ruhm setzt einen der Verleumdung aus; die Achtung erfordert ständige Pflege, das Vergnügen Bewegung, körperliche Ermüdung. Die Gesellschaft bringt tausend Nachteile mit sich; alles wird geprüft, überprüft und beurteilt. Die Welt hat mir nichts geboten, was ich nicht, in mich gehend, besser in mir selbst gefunden hätte. Aus diesen hundertmal wiederholten Erfahrungen resultierte, daß ich, ohne apathisch oder gleichgültig zu sein, doch gleichsam unbeweglich geworden bin und daß meine augenblickliche Stellung mir immer die beste zu sein scheint, denn ihre Güte entspringt gerade aus ihrer Unbeweglichkeit und steigert sich mit ihr. Die Liebe ist eine Quelle von Leiden, die Lust ohne Liebe ein Vergnügen einiger Minuten; die Ehe wird noch mehr verurteilt als alles übrige, die Ehre, Vater zu sein, bringt eine Folge von Verdrießlichkeiten mit sich, ein Haus zu führen, ist die Aufgabe eines Gastwirts. Die elenden Motive, aus denen man sich um einen Mann bemüht oder aus denen man ihn achtet, sind durchsichtig und können nur einen Dummkopf täuschen oder einem lächerlichen Hohlkopf schmeicheln. Daraus schloß ich, daß die Ruhe, die Freundschaft und das Denken das einzige Glück waren, das einem Mann anstünde, der das Alter der Torheit überschritten hat.«

Der Marquis von Villequier gehörte zu den Freunden des Großen Condé. Im Augenblick, in dem dieser Prinz auf Befehl des Hofes verhaftet wurde, war der Marquis von Villequier, Gardehauptmann, bei Frau von Motteville, als die Nachricht überbracht wurde. »Ah! Mein Gott!« rief der Marquis, »ich bin verloren.« Frau von Motteville, überrascht über diesen Ausruf, sagte ihm: »Ich wußte wohl, daß Sie zu den Freunden des Prinzen gehörten, aber ich wußte nicht, daß Sie in solchem Grad mit ihm befreundet waren.« – »Wie«, sagte der Marquis, »sehen Sie denn, daß diese Tat mich betraf, und ist es nicht klar, daß man kein Vertrauen in mich setzt, da man mich nicht beigezogen hat?« Entrüstet erwiderte ihm Frau von Motteville: »Mir scheint, daß Sie, da Sie dem Hof keinen Anlaß gegeben haben, an Ihrer Treue zu zweifeln, unbesorgt sein und sich ruhig des Vergnügens erfreuen sollten, Ihren Freund nicht ins Gefängnis gebracht zu haben.« Villequier schämte sich seiner ersten Erregung, die seine niedrige Gesinnung verraten hatte.

In einer Gesellschaft, wo auch Frau von Egmont speiste, meldete man einen Herrn namens Duguesclin. Dieser Mann wirkte auf ihre Phantasie, sie läßt bei Tisch den Herrn an ihre Seite setzen, erweist ihm tausend Liebenswürdigkeiten und bietet ihm schließlich von einer Schüssel an, die vor ihr stand. Es waren Trüffeln. »Madame«, sagte der Dummkopf, »an Ihrer Seite braucht man keine.« – »Bei dieser Tonart«, sagte die Gräfin, als sie die Geschichte erzählte, »tat mir meine Liebenswürdigkeit sehr leid. Ich machte es wie jener Delphin, der bei einem Schiffbruch meinte, er habe einen Menschen gerettet. Er warf ihn wieder ins Meer, als er sah, daß es ein Affe war.«[17]

Marmontel kam in seiner Jugend oft zu dem alten Boindin, dessen geistreiches Freidenkertum bekannt war. »Kommen Sie doch ins Café Procope«, sagte der Greis. »Aber dort können wir über nichts Philosophisches reden.« – »Doch, wenn wir eine Geheimsprache, einen Jargon, verabreden.« Dies geschah. Also machten sie ihr Wörterbuch. Die Seele hieß »Margot«, die Religion »Javotte«, die Freiheit »Jeanneton« und Gottvater »Monsieur de l'Être.« So disputierten sie miteinander und unterhielten sich vortrefflich. Eines Tages mischte sich ein schwarz gekleideter Herr, der mißtrauenerweckend aussah, in die Unterhaltung und sagte zu Boindin: »Mein Herr, dürfte ich fragen, wer dieser »*Monsieur de l'Être*« ist, der sich so übel aufgeführt hat und mit dem Sie so unzufrieden sind?« – »Mein Herr«, erwiderte Boindin, »er ist ein Polizeispitzel.« Man kann sich, da dieser Mann selber vom Métier war, den Heiterkeitsausbruch vorstellen.

Als Ludwig XIV. einmal schwer erkrankt war, gab ihm Lord Bolingbroke tausend Beweise zartfühlender Aufmerksamkeit. »Ich bin um so mehr gerührt, mein lieber Lord«, sagte der König, »als ihr Engländer euch sonst nicht viel aus Königen macht.« – »Sire«, erwiderte Bolingbroke, »wir gleichen Ehemännern, die ihre eigenen Frauen nicht lieben, aber um so eifriger denen ihrer Nachbarn den Hof machen.«

Die Vertreter von Genf hatten eine Auseinandersetzung mit dem Ritter von Bouteville. Als einer sich ereiferte, sagte ihm der Ritter: »Wissen Sie, daß ich der Vertreter meines Herrn Königs bin?« – »Und wissen Sie«, sagte ihm der Genfer, »daß ich der Vertreter meinesgleichen bin?«

Als die Gräfin von Egmont einen Mann von hervorragendem Verdienst gefunden hatte, dem sie die Leitung der Erziehung von Chinon, ihrem Neffen, anvertrauen konnte, wagte sie sich nicht mit ihrem Namen vorzustellen. Sie war in den Augen von Herrn von Fronsac, ihrem Bruder, eine zu ernste Persönlichkeit. Sie bat den Dichter Bernard, zu ihr zu kommen. Er kam, und sie setzte ihn in Kenntnis der Sache. Bernard sagte ihr: »Madame, der Verfasser des ›Art d'aimer‹ ist keine sehr imponierende Persönlichkeit, aber ich bin es noch ein wenig zu sehr für diese Gelegenheit: ich möchte Ihnen sagen, daß Fräulein Arnould ein viel besserer Paß bei Ihrem Bruder wäre...« – »Gut«, sagte Frau von Egmont lachend, »bereiten wir ein Souper bei Fräulein Arnould vor.« Das Souper wurde vorbereitet. Bernard schlug dort den Abbé Lapdant als Erzieher vor: er wurde angenommen. Er hat seither die Erziehung des Herzogs von Enghien vollendet.

Ein Philosoph, dem man seine besondere Vorliebe für die Zurückgezogenheit zum Vorwurf machte, erwiderte: »In der Gesellschaft ist alles danach angetan, mich herunterzuziehen, in der Stille, mich zu steigern.«

Herr von B. ist einer jener Dummköpfe, die guten Glaubens die Hierarchie der Stände so ansehen wie die des Verdienstes; der höchst naiv nicht begriff, daß ein ehrenwerter Mann, der ohne Auszeichnung ist oder der unter ihm steht, mehr geachtet sei als er. Begegnet er ihm in einem jener Häuser, wo man es noch versteht, dem Verdienst die Ehre zu erweisen, macht Herr von B. große Augen, läßt ein törichtes Befremden sehen, er glaubt, der Mann hätte ein Quaterno im Lotto gewonnen: er nennt ihn »mein Lieber« oder so ähnlich, wenn die ausgezeichnete Gesellschaft ihm eben die größte Achtung erwiesen hat. Ich habe mehrere solcher Szenen gesehen, die La Bruyères Pinsel würdig waren.

Ich habe Herrn *** genau studiert und sein Charakter schien mir anregend zu sein: sehr liebenswürdig und ohne die Sucht zu gefallen, es sei denn den Freunden oder allen, die er achtet, hingegen eine große Ängstlichkeit zu mißfallen. Dieses Gefühl ist richtig und gewährt, was man der Freundschaft schuldet und was man der Gesellschaft schuldet. Man kann noch mehr Gutes tun als er: niemand wird weniger Böses tun. Man kann beflissener sein: niemals weniger zur Last fallen. Man kann anschmiegsamer sein: niemals wird man weniger verletzend sein.

Der Abbé Delille sollte Verse in der Akademie lesen für die Aufnahme eines seiner Freunde. Wozu er sagte: »Ich wünschte, man wüßte es nicht im voraus, aber ich fürchte sehr, es jedermann zu sagen.«

Frau Beauzée schlief mit einem deutschen Sprachlehrer. Herr Beauzée überraschte sie, als er von der Akademie zurückkam. Der Deutsche sagte der Frau: »Wenn ich Ihnen sagte, es war Zeit, daß ich *gehe*.« Herr Beauzée, der immer Purist war, sagte ihm: »Daß ich *ginge*, mein Herr.«

Während der Krankheit, an der er starb, sagte Herr Dubreuil zu seinem Freund Pechméja: »Mein Freund, warum läßt man so viel Leute in mein Zimmer? Es sollte niemand da sein als du. Meine Krankheit ist ja ansteckend.«

Man fragte Pechméja nach der Höhe seines Vermögens. »Fünfzehntausend Livres Rente.« – »Das ist wenig.« – »Oh!« erwiderte Pechméja, »Dubreuil ist reich.«

Die Gräfin von Tessé sagte nach dem Tod von Herrn Dubreuil: »Er war zu starr, zu unzugänglich für Geschenke, und ich hatte jedesmal einen Fieberanfall, wenn ich ihm welche machen wollte.« – »Ich auch«, erwiderte Madame von Champagne, die sechsunddreißigtausend Livres auf seinen Kopf gesetzt hatte, »deswegen habe ich es vorgezogen, mir sofort eine tüchtige Krankheit zuzulegen, als all diese kleinen Fieberanfälle zu haben, von denen Sie sprechen.«

Der Abbé Maury, der arm war, hatte einen alten Rat der großen Kammer, der die ›Institutiones‹ von Justinian verstehen wollte, in Latein unterrichtet. Einige Jahre vergehen, und er begegnet diesem Rat, verwundert, ihn in einem gesitteten Haus zu treffen. »Ah, Abbé, Sie hier?« sagte er ihm lässig, »welcher Zufall führt Sie in dieses Haus?« – »Ich bin hier, so wie Sie.« – »Oh, das ist nicht dasselbe. Es geht Ihnen also geschäftlich besser. Haben Sie irgend etwas gelesen in Ihrem Priesterberuf?« – »Ich bin Großvikar des Herrn von Lombez.« – »Zum Teufel, das ist etwas: wieviel bringt es ein?« – »Tausend Francs.« – »Das ist aber wenig«, und wieder spricht er im lässigen, ungezwungenen Ton. »Aber ich habe ein Priorat von tausend Talern.« – »Tausend Taler! Das ist ein gutes Geschäft« (mit achtungsvoller Miene). »Und ich habe den Herrn dieses Hauses bei Herrn Kardinal von Rohan getroffen.« – »Verflucht! Sie gehen zum Kardinal von Rohan!« – »Ja, *ihm* verdanke ich eine Abtei!« – »Eine Abtei! Eine Abtei! Ah! Wenn es so steht, Herr Abbé, erweisen Sie mir die Ehre, zu mir zum Abendessen zu kommen.«

Herr von La Popelinière legte eines Tages vor seinen Schmeichlern die Schuhe ab und wärmte sich die Füße. Ein kleiner Hund leckte sie ihm. Unterdessen unterhielt sich die Gesellschaft über Freundschaft und Freunde. »Ein Freund«, sagte Herr von La Popelinière, indem er auf den Hund zeigte, »das ist einer.«

Bossuet brachte den Dauphin nie dahin, einen Brief richtig zu schreiben. Der Prinz war sehr faul. Man erzählt sich, daß seine

Briefe an die Gräfin von Roure immer mit den Worten schlossen: »Der König läßt mich in den Staatsrat rufen.« Als die Gräfin verbannt wurde, fragte einer der Höflinge, ob er nicht betrübt darüber wäre. »Gewiß«, antwortete er, »aber ich brauche jetzt wenigstens keine Billetts mehr zu schreiben.«

Der Erzbischof von Toulouse (Brienne) sagte zu Herrn von Saint-Priest, Großvater von Herrn von Antraigues: »Es gab in Frankreich unter keinem König einen Minister, der seine Pläne und seinen Ehrgeiz so weit vorwärts getrieben hätte, wie es möglich war.« Herr von Saint-Priest sagte: »Und der Kardinal Richelieu?« – »Ist auf halbem Wege steckengeblieben«, antwortete der Bischof. Dieses Wort kennzeichnet einen ganzen Charakter.

Der Marschall von Broglie hatte die Tochter eines Geschäftsmannes geheiratet und hatte zwei Töchter von ihr. In Anwesenheit der Frau von Broglie schlug man ihm vor, eine der Töchter in ein Stift zu geben. »Durch meine Heirat«, sagte er, »habe ich mir alle Stifte verschlossen.« – »Und auch das Armenhaus«, fügte seine Frau hinzu.

Als die Marschallin von Luxembourg etwas zu spät in die Kirche kam, fragte sie, wie weit denn die Messe wäre, und in diesem Augenblick läutete die Glocke der Hostie. Chabot sagte ihr gähnend: »Madame la maréchale,
 Ich höre die kleine Glocke,
 Das Lämmchen ist nicht mehr weit.«[18]
Das sind zwei Verse aus einer komischen Oper.

Als der Vicomte von Noailles die junge Frau von M. verlassen hatte, war sie verzweifelt und sagte: »Ich werde wahrscheinlich noch viele Liebhaber haben, aber ich werde keinen so lieben wie den Vicomte.«

Als man das Gestirn, unter dem der Herzog von Choiseul stand, als unvergleichlich günstig pries, erwiderte er: »Ja, es ist unvergleichlich im guten wie im schlimmen.« – »Wieso?« – »Nun, ich habe immer die Dirnen gut behandelt, aber eine habe ich vernachlässigt, und gerade die wird Königin von Frankreich oder doch beinahe Königin. Den Inspektoren gegenüber war ich überaus entgegenkommend, Geld und Ehren habe ich mit vollen Händen über sie ausgeschüttet. Nur einen, der gar nichts unter ihnen galt, habe ich von oben herab behandelt, und gerade der wird Kriegsminister, Herr von Monteynard. Bekannt ist, wieviel ich für die Botschafter, ausnahmslos für alle, getan habe außer für einen. Es ist einer unter ihnen, der langsam und schwerfällig arbeitet, den alle anderen über die Schulter ansehen und mit dem sie, da er eine lächerliche Ehe eingegangen ist, nicht verkehren. Das ist Herr von Vergennes, und gerade er wird Minister des Äußeren. Geben Sie mir recht, wenn ich behaupte, mein Geschick sei im guten wie im schlimmen gleich außerordentlich?«

Der Charakter des Präsidenten von Montesquieu stand auf einer viel tieferen Stufe als seine Begabung. Man kannte seine Schwächen in bezug auf den Adelsstolz, seinen kleinen Ehrgeiz usw. Als der ›Geist der Gesetze‹ erschien, entstanden andere schlechte oder mittelmäßige Kritiken, die er entschieden verachtete. Aber ein Schriftsteller verfaßte eine, als deren Verfasser sich Herr Dupin zu erkennen gab und die Ausgezeichnetes enthielt. Herr von Montesquieu hatte davon Kenntnis und war verzweifelt. Man ließ sie drucken, und sie erschien gerade, als Herr von Montesquieu bei Frau von Pompadour war, die auf seine Bitte den Drucker und auch die ganze Auflage kommen ließ. Sie wurde vernichtet, und man rettete nur fünf Exemplare.

Herr und Frau von Angiviller, Herr und Frau Necker schienen zwei einzigartige Paare zu sein, jedes in seiner Art. Man sollte glauben, daß jedes von ihnen ausschließlich füreinander paßte und daß die Liebe nicht weiter gehen kann. Ich habe sie beobachtet und fand, daß ihre Herzen kaum, ihre Charaktere nur durch den Gegensatz zueinander verbunden waren.

Der Marschall von Noailles äußerte sich sehr kritisch über eine neue Tragödie. Man sagte zu ihm: »Aber Herr von Aumont erzählt doch, Sie seien in seiner Loge gewesen, und das Stück hätte Sie zu Tränen gerührt.« – »Nicht im geringsten«, antwortete der Marschall, »aber da Herr von Aumont selbst schon von der ersten Szene an weinte, hielt ich es für anständig, seinen Schmerz zu teilen.«

Herr Th. sagte mir eines Tages, daß in der Gesellschaft jemand, der eine ehrenwerte und mutige Tat aus einem ihrer würdigen, das heißt edlen Motiv getan hätte, müßte, um den Neid zu beschwichtigen, dieser Tat weniger ehrenwerte und gewöhnliche Motive unterstellen.

Ludwig XV. fragte den Herzog von Ayen (später Marschall von Noailles), ob er sein Silberzeug in die Münze geschickt habe. Der Herzog antwortete, er habe es nicht getan. »Ich«, sagte der König, »schickte das meine.« – »Sire«, antwortete der Herzog, »als Jesus Christus am Freitag starb, wußte er auch, daß er am Sonntag auferstehen würde.«

Zur Zeit, als es noch Jansenisten gab, erkannte man sie an den langen Mantelkragen. Der Erzbischof von Lyon hatte mehrere Kinder gezeugt, aber nach jedem Streich dieser Art ließ er den Kragen seines Mantels um einen Zoll verlängern. Schließlich wurde der Mantel so lang, daß er einige Zeit wirklich für einen Jansenisten galt und deshalb bei Hof in Ungnade fiel.

Ein Franzose hatte die Erlaubnis erhalten, die Privatgemächer des Königs von Spanien zu besichtigen. Vor seinem Schreibtisch sagte er: »Also hier arbeitet der hohe König?« – »Wie? Arbeitet?« rief der Aufseher. »Welche Unverschämtheit! Der große König arbeitet! Sie machen sich einer Majestätsbeleidigung schuldig!« Es entstand ein Streit, bei dem der Franzose große Mühe hatte, dem Spanier begreiflich zu machen, er habe keine Majestätsbeleidigung im Sinn gehabt.

Herr von ***, der bemerkt hatte, daß Herr Barthe eifersüchtig war (auf seine Frau), sagte zu ihm: »Sie und eifersüchtig! Aber wissen Sie auch, daß dies eine Anmaßung ist? Sie erweisen sich viel Ehre. Ich erkläre mich des näheren. Nicht ein jeder kann ein Hahnrei werden: wissen Sie auch, daß man, um es zu sein, imstande sein muß, ein Haus zu führen, höflich, gesellig, weltgewandt zu sein? Wenn Sie erst einmal diese Eigenschaften haben, werden die Leute von Welt sehen, was sie für Sie tun können. Wer dächte nur daran, jetzt ein bloßes Exemplar der Gattung wie Sie zum Hahnrei zu machen? Ist die Zeit gekommen, Ihnen Furcht einzujagen, dann will ich Sie beglückwünschen.«

Frau von Créqui sagte mir über den Baron von Breteuil: »Der Baron, zum Kuckuck, ist nicht dumm; er ist einfältig.«

Ein gescheiter Mann sagte mir eines Tages, die Regierung von Frankreich wäre eine absolute Monarchie, gemäßigt durch Spottlieder.

Als der Abbé Delille in das Arbeitszimmer von Herrn Turgot kam, traf er diesen bei der Lektüre eines Manuskripts: es waren die ›Monate‹ von Roucher. Der Abbé Delille ahnte es und sagte scherzend:
Ringsum roch man den Duft der Verse.
»Sie sind zu parfümiert«, sagte ihm Herr Turgot, »um den Duft zu riechen.«

Herr von Fleury, Oberstaatsanwalt, sagte in Anwesenheit einiger Schriftsteller: »Erst in der letzten Zeit höre ich in Unterhaltungen, in denen es sich um die Regierung handelt, vom Volk reden. Das ist eine Frucht der neuen Philosophie. Weiß man denn nicht, daß der *dritte Stand nur ein Anhang in der Verfassung* ist?« (Das heißt mit anderen Worten, daß dreiundzwanzig Millionen neunhunderttausend Menschen nur eine Nebensache in der Gesamtheit von vierundzwanzig Millionen ausmachen.)

Als Lord Hervey durch Italien reiste und nicht weit vom Meer war, ging er durch eine Lagune, in deren Wasser er seinen Finger tauchte: »Ah«, sagte er, »das Wasser ist salzig; dies gehört uns.«

Duclos sagte zu jemandem, den eine Predigt in Versailles langweilte: »Warum haben Sie denn bis zu Ende zugehört?« – »Ich fürchtete, die Hörer zu stören und zu verärgern.« – »Wahrhaftig«, erwiderte Duclos, »lieber hätte ich mich sofort bekehrt, als die Predigt zu hören.«

Herr von Aiguillon ließ sich während der Zeit seines Verhältnisses mit Frau du Barry noch anderswo auf ein Abenteuer ein; er glaubte, in der Meinung, er hätte die Gräfin gefährdet, er sei verloren. Während der Behandlung, die ihn zwang, sich von Frau du Barry fernzuhalten, sagte er zum Arzt: »Es kann zu meinem Sturz führen, wenn Sie mich nicht schnell wiederherstellen.« Der Arzt war Herr Busson, der ihn in der Bretagne von einer tödlichen Krankheit geheilt hatte, über die die anderen Ärzte verzweifelt waren. Die Erinnerung an den schlechten Dienst, den er der Provinz erwiesen hatte, brachte Herrn Busson nach dem Sturz von Herrn von Aiguillon um jede Stellung. Als dieser Minister geworden war, ließ er sich Zeit, ehe er etwas für Herrn Busson tat, der, als er sah, wie der Herzog mit Linguet umging, bemerkte: »Herr von Aiguillon bekümmert sich um alles, nur nicht um die, die ihm Ehre und Leben gerettet haben.«

Als Herr von Turenne sah, wie ein Kind hinter einem Pferd herlief, so daß es leicht durch einen Schlag mit dem Huf hätte verstümmelt werden können, rief er es zu sich und sagte: »Liebes Kind, geh niemals hinter einem Pferd, ohne zwischen ihm und dir einen notwendigen Zwischenraum zu lassen, damit du nicht verletzt werden kannst. Ich versichere dir, daß du deswegen nicht eine halbe Meile mehr in deinem Leben gehen mußt, und erinnere dich, daß dir das Herr von Turenne gesagt hat.«

Man fragte Herrn Diderot, was Herr d'Épinay für ein Mensch sei. »Das ist ein Mann«, erwiderte Diderot, »der zwei Millionen verzehrt hat, ohne ein gescheites Wort zu sagen und ohne eine gute Tat zu tun.«

Herr Th. sagte, um die Abgeschmacktheit der Schäfergedichte von Herrn von Florian zu kennzeichnen: »Ich hätte sie sehr gern, wenn er noch ein paar Wölfe hineingenommen hätte.«

Herr von Fronsac sah sich eine Weltkarte an, die der Künstler zeigte, der sie entworfen hatte. Dieser, der ihn noch nicht kannte, sah seinen Saint-Louis-Orden und nannte ihn nur Ritter. Es verletzte die Eitelkeit von Herrn von Fronsac, nicht Herzog genannt zu werden, und er ließ sich eine Geschichte einfallen, in der einer der Gesprächspartner, einer seiner Leute, ihn mit Monseigneur anredete. Herr von Genlis unterbricht ihn bei diesem Wort und sagt: »Was sagst du da? Monseigneur? Man wird dich für einen Bischof halten.«

Herr von Lassay, ein sehr sanfter Mann, der aber die Gesellschaft sehr gut kannte, sagte, man müßte jeden Morgen eine Kröte schlucken, um den Rest des Tages, den man in der Welt verbringen müsse, nicht abstoßend zu finden.

D'Alembert hatte Frau Denis einen Tag nach ihrer Hochzeit mit Herrn Duvivier besucht. Man fragte ihn, ob sie glücklich aussehe. »Glücklich«, antwortete er, »ich versichere Sie, so glücklich, daß einem schlecht dabei werden kann.«

Jemand, der die Übersetzung der ›Georgica‹ des Abbé Delille gehört hatte, sagte ihm: »Das ist vortrefflich; sicher werden Sie die erste Auszeichnung erhalten, die bei der Ernennung Vergils vergeben wird.«

Herr de B. und Herr de C. sind so eng befreundet, daß man sie als Muster anführen kann. Herr de B. sagte eines Tages zu Herrn de C.: »Ist dir niemals unter den Frauen, die du gehabt hast, irgendeine Leichtsinnige begegnet, die dich gefragt hat, ob du ihretwegen auf mich verzichten würdest, ob du mich mehr liebtest als sie?« – »Ja«, antwortete dieser. »Wer denn?« – »Frau von M.« Das war die Geliebte seines Freundes.

Herr *** erzählte mir entrüstet von einer Unterschlagung durch Provinzialbeamte. »Es kostete«, sagte er mir, »fünftausend Menschen das Leben, die buchstäblich Hungers starben; und so, mein Herr, *so dient man dem König!*«

Herr von Voltaire, der merkte, wie die Religion alle Tage an Kraft verlor, sagte einmal: »Das ist doch verdrießlich, denn worüber sollen wir uns nun lustig machen?« – »Oh«, sagte ihm Herr Sabatier de Castres, »trösten Sie sich; an Gelegenheit und Mitteln wird es Ihnen nicht fehlen.« – »Mein Herr«, sagte Voltaire schmerzbewegt, »kein Heil außerhalb der Kirche.«

Der Prinz von Conti sagte während seiner letzten Krankheit zu Beaumarchais, daß er nicht davonkommen könnte in Anbetracht der Erschöpfung durch die Strapazen des Krieges, des Weins und des Genusses. »Was den Krieg angeht«, sagte ihm dieser, »so hat der Prinz Eugen einundzwanzig Feldzüge unternommen und ist im Alter von achtundsiebzig Jahren gestorben, der Marquis von Brancas trank täglich sechs Flaschen Champagner; er ist mit vierundachtzig Jahren gestorben.« – »Und der Beischlaf?« wiederholte der Prinz. »Ihre Mutter...« antwortete Beaumarchais. (Die Fürstin starb mit neunundsiebzig Jahren.) »Du hast recht«, sagte der Prinz, »es ist möglich, daß ich mich wieder erhole.«

Der Herr Regent hatte versprochen, aus dem jungen Arouet *etwas zu machen*, das heißt, eine einflußreiche Person aus ihm zu machen. Der junge Dichter erwartete den Prinzen, als er, in Begleitung von vier Staatssekretären, aus der Ratssitzung kam. Der Regent sah ihn und sagte: »Arouet, ich habe dich nicht vergessen und bestimme für dich die Abteilung der Albernheiten.« – »Monseigneur«, sagte der junge Arouet, »ich hätte zu viele Rivalen; hier sind deren vier.« Der Regent erstickte schier vor Lachen.

Als der Marschall von Richelieu Ludwig XV. nach der Eroberung von Mahon seine Aufwartung machte, war das erste oder vielmehr einzige, was der König ihm sagte: »Marschall, wußten Sie schon vom Tod des armen Lansmatt?« Lansmatt war ein alter Kämmerling und Junggeselle.

Jemand, der im ›Journal de Paris‹ einen sehr albernen Brief von Herrn Blanchard über den Ballon gelesen hatte, meinte: »Mit diesem Geist muß sich dieser Herr Blanchard in der Luft sehr langweilen.«

Die List, die Montazet, dem Bischof von Autun, späterem Erzbischof von Lyon, einfiel, ist ein hübscher Hofpriesterstreich. Er wußte sehr wohl, daß man ihm verwegene Streiche vorwerfen konnte und daß es leicht war, ihn um seine Stellung bei dem Erzbischof von Mirepoix, dem Theatiner Boyer, zu bringen. Er schrieb daher gegen sich einen anonymen Brief voller absurder und in ihrer Absurdität leicht nachweisbarer Verleumdungen. Er adressierte den Brief an den Bischof von Narbonne, ließ sich dann in eine Auseinandersetzung mit ihm ein und zeigte den schonungslosen Haß seiner angeblichen Feinde. Dann kamen anonyme Briefe an, die in der Tat von ihnen stammten und wirkliche Beschuldigungen enthielten – auf diese Briefe legte man keinen Wert mehr. Das Fazit des ersten führte den Theatiner zur Ungläubigkeit gegenüber den folgenden.

Ludwig XV. ließ sich von La Tour malen. Der Maler plauderte beim Arbeiten mit dem König, der ihn gut zu finden schien. La Tour, ermutigt und von Natur indiskret, ließ sich in seiner Kühnheit hinreißen, ihm zu sagen: »In der Tat, Sire, Sie haben keine Marine.« Der König antwortete trocken: »Was sagen Sie da? Und wie steht es mit Vernet?«

Die Herzogin von Chaulnes, die von ihrem Mann getrennt gelebt hatte, lag im Sterben. »Das heilige Sakrament ist da«, sagte man ihr. »Einen Augenblick noch.« – »Durchlaucht, der Herzog von Chaulnes möchte Sie noch einmal sehen.« – »Ist er hier?« – »Ja.« – »Er soll warten, er soll mit dem Sakrament kommen.«

Ich ging eines Tages mit einem meiner Freunde spazieren, da grüßte diesen ein Mann von nicht vertrauenerweckendem Aussehen. Ich fragte ihn, wer das sei, und er erwiderte, es sei ein Mann, der für sein Vaterland tat, was Brutus nicht für das seine getan hätte. Ich bat ihn, diesen großen Ausspruch auf mein Niveau herabzusetzen. Da erfuhr ich, daß der Mann ein Polizeispitzel war.

Treffender als er wollte, drückte sich Herr Lemierre aus, als er sagte, daß die ›Veuve de Malabar‹, die 1770, und die ›Veuve de Malabar‹, die 1781 aufgeführt wurde, so voneinander verschieden seien wie Knüppel von Edelholz. In der Tat: Der vollkommene Scheiterhaufen hat den Erfolg des Stückes herbeigeführt.

Ein Philosoph, der sich von der Welt zurückgezogen hatte schrieb mir einen Brief voller Tugend und Verstand. Er schloß mit den Worten: »Leben Sie wohl, mein Freund, erhalten Sie sich, wenn Sie es vermögen, die Interessen, die Sie mit der Gesellschaft verbinden, aber pflegen Sie die Gefühle, die Sie von ihr scheiden.«

Diderot verliebte sich im Alter von zweiundsechzig Jahren noch immer in alle Frauen. Zu einem seiner Freunde sagte er: »Ich sage mir oft: alter Narr, alter Lump, wirst du denn nie aufhören, dich einer kränkenden Abweisung oder der Lächerlichkeit auszusetzen?«

In einer Gesellschaft, zu der einige Bischöfe und einige Abbés gehörten, sprach Herr von C. einmal über die englischen Regierungsformen und ihre Vorzüge. Einer der Abbés, ein Herr von Seguerand, sagte ihm: »Schon nach dem wenigen, das ich von England gehört habe, möchte ich gar nicht dort leben, ich würde mich dort ganz elend fühlen.« – »Herr Abbé«, antwortete ihm Herr von C. naiv, »gerade weil Sie sich dort nicht wohl fühlen, ist das Land so ausgezeichnet.«

Mehrere französische Offiziere waren nach Berlin gegangen. Einer von ihnen erschien vor dem König ohne Uniform und in weißen Strümpfen. Der König näherte sich ihm und fragte nach seinem Namen: »Marquis von Beaucour.« – »Von welchem Regiment?« – »Regiment Champagne.« »Ja, von dem Regiment, in dem man sich nicht um die Ordnung schert«, und dann wandte sich der König zu den Offizieren, die in Uniform und in Stiefeln erschienen waren.

Herr von Chaulnes hatte seine Frau als Hebe malen lassen; er wußte nun nicht, wie er sich malen lassen sollte, um ein Gegenstück dazu zu bilden. Fräulein Quinault, der er seine Verlegenheit mitteilte, sagte ihm: »Lassen Sie sich als Hébété[19] malen.«

Der Arzt Bouvard hatte einen Schmiß im Gesicht, der ihn sehr entstellte. Diderot sagte, dies wäre ein Schlag, den er sich selbst, ungeschickt die Todessichel haltend, gegeben hätte.

Als der Kaiser seiner Gewohnheit folgend incognito in Triest war, ging er in eine Herberge. Er fragte, ob er ein gutes Zimmer haben könne. Man erwiderte ihm, ein Bischof aus Deutschland hätte das letzte genommen, und es blieben nur noch zwei elende Löcher. Er verlangte zu essen; man sagte ihm, es gäbe nur noch Eier und Gemüse, da der Bischof und sein Gefolge das ganze Geflügel begehrt hätten. Der Kaiser fragte den Bischof, ob ein Fremder mit ihm essen könne; der Bischof lehnte ab. Nun speiste der Kaiser mit einem Anstaltsgeistlichen, der nicht mit seinem Herrn aß. Der Kaiser fragte den Geistlichen, was er in Rom zu tun hätte. »Monseigneur«, sagte ihm dieser, »will eine Pfründe von 50000 Livres Einkommen, ehe der Kaiser erfährt, daß die Stelle frei ist.« Man spricht von etwas anderem. Dann schreibt der Kaiser einen Brief an den Datarkardinal[20] und einen an seinen Botschafter. Er nimmt dem Geistlichen das Versprechen ab, beide Briefe bei der Ankunft in Rom an ihre Adresse zu leiten. Dieser hält sein Versprechen. Der Kardinal läßt überrascht dem Geistlichen die Provisionen senden. Er soll die Geschichte dem Bischof erzählen, der abreisen will. Jener hatte in Rom zu tun, wollte bleiben und ließ seinem Bischof wissen, daß dieses Abenteuer die Folge eines Briefes war, den der Kaiser an den Kardinal und Botschafter des Reiches geschrieben hatte. Der Kaiser war der Fremde, mit dem Monseigneur in Triest nicht hatte soupieren wollen.

Der Graf von *** und der Marquis von *** fragten mich, welchen prinzipiellen Unterschied ich zwischen ihnen machte. Ich antwortete: »Der Unterschied zwischen euch besteht darin, daß der eine den Schaumlöffel leckt und der andere ihn gleich ganz verschluckt.«

Der Baron von Breteuil tadelte nach seinem Abgang aus dem Ministerium im Jahre 1788 das Betragen des Erzbischofs von Sens. Er bezeichnete ihn als Despoten und sagte: »*Ich* will, daß die königliche Macht nicht zum Despotismus entartet, und *ich* will, daß sie sich in den Grenzen hält, auf die sie unter Ludwig XIV. beschränkt war.« Er glaubte, durch solche Reden als Bürger zu handeln und setzte seine Stellung am Hofe aufs Spiel.

Als Frau von Esparbès mit Ludwig XV. schlief, sagte ihr der König: »Du hast mit allen meinen Untertanen geschlafen.« »Ah, Sire!« – »Du hast den Herzog von Choiseul gehabt.« »Er ist so einflußreich!« – »Den Marschall von Richelieu.« »Er ist so geistreich!« – »Monville.« – »Er hat so schöne Beine!« – »Nun gut, aber der Herzog von Aumont, der nichts von all dem hat.« – »Sire, er ist Eurer Majestät so ergeben!«

Frau von Maintenon und Frau von Caylus spazierten um das Wasserbassin von Marly. Das Wasser war sehr durchsichtig, und man sah Karpfen, deren Bewegungen langsam waren und die so traurig erschienen, wie sie mager waren. Frau von Caylus machte Frau von Maintenon darauf aufmerksam, die erwiderte: »Sie sind wie ich und vermissen ihren Schlamm.«

Collé hatte eine beträchtliche Summe Geldes auf Nimmerwiedersehen und zu zehn Prozent bei einem Finanzmann angelegt, der ihm im zweiten Jahr noch keinen Sou gegeben hatte. »Mein Herr«, sagte ihm Collé während eines Besuches, den er ihm abstattete, »wenn ich mein Geld auf Lebenszeit anlege, so möchte ich auch noch bei Lebzeiten bezahlt werden.«

Ein englischer Gesandter in Neapel hatte ein herrliches Fest gegeben, das aber nicht sehr teuer war. Das erfuhr man und kritisierte nachher das Ganze, das zunächst großen Anklang gefunden hatte. Die Genugtuung, die sich der Gesandte verschaffte, war echt englisch, ganz die eines Mannes, dem es auf ein paar Guineen nicht ankommt. Er kündigte eine neue Festlichkeit an, und man glaubte nicht anders, als daß er sich überbieten und das Fest besonders glanzvoll machen würde. So kam man in Scharen. Aber man fand keinerlei Zurüstung. Schließlich wurde eine Spirituslampe in den Saal getragen. Man erwartete irgendein Wunder. »Meine Herren«, sagte der Gesandte, »Sie wollten ein kostspieliges, kein behagliches Fest. Nun geben Sie bitte acht: (er knöpft seinen Rock auf und zeigt das Futter) das ist ein Gemälde von Domenichino im Wert von 5000 Guineen. Weiter! Hier sind zehn Anweisungen von je 1000 Guineen, zahlbar nach Sicht bei der Amsterdamer Bank.« Er rollt sie zusammen und verbrennt sie über der Spritusflamme. »Ich bin überzeugt, verehrte Anwesende, daß die heutige Veranstaltung Ihnen allen gefallen hat und daß Sie alle zufrieden sein werden. Leben Sie wohl, das Fest ist zu Ende.«

»Die Nachwelt«, sagte Herr von B., »ist nichts anderes als ein Publikum, das einem vorhergehenden nachfolgt: nun, Sie sehen, was das Publikum von heute ist.«

»Drei Dinge«, sagte N., »sind mir sowohl im geistigen wie im körperlichen, im buchstäblichen wie im übertragenen Sinn lästig: Lärm, Wind und Rauch.«

Wegen eines Freudenmädchens, das sich mit einem Mann verheiratet hatte, der bisher als ehrbar galt, sagte Frau von L.: »Wäre ich eine Hure, so wäre ich immer noch eine anständige Frau, denn ich würde nicht als Liebhaber einen Mann nehmen, der imstande wäre, mich zu heiraten.«

Frau von G. sagte: »M. ist viel zu geistvoll und gewandt, um je so verachtet zu werden wie weniger verächtliche Frauen.«

Die verstorbene Herzogin von Orléans war zu Beginn ihrer Ehe sehr verliebt in ihren Mann; es gab wenig Winkel im Palais Royal, die dies nicht bezeugt hätten. Eines Tages machte das Paar der Herzoginwitwe einen Besuch. Während der Unterhaltung schlief sie ein, und der Herzog und die Herzogin fanden es anregend, sich am Fußende des Krankenbettes zu unterhalten. Sie bemerkte es und sagte zu ihrer Schwiegertochter: »Es war Ihnen vorbehalten, Madame, einem die Schamröte über die Ehe ins Gesicht zu treiben.«

Als der Marschall von Duras unzufrieden war mit einem seiner Söhne, sagte er zu ihm: »Du elender Mensch, wenn du so fortfährst, lasse ich dich beim König zur Tafel laden.« Der junge Mann war zweimal in Marly beim Souper gewesen und hatte sich zu Tode gelangweilt.

Duclos, der stets den Abbé d'Olivet beschimpfte, sagte von ihm: »Er ist ein so großer Lump, daß er trotz aller Grobheiten, mit denen ich ihn überhäufe, mich nicht mehr haßt als irgendeinen anderen.«

Duclos sprach eines Tages vom Paradies, das jeder sich auf seine Art ausmalt. Frau von Rochefort sagte ihm: »Für Sie wär's ein Käsebrot, Wein und die erste beste.«

Jemand sagte: »Ich möchte erleben, wie der letzte König erwürgt wird mit dem Darm des letzten Priesters.«

Es war üblich bei Frau von Luchet, daß man eine gute Geschichte kaufte für den, der sie bearbeitete ... »Wie viele wollen Sie?« – »Soundso viele.« Es kam vor, daß, wenn Frau von Luchet ihr Zimmermädchen nach der Verwendung von 100 Talern befragte, dieses Rechenschaft ablegen konnte bis auf 36 Livres. Dann rief sie plötzlich: »Madame, und die Geschichte, nach der Sie mir geläutet haben, die Sie für Herrn Coqueley gekauft haben, und für die ich 36 Livres bezahlt habe!«

Als Herr von Bissy sich von der Präsidentin d'Aligre trennen wollte, fand er auf seinem Kamin einen Brief, in dem sie jemandem, mit dem sie in Verbindung war, sagte, daß sie Herrn von Bissy schonen und es so einrichten wolle, daß er zuerst sie verließe. Aber Herr von Bissy ließ sich nichts anmerken, behielt den Brief sechs Monate und fiel der Präsidentin weiter mit seinen Aufmerksamkeiten zur Last.

Herr von R. hat viel Geist, aber so viele Albernheiten in seinem Geist, daß viele ihn für einen Dummkopf halten könnten.

Herr d'Éprémesnil lebte seit langem mit Frau Thilorier, die gern von ihm geheiratet sein wollte. Sie bediente sich Cagliostros, der die Hoffnung erweckte, er könnte den Stein der Weisen finden. Man weiß, bekanntlich verquickte Cagliostro mit seinen alchimistischen Narrheiten auch allerlei Fanatismus und Aberglauben, und als nun d'Éprémesnil sich beklagte, eine gewisse Formel habe nicht geholfen, und der Stein der Weisen sei nicht gefunden, da gab ihm Cagliostro zu verstehen, das komme daher, weil er mit Frau Thilorier in einem unsittlichen Verhältnis lebe. »Wollen Sie Erfolg haben, so müssen Sie mit den unsichtbaren Mächten und ihrem Herrn im Einklang sein. Heiraten Sie Frau Thilorier oder lassen Sie von ihr ab.« Sie wurde noch einmal so kokett wie vorher, und d'Éprémesnil heiratete sie. Es war seine Frau, die den Stein der Weisen gefunden hatte.

Man sagte Ludwig XV., daß einer seiner Wachleute – man sagte ihm den Namen – auf der Stelle sterben müsse, weil er den schlechten Scherz gemacht hatte, einen Taler von sechs Livres zu verschlucken. »Mein Gott«, sagte der König, »man hole Andouillet, Lamartinière, Lassone.« »Sire, den Abbé Terray.« – »Den Abbé Terray? Wieso?« »Er wird kommen und auf den großen Taler einen ersten Zehner, einen zweiten Zehner, einen ersten Zwanziger, einen zweiten Zwanziger legen. Der große Taler wird schließlich verwandelt sein in 36 Sous wie die unseren und auf natürlichem Wege verschwinden; so ist der Kranke geheilt.« Dieser Scherz war der einzige, der dem Abbé Kummer bereitet hat, der einzige, an den er sich noch erinnerte, er hat es selbst dem Marquis von Sesmaisons gesagt.

Als Herr d'Ormesson Generalkontrolleur war, sagte er in Anwesenheit von zwanzig Personen, daß er lange danach gesucht hätte, wozu Leute wie Corneille, Boileau, La Fontaine nutz sein könnten, und habe es niemals herausgefunden. Das ging vorüber, denn ist man Generalkontrolleur, so geht alles vorüber. Herr Lepelletier de Mortefontaine, sein Schwiegervater, sagte ihm in aller Freundlichkeit: »Ich weiß, daß das Ihre Art zu denken ist, aber seien Sie mir zuliebe so freundlich, es nicht zu sagen. Ich möchte gern erreichen, daß Sie sich nicht dessen rühmen, was Ihnen fehlt. Sie nehmen den Platz eines Mannes ein, der sich oft mit Racine und Boileau zurückzog, der sie oft in sein Landhaus führte, und der, wenn er erfuhr, daß mehrere Bischöfe gekommen waren, sagte: ›Man zeige ihnen das Schloß, die Gärten, alles, nur nicht mich.‹«

Die Quelle des bösartigen Verhaltens des Kardinals von Fleury gegenüber der Königin, der Frau von Ludwig XV., war ihre Weigerung, seinen galanten Anträgen Gehör zu schenken. Seit dem Tod der Königin hat man den Beweis dafür in einem Brief des Königs Stanislaus, der den ihren beantwortete, in dem sie um Rat bittet, wie sie sich verhalten solle. Der Kardinal war immerhin zweiundsiebzig Jahre alt, aber einige Monate vorher hatte er zwei Frauen Gewalt angetan. Die Marschallin Mouchy und eine andere Frau haben den Brief von Stanislaus gesehen.

Von all den Gewalttätigkeiten, die gegen Ende der Regierung Ludwigs XIV. geschahen, hat man fast nur die Dragonnaden, die Verfolgungen gegen die Hugenotten, die man gefoltert und mit Gewalt zurückhielt, im Gedächtnis behalten; desgleichen die Lettres de cachet gegen Port-Royal, die Jansenisten, den Molinismus und den Quietismus. Das ist gerade genug; aber man vergißt die geheime und manchmal bekannte Inquisition, die die Bigotterie Ludwigs XIV. gegen jene ausübte, die Fleisch aßen an Fasttagen; die Nachforschungen, die man in Paris und in der Provinz anstellte über Männer und Frauen, die im Verdacht standen, zusammenzuleben, Nachforschungen, die dazu führten, daß mehrere geheime Ehen bekannt wurden. Man wollte sich lieber den Nachteilen einer vorzeitig erklärten Ehe aussetzen als den Wirkungen der Verfolgung durch den König oder die Priester. War es nicht eine List der Frau von Maintenon, die so erraten lassen wollte, daß sie Königin war?

Zur Niederkunft der verstorbenen Gemahlin des Thronfolgers hatte man den berühmten Levret geholt. Der Dauphin sagte ihm: »Sie sind wohl sehr erfreut, bei der Geburt der Dauphine zu helfen? Das kann Ihnen Ansehen verschaffen.« – »Stünde mein Ansehen nicht fest«, sagte der Geburtshelfer gelassen, »so wäre ich nicht hier.«

Duclos sagte eines Tages zu Frau von Rochefort und zu Frau von Mirepoix, die Dirnen würden prüde und wollten keine gewagten Geschichten mehr anhören. Sie seien, meinte er, jetzt ängstlicher als die anständigen Frauen. Dann begann er eine recht lustige Geschichte zu erzählen und darauf eine noch stärkere. Bei einer dritten, die noch kräftiger einsetzte, fiel ihm Frau von Rochefort ins Wort: »Haben Sie doch Nachsicht, Duclos, Sie halten uns für zu anständig.«

Der Kutscher des Königs von Preußen warf seinen Herrn einmal mit dem Wagen um. Der König geriet in einen fürchterlichen Zorn: »Nun«, sagte der Kutscher, »es ist ja schlimm, aber Sie, haben Sie denn niemals eine Schlacht verloren?«

Herr von Choiseul-Gouffier wollte wegen der häufigen Feuersbrünste die Häuser seiner Bauern mit Ziegeln decken lassen. Sie dankten ihm für seine Güte und baten ihn, es doch beim alten zu lassen. Würden ihre Häuser, so meinten sie, mit Ziegeln bedeckt, so würden die Delegierten sie auch höher besteuern.

Der Marschall von Villars war selbst im Alter noch dem Wein über alle Maßen ergeben. Als er im Krieg von 1734 nach Italien kam, um sich an die Spitze des Heeres zu stellen, machte er dem König von Sardinien seine Aufwartung, aber er war so vom Wein benommen, daß er sich kaum noch auf den Beinen halten konnte und zu Boden fiel. In diesem Zustand aber hatte er doch noch nicht den Kopf verloren und sagte zum König: »So befinde ich mich auf die allernatürlichste Weise zu den Füßen Eurer Majestät.«

Frau Geoffrin sagte von Frau von La Ferté-Imbaut, ihrer Tochter: »Wenn ich sie ansehe, bin ich erstaunt wie eine Henne, die ein Entenei gelegt hat.«

Lord Rochester hatte in einem Versstück das Lob der Feigheit gesungen. Als er einmal in einem Kaffee saß, kam ein Mensch, der Stockschläge bekommen hatte, ohne zu mucken; Lord Rochester sagte ihm nach vielen Komplimenten: »Mein Herr, wenn Sie so geduldig Prügel einstecken, warum sagen Sie dann nichts? Ich hätte Ihnen welche gegeben, um mich wieder zu rehabilitieren.«

Ludwig XIV. klagte bei Frau von Maintenon über den Kummer, den ihm die Uneinigkeit der Bischöfe verursachte. »Wenn man«, meinte er, »die neun Gegner wieder zur Vernunft bringen könnte, würde man ein Schisma vermeiden, aber das wird nicht leicht sein.« – »Nun«, sagte lachend Frau von Maintenon, »warum sagen Sie nicht den Vierzig, sich der Ansicht der Neun anzuschließen? Sie werden es Ihnen nicht abschlagen.«

Einige Zeit nach dem Tode Ludwigs XV. ließ der König ein Konzert, das ihn langweilte, vor der normalen Zeit beenden und sagte: »Nun war's genug Musik.« Die Ausführenden erfuhren es, und einer von ihnen sagte zu seinem Kollegen: »Mein Freund, welch eine Regierung steht uns bevor!«

Der Graf von Gramont selbst verkaufte für 1500 Livres das Manuskript der Memoiren, in denen er klipp und klar als Spitzbube bezeichnet wird. Fontenelle, der als Zensor fungierte, wollte aus Rücksicht für den Grafen den Druck nicht genehmigen. Dieser beschwerte sich beim Kanzler, dem dann Fontenelle die Gründe seiner Ablehnung mitteilte. Trotzdem zwang der Graf Fontenelle die Drucklegung des Buches von Hamilton zu bewilligen, denn er wollte die 1500 Pfund nicht verlieren.

Herr von L., Menschenfeind in der Art Timons, hatte eine ein wenig melancholische Unterhaltung mit Herrn von B., einem Menschenfeind, der weniger düster und manchmal sogar heiter war. Herr von L. sprach von Herrn von B. mit viel Interesse und sagte, daß er sich mit ihm befreunden wolle. Jemand sagte ihm: »Nehmen Sie sich in acht; trotz seiner ernsten Miene ist er manchmal sehr heiter, traut ihm nicht.«

Der Marschall von Belle-Isle fand, daß Choiseul ihm zu schnell in die Höhe kam und ließ daher durch den Jesuiten Neuville eine Eingabe gegen ihn verfassen. Er starb, bevor diese Eingabe an den König gelangt war, und nun kamen seine Papiere in die Hände des Herzogs von Choiseul, der die Eingabe fand. Er tat das Menschenmögliche, um den Verfasser an der Handschrift zu erkennen. Doch vergebens. Er dachte schon nicht mehr an die Sache, als ihn ein hoher Jesuit um die Erlaubnis bat, die Lobrede auf Choiseul vorlesen zu dürfen, die in die Leichenrede auf den Marschall von Belles-Isle eingeflochten war. Der Pater Neuville habe diese Rede verfaßt. Die Verlesung erfolgte aus den Manuskripten des Verfassers, und nun erkannte Choiseul die Schrift. Seine einzige Rache bestand darin, daß er dem Pater Neuville sagen ließ, daß er sich auf die Gattung der Leichenreden viel besser verstehe als auf Eingaben an den König.

Als Herr von Invault Generalkontrolleur war, bat er den König um die Erlaubnis zur Heirat. Der König, der den Namen des Fräuleins erfuhr, sagte ihm: »Sie sind nicht reich genug.« Herr von Invault sprach von seiner Stelle wie von etwas, das den

Reichtum ersetzte: »Oh!«, sagte der König, »die Stellung kann gehen, doch die Frau bleibt.«

Abgeordnete der Bretagne speisten zu Abend bei Herrn von Choiseul; einer von ihnen, mit ernster Miene, sagte kein Wort. Der Herzog von Gramont, den dieses Gesicht in Erstaunen versetzt hatte, sagte zum Ritter von Court, Oberst der Schweizergarde: »Ich möchte gern wissen, von welcher Farbe die Worte dieses Menschen sind.« Der Ritter redet ihn an: »Mein Herr, aus welcher Stadt sind Sie?« – »Aus Saint-Malo.« – »Aus Saint-Malo! Wie kommt es, daß seltsamerweise diese Stadt von Hunden beschützt wird?« – »Was ist da Seltsames dabei?« antwortete die ernste Persönlichkeit, »der König wird gut beschützt von der Schweizergarde.«

Während des amerikanischen Krieges sagte ein Schotte zu einem Franzosen, indem er ihm einige amerikanische Gefangene zeigte: »Sie haben sich für Ihren Herrn geschlagen, ich mich für den meinigen; aber diese Leute, für wen schlagen sie sich eigentlich?« Dieser Zug wiegt wohl den des Königs von Pegu auf, der meinte, vor Lachen zu sterben, als er erfuhr, daß die Venetianer keinen König hatten.

Ein Greis, der fand, ich sei zu empfindlich gegenüber irgendeiner Ungerechtigkeit, sagte mir: »Mein liebes Kind, man muß vom Leben lernen, das Leben zu ertragen.«

Der Abbé de La Galaisière war mit Herrn Orry, ehe dieser Generalkontrolleur wurde, eng befreundet. Als er auf diesen Posten ernannt wurde, schien sein Portier ihn nicht wiederzuerkennen. »Mein Freund«, sagte der Abbé de La Galaisière, »Sie sind zu früh anmaßend, Ihr Herr ist es noch nicht.«

Eine neunzigjährige Dame sagte zu Fontenelle, der damals fünfundachtzig Jahre alt war: »Der Tod hat uns vergessen.« – »Pst!« antwortete Fontenelle und legte den Finger auf den Mund.

Herr von Vendôme sagte von Frau von Nemours, die eine lange Hakennase über roten Lippen hatte: »Sie sieht aus wie ein Papagei, der eine Kirsche verspeist.«

Der Fürst von Charolais überraschte Herrn von Brissac bei seiner Geliebten und sagte: »Gehen Sie!« Herr von Brissac erwiderte: »Monseigneur, Ihre Ahnen hätten gesagt: Gehen *wir*.«

Zur Zeit des Streites zwischen Diderot und Rousseau sagte Herr von Castries mit gereizter Miene zu Herrn von R., der es mir erzählt hat: »Es ist unglaublich, man spricht nur von diesen Leuten, Leuten ohne Stand, die nicht einmal ein Haus haben und auf dem Heuboden wohnen. Daran kann ich mich wirklich nicht gewöhnen.«

Als Voltaire bei Frau von Châtelet und sogar in ihrem Zimmer war, unterhielt er sich mit dem Abbé Mignot, der damals noch ein Kind war, und hielt ihn auf seinen Knien. Er fing an mit ihm zu schwätzen und ihm Belehrungen zu erteilen. »Kleiner Freund«, sagte er ihm, »um Erfolg zu haben bei den Menschen, muß man die Frauen auf seiner Seite haben, um die Frauen auf seiner Seite zu haben, muß man sie kennen. Du mußt also wissen, daß alle Frauen falsch und liederlich ... sind.« – »Wie! Alle Frauen! Was sagen Sie da?« sagte Frau von Châtelet zornig. »Madame«, sagte Voltaire, »man darf die Jugend nicht täuschen.«

Als Herr von Turenne einmal bei Herrn von Lamoignon speiste, fragte ihn dieser, ob seine Unerschrockenheit nicht ins Wanken geriete bei Beginn einer Schlacht. »Doch«, sagte Herr von Turenne, »ich empfinde dann eine große Erregung, aber es gibt in der Armee einige Subalternoffiziere und viele Soldaten, für die das nicht zutrifft.«

Diderot, der ein Werk schreiben wollte, das seine Ruhe aufs Spiel setzen konnte, vertraute sein Geheimnis einem Freunde an. Dieser kannte ihn gut und sagte zu ihm: »Aber würden Sie denn *mein* Geheimnis für sich behalten?« Es war in der Tat Diderot, der ihn verriet.

Herr von Maugiron hat folgende schreckliche Tat begangen, die man mir erzählt hat und die ich zuerst für ein Märchen gehalten habe. Während er bei der Armee war, wurde sein Koch als Plünderer aufgegriffen, und man meldet es ihm. »Mit meinem Koch bin ich sehr zufrieden«, erwiderte er, »aber ich habe einen schlechten Küchenjungen.« Er ließ den Burschen kommen und schickte ihn mit einem Brief zum Profoß. Der Unglückliche geht hin und ist, obwohl er seine Unschuld beteuerte, gehängt worden.

Ich schlug Herrn von L. eine Ehe vor, die günstig zu sein schien. Er erwiderte mir: »Warum sollte ich mich verheiraten? Das Beste, das mir passieren kann, ist, kein betrogener Ehemann zu sein, und das werde ich noch viel sicherer erreichen, wenn ich mich nicht verheirate.«

Fontenelle hatte eine Oper geschrieben, in der ein Priesterchor vorkam, der bei den Frommen Ärgernis erregte. Der Erzbischof von Paris wollte diesen Chor verbieten lassen. »Ich kümmere mich nicht um seinen Klerus«, sagte Fontenelle, »er soll sich auch nicht um den meinen kümmern.«

Herr D'Alembert hat den König von Preußen sagen hören, daß in der Schlacht von Minden der Prinz Ferdinand eine Niederlage erlitten hätte, wenn Herr von Broglie die Feinde angegriffen und Herr von Contades unterstützt hätte. Die Broglies haben seither D'Alembert fragen lassen, ob es wahr war, daß er diese Tatsache den König von Preußen hatte erzählen hören, und D'Alembert bejahte es.

Ein Höfling sagte: »Nicht jeder erste beste kann es wagen, sich in einen Streit mit mir einzulassen.«

Als Fontenelle im Sterben lag, fragte man ihn: »Wie geht's?« – »*Es* geht nicht«, antwortete er, »*ich* gehe.«

Der König Stanislaus von Polen hatte eine Vorliebe für den Abbé Porquet und hatte noch nie etwas für ihn getan. Einmal erlaubte sich der Abbé einige Bemerkungen. »Aber mein lieber Abbé«, sagte der König, »es ist Ihre eigene Schuld. Sie reden zu freimütig. Man behauptet sogar, daß Sie nicht an Gott glauben. Sie müssen sich mäßigen, versuchen Sie, an ihn zu glauben, ich lasse Ihnen dazu ein Jahr Zeit.«

Herr Turgot, den einer seiner Freunde seit langem nicht mehr besuchte, sagte zu diesem Freund, als er ihm wieder begegnete: »Seitdem ich Minister bin, bin ich bei Ihnen in Ungnade gefallen.«

Ludwig XV. weigerte sich, dem Kammerdiener Lebel 25 000 Francs zu vergüten, die für seine Privatgemächer ausgegeben worden waren. Er verwies Lebel mit seiner Forderung an die königliche Rechnungskammer. Lebel antwortete ihm: »Warum soll ich mich den Schikanen dieser Leute aussetzen, während Eure Majestät doch über mehrere Millionen verfügen.« – »Ich möchte mich nicht gern verwirtschaften«, antwortete der König, »man muß immer etwas zum Leben haben.« (*Anekdote, die Lebel Herrn Buscher erzählt hat.*)

Der verstorbene König stand, wie bekannt, in geheimem Briefwechsel mit dem Grafen von Broglie. Es handelte sich darum, einen Gesandten für Schweden zu ernennen. Der Graf von Broglie schlug Herrn von Vergennes vor, der sich nach seiner Rückkehr aus Konstantinopel auf seine Güter zurückgezogen hatte. Der König wollte nicht, aber der Graf gab nicht nach. Es war üblich, dem König auf einem in der Mitte gefalteten Bogen zu schreiben, und der König machte Randbemerkungen. An den Rand des letzten Briefes schrieb der König: »Ich billige die Wahl des Herrn von Vergennes nicht. Sie zwingen mich dazu. Meinetwegen mag er hingehen, aber ich verbiete, daß er seine häßliche Frau mitnimmt.« (*Anekdote, die Favier erzählt, der die Antwort des Königs in der Hand des Grafen von Broglie gesehen hat.*)

Man wunderte sich oft, daß der Herzog von Choiseul sich so lange gegen Madame du Barry halten konnte. Sein Geheimnis war einfach: Sooft seine Stellung zu schwanken schien, verschaffte er sich eine Audienz beim König. Er erkundigte sich dann, was er mit den fünf oder sechs Millionen machen sollte, die er im Kriegsdepartement erspart hatte, wobei er bemerkte, daß es nicht schicklich sei, sie dem königlichen Schatz zu überweisen. Der König verstand die Anspielung und sagte ihm: »Sprechen Sie mit Bertin, geben Sie ihm drei Millionen in den und den Papieren, den Rest schenke ich Ihnen.« Der König teilte so das Geld mit seinem Minister, und da er nicht sicher war, daß ein anderer es ihm ebenso leicht machen würde wie der Herzog von Choiseul, behielt er ihn trotz der Intrigen der Madame du Barry.

Als Herr Harris, ein berühmter Londoner Kaufmann, im Laufe des Jahres 1786, zur Zeit der Unterzeichnung des Handelsvertrages in Paris war, sagte er zu den Franzosen: »Ich glaube, daß Frankreich nur während der ersten fünfundzwanzig oder dreißig Jahre eine Million Sterling verlieren wird, aber dann wird die Bilanz vollkommen ausgeglichen sein.«

Man weiß, daß Herr von Maurepas mit allem spielte; das Folgende ist ein neuer Beweis. Herr Francis war auf einem sicheren, aber geheimen Wege darüber unterrichtet worden, daß Spanien im amerikanischen Krieg während des Jahres 1780 nicht Stellung nehmen würde. Er hatte dies Herrn von Maurepas versichert, und ein Jahr war vergangen, ohne daß Spanien Stellung nahm; der Prophet war glaubwürdig geworden. Herr von Vergennes ließ Herrn Francis kommen und fragte ihn, warum er dieses Gerücht verbreite. Dieser antwortete: »Weil ich der Sache sicher bin.« Der Minister, voll ministeriellem Hochmut, befahl ihm zu sagen, worauf er seine Meinung gründe. Herr Francis antwortete, das sei sein Geheimnis, und er sei, da er nicht in aktivem Dienst stünde, der Regierung gegenüber zu nichts verpflichtet. Er fügte hinzu, daß Graf von Maurepas, wenn nicht sein Geheimnis, so doch zumindest alles wüßte, was er dazu sagen konnte. Herr von Vergennes war verwundert, er sprach darüber mit Herrn von Maurepas, der ihm sagte: »Ich wußte es; ich habe vergessen, es Ihnen zu sagen.«

Herr von Tressan, früher Geliebter der Frau von Genlis und Vater ihrer beiden Kinder, besuchte sie, als er alt geworden war, in Sillery, auf einem ihrer Güter. Sie begleiteten ihn in das Schlafzimmer, zogen die Vorhänge des Bettes zurück, über dem sie ein Bild ihrer verstorbenen Mutter angebracht hatten. Er umarmte sie gerührt, sie teilten seine Empfindsamkeit, und das führte zu einer gefühlvollen Szene, die die lächerlichste von der Welt war.

Der Herzog von Choiseul hatte große Lust, die Briefe wiederzusehen, die er wegen Herrn von La Chalotais an Herrn von Calonne geschrieben hatte. Doch war es gefährlich, diesen Wunsch erkennen zu lassen. Das führte zu einer komischen Szene zwischen ihm und Herrn von Calonne, als dieser die Briefe aus seiner Brieftasche nahm. Sie waren genau numeriert, Herr von Calonne sah sie durch und sagte bei jedem: »Dieser ist reif fürs Feuer«, oder irgendeinen anderen Scherz. Herr von Choiseul verbarg immer die Bedeutung, die er der Sache beilegte, und machte sich über seine Verlegenheit lustig. Er sagte ihm: »Tue ich nicht etwas Gefährliches, so hat die Szene für mich gar keinen Reiz.« Aber das seltsamste ist, daß Herr von Aiguillon in Kenntnis der Sache an Herrn von Calonne schrieb: »Ich weiß, mein Herr, daß Sie die Briefe von Herrn von Choiseul, die sich auf die Affaire von Herrn von La Chalotais beziehen, verbrannt haben; ich bitte Sie, die meinen aufzubewahren.«

Ein sehr armer Mann, der ein Buch gegen die Regierung geschrieben hatte, sagte: »Zum Teufel, es wird nichts aus der Bastille, und ich soll jetzt meine Miete bezahlen.«

Als Montazet, Erzbischof von Lyon, in sein Bistum einzog, gratulierte ihm eine alte Stiftsdame, eine Schwester des Kardinals von Tencin, zu seinem Glück bei den Frauen und auch zu dem Kind, das er von Frau von Mazarin hatte. Der Kirchenfürst stellte alles in Abrede. »Madame«, sagte er, »selbst Sie hat die Verleumdung nicht verschont. Meine Geschichte mit Frau von Mazarin ist so wenig wahr, wie das, was man sich von Ihnen und dem Kardinal erzählt.« – »Dann«, erwiderte die Stiftsdame gelassen, »ist das Kind von Ihnen.«

Am Tage des Erdbebens von Lissabon waren der König und die Königin von Portugal in Belem, um einem Stierkampf beizuwohnen. Das war ihre Rettung, denn es ist eine Tatsache, die mir von mehreren Franzosen, die damals in Portugal lebten, berichtet wurde, daß der König niemals von der Größe des Unglücks erfuhr. Zuerst meldete man ihm nur von einigen eingestürzten Häusern, dann von einigen Kirchen, und da er niemals nach Lissabon gekommen ist, kann man sagen, daß er der einzige Mensch in Europa ist, der sich keine wahre Vorstellung von dem Unglück gemacht hatte, das sich eine Meile von ihm ereignet hat.

Frau von C. sagte zu Herrn B.: »Ich liebe in Ihnen...« »Ah, Madame«, sagte er feurig, »wenn Sie wissen was, so bin ich verloren.«

Ich kannte einen Menschenfeind, der Augenblicke der Gutmütigkeit hatte, in denen er sagte: »Es würde mich nicht verwundern, wenn es einen ehrenwerten Menschen gäbe, der verborgen in einem abgelegenen Ort lebt und den niemand kennt.«

Der Marschall von Broglie setzte sich einmal unnützerweise einer Gefahr aus und wollte sich nicht zurückziehen. Alle seine Freunde bemühten sich vergeblich, ihn dazu zu bewegen. Endlich flüsterte ihm einer von ihnen, Herr von Jaucour, ins Ohr: »Bedenken Sie, Marschall, wenn Sie fallen, übernimmt Herr von Routhe das Kommando.« Von Routhe war der dümmste Generalleutnant. Herr von Broglie begriff betroffen, welcher Gefahr er die Armee aussetzte, und zog sich zurück.

Der Prinz von Conti dachte und sprach sehr ungünstig über Herrn von Silhouette. Ludwig XV. sagte ihm eines Tages: »Man denkt aber doch daran, ihn zum Generalkontrolleur zu machen!« – »Ich weiß es«, sagte der Prinz, »und wenn er zu diesem Posten emporgekommen ist, bitte ich Eure Majestät inständig, Stillschweigen zu bewahren.« Als Herr von Silhouette ernannt war, teilte der König die Neuigkeit dem Prinzen mit und fügte hinzu: »Ich vergesse das Versprechen nicht, das ich Ihnen gegeben habe, um so mehr, als Sie in eine Affaire verstrickt sind, die mit dem Conseil zusammenhängt.«

Am Tag, da Frau von Châteauroux starb, schien Ludwig XV. sehr niedergeschlagen. Doch höchst merkwürdig ist der Ausspruch, durch den er seine Stimmung zu erkennen gab: »Vierzig Jahre unglücklich sein«, rief er, »denn ich bin sicher, daß ich noch so lange leben werde.« Frau von Luxembourg hatte das selbst mit angehört, und ich hörte, wie sie es erzählte und hinzufügte: »Ich habe diese Äußerung erst nach dem Tode des Königs erzählt. Dieser Ausspruch ist immerhin in seiner einzigartigen Mischung von Liebe und Egoismus wert, nicht vergessen zu werden.«

Ein Mann trank bei Tisch ausgezeichneten Wein, ohne ihn zu loben. Der Herr des Hauses ließ ihm sehr mittelmäßigen vorsetzen. »Das ist ein guter Wein«, sagte der stille Zecher. »Das ist Wein für sechs Sous«, sagte der Hausherr, »und der andere ist ein göttlicher Wein.« – »Ich weiß es«, bemerkte der Gast, »ich habe ihn auch nicht gelobt, dieser hingegen bedarf der Empfehlung.«

Um den Namen Römer nicht zu entwürdigen, sagte Duclos, wenn er von den modernen Römern sprach: *Ein Italiener aus Rom*[20].

»Selbst in meiner Jugend«, sagte mir Herr ***, »habe ich gerne Anteilnahme erregt; wenig lag mir daran, jemanden für mich zu gewinnen, und die Bestechung habe ich stets verabscheut.«

Herr *** sagte mir: »Sooft ich zu jemandem gehe, gebe ich ihm den Vorzug vor mir; so müßig bin ich nicht, daß ich mich durch ein anderes Motiv leiten ließe.«

»Trotz aller Scherze, die man beständig über die Ehe macht«, sagte mit Herr ***, »weiß ich nicht, was man gegen einen Mann von sechzig Jahren sagen kann, der eine Frau von fünfundfünfzig Jahren heiratet.«

Herr von L. sagte mir von Herrn von R.: »Das ist der Stapelplatz alles Giftes gegen die Gesellschaft. Er sammelt es wie die Kröten und verspritzt es wie die Vipern.«

Man sagte von Herrn von Calonne, der nach der Erklärung des Defizits entlassen wurde: »Als Brandstifter hat man ihn in Ruhe gelassen und ihn bestraft, als er die Sturmglocke läutete.«

Ich unterhielt mich eines Tages mit Herrn von V., der in einem Alter ohne Illusionen zu leben scheint, in dem man ihnen noch verfällt. Ich gab meine Überraschung über seine Gleichgültigkeit zu erkennen. Er antwortete mir ernst: »Man kann nicht zugleich sein und gewesen sein. Zu meiner Zeit war ich wie jeder andere Mann der Liebhaber einer galanten Frau, das Spielzeug einer Koketten, der Zeitvertreib einer Frivolen und das Werkzeug einer Intrigantin. Was kann man noch mehr sein?« – »Der Freund einer gefühlvollen Frau.« – »Oh, jetzt sind wir im Roman.«

»Ich bitte Sie zu glauben«, sagte Herr *** zu einem sehr reichen Mann, »daß ich dessen, was mir abgeht, nicht bedarf.«

Herr ***, dem man einen Posten anbot, bei dem einige Obliegenheiten sein Feingefühl verletzten, sagte: »Dieser Posten paßt weder zu der Eigenliebe, die ich mir erlaube, noch zu der, die ich von mir verlange.«

Man fragte einen geistreichen Mann, der alle kleinen Abhandlungen D'Alemberts über Diktion, Dichtung, über die Ode[21] gelesen hatte, was er darüber denke. Er antwortete: »Nicht jeder kann trocken sein.«

»Ich lehne«, sagte Herr ***, »die Wohltaten der Protektion ab, ich könnte die der Achtung annehmen und ehren, aber ich lege nur Wert auf die der Freundschaft.«

Herr ***, der eine Sammlung von Antrittsreden der Französischen Akademie besaß, sagte mir: »Wenn ich einen Blick darauf werfe, so meine ich, Hülsen eines Feuerwerks nach dem Johannisfest zu sehen.«

Man fragte Herrn ***: »Was macht am liebenswürdigsten in der Gesellschaft?« Er antwortete: »Zu gefallen.«

Man sagte jemandem, daß Herr ***, der früher ein Wohltäter war, ihn hasse. »Ich bitte«, erwiderte er, »um die Erlaubnis, in dieser Hinsicht etwas ungläubig sein zu dürfen. Ich hoffe, daß er mich nicht zwingen wird, das einzige Gefühl, das ich mir für ihn noch erhalte, in Achtung vor meiner eigenen Person zu verwandeln.«

Herr *** hält etwas auf seine Ideen. Er hätte Folge in seinem Geist, wenn er Geist hätte. Man würde aus ihm etwas machen, wenn man seine Vorurteile in Prinzipien verwandeln könnte.

Eine junge Person, deren Mutter eifersüchtig war, weil ihr die dreizehn Jahre ihrer Tochter großen Kummer bereiteten, sagte mir eines Tages: »Ich bin immer versucht, sie um Verzeihung dafür zu bitten, daß ich zur Welt gekommen bin.«

Herr ***, ein bekannter Schriftsteller, hatte gar keine Schritte unternommen, um all die reisenden Prinzen zu sehen, die einer nach dem anderen im Laufe von drei Jahren nach Frankreich gekommen sind. Ich fragte ihn nach der Ursache seines geringen Eifers; er erwiderte mir: »Ich schätze in den Szenen des Lebens nur, was die Menschen in eine einfache und klare Beziehung zueinander bringt. Ich weiß zum Beispiel, was Vater und Sohn, ein Geliebter und eine Geliebte, ein Freund und eine Freundin, ein Gönner und ein Schützling und sogar ein

Käufer und Verkäufer usw. sind, aber ich lege gar keinen Wert auf diese Besuche, die Szenen ohne Gegenstand hervorrufen, in denen alles wie geregelt ist durch die Etikette und deren Dialog schon im voraus geschrieben ist. Lieber ist mir ein italienischer Kanevas, der doch wenigstens den Vorzug hat, improvisiert gespielt zu werden.«

Herr ***, der in letzter Zeit sah, wie groß der Einfluß der öffentlichen Meinung auf die großen Fragen, auf die Stellen, die Wahl der Minister war, sagte zugunsten eines Mannes, den er am Ziel sehen wollte: »Machen Sie uns bitte ein wenig öffentliche Meinung für ihn.«

Ich fragte Herrn N., warum er nicht mehr in die Gesellschaft ginge. Er antwortete: »Ich liebe die Frauen nicht mehr, und ich kenne die Männer.«

Herr *** sagte von Sainte-F., einem für Gut und Böse gleichgültigem Mann, der bar war jedes moralischen Instinktes: »Das ist ein Hund zwischen einem guten Bissen und einem Exkrement und ohne Witterung für beide.«

Nach einem kleinen Theatererfolg, den ihm sein erstes Werk einbrachte, trug Herr *** ein sehr eitles und herausforderndes Wesen zur Schau. »Mein Lieber«, sagte ihm einer seiner Freunde, »du säst Dornen auf deinem Pfad; wenn du wiederkommst, wirst du sie schon finden.«

»Die Art, wie ich Lob und Tadel verteilen sehe«, sagte Herr von B., »könnte dem ehrenwertesten Mann der Welt Lust machen, verleumdet zu werden.«

Die Mutter eines sehr eigensinnigen Knaben klagte, daß die Kinder so egoistisch seien. »Ja«, sagte Herr ***, »bis sie höflich werden.«

Man sagte zu Herrn ***: »Sie legen Wert darauf, geachtet zu werden.« Er gab eine Antwort, über die ich verwundert war. »Ich achte mich selbst«, antwortete er, »und das bringt mir mitunter die Achtung der anderen ein.«

Man zählt sechsundfünfzig Verletzungen des öffentlichen Vertrauens von Heinrich IV. bis zum Ministerium des Kardinals von Loménie. Herr D. wandte auf diese häufigen Bankrotte unserer Könige die zwei Verse von Racine an:

Ruht nicht auch dieser Thron, den wir für heilig halten,
Halb auf Versprechungen, die niemals etwas galten?[22]

Jemand sagte zu Herrn ***, Mitglied der Akademie: »Eines Tages werden Sie sich doch verheiraten.« Er erwiderte: »Ich habe viel über die Akademie gespottet und bin jetzt drin; ich fürchte immer, daß es mir mit der Ehe auch so ergehen wird.«

Herr *** sagte von Fräulein ***, die nicht käuflich war, nur auf die Stimme ihres Herzens hörte und dem Gegenstand ihrer Wahl treu blieb: »Das ist eine entzückende Person, die so ehrbar wie möglich außerhalb von Ehe und Zölibat lebt.«

Ein Mann sagte zu seiner Frau: »Madame, dieser Mann hat Ansprüche auf Sie; in meiner Gegenwart hat er sich Ihnen versagt; das werde ich nicht dulden. Er mag Sie mißhandeln, wenn Sie allein sind, aber wenn ich dabei bin, das heißt, mich mir selbst versagen.«

Mein Tischnachbar fragte mich, ob die Dame ihm gegenüber nicht die Gemahlin des Herrn sei, der neben ihm saß. Ich hatte beobachtet, daß dieser Herr gar nicht mit ihr gesprochen hatte, und antwortete deshalb: »Entweder kennt er sie gar nicht, oder sie ist seine Frau.«

Ich fragte Herrn von ***, ob er sich verheiraten würde. »Ich glaube nicht«, sagte er und fügte lachend hinzu: »Die Frau, die ich brauche, suche ich nicht; ich gehe ihr nicht einmal aus dem Weg.«

Ich fragte Herrn von T., warum er sein Talent vernachlässige und dem Ruhm gegenüber völlig unempfindlich sei. Er antwortete mir wörtlich: *»Meine Eigenliebe ist untergegangen im Schiffbruch des Interesses, das ich an den Menschen nahm.«*

Man sagte zu einem bescheidenen Mann: »Manchmal sind Sprünge im Gemäuer, unter denen sich Tugenden verbergen.«

Herr ***, den man veranlassen wollte, über öffentliche oder private Mißstände zu sprechen, antwortete kalt: »Alle Tage erweitere ich die Liste der Dinge, über die ich nicht spreche. Der Philosophischste ist der, dessen Liste am längsten ist.«

»Ich würde gern allen Verleumdern und Bösartigen einen Vertrag vorschlagen«, sagte Herr D. »Ersteren würde ich sagen: Ihr könnt mich verleumden, soviel ihr wollt, vorausgesetzt, daß ich selbst durch eine gleichgültige oder sogar lobenswerte Handlung den Grund zu der Verleumdung gelegt habe; daß ihre Arbeit nur das Ornament der Leinwand sei; daß man nicht gleichzeitig Tatbestände und Umstände erfände; mit einem Wort, falls die Verleumdung nicht für alles, für Inhalt und Form, aufkommen muß. Zu den Bösartigen würde ich sagen: Ich finde es natürlich, daß man sich bemüht, mir zu schaden, vorausgesetzt, daß wer mir schadet, auch einen persönlichen Vorteil davon hat; mit einem Wort, daß man mir nicht für nichts und wieder nichts schadet, wie das vorkommt.«

Man sagte von einem geschickten, aber feigen Fechter, der geistreich und galant im Verkehr mit den Frauen war, aber impotent: »Er versteht sich auf Florette und Schmeichelei, aber das Duell und der Genuß ängstigen ihn.«

»Es war nicht richtig«, sagte Herr ***, »das Hahnreitum ganz fallen zu lassen, das heißt, abgemacht zu haben, daß es nichts mehr bedeute. Früher war das ein Stand in der Welt wie in unserer Zeit der des Spielers. Heute ist es überhaupt nichts mehr.«

Herr von L., der als Menschenfeind bekannt war, sagte mir eines Tages anläßlich seiner Vorliebe für die Einsamkeit: »Man muß verteufelt jemanden lieben, um ihn sehen zu wollen.«

Herr *** hört sich gern einen schlechten Menschen nennen. Die Jesuiten haben auch nichts dagegen, daß man sie Königsmörder heißt. Der Stolz will die Schwäche durch Furcht beherrschen.

Man drang in einen Junggesellen, daß er sich verheiraten solle. Er antwortete witzig: »Ich bitte Gott, mich vor den Frauen so zu bewahren, wie ich mich vor der Ehe bewahren werde.«

Jemand sprach von dem Respekt, den das Publikum verdiene. »Ja«, sagte Herr ***, »Respekt aus Vorsicht. Alle Welt verachtet die Fischweiber; aber wer würde es wagen, sie zu reizen, wenn er durch die Markthallen geht?«

Herrn R., einen begabten und geistvollen Menschen, fragte ich einmal, warum er denn bei der Revolution von 1789 gar nicht hervorgetreten sei. »Seit dreißig Jahren«, erwiderte er mir, »studiere ich die Menschen, und ich fand sie einzeln und jeden für sich so böse, daß ich nichts von ihnen zu hoffen wagte, wo sie zusammen und in Masse auftreten.«

»Was man die Polizei nennt, muß eine schreckliche Sache sein«, sagte witzig Frau von ***, »da die Engländer ihr Diebe und Mörder, und die Türken die Pest vorziehen.«

»Was die Gesellschaft so unerfreulich macht«, sagte mir Herr von L., »sind die Spitzbuben und dann die Leute von Welt, so daß man, um alles erträglich zu machen, die einen vernichten und die andern bessern müßte. Man müßte die Hölle zerstören und das Paradies umgestalten.«

D. war erstaunt zu sehen, daß Herr von L., ein sehr angesehener Mann, in allem scheiterte, was er für einen seiner Freunde zu tun versuchte. Denn die Schwäche seines Charakters erstickte die Stärke seiner Stellung. Wer es nicht versteht, zu seiner Macht seinen Willen hinzuzufügen, hat gar keine Macht.

Spricht Frau von F. einen richtigen Gedanken in hübscher Form aus, so meint sie, schon alles getan zu haben. Wenn dann eine ihrer Freundinnen für sie auch wirklich alles das ausführte, von dem sie meint, es müßte ausgeführt werden, so ergäben beide zusammen eine Philosophie. Herr von *** meinte von ihr: »Wenn sie etwas Hübsches über ein Brechmittel gesagt hat, ist man ganz erstaunt, daß es nicht wirkt.«

Ein gescheiter Mann definierte Versailles als die Gegend, wo man, hinuntergehend, den Schein entstehen lassen muß, hinaufzugehen, das heißt, sich die Ehre zu erweisen, mit denen zu verkehren, die man verachtet.

Herr *** sagte mir, daß er mit folgenden Maximen über die Frauen sich immer wohl gefühlt habe: Immer über das

Geschlecht im allgemeinen zu sprechen; die zu loben, die liebenswürdig sind; zu schweigen über die andern; sie wenig zu sehen; ihnen nie zu trauen; und niemals sein Glück von einer Frau – welche es auch sei – abhängen zu lassen.

Ein Philosoph sagte mir, daß er nach genauer Untersuchung der bürgerlichen und der politischen Ordnung der Gesellschaft nur noch die Wilden in den Büchern der Reiseschriftsteller studiere und die Kinder im alltäglichen Leben.

Frau von *** sagte von Herrn B.: »Er ist anständig, aber mittelmäßig und von schwierigem Charakter; wie der Barsch, weiß, bekömmlich, aber geschmacklos und voller Gräten.«

Herr *** erstickt eher seine Leidenschaften, als daß er imstande wäre, sie zu steuern. Er sagte darüber: »Ich gleiche einem Menschen, der zu Pferde ist. Kann er das Tier, das mit ihm durchgeht, nicht beherrschen, so tötet er es mit einem Pistolenschuß und überschlägt sich mit ihm.«

Ich fragte Herrn ***, warum er mehrere Stellen ausgeschlagen habe. Er erwiderte mir: »Ich möchte nichts, das eine Rolle an die Stelle eines Menschen setzt.«

»Sehen Sie denn nicht«, sagte mir Herr ***, »daß ich nur von der Meinung lebe, die man über mich hat, daß meine Macht nachläßt, wenn ich mich erniedrige, und daß ich im Abstieg stürze?«

Es ist seltsam, daß zwei Schriftsteller wie Crébillon und Bernard, die, der eine in seinen Versen, der andere in seiner Prosa, überzeugte Lobredner der unmoralischen und ausschweifenden Liebe waren, leidenschaftlich verliebt in zwei Dirnen gestorben sind. Wenn etwas noch erstaunlicher ist, so die Tatsache, daß die zarten Gefühle der Liebe Frau von Voyer bis zum letzten Augenblick beherrschten und sie leidenschaftlich begeisterten für den Vicomte von Noailles. Herr von Voyer hingegen hat zwei Kassetten voll schmachtender Liebesbriefe hinterlassen, die er selber zweimal abgeschrieben hat. Das erinnert an die Feiglinge, die singen, um ihre Furcht zu verbergen.

»Daß ein geistreicher Mann«, sagte Herr von *** lachend, »Verdacht hegt gegen seine Geliebte, ist begreiflich; aber gegen seine Frau – da gehört viel dazu.«

Ein seltsamer Charakter ist Herr L.; sein Geist ist witzig und tief, sein Herz stolz und ruhig, seine Einbildungskraft anziehend, lebhaft und sogar leidenschaftlich.

»In der Gesellschaft«, sagte Herr ***, »begegnet man drei Arten von Freunden: Freunde, die einen lieben, Freunde, die sich nicht um einen kümmern, und Freunde, die einen hassen.«

Herr *** sagte: »Ich weiß nicht, warum Frau von L. soviel an meinen Besuchen liegt. Wenn ich seltener zu ihr komme, verachte ich sie weniger.« Man könnte das von der Welt im allgemeinen sagen.

D., ein Menschenfeind, der zu spotten beliebte, sagte mir, als von der Schlechtigkeit der Menschen die Rede war: »Gott schickt nur deshalb keine zweite Sintflut, weil die erste nichts geholfen hat.«

Man schob der modernen Philosophie die Schuld zu, die Zahl der Junggesellen vermehrt zu haben. Herr *** sagte mir dazu: »Solange man nicht bewiesen hat, daß die Philosophen sich zusammengetan haben, um die Fonds von Fräulein Bertin für ihren Laden zu bilden, möchte ich glauben, daß der Zölibat eine andere Ursache hat.«

N. sagte, man müsse immer prüfen, ob die Verbindung eines Mannes und einer Frau eine seelische oder körperliche sei, ob die Verbindung eines Privatmannes und eines Hochgestellten oder Hofmannes auf Gefühlen oder auf sozialen Rücksichten beruhe usw.

Herr von *** sagte, man solle in den öffentlichen Sitzungen der Akademien nie mehr lesen als die Statuten vorschrieben, und er motivierte seine Absicht mit den Worten: »Im Zwecklosen beschränke man sich auf das Notwendige.«

Herr *** sagte, daß der Nachteil, unter den Fürsten zu stehen, reichlich aufgewogen würde durch den Vorteil, fern von ihnen zu sein.

Man schlug Herrn *** eine Ehe vor; er erwiderte: »In zweierlei war ich ganz vernarrt: in die Frauen und in den Zölibat. Ich habe meine erste Leidenschaft eingebüßt, nun muß ich meine zweite bewahren.«

Ein wahres Gefühl sieht man so selten, daß ich oft auf der Straße stehenbleibe, um einem Hund zuzuschauen, der einen Knochen abnagt. »Am meisten interessiert mich dieses Schauspiel«, sagte Herr von ***, »wenn ich von Versailles, Marly, Fontainebleau komme.«

Herr Thomas sagte mir eines Tages: »Auf meine Zeitgenossen bin ich nicht angewiesen, aber auf die Nachwelt.« Er fand großen Gefallen am Ruhm. »Ein schönes Resultat der Philosophie«, sagte ich ihm, »auf die Lebenden verzichten zu können, um angewiesen zu sein auf die Ungeborenen!«

N. sagte zu Herrn Barthe: »In den zehn Jahren, die ich Sie kenne, habe ich immer geglaubt, es sei unmöglich, Ihr Freund zu sein, aber ich habe mich getäuscht: es ging.« – »Und wie?« – »Durch vollkommene Selbstaufopferung und ständige Verehrung Ihres Egoismus.«

Herr von R. war früher nicht so hart und so verachtend wie heute; er hat seine ganze Nachsicht verbraucht, und das bißchen, das ihm bleibt, behält er für sich.

Man schlug einem Junggesellen vor, sich zu verheiraten. Er antwortete mit Witzen, und da er dabei sehr geistreich war, sagte man ihm: »Ihre Frau würde sich nicht langweilen.« Worauf er erwiderte: »Wenn sie hübsch wäre, würde sie sich unterhalten wie irgendeine andere.«

Man bezichtigte Herrn ***, ein Menschenfeind zu sein. »Ich bin es nicht«, sagte er, »aber ich fürchte, es zu werden, und habe gute Vorkehrungen dagegen getroffen.« – »Welche denn?« – »Ich bin Einsiedler geworden.«

»Es ist Zeit«, sagte Herr ***, »daß die Philosophie auch ihren Index bekommt wie die Inquisition von Rom und Madrid. Sie muß eine Liste der Bücher anlegen, die sie mit Acht und Bann belegt, und diese Ächtung wird bedeutender sein als die ihrer

Rivalin. Denn wie viele einzelne Ideen, die der Moral und sogar dem gesunden Menschenverstand zuwiderlaufen, würde sie nicht sogar in den Büchern verurteilen, die sie im allgemeinen billigt.«

»An diesem Tag war ich sehr liebenswürdig, gar nicht brutal«, sagte mir Herr S., der in der Tat beides war.

Herr *** sagte mir eines Tages witzig über die Frauen und ihre Fehler: »Man muß sich entscheiden, die Frauen zu lieben oder zu durchschauen: es gibt nur eins.«

Herr *** hatte ein Werk veröffentlicht, das sehr viel Anklang fand, und wurde gebeten, ein zweites erscheinen zu lassen, von dem seine Freunde sich viel versprachen. »Nein«, sagte er, »man muß dem Neid Zeit lassen, sich den Geifer vom Munde zu wischen.«

Herr ***, ein junger Mann, fragte mich, warum Frau von B. seine Huldigungen zurückweise, während sie Herrn von L., der sich offenbar ihren Annäherungsversuchen sperrte, schier nachlaufe. »Mein lieber Freund«, sagte ich ihm, »das reiche und mächtige Genua hat vergebens einigen Königen seine Krone angeboten, doch um das kleine Korsika, das nichts als Kastanien hervorbringt, kämpfte man. Denn Korsika war stolz und unabhängig.«

Herrn von Vergennes fragte einer seiner Verwandten, warum er den Baron von Breteuil, der doch sein Nachfolger werden mußte, ins Ministerium von Paris hätte einziehen lassen. »Das ist ein Mann«, sagte er, »der immer im Ausland gelebt hat und hier nicht bekannt ist, denn er ist nicht mit rechten Dingen berühmt. Viele Leute glauben, er sei des Ministeriums würdig; man muß sie eines Bessern belehren, ihn auffällig hervortreten lassen und zeigen, was der Baron von Breteuil ist.«

Man warf einem Schriftsteller vor, daß er dem Publikum gar nichts mehr biete. »Was wollen Sie«, erwiderte er, »daß man in einem Land druckt, in dem der ›Almanach von Lüttich‹ von Zeit zu Zeit verboten wird?«

Von Herrn von La Reynière, zu dem jedermann seiner Tafel wegen kommt und den man sehr langweilig findet, sagte Herr ***: »Man verspeist ihn, aber man verdaut ihn nicht.«

Herr von F., der bei seiner Frau verschiedene Liebhaber gesehen hatte und der von Zeit zu Zeit seine Rechte als Ehegatte immer genossen hatte, entschloß sich eines Tages, sie zu nutzen. Seine Frau entzieht sich ihm. »Wie«, sagte sie ihm, »wissen Sie nicht, daß ich mich mit Herrn *** eingelassen habe?« ... »Ein schöner Grund«, erwiderte er, »hatten Sie mir nicht meine Rechte gelassen, als Sie L., S., N., B. hatten?« – »Oh! Welch ein Unterschied, war es etwa Liebe, was ich für sie empfand? Nichts davon, bloße Launen – aber mit Herrn *** ist es ein Gefühl – es geht um Leben und Tod.« – »Ah! Das wußte ich nicht, sprechen wir nicht mehr darüber.« Und in der Tat war alles gesagt. Herr von R., der diese Geschichte erzählen gehört hat, rief: »Mein Gott! Wie dankbar bin ich, daß Sie die Ehe dazu gebracht haben, sich von so reizender Seite zu zeigen.«

»Meine Feinde können mir nichts anhaben«, sagte Herr ***, »denn sie können mir nicht die Fähigkeit rauben, richtig zu denken und richtig zu handeln.«

Ich fragte Herrn ***, ob er sich verheiraten würde. Er antwortete mir: »Wozu? Um dem König von Frankreich die Kopfsteuer und die drei Zwanzigstel nach meinem Tode zu bezahlen?«

Herr von *** bat den Bischof von *** um ein Landhaus, das dieser ohnehin nie benutzte. Aber der Bischof antwortete: »Wissen Sie denn nicht, daß man immer einen Ort haben muß, an den man nie hinkommt, von dem man aber glaubt, man würde dort glücklich sein?« Nach kurzem Schweigen erwiderte Herr von ***: »Das ist wahr, darum steht das Paradies so hoch im Kurse.«

Nach der Einsetzung von Karl II. hätte Milton einen sehr einträglichen Posten, den er verloren hatte, wiederbekommen können. Seine Frau ermunterte ihn dazu. Doch er erwiderte: »Du bist eine Frau, und du möchtest eine Kutsche haben; aber ich will als Mann von Ehre leben und sterben.«

Ich drang in Herrn von L., die ungerechte Handlungsweise von B., der ihn früher zu Dank verpflichtet hatte, zu vergessen; er erwiderte: »Gott hat empfohlen, Beleidigungen, nicht aber Wohltaten zu verzeihen.«

Herr *** sagte mir: »Ich betrachte den König von Frankreich nur als den König von ungefähr hunderttausend Menschen, unter die er den Schweiß, das Blut und die Haut von über vierundzwanzig Millionen anderer Menschen aufteilt. Diese Verteilung wird nach den feudalen, militärischen, antimoralischen und antipolitischen Ideen vorgenommen, die Europa seit zwanzig Jahrhunderten erniedrigen.«

Als Herr von Calonne Frauen in sein Zimmer führen wollte, sah er, daß der Schlüssel nicht ins Schloß paßte. Er stieß einen ungeduldigen Fluch aus und sagte dann, seinen Fehler bemerkend: »Verzeihung, meine Damen! Ich habe viele Geschäfte in meinem Leben gemacht und gesehen, daß es nur ein treffendes Wort gibt.« In der Tat paßte der Schlüssel sofort.

Ich fragte Herrn ***, warum er sich zu einem zurückgezogenen Leben verurteilte und sich so dem Guten unzugänglich mache, das man ihm erweisen könnte. »Die Menschen«, sagte er, »können nichts für mich tun, das ihr Vergessen aufwöge.«

Herr von *** versprach Herrn L. ich weiß nicht was und schwor beim Worte eines Edelmannes; dieser sagte ihm: »Wenn es Ihnen nichts ausmacht, könnten Sie nicht beim Worte eines Ehrenmannes schwören?«

Der berühmte Ben Jonson sagte, daß alle, die sich mit den Musen verheirateten, Hungers starben, während die anderen, die sie nur als Geliebte nehmen, sich sehr wohl dabei fühlten. Das läuft auf das Zitat heraus, das ich von Diderot hörte: »Ein vernünftiger Schriftsteller könnte wohl Geliebter einer Frau sein, die ein Buch geschrieben hat, aber heiraten dürfte er nur eine, die Hemden nähen kann. Am besten fährt wohl derjenige, der weder der Geliebte einer Schriftstellerin noch überhaupt verheiratet ist.«

»Ich hoffe«, sagte Herr ***, als er die Nationalversammlung, deren Präsident ein Jude war, verließ, »daß ich bei der Eheschließung eines Katholiken zugegen sein werde, der von seiner ersten lutherischen Frau geschieden ist und eine junge Anabaptistin heiratet; daß wir dann bei dem Pfarrer speisen werden, der uns seine junge Frau, die der anglikanischen Kirche angehört, vorstellen wird und die er als Witwer einer Calvinistin in zweiter Ehe geheiratet hat.«

»Ein gewöhnlicher Mann«, sagte mir Herr von M., »ist der nicht, der zum Glück sagt: Ich will nichts mit dir zu tun haben, es sei denn, du trägst die Fesseln, die ich dir anlegen will, und zum Ruhm sagt: Du bist nur eine Dirne, der ich gern einige Freundlichkeiten erweisen will; gehst du aber zu weit, so jage ich dich davon.« Er schilderte damit seinen eigenen Charakter, wie er in der Tat ist.

Von einem leichtfertigen, aber nicht korrupten Höfling sagte man: »Den Staubwirbeln konnte er nicht entgehen, aber er hat sich nicht im Schmutz befleckt.«

Herr *** sagte, daß ein Philosoph damit beginnen müßte, das Glück der Toten zu haben: Das Glück der Leidenslosigkeit und Stille; und dann das der Lebenden: Das Glück des Denkens, des Fühlens und der Zerstreuung.

Herr von Vergennes liebte die Schriftsteller nicht, und man bemerkte, daß kein Schriftsteller von Rang Verse über den Frieden von 1783 gemacht hatte. Jemand bemerkte dazu: »Das hat zwei Gründe: Er gibt den Dichtern nichts und hat nichts übrig für die Dichtung.«

Ich fragte Herrn ***, aus welchem Grund er eine vorteilhafte Ehe ausgeschlagen hätte. »Ich will mich nicht verheiraten«, sagte er, »aus Furcht, einen Sohn zu haben, der mir ähnlich sieht.« Diese Äußerung überraschte mich bei einem so ehrenwerten Mann. »Ja«, sagte er, »aus Furcht, einen Sohn zu haben, der arm wie ich, weder lügen noch schmeicheln noch unterwürfig sein kann und dieselben Prüfungen durchzumachen hätte wie ich.«

Eine Frau sprach emphatisch von ihrer Tugend und wollte nicht von Liebe sprechen hören. Ein geistreicher Mann sagte ihr: »Wozu diese Großsprecherei? Kann man nicht einen Liebhaber ohne all das finden?«

Zur Zeit der Notabeln-Versammlung wollte ein Herr den Papagei von Frau von *** zum Sprechen bringen. »Geben Sie sich keine Mühe«, sagte sie, »er spricht nicht.« – »Wie kann man nur einen Papagei haben, der gar nichts spricht«, antwortete er, »lehren Sie ihn doch wenigstens: Es lebe der König!« – »Gott bewahre«, sagte sie, »einen Papagei, der ruft: Es lebe der König! hätte ich sicherlich nicht behalten; man hätte einen Notabeln aus ihm gemacht.«

Ein unglücklicher Portier, dem die Kinder seines Herrn ein Legat von 1000 Livres nicht zahlen wollten, das er auf dem Rechtswege beanspruchen konnte, sagte mir: »Wollen Sie, mein Herr, daß ich gegen die Kinder eines Menschen klage, dem ich fünfundzwanzig Jahre gedient habe und in deren Diensten ich seit fünfzehn Jahren stehe?« Sogar ihre Ungerechtigkeit war ein Grund für ihn, ihnen gegenüber hochherzig zu sein.

Man fragte Herrn ***, warum die Natur die Liebe unabhängig von der Vernunft gemacht hätte. »Das kommt«, erwiderte er, »daher, daß die Natur nur an die Erhaltung der Gattung denkt, und um diese zu erhalten, braucht sie sich nur auf unsere Dummheit zu verlassen. Ob ich, außer mir, mich an die Kellnerin einer Schenke oder an eine Dirne wende, der Zweck der Natur kann dabei ebensogut erfüllt werden, wie wenn ich nach drei Jahren Werben Clarissa[23] bekommen hätte. Die Vernunft hingegen hätte mich vor der Kellnerin bewahrt, vor der Dirne und vielleicht vor Clarissa. Denn hörte man nur auf die Vernunft – welcher Mann würde Vater sein wollen und sich so viele Sorgen für eine lange Zukunft aufladen? Welche Frau würde wegen der Epilepsie weniger Minuten die Krankheit eines ganzen Jahres auf sich nehmen? Indem die Natur uns unsere Vernunft entzieht, befestigt sie besser ihre Herrschaft, und deswegen rückt sie in dieser Hinsicht Zenobia und ihre Hühnerhofmagd, Mark Aurel und seinen Stallknecht auf eine Ebene.«

Herr *** ist ein edler Mann, dessen Seele aufgeschlossen ist für alle Eindrücke, der abhängig ist von dem, was er sieht und hört, der eine Träne hat für eine edle Tat, die man ihm erzählt, und ein Lächeln für den Spott, durch den ein Dummkopf sie lächerlich machen will.

Herr *** behauptet, daß die erlesenste Gesellschaft genau übereinstimmt mit der Beschreibung, die eine junge Person ihm von einem verrufenen Ort, in dem sie wohnte, gemacht hat. Er trifft sie in Vauxhall, nähert sich ihr und bittet sie, ihm zu sagen, wo er sie allein treffen könnte, um ihr einige kleine Geheimnisse anzuvertrauen. »Mein Herr«, sagte sie, »ich wohne bei Frau ***. Das ist ein sehr passender Ort, wohin nur feine Leute kommen, die meisten in ihrer Kutsche. Eine Einfahrt, ein hübscher Salon mit Spiegeln und einem Lüster. Man speist dort manchmal am Abend, und zwar auf kostbaren Tellern.« – »Wie, mein Fräulein! Ich lebte in der guten Gesellschaft und habe nichts Besseres gesehen.« – »Ich auch nicht, und ich habe doch in den verschiedensten dieser Häuser gewohnt.« Herr *** wiederholte alle diese Umstände und gab zu verstehen, daß es keinen gäbe, der sich nicht auf den heutigen Zustand der Gesellschaft anwenden ließe.

Herr *** genießt in höchstem Grad die Lächerlichkeiten, die er in der Gesellschaft fassen und bemerken kann. Er erscheint sogar entzückt, wenn er irgendeine absurde Ungerechtigkeit sieht; Stellen, die verkehrt vergeben werden, lächerliche Widersprüche im Betragen der Regierenden, Skandale aller Art, die die Gesellschaft nur allzuoft bietet. Zuerst habe ich geglaubt, daß er bösartig wäre, aber dadurch, daß ich häufiger mit ihm verkehrte, habe ich erkannt, zu welchem Prinzip diese seltsame Art des Sehens gehört: Es ist ein ehrenwertes Gefühl, eine tugendhafte Erzürnung, die ihn lange unglücklich gemacht und die er durch die Gewöhnung an den Witz ersetzt hat. Ein Witz, der nur heiter sein möchte, der aber manchmal bitter und »sarkasmatisch« wird und so auf die Quelle verweist, aus der er fließt.

Die Freundschaften von N. sind nichts anderes als die Beziehungen seiner Interessen mit denen seiner angeblichen Freunde. Seine Liebschaften sind nichts anderes als das Produkt einiger guter Verdauungen. Alles, was darüber oder darunter ist, existiert für ihn nicht. Eine edle und interessenlose Regung in der Freundschaft, ein feines Gefühl, scheinen ihm ein nicht weniger absurder Wahnsinn zu sein als der, welcher die Leute in die *Petites Maisons* bringt.

Herr von Ségur hatte einen Erlaß veröffentlicht, auf Grund dessen im Offizierskorps der Artillerie nur Adlige aufgenommen werden sollten. Da andererseits für diesen Dienst nur gebildete Leute zu gebrauchen sind, geschah etwas Seltsames. Der Abbé Bossut, der die Zöglinge prüfte, ließ nur Bürgerliche bestehen und Chérin nur Adlige. Auf hundert Zöglinge kamen nur vier oder fünf, die beiden Anforderungen zugleich entsprachen.

Herr von L. sagte mir über die Lust der Frauen, daß man geizig werden muß, wenn man nicht mehr verschwenderisch sein kann, und daß allmählich arm wird, wer in dieser Hinsicht nicht mehr reich sein kann. »Was mich angeht, so habe ich die Bank verlassen, sobald ich zwischen einem Wechsel auf Sicht und einem, der erst fällig wird, unterscheiden mußte.«

Ein Schriftsteller, den ein großer Herr seine Überlegenheit fühlen ließ, gab folgende Antwort: »Ich weiß, was sich schickt, Herr Herzog, aber ich weiß auch, daß es bequemer ist, über mir zu stehen als neben mir.«

Frau von L. ist eine Kokette, die sich Illusionen macht, indem sie sich selbst täuscht. Frau von B. ist kokett ohne Illusionen, und man braucht sie nicht unter denen zu suchen, die von ihnen an der Nase herumgeführt werden.

Der Marschall von Noailles hatte vor dem Parlament einen Prozeß mit einem seiner Pächter. Acht oder neun Räte traten zurück, als »Verwandte von Noailles«; sie waren wirklich im achtzehnten Grad mit ihm verwandt. Ein Parlamentsrat, Herr Hurson, fand diese Eitelkeit lächerlich und stand gleichfalls auf: »Ich trete auch zurück«, sagte er. »In welcher Eigenschaft?« fragte der Präsident. »Als Verwandter des Pächters«, antwortete er.

Frau von *** hatte im Alter von fünfundsechzig Jahren den fünfundzwanzigjährigen Herrn *** geheiratet. Jemand sagte, das wäre die Ehe von Pyramus und Baucis[24].

Herr ***, dem man seine Gleichgültigkeit gegenüber Frauen zum Vorwurf machte, sagte: »Ich kann dazu sagen, was Frau von C. über die Kinder sagte: ›Ich habe einen Sohn im Kopf, mit dem ich nicht niederkommen konnte.‹ Ich habe eine Frau im Kopf, *wie es deren wenige gibt*, die mich vor den Frauen bewahrt, wie es deren viele gibt; dieser Frau bin ich zu großem Dank verpflichtet.«

»Was mir am komischsten in der bürgerlichen Gesellschaft erscheint«, sagte Herr ***, »ist die Ehe, der Stand des Ehemannes; was mir am lächerlichsten in der politischen Welt erscheint, das ist das Königtum, die Funktion des Königs. Diese zwei Dinge erheitern mich am meisten, es ist die unerschöpfliche Quelle meines Spottes. Wer mich verheiratete und mich zum König machte, würde mir deshalb zugleich einen Teil meines Geistes und meiner Heiterkeit nehmen.«

In einer Gesellschaft sann man auf Mittel, einen schlechten Minister loszuwerden, einen Mann, dessen Ehre durch zahllose Schandtaten befleckt war. Ein erklärter Feind sagte plötzlich: »Könnte man ihn nicht dazu bringen, etwas Vernünftiges oder Anständiges zu tun, damit er davongejagt wird?«

»Was vermögen für mich«, sagte Herr ***, »die Großen und die Fürsten? Können sie mir meine Jugend wiedergeben oder nur das Denken nehmen, dessen Lust mich über alles hinwegtröstet?«

Frau von *** sagte eines Tages zu Herrn ***: »Ich wäre nicht an der richtigen Stelle in Ihrem Geist, weil ich während einiger Zeit oft Herrn von U. gesehen habe. Ich will Ihnen den Grund sagen, der zugleich meine beste Entschuldigung ist. Ich habe mit ihm geschlafen, und ich hasse so sehr die schlechte Gesellschaft, daß nur ein solcher Grund mich in meinen Augen, und ich bilde mir ein, auch in den Ihren, rechtfertigen konnte.«

Herr von B. sah Frau von L. jeden Tag. Es ging das Gerücht, daß er sie heiraten würde. Dazu sagte er einem seiner Freunde: »Es gibt wenige Menschen, die sie nicht lieber heiraten würde als mich, und umgekehrt. Es wäre seltsam, wenn wir in fünfzehn Jahren Freundschaft nicht gesehen hätten, wie unsympathisch wir einander sind.«

»Die Illusion«, sagte Herr ***, »hat auf mich im Hinblick auf die Personen, die ich liebe, nur die Wirkung von Glas auf Pastell. Sie schwächt die Züge ab, ohne die Beziehungen oder Proportionen zu verändern.«

In einer Gesellschaft sprach man darüber, was angenehmer sei, geben oder nehmen. Die einen behaupteten, geben, andere wieder meinten, daß bei vollkommener Freundschaft das Vergnügen zu empfangen ebenso zart sei und vielleicht lebhafter. Ein geistreicher Mann, den man um seine Meinung befragte, antwortete: »Ich frage nicht, welches Vergnügen lebhafter ist, aber ich würde lieber geben. Es scheint mir nämlich zum mindesten dauerhafter, und ich habe beobachtet, daß man sich länger daran erinnert.«

Die Freunde von Herrn *** wollten seinen Charakter nach ihren Launen ummodeln. Aber sie fanden, daß er immer der gleiche blieb, und sagten daher, er sei unverbesserlich. Er antwortete: »Wenn ich nicht unverbesserlich wäre, wäre ich längst verdorben.«

»Ich sperre mich«, sagte Herr ***, »den Annäherungsversuchen von B., denn aus den Eigenschaften, derentwegen er sich um mich bemüht, mache ich mir nicht viel, und kennte er die Eigenschaften, derentwegen ich mich nicht achte, so würde er mir die Tür verschließen.«

Man warf Herrn von *** vor, der Arzt »Es geht zu Ende« zu sein. »Das kommt daher«, sagte er, »daß ich gesehen habe, wie alle Kranken des Arztes ›Es wird schon alles gut werden‹ gestorben sind. Sterben die meinen, so wird man mir wenigstens nicht vorwerfen, ein Dummkopf zu sein.«

Ein Mann, der sich geweigert hatte, Madame de Staël zu besitzen, sagte: »Was hilft der Geist, wenn er nicht hilft, Madame de S. nicht zu besitzen?«

Herr Joly de Fleury, Generalkontrolleur im Jahre 1781, sagte meinem Freunde Herrn B.: »Sie sprechen immer von Nation, es gibt keine Nation. Man muß sagen das Volk; das Volk, das unsere ältesten Publizisten definierten als *leibeigenes Volk, der Fron- und Steuerpflicht auf Gnade und Ungnade ausgeliefert.*«

Man bot Herrn *** eine sehr einträgliche Stelle an, die ihm nicht zusagte. Er erwiderte: »Ich weiß, daß man mit dem Geld lebt, aber ich weiß auch, daß man nicht für das Geld leben darf.«

Jemand sagte mir von einem sehr egoistischen Mann: »Er würde Ihr Haus verbrennen, um sich zwei Eier kochen zu lassen.«

Der Herzog von ***, der früher Geist hatte, sich bemühte um die Unterhaltung mit den Leuten von Welt, begann mit fünfzig Jahren das Leben eines gewöhnlichen Höflings zu führen. Bei dem Verfall seines Geistes sagen ihm dieser Beruf und das Leben in Versailles so zu, wie das Spiel den alten Frauen zusagt.

Ein Mann, dessen Gesundheit in kurzer Zeit wiederhergestellt war und den man nach dem Grund dafür fragte, erwiderte: »Ich rechne jetzt mit mir, während ich früher auf mich rechnete.«

»Vom Herzog von ***«, sagte mir Herr ***, »glaube ich, daß sein Name sein größtes Verdienst ist und daß er all die Tugenden hat, die man in einem Pergamentladen macht.«

Einem jungen Mann vom Hofe sagte man nach, er hätte es wie toll auf die Dirnen abgesehen. Da ein paar ehrbare und anständige Frauen dabei waren, die ihm dies hätten nachtragen können, nahm ihn ein gleichfalls anwesender Freund in Schutz: »Welch bösartige Übertreibung«, rief er, »er hat auch anständige Damen.«

Herr ***, der die Frauen sehr gern hatte, sagte mir, der Umgang mit ihnen sei für ihn notwendig, um die Strenge seiner Gedanken zu mildern und die Empfindsamkeit seiner Seele zu beschäftigen. »Ich habe«, sagte er, »Tacitus im Kopf und Tibull im Herzen.«

Herr von L. sagte mir, daß man für die Ehe dieselbe Regelung hätte treffen sollen wie für Häuser, die man durch eine Pacht für drei, sechs oder neun Jahre mietet, mit der Vollmacht, das Haus zu kaufen, wenn es einem paßt.

»Der Unterschied zwischen Ihnen und mir«, sagte mir Herr ***, »besteht darin, daß Sie zu allen Masken sagten: Ich kenne dich, während ich sie in der Hoffnung ließ, mich zu täuschen. Das ist der Grund, warum mir die Welt günstiger gesinnt ist als Ihnen. Sie ist ein Maskenball, wo Sie den anderen das Interesse und sich selbst das Vergnügen verdorben haben.«

Wenn Herr von *** einen Tag verbracht hat, ohne etwas zu schreiben, so wiederholt er das Wort des Titus: »Ich habe einen Tag verloren.«[25]

»Der Mensch«, sagte Herr ***, »ist ein törichtes Lebewesen, wenn ich nach mir urteilen soll.«

Um die Verachtung auszudrücken, hatte Herr *** eine Lieblingsformulierung: »Das ist der vorletzte der Menschen!« – »Warum der vorletzte?« fragte man ihn. »Um niemanden zu entmutigen, denn es drängen sich viele.«

»Physisch«, sagte Herr ***, ein Mann von zarter Gesundheit und sehr starkem Charakter, »bin ich das Schilfrohr, das sich biegt und nicht zerbricht; geistig bin ich im Gegenteil die Eiche, die bricht und sich nicht beugt.« *Homo interior totus nervus*[26], sagt van Helmont.

Herr von L., der einundneunzig Jahre alt war, sagte mir: »Ich habe Menschen gekannt, die einen guten Charakter hatten, doch einen Charakter ohne Reinheit, und andere, die einen reinen Charakter hatten, aber ohne Größe.«

Herrn von C. war von Herrn von A. eine Wohltat erwiesen worden, dieser hatte ihm empfohlen, sie geheimzuhalten. Das Geheimnis ward gehütet. Mehrere Jahre vergingen; sie zerstritten sich, nunmehr enthüllte Herr von C. das Geheimnis der Wohltat, die ihm erwiesen worden war. Herr T., ihr gemeinsamer Freund, nunmehr wissend, fragte Herrn von C. nach dem Grund dieses offenbar seltsamen Verhaltens. Dieser antwortete: »Ich habe seine Wohltat verschwiegen, solange ich ihn liebte. Ich spreche, weil ich ihn nicht mehr liebe. Damals war es sein Geheimnis; jetzt ist es das meinige.«

Herr *** sagte vom Fürsten von Beauvau, einem großen Puristen: »Wenn ich ihm bei seinen Morgenspaziergängen begegne und im Schatten seines Pferdes gehe (seiner Gesundheit wegen reitet er oft aus), merkte ich, daß ich den ganzen Tag keinen einzigen Fehler im Französischen machte.«

N. sagte, daß er immer verwundert war über die mörderischen Feste, die man sich in der Gesellschaft gibt. Man würde es verstehen bei Verwandten, die einander beerben, aber was mag der Inhalt dieser Feste sein bei Freunden, die nichts erben?

»Ich habe«, sagte Herr ***, »kaum ein stolzes Verhalten gesehen, mit dem ich zufrieden gewesen wäre. Was ich in dieser Art am besten kenne, ist das Verhalten Satans im ›Verlorenen Paradies‹.«[27]

»Das Glück«, sagte Herr ***, »ist eine schwierige Sache. In uns finden wir es nur schwer und gar nicht außer uns.«

Man veranlaßte Herrn von ***, eine Stellung aufzugeben, deren bloßer Rechtstitel seine Sicherheit gegenüber mächtigen Menschen ausmachte. Er erwiderte: »Man kann Samson die Haare schneiden, aber man darf ihm nicht raten, eine Perücke zu tragen.«

Man nannte Herrn *** einen wenig geselligen Menschen. »Ja«, sagte einer seiner Freunde, »es geht ihm manches zu nahe, womit man in der Gesellschaft der Natur zu nahe tritt.«

Man machte Herrn *** Vorwürfe wegen seines Hanges zur Einsamkeit. Er erwiderte: »Ich bin an meine Fehler mehr gewöhnt als an die der anderen.«

Herr von ***, angeblich ein Freund von Herrn Turgot, gratulierte Herrn von Maurepas, daß er Herrn Turgot losgeworden sei.
    Dieser selbe Freund hat Herrn Turgot, der in Ungnade gefallen war, das Jahr danach nie besucht, und als Herr Turgot selbst sich veranlaßt fühlte, zu ihm zu kommen, da verabredete er sich nicht bei Herrn Turgot, nicht in seinem Hause, sondern bei Duplessis, als er sich dort malen ließ.
    Seither hatte er die Stirn, Herrn Bert ***, der erst acht Tage nach dem Tod von Herrn Turgot Paris verlassen hatte, zu sagen: »Ich, der ich Herrn Turgot in allen Augenblicken seines Lebens gesehen habe, ich, sein vertrauter Freund, der ihm die Augen geschlossen hat.«
    Herausfordernd trat er gegen Herrn Necker erst auf, als dieser sich sehr schlecht mit Herrn von Maurepas stand, und bei seinem Sturz war er mit Bourboulon Tischgast bei Saint-Foix. Beide waren Feinde Neckers, die er verachtete.

Sein Leben lang hat er Herrn von Calonne schlechtgemacht, den er schließlich untergebracht hat; dann Herrn von Vergennes, um dessen Vertrauen er sich unablässig bemüht hat, und zwar mit Hilfe von Hérin, den er später entfernt hat; er löste seine Freundschaft ab durch die von Renneval, dessen er sich bediente, um Herrn von Ornano ein sehr hohes Gehalt geben zu lassen, der ernannt worden war, um bei der Festsetzung der Grenzen zwischen Frankreich und Spanien den Vorsitz zu führen.

Er ist ungläubig, fastet aber freitags und samstags auf gut Glück. Er hat sich 100 000 Livres vom König geben lassen, um die Schulden seines Bruders zu bezahlen, und er hat so getan, als ob er alles, was er für ihn getan hat, wie die Begleichung der Kosten für seine Wohnung im Louvre, aus eigener Tasche bezahlt hätte. Zum Vormund des kleinen Bart *** ernannt, dem seine Mutter zuungunsten seiner Schwester, Frau von Verg., 100 000 Taler testamentarisch vermacht hat, berief er den Familienrat ein und veranlaßte den jungen Mann, auf sein Legat zu verzichten und das Testament zu zerreißen; dann, bei der ersten jugendlichen Verfehlung seines Mündels, entledigte er sich der Vormundschaft.

Man erinnert sich noch an die lächerliche und übertriebene Eitelkeit des Erzbischofs von Reims, Le Tellier auf seinen Rang und auf seine Geburt. Man weiß, wie berühmt er in seiner Zeit in ganz Frankreich war. Bei der folgenden Gelegenheit zeigte sie sich ganz und gar und auf die heiterste Art. Der Herzog von A., der dem Hof mehrere Jahre ferngeblieben war, kam von seiner Regierung in Berry zurück und ging nach Versailles. Sein Wagen kippte um und brach. Es war bitter kalt. Man sagte ihm, die Reparatur würde zwei Stunden dauern. Da sah er ein Gespann und erkundigte sich, für wen es bestimmt war: man sagte ihm: für den Erzbischof von Reims, der auch nach Versailles ginge. Er schickte seine Leute voraus und behielt nur einen bei sich, dem er empfahl, nicht ohne seinen Befehl zu erscheinen. Der Erzbischof erscheint. Während man ausspannte, beauftragt der Herzog einen seiner Leute, um einen Platz für einen ehrenwerten Mann zu bitten, dessen Wagen soeben zerbrochen sei und der zwei Stunden auf die Reparatur warten müsse. Der Diener geht und führt den Auftrag aus. »Was für ein Mensch ist das?« fragt der Erzbischof. »Ist es jemand standesgemäßer?« – »Ich glaube schon, Monseigneur, er sieht sehr anständig aus.« – »Was nennst du anständig? Trägt er feine Kleider?« – »Monseigneur, einfache, aber gute.« – »Hat er Bedienstete?« – »Monseigneur, ich glaube ja.« – »Erkundige dich.« (Der Diener geht und kommt wieder.) »Monseigneur, er hat sie vorausgeschickt nach Versailles.« – »Ah, das ist etwas. Aber das genügt noch nicht. Frag ihn, ob er Edelmann ist.« (Der Lakai geht und kommt wieder.) »Ja, Monseigneur, er ist Edelmann.« – »Gut, er soll kommen, wir werden sehen, mit wem wir es zu tun haben.« Der Herzog kommt und grüßt. Der Erzbischof macht eine Kopfbewegung und richtet sich kaum darauf ein, ein wenig Platz in seinem Wagen zu machen. Er sieht einen Saint-Louis-Orden. »Mein Herr«, sagt er zum Herzog, »es tut mir leid, daß ich Sie warten ließ, aber ich konnte meinen Platz im Wagen nicht einem hergelaufenen Menschen geben; das werden Sie einsehen. Ich weiß, daß Sie Edelmann sind. Sie haben gedient, wie ich sehe.« – »Ja, Monseigneur.« – »Und Sie gehen nach Versailles?« – »Ja, Monseigneur.« – »Wohl zu den Dienststellen?« – »Nein, damit habe ich nichts zu tun. Ich biete meinen Dank…« – »Wem? Herrn von Louvois?« – »Nein, Monseigneur, dem König.« – »Dem König?« (Der Erzbischof setzt sich zurück und macht ein wenig Platz.) »Der König hat Ihnen also jüngst eine Gunst erwiesen?« – »Nein, Monseigneur, es ist eine lange Geschichte.« – »Erzählen Sie ruhig.« – »Vor zwei Jahren also habe ich meine Tochter mit einem nicht sehr vermögenden Mann verheiratet (der Erzbischof nimmt wieder ein wenig von dem Platz ein, den er abgetreten hatte), der aber einen großen Namen hat (der Erzbischof tritt den Platz wieder ab).« Der Herzog fährt fort: »Seine Majestät geruhte sich für diese Heirat zu interessieren (der Erzbischof macht viel Platz) und hatte sogar meinem Schwiegersohn den ersten frei werdenden Regierungsposten versprochen.« – »Wie? Einen kleinen Regierungsposten sicherlich. Welcher Stadt?« – »Es handelt sich nicht um eine Stadt, Monseigneur, sondern um eine Provinz.« – »Um eine Provinz?« ruft der Erzbischof und weicht zurück in einen Winkel seines Wagens, »um eine Provinz!« – »Ja, denn es wird demnächst ein Posten frei.« – »Welcher denn?« – »Der meine, der von Berry, den ich meinem Schwiegersohn zukommen lassen werde.« – »Wie, Monsieur…, Sie sind der Gouverneur von ***? Sie sind also der Herzog von ***? (und er will aussteigen aus seinem Wagen). »Aber, Herr Herzog, warum sprechen Sie nicht darüber? Aber das ist unglaublich! In welch eine Lage bringen Sie mich! Verzeihen Sie, daß ich Sie warten ließ... Dieser Lump von Lakai, der mir nicht sagt ... Ich bin sehr glücklich, aufs Wort geglaubt zu haben, daß Sie Edelmann seien, so viele Leute nennen sich so, ohne es zu sein! Und dieser d'Hozier ist ein Schurke. Ah! Herr Herzog, ich bin verwirrt.« — »Beruhigen Sie sich, Monseigneur. Verzeihen Sie Ihrem Lakai, der sich damit zufrieden gab, Ihnen zu sagen, daß ich ein anständiger Mensch sei, verzeihen Sie d'Hozier, der Sie in Gefahr brachte, in Ihrem Wagen einen Militär ohne Rang aufzunehmen, und verzeihen Sie auch mir selber, daß ich nicht gleich Beweise beibrachte, um in Ihre Kutsche einsteigen zu dürfen.«

Ludwig XIV. wollte ein Bild des Herzogs von Burgund nach Spanien schicken. Er bestellte es bei Coypel, und da er ein Exemplar für sich zurückbehalten wollte, beauftragte er den Künstler, eine Kopie davon machen zu lassen. Die beiden Bilder wurden nebeneinander in der Galerie aufgestellt: es war unmöglich, das Original zu erkennen. Ludwig XIV., der voraussah, daß er in eine Verlegenheit kommen könnte, nahm den Maler beiseite und sagte ihm: »Es ist nicht passend, daß ich mich bei dieser Gelegenheit täusche, sagen Sie mir, auf welcher Seite das Original hängt.« Coypel zeigte es ihm, und Ludwig XIV. trat vor die Bilder und sagte: »Kopie und Original sind einander so ähnlich, daß man sie verwechseln könnte, aber bei etwas Aufmerksamkeit sieht man doch, daß dieses das Original ist.«

In Peru durften die Adligen nicht studieren. Die unsrigen denken anders.

Herr *** sagte von einem Dummkopf, den er nicht in seiner Gewalt hat: »Das ist ein Krug ohne Henkel.«

Heinrich IV. war ein großer König, Ludwig XIV. war König eines schönen Reiches. Dieses Wort von Voisenon geht über den Horizont des Durchschnitts.

Als der verstorbene Prinz von Conti von Ludwig XV. heruntergemacht worden war, erzählte er die peinliche Szene seinem Freund, dem Lord Tyrconnel, den er um Rat bat. Dieser sagte ihm nach einigem Nachdenken naiv: »Monseigneur, es wäre nicht unmöglich für Sie, sich zu rächen, wenn Sie Geld hätten und angesehen wären.«

Der König von Preußen, der immerhin seine Zeit genutzt hat, sagt, daß es vielleicht keinen Menschen gäbe, der nur die Hälfte dessen getan hat, was er hätte tun können.

Nach ihrer herrlichen Entdeckung des Luftballons bewarben sich die Herren Montgolfier in Paris um einen Tabakladen für einen ihrer Verwandten; durch verschiedene Personen wurden ihrem Gesuch tausend Schwierigkeiten in den Weg gelegt, unter anderen von Herrn von Colonia, von dem der Erfolg der ganzen Sache abhing. Graf von Antraigues, Freund der Montgolfiers, sagte zu Herrn von Colonia: »Mein Herr, wenn Sie nicht erreichen, was Sie erbitten, werde ich bekanntmachen, wie man in England mit Ihnen umgegangen ist und wie man Sie durch Ihre Schuld jetzt in Frankreich behandelt.« – »Und was geschah in England?« – »Folgendes, hören Sie zu: Herr Étienne Montgolfier kam das letzte Jahr nach England. Er wurde dem König vorgestellt, der ihm einen großen Empfang gab und ihn einlud, eine Gunst zu erbitten. Herr Montgolfier antwortete dem Lord Sidney, daß er als Ausländer nicht wisse, was er verlangen könne. Der Lord drang in ihn, doch irgendeine Bitte auszusprechen. Da erinnerte sich Herr Montgolfier, daß er in Quebec einen Bruder hatte, der Priester war und in Armut lebte, und er sagte, er wünsche sich sehr, daß man diesem eine kleine Vergünstigung von 50 Guineen zukommen lasse. Der Lord versicherte, daß diese Bitte weder der Brüder Montgolfier noch des Königs noch des Ministers würdig sei. Kurze Zeit darauf wurde das Bistum von Quebec frei. Lord Sydney erbat es vom König, der es ihm gewährte und dem Herzog von Gloucester befahl, von dem Gesuch für einen anderen abzusehen. Nicht ohne Mühe erreichten die Brüder Montgolfier, daß die Güte des Königs nicht geringere Wirkung hatte ... Es ist ein weiter Weg von da bis zu dem Tabakladen, den man in Frankreich verweigert hat.

Man sprach von dem Streit um den Vorrang, den man bei Inschriften der lateinischen oder französischen Sprache geben sollte. »Wie kann es da einen Streit geben?« sagte Herr B. »Sie haben recht«, sagte Herr T. – »Zweifellos«, begann Herr B. wieder, »gilt doch die lateinische Sprache, nicht wahr?« – »Keineswegs«, sagte Herr T., »es gilt die französische.«

»Wie finden Sie Herrn von ***?« – »Ich finde ihn sehr liebenswürdig, liebe ihn aber nicht.« Der Ton, mit dem das letzte

Wort gesagt wurde, kennzeichnet sehr gut den Unterschied zwischen einem liebenswürdigen Menschen und einem, der würdig ist, geliebt zu werden.

»Der Augenblick, in dem ich der Liebe entsagt habe«, sagte Herr ***, »war folgender: als die Frauen anfingen zu sagen: Herr *** liebe ich sehr, ich liebe ihn von ganzem Herzen. Früher«, fügte er hinzu, »als ich jung war, sagten sie: Herrn *** schätze ich außerordentlich, das ist ein sehr ehrenwerter junger Mann.«

»Ich hasse den Despotismus so sehr«, sagte Herr ***, »daß ich das Wort ›Verordnung‹ des Arztes nicht ausstehen kann.«

Ein Kranker war von den Ärzten aufgegeben worden; man fragte Herrn Tronchin, ob man ihm die letzte Ölung geben solle. »Das Zeug ist sehr klebrig«, sagte er.

Wenn der Abbé de Saint-Pierre etwas billigte, sagte er: »Das ist gut für mich, zumindest in diesem Augenblick.« Nichts schildert besser die Mannigfaltigkeit der menschlichen Urteile und die Wandelbarkeit jedes Menschen.

Ehe Fräulein Clairon beim Théâtre Français die historisch getreuen Kostüme einführte, hatte man für die Tragödie immer nur ein und dasselbe Kostüm, welches man das »römische« nannte und in dem man griechische, amerikanische, spanische Stücke usw. spielte. Lekain unterwarf sich zuerst der Neuerung und ließ sich ein griechisches Kostüm für den ›Orest‹ in der ›Andromaque‹ anfertigen. Dauberval kam in das Ankleidezimmer Lekains im Augenblick, als der Theaterschneider gerade das Orestkostüm brachte. Die Neuerung fiel Dauberval auf, und er fragte, was das sei. »Das ist ein griechisches Kostüm«, sagte Lekain. »Ah, wie schön«, erwiderte Dauberval, »wenn ich wieder ein römisches Kostüm brauche, lasse ich es mir griechisch machen.«

Herr *** sagte mir, daß es diese oder jene Prinzipien für diesen oder jenen festen und energischen Charakter gäbe, die aber keinen Wert hätten für Charaktere niederen Ranges. Es sind die Waffen Achills, die nur ihm passen und unter denen selbst Patroklus erdrückt wird.

Nach den planmäßig begangenen Verbrechen und Übeltaten muß man die negative Wirkung guter Absichten stellen, die guten Taten, die der Öffentlichkeit schädlich sind wie die Wohltat, die man Bösewichten erweist, die Dummheiten der Gutmütigkeit, den Mißbrauch der falsch angewandten Philosophie, die Ungeschicklichkeit bei Unterstützung der Freunde, falsche Verwendung nützlicher und sittlicher Maximen usw.

Die Natur häufte endlose Leiden auf uns und gab uns gleichzeitig einen unüberwindlichen Willen zum Leben. Sie scheint es mit den Menschen gemacht zu haben wie mit einem Brandstifter, der unser Haus ansteckt, nachdem er eine Wache vor die Tür gestellt hat. Die Gefahr muß sehr groß geworden sein, wenn wir den Sprung zum Fenster hinaus wagen.

Wenn Minister zufällig Geist haben, sprechen sie mitunter von der Zeit, wo sie nicht mehr Minister sein werden. Gewöhnlich läßt man sich von ihnen zum Narren halten und denkt, sie glaubten wirklich, was sie sagen. Aber es ist nur ein schlauer Zug von ihnen. Sie sind wie Kranke, die oft vom Tode sprechen und doch nicht an ihn glauben, was man wieder aus den Worten erkennen kann, die ihnen entschlüpfen.

Ein Kupferstichhändler verkaufte (am 25. Juni) ein Porträt der Frau La Motte (gestäupt und gebrandmarkt am 21.) und gab als Grund an, daß der Stich vorher gedruckt war.

Man sagte zu Delon, einem mesmeristischen Arzt[28]: »Nun ist also Herr von B. gestorben, obwohl Sie versprochen hatten, ihn zu heilen.« – »Sie waren«, erwiderte er, »nicht anwesend, Sie haben die Fortschritte der Heilung nicht verfolgt; er starb geheilt.«

Man sagte von Herrn ***, der sich traurige Schimären schuf und alles schwarz sah: »Er baut nicht Luftschlösser, sondern Luftgefängnisse.«

Abbé Dangeau, Mitglied der Akademie, war ein großer Purist. Er arbeitete an einer Grammatik und sprach von nichts anderm. Eines Tages klagte man bei ihm über den letzten unglücklichen Feldzug (es war in den letzten Lebensjahren Ludwigs XIV.). »Trotz alledem«, sagte er, »habe ich in meiner Schatulle zweitausend richtig konjugierte französische Verben.«

Ein Zeitungsschreiber setzte in seine Zeitung: »Die einen sagen, der Kardinal Mazarin sei tot, die andern, er sei am Leben; ich glaube weder das eine noch das andere.«

Massillon war sehr galant. Er verliebte sich in Frau von Simiane, Enkelin der Frau von Sévigné. Diese Dame schätzte sehr den gepflegten Stil, deshalb hat Massillon so viel Sorgfalt auf die Abfassung seiner ›Synodes‹, eins seiner besten Werke, verwandt. Er wohnte im Oratoire und sollte um neun Uhr zurück sein; Frau von Simiane speiste aus Entgegenkommen für ihn um sieben Uhr. In einem dieser Tête-à-tête verfaßte er ein sehr hübsches Chanson, und an die Hälfte eines Couplets daraus erinnere ich mich noch:

> . . . .
> Aimons-nous tendrement, Elvire:
> Ceci n'est qu'une chanson
> Pour qui voudrait en médire;
> Mais, pour nous, c'est tout de bon.

Der alte D'Arnoncour hatte mit einer Dirne einen Vertrag über 1200 Livres Rente geschlossen, der gültig sein sollte, solange sie ihn liebte. Unbesonnenerweise trennte sie sich von ihm und schloß Freundschaft mit einem jungen Mann, der, nachdem er den Vertrag gesehen hatte, sich in den Kopf setzte, ihn wieder zum Leben zu erwecken. Folglich verlangte sie den seit der letzten Zahlung fälligen vierteljährlichen Anteil, indem sie d'Arnoncour, verbrieft und versiegelt, zu verstehen gab, daß sie ihn immer noch liebe.

Man fragte Frau von Rochefort, ob sie Lust hätte, die Zukunft im voraus zu wissen. »Nein«, sagte sie, »sie ist der Vergangenheit allzu ähnlich.«

Frau *** sagte, als sie einen Salon leitete, von L.: »Ich schätze ihn nicht sehr; er kommt nicht zu mir.«

Man drang in den Abbé Vatri, sich um eine offene Stelle am Collège Royal zu bemühen. »Wir werden sehen«, sagte er und bewarb sich nicht. Die Stelle wurde einem andern gegeben. Ein Freund des Abbé läuft sofort zu ihm: »Nun, da haben wir Sie wieder einmal! Sie haben sich nicht beworben, und nun ist die Stelle vergeben.« – »Vergeben!« antwortete der Abbé,

»jetzt will ich mein Gesuch einreichen.« – »Sind Sie verrückt?« – »Wahrhaftig nein! Früher hatte ich hundert Konkurrenten, jetzt habe ich nur einen.« Er bewarb sich um die Stelle und bekam sie.

Der Abbé von Fleury war verliebt in die Marschallin von Noailles, wurde aber von ihr sehr geringschätzig behandelt. Als er Premierminister geworden war, war sie auf seine Hilfe angewiesen; da erinnerte er sie an ihre Sprödigkeit. »Oh, Monseigneur«, sagte sie naiv, »wer hätte das damals voraussehen können!«

Der Herzog von Chabot hatte eine Allegorie der Fama auf seine Kutsche malen lassen, für die man die folgenden Verse verwendete:
>Schlief deine weise Vorsicht ein,
>Daß du so glänzend einquartierest
>Und so munifizent traktierest
>Den Gast, der heimlich schlich hinein?[29]

Ein Landarzt ging zum Krankenbesuch in ein benachbartes Dorf. Er nahm ein Gewehr mit, um sich unterwegs an der Jagd zu erfreuen und die Langeweile zu vertreiben. Ein Bauer begegnet ihm und fragt, wo er hingehe. »Zu einem Kranken.« – »Fürchten Sie sich, ihn nicht zu treffen?«

Ein Mädchen sagte bei der Beichte: »Ich klage mich an, einen jungen Mann sehr geschätzt zu haben.« – »Geschätzt?« fragte der Pfarrer. »Wieviel mal?«

Eine Frau plauderte mit Herrn von M. und sagte ihm: »Lassen Sie nur, Sie können nichts als Albernheiten sagen.« »Madame«, erwiderte er, »ich höre manchmal welche, und Sie ertappen mich auf frischer Tat.«

Zu jemandem, dessen Ende nahe war, kam ein Beichtvater und sagte: »Ich ermahne Sie zu sterben.« – »Und ich«, antwortete der andere, »ermahne Sie, mich sterben zu lassen.«

Man sprach mit dem Abbé Terrasson über eine bestimmte Ausgabe der Bibel, die man sehr rühmte. »Ja«, erwiderte er, »das Ärgernis des Textes ist hier in seiner ganzen Reinheit erhalten.«

»Sie gähnen«, sagte eine Frau zu ihrem Mann. »Meine Liebe«, erwiderte er ihr, »Mann und Frau sind nur eins, und wenn ich allein bin, langweile ich mich.«

Fräulein d'Entragues, verletzt durch die Art, in der Bassompierre es ablehnte, sie zu heiraten, sagte: »Sie sind der dümmste Mensch am Hofe.« – »Sie merken wohl das Gegenteil«, erwiderte er.

Behaglich in seinem Fauteuil sitzend und gähnend, sagte Maupertuis einmal: »In diesem Augenblick würde ich gern ein schönes, nicht zu schweres Problem lösen.« Dieses Wort charakterisiert ihn völlig.

Der König ernannte Herrn von Navailles zum Hofmeister des Herzogs von Chartres, der nachher Regent wurde; Herr von Navailles starb nach acht Tagen. Der König ernannte Herrn von Estrades zu seinem Nachfolger; er starb gleichfalls nach so kurzer Zeit. Darauf sagte Benserade: »Für den Herzog von Chartres kann man keinen Hofmeister erziehen.«

Diderot bemerkte, daß ein Mensch, an dem er einiges Interesse hatte, ihn und andere bestahl. Er riet ihm daher zu einer Reise ins Ausland. Der Mann befolgte den Rat, und Diderot hörte zehn Jahre nichts mehr von ihm. Da wird eines Tages heftig bei ihm geläutet. Diderot öffnet selbst die Tür, erkennt seinen Mann und ruft erstaunt: »Wie? Sie sind's!« – »Ja«, sagt der andere, »viel hat nicht gefehlt.« Er hatte irrtümlich angenommen, daß Diderot sich wunderte, daß er nicht gehängt worden war.

Herr von ***, der ganz der Spielleidenschaft verfallen war, verlor mit einem Wurf das Einkommen eines Jahres; das waren 1000 Taler. Er ließ Herrn *** darum bitten, seinen Freund, der seine Leidenschaft kannte und ihn davon heilen wollte. Er sandte ihm folgenden Wechsel: »Ich bitte Herrn ***, Bankier, Herrn von ***, zu geben, was er begehrt, bis zur Höhe meines Vermögens.« Diese fürchterliche und edle Lehre verfehlte ihre Wirkung nicht.

Man lobte gegenüber dem König von Preußen Ludwig XIV. Dieser bestritt alle seine Tugenden und Talente. »Eure Majestät wird doch zugeben, daß er einen guten König abgab.« – »Keinen so guten wie Baron«, sagte der König von Preußen verdrießlich.

Eine Dame wohnte einer Vorstellung der ›Mérope‹ bei, ohne zu weinen. Man war erstaunt. »Ich würde schon weinen«, sagte sie, »aber ich muß nachher noch zu einem Souper.«

Als ein Papst sich mit einem Fremden über alle Wunder Italiens unterhielt, sagte dieser unbeholfen: »Ich habe alles gesehen, außer einem Konklave, das ich gern sehen würde.«

Heinrich IV. wollte einmal durchaus, daß ein spanischer Gesandter den Charakter seiner drei Minister, Villerois, des Präsidenten Jeannin und Sullys, kennenlernen sollte. Er ließ erst Villeroi rufen und sagte zu ihm: »Sehen Sie diesen Balken dort, der uns totschlagen kann?« – »Sehr wohl«, antwortete Villeroi, ohne den Kopf zu heben, »ich werde sofort dafür sorgen, daß man ausbessert.« Dann ließ der König den Präsidenten Jeannin holen. »Man muß sich erst davon überzeugen,« sagte dieser. Man läßt Sully kommen. Er betrachtet den Balken und ruft: »Sire, was denken Sie? Dieser Balken wird länger halten als Sie und ich.«

Der Abbé de Canaye meinte, daß Ludwig XIV. Cahusac eine Pension hätte geben sollen. »Und warum?« – »Cahusac hindert ihn, der am meisten verachtete Mann seines Königreichs zu sein.«

Die englischen Börsenberichte reagierten auf folgende Art auf eine Finanzoperation des Abbé Terray: »Der König hat soeben die Pachtaktien auf die Hälfte reduziert. Die übrigen zum nächsten Termin.«

Ich hörte einen Frommen, der sich gegen Leute wandte, die Glaubensartikel diskutierten, naiv sagen: »Meine Herren, ein wahrer Christ prüft nicht, was man ihm zu glauben befiehlt. Seht, damit verhält es sich wie mit einer bitteren Pille: Kaut man sie, so kann man sie niemals schlucken.«

Der Regent sagte zu Frau von Parabère, einer Frommen, die, um ihm zu gefallen, einige nicht sehr christliche Reden führte: »Du magst dich noch so anstrengen, du wirst erlöst werden.«

Ein Kanzelredner erzählte: »Als der Pater Bourdaloue in Rouen predigte, richtete er große Verwirrung an: Die Handwerker liefen aus ihren Werkstätten, die Ärzte von ihren Kranken, usw. Ich predigte das Jahr darauf und brachte alles wieder in Ordnung.«

Bachelier hatte ein schlechtes Porträt Jesus' gemalt; einer seiner Freunde sagte ihm: »Dieses Porträt taugt gar nichts, ich finde das Gesicht platt und banal.« – »Was Sie nicht sagen«, antwortete Bachelier naiv, »D'Alembert und Diderot, die eben weggegangen sind, haben es sehr ähnlich gefunden.«

Wenn Herr von B. von einer sehr bösen oder verbrecherischen Tat las, sah oder hörte, rief er aus: »Oh, wie gern wollte ich, es hätte mich einen Taler gekostet, und es gäbe einen Gott.«

Herr von Saint-Germain erbat von Herrn von Malesherbes einige Weisungen, wie er sich verhalten, welche Angelegenheiten er dem Rat vorlegen sollte. »Treffen Sie in den wichtigen selber die Entscheidung und bringen Sie die anderen vor den Rat.«

Marivaux meinte, daß auch der Stil geschlechtlich differenziert sei und daß man die Frauen an einem Satz erkennen könnte.

Einem König von Sardinien war erzählt worden, der Adel Savoyens sei sehr arm. Eines Tages, als der König dort durch irgendeine Stadt kam, erschienen ein paar Edelleute, die davon erfahren hatten, in prächtiger Galatracht, um ihm zu huldigen. Der König gab ihnen zu verstehen, sie seien wohl nicht ganz so arm, wie man sich erzählte. »Sire«, erwiderten sie, »als wir von Ihrer Ankunft hörten, taten wir, was wir schuldig sind, aber wir sind auch alles schuldig geblieben.«

Der Domherr Recupero, ein berühmter Naturwissenschaftler, hatte eine gelehrte Abhandlung über den Berg Ätna veröffentlicht, in der er auf Grund des Zeitpunktes der Eruptionen und der Art der Lava bewies, daß die Erde mindestens vierzehn Millionen Jahre alt sein müsse. Da gebot ihm der Hof Schweigen; auch die Arche Noah hätte ihre Eruptionen gehabt. Er ließ es sich gesagt sein. Und er selber hat diese Anekdote dem Chevalier von La Tremblaye erzählt.

Man verurteilte gleichzeitig das Buch ›Über den Geist‹ und das Gedicht ›Die Jungfrau.‹ Beide wurden in der Schweiz verboten. Eine Berner Behörde schrieb nach einer umfangreichen Fahndung nach beiden Werken dem Senat: »Wir haben im ganzen Kanton weder ›Geist‹ noch ›Jungfrau‹ gefunden.«[30]

Gut nenne ich einen Menschen, dem die Erzählung einer guten Tat das Blut belebt, schlecht den, der sich bemüht, noch an der guten Tat zu nörgeln. Das ist ein Ausspruch von Herrn von Mairan.

Die Gabrielli, eine berühmte Sängerin, verlangte von der Kaiserin 5000 Dukaten für zwei Monate, die sie in Petersburg singen sollte. »So bezahle ich keinen meiner Feldmarschälle«, antwortete die Kaiserin. »Dann brauchen«, antwortete die Gabrielli, »Eure Majestät ja nur die Feldmarschälle singen zu lassen.« Die Kaiserin zahlte die 5000 Dukaten.

Frau von D. sagte von Herrn ***, daß er hofierte, um Mißfallen zu erregen.

»Ich kann mir selbst genug sein«, sagte Herr ***, »aber notfalls kann ich auch ohne mich auskommen.« Er wollte damit sagen, daß er mit Gleichmut sterben könne.

»Ich spiele Schach für 24 Sous in einem Salon, wo der Passe-dix 10 Louis kostet«, sagte ein General, der in einem schwierigen und undankbaren Krieg verwendet wurde, während andere leichte und glänzende Feldzüge unternahmen.

»Die Atheisten sind eine bessere Gesellschaft für mich«, sagte Herr D., »als die, welche an Gott glauben. Beim Anblick eines Atheisten fallen mir alle halben Gottesbeweise ein, und beim Anblick eines Gläubigen, sind mir die große Zahl der halben Gegenbeweise präsent.«

Herr *** sagte: »Man hat mir Häßliches von Herrn von *** erzählt. Das hätte ich noch vor sechs Monaten geglaubt, aber inzwischen haben wir uns versöhnt.«

Als sich bei einer Sitzung einmal einige Räte zu laut unterhielten, sagte der erste Vorsitzende, Herr von Harlay: »Wenn die

Herren, die sich unterhalten, nicht mehr Lärm machen als die Herren, welche schlafen, so wäre das den Herren, die der Verhandlung folgen, sehr angenehm.«

Colbert sagte aus Anlaß des Fleißes der Nation, daß der Franzose die Felsen in Gold verwandeln würde, wenn man ihn gewähren ließe.

Ein Advokat namens Marchand, ein geistvoller Mann, bemerkte: »Sieht man hinter die Kulissen von Verwaltung, Justiz und Küche, so ist man dem Überdruß an allem bedenklich nahe.«

»Eine Idee, die sich kurz nacheinander zweimal in einem Werk zeigt«, sagte Herr ***, »wirkt auf mich wie die Leute, die, nachdem sie sich verabschiedet haben, wieder umkehren, um ihren Degen oder Hut zu holen.«

Fräulein Duthé hatte einen ihrer Liebhaber verloren, und dieses Ereignis hatte Aufsehen gemacht. Ein Herr, der sie daraufhin besuchte, fand sie beim Harfenspiel und äußerte überrascht: »Wie? Ich war darauf gefaßt, Sie in Verzweiflung zu finden.« – »Oh«, sagte sie pathetisch, »Sie hätten mich gestern sehen sollen.«

Die Marquise von Saint-Pierre war in einer Gesellschaft, wo man von Herrn von Richelieu sagte, daß er viele Frauen gehabt habe, ohne jemals eine geliebt zu haben. »Ohne zu lieben«, rief die Marquise von Saint-Pierre, »das ist sehr leicht gesagt. Aber ich kenne einen Fall, wo er einen Weg von dreihundert Meilen zurücklegte, um eine Frau zu sehen.« Bis hierher erzählt sie die Geschichte in der dritten Person, nun, mitgerissen von ihrer Erzählung, fuhr sie fort: »Er trägt sie auf das Bett mit ungeheurer Leidenschaft, und wir blieben drei Tage liegen.«

Man stellte Herrn *** eine schwierige Frage; er antwortete: »Es ist merkwürdig, ich weiß diese Dinge ganz genau, wenn man mit mir davon spricht, und ich vergesse sie sofort, wenn man mich danach fragt.«

Der Marquis von Choiseul-La-Baume, Neffe des Bischofs von Châlons, eines frommen, großen Jansenisten, wurde, als er noch sehr jung war, einmal plötzlich sehr traurig. Sein Onkel, der Bischof, fragte ihn nach dem Grund. Er sagte ihm, daß er eine Cafetière gesehen habe, die er sehr gern haben wollte, daß er aber die Hoffnung aufgegeben. »Sie ist also sehr teuer?« – »Ja, mein Onkel, 25 Louis.« Der Onkel gab sie ihm unter der Bedingung, daß er die Cafetière sehen könnte. Einige Tage später erkundigte er sich danach bei seinem Neffen. »Ich habe sie, mein Onkel, und der morgige Tag wird nicht vergehen, ohne daß Sie sie sehen.« Er zeigte sie ihm in der Tat, als sie das Hochamt verließen. Es war keine Kaffekanne, sondern eine hübsche Cafetière, die seither unter dem Namen Frau von Bussi bekannt ist. Man versteht den Zorn des alten jansenistischen Bischofs.

Voltaire sagte von dem Dichter Roy, der oft gerichtlich belangt worden war und der Saint-Lazare verließ: »Das ist ein geistreicher Mann, aber kein Schriftsteller, der einen gefeilten Stil hat.«

Der Marquis de Villette nannte den Bankrott von Herrn von Guémenée den durchlauchtigsten Bankrott.

Luxembourg, der Ausrufer, der beim Verlassen des Schauspielhauses die Herrschaften und die Wagen ausrief, sagte, als das Theater nach dem Karussellplatz verlegt wurde: »Die Komödie wird hier nichts taugen, hier gibt es kein Echo.«

»Ich sehe niemals die Stücke von *** spielen und das spärliche Publikum, ohne mich an das Wort eines Platzmajors zu erinnern, der das Exerzieren für eine bestimmte Stunde angesetzt hatte. Er kommt an und sieht nur eine Trompete. ›Sprechen Sie doch, meine Herren, woher kommt das – sind Sie nur einer?‹«

Man fragte einen Mann, der bekannte, daß er die Frauen sehr schätze, ob er viele besessen habe. »Nicht so viele, als wenn ich sie verachtete«, erwiderte er.

Man gab einem geistreichen Mann zu verstehen, daß er den Hof nicht kenne. Er erwiderte: »Man kann ein sehr guter Geograph sein, ohne sein Haus verlassen zu haben.« D'Anville kam niemals über sein Zimmer hinaus.

In einem Disput über das Vorurteil hinsichtlich ehrenrühriger Strafen, die die Familie des Schuldigen entehren, sagte Herr***: »Es ist gerade genug, Ehren und Belohnungen dort zu sehen, wo keine Tugend herrscht, als daß man noch Strafen dort sehen müßte, wo kein Vergehen vorliegt.«

Mylord Tirawley sagte, daß, wenn einem Spanier genommen wird, was gut an ihm ist, ein Portugiese übrigbleibt. Er sagte das, als er Botschafter in Portugal war.

Herr von L. sagte der seit einiger Zeit verwitweten Frau von ***, um sie von Heiratsgedanken abzubringen: »Sehen Sie, es ist doch schön, den Namen eines Mannes zu tragen, der keine Dummheiten mehr machen kann.«

Der Vicomte von S. trat eines Tages auf Herrn von Vaines zu und sagte ihm: »Ist es wahr, mein Herr, daß Sie einmal in einem Hause, wo man die Güte hatte, mich geistreich zu finden, das Gegenteil behauptet haben?« Herr von Vaines antwortete: »Mein Herr, an der ganzen Geschichte ist kein wahres Wort. Ich war nie in einem Haus, wo man Sie geistreich fand, und ich habe niemals gesagt, daß Sie nicht geistreich wären.«

Herr *** sagte mir, daß ihm diejenigen, die sich schriftlich auf lange Rechtfertigungen einlassen, den Hunden ähnlich zu sein scheinen, die einer Postkutsche kläffend nachlaufen.

In jedes Lebensalter tritt der Mensch als Novize ein.

Herr *** sagte zu einem jungen Mann, der nicht bemerkte, daß er von einer Frau geliebt wurde: »Sie sind noch sehr jung, Sie verstehen sich nur auf das Lesen der großen Buchstaben.«

»Warum nur«, fragte das zwölfjährige Fräulein von ***, »warum nur die Wendung: ›Sterben lernen‹? Ich finde, man trifft es schon sehr gut beim ersten Mal.«

Man sagte Herrn ***, der nicht mehr jung war: »Sie sind nicht mehr imstande zu lieben.« – »Ich wage es nicht mehr«, antwortete er, »aber ich sage mir oft, wenn ich eine hübsche Frau sehe: ›Wie sehr würde ich sie lieben, wenn ich liebenswürdiger wäre!‹«

»Ich erweise Achtung, soviel ich kann«, sagte Herr ***, »und doch im Grunde wenig, ich weiß nicht, wie das zugeht.«

Zur Zeit, als Mirabeaus Buch über den Börsenwucher erschien, in dem Herrn von Calonne sehr übel mitgespielt wird, sagte man dennoch wegen einer Stelle gegen Necker, daß alles Schlechte, das man ihm sagte, nur bezweckte, das geheime Einverständnis zu maskieren. Worauf Herr *** meinte, das sei allzusehr der Geschichte von dem Regenten, der beim Maskenball zum Abbé Dubois gesagt hatte, ähnlich: »Sei ungezwungen mit mir im Umgang, damit man nicht argwöhnisch wird«, worauf der Abbé ihm einige Tritte in den ... gab, und der Regent, die Hand auf seinen Hintern legend, ihm sagte: »Abbé, du maskierst mich zu gut.«

»Ich mag«, sagte Herr von ***, »die unfehlbaren Frauen gar nicht, die über alle Schwächen erhaben sind. Ich meine auf ihrer Türe den Vers Dantes zu lesen:
    Lasciate ogni speranza, voi ch' entrate
Das ist der Spruch der Verdammten.«

Ein Mann von mittelmäßigem Vermögen nahm es auf sich, einem Unglücklichen zu helfen, der ohne Erfolg der Fürsorge eines großen Herrn und eines Generalpächters empfohlen worden war. Mit Details, die deren Schuld nur noch größer erscheinen ließen, habe ich diese beiden Umstände erfahren. Er antwortete nur gelassen: »Wie sollte denn die Welt weiterbestehen, wenn die Armen es nicht auf sich nähmen, das Gute zu tun, das zu tun die Reichen unterlassen, oder das Unheil, das sie anrichten, wiedergutzumachen?«

Man riet einem jungen Mann, der in eine Frau von vierzig Jahren heftig verliebt gewesen war, seine Briefe zurückzuverlangen. »Sie hat sie wahrscheinlich gar nicht mehr«, sagte er. »Doch«, antwortete einer, »mit dreißig Jahren fangen die Frauen an, die Liebesbriefe aufzuheben.«

Herr *** sagte einmal über die Zurückgezogenheit und ihren günstigen Einfluß auf die Steigerung der Geisteskräfte: »Wehe dem Dichter, der sich täglich die Locken drehen läßt. Um gute Arbeit zu leisten, muß man mitunter seine Nachtmütze aufhaben und sich mit der Hand durch die Haare fahren können.«

Die Großen verkaufen immer ihre Gesellschaft an die Eitelkeit der Kleinen.

Es gibt in Frankreich keinen größeren Gegenstand der Außenpolitik als die vollkommene Kenntnis all dessen, was mit Indien zusammenhängt. Diesem Thema hat Brissot de Warville ganze Jahre gewidmet, und ich habe ihn sagen hören, daß just Herr von Vergennes ihm die meisten Hindernisse in den Weg gelegt hat, um ihn von diesem Studium abzulenken.

Wie merkwürdig die Geschichte von Port-Royal, die Racine verfaßt hat. Es ist komisch zu sehen, wie der Verfasser der ›Phèdre‹ von den großen Plänen Gottes mit der Mutter Agnès spricht.

Als d'Arnaud zu dem Grafen von Friesen kam, traf er ihn bei der Toilette, und seine Schultern waren bedeckt mit seinen schönen Haaren. »Ah, mein Herr«, sagte er, »das sind wirklich geniale Haare.« – »Finden Sie?« sagte der Graf. »Wenn Sie wollen, so lasse ich sie mir abschneiden, um Ihnen eine Perücke daraus zu machen.«

Man sagte zu J.-J. Rousseau, der mehrere Schachpartien gegen den Prinzen von Conti gewonnen hatte, daß er ihm nicht den Hof gemacht und ihn einige gewinnen lassen müßte. »Wieso?«, sagte er, »ich gebe ihm doch den Turm vor.«

Herr *** sagte mir, daß Frau von C., die fromm zu sein versucht, es nie so weit bringen würde, denn außer der Einfalt des Glaubens bedürfte man für sein Seelenheil eines Kerns gewöhnlicher Dummheit, die ihr nur allzuoft abgehen würde. »Und das ist der Kern«, fügte er hinzu, »den man die Gnade nennt.«

Als Frau von Talmont merkte, wie Herr von Richelieu anstatt sich ihr zu widmen, Frau von Brionne, einer sehr schönen Frau, die aber nicht als geistreich galt, den Hof machte, sagte sie zu ihm: »Herr Marschall, Sie sind nicht blind, aber, scheint mir, ein wenig taub.«

Feinheit und Maß sind vielleicht die Eigenschaften, auf die man am häufigsten in der Gesellschaft trifft. Sie lassen einen Worte sagen, die mehr wert sind als Geistesblitze. Man lobte in einer

Gesellschaft die Dienste von Herrn Necker. Jemand, der ihn offenbar nicht leiden konnte, fragte: »Mein Herr, wie lange ist er nach dem Tode von Herrn von Pezay im Amt geblieben?« Dieses Wort, das daran erinnerte, daß Herr Necker das Werk des letzteren war, ließ alle Begeisterung augenblicklich erkalten.

Der Abbé de La Ville wollte Herrn von ***, einem bescheidenen und ehrbaren Mann, der kein Vertrauen in seine Fähigkeiten setzte und sich allen Anregungen sperrte, veranlassen, in die politische Laufbahn einzutreten. »Ach, mein Herr«, sagte ihm der Abbé, »lesen Sie doch den ›Königlichen Almanach‹.«

Es gibt eine italienische Farce, in der Harlekin in bezug auf die Verkehrtheiten der Geschlechter sagt, wir wären alle vollkommen, wenn wir weder Männer noch Frauen wären.

Als Sixtus V. Papst war, schickte er einen Jakobiner von Mailand nach Rom und schalt ihn als schlechten Verwalter seines Hauses. Er erinnerte ihn an die Geldsumme, die er vor fünfzehn Jahren einem Franziskaner geliehen hätte. Der Schuldige erwiderte: »Das ist wahr, das war ein Taugenichts, der mich betrogen hat.« – »Ich«, sagte der Papst, »bin dieser Taugenichts, da ist Ihr Geld, aber werden Sie nicht wieder rückfällig und leihen Sie nie Leuten dieser Art.«

Der König Jakob, der in Saint-Germain in Zurückgezogenheit von der Freigebigkeit Ludwigs XIV. lebte, kam nach Paris, um Skrofeln zu heilen, die er nur als König von Frankreich berührte.

Der Kanzler d'Aguesseau gab niemals die Erlaubnis zum Druck eines neuen Romans und erteilte auch seine stillschweigende Zustimmung nur unter bestimmten Bedingungen. So durfte der Abbé Prévost die ersten Bände von ›Cleveland‹ nur unter der Bedingung drucken, daß Cleveland im letzten Band katholisch würde.

Von der Prinzessin von *** sagte Herr von ***: »Diese Frau muß man unbedingt betrügen, sie gehört nicht zu denen, die man wieder verläßt.«

Königin Christine von Schweden hatte den bekannten Naudé, der ein sehr gelehrtes Buch über die Tanzkunst der Griechen verfaßt hatte, und Meibomius, einen deutschen Gelehrten, der die sieben griechischen Musikschriftsteller gesammelt und übersetzt hatte, an ihren Hof gerufen. Ihr Leibarzt Bourdelot, eine Art Günstling und Spaßmacher von Beruf, brachte die Königin auf den Einfall, sie solle einem der Gelehrten befehlen, eine antike Melodie zu singen, und dem anderen, danach zu tanzen. Es gelang, und diese Posse gab die beiden Gelehrten, die darin mitgewirkt hatten, der Lächerlichkeit preis. Naudé nahm den Scherz geduldig hin, aber der Gelehrte auf –us ereiferte sich und ging in seinem Zorn so weit, daß er das Gesicht des Bourdelot mit Faustschlägen bearbeitete. Nach diesem Streich machte er, daß er vom Hofe wegkam, und verließ sogar Schweden.

Man fragte La Calprenède, aus welchem Stoff der schöne Rock gemacht sei, den er trug. »Das ist ›Sylvandre‹ «, erwiderte er. So hieß einer seiner Romane, der Erfolg gehabt hatte.

Der Abbé de Vertot wechselte sehr oft den Beruf. Man nannte das die *Revolutionen* des Abbé de Vertot.

Der Kardinal de La Roche-Aymon beichtete während seiner letzten Krankheit irgendeinem Geistlichen. Als man ihn fragte, was er von ihm dächte, erwiderte er: »Ich bin sehr zufrieden mit ihm, er spricht von der Hölle wie ein Engel.«

Herr *** sagte: »Es paßt mir nicht, ein Christ zu sein, aber es täte mir nicht leid, an Gott zu glauben.«

Herr vom ***, ein heftiger Mensch, dem mancher unrechte Handlungsweisen vorwarf, wurde zornig und sagte, daß er in einer Hütte leben wolle. Einer seiner Freunde erwiderte ihm gelassen: »Ich sehe, Sie wollen lieber Ihre Fehler bewahren als Ihre Freunde.«

Es ist erstaunlich, daß Herr von Voltaire in der ›Pucelle‹ keinen Narren, wie ihn unsere Könige damals hatten, erscheinen läßt. So wären einige glückliche Züge aus den Sitten der Zeit beigebracht worden.

Es ist üblich in England, daß die im Gefängnis festgehaltenen Diebe, die ihrer Verurteilung entgegensehen, alles verkaufen, was sie besitzen, um vor dem Tode noch gut zu leben. Gewöhnlich ist man besonders darauf aus, ihre Pferde zu kaufen, die meistens ausgezeichnet sind. Einer von ihnen, nach dessen Pferd ein Lord sich erkundigte, hielt den Lord für jemanden, der das Diebshandwerk ausüben wollte und sagte: »Ich möchte Sie nicht hintergehen; mein Pferd, obzwar ein gutes Rennpferd, scheut schon vor dem Tor.«

Als man Ludwig XIV. nach der Schlacht von Ramillies alle Einzelheiten des Kampfes meldete, rief er: »Hat denn Gott alles vergessen, was ich für ihn getan habe?« (*Ein alter Herzog von Brancas teilte Voltaire diese Anekdote mit.*)

Man sagte von jemandem, der verschiedenen Personen immer wieder erzählte, was jeder Gutes über den anderen sagte, daß er ein Quälgeist im Guten wäre.

Fox hatte ungeheure Summen bei den Juden geborgt und schmeichelte sich, daß er mit der Erbschaft eines Onkels alle Schulden bezahlen könnte. Doch der Onkel heiratete und bekam einen Sohn. »Dieses Kind ist der Messias«, sagte Fox, »es kam auf die Welt, um die Juden zu verderben.«

Herr du Buc sagte, die Frauen seien so verrufen, daß es nicht einmal mehr Glücksritter gäbe.

Man erkennt nicht leicht die Absicht des Verfassers im ›Temple de Gnide‹[31], und einige Einzelheiten sind sogar dunkel. Deswegen nannte ihn Frau du Deffand: Die *Apokalypse* der Galanterie.

Ein Herr sagte zu Voltaire, er arbeite zuviel und trinke zuviel Kaffee; er werde sich zu Tode hetzen. »Ich kam tot zur Welt«, erwiderte er.

Eine Frau hatte gerade ihren Mann verloren. Als ihr Beichtvater ad honores sie tags darauf besuchte, fand er sie mit einem sehr hübschen jungen Mann. Sie sah seine entrüstete Miene und sagte: »Mein Herr, vor einer halben Stunde hätten Sie mich noch in Tränen gefunden, aber ich habe meinen Schmerz gegen diesen Herrn aufs Spiel gesetzt, und ich verlor.«

Es scheint sicher zu sein, daß der Mann mit der eisernen Maske ein Bruder Ludwigs XIV. ist, ohne diese Erklärung steht man vor einem absurden Mysterium. Es scheint nicht nur sicher zu sein, daß Mazarin die Königin besaß, sondern auch, was noch unbegreiflicher ist, daß er mit ihr verheiratet war. Wie soll man sich sonst den Brief erklären, den er ihr aus Köln schrieb, als er, nachdem er ihre Stellungnahme in einer wichtigen Angelegenheit kennengelernt hat, ihr die Weisung gibt: »Es empfiehlt sich, Madame, etc.?« Die alten Höflinge erzählten sich übrigens, daß sich einige Tage vor dem Tode der Königin eine tränenreiche Szene abspielte und daß Mutter und Sohn sich zärtlich aussprachen, und man darf wohl glauben, daß es im Verlauf dieser Szene zu der vertraulichen Mitteilung an den Sohn gekommen ist.

Man sagte von dem vorletzten Bischof von Autun, der abschreckend dick war, daß er geschaffen und zur Welt gebracht worden sei, um zu zeigen, wie weit die menschliche Haut gehen kann.

Herr *** sagte über die Art, wie man in der Welt lebt: »Die Gesellschaft wäre etwas Entzückendes, wenn man sich füreinander interessierte.«

Der Baron von La Houze hatte dem Papst Ganganelli einige Dienste erwiesen, und dieser fragte, wie er sich erkenntlich zeigen könnte. Der Baron, ein schlauer Gascogner, bat, ihm eine Reliquie zu überlassen. Der Papst war über diese Bitte eines Franzosen nicht wenig verwundert, gewährte sie jedoch. Der Baron besaß ein kleines Landgut in den Pyrenäen, das sehr wenig eintrug und kein Absatzgebiet für seine Produkte hatte. Dorthin ließ er seinen beglaubigten Heiligen bringen. Nun strömten die Kunden herbei; es entstanden Wunder, ein Dorf entstand in der Nähe, die Erzeugnisse des Gutes stiegen im Preis, und die Einnahmen des Barons verdreifachten sich.

Der König von Preußen sah einen seiner Soldaten mit Schmissen im Gesicht. »In welchem Kabarett hat man Ihn so zugerichtet?« fragte er. »In einem Kabarett, wo Sie die Zeche bezahlt haben, in Kolin«, erwiderte der Soldat. Der König, der in Kolin geschlagen worden war, fand das Wort sehr gut.

Herr Cerutti hatte ein Versstück verfertigt, in dem der Vers vorkam:
    Le vieillard de Ferney, celui de Pont-Chartrain.

D'Alembert änderte, als er das Manuskript zurücksandte, den Vers in:

Le vieillard de Ferney, le vieux de Pontchartrain.

Herr von B. hatte im Alter von fünfzig Jahren die dreizehnjährige Mademoiselle von C. geheiratet. Man sagte von ihm, während er sich um diese Ehe bemühte, er begehrte, der Puppe dieses Fräuleins nachfolgen zu dürfen.

Ein Dummkopf sagte in einer Unterhaltung: »Mir kommt ein Gedanke.« Ein Witzbold bemerkte: »Das wundert mich sehr.«

Lord Hamilton, eine sehr eigenartige Persönlichkeit, betrank sich einmal in einem Wirtshaus in England, schlug den Kellner tot und kam wieder, ohne daß ihm seine Handlungsweise zum Bewußtsein gekommen wäre. Der Wirt stürzte ganz entsetzt auf ihn zu und sagte ihm: »Mylord, wissen Sie, daß Sie den Kellner getötet haben?« Der Lord antwortete lallend: »Schreiben Sie ihn auf die Rechnung.«

Ein aufdringlicher Mensch sprach den Ritter von Narbonne mit den Worten an: »Guten Tag, mein Freund, wie geht es dir?« Der Ritter, dem dieser vertrauliche Ton der Anrede mißfiel, erwiderte: »Guten Tag, mein Freund, wie heißt du?«

Von einem ganz unglücklichen Mann sagt man: »Er fällt auf den Rücken und bricht sich das Nasenbein.«

Ich hatte eben eine galante Geschichte von Madame la Présidente de *** erzählt, ohne ihren Namen zu nennen: Herr *** sagte naiv: »Diese Präsidentin de Bernière, von der Sie soeben gesprochen haben.« Die ganze Gesellschaft lachte laut heraus.

Herr *** sagte nach einer Rückkehr aus Deutschland: »Ich wüßte nicht, wozu ich weniger taugte als zu einem Deutschen.«

Stanislaus, König von Polen, setzte jeden Tag eine noch frühere Mittagsstunde an. Herr von La Galaisière sagte dazu: »Sire, wenn Sie so fortfahren, werden Sie schließlich am Tag vorher speisen.«

Herr *** sagte zu den Diätfehlern, die er stets begeht, zu den Vergnügungen, die er sich leistet und die es ihm unmöglich machen, seine Gesundheit wiederzuerlangen: »Ohne mich ginge es mir sehr gut.«

Man riet einem Geizigen, der an Zahnschmerzen litt, sich einen Zahn ziehen zu lassen. »Ach«, sagte er, »ich muß ihn wohl ausgeben.«

In Breslau stahl ein Katholik aus einer Kirche seiner Gemeinde kleine Herzen aus Gold und andere Votivgegenstände. Vor Gericht erklärte er, er habe sie von der Heiligen Jungfrau. Die Erkenntnis wurde wie üblich dem König von Preußen zur Bestätigung übergeben. Der König beruft eine Theologenversammlung ein, um zu entscheiden, ob die Heilige Jungfrau nicht wirklich einem frommen Katholiken kleine Geschenke machen könne. Sehr verlegen erklärten die Theologen schließlich, daß die Sache nicht absolut unmöglich sei. Darauf schrieb der König an den Rand des Urteils: »Ich begnadige N., aber ich verbiete ihm bei Todesstrafe, von nun an Geschenke von der Heiligen Jungfrau oder anderen Heiligen anzunehmen.«

Der Bischof von L. saß gerade beim Frühstück, als der Abbé de *** zu Besuch kam. Der Bischof lädt ihn zum Essen ein, aber der Abbé lehnt dankend ab. Der Prälat wiederholt seine Einladung dringender, doch der Abbé antwortet: »Monseigneur, ich habe schon zweimal gefrühstückt, und außerdem ist heute Fasttag.«

Voltaire kam eines Tages durch Soissons und wurde von einer Deputation der Soissonser Akademie begrüßt. Man sagte ihm, daß diese Akademie die älteste Tochter der Académie Française sei. »Ja, meine Herren«, antwortete Voltaire, »die älteste Tochter, die vernünftige Tochter, die brave Tochter, die nie von sich reden gemacht hat.«

Als der Bischof von Arras in seiner Kathedrale den Leib des Marschalls von Lévis empfing, sagte er, indem er die Hand auf den Sarg legte: »Jetzt habe ich ihn endlich, den wackeren Mann.«

Es war der Abbé S., der dem Abbé Pétiot bei einer sehr gefährlichen Krankheit die Kommunion gab und erzählte, daß angesichts der betonten Art, in der dieser empfing, was ihr kennt, sich sagte: »Kommt er wieder auf, so wird er mein Freund sein.«

Die Prinzessin von Conti, Tochter Ludwigs XIV., betrachtete, wie die Dauphine Maria Christine von Bayern schlief oder so tat, als ob sie schliefe, und sagte: »Die Thronfolgerin ist noch häßlicher, wenn sie schläft, als wenn sie wach ist.« Die Thronfolgerin antwortete regungslos nur: »Nicht jeder ist ein Kind der Liebe.«

Ein Amerikaner sah sechs Engländer, die von ihrem Truppenteil abgekommen waren. Er war kühn genug, auf sie loszustürzen. Zwei verwundete er, die anderen streckten die Waffen, und er führte sie gefangen vor den General Washington. Dieser fragte ihn, wie er es denn fertiggebracht habe, über sechs Mann Herr zu werden. »Kaum habe ich sie gesehen«, erwiderte der Held, »so stürzte ich auf sie los und habe sie umzingelt.«

Als man einmal neue Steuern erließ, die die Reichen trafen, sagte ein Millionär in Gesellschaft reicher Leute, die über die Ungunst der Zeit klagten: »Wer ist noch glücklich in diesen Zeiten? Einige Arme.«

Herr von Vaudreuil beklagte sich bei Chamfort über ein Distichon. »Ausgezeichnet«, meinte dieser, »abgesehen von den Längen.«

Rulhière sagte eines Tages: »Ich habe niemals mehr als eine böse Tat in meinem Leben getan.« – »Wann wird sie aufhören?« fragte Chamfort.

Anhänge

Vorwort

Frage: Warum geben Sie dem Publikum nichts?
Antworten:
Weil das Publikum sich zu überbieten scheint im schlechten Geschmack und in der hemmungslosen Verleumdung.

Weil ein vernünftiger Mensch nichts Unmotiviertes tun kann und weil ein Erfolg mich nicht freuen, ein Mißgeschick jedoch sehr schmerzen würde.

Weil ich meine Ruhe nicht stören darf, weil die Gesellschaft behauptet, man müsse die Gesellschaft unterhalten.

Weil ich für die Variétés amusantes arbeite, die das Theater der Nation sind, und gleichzeitig an einem philosophischen Werk, das in der königlichen Druckerei gedruckt werden soll.

Weil das Publikum mit den Schriftstellern umgeht wie die Werber vom Pont-Saint-Michel mit denen, die sie anwerben, indem sie sie betrunken machen, ihnen zehn Taler geben und Stockschläge den Rest ihres Lebens.

Weil man mich drängt zu arbeiten, so wie man sich ans Fenster setzt, weil man sehen möchte, wie die Affen- oder Bärenführer vorbeiziehen. Beispiel: Herr Thomas, den man sein Leben lang insultiert und nach seinem Tode gelobt hat.

Adlige Kammerherren, Schauspieler, Zensoren, die Polizei, Beaumarchais.

Weil man alles, was man sagt, um mich zum Schreiben zu bewegen, Saint-Ange oder Murville erzählen kann.

Weil ich zu arbeiten habe und weil man durch Erfolg Zeit verliert.

Weil ich mich nicht so verhalten möchte wie die Schriftsteller, die Eseln gleichen, die sich stoßen und schlagen an der Krippe.

Weil ich keine Ruhe mehr auf Erden hätte, wenn ich die Bagatellen, über die ich verfügen konnte, nach meinen Kräften gegeben hätte.

Weil ich die Achtung der ehrlichen Leute und mein persönliches Glück höher schätze als einige Lobsprüche, einige Taler, viel Schimpf und Verleumdung.

Weil, wenn es jemand auf Erden gibt, der das Recht hat, *sein* Leben zu leben, dann ich es bin nach all dem Bösen, das man mir nach jedem Erfolg angetan hat.

Weil niemals, wie Bacon sagt, Ruhm und Ruhe zusammengehen.

Weil das Publikum sich nur für Erfolge interessiert, die es nicht achtet.

Weil ich auf halbem Weg des Ruhms von Jeannot[1] bleiben würde.

Weil ich soweit bin, nur meinesgleichen gefallen zu wollen.

Weil ich um so glücklicher bin, je mehr mein literarischer Name verblaßt.

Weil ich fast alle berühmten Männer unserer Zeit gekannt und gesehen habe, wie unglücklich sie wurden durch die schöne Leidenschaft, berühmt zu werden, durch die sie vor ihrem Tode noch die Würde ihres geistigen Wesens preisgaben.

Anhang zu den ›Maximen und Gedanken‹

Ein Mann machte sich an eine Frau heran, ohne ganz bereit zu sein, und fragte sie: »Madame, ob es Ihnen etwas ausmacht, noch eine Viertelstunde tugendhaft zu sein?«

Als Herr von Pl. in England war, wollte er eine junge Engländerin davon abhalten, einen ihr in jeder Hinsicht unterlegenen Mann zu heiraten. Die junge Person hörte sich alles an und sagte dann gelassen: »Was wollen Sie? Schon beim Kommen verändert er die Luft meines Zimmers.«

Die meisten Wohltäter gleichen den ungeschickten Generälen, die eine Stadt einnehmen und die Zitadelle stehenlassen.

Herr D. erzählte Herrn D., wie übel man ihm mitgespielt hatte, und fügte hinzu: »Was würden Sie an meiner Stelle tun?« Dieser, der viel Unrecht hingenommen hatte und aus Menschenhaß egoistisch geworden war, antwortete kalt: »Ich kümmere mich in solchen Fällen nur darum, daß mein Magen in Ordnung und meine Zunge nicht belegt ist.«

Ein Liebhaber der Herzogin von Olonne sah, wie kokett diese ihrem Mann gegenüber war, und sagte ihm beim Gehen: »Zum Teufel, wie liederlich muß sie sein! Das geht zu weit!«

Die Greise sind in den Hauptstädten verdorbener als die jungen Leute. Kommt doch die Fäulnis nach der Reife.

Ein Landpfarrer sagte zu seinen Pfarrkindern: »Betet zu Gott für den Besitzer dieses Schlosses, der in Paris seinen Wunden erlegen ist.« (Er war gerädert worden.)

Definition einer despotischen Regierung: ein Zustand, in dem der Vorgesetzte niedrig und der Untergebene erniedrigt ist.

Die Minister haben die Untergrabung der königlichen Autorität herbeigeführt wie die Priester die der Religion. Gott und der König haben die Strafen erduldet für die Dummheiten ihrer Knechte.

Ein Doktor der Sorbonne war wütend über das ›System der Natur‹[2] und sagte: »Das ist ein verruchtes, abscheuliches Buch, das ist der bewiesene Atheismus.«

Ein geistreicher Mann, der merkte, daß er von zwei losen Scherzbolden verspottet wurde, sagte ihnen: »Meine Herren, Sie täuschen sich, ich bin weder einfältig noch dumm, ich liege zwischen beidem.«

Ein Mann, von dem bekannt war, daß er die Ausschweifungen seiner Frau zu übersehen vorgab, und der sich auf diese Art wiederholt Vermögensvorteile verschafft hatte, zeigte sich sehr bekümmert, als sie starb, und sagte mir ernst: »Ich kann sagen, was Ludwig XIV. sagte beim Tode von Maria Theresia: ›Das ist der erste Kummer, den sie mir bereitet hat.‹«

»Herr *** war leidenschaftlich und hielt sich für vernünftig. Ich war verrückt, ahnte es aber und war so der Weisheit näher als er.«

Ein Arzt sagte: »Nur die Erben zahlen gut.«

Der Herr Dauphin, Vater des Königs (Ludwigs XVI.) liebte leidenschaftlich seine erste Frau, die rothaarig war und behaftet mit der Unannehmlichkeit, die mit dieser Farbe verbunden ist. Lange liebte er die zweite Dauphine nicht und gab als Grund an, daß sie nicht nach einer Frau röche. Er glaubte, der Geruch sei der des Geschlechts.

Herr D. hatte die Annäherungsversuche einer hübschen Frau abgewiesen. Als wäre er darauf eingegangen, haßte ihn ihr Mann, und man lachte über Herrn D., der sagte: »Zum Teufel, wüßte er doch, wie spaßig er ist!«

Eine hübsche Frau, deren Liebhaber schlecht gelaunt war und sich wie ein Ehemann benahm, sagte ihm: »Mein Herr, wenn Sie mit meinem Mann in Gesellschaft sind, schickt es sich, daß Sie liebenswürdiger sind als er.«

Herr ***, den man wiederholt um die Vorlesung seiner Verse bat und der die Geduld verlor, sagte, bei Beginn einer Vorlesung müsse er sich immer an das erinnern, was ein Scharlatan des Pont-Neuf zu seinem Affen sagte, wenn seine Possen begannen: »Nun, mein lieber Bertrand, jetzt können wir uns nicht amüsieren, jetzt müssen wir um die Unterhaltung der verehrten Gesellschaft besorgt sein.«

Man sagte von Herrn ***, daß er um so mehr Wert lege auf einen großen Herrn, je mehr Niedrigkeiten er für ihn getan hätte. So wie sich der Efeu am Boden kriechend festrankt.

Eine häßliche Frau, die sich putzt, um mit hübschen jungen Frauen beisammen zu sein, macht auf ihre Art, was die Leute tun, die fürchten, in einer Diskussion zu unterliegen: sie bemühen sich, dem Thema eine Wendung zu geben. Es handelte sich darum, zu erfahren, welche die Schönste sei. Die Häßlichste will, daß man fragt, welche die Reichste sei.

»Vergib ihnen, denn sie wissen nicht, was sie tun«[3], dies war der Text, den der Prediger wählte zur Hochzeit des siebzigjährigen d'Aubigné mit einer jungen Person von siebzehn.

Es gibt eine Melancholie, die an Seelengröße grenzt.

Mit den Philosophen steht es wie mit den Mönchen, von denen es manche wider Willen sind und die ihr ganzes Leben dagegen aufbegehren. Andre fassen sich in Geduld, wenige schließlich sind glücklich und bemühen sich nicht, Proselyten zu machen, während alle, die über ihr Los verzweifelt sind, sich bemühen, Novizen zu werben.

Herr *** sagte witzig, daß in Paris jeder ehrenwerte Mann dazu beiträgt, die Polizeispione am Leben zu erhalten, ähnlich wie Pope sagt, daß die Dichter die Kritiker und Journalisten ernähren.[4]

Jemand sagte naiv zu einem Freund: »Heute morgen haben wir drei Menschen zum Tode verurteilt. Zwei haben es wirklich verdient.«

Ein steinreicher Mann sagte, als er von den Armen sprach: »Wieviel Mühe man sich auch gibt, ihnen nichts zu geben – die Schelme begehren immer etwas.« So mancher Fürst könnte dies seinen Höflingen sagen.

Chi manga facili, caga diavoli.
Il pastor romano non vuole pecora senza lana[5].
Es gibt keine Tugend, die die Armut nicht verdirbt.
Nicht die Katze ist schuld, die der Magd das Essen stiehlt.

»Man spricht von der geistigen Macht«, sagte Herr ***, »im Gegensatz zur törichten Macht. Geistig, weil sie soviel Geist gehabt hat, sich des Ansehens zu bemächtigen.«

Herr von ***, ein leidenschaftlicher Liebhaber, sagte, nachdem er mehrere Jahre in Gleichgültigkeit verbracht hatte, zu seinen Freunden, die über sein frühes Alter spotteten: »Sie lassen sich keine Zeit; ich war vor einigen Jahren alt, aber jetzt bin ich jung.«

Es gibt eine Art niedriger Dankbarkeit.

Zur Zeit der Notabelnversammlung (1787), als die Rede auf die Macht kam, die man den Intendanten in den Provinzialversammlungen gewähren sollte, war eine einflußreiche Persönlichkeit ihnen wohl gesinnt. Man erzählte dies einem geistreichen Mann, der ihr nahestand. Dieser versprach, eine Änderung ihrer Meinung herbeizuführen, und es gelang ihm. Man fragte ihn, wie er sich dabei angestellt hätte, und er antwortete: »Ich lege gar nicht so sehr den Nachdruck auf die tyrannischen Mißbräuche des Einflusses der Intendanten, aber Sie wissen ja, sie ist adelsnärrisch, und ich sagte ihr, daß sehr hohe Adlige nicht umhin könnten, die Intendanten mit Monseigneur anzureden. Sie sah ein, daß dies eine Ungeheuerlichkeit wäre, und ließ sich zu unsrer Ansicht bekehren.«

Als der Herzog von Richelieu in die Französische Akademie aufgenommen wurde[6], lobte man seine Rede sehr. Man sagte ihm eines Tages in einer großen Gesellschaft, daß sein Ton vollkommen sei, voll Anmut und Leichtigkeit, daß die Schriftsteller vielleicht korrekter schrieben, aber nie so anziehend. »Ich danke Ihnen, meine Herren«, sagte der junge Herzog, »ich bin entzückt über Ihre Worte. Es bleibt mir nur, Ihnen mitzuteilen, daß die Rede von Herrn Roy ist; ich werde ihm mein Kompliment machen, da er den guten Ton des Hofes besitzt.«

Man fragte den Abbé Trublet, wieviel Zeit er brauche, ein Buch zu schreiben. Er antwortete: »Das richtet sich ganz nach der Gesellschaft, die man sieht.«

Man könnte ein kleines Kapitel schreiben mit der Überschrift ›Über die notwendigen Laster der Gesellschaft‹. Man könnte eins hinzufügen über die mittelmäßigen Eigenschaften.

Ein Mann aus der Provinz bestürmte bei der königlichen Messe seinen Nachbarn mit Fragen: »Wer ist diese Dame?« – »Das ist die Königin.« – »Diese?« – »Madame.«[7] – »Die dort?« – »Die Gräfin von Artois.« – »Die andre dort?« Der Versailler antwortete ihm voll Ungeduld: »Das ist die verstorbene Königin.«

Ein kleines Mädchen sagte zu Herrn ***, Verfasser eines Buches über Italien: »Mein Herr, Sie haben ein Buch über Italien geschrieben?« – »Ja, mein Fräulein.« – »Sind Sie dort gewesen?« – »Gewiß.« – »Und haben Sie das Buch vor oder nach Ihrer Reise geschrieben?«

Eine schöne Allegorie ist es, die Minerva darstellt, wie sie die Flöte wegwirft, als sie merkt, daß das Instrument nicht zu ihr paßt[8].

Eine schöne Allegorie ist es, die die wahren Träume durch ein Horn, die falschen, das heißt die angenehmen Illusionen, durch ein Elfenbeintor entweichen läßt[9].

Ein geistreicher Mann sagte von M., seinem alten Freund, der wohlhabend zu ihm zurückgekehrt war: »Er will nicht nur, daß seine Freunde glücklich sind, er fordert es.«

Die Liebe, sagt Plutarch, bringt die andern Leidenschaften zum Schweigen: sie ist der Diktator, vor dem alle andern Leidenschaften vergehen[10].

Herr ***, der hörte, wie man wegen der schädlichen Wirkung der Phantasie gegen die geistige Liebe predigte, sagte: »Was mich betrifft, so fürchte ich sie nicht. Sagt mir eine Frau zu und macht mich glücklich, so überlasse ich mich den Gefühlen, die sie mir einflößt, und behalte mir vor, mich nicht zum besten halten zu lassen, wenn sie mir nicht mehr zusagt. Meine Phantasie ist der Dekorateur, von dem ich meine Wohnung einrichten lasse, wenn ich feststelle, daß ich bequem wohnen werde; andernfalls erteile ich ihm keinen Auftrag und brauche keine Rechnung zu bezahlen.«

Herr von L. sagte mir, daß er, sobald er die Untreue von Frau von B. bemerkt hätte, inmitten seines Kummers fühlte, daß er nicht mehr lieben würde, daß die Liebe für immer verschwand, so wie jemand auf einem Feld das Schwirren eines Rebhuhns hört, das aufsteigt und davonfliegt.

Sie wundern sich, daß sich Herr von L. mit Frau von D. trifft? Aber, mein Herr, Herr von L. ist, glaube ich, verliebt in Frau von D., und Sie wissen, daß eine Frau oft die verbindende Nuance ist, die zwei sich voneinander abhebende, entgegengesetzte Farben eher mischt, als daß sie sie zusammenstellt.

Man hat die ungeschickten Wohltäter mit der Ziege verglichen, die sich melken läßt und die aus Ungeschicklichkeit die Schale, in der ihre Milch ist, mit dem Fuße umstößt.

Seine Phantasie läßt eine Illusion in dem Augenblick entstehen, in dem er eine andere aufgibt, so wie der Rosenstrauch zu allen Jahreszeiten Rosen hervorbringt.

Herr *** sagte mir, was er über alles liebe, wäre der Frieden, die Stille und die Dunkelheit. Man antwortete ihm: Das ist das Zimmer eines Kranken.

Man sagte Herrn ***, einem Mann, der in der Gesellschaft nur so sprühte: »Sie haben sich gestern abend geistig nicht sehr verausgabt mit Herrn von ***.« Er antwortete: »Denken Sie an das holländische Sprichwort: Ohne Kleingeld keine Wirtschaft.«

Eine Frau ist nichts aus sich selbst; sie ist, was sie dem Mann, der sich mit ihr beschäftigt, zu sein scheint. Deswegen ist sie so erbittert gegen alle, denen sie nicht zu sein scheint, was sie scheinen möchte. Dabei büßt sie ihre Existenz ein. Der Mann ist davon weniger betroffen, weil er bleibt, was er ist.

Er war aus Seelengröße dem Glück einige Schritte entgegengegangen, und aus Seelengröße verachtete er es.

Herr ***, ein alter Junggeselle, sagte witzig, daß die Ehe ein zu vollkommener Zustand sei für die Unvollkommenheit des Menschen.

Frau von Fourq.[11] sagte zu einem ihrer Gesellschaftsfräulein: »Sie wissen niemals, was Sie mir in einer bestimmten Situation sagen müßten oder was zu meinem Charakter paßt, zum Beispiel wann ich aller Wahrscheinlichkeit nach meinen Mann verlieren werde. Ich werde ganz untröstlich sein. Dann müßten Sie mir sagen . . .«

Herr von Osmond spielte in einer Gesellschaft zwei oder drei Tage nach dem Tod seiner Frau, die in der Provinz gestorben war. »Aber, Osmond«, sagte ihm jemand, »es schickt sich nicht, daß du so kurz nach dem Tod deiner Frau spielst.« – »Oh«, sagte er, »die Nachricht ist noch nicht publik geworden.« – »Das macht nichts, es ist nicht recht.« – »Oh, oh«, sagte er, »ich spiele nur niedrig.«

»Ein Schriftsteller«, sagte Diderot, »kann eine Geliebte haben, die sich mit Büchern befaßt, seine Frau aber muß sich mit Hemden befassen.«[12]

Ein Arzt hatte einem Kranken zu einem Kauterium geraten. Dieser wollte keins. Einige Monate vergingen, und der Kranke wurde wieder gesund. Der Arzt, der ihm begegnete und merkte, daß es ihm wieder gut ging, fragte, welches Mittel er denn genommen hätte. »Keins«, sagte der Kranke. »Ich habe den ganzen Sommer gut gegessen, ich habe eine Geliebte, und ich habe mir's gut gehen lassen. Aber nun rückt der Winter heran, und ich fürchte mich vor dem Nebel, der meine Augen behelligt. Raten Sie mir nicht zu dem Kauterium?« – »Nein«, sagte der Arzt ernst, »Sie haben eine Geliebte, das genügt. Es wäre vernünftiger, sie aufzugeben und ein Kauterium zu nehmen, aber ich glaube, daß jenes Kauterium genügt.«

Ein Mann, der dem Leben mit großer Gleichgültigkeit gegenüberstand, sagte im Sterben: »Doktor Bouvard wird schön hereinfallen.«

Seltsam, die Herrschaft der Mode zu sehen. Herr von La Trémoille, der von seiner Frau, die er weder liebte noch schätzte, getrennt lebte, erfährt, daß sie an Pocken erkrankt ist. Er schließt sich mit ihr ein, bekommt dieselbe Krankheit, stirbt und hinterläßt ihr ein großes Vermögen und die Erlaubnis, sich wiederzuverheiraten[13].

Es gibt eine schlechte Bescheidenheit, die auf Unwissenheit beruht, manchmal überlegenen Charakteren schadet und sie in einer Art von Mittelmäßigkeit festhält. Das erinnert mich an das Wort, das ein verdienstvoller Mann bei einem Essen zu den Hofleuten sagte: »Ah, meine Herren, wie sehr traure ich der Zeit nach, die ich damit verloren habe, herauszubekommen, um wieviel ich mehr wert war als Sie.«

Die Eroberer werden immer als die bedeutendsten Menschen angesehen werden, genauso wie man immer sagen wird, daß der Löwe der König der Tiere ist.

Herr von ***, der Sizilien bereist hatte, bekämpfte das Vorurteil, daß das Innere des Landes voller Räuber sei. Um einen Beweis zu geben fügte er hinzu, daß man ihm überall, wo er sich aufgehalten hatte, gesagt hätte: »Die Räuber sind anderswo.« Herr von B., ein heiterer Menschenfeind, sagte zu ihm: »Das freilich würde man Ihnen in Paris nicht sagen.«

Man weiß, daß es in Paris Diebe gibt, die der Polizei bekannt sind, die sie nahezu duldet und die ihr zu Diensten stehen, wenn sie nicht Denunzianten ihrer Leute sind. Eines Tages beorderte der Polizeipräfekt einige von ihnen zu sich und sagte zu ihnen: »Dies und das ist an dem und dem Tag, in dem und dem Stadtteil gestohlen worden.« – »Um wieviel Uhr?« – »Um zwei Uhr nachmittags.« – »Dann waren wir's nicht, wir sind nicht dafür zu belangen, es müssen *Fremde* gewesen sein.«

Auf ein türkisches Sprichwort geht die schöne Wendung zurück: »O Unglück, ich danke dir, wenn du allein bist.«

Die Italiener sagen: Sotto umbilico ne religione ne verità[14].

Um die Vorsehung zu rechtfertigen, sagt der heilige Augustinus, daß sie den Bösen auf Erden lasse, damit er gut werde oder damit der Gute durch ihn besser werde[15].

Die Menschen sind so verdorben, daß die bloße Hoffnung und sogar der bloße Wunsch, sie zu bessern, sie vernünftig und ehrbar zu sehen, eine Absurdität ist, eine überspannte Idee, die man nur der Einfalt der ersten Jugend nachsehen kann.

»Ich bin angewidert von den Menschen«, sagte Herr von L. »Sie sind nicht angewidert«, sagte Herr von N., nicht um zu bestreiten, was jener sagte, sondern aus Menschenhaß, um ihm zu sagen: Ihr Geschmack ist gut.

Herr ***, ein enttäuschter Greis, sagte mir: »Der Rest meines Lebens erscheint mir wie eine halbausgesogene Orange, die ich auspresse, ich weiß nicht warum, und deren Saft die Mühe nicht lohnt.«

Unsere Sprache, sagt man, ist ein Freund der Klarheit. Das kommt daher, bemerkte Herr ***, weil man am meisten liebt, was man am meisten braucht; denn benutzt man sie geschickt, so ist sie immer nahe daran, in die Dunkelheit abzugleiten.

Der phantasievolle Mann, der Dichter, muß an Gott glauben: Ab Jove principium Musis, oder: Ab Jove Musarum primordia[16].

Die Verse, sagte Herr ***, sind wie die Oliven, die allemal besser werden, wenn man sie in der Tasche trägt.

Die Dummköpfe, die Ignoranten, die unredlichen Leute werden den Büchern Ideen, Vernunft, edle, erhabene Gefühle entnehmen, so wie eine reiche Frau zum Stoffhändler geht, um sich für ihr Geld auszustatten.

Herr *** sagte, daß die Gelehrten die Pflasterer des Ruhmestempels seien.

Herr ***, ein wahrer griechischer Pedant, den ein modernes Faktum an einen Zug aus der Antike erinnert. Sie sprechen zu ihm vom Abbé Terray, und er zitiert Aristides, den Finanzminister der Athener.

Man bot einem Schriftsteller die Sammlung des ›Mercure de France‹ an, den Band zu drei Sous. »Ich warte auf den Rabatt«, sagte er.

Anhang zu den ›Charakteren und Anekdoten‹

Jemand sagte bei Tisch: »Ich kann noch soviel essen, ich habe keinen Hunger.«

Eine geistreiche Frau, die in der Oper eine unförmige Armide und einen sehr häßlichen Renaud[17] sah, sagte: »Das sind Liebende, die sich nicht erwählt haben, sondern die zusammengeblieben sind, nachdem die Welt eine andere Wahl getroffen hat.«

Ein Mann, der in einen Strafprozeß verwickelt war, der ihm den Hals kosten sollte, traf nach mehreren Jahren einen seiner Freunde, der zu Beginn des Prozesses eine lange Reise unternommen hatte. Jener sagte zu ihm: »Finden Sie mich nicht verändert seit der Zeit, da wir uns nicht mehr gesehen haben?« – »Ja«, sagte der andere, »ich finde, daß Sie um einen Kopf größer geworden sind.«

Es gibt ein Chanson auf Herakles, den Besieger von fünfzig Jungfrauen. Das Couplet schließt mit den Worten:
 Comme lui, je les aurai,
 Lorsque je les trouverai[18].

Herr Bressard, der Vater, schrieb seiner Frau: »Meine liebe Freundin, unsere Grabkapelle ist nicht mehr fern, und wir können uns schmeicheln, beide dort begraben zu werden, wenn Gott uns das Leben schenkt.«

Man fragte Frau Cramer, die nach einigen Jahren aus Genf nach Paris zurückgekehrt war: »Was macht Frau Tronchin?«, eine sehr häßliche Person. »Frau Tronchin macht einem Angst«, antwortete sie.

Der König von Preußen hatte Kasernen bauen lassen, die einer katholischen Kirche das Licht wegnahmen. Man machte ihm deswegen Vorstellungen. Er schickte die Bittschrift zurück, und vermerkte unten:
 Beati qui non viderunt crediderunt[19].

Der Graf von Charolais hatte vier Jahre lang weder sein Haus noch seine ersten Offiziere bezahlt. Ein Herr von Laval und ein Herr von Choiseul, die darunter waren, stellten ihm eines Tages ihre Leute vor und sagten ihm: »Wenn Ew. Hoheit uns nicht bezahlt, so möge sie uns doch wenigstens sagen, wie wir den Wünschen dieser Leute entgegenkommen sollen.« Der Fürst läßt seinen Schatzmeister kommen und sagt, wobei er auf Herrn von Laval und Herrn von Choiseul und auf ihre Bedienten zeigt: »Man zahle diese Leute aus.«

Ein Kranker, der die Sakramente nicht empfangen wollte, sagte zu seinem Freund: »Ich will so tun, als ob ich nicht stürbe.«

Geschichte von Herrn von Villars, der am Weihnachtstag drei Messen hört und sich einredet, daß die beiden letzten für ihn sind. Er schickt dem Pfarrer drei Louis, und der antwortet: »Ich lese die Messe zu meinem Vergnügen.«

Ein sechsjähriges Mädchen sagte zu seiner Mutter: »Zweierlei macht mir Kummer.« – »Was denn, mein Kind?« – »Der arme Abel, der von seinem Bruder erschlagen worden ist, er, der so schön und gut war. Ich glaube ihn noch zu sehen auf dem Stich der großen Bibel.« – »O ja, das ist sehr schlimm. Und zweitens?« – »In ›Fanfan und Colas‹[20], als Fanfan dem Colas nicht ein Stück von seiner Torte abgeben will. Sag, Mama, war die Torte echt?«

»Wissen Sie«, sagte Herr ***, »was ich tue, wenn eine Versuchung an mich herantritt?« – »Nein.« – »Ich erhalte sie mir.«

Man lobte ich weiß nicht welchen Präsidenten, weil er ein gutes Köpfchen hätte. Jemand entgegnete: »Das ist ein Ausdruck, den ich hundertmal gehört habe, aber keiner hat gewagt, zu sagen, er hätte einen hellen Kopf.«

Als der kleine Pater André sich darauf eingelassen hatte, dem Prinzen von Condé zu versprechen, aus dem Stegreif über einen beliebigen Gegenstand zu predigen, schickte ihm der Prinz am nächsten Tag einen Priap für seine Predigt. Der Prediger empfing diesen schönen Gegenstand in seiner Sakristei, stieg auf die Kanzel und begann also: »Ein Großer lebte im Reichtum, und die Armen, die Brüder Christi, sterben vor Elend...«

Ein Engländer fragte einen Advokaten, wie er sich vor dem Gesetz schützen könnte, das ihn um eine reiche Erbin brachte. Der Advokat fragte, ob sie ihre Zustimmung gegeben hätte. »Ja.« – »Nun gut, nehmen Sie ein Pferd, sie soll vorn, Sie selber hinten aufsitzen, und rufen im ersten Dorf: Fräulein X entführt mich.« So geschah es, und zum Schluß stellte sich heraus, daß es die Tochter des Advokaten war, die man entführt hatte.

Ein Engländer, der zum Tode durch den Strang verurteilt worden war, wurde vom König begnadigt. »Das Gesetz ist auf meiner Seite«, sagte er, »man hänge mich.«

Frau du Deffand sagte zum Abbé von Aydie: »Geben Sie zu, daß ich jetzt die Frau bin, die Sie am meisten lieben.« Der Abbé sagte nach einem Augenblick der Überlegung: »Ich würde Ihnen das sagen, wenn Sie daraus nicht schlössen, daß ich gar nichts liebe.«

Die Herzogin von B. begünstigte beim Baron von Breteuil, Minister, den Abbé von C., für den sie einen Posten erhalten hatte, der Talent voraussetzte. Sie erfährt, daß man in der Öffentlichkeit bedauert, daß der Posten nicht Herrn L. B., einem Mann von größerem Verdienst, gegeben worden war. »Nun gut«, sagt sie, »um so besser, daß mein Schützling ohne Verdienste diesen Posten bekommen hat; so wird man besser erkennen, wieweit mein Einfluß reicht.«

Als Herr Beaujon von seinen Leuten in den Salon getragen wurde, wo viele schöne Damen anwesend waren, die man Berceuses[21] nennt, sagte er stammelnd: »Meine Damen, freuen Sie sich, ich habe keinen Schlaganfall bekommen, es ist eine Paralyse.«

Als der König den Treueid der Stände von Béarn entgegengenommen hat, leistet er den Treueid den Ständen und verspricht, ihre Rechte und Privilegien zu achten[22]. So haben es die Gascogner zu einem guten Geschäftsabschluß gebracht, und es ist unvorstellbar, daß bei so vielen Provinzen nur sie von solcher Geistesverfassung waren.

Man fragte den Diener des Grafen von Cagliostro, ob es wahr wäre, daß sein Herr dreihundert Jahre alt sei. Er antwortete, daß er diese Frage nicht beantworten könne, da er selber erst hundert Jahre in seinen Diensten stünde.

Ein Scharlatan sagte dem Volk die Zukunft voraus. Ein kleiner Schuhputzer kommt heran, in Lumpen, fast nackt, ohne Schuhe, und gibt ihm einen Sou in vier Hellern. Der Scharlatan nimmt sie, sieht ihm in die Hände, macht seine Possen und sagt: »Mein liebes Kind, Sie haben viele Neider.« Das Kind schaut traurig drein. Der Scharlatan fügt hinzu: »Ich möchte nicht an Ihrer Stelle sein.«

Als der Prinz von Conti Licht im Fenster eines kleinen Hauses des Herzogs von Lauzun sah, trat er ein und sah ihn zwischen zwei Riesinnen vom Jahrmarkt, die er mitgenommen hatte. Er blieb zum Essen und schrieb der Herzogin von Orléans, bei der er abends speisen sollte: »Ich opfere Sie zwei Damen auf, die größer sind als Sie.«

Das Volk sagt manchmal »viel Cancan« anstelle von »viel Lärm«. Dieser Ausdruck stammt aus einem Disput, der sich zur Zeit des Ramus in der Universität erhoben hatte und wobei es darum ging, herauszubekommen, ob man »quanquan« oder »cancan« sagen sollte. Es bedurfte einer Ratsentscheidung, um einigen Professoren zu verbieten, noch zu behaupten, »ego amat« wäre so lateinisch wie »ego amo«. (S. Bayle, Artikel Ramus.)[23]

Der Herzog von York, später Jakob II., schlug Karl II., seinem Bruder, ich weiß nicht welche Unternehmung vor, die die Bürgerschaft beunruhigen mußte. Der König antwortete ihm: »Mein Bruder, ich bin es müde, durch Europa zu reisen. Nach mir können Sie sich in die Lage bringen zu reisen, soviel Sie Lust haben.« Dieser konnte sich an das Wort seines Bruders erinnern in seinem langen Aufenthalt in Saint-Germain[24].

Als Julius Cäsar einen Redner gehört hatte, der schlecht deklamierte, sagte er zu ihm: »Wollten Sie sprechen, so haben Sie gesungen, wollten Sie singen, so haben Sie sehr schlecht gesungen.«

Weinend sagte Papst Klemens XI., nachdem er die Konstitution[25] erlassen hatte: »Wenn der Pater Le Tellier mich nicht von der absoluten Macht des Königs überzeugt hätte, hätte ich die Bulle nie zu erlassen gewagt. Der Pater Le Tellier hat dem König gesagt, daß in dem verurteilten Buch mehr als hundert tadelnswerte Sätze stehen: er wollte nicht als Lügner gelten. Man hat mir das Messer auf die Kehle gesetzt, um mehr als hundert hineinzunehmen: ich habe nur einen hinzugefügt.«

Ein Pfarrer schrieb an Frau von Créqui über den Tod von Herrn von Créqui-Canaples, einem seltsamen Ungläubigen: »Ich bin besorgt wegen seines Seelenheils, aber da die Ratschlüsse Gottes unerforschlich sind und da der Verstorbene die Ehre hatte, zu Ihrem Hause zu gehören usw.«

Néricault-Destouches lebte auf seinem Landgut und schrieb seine Stücke. Er brachte sie nach Paris und reiste am Vorabend der ersten Aufführung ab.

Als Diderot in Rußland eine Klasse von Bauern, genannt Muschiks, sah, die furchtbar arm und von Ungeziefer geplagt sind, gab er der Kaiserin eine schreckliche Schilderung. Sie sagte ihm: »Wie sollen sie sich um ihr Zuhause kümmern, sie sind doch nur zu Miete.« In der Tat, der russische Sklave ist nicht Herr über seine Person.

Jemand, der vor einem Essen die einzelnen Gerichte nicht unterschied, sagte, daß er dem Menschen glich, den die Häuser hinderten, die Stadt zu sehen[26].

Ein Militär, der sich oft duelliert hatte, bat, als er in Paris war, einen alten Generalleutnant, einen Degen zu nehmen, den er sehr rühmte. Einige Tage später besuchte er ihn und fragte: »Nun, mein General, wie geht's mit diesem Degen?« Er nahm an, daß dieser ihn schon in einigen Duellen verwendet hätte.

Ich hörte von einem offenbar sehr vernünftigen Hofnarren sprechen, der gesagt hat: »Ich weiß nicht, wie es kommt, aber mir fallen immer nur Witze ein gegen Leute, die in Ungnade gefallen sind.«

Karl der Kühne, Herzog von Burgund, hatte sich im Krieg Hannibal zum Muster genommen, den er ständig zitierte. Nach der Schlacht von Murten, in der der Herzog geschlagen wurde, sagte der Hofnarr, der ihn auf der Flucht begleitete: »Jetzt sind wir gut hannibalisiert.«

Der König von Preußen überhäufte einen Offizier mit Beweisen seiner Gunst, vergaß ihn jedoch bei einer Infanteriebeförderung. Der Offizier beklagte sich, und seine Klagen wurden dem König durch einen Denunzianten mitgeteilt, dem der König sagte: »Er hat recht, sich zu beklagen, aber er weiß nicht, was ich für ihn tun will. Sagen Sie ihm, daß ich alles weiß, daß ich ihm verzeihe, ihm aber nicht befehle, Ihnen zu verzeihen.« In der Tat wurde diese Geschichte dem beteiligten Offizier bekannt, was zu einem Pistolenduell führte, bei dem der Denunziant getötet wurde. Der König gab dann dem bei der Beförderung vergessenen Offizier ein Regiment.

Der König von Preußen fand bei der Eroberung von Dresden viele Stiefel und Perücken beim Grafen von Brühl. »Das sind viele Stiefel«, sagte er, »für einen Mann, der niemals reitet, und viele Perücken für einen Menschen, der keinen Kopf hat.«

Als die Einwohner von Berlin drei Triumphbögen errichtet hatten bei der Rückkehr ihres Königs vom letzten Feldzug des Siebenjährigen Krieges, ließ dieser unter dem ersten Bogen die Abschaffung einer Steuer, unter dem zweiten die Abschaffung einer zweiten und unter dem dritten die Abschaffung aller Steuern bekanntgeben.

Als der König von Preußen durch Juden Falschgeld hatte herstellen lassen, zahlte er ihnen die vereinbarte Summe mit ihrer eigenen Münze.

Die Salzsteuer ist in der Basse-Bretagne nur dem Namen nach bekannt, aber sehr gefürchtet von den Bauern. Ein Gutsherr schenkte einem Landpfarrer eine Pendeluhr. Die Bauern wußten nicht, was das war. Einer von ihnen kam auf den Gedanken, daß es die Salzsteuer sei. Sie sammelten schon Steine, um sie zu zertrümmern, als der Pfarrer kam und ihnen sagte, daß es nicht die Salzsteuer sei, sondern ein Ablaß, den der Papst ihnen schickte. Sie beruhigten sich auf der Stelle.

Ein großer russischer Herr nahm als Erzieher seiner Kinder einen Gascogner, der seine Schüler nur das Baskische lehrte, die einzige Sprache, die er beherrschte. Es gab eine heitere Szene, als sie zum erstenmal mit Franzosen zusammen waren.

Ein Gascogner, der bei Hofe ich weiß nicht welchen untergeordneten Posten hatte, versprach einem alten Militär, einem Landsmann, seine Unterstützung. Er hieß ihn sich auf dem Weg des Königs einfinden, stellte ihn vor und sagte dem König, daß sein Landsmann und er S. Majestät sechsundvierzig Jahre gedient hätten. »Wie, sechsundvierzig Jahre?« sagte der König. »Ja, Sire, er fünfundvierzig Jahre und ich ein Jahr. Das ergibt wohl sechsundvierzig Jahre.«

Als Mademoiselle[27] in Toulouse war, sagte sie einem vornehmen Mann dieser Stadt: »Ich wundere mich, daß Sie, wo doch Toulouse zwischen der Provence und Gascogne liegt, so vortreffliche Leute sind.« – »Ew. Hoheit«, antwortete der Toulouser, »hat uns noch nicht erforscht. Bei genauer Erforschung würde sie finden, daß wir ungefähr soviel taugen wie Provenzalen und Gascogner zusammen.«

Ein Trunkener, der zu Beginn eines Essens ein Glas Wein trank, sagte: »Nun finde dich damit ab, du wirst zerstampft.«

Ein Trunkener, der seinen Kameraden in der Nacht unter den Arm faßte, sagte: »Nun sehen Sie, wie die Polizei hierzulande beschaffen ist. Man läßt uns sogar den Schmutz und die Laternen bezahlen... Schmutz, ja, den gibt es, dagegen läßt sich nichts sagen, aber die Laternen, wo sind sie? Was für eine Gaunerei!«

Die meisten Polizeibestimmungen, staatlichen Verbotsvorschriften und sogar die wichtigsten Gesetze sind nur Finanzspekulationen, deren Zweck es ist, dadurch Geld zu bekommen, daß man die Erlaubnis verkauft, die Gesetze zu übertreten.

Ein Wort, das eine bestimmte Wirkung haben soll, jedoch eine andere erzielt, ist eine Quelle neuer Komik. Besonders bei Hofe und in der feinen Gesellschaft sieht man, daß diese Wirkung häufig hervorgerufen wird.

Zwei junge Leute kamen im Wagen nach Paris. Der eine erzählt, er käme, um die Tochter von Herrn *** zu heiraten. Er spricht von seinen Verbindungen, dem Stand seines Vaters usw. Sie übernachten dann in derselben Herberge. Am nächsten Morgen stirbt der Freier um sieben Uhr früh, noch ehe er seinen Besuch gemacht hat. Der andere aber, der stets zu Spaß aufgelegt war, geht zu dem künftigen Schwiegervater, gibt sich als Schwiegersohn aus, benimmt sich wie ein geistreicher Mann und entzückt die ganze Familie bis zum Augenblick der Abreise, die er beschleunigt, sagt er, weil er um sechs Uhr verabredet sei, um sich bestatten zu lassen. Es war in der Tat die Stunde, in der der morgens verstorbene junge Mann begraben werden sollte. Der Diener, der zur Herberge des angeblichen Schwiegersohnes ging, setzte den Schwiegervater und die Familie in Erstaunen, denn er glaubte, die Seele eines Gespenstes gesehen zu haben.

Zur Zeit der Farcen auf dem Jahrmarkt Saint-Laurent erschien auf dem Theater ein vorn und hinten buckliger Hanswurst. Man fragte ihn, was er vorn in seinem Buckel hätte. »Befehle«, sagte er. »Und hinten?« – »Gegenbefehle.« Es war in der Tat die Zeit, in der die Verwaltung über alle Maßen verrückt und albern war. Wegen dieses an sich sehr guten Scherzes wurde der Spötter nach Bicêtre[28] geschickt.

Herr von La Briffe, Generalprokurator am Großen Rat, war am Rosenmontag gestorben, wurde Dienstag begraben, und als der Leichenwagen inmitten der Masken vorbeizog, hielt man ihn für eine Maskerade. Je mehr man der Menge diesen ganzen Aufwand erklären wollte, um so lauter schrie sie: Scheißmaske!

Ludwig XV. hatte mit dem Marschall von Estrées gespielt, der sich zurückzog, als er viel verloren hatte. Der König fragte ihn: »Haben Sie ein Gut?«

Fox, ein berühmter Spieler, sagte: »Es gibt zwei große Vergnügen beim Spiel: zu gewinnen und zu verlieren.«

Ein Spieler wollte den Rest seiner Pacht durch Abvermietung begleichen. Man fragte ihn, ob es sehr hell in seinem Zimmer sei. »Ach«, sagte er, »ich weiß es nicht. Ich gehe so früh weg und komme so spät nach Haus.«

Rede eines Menschen, der in Eile vom Münzhof (Paris 1775 oder 1776) zum Tode durch den Strang verurteilt worden war: »Meine Herren, ich danke Ihnen. Indem Sie sich beeilten, mich in Ausübung Ihrer Rechtsprechung hängen zu lassen, haben Sie mich unendlich verpflichtet. Ich habe zwanzig Diebstähle und vier Morde begangen. Ich verdiente Schlimmeres als das, was mir jetzt widerfährt. Ich danke Ihnen.«

Der Marschall von Luxembourg, der unter dem Vorwand einer Anklage auf Magie zwei Jahre in der Bastille festgehalten worden war, verließ das Gefängnis, um Armeen zu befehligen. »Man braucht noch Magie«, sagte er im Scherz.

Herr von ***, ein bekannter Lügner, hatte eben ich weiß nicht welche kaum glaubhafte Geschichte erzählt. »Mein Herr«, sagte jemand zu ihm, »ich glaube Ihnen, aber geben Sie doch zu, daß die Wahrheit unrecht hat, nicht zu geruhen, sich wahrscheinlicher zu geben.«

Ein Abbé bat den Regenten um eine Abtei. »Lassen Sie sich...«, antwortete der Fürst, ohne sich umzusehen. »Dazu braucht man noch Geld extra«, sagte der Abbé, »Ew. Hoheit wird es zugeben, wenn sie geruht, mich anzusehen.« Er war sehr häßlich. Der Fürst lachte laut heraus und gab ihm die Abtei.

Ein Holländer, der schlecht französisch sprach, war gewohnt, ganz leise die Verben zu konjugieren, die die Leute im Gespräch mit ihm verwendeten. Ein unhöflicher Mensch sagte ihm: »Aber Sie machen sich über mich lustig.« Er begann dieses Verbum zu konjugieren. »Gehen wir«, sagte der andere. »Ich gehe, du gehst.« – »Hüten Sie sich.« – »Ich hüte mich.« Sie schlagen sich. »Sie halten sich daran.« – »Ich halte, du hältst usw.«

Ein Mann, der schlecht sprach, sagte, als er diese Geschichte hörte, zum Erzähler: »Mein Herr, ich nehme sie Ihnen ab, ich werde sie mehr als einmal erzählen.« – »Gerne«, sagte der andere, »ich trete sie Ihnen ab, aber unter der Bedingung, daß Sie oft die Verben ändern, damit Sie konjugieren lernen.«

Ein Mann, der eine Aufführung von ›Phèdre‹ mit schlechten Schauspielern gesehen hatte, sagte, um sich zu entschuldigen, er wäre im Theater gewesen, um sich die Mühe des Lesens zu ersparen und um seine Augen zu schonen. »Nun, mein Herr«, sagte jemand zu ihm, »Racine spielen sehen von solchen Laffen, das heißt Pradon lesen.«

Der Marschall von Sachsen sagte: »Ich weiß, daß mancher brave Pariser Bürger, der zwischen seinem Bäcker und seinem Garkoch wohnt, sich wundert, daß ich meine Armeen nicht zehn Meilen am Tag zurücklegen lasse.«

Fräulein Pitt sagte zu jemandem, dessen Gedicht sie interessant fand: »Mein Herr, ich kenne Sie erst drei Tage, aber ich gebe Ihnen drei Jahre Bekanntschaft.«

Ein Pfarrer von Hémon, einer Pfarre auf dem Gut des Marquis von Créqui, sagte zu seinen Pfarrkindern: »Betet zu Gott für den Marquis von Créqui, der im Dienst des Königs seinen Körper und seine Seele verloren hat.«

Man stahl einem Soldaten sein Pferd. Er ruft seine Kameraden zusammen und erklärt, wenn man ihm nicht innerhalb von zwei Stunden sein Pferd zurückgäbe, würde er den Entschluß fassen, den sein Vater in solchen Fällen faßte. Die drohende Miene, mit der er sprach, erschreckte den Dieb, der seine Beute fahrenließ. Das Pferd kam zu seinem Herrn zurück. Man beglückwünscht ihn und fragt ihn, was er getan hätte und was sein Vater tat. »Mein Vater«, sagte er, »ließ, wenn er sein Pferd verloren hatte, es überall ausrufen und suchen. Dann nimmt er seinen Sattel, legt ihn auf den Rücken, nimmt seine Peitsche, Stiefel und Sporen und sagt ganz laut zu seinen Kameraden: ›Sie sehen, ich bin zu Roß gekommen und kehre zu Fuß zurück.‹«

Musson und Rousseau, zwei Gesellschaftsspaßmacher, waren in einem angesehenen Hause zum Abendessen eingeladen und tranken und aßen um die Wette, ohne sich um die Gäste zu kümmern. Dies fand man schließlich falsch, als Rousseau zu Musson sagte: »Nun, mein Freund, wir müssen an unsern Beruf denken.« Dieses eine Wort machte alles wieder gut, und es war besser als alles, was sie später sagten.

Als ein Anführer der Wilden, der im Dienst von Herrn von Montcalm stand, eine Unterredung mit ihm hatte, bei der der General ärgerlich wurde, sagte er ihm äußerst kaltblütig: »Du kommandierst und ärgerst dich?«

Als Herr von Mesmes das Haus von Montmorency gekauft hatte, ließ er die Aufschrift anbringen: Hôtel de Mesmes. Man schrieb darunter: Pas de même[29].

Ein Greis, den ich in meiner Jugend gekannt habe, sagte mir, als vom Schicksal des Herzogs von *** die Rede war: »Ich habe oft beobachtet, wie das Glück der Minister und Günstlinge auf eine Weise zu Ende geht, die sie neidisch machte auf ihre Angestellten und Sekretäre.«

Die Herzogin von Maine brauchte eines Tages den Abbé von Vaubrun und befahl einem ihrer Kammerdiener, ihn aufzutreiben, wo er auch sei. Dieser Mann macht sich auf den Weg und erfährt zu seiner großen Überraschung, daß der Abbé von Vaubrun in irgendeiner Kirche die Messe liest. Er richtet dem Abbé, der die Kanzel verläßt, seinen Auftrag aus und sagt ihm auch, wie überrascht er sei, ihn beim Messelesen anzutreffen.

Der Abbé, der ein großer Freigeist war, erwiderte: »Ich bitte Sie, der Herzogin nicht zu sagen, in welcher Verfassung Sie mich angetroffen haben.«

Es gab bei Hofe eine Intrige, um Ludwig XV. zu verheiraten, der dahinsiechte an den Folgen der Onanie. Während dieser Zeit entschied sich der Kardinal von Fleury zugunsten der Tochter des Königs von Polen. Aber der Fall war dringend. Jeder intrigierte, um den König so schnell wie möglich zu verheiraten. Die Fräulein von Beaumont-Lès-Tours entfernen wollten, gewannen die Ärzte für sich, die sagten, der König bedürfe einer gesetzten Frau zur Beseitigung der Folgen der Onanie und im Hinblick auf Kinder. Während dieser Zeit gerieten alle Mächte in Bewegung, und es gab wenige Fürstinnen, die dem Kardinal nicht ihr Wärmtuch geschickt hätten. Man hatte der Königin eine Art Vertrag geschickt, den man sie unterschreiben ließ, nämlich nie mit dem König über Staatsgeschäfte zu sprechen usw.

Szene zwischen dem Abbé Maury und dem Kardinal de La Roche-Aymon, der jenen seine Rede aus Anlaß der Heirat von Frau Clotilde abfassen ließ. Der Kardinal, grollend: »Vor allem lassen Sie mich keine Phrasen schreiben, ich bin kein Schöngeist... Ich brauche in meinem Alter höchstens drei...« – »Hochwürden, müßte man nicht?« »Müßte? Was soll diese Frage? Wollen Sie mich meine Rede abfassen lassen?« – »Hochwürden, ich frage, ob man nicht von Ludwig XV. sprechen muß?« – »Eine dumme Frage.« Und daraufhin läßt der Kardinal eine Lobrede auf Ludwig XV., dann eine auf die Königin folgen. »Hochwürden, wäre es nicht passend, auch noch eine auf den Herrn Dauphin hinzuzufügen?« – »Was für eine Frage! Halten Sie mich für einen Philosophen, der sich weigert, den Königen und den Kindern der Könige zu geben, was ihnen gebührt?« – »Die Prinzessinnen?« Von neuem Zorn des Kardinals und Bemerkungen des Dieners. Schließlich greift der Abbé zur Feder und schreibt drei oder vier Sätze. Der Sekretär des Kardinals trifft ein. »So ist der Abbé«, sagte der Kardinal, »er wollte mich Geistreichigkeiten und Phrasen schreiben lassen. Ich habe ihm dies da diktiert, es ist mehr wert als alle Rhetorik der Akademie. Leben Sie wohl, Abbé, auf Wiedersehen. Seien Sie ein andermal weniger phrasenvoll, weniger wortreich.«

Der Kardinal[30] sagte zu einem alten Bischof: »Ich werde Ihren Neffen wie den meinen behandeln, falls der Tod an Sie herantritt.« Der Bischof, der noch nicht so alt war wie der Kardinal, sagte ihm: »Gut, Hochwürden, ich empfehle ihn Ew. Ewigkeit.«

Man erzählte sich eines Tages unglaubliche Geschichten in Gegenwart Ludwigs XV. Der Herzog von Ayen begann die Geschichte von einem Kapuzinerprior zu erzählen, der alle Tage nach Ende der Frühmette einen Kapuziner erschoß, dem er bei einem Übergang auflauerte. Das Gerücht verbreitet sich. Der Ordensprovinzial kommt ins Kloster. Glücklicherweise stellte sich heraus, daß bei der Zählung kein einziger Kapuziner fehlte.

Fräulein von ***, ein neunjähriges Mädchen, sagte zu seiner Mutter, die untröstlich war, einen Posten bei Hofe verloren zu haben: »Mama, was für ein Vergnügen macht es Ihnen, vor Langeweile zu sterben?«

Ein kleiner Junge bat seine Mutter um Konfitüren. »Gib mir zuviel davon«, sagte er.

Jemand schuldete einem Totengräber Geld für das Begräbnis seiner Tochter. Er trifft ihn, will ihn bezahlen. Dieser erwidert: »Schon gut, mein Herr, das regeln wir bei anderer Gelegenheit. Sie haben eine kranke Magd, und Ihrer Frau geht es nicht gut.«

Ein irischer Soldat behauptete in einem Gefecht, einen Gefangenen festzuhalten. »Er will mir nicht folgen«, sagte er, als er einen seiner Kameraden herbeirief. »Nun«, sagte dieser, »laß ihn laufen, wenn du ihn nicht mitnehmen kannst.« – »Ja, aber«, erwiderte der andere, »er will mich nicht loslassen.«

Der Marquis von ***, der für sich und seine Leute Einlaß in ein königliches Haus begehrte, das von einem Soldaten der Schweizergarde bewacht wurde, drängt die Menge weg, nimmt sie zum Zeugen und sagt zum Posten: »Mach Platz. Diese Herren gehören zu mir, die andern dort nicht.« Der Posten läßt ihn passieren, aber jemand sieht drei junge Leute lachen und sich über den Posten lustig machen. Man sagt es ihm, er läuft zum Marquis und fragt: »Mein Herr, Ihr Passierschein?« – »Hast du einen Bleistift?« – »Nein, mein Herr.« – »Da ist einer«, sagt einer von den jungen Leuten. Der Marquis schreibt und sagt dabei zum Posten: »Ich sehe es gern, wenn man seine Pflicht tut und sich an die Vorschriften hält.« Gleichzeitig gibt er ihm den Schein, auf dem geschrieben stand: »Laßt den Herrn Marquis von *** und seine Begleiter passieren.« Der Posten nimmt den Schein und sagt laut triumphierend zu denen, die ihn aufmerksam gemacht hatten: »Ich hab' den Schein.«

Jemand sagte Fürchterliches über Gott. Einer seiner Freunde sagte: »Du sprichst immer schlecht von dem und jenem.«

Herr ***, zu dem ich sagte: »Ihre Haushälterin ist sehr jung und hübsch«, antwortete mir: »Es bedarf nicht der Übereinstimmung im Lebensalter, die des Charakters genügt.«

Man fragte ein Kind: »Ist Gott Vater Gott?« – »Ja.« – »Ist Gottes Sohn Gott?« – »Nicht daß ich wüßte, aber beim Tod seines Vaters wird er es wohl sein.«

Der Herr Dauphin hatte den Fürsten Louis von Rohan als einen leutseligen Fürsten charakterisiert, als einen liebenswürdigen Prälaten und als einen Kauz von großer Ungebundenheit. Ein Herr von Nadaillac, ein sehr lächerlicher Mensch, war bei diesen Worten zugegen gewesen, die man in Gegenwart einer Frau wiederholte, die ein Verhältnis mit dem Fürsten Louis hatte. Beunruhigt über alles, was man sagte, fragte sie, was der Dauphin gesagt hätte. Herr von Nadaillac sagte: »Gnädige Frau, das interessiert Sie, und Sie werden entzückt sein.« Er wiederholte die Worte des Dauphins, ersetzte aber zum Schluß »Ungebundenheit« durch »Gebundenheit.«

Herr von Lauraguais schrieb dem Marquis von Villette: »Ich verachte keineswegs die Bürgerlichen, Herr Marquis; ich besitze diesen Fehler nicht, und Sie sind sicher usw.«

Man hatte eben davon gesprochen, daß Herr von *** Ärger gehabt hätte wegen der Adelsnachweise, die aus Martinique kommen sollten und nicht kamen, was ihn seine Stellung bei Hofe kosten konnte. Man las darauf ein von ihm verfaßtes Gedicht vor und die ersten acht Verse stellten sich als schlecht heraus. Herr von T. sagte laut: »Die Nachweise werden kommen, diese Verse taugen nichts.«

Herr *** sagte, daß er jedesmal, wenn er einen Mann von Rang eine Niedrigkeit begehen sah, versucht wäre, ihm dasselbe zuzurufen wie der Kardinal von Retz dem Mann, der auf ihn anlegte: »Unglücklicher, dein Vater sieht auf dich! Aber eigentlich«, fügte er hinzu, »müßte man rufen: ›Deine Väter sehen auf dich‹, denn oft ist der Vater auch nicht mehr wert.«

Laval, der Ballettmeister, war im Theater auf einer Opernprobe. Der Autor oder einer seiner Freunde rief ihm zweimal zu: »Herr von Laval! Herr von Laval!« Laval tritt vor und sagt zu ihm: »Mein Herr, zweimal schon rufen Sie mich Herr von Laval. Das erste Mal habe ich nichts gesagt, aber nun geht es zu weit. Halten Sie mich für einen dieser zwei oder drei Herren von Laval, die keinen Menuettschritt fertigbringen?«

Der Abbé Tencin war wegen eines Simoniehandels angeklagt. Aubri, der gegnerische Advokat, schien in seinen Argumenten nachzugeben. Der Advokat des Abbés begehrte lauter auf. Aubri spielte den Verlegenen. Der Abbé, der zugegen war, glaubte wer weiß was zu tun, wenn er die Gelegenheit ergriff, die Verleumdung vollends zu vereiteln, indem er sich durch einen Eid entlastete. Da unterbrach ihn Aubri, sagte, daß dies gar nicht nötig sei, und legte die Originalschriftstücke des Handels vor. Geschrei und Lärm. Der Abbé konnte sich davonmachen und reiste auf Gesandtschaft nach Rom.

Der entlassene Herr von Silhouette war bekümmert über sein Unglück und über die Folgen, die es haben könnte. Was er am meisten fürchtete, das waren die Chansons. Eines Tages nach Tisch (während des Essens hatte er nichts gesagt), näherte er sich zitternd einer Frau, der er Vertrauen schenkte, und fragte: »Sagen Sie mir ehrlich, kursieren wirklich keine Chansons?«

Das Wahrzeichen Maria Stuarts war ein Süßholzzweig mit den Worten: »Dulcedo in terra«[31], in Anspielung auf Franz II., der jung gestorben war.

Während des Krieges von 1745 ließ sich ein Teil des Volkes, der der österreichischen Partei ergeben war, einfallen, nach der

Krönung Franz' I. in Frankfurt unter die Fenster der Botschafter von Frankreich und Spanien zu ziehen, die damals Österreich feindlich gesinnt waren, und durch Rufe: »Es lebe der Kaiser!«, seine Freude zu bezeigen. Der Botschafter von Frankreich warf Geld unter die Menge, die rief: »Es lebe Frankreich!«, und sich zurückzog. Aber ganz anders ging es vor dem Palast des Kardinals Aquaviva, dem Protektor Spaniens, vor sich. Dieser glaubte sich herausgefordert, öffnet sein Fenster, und eine Salve aus zwanzig Gewehren wirft ebenso viele Tote und Verwundete zu Boden. Das Volk will den Palast in Brand stecken und Aquaviva verbrennen, aber dieser hatte sich mehr als tausend Mann gesichert, mit denen er den Platz verteidigte. Vier Kanonen mit Kartätschen imponieren dem Volk. Wer wollte glauben, daß der Papst mit seiner absoluten Autorität und mit seiner Truppe jemals daran gedacht hätte, dem Kardinal vor dem Volk Gerechtigkeit widerfahren zu lassen? Das sind die fürchterlichen Folgen der Prepotenza. Nicht genug: der Kardinal Aquaviva hatte in den letzten Tagen seines Lebens so viele Gewissensbisse wegen seiner Gewalttätigkeiten, daß er öffentlich eine Kirchenbuße leisten wollte, aber das Kardinalskollegium wollte es der Ehre des Purpurs wegen nie zulassen. So ist in der Hauptstadt der christlichen Welt die Äußerung der Gewissensbisse, diese Tugend des Sünders und seine letzte Rettung, einem Priester, der durch seine Gewissensbisse nicht hinlänglich bestraft ist, untersagt, und dieser Triumph des Stolzes über eine Religion der Demut war das Werk derer, die sich für die Nachfolger seiner ersten Apostel halten. Die Religion wird ohne Zweifel weiterbestehen, aber die Prepotenza kann nicht von Dauer sein.

Anhang

Anmerkungen
Erläuterndes Personenregister
Sachregister

Anmerkungen

LA ROCHEFOUCAULD

Die Übersetzung beruht auf der maßgebenden Ausgabe der *Grands Écrivains de la France*. Der Text der Ausgabe der *Pléiade*, ed. Martin Chauffier, Paris 1935, ist mit herangezogen worden.

Zur Literatur über La Rochefoucauld sei verwiesen au David C. Cabeen and Jules Brody, *A Critical Bibliography of French Literature*, vol. II (The Seventeenth Century, ed. by N. Edelmann), Syracuse University Press 1961, ferner auf die Arbeit von Margot Kruse, *Die Maxime in der französischen Literatur. Studien zum Werk La Rochefoucaulds und seiner Nachfolger* (Hamburger Romanistische Studien, Reihe A, Bd. 44), Hamburg 1960; s. meine ausführliche Besprechung in: Romanische Forschungen 1961; Liane Ansmann, *Die ›Maximen‹ von La Rochefoucauld*. München 1972; H. Wentzlaff-Eggebert, *Reflexion als Schlüsselwort in La Rochefoucaulds ›Réflexions ou Sentences et Maximes morales‹*. In: Ztschr. f. franz. Sprache u. Lit. (1972); Thilo Schabert, *La Rochefoucauld oder das Maskenspiel*. In: *Natur und Revolution*. München 1969; C. Rosso, *La ›Maxime‹. Saggi per una tipologia critica*. Napoli 1968. Margot Kruse, *Die französischen Moralisten*, in: Handbuch der Literaturwissenschaft. Hrsg. von Klaus von See. Bd. 9/10. Frankfurt 1972.

[1] Die Sätze klingen an die Liviusstelle an (Ab urbe condita, Praefatio): »ad haec tempora quibus nec vitia nostra nec remedia pati possumus« (»bis zu unserer Zeit, in der wir weder unsere Laster noch die Heilmittel [gegen sie] ertragen können«; bei La Rochefoucauld: »er ist ihrer überdrüssig und auch der Heilmittel gegen sie«).

[2] Gemeint ist Giovanni Battista Guarini.

VAUVENARGUES

Die Übersetzung beruht auf der Ausgabe der *Œuvres complètes*, 3 Bde., ed. Varillon, Paris 1929. Gleichzeitig ist auch die kritische – nicht ganz vollständige – Ausgabe der *Réflexions et maximes*, éd. intégrale avec introduction, notes critiques et variantes, von J. Roger Charbonnel, Paris 1934, benutzt worden.

Die neueste Literatur über Vauvenargues findet der interessierte Leser bei May Vallas, *Vauvenargues en 1948* (French Studies), Oxford 1949; vgl. ferner David C. Cabeen, *A Critical Bibliography of French Literature*, vol. IV (The Eighteenth Century, ed. by George R. Havens and Donald F. Bond), Syracuse University Press 1951.

[1] Das Zitat stammt aus den *Pensées* von Pascal. – Über das Problem der »honnêteté« und die Bedeutung des »honnête homme« (des Gebildeten) hat man das ganze 17. und auch noch das 18. Jh. in Frankreich diskutiert. Die Schriften des Chevalier de Méré (1607 bis 1684), des Jansenisten Nicole (1623–95), des Jesuitenpaters Bouhours (1628–1702) sind dafür besonders aufschlußreich. Das wesentliche Material zu dem Thema verzeichnet und diskutiert das Werk von P. Magendie, *La politesse mondaine et les théories de l'honnêteté en France de 1600 à 1660*, Paris 1926. Einer der bekanntesten Traktate stammt von Nicolas Faret (1596–1646), *L'honnête homme ou l'art de plaire à la cour*, Paris 1630, Neuausgabe von M. Magendie, Paris 1925. S. auch Carl J. Burckhardt, *Der honnête homme*, in: *Gestalten und Mächte. Reden und Aufsätze*, München 1941.

[2] Gemeint ist Voltaire.

[3] Cäsar hatte die Zahl der offiziellen Auguren, der staatlichen Weissager, auf 16

erhöht; eine Schrift über die Haruspices, die Weissager aus den Eingeweiden der Opfertiere, ist nicht erhalten.

[4] Ein ähnlich kritisches Urteil über Locke fällt Vauvenargues in seiner Abhandlung über den freien Willen. Dennoch hat Locke, wie sich leicht nachweisen läßt, Vauvenargues vielfach beeinflußt.

[5] Lucan, von dessen Dichtungen nur das unvollendete Epos *Pharsalia* erhalten ist, war im 17./18. Jh. vielfach übersetzt worden: 1653 von M. de Marolles, 1765 von Masson, 1766 von Marmontel. – Seneca wurde von Vauvenargues schwärmerisch bewundert; über den Einfluß, den er durch Plutarch und Seneca erfahren hat, spricht Vauvenargues ausführlich im Brief vom 22. 3. 1740 an den Marquis von Mirabeau.

[6] Eine ausführliche Kritik der Gedichte und Würdigung der Opern Quinaults steht in den kritischen Betrachtungen von Vauvenargues.

[7] Anspielung auf Montaigne, *Essais* I, 40, besonders den Passus: »Mais cecy surpasse toute bassesse de cœur, en personnes de tel rang, d'avoir voulu tirer quelque principale gloire du caquet et de la parlerie.« (»Das aber übertrifft alle Niedrigkeit der Gesinnung, daß Menschen von solchem Rang besonderen Ruhm aus dem Geschwätz und dem Gerede haben ernten wollen.«)

[8] Dieser in Frage gestellte Satz entstammt der antiken Philosophie; in der Fassung Epikurs (*Kyriai doxai* 5): »Der Reichtum der Natur ist begrenzt und leicht zu beschaffen, aber der der leeren Einbildungen (doxai/opiniones) geht ins Unendliche.« Zur Erläuterung s. Cicero, *De finibus* I, 13, 45: »Epikur hat eine Art von Begierden angenommen, die natürlich und notwendig, eine zweite, die natürlich, aber nicht notwendig, und eine dritte, die weder natürlich noch notwendig seien. (Diese letzteren entstehen vermöge leerer Einbildung; Epikur, *Kyriai doxai* 29.) Unter diesen herrscht folgendes Verhältnis: die notwendigen können ohne viel Mühe und Kosten gestillt werden, und die bloß natürlichen verlangen nicht viel, weil die Natur die Reichtümer, mit denen sie zufrieden ist, beschaffbar und gemacht hat, der leeren Begierden dagegen ist kein Maß und Ende zu finden.« – Gegen den Satz, daß nichts die Einbildung, wenig die Natur zufriedenstelle, wendet sich Vauvenargues.

[9] Wirklichen Ruf als Dichter besaß Friedrich II. von Preußen in Frankreich während des 18. Jh. S. Werner Langer, *Friedrich der Große und die geistige Welt Frankreichs*, Hamburg 1932.

[10] Hinweis auf den Erziehungsroman *Télémaque* (1699) von Fénelon, der Kritik übte an der Regierung Ludwigs XIV.

[11] D. h. als erster Beichtvater der Herzogin von Burgund.

[12] Hinweis auf den Fleuriste in La Bruyères *Caractères* (Kap. *De la mode*).

[13] Gemeint ist der Lyriker Jean-Baptiste Rousseau, der u. a. als erster in Frankreich *Cantates allégoriques* gedichtet hat.

[14] Lies: Bayle und Fontenelle.

MONTESQUIEU

Die ausgewählten Abschnitte stammen aus den *Pensées*, die in den zwei Gesamtausgaben enthalten sind: *Œuvres complètes*, Texte présenté et annoté par Roger Caillois, Paris (Bibliothèque de la Pléiade) 1949/51, 2 Bde., und *Œuvres complètes*, publiées sous la direction d'André Masson, Paris, Nagel, 1949/55, 3 Bde. Noch nicht abgeschlossen ist die Ausgabe der *Œuvres complètes* (Les Textes français), Paris, Société Les Belles Lettres, 1929ff., doch ist der in dieser Sammlung herausgekommene Text von *De l'esprit des Lois* (1950, 2 Bde.) die beste kritische und kommentierte Ausgabe.

Die wichtigste Literatur über Montesquieu s. bei Jean Starobinski, *Montesquieu par lui-même* (Écrivains de Toujours), Paris 1953. Die wichtigste Biographie stammt von Robert Shackleton, *Montesquieu. A Critical Biography*, Oxford, University Press, 1961. C. Rosso, *Montesquieu moraliste. Des lois au bonheur*. Paris 1971.

[1] Hinweis auf den Streit zwischen den Alten und den Modernen, der vor allem die zweite Hälfte des 17. Jh. erfüllte. An der Frage, ob die Normen der Antike noch weiterhin absolut verbindlich seien oder ob nicht vielmehr die Modernen auf vielen Gebieten die Alten übertroffen hätten, schieden sich die Geister. Fast alle bedeutenden Schriftsteller des Ancien Régime nahmen an der Diskussion teil. S. die noch heute maßgebenden Darstellungen von H. Rigault, *Histoire de la querelle des Anciens et des Modernes*, Paris 1856, und H. Gillot, *La querelle des Anciens et des Modernes*, Paris 1914.

[2] Die Diskussion über das »Lächerliche« hat eine lange Geschichte. S. dazu meine Schrift *Das Lächerliche in der französischen Literatur des Ancien Régime* in: *Studien zur französischen Aufklärung*. München 1964.

[3] Das Zitat stammt aus Plutarchs *Moralia* (Von der Liebe zum Reichtum).

[4] Gemeint ist der Lyriker Jean-Baptiste Rousseau.

[5] »Die augenblickliche Lust so genießen, daß man die künftige nicht beeinträchtigt.«

[6] Hinweis auf das berühmte Glückskalkül von Maupertuis in den *Essais de morale* (*Œuvres*, Lyon 1768). Hier werden Lust und Unlust bestimmten Größenwerten zugewiesen und miteinander verglichen – die philosophischen Systeme werden nach ihrem Glückskalkül unterschieden. Die darin beschlossene eigentümliche Vereinigung mathematischer und psychologischer Betrachtung deckte sich mit der Stimmung des Zeitalters.

[7] Hinweis auf den 4. Gesang aus Ariosts *Orlando innamorato*.

[8] »Niemand ist unglücklich, es sei denn im Vergleich mit andern.«

[9] »Oh, Niedrige entsprossen dem Blut der Götter.«

[10] Hinweis auf den Roman *La princesse de Clèves* (1678) von Mme de La Fayette; Mlle. de Chartres, die den Fürsten von Kleve geheiratet hat, ohne ihn wirklich zu lieben, begegnet später auf einem Ball dem glänzendsten Ritter am Hof Heinrichs II., dem Herrn von Nemours.

[11] Die Geschichten aus *Tausendundeiner Nacht* waren Frankreich im 18. Jh. durch die Übersetzung von Galland bekannt geworden (*Les mille et une nuit, contes arabes*, Paris 1704/08).

[12] Das *Journal des Savants* – das heute noch besteht – ist 1665 gegründet worden; seit 1675 erschien in Leipzig eine lat. Ausgabe. S. B. T. Morgan, *Histoire du journal des savants* (1665–1701), Paris 1928.

[13] Janus, röm. Gott der Tordurchgänge (iani), des Anfangs und des Endes. Das wichtigste Fest war das Agonium am 9. Januar. Auf das erste As-Geldstück war das Bild des Janus geprägt, ein Kopf mit zwei Gesichtern (im Profil nach rechts und links).

CHAMFORT

Unsere Übersetzung enthält den vollständigen Text der *Maximen* und der *Charaktere und Anekdoten*. Die Grenze zwischen beiden Formen ist oft fließend, zumal da vielen Maximen ein anekdotisches Element beigemischt ist, das den Charakter beleuchten soll. Die Einteilung selbst stammt nicht von Chamfort, sondern von Guinguené, der die Maximen posthum herausgegeben hat. Die modernen Herausgeber folgen nicht immer dieser Anordnung, doch fallen die Abweichungen nicht so sehr ins Gewicht;

nur die Lescuresche Ausgabe bemüht sich um eine neue Gruppierung. – Eine vollständige kritische Ausgabe von Chamforts Werk gibt es nicht: die erste vollständige Ausgabe, die *Œuvres complètes*, ed. Guinguené, erschien in Paris an III (1795), 4 Bde., eine zweite 1800, eine dritte 1812 und die vierte, 5 Bde., ed. P. R. Auguis, 1824/25. – Neu aufgelegt wurden immer wieder einzelne Werke: Dialoge, Lobreden und stets die Maximen. Die zugänglichen Ausgaben: Lescure, Paris 1892, 2 Bde.; *Maximes et pensées, suivis de dialogues philosophiques*, ed. van Bever, Paris 1923; der Text der *Sammlung Larousse, Maximes et pensées, anecdotes et caractères*, Paris o. J.; und vor allem die beste kritische Ausgabe von Pierre Grosclaude, Paris, Imprimerie nationale, 1953, lagen unserer Übersetzung zugrunde. Dort s. ausführliche Bibliographie und Ikonographie. S. auch den Artikel von François-Albert Buisson im *Dictionnaire des Lettres françaises, XVIIIe siècle*, Paris 1960, und R. List-Marzolff, *Sebastien-Roch Nicolas Chamfort. Ein Moralist im 18. Jahrhundert*. München 1966. Die erste deutsche Kritik der vierbändigen Ausgabe von 1795 hat A. W. Schlegel veröffentlicht; s. A. W. Schlegel, *Sämtliche Werke*, Leipzig 1846, Bd. 9, S. 272 ff. Friedrich Schlegel hat in Auseinandersetzung mit Chamfort, dem er größte Aufmerksamkeit gewidmet hat, seine von der französischen Auffassung des Ancien régime abweichende eigene Theorie des Witzes entwickelt; s. *Fragmente*, ed. Minor, Wien 1882, II, 190, 191, 199, 281. Die Deutung Nietzsches s. im Aphorismus 95 der *Fröhlichen Wissenschaft*, Werke, ed. K. Schlechta, München 1955, 100f. – Die Vorliebe für Anekdotensammlungen, die die Renaissance von der Antike geerbt hat, ist für das ganze Ancien régime charakteristisch, doch gilt als die berühmteste Sammlung die der *Historiettes* von Tallemant des Réaux (1619–92). Antoine Adam hat vor kurzem eine kritische und kommentierte Ausgabe des ganzen Textes vorgelegt, Paris (Bibliothèque de la Pléiade) 1960/61, 2 Bde.

Maximen und Gedanken

[1] S. Genesis II, 16.

[2] Dorilas, erfundener Name in der Art La Bruyères. Es ist möglich, daß es sich um einen Decknamen handelt, unter dem auf eine bestimmte Person verwiesen werden sollte.

[3] Bukephalos, das berühmte Pferd, das erst Alexander d. Gr. bändigen konnte. Es ist dann sein Streitroß geworden.

[4] S. Tasso, *Befreites Jerusalem*, XVI.

[5] Zitat aus Dancourts (1661–1725) Komödie *Die Mühle von Javelles*. Die franz. Wendung: »Nous autres et vous autres, nous ne pouvons nous passer les uns des autres«, läßt sich im Deutschen nicht wiedergeben.

[6] Hinweis auf Miltons *Verlorenes Paradies*, I, V, 776 ff.

[7] Dante, *Göttliche Komödie*, I, 3: »Laßt, die ihr eingeht, jede Hoffnung fahren.«

[8] Hinweis auf die mythologische Legende: Der undankbare Ixion, König der Lapithen, den Zeus unsterblich gemacht und unter die Götter aufgenommen hat, wollte sich an Hera vergreifen, umarmt aber statt ihrer nur eine Wolke, ein von Zeus geschaffenes Trugbild; zur Strafe wurde er auf ein feuriges Rad geflochten und muß seinen Frevel in der Unterwelt büßen.

[9] S. Psalm 110, 10 und Sprüche Salomonis 1, 7 et les fondements.

[10] Anspielung auf Rousseau, *Discours sur l'origine de l'inégalité parmi les hommes*: »l'homme qui médite est un animal dépravé« (»der Mensch, der denkt, ist ein aus der Art geschlagenes Tier«). Plutarch war ein Lieblingsautor Rousseaus.

[11] Anspielung auf die Dioskurensage. S. Pindar, *Nemeen*, X, 55: »Abwechselnd verbringen sie je einen Tag bei ihrem Vater Zeus, den andern unter der Erde im Tal von Therapna, ein gleiches Geschick erfüllen.«

ANMERKUNGEN

[12] per la predica: hier soviel wie »für das Volk«; »ad populum phaleras, ego te intus et in cute novi«: »die Medaillen sind für die Leute, ich kenne dich inwendig« (Persius, *Satiren*, 3, 30).

[13] Zitat aus Voltaires *Pucelle*, III, 142 f. Bruder Lourdis ist ein unwissender Benediktinermönch (engraissé d'ignorance), der im 3. Gesang auftritt. Der Name (lourd = schwer, unbeholfen) deutet auf seine Schwerfälligkeit.

[14] Anspielung auf Augustinus, der die guten Taten der Heiden peccata splendida (glänzende Sünden) genannt hat. Dies konnte Chamfort bei Voltaire gelesen haben.

[15] Man vgl. dazu die bei Saint-Simon (*Memoires*, 1704) berichtete Äußerung der Mme de Grignan aus Anlaß der Heirat ihres Sohnes Karl mit der Tochter eines reichen Pächters: »Mme de Grignan, en la présentant au monde, en faisait ses excuses, et, avec ses minauderies, en radoucissant ses petits yeux, disait qu'il fallait bien de temps en temps du fumier sur les meilleures terres.« (»Mme. de Grignan entschuldigte sich deswegen, als sie sie der Gesellschaft vorstellte, und sagte mit ihrer gezierten Miene, wobei sie sanfter aus ihren kleinen Augen blickte, daß der beste Boden von Zeit zu Zeit des Düngers bedürfe.«)

[16] S. Montaigne, *Essais*, III, 7 (*De l'incommodité de la grandeur*).

[17] Makao, seit 1557 portug. Niederlassung an der Südküste von China.

[18] Cicisbeo (cavaliere servente), nach früherer italien. Sitte der Hausfreund, der eine verheiratete Dame in Gesellschaft begleitete.

[19] Wald von Bondy, im Departement Seine. (Der Wald ist auch durch die franz. Legende bekannt.)

[20] S. Horaz, *Satiren*, II, 7, 86: »Er findet sich in seinem eigenen Ich.« Das Bild (totus, teres, rotundus) geht auf die den Stoikern geläufige Vergleichung der vollkommenen Seele mit der Kugelgestalt des Empedokleischen Urseins zurück.

[21] S. Corneille, *Medée*, I, 5: »Dans un si grand revers que vous reste-t-il? – *Moi.*« (»Was bleibt Euch bei einem so schweren Schicksalsschlag? – *Ich.*«)

[22] Die vier Kardinaltugenden stammen aus Platos *Politeia* und waren von der Stoa übernommen worden. Den Zusammenfall aller Tugenden in der Weisheit hatte schon Sokrates gelehrt (Xenophon, *Memorabilia* III, 9, 5); die Stoiker hatten auf diesen Gedanken ihr Idealbild des Weisen gebaut.

[23] »Nach dem Verlust der Frauenehre wird kein Weib weiteres versagen.« (Tacitus, *Annalen*, IV, 3) Chamfort zitiert ungenau, im Text steht: Neque femina.

[24] S. Vergil, *Bucolica*, III, Ekloge III:

Malo me Galatea, lasciva puella,
et fugit ad salices, et se cupit ante videri.
(Äpfel wirft Galatea nach mir, das lockere Mädchen
flieht ins Weidengebüsch, und wünscht doch, daß ich sie hasche.

Übers. Th. Haecker).

[25] S. Matthäus IV, 9 (Jesus wird vom Satan versucht): »So du niederfällst und mich anbetest.«

[26] S. Rabelais, *Gargantua*, Kap. 57.

[27] Der Ausdruck »gens de lettres« läßt sich im Deutschen schwer wiedergeben. Die »gens de lettres« – Schriftsteller, Gelehrte, Dichter, Philosophen – bildeten förmlich einen Stand. S. dazu F. Schalk, Einleitung in die *Enzyklopädie der französischen Aufklärung*, München 1936, I (Die Entstehung des schriftstellerischen Selbstbewußtseins in Frankreich).

[28] S. Aristoteles, *Rhetorik*, 1440.

[29] S. Plutarch, *Themistokles*, I, 29.

[30] Das Zitat entstammt dem großen philosophischen Lehrgedicht des Lukrez *De rerum natura* (Über das Wesen des Weltalls), das von Cicero herausgegeben wurde. S. *De rerum natura*, II, 11: »Wetteifern durch Talent, sich aus Adelsstolz überbieten.«

³¹ Gemeint ist der Ordre de Saint-Louis, 1771 von Ludwig XV. gestiftet, durch die Revolution abgeschafft, 1816 wieder eingeführt, 1830 endgültig abgeschafft. – Das Schloß von Marly wurde nach den Plänen von Marsan für Ludwig XIV. erbaut. Zu Marly wurde auch Hof gehalten.

³² Cidalise, Figur aus dem Stück *Le méchant* von Gresset (II, 7).

³³ Hinweis auf die Physiokraten, eine Schule, bei der das »Ökonomische« zum erstenmal als selbständiger Bereich erschien. Der von Quesnay 1758 in seinem *Tableau économique* dargestellte »ordre naturel« enthielt das in vielen Variationen abgewandelte Grundthema der physiokratischen Schule in einem typischen Schema. Der »wirtschaftliche Kreislauf«, den Quesnay dabei vor Augen hat, ergibt sich aus der Frage nach der Herkunft des Reichtums. Das physiokratische System war ein Lösungsversuch jenes Disputs, der sich um die Wiederherstellung der seit Colberts Rücktritt (1683) zerrütteten Finanzen bemühte. Ökonomie war dabei in einem sehr weiten Sinn als natürliche Ordnung des gesellschaftlichen Lebens schlechthin verstanden, die »science du gouvernement économique« als die Erkenntnis der Einrichtung der Gesellschaft, die den »ordre naturel« nicht verletzt. So war sie eine Art Universalwissenschaft vom gesellschaftlich-sittlichen Leben. Die Diskussion um diese Lehre war im 18. Jh. sehr lebhaft. S. zum Ganzen besonders Georges Weulersse, *Le mouvement physiocratique en France de 1756 à 1770*, Paris 1910; ders., *La Physiocratie sous les ministères de Turgot et de Necker (1774–1781)*, Paris 1950; und *La Physiocratie à la fin du règne de Louis XV (1770–1774)*, Paris 1959.

³⁴ Hinweis auf die berühmten humanistischen Drucker des 16. Jh. (Die biographischen Angaben Chamforts über Robert Estienne sind nicht ganz exakt.)

³⁵ Anspielung auf Dante, *Hölle*, XXXIII. Dieser Gesang ist ganz bestimmt durch die Gestalt des Grafen Ugolino, den sein Gegenspieler, der Erzbischof Ruggieri, im Hungerturm hat verschmachten lassen. Dies ist jedoch nur das geschichtliche Faktum, über das der Gesang in poetischer Gestaltung des politischen Verrats weit hinausgeht.

³⁶ Limousin, ehem. Provinz und Grafschaft in Frankreich zwischen Massif central und Garonne, umfaßt die Départements Haute-Vienne und Corrèze.

³⁷ Anspielung auf die bekannte griech. Sage von Kadmos, dem Ahnherrn der Thebaner, der auf Befehl der Athene die Zähne eines von ihm erlegten Drachens säte, aus denen bewaffnete Männer aufwuchsen. Sie kämpften miteinander, bis nur noch fünf am Leben blieben. Von diesen soll der Adel der Stadt Theben abstammen.

Charaktere und Anekdoten

In den Anekdoten von Chamfort ist die Erfahrung der sterbenden Gesellschaft des Ancien régime bis in alle Einzelheiten versammelt; das Ineinandergreifen der verschiedensten Regungen, die Gegensätze der verschiedenen Gruppen und Stände liegen wie das Räderwerk einer Maschine zutage. Nicht alle Figuren dieser ersten Comédie Humaine sind erkennbar, nicht jede Anspielung mit Sicherheit verständlich, mancher Faden verliert sich. Das erläuternde Personenregister gibt dem Leser in knappster Form, soweit möglich, Auskunft über das Personal der Moralisten, vor allem Chamforts; der Leser, der sich biographisch genauer orientieren will, sei auf die ausführlicheren Anmerkungen der kritischen Ausgabe von Grosclaude sowie auf die *Dictionnaires des lettres françaises* (16.–17. Jh.) verwiesen.

¹ Es handelte sich nicht um die Zurückrufung der Protestanten, sondern um ein Toleranzedikt, das den Protestanten die bürgerlichen Freiheiten gewähren sollte. Trotz des Widerspruchs verschiedener Bischöfe wurde es auf Veranlassung Ludwigs XVI. am 19. 1. 1788 angenommen.

² Zitat aus Voltaires *Mérope*, I, 3: »Ein Krieger, den das Glück begünstigt, / War der erste König.«

[3] »Nichts ohne seinen Rat.«

[4] Es handelt sich um den Brief des hl. Hieronymus an Heliodor, in dem dieser gebeten wird, der Welt zu entsagen und in die Einöde zurückzukehren. S. St. Hieronymus in *Patrologia latina*, ed. Migne, Tomus XXII.

[5] Anspielung auf den seit dem 16. Jh. in Westeuropa bekannten Brauch, am Dreikönigstag einen Kuchen mit eingebackenen Bohnen zu zerteilen. Wer das Stück mit der Bohne erhält, ist Bohnenkönig.

[6] Die Variétés amusantes, ein 1777 gegründetes Pariser Theater.

[7] Anspielung auf La Fontaines Fabel *Le chien qui porte à son cou le dîner de son maître* (*Fables* VIII, 7).

[8] »Reiß uns, o Herr, aus dem Sumpf des Schmutzes.«

[9] Der Vers: »qu'il mourût« (»er sterbe«) stammt aus Corneilles *Horace*, I, 3.

[10] Friedrichs II. Schrift gegen Machiavelli (1739, erschienen 1767).

[11] Voltaires Tragödie *Zaire* (1737), die durch Shakespeares *Othello* angeregt worden war.

[12] Gemeint ist Armand-Thomas Hue de Miromesnil.

[13] Vers aus Delilles *Jardins*, IV.

[14] In Louveciennes (Seine-et-Oise) hatte Ludwig XV. für Mme du Barry einen Pavillon bauen lassen.

[15] J.-J. Rousseaus *Devin du village, Intermède* wurde in Anwesenheit des Königs von der kgl. Musikakademie in Fontainebleau am 18. und 24. Oktober mit großem Erfolg aufgeführt.

[16] Anspielung auf das Sprichwort: »Man geht niemals über den Pont-Neuf, ohne einen Priester, einen Schimmel und eine Hure gesehen zu haben.«

[17] Anspielung auf La Fontaines Fabel *Le singe et le dauphin* (*Fables* IV, 7).

[18] Man hat nicht festgestellt, um welche Oper es sich handelt.

[19] Unübersetzbares Wortspiel: Hebe, die Göttin der Jugendschönheit, Tochter des Zeus und der Hera; hébété, der Stumpfsinnige.

[20] Anspielung auf einen Satz aus Duclos' *Voyage en Italie ou considérations sur l'Italie* (1791).

[21] Anspielung auf D'Alemberts *Réflexions sur l'élocution oratoire et le style en général* (1759), *Réflexions sur l'ode* (1762) und *Réflexions sur la poésie* (1760), in *Mélanges de littérature, d'histoire et de philosophie* (II), 1759.

[22] Racine, *Bajazet*, II, 3, v. 649/50.

[23] Gemeint ist die Heldin des Romans von Richardson *Clarissa Harlowe*.

[24] Anspielung auf Ovids *Metamorphosen* IV u. VIII (*Pyramus und Thisbe, Philemon und Baucis*).

[25] Sueton, *De vita Caesarum libri VIII* (Titus).

[26] Apophthegma aus einem Werk van Helmonts.

[27] Hinweis auf Milton.

[28] Hinweis auf die Lehre vom tierischen Magnetismus, die auf Franz Mesmer (1734–1815) zurückgeht.

[29] Molière, *Les femmes savantes* III, 2, v. 761/64.

[30] Das Verbot verweist auf die Schweiz. Voltaires *Pucelle* war in Rom 1757 verboten worden, Helvétius' Buch *De l'esprit* erschien erst 1758 und wurde von der Sorbonne, dem Parlament von Paris und in Rom verboten.

[31] Erotisches Prosagedicht von Montesquieu (1725).

Anhänge

[1] Anspielung auf Voltaires Erzählung *Jeannot und Colin*.
[2] Das Buch des Barons d'Holbach.

[3] Lucas XXIII, 34.

[4] Anspielung auf Popes *Essay on Criticism.*

[5] Möglicherweise venezianische Sprichwörter.

[6] Er war 1720, im Alter von vierundzwanzig Jahren, in die Akademie aufgenommen worden.

[7] Anrede der Frau des ältesten Bruders des Königs, hier Luise Maria Josephine von Savoyen.

[8] Nach einer athen. Sage des 5. Jh. v. u. Z., die auch von der bildenden Kunst dargestellt worden ist und die Chamfort aus Plutarch gekannt haben könnte. (S. *Moralia, Vom Kampf gegen den Zorn.*)

[9] Homer, *Odyssee*, XIX, 562, und Vergil, *Aeneis*, VI, 893/96. S. dazu auch F. Schalk, *Somnium u. verwandte Wörter in den roman. Sprachen*, in: *Exempla romanischer Wortgeschichte*, Frankfurt 1964.

[10] Plutarch, *Moralia* (Über die Liebe).

[11] Wohl Frau von Fourqueux.

[12] Anspielung auf Antoinette Champion, eine Weißnäherin, mit der Diderot verheiratet war. Diese Ehe hat ihn nicht befriedigt, seine Liebe galt Sophie Volland.

[13] Chamforts Anekdote beruht auf einer überlieferten Begebenheit.

[14] »Unterhalb des Nabels gibt es weder Religion noch Wahrheit.«

[15] *Civitas Dei*, I, 8/9 (Teubner). I, 12: »Itemque misericordia Dei fovendos amplectitur bonos, sicut severitas Dei puniendos corripit malos.«

[16] Vergil, *Bucolica*, III, 60.

[17] Anspielung auf eine Oper von Quinault, *Armide et Renaud.*

[18] »Ich werde sie haben wie er, / Wenn ich sie finden werde.«

[19] Johannes XX, 29: »Selig sind, die nicht sehen und doch glauben!«

[20] Hinweis auf Abbé J.-L. Aubert, *Fables* (1774).

[21] Hinweis auf Vorschriften des Arztes Bouvard, nach denen man Kranke wiegen ließ.

[22] Béarn war 1620 mit Frankreich vereinigt worden. 1788 beriefen sich die Béarner auf ihre Privilegien.

[23] Hinweis auf den Artikel *Ramus* in Bayles Wörterbuch. Dort wird über grammatische Dispute berichtet.

[24] Jakob II. war von Ludwig XIV. in Saint-Germain aufgenommen worden.

[25] Die *Constitutio Unigenitus* (1713), in der 101 Sätze aus den *Réflexions morales* des Paters Quesnel verurteilt wurden.

[26] Hinweis auf ein franz. Sprichwort, das dem deutschen: »Man sieht den Wald vor lauter Bäumen nicht«, entspricht.

[27] Mademoiselle hieß die Tochter des ältesten Bruders des Königs oder die noch unverheiratete erste Prinzessin, hier vermutlich Anne-Marie-Louise d'Orléans, Herzogin von Montpensier.

[28] In Bicêtre war ein Gefängnis.

[29] Unübersetzbares Wortspiel: Mesmes = Eigenname; pas de même = nicht ebenso.

[30] Gemeint ist Fleury.

[31] »Süße in der Erde.«

Erläuterndes Personenregister

Abbas (etwa 566–etwa 652), Onkel Mohammeds, Stammvater der Kalifendynastie der Abbasiden. 216

Achmed Deby, Sultan von Marokko, s. *Marokko*, Sultan von.

Agde, Charles-François Saint-Simon-Sandricourt, 1759/94 Bischof von. 370

Agnès, Mutter, eigtl. Jeanne-Catherine-Agnès Arnauld (1593–1671), Schwester des Großen Arnauld, Gehilfin ihrer Schwester, der Äbtissin des Jansenistenklosters Port-Royal, gen. »Mutter Angélique«. 441

Aguesseau, Henri-François d' (1668–1751), Kanzler von Frankreich unter Ludwig XV. 442

Aiguillon, Charlotte de Crusol-Florensac, Herzogin von, Frau des folgenden. 257

Aiguillon, Emmanuel-Armand Vignerot du Plessis de Richelieu, Herzog von (1720–82), Statthalter der Bretagne, 1771/74 Außen- und Kriegsminister Ludwigs XV. 347, 374, 384f., 402

Ailhaud, Jean (1674–1756), Scharlatan, Erfinder eines nach ihm benannten Abführpulvers. 347

Alamon, d. i. Abdallah al Ma'mun, abbasidischer Kalif 813–833. 216

Alembert, Jean Le Rond d' (1717–83), Mathematiker und Philosoph, Mitherausgeber der Enzyklopädie. 320, 340, 363, 367, 373f., 386, 399, 405, 435, 446

Alexander d. Gr., König von Mazedonien 336–323 v. u. Z. 149, 155, 252

Alexei Michailowitsch, Zar von Rußland 1645–76. 335

Aligre, Françoise-Madeleine Talon, Marquise von (1730–67), Frau des ersten Präsidenten des Parlaments von Paris Étienne-François d'Aligre. 392

Almansor, eigtl. Abu Dschafar Abdallah ibn Mohammed, gen. al Mansur, abbasidischer Kalif 754–775. 216

Amelot de Chaillou, Antoine-Jean (gest. 1795), Minister des Hofstaats unter Ludwig XVI. 374

Andouillet, Jean-Baptiste-Antoine (1718–nach 91), erster Leibarzt Ludwigs XV. und Ludwigs XVI. 393

André, kleiner Pater, eigtl. André Boullanger (1577–1657), Kanzelredner. 461

Angiviller, Charles-Claude de La Billarderie, Graf von (1730–1809), Bau- und Gartengeneraldirektor Ludwigs XVI., Gönner Chamforts. 382

Angiviller, Frau des vorigen, Leiterin eines Salons. 338, 382

Angoulême, Marie-Thérèse-Charlotte, Mme. Royale, Herzogin von (1778–1851), Tochter Ludwigs XVI. 338

Anna von Österreich, eigtl. Anna Maria Mauritia (1601–66), Frau Ludwigs XIII., 1643/51 Regentin von Frankreich. 445

Antin, Louis-Antoine de Gondrin de Pardaillan, Herzog von (etwa 1665–1736), Offizier und Höfling, Millionär. 244

Antonius, Marcus (etwa 82–30 v. u. Z.), röm. Staatsmann und Feldherr, im 2. Triumvirat gegen die Cäsarmörder Bündnispartner von Lepidus und Augustus, von dem er nach seinem Abfall bei Aktium besiegt wurde. 47, 243

Antraigues, Emmanuel-Henri-Louis-Alexandre de Launay, Graf von (1755–1812), Publizist und politischer Abenteurer. 381, 425

Anville, Jean-Baptiste Bourguignon d' (1697–1782), königlicher Geograph. 438

Aquaviva, Trojanus (1694–1747), ital. Kardinal, span. und neapolitan. Bevollmächtigter beim Papst. 474

Aranda, Pedro Pablo Abarca y Bolea, Graf von (1718–99), span. Premierminister unter Karl III., Botschafter in Polen und Frankreich. 367

Archimedes (etwa 285–212 v. u. Z.), bedeutendster griech. Mathematiker und Physiker. 323

Argenson, Marc-Antoine-René Voyer d', s. *Voyer* d'.

Argenson, Marc-Pierre, Graf von (1696–1764), Kriegsminister Ludwigs XV. 1743/57, Freund der Enzyklopädisten. 340, 346f., 353

Ariost(o), Ludovico (1474–1533), ital. Renaissanceepiker. 229

Aristides, eigtl. Aristeides, gen. »der Gerechte« (etwa 540–468 v. u. Z.), athen. Staatsmann und Feldherr während der Perserkriege. 306, 459

Aristophanes (etwa 445–386 v. u. Z.), größter griech. Komödiendichter. 218

Aristoteles (384–322 v. u. Z.), umfassendster und einflußreichster griech. Philosoph. 321

Arnaud, Abbé François (1721–84), Literat. 346, 372

Arnaud, François-Thomas-Marie de Baculard d' (1718–1805), Romanschriftsteller und Dramatiker. 441

Arnauld, Antoine, gen. »GroßerArnauld« (1612–94), Theologe, Wortführer der Jansenisten. 214, 311

Arnauld, Jeanne-Catherine-Agnès, s. *Agnès*, Mutter.

Arnoncour, d'. 431

Arnould, Sophie (1744–1800), Opernsängerin. 378

Arouet, s. *Voltaire*.

Arras, Louis-François de Conzie, 1769/ 1800 Bischof von. 447

Artois, Graf von (1757–1836), Bruder Ludwigs XVI., der spätere Karl X., König von Frankreich 1824–30. 344, 349, 365, 373

Artois, Maria Theresia von Savoyen, Gräfin von (1756–1805), Frau des vorigen. 454

Asturien, Prinz von (1748–1819), der spätere Karl IV., König von Spanien 1788–1808. 367

Aubigné, Théodore-Agrippa d' (1552–1630), hugenottischer Satiriker und Historiker. 452

Aubri, Jacques-Charles (1687–1739), Advokat. 473

Augustinus, Aurelius (354–430), größter lat. Kirchenlehrer, Heiliger. 458

Augustus, Gajus Julius Cäsar Octavianus, röm. Kaiser 27 v. u. Z. bis 14 u. Z. 47, 216

Aumont, Antoine d', s. *Villequier*, Marquis von.

Aumont, Louis-Marie-Augustin, Herzog von (1709–82), erster Kammerherr Ludwigs XV., Kunstsammler. 358, 382, 390

Autrep, d' (gest. 1787), Vielschreiber. 346

Autun, 1748/59 Bischof von, s. *Montazet*.

Autun, 1767/88 Bischof von, Yves-Alexandre de Marbeuf. 445

Avaux, Claude de Mesmes, Baron, später Graf von (1595–1650), Gesandter in Venedig, Dänemark, Schweden und Polen, Unterhändler beim Schluß des Westfälischen Friedens. 234

Avejan, Louis de Banne, Baron, später Marquis von (1683–1738), Offizier. 360

Aydie, Blaise-Marie d' (etwa 1695–1768), Malteserritter. 461

Ayen, Adrien-Maurice, Graf von, s. *Noailles*, Herzog von.

Bachelier, Jean-Jacques (1724–1806), Blumen- und Historienmaler. 435

Bacon, Francis, 1. Baron Verulam, Viscount St. Albans, gen. Baco von Verulam (1561–1626), engl. Philosoph und Lordkanzler, Begründer der empiristischen Methode und des naturwissenschaftlichen Denkens. 269, 335, 450

Barbançon, Louis-Antoine du Prat, Marquis von (geb. 1714), Offizier. 362

Baron, eigtl. Michel Boyron (1653–1729), Schauspieler, auch Komödiendichter. 434

Barry, Jeanne Bécu, Gräfin du (1743–93), einflußreiche Mätresse Ludwigs XV. 347, 357, 362, 371f., 374, 381, 384, 400

Barthe, Nicolas-Thomas (1734–85), Dramatiker. 383, 412

Bassompierre, Charlotte de Beauvau, Marquise von (geb. 1717), Frau von Léopold-Clément, Marquis von Bassompierre. 341

Bassompierre, François de (1579–1646), Marschall von Frankreich, Höfling und Diplomat. 433

Baudeau, Abbé Nicolas (1730–92), physiokratischer Ökonom, Anhänger Turgots. 362

Bayard, Pierre du Terrail, Seigneur von, gen. »Ritter ohne Furcht und Tadel« (etwa 1473–1524), Heerführer in den

Italienkriegen, Inbegriff des Rittertums. 178

Bayle, Pierre (1647–1706), skeptischer Philosoph, Wegbereiter der Aufklärung. 190, 269, 283, 463

Beaucour, Marquis von, Offizier. 389

Beaujon, Nicolas (1708–86), reicher Bankier, Philanthrop. 462

Beaumarchais, Pierre-Augustin Caron de (1732–99), Komödiendichter. 357, 370, 386, 449

Beaumont-Lès-Tours, Henriette-Louise-Marie de Bourbon-Condé, Äbtissin (1703–72). 470

Beauvau, Anne-Marguerite-Gabrielle de, s. *Mirepoix*, Herzogin von.

Beauvau, Charles-Juste, Fürst von (1720–93), Marschall von Frankreich, Mitglied der Académie Française. 362f., 423

Beauzée, Nicolas (1717–89), Grammatiker, Mitglied der Académie Française. 379

Beauzée, Frau des vorigen. 379

Bellaize, Hugues-François-Régis de, s. *Saint-Brieuc*, Bischof von.

Belle-Isle, Charles-Louis-Auguste Fouquet, Graf, später Herzog von (1684–1761), Marschall von Frankreich, 1758/61 Kriegsminister Ludwigs XV. 396

Benedikt XIV., Papst 1740–58. 474

Benserade, Isaac de (1613–91), Hofdichter Ludwigs XIV., Schöngeist und Virtuos in Sonetten, Tragödien, Balletten. 176, 433

Bernard, Pierre-Auguste, gen. Gentil-Bernard (1708–75), der »franz. Anakreon« in erotischen Gedichten. 378, 410

Bernière, Marguerite-Madeleine du Moutier, Marquise von (1688 bis 1757), Frau von Gilles-Henri Maignart, Marquis von Bernière, Präsident im Parlament von Rouen. 446

Bernini, Giovanni Lorenzo (1598–1680), ital. Barockbaumeister, -bildhauer und -maler. 157

Berryer, Nicolas-René (1703–62), Polizeipräfekt von Paris.

Bertin, Henri-Léonard-Jean-Baptiste (1720–92), Finanzminister Ludwigs XV. 1759 u. 1774. 370, 400

Bertin, Rose (1744–1813), Putzmacherin Maria Antoinettes. 411

Berville, Frau von. 256

Bièvre, Georges-François Mareschal, Marquis von (1747–89), Schöngeist, Erfinder von Wortspielen. 336

Bignon, Jean-Frédéric (1747–84), Bibliothekar Ludwigs XVI. 374

Biron, Armand-Louis de Gontaut, Herzog von, s. *Lauzun*, Herzog von.

Biron, Louis-Antoine de Gontaut, Herzog von (1700–88), Marschall und Pair von Frankreich. 339

Bissy, Claude de Thiard, Graf von (1721–1810), Generalleutnant. 341, 392

Blanchard, François (1753–1809), Ballonflieger, erster Überquerer des Ärmelkanals. 387

Blois, Mlle. de, s. *Conti*, Marie-Anne de Bourbon, Prinzessin von, u. *Orléans*, Françoise-Marie de Bourbon, Herzogin von.

Boileau, Nicolas, gen. Boileau-Despréaux (1636–1711), Satiren- und Episteldichter, Theoretiker der klassischen franz. Literatur. 124, 134, 144, 173, 269, 327, 393

Boimont, Nicolas Thyrel de (1715–86), Hofprediger Ludwigs XV., Mitglied der Académie Française. 363

Boindin, Nicolas (1676–1751), Komödiendichter. 377f.

Bolingbroke, Henry Saint John, 1. Viscount (1678–1715), engl. Außenminister unter Königin Anna, politischer und philosophischer Schriftsteller. 252, 254, 378

Bonneval, Frau von. 256

Bordeu, Théophile de (1722–76), Arzt, Mitarbeiter der Enzyklopädie. 354, 372

Bossuet, Jacques-Bénigne (1627–1704), Theologe und Kanzelredner, Bischof von Meaux, Erzieher des Großen Dauphins und Apologet des absoluten Königtums. 134, 144, 147, 192, 195, 200, 380

Bossut, Abbé Charles (1730–1814), Mathematiker, Mitarbeiter der Enzyklopädie. 419

Boufflers-Rouvrel, Marie-Charlotte-Hippolyte de Camper-Saugeon, Gräfin von, gen. »gelehrte Minerva« (1725–

etwa 1800), Salonberühmtheit, Gönnerin Rousseaus. 352, 358

Boulainvilliers, Henri de, Graf von Saint-Saire (1658–1722), Historiker. 254

Boulainvilliers, Herr von (wahrscheinlich ungenau zitiert; nicht aufgeführt in den Listen der Ritter vom Heiligen Geist). 353

Boullanger, André, s. *André*, kleiner Pater.

Bourbon, Louise-Marie-Thérèse-Bathilde d'Orléans, Prinzessin von Condé, Herzogin von (1750–1822), Frau des »letzten Condé«. 344

Bourbon, Marie-Anne de, s. *Conti*, Prinzessin von.

Bourbon-Condé, Louise-Élisabeth de, s. *Conti*, Prinzessin von.

Bourboulon, Schatzmeister des Grafen von Artois. 424

Bourdaloue, Louis (1632–1704), Hofprediger Ludwigs XIV. 435

Bourdelot, Abbé, eigtl. Pierre Michon (1610–85), Leibarzt des Großen Condé. 443

Bouteville, Pierre de Buisson, Chevalier von, Generalleutnant und Diplomat unter Ludwig XV. 378

Bouvard, Michel-Philippe (1717–87), Arzt. 358, 389, 457

Boyer, Jean-François (1675–1755), Bischof von Mirepoix, Erzieher des Dauphins Louis, Vaters Ludwigs XVI. 387

Brancas, Louis de, Graf von Forcalquier, s. *Forcalquier*, Graf von.

Brancas, Louis-Antoine, Graf, später Herzog von (1682–1760), Offizier, Adjutant des Herzogs von Burgund. 444

Brancas, Louis-Léon-Félicité de, s. *Lauraguais*, Graf von.

Brancas de Forcalquier, Louis de, Marquis von Céreste, gen. Marquis von (1672–1750), Marschall von Frankreich. 248, 386

Bray, Pfarrer von. 372

Bréquigny, Louis-Georges Oudard Feudrix de (1714–94), Historiker. 351

Bressard, Herr (vielleicht = Brisard, Mann von Frau Brisard). 460

Breteuil, Louis-Auguste Le Tonnelier, Baron von (1730–1807), Diplomat, 1783/88 Minister des Hofstaats unter Ludwig XVI. 287, 354, 361, 383, 390, 413, 461

Brienne, Étienne-Charles Loménie de, s. *Loménie* de.

Brionne, Louise-Julie-Constance de Rohan-Rochefort, Gräfin von (geb. 1734). 344, 441

Brisard, Frau (geb. 1690), Kokotte der Gesellschaft. 368, 371

Brissac, Catherine-Françoise-Charlotte de Cossé-, s. *Noailles*, Herzogin von.

Brissac, Jean-Paul-Timoléon de Cossé, Herzog von (1698–1784), Marschall von Frankreich. 372, 398

Brissac, Herzogin von. 246

Brissot de Warville, eigtl. Jacques-Pierre Brissot (1754–93), einer der Girondistenführer, juristischer und politischer Schriftsteller. 441

Broglie, Charles-François, Graf von (1719 bis 1781), Gesandter in Polen, dann Leiter der Geheimdiplomatie Ludwigs XV. 400

Broglie, François-Marie, Graf, später Herzog von (1671–1745), Vater des vorigen, Marschall von Frankreich. 381

Broglie, Thérèse-Gillette Locquet de Grandville, Herzogin von, Frau des vorigen. 381

Broglie, Victor-François, Herzog von (1718–1804), Sohn der vorigen, Marschall von Frankreich im Siebenjährigen Krieg. 340, 399, 403

Brühl, Heinrich, Graf von (1700–63), kursächs. Premierminister unter August III. 464

Brutus, Lucius Junius (etwa 500 v. u. Z.), sagenhafter röm. Republikaner, Befreier vom Königsjoch. 388

Brutus, Marcus Junius (85–42 v. u. Z.), röm. Republikaner, Mitverschworner der Cäsarmörder, der sich nach seiner Niederlage bei Philippi den Tod gab. 90

Buc, Jean-Baptiste du (1717–95), Ökonom, Leiter des Kolonialbüros, dann Syndikus der Französisch-Ostindischen Handelskompanie. 444

Buffon, Georges-Louis Leclerc, Graf von (1707–88), Naturgeschichtler. 354

Burgund, Louis, Herzog von (1682–1712), Enkel Ludwigs XIV., Dauphin. 427

Burlamaqui, Renée, zweite Frau von Agrippa d'Aubigné. 452
Burrus, Afranius (gest. 62), röm. Prätorianerpräfekt, Erzieher Neros. 299
Buscher, Herr. 400
Bussi, Frau von, Kokotte des 18. Jh. 438
Busson, Julien (1717-81), Arzt. 384f.
Byzanz, Theophilos, Kaiser von (829 bis 842). 216

Cadignan, Herr von, Günstling Loménie de Briennes. 364
Cagliostro, Alexander, Graf von, eigtl. Giuseppe Balsamo (1743-1795), ital. Hochstapler und Scharlatan. 392f., 462
Cahusac, Louis de (etwa 1700-59), Dramatiker. 434
Cailhava d'Estandoux, Jean-François (1730-1813), Komödiendichter. 355.
Caligula, Gajus Cäsar Germanicus, röm. Kaiser 37-41. 149, 244
Calonne, Charles-Alexandre de (1734 bis 1802), Finanzminister Ludwigs XVI. 1783/87. 364, 371, 401f., 404, 415, 425, 440
Calvin, Johann, eigtl. Jean Chauvin od. Cauvin (1509-64), Reformator. 335
Canaye, Abbé Étienne de (1694-1782), Mitglied der Akademie der Inschriften. 434
Cäsar, Gajus Julius (100-44 v.u.Z.), röm. Feldherr und Staatsmann. 141, 173, 269, 463
Castres, Jean de Royère, 1773/1801 Bischof von. 350
Castries, Charles-Eugène-Gabriel de La Croix, Marquis von (1727-1801), Marschall von Frankreich, 1780/87 Marineminister Ludwigs XVI. 369, 398
Catilina, Lucius Sergius (etwa 110-62 v. u.Z.), röm. Patrizier, Verschwörer. 145, 150
Cato Uticensis, d. J., Marcus Porcius (95 bis 46 v.u.Z.), röm. Republikaner, der bei Cäsars drohendem Machtantritt Selbstmord beging. 90, 250
Caylus, Marie-Marguerite Le Valois de Villette de Murçay, Gräfin von (1673 bis 1729), Nichte von Mme. de Maintenon. 390
Caze, Frau, Kokotte der Gesellschaft. 371

Cerutti, Joseph-Antoine-Joachim (1738 bis 1792), Literat. 445
Chabot, Guy-Auguste, Graf von Rohan- (1683-1760), Generalleutnant. 381
Chabot, Louis-Antoine-Auguste, Graf, später Herzog von Rohan- (1733 bis 1807), Generalleutnant. 432
Chabrillant, Moreton de, Amtmann unter Ludwig XV. 373
Châlons, Claude-Antoine de Choiseul-Beaupré, 1734/63 Bischof von. 437
Chamfort, Nicolas-Sébastien Roch, gen. de (1741-94), Moralist. 448
Champagne, Jeanne-Perrette de Busançy-Pavant, Marquise von (geb. 1740). 380
Chapelain, Jean (1595-1674), Epiker, Verfasser der von Boileau verspotteten ›Jungfrau von Orleans‹. 269, 327
Charolais, Charles de Bourbon, Graf von (1700-60), Sohn von Louis III., Herzog von Bourbon-Condé. 398, 460
Chartres, Louis-Philippe-Joseph, Herzog von, später Herzog von Orléans, gen. Philippe-Égalité (1747-93), Mitglied des Jakobinerklubs. 344
Chartres, Philippe, Herzog von, s. *Orléans*, Herzog von.
Chastellux, François-Jean, Marquis von (1734-88), Offizier und Literat, Anhänger der Enzyklopädisten. 353
Châteauroux, Marie-Anne de Mailly-Nesle, Marquise von La Tournelle, Herzogin von (1717-44), Mätresse Ludwigs XV. 403
Châtelet, Gabrielle-Émilie Le Tonnelier de Breteuil, Marquise du (1706-49), Mathematikerin und Physikerin, Geliebte Voltaires. 376, 398
Chaulnes, Anne-Joseph Bonnier de La Mosson, Herzogin von, später Frau von Giac (1718-82), Mitarbeiterin an den physikalischen Werken ihres ersten Mannes (s. u.). 353, 376, 389
Chaulnes, Marie-Joseph d'Albert d'Ailly, Herzog von Picquigny, später Herzog von (1741-93), Sohn der vorigen, Physiker und Chemiker. 370, 388
Chaulnes, Michel-Ferdinand d'Albert d'Ailly, Herzog von, gen. »Viztum von Amiens« (1714-69), Vater des vorigen, Generalleutnant und Physiker. 389

Chaulnes, Herzogin von, Frau des vorletzten. 388

Chauvelin, Bernard-Louis, Marquis von (1716–73), Offizier. 345

Chérin, Bernard (1718–85), königlicher Genealoge, der über die Echtheit adliger Abstammung entschied. 264, 329, 419

Chinon, Armand-Emmanuel du Plessis, Graf von, später Herzog von Richelieu (1766–1822), Ministerpräsident Ludwigs XVIII. 378

Choiseul, Étienne-François, Graf von Stainville, später Herzog von (1719 bis 1785), Diplomat, 1758/61 Außen-, 1761/70 Kriegs- und Marineminister Ludwigs XV., Gönner der Enzyklopädisten. 344 f., 347, 354, 360, 381, 390, 396 f., 400 ff.

Choiseul-Beaupré, Claude-Antoine de, s. *Châlons*, Bischof von.

Choiseul-Gouffier, Marie-Gabriel-Florent-Auguste, Graf von (1752–1817), Archäologe und Diplomat. 345, 395

Choiseul-La-Baume, Claude-Antoine-Cleradius de Choiseul-Beaupré, Marquis von (1733–94), Kammerherr Stanislaus Leszczynskis. 437

Christine, Königin von Schweden 1644 bis 1654. 442 f.

Cicero, Marcus Tullius (106–43 v. u. Z.), größter röm. Redner. 145, 150, 265

Clairon, Mlle., eigtl. Claire-Joseph Léris (1723–1803), Tragödin an der Comédie Française. 338, 429

Clermont, Marie-Anne, Gräfin von (1697 bis 1741), Tochter von Louis III., Prinz von Bourbon-Condé. 254

Clermont-Tonnerre, Stanislas-Marie-Adélaïde, Graf von (1757–92), Oberst, monarchistischer Abgeordneter der Generalstände. 354

Clotilde, eigtl. Marie-Clotilde-Adélaïde-Xavière de France (1759–1802), Schwester Ludwigs XVI., Frau von Karl Emanuel IV., König von Sardinien. 470

Colbert, Jean-Baptiste (1619–83), Finanzminister Ludwigs XIV. 327, 368, 437

Collé, Charles (1709–83), Chanson- und Komödiendichter. 390

Colonia, Herr von, Beamter der Tabakverwaltung unter Ludwig XVI. 428

Comaduc, Marquis von. 255

Condé, Henri II. de Bourbon, Herzog von Enghien, Prinz von (1588–1646), Hauptaufrührer gegen die Regentin Maria von Medici. 461

Condé, Louis II. de Bourbon, Prinz von, gen. »Großer Condé« (1621–86), Sohn des vorigen, siegreichster Feldherr Ludwigs XIV. 63, 200, 377

Condé, Louis V. Joseph de Bourbon, Prinz von (1736–1818), General, Befehlshaber des Emigrantenkorps. (Chamfort war vorübergehend Sekretär bei ihm.) 341, 347

Condé, Louise-Marie-Thérèse-Bathilde d'Orléans, Prinzessin von, s. *Bourbon*, Herzogin von.

Conflans, Louis-Gabriel d'Armentières, Vicomte von (1735–94), Generalleutnant. 361

Contades, Louis-Georges-Erasme, Marquis, später Herzog von (1704–95), Marschall von Frankreich. 399

Conti, Louis-François de Bourbon, Prinz von (1717–76), Generalleutnant, Leiter der Geheimdiplomatie Ludwigs XV. 352, 386, 403, 427, 441

Conti, Louis-François-Joseph de Bourbon, Prinz von (1734–1814), Sohn des vorigen. 365, 462

Conti, Louise-Élisabeth de Bourbon-Condé, Prinzessin von (1693–1775), Frau von Louis-Armand II. de Bourbon, Prinz von Conti. 386

Conti, Marie-Anne de Bourbon, Prinzessin von, vorher gen. Mlle. de Blois (1666–1739), Tochter von Ludwig XIV. und Mlle. de La Vallière. 448

Conzie, Louis-François de, s. *Arras*, Bischof von.

Coqueley de Chaussepierre, Charles-Georges (1711–90), Jurist und humoristischer Schriftsteller. 392

Corneille, Pierre (1606–84), nach Racine größter franz. Tragödiendichter. 144, 193, 248, 327, 351, 393

Corneille, Thomas (1625–1709), Bruder des vorigen, Dramatiker. 248

Coste, Pierre (1668–1747), Freund und Übersetzer Lockes. 236

Court, Chevalier von, Oberst der Schweizergarde unter Ludwig XV. 397

Coypel, Antoine (1661–1722), Barockmaler. 427

Cramer, Frau von Jean-François Cramer, Offizier der Schweizergarde unter Ludwig XVI. 460

Crébillon d. J., Claude-Prosper Jolyot de (1707–77), Romanschriftsteller. 410

Créqui, Jacques-Charles, Marquis von (1700–71), Generalleutnant. 468

Créqui, Renée-Caroline de Froullay, Marquise von (1714–1803), Leiterin eines Salons. 353, 383, 463

Créqui-Canaples, Herr von. 463

Créqui-Hèmont, Charles-Marie, Marquis von (1737–1801), Sohn der vorletzten, Feldmarschall. 365

Crillon, Louis Berton de, s. *Narbonne*, Bischof von.

Crillon, Louis des Balbes de Berton de, Herzog von Mahon (1717–1796), Generalleutnant. 355

Cromwell, Oliver (1599–1658), engl. Revolutionsführer, 1653/58 Regent der Republik. 195

Damas d'Anlezy, Jean-Pierre, Graf von, s. *Thyanges*, Marquis von.

Damiens, Robert-François (1715–57), Attentäter auf Ludwig XV. 342, 346, 371

Dangeau, Louis de Courcillon, Abbé von (1643–1723), Grammatiker. 430

Dangeville, Mlle. (od. Mme. Antoine), eigtl. Marie-Anne Botot (1714–96), Schauspielerin an der Comédie Française. 338

Dante Alighieri (1265–1321), größter ital. Dichter. 275, 329, 440

Daron, erster Präsident des Parlaments von Bordeaux während der Régence. 349

Dauberval, eigtl. Louis Bercher (1728 bis 1803), Schauspieler an der Comédie Française. 429

Dauphin, Louis (1729–65), Sohn Ludwigs XV. und Vater Ludwigs XVI. 394, 451, 470, 472

Dauphin, Louis de France, gen. »Großer Dauphin« (1661–1711), Sohn Ludwigs XIV. 380

Dauphin, Louis-Joseph-Xavier-François de France (1781–89), erster Sohn Ludwigs XVI. 342, 349

Dauphine, Maria Josepha von Sachsen (1731–67), zweite Frau des Dauphins Louis, Sohns Ludwigs XV. 394, 452

Deffand, Marie de Vichy-Chamrond, Marquise du (1697–1780), Leiterin eines der berühmtesten Salons des Ancien Régime. 340, 361, 444, 461

Delille, Abbé Jacques (1738–1813), beschreibender Lyriker und Nachdichter. 361, 379, 384, 386

Delon, Charles (1750–86), Arzt, Anhänger der Lehre Mesmers vom »tierischen Magnetismus«. 430

Denis, Louise Mignot, Frau (1712–90), Nichte Voltaires, die bei den Theateraufführungen in Ferney die Hauptrollen spielte. 356, 386

Descartes, René, lat. Renatus Cartesius (1596–1650), Philosoph und Mathematiker, der »Vater der neueren Philosophie«. 134, 351

Destouches, eigtl. Philippe Néricault (1680 bis 1754), Komödiendichter. 463

Diderot, Denis (1713–84), führender Schriftsteller der franz. Aufklärung, Hauptherausgeber der Enzyklopädie. 375, 385, 388 f., 398, 415, 433, 435, 456, 463

Dinouart, Abbé Joseph-Antoine-Toussaint (1716–86), Journalist. 343

Diogenes von Sinope (etwa 410–323 v. u. Z.), griech. kynischer Philosoph. 278, 302

Dol, Urbain-René der Hercé, 1767/93 Bischof von. 338

Domenichino, eigtl. Domenico Zampieri (1581–1641), ital. Freskomaler der klassizistischen Carraccischule. 391

Domitian(us), Titus Flavius, röm. Kaiser 81–96. 332

Donne, John (1573–1631), engl. Theologe und Satiriker. 357

Dubois, Abbé Guillaume (1656–1723), Kardinal, 1718/22 Außen-, 1722/23 Premierminister des Regenten. 368, 440

Dubreuil, Arzt, Lehrer des Arztes und Philosophen Cabanis. 379

Duchesne, André (1584–1640), königlicher Historiograph, der »Vater der franz. Geschichtsschreibung«. 326

Duclos, Charles Pinot (1704–72), Romanschriftsteller und Historiker, ständiger

Sekretär der Académie Française. 339. 384, 392, 394, 404

Duguesclin, Herr (Name eines alten bretoń. Geschlechts). 377

Dumesnil, eigtl. Marie-Françoise Marchand (1713–1803), Tragödin an der Comédie Française. 338

Dupin de Chenonceaux, Claude (1684 bis 1769), Generalpächter und Ökonom, Freund Rousseaus. 382

Duplessis, Joseph-Sifrède (1725–1802), Porträtmaler. 424

Du Pont de Nemours, Pierre-Samuel (1739–1817), Ökonom, Mitarbeiter Turgots, dann konstitutioneller Abgeordneter der Nationalversammlung. 364

Duras, Emmanuel-Félicité de Durfort, Herzog von (1715–89), Marschall von Frankreich, erster Kammerherr Ludwigs XV. 371, 392

Duras, Louise-Henriette-Charlotte-Philippine de Mouchy, Herzogin von (geb. 1745), Schwiegertochter des vorigen. 371

Du Ryer, Pierre (1606–58), Dramatiker und Übersetzer. 326

Duthé, Rosalie (1752–1820), Tänzerin und Kurtisane. 437

Duvivier (geb. etwa 1722), Mann von Frau Denis, Kriegskommissar. 386

Egmont, Sophie-Jeanne-Armande-Élisabeth-Septimanie de Vignerot du Plessis-Richelieu, Gräfin von (1740–73), Leiterin eines Salons. 377 f.

Elbeuf, Emmanuel-Maurice, Herzog von (1677–1763), Offizier in österr. Diensten. 234

Elisabeth Petrowna, Zarin von Rußland 1741–62. 373

Enghien, Louis-Antoine-Henri de Bourbon-Condé, Herzog von (1772–1804), Opfer eines von Napoleon I. befohlenen Justizmords. 378

Entragues, Catherine-Henriette de Balzac d', Marquise von Verneuil (1579 bis 1633), Geliebte Heinrichs IV. 433

Epaminondas, eigtl. Epameinondas (etwa 420–362 v. u. Z.), größter theban. Feldherr und Staatsmann. 252

Épinay, Denis-Joseph de La Live de Bellegarde d' (1724–82), Vetter und Mann von Mme. d'Épinay, Generalpächter. 385

Éprémesnil, Françoise-Augustine de Sanctuary (Santuaré), Dame Duval d', s. *Thilolier*, Dame von.

Éprémesnil, Jean-Jacques Duval d' (1746 bis 1794), Parlamentsrat. 392 f.

Esparbès de Lusann, Gräfin von (geb. etwa 1725). 390

Estaing, Jean-Baptiste-Charles-Henri-Hector, Graf von (1729–94), Admiral. 348

Estienne, humanistische Buchdruckerfamilie: *Henri* I. (etwa 1470–1520), *Robert* I. (1503–59), *Charles* (1504–64). 326

Estrades, Godefroy-Louis, Graf von (1607–86), Marschall von Frankreich, Gesandter in England und Holland. 433

Estrées, Louis-Charles-César Le Tellier, Marquis von Courtanvaux, Herzog von (1695–1771), Marschall von Frankreich. 467

Étienne, Jean-François, Versailler Beamter unter Ludwig XVI. 357

Étioles, Charles-Guillaume Lenormand d' (1717–90), Mann von Mme. Pompadour, Unterfinanz-, dann General- und Postpächter. 355

Eugen, Prinz, eigtl. Franz Eugen, Prinz von Savoyen-Carignan (1663–1736), berühmtester österr. Feldherr, Sieger in den Türkenkämpfen und im Spanischen Erbfolgekrieg. 213, 386

Euklid, eigtl. Eukleides (etwa 300 v.u. Z.), griech. Mathematiker. 210

Fabricius Luscinus, Gajus (etwa 275 v.u.Z.), röm. Konsul, Inbegriff der Gerechtigkeitsliebe und Sittenstrenge. 214

Favier, Jean-Louis (etwa 1711–84), Agent der Geheimdiplomatie Ludwigs XV. 400

Fénelon, François des Salignac de La Mothe- (1651–1715), Erzbischof von Cambray und pädagogischer Schriftsteller, Verfasser des Fürstenerziehungsromans ›Die Abenteuer des Telemach‹. 147, 178, 200

Fénelon, Louis-François-Ferdinand de La Mothe-, s. *Lombez*, Bischof von.

ERLÄUTERNDES PERSONENREGISTER 493

Ferdinand, Prinz, Herzog von Braunschweig (1721-92), preuß. Generalfeldmarschall. 399

Fervaques, Étienne de Bullion de, s. *Olonne*, Herzogin von.

Fleury, André-Hercule de (1653-1743), Kardinal, 1726/43 Premierminister Ludwigs XV. 394, 432, 470 f.

Fleury, Omer-Louis-François Joly de (geb. 1743), Oberstaatsanwalt. 384

Florian, Jean-Pierre Claris de (1755-94), Fabel-, Pastoralen-, Possen-, Roman- und Novellendichter. 385

Foncemagne, Étienne Lauréault de (1694 bis 1779), Historiker. 347

Fontenelle, Bernard Le Bovier de (1657 bis 1757), philosophischer Schriftsteller der Frühaufklärung. 190, 248, 316, 341, 343, 366, 371 f., 396 f., 399

Forcalquier, Louis de Brancas, Graf von (1710-53), Sohn von Louis de Brancas de Forcalquier, Marquis von Céreste, Marschall von Frankreich. 248, 256

Fournier, Arzt. 340

Fourqueux, Michel Bouvard de (geb. 1720), Finanzminister Ludwigs XVI. 1787. 364, 456

Fourqueux, Frau des vorigen. 456

Fox, Charles James (1749-1806), engl. Parlamentsredner und Außenminister, bekannt auch durch seine Verschwendung und Spielsucht. 444, 467

Fraguier, Abbé Claude-François (1666 bis 1728), Mitglied der Akademie der Inschriften und der Akádémie Française. 362

Francis, Herr. 401

Franz I., röm.dtsch. Kaiser 1745-65, Mann von Maria Theresia. 474

Franz I., König von Frankreich 1515-47. 216

Franz II., König von Frankreich 1559 bis 1560, Mann von Maria Stuart. 473

Friedrich II., König von Preußen, s. *Preußen*, König von.

Friedrich Wilhelm I., König von Preußen, s. *Preußen*, König von.

Friesen, Heinrich August, Graf von (1728-55), Neffe des Marschalls von Sachsen, Feldmarschall. 441

Fronsac, Louis-Antoine-Sophie de Vignerot du Plessis-Richelieu, Herzog von (1736-91), Feldmarschall. 361, 378, 385

Fronsac, Herzogin von, Frau des vorigen. 368

Gabrielli, Catarina (1730-96), ital. Sängerin. 436

Gallois, Abbé Jean (1632-1707), Polyhistor, Mitglied der Akademie der Inschriften und der Académie Française. 327

Gama, Vasco da, Graf von Vidigueira (1469-1524), portug. Seefahrer, Entdecker des Indienseewegs um Afrika. 335

Ganganelli, Lorenzo (1705-74), als Klemens XIV. Papst 1769-74. 445

Gaussin, eigtl. Jeanne-Catherine Gaussem (1711-67), Schauspielerin an der Comédie Française. 367

Genlis, Charles-Alexis Brulart, Graf von, später Marquis von Sillery (1737-93), Mann von Stéphanie-Félicité, Gräfin von Genlis (s. u.), General und girondistischer Konventsabgeordneter. 355, 385

Genlis, Charles-Claude Brulart, Graf von (geb. 1733), Bruder des vorigen, Oberst. 353

Genlis, Louise-Charlotte-François de Hallencourt de Dromesnil, Marquise von (1710-42). 401

Genlis, Stéphanie-Félicité du Crest de Saint-Aubin, Gräfin von (1746-1830), Romanschriftstellerin, Hofdame und Kindererzieherin der Herzogin von Chartres. 350

Genoveva (etwa 422-512), Heilige, Schutzpatronin von Paris. 350

Gentil-Bernard, s. *Bernard*.

Geoffrin, Marie-Thérèse Rodet, Mme. (1699-1777), Leiterin eines der berühmtesten Salons des Ancien Régime. 367, 395

Georg I., König v. England 1714-27. 254

Georg II., König von England 1727-60. 254

Georg III., König von England 1760 bis 1820. 357, 428

Giac, Anne-Joseph Bonnier de La Mosson, Frau von, s. *Chaulnes*, Herzogin von.

Giac, Martial, Chevalier von (1737-94), Mann der vorigen, königlicher Rat. 353

Gisors, Henriette-Julie-Rosalie Mancini-Mazarini, Herzogin von (geb. 1740). 368

Gloucester und Edinburgh, William Henry, Herzog von (1743-1805), Bruder Georgs III. von England. 428

Gontaud, Marquise von. 237

Gracchus, Tiberius Sempronius (162-133 v. u. Z.), röm. Volkstribun, älterer der beiden im Kampf um Ackerneuaufteilung gefallenen Brüder Gracchus. 329

Grammont, Béatrix de Choiseul-Stainville, Herzogin von (1730-94), Frau des vorigen. 363, 365

Gramont, Antoine VI, Antonin, Herzog von (1722-99), Brigadekommandeur. 397

Gramont, Philibert, Chevalier, dann Graf von (1621-1707), Offizier und Liebesabenteurer, bekannt durch Anthony Hamiltons ›Memoiren des Grafen von Gramont‹. 396

Grasse, François-Joseph-Paul, Marquis von Grasse-Tilly, Graf von (1722-88), Marineoffizier, der 1784 vor ein Kriegsgericht gestellt wurde, weil er im amerikan. Unabhängigkeitskrieg vor überlegenen engl. Kräften die Flagge gestrichen hatte. 370

Gresset, Jean-Baptiste-Louis (1709-77), Lyriker und Dramatiker. 323

Grimod de La Reynière, Laurent, s. *La Reynière*, Grimod de.

Grimod de La Reynière, Suzanne-Françoise, s. *La Reynière*, Grimod de.

Guarini, Giovanni Battista (1538-1612), ital. Schäferdramatiker. 100

Guémenée, Henri-Louis-Marie de Rohan, Fürst von (1745 bis etwa 1807), Oberstkämmerer Ludwigs XVI., der 1782 mit einem Defizit von 33 Mill. Franken bankrott erklärt wurde. 288, 438

Guibert, Charles-Benoît, Graf von (1715 bis 1786), Generalleutnant, Gouverneur des Hôtel des invalides. 331

Guichard, Karl Gottlieb, s. *Icilius*, Quintus.

Guyon, Jeanne-Marie Bouvier de La Motte, Mme. (1648-1717), quietistische Mystikerin. 358

Hadrian, Publius Älius, röm. Kaiser 117-138. 216

Hamilton, Anthony, Graf von (etwa 1646-1720), Satiriker, Verfasser der ›Memoiren des Grafen von Gramont‹. 396

Hamilton, James Douglas, Graf von Arran, Herzog von (1658 bis 1712), schott. Peer. 446

Hannibal (246-183 v. u. Z.), größter karthag. Feldherr. 464

Harlay, Achille III. de, Graf von Beaumont, Seigneur von Grosbois (1639-1712), erster Präsident des Parlaments von Paris, dessen geistreiche Sarkasmen unter dem Titel ›Harläana‹ erschienen sind. 436

Harlay de Champvallon, François de, s. *Paris*, Erzbischof von.

Harris, engl. Kaufmann z. Z. Georgs III. 400

Harun al Raschid, s. *Raschid*, Harun al.

Heinrich, Prinz, eigtl. Heinrich Friedrich Ludwig, Prinz von Preußen (1726-1802), Bruder Friedrichs II. von Preußen, General und Diplomat, Freund der »Philosophen«. 374

Heinrich IV., König von Frankreich 1589-1610. 252f., 407, 427, 434

Helmont, Johann Baptist van (1577-1644), span.-niederländ. Arzt und Chemiker. 423

Heloise (1101-64), Geliebte des scholastischen Philosophen Abälard. 304

Helvétius, Anne-Catherine de Ligniville d'Autricourt (1719-1800), Frau des folgenden, Leiterin eines Salons, in dem auch Chamfort verkehrte. 371

Helvétius, Claude-Adrien (1715-71), materialistischer Aufklärungsphilosoph. 263, 367

Hénault, Charles-Jean-François (1685-1770), Lyriker und Dramatiker, Kammerpräsident am Parlament von Paris. 340

Heraklit, eigtl. Herakleitos, gen. »der Dunkle« (etwa 544 - etwa 483 v. u. Z.) griech. Naturphilosoph, wegen seines Ernstes als »weinender Philosoph« bekannt. 294

Hercé, Urbain-René de, s. *Dol*, Bischof von.

ERLÄUTERNDES PERSONENREGISTER

Hérin, Pierre-Michel, Diplomat unter Ludwig XVI. 425

Hervey, John, Baron Hervey of Ickworth (1696-1743), engl. Unterkämmerer unter Georg II. 384

Hieronymus (etwa 340-420), lat. Kirchenvater und Bibelübersetzer, Heiliger. 341

Hobbes, Thomas (1588-1679), engl. Staatsphilosoph. 245

Homer(os) (etwa 800 v. u. Z.), größter griech. Dichter. 178

Horaz, eigtl. Quintus Horatius Flaccus (65-8 v. u. Z.), größter röm. Lyriker. 155, 218, 303

Hozier, Charles-René d' (1640-1732), Genealoge. 427

Huet, lat. Huetius, Pierre-Daniel (1630-1721), klassischer Philologe und skeptischer Philosoph. 174

Hurson (gest. 1766), Parlamentsrat und Marineintendant. 419

Hyde of Hindon, Henry, Viscount von Cornbury, später Baron (1710-53), engl. Oberhausabgeordneter, Freund von Bolingbroke. 255

Icilius, Quintus, eigtl. Karl Gottlieb Guichard (1724-75), preuß. Oberst und Militärschriftsteller. 372

Imperiali, Giuseppe Rinato (1657-1737), ital. Kardinal. 230

Invault, Étienne Maynon d' (geb. 1721), Finanzminister Ludwigs XV. 1768/69. 396

Jablonowska, Marie Luise, Fürstin, s. *Talmont*, Lady.

Jakob II., König von England 1685-88, vorher Herzog von York, nach seinem Sturz durch die »Glorreiche Revolution« Flüchtling in Frankreich. 442, 463

Jakob (III.) Franz Eduard Stuart, gen. »(alter) Prätendent« oder Chevalier von St. George (1688-1766), Sohn des vorigen, Thronprätendent. 254

Jarinte, Suzanne-Françoise, s. *La Reynière*, Grimod de.

Jaucour, Louis-Pierre, Graf von (geb. 1726), Feldmarschall. 403

Jeannin, Pierre, gen. »Präsident Jeannin« (1540-1623), Präsident des Parlaments von Dijon, Finanzminister und Gesandter Heinrichs IV. 434

Joly de Fleury, Jean François (1718-1802), Finanzminister Ludwigs XVI. 1781/83. 421

Joly de Fleury, Omer-Louis-François, s. *Fleury*, Joly de.

Jonson, Ben, eigtl. Benjamin (1572-1637), engl. Komödiendichter. 415

Joseph I., König von Portugal, s. *Portugal*, König von.

Joseph II., röm.-dtsch. Kaiser 1765-90. 389

Justinian I., oström. Kaiser 527-565, Kodifikator des röm. Rechts. 380

Juvigny, Jean-Antoine Rigoley de (gest. 1788), unbedeutender Dichter. 354

Karl der Große, König der Franken, röm. Kaiser 800-814. 216, 252

Karl der Kühne, Herzog von Burgund 1467-77. 414f., 463

Karl II., König von England 1660-85. 414f., 463

Karl IV., König von Spanien, s. *Asturien*, Prinz von.

Karl V., röm.-dtsch. Kaiser 1519-55, als Karl I. König von Spanien 1516-56. 223

Karl X., König von Frankreich, s. *Artois*, Graf von.

Karl Eduard Stuart, gen. »(junger) Prätendent« (1720-88), Sohn Jakobs (III.) Franz Eduard Stuart, Thronprätendent. 362

Karl Emanuel I., König von Sardinien, s. *Sardinien*, König von.

Katharina II., d. Gr., Zarin von Rußland 1762-96. 436

Katharina von Medici (1519-89), Frau Heinrichs II., 1560/63 Regentin von Frankreich. 184

Kinsky, Franz Ferdinand, Graf (1678-1741), österrch. Oberstkanzler in Böhmen. 212

Klemens XI., Papst 1700-21. 463

Klemens XIV., s. *Ganganelli*.

Kolumbus, Christoph, eigtl. Cristoforo Colombo (1451-1506), ital. Seefahrer in span. Diensten, Entdecker Amerikas. 335

Konstantin I., d. Gr., eigtl. Flavius

Valerius Constantinus, oström. Kaiser 306–337. 216

Kyrillos von Alexandria (etwa 376-444), Bischof von Alexandria, Heiliger, 431 Leiter des Konzils von Ephesos, das Maria als Mutter Gottes anerkannte. 246

La Blache, Joseph-Alexandre, Feldmarschall, gestorben in der Emigration. 370

La Borde, François-Louis-Jean-Joseph, Marquis von (1761–1801), Schatzmeister 1789, Abgeordneter der Generalstände. 348

La Borde, Jean-Benjamin de (1734–94), Opern- und Singspielkomponist. 309

La Briffe, Pierre Arnaud de (geb. 1739), Präsident am Parlament von Paris, dann Präsident und Generalprokurator im Großen Rat. 467

La Bruyère, Jean de (1645–96), Moralist. 142, 154, 263, 379

La Calprenède, Gauthier de Costes de (etwa 1610–63), Romanschriftsteller und Tragödiendichter. 443

La Chalotais, Louis-René de Caradeuc de (1701–85), Oberstaatsanwalt am Parlament der Bretagne. 401

Lacour, Opernballettänzerin z. Z. Ludwigs XV. 357

La Ferté-Imbaut, Marie-Thérèse Geoffrin, Marquise von (1715 bis 1791), Tochter von Mme. Geoffrin. 395

La Fontaine, Jean de (1621–95), größter franz. Fabeldichter. 134, 183, 326f., 368, 393

La Galaisière, Antoine-Martin Chauffier, Marquis von (1697–1787), Kanzler Stanislaus Leszczynskis, dann Intendant von Montauban. 341, 446

La Galaisière, Abbé de. 397

La Houze, Mathieu de Basquiat, Baron von (1724–94), Gesandter in Parma. 445

La Luzerne, César-Guillaume de (1738–1821), Bischof von Langres, Kardinal. 343

La Marche, Jean-François de, s. *Saint-Pol*, Bischof von.

Lamartinière, Germain Pichault de (1698–1738), Leibarzt Ludwigs XV. 393

Lamoignon, Guillaume I. de (1617–77), erster Präsident des Parlaments von Paris. 398

La Mothe, Jeanne de Valois-Saint-Rémy, Gräfin von, s. *La Motte*.

La Motte, Antoine Houdar de, gen. Lamotte-Houdar (1672–1731), Lyriker und Dramatiker, Iliasübersetzer. 144, 326

La Motte (La Mothe), Jeanne de Valois-Saint-Rémy, Gräfin von (1756–91), Hauptschuldige im Halsbandprozeß. 430

Lamotte-Houdar, s. *La Motte*, Antoine Houdar de.

Languet de Gergy, Jean-Baptiste-Joseph, s. *Saint-Sulpice*, Pfarrer von.

Lansmatt (gest. 1756), Kammerdiener Ludwigs XV. 387

Lapdant, Abbé, Erzieher des Grafen von Chinon und des Herzogs von Enghien. 378

La Popelinière, Alexandre-Joseph Le Riche de (1692–1762), Generalpächter und Schöngeist. 380

Laporte, Joseph de (1713–79), Literat. 343

La Reynière, Laurent Grimod de (1735–93), Generalpächter und Postverwalter. 350, 375, 414

La Reynière, Suzanne-Françoise Grimod de, geb. Jarinte, Frau des vorigen. 361, 375

La Roche-Aymon, Charles-Antoine de (1696–1777), Kardinal. (s. auch *Narbonne*, Bischof von.) 343, 443, 470

La Roche du Maine, Marquise von, s. *Luchet*, Frau von.

La Rochefoucauld, François VI., Herzog von (1613–80), Moralist. 142, 263, 351

La Rochefoucauld-Liancourt, François-Alexandre-Frédéric, Herzog von, s. *Liancourt*, Herzog von La Rochefoucauld.

Lassay, Léon de Madaillan de Lesparre, Graf, später Marquis von (1678–1750), Brigadekommandeur. 385

Lasonne, Joseph-Marie-François de (1717–88), Leibarzt Maria Leszczynskas, dann erster Leibarzt Ludwigs XVI. und Maria Antoinettes. 393

La Tour, Maurice Quentin de (1704–88), Pastellporträtmaler. 387

ERLÄUTERNDES PERSONENREGISTER

La Tremblaye, Chevalier von (1739–1807), Literat. 435

La Trémoille, Charles-Armand-René, Herzog von (1717–41), Oberstkämmerer Ludwigs XV. 256, 457

Lauraguais, Louis-Léon-Félicité de Brancas, Graf von (1733–1824), Literat. 472

Lauzun, Armand-Louis de Gontaut, Herzog von, später Herzog von Biron (1747–93), General, Typ des eleganten Lebemanns. 357, 365, 371, 462

Laval, Guy-Marie-Anne-Louis de Montmorency, Marquis von (1766-86), Offizier. 373

Laval, Opernballettmeister z. Z. Ludwigs XV. 473

La Vallière, Anne-Julie-Françoise de Crussol, Herzogin von, Frau des folgenden. 362

La Vallière, Louis-César de la Baume Le Blanc, Herzog von (1708–1780), Oberfalkenmeister Ludwigs XV., Bibliophile. 357

La Ville, Jean-Ignace de, gen. Abbé de (1690–1774), Diplomat. 442

La Vrillière, Louis Phélypeaux, Graf von Saint-Florentin, später Herzog von (1705–77), 1749/61 Minister des Hofstaats, 1761/75 Innenminister Ludwigs XV. 354, 363

Law of Lauriston, John (1671–1729), schott. Bankier und Ökonom, dessen Spekulationen Frankreich um 1720 in eine schwere Wirtschaftskrise stürzten. 232

Lebel, Kammerdiener Ludwigs XV. 400

Leblanc du Guillet, eigtl. Antoine Blanc (1730–99), unbedeutender Tragödiendichter. 354

L'Écluse, Fleury, Arzt und Komödiendichter, Gründer des Lustspieltheaters Variétés amusantes. 359

Lekain, eigtl. Henri-Louis Cain (1728–78), Schauspieler an der Comédie Française, Interpret Voltaires. 429

Lemierre, Antoine-Marin (1723–93), Dramatiker. 388

Lenormand d'Étioles, Charles-Guillaume, s. *Étioles*, Lenormand d'.

Lentulus Sura, Publius Cornelius (gest. 63 v. u. Z.), röm. Patrizier, Mitverschwörer Catilinas. 150

Leopold I., Großherzog von Toskana, s. *Toskana*, Großherzog von.

Leopold II., röm.-dtsch. Kaiser, s. *Toskana*, Leopold I., Großherzog von.

Lepelletier de Mortefontaine, Louis (geb. 1730), Intendant von La Rochelle und Soissons. 393

L'Espinay de Marteville, Marie-Jeanne-Thérèse de, s. *Olonne*, Herzogin von.

Le Tellier, Charles-Maurice (1642–1710), Erzbischof von Reims. 425

Le Tellier, Michel, gen. »Pater Michel« (1643–1719), Jesuit, Beichtvater Ludwigs XIV. 463

Lévis, François-Gaston, Chevalier, später Herzog von (1720–87), Marschall von Frankreich. 447

Levret, André (1703–80), Arzt. 395

L'Hermite, François, gen. Tristan, s. *Tristan*.

Liancourt, François-Alexandre-Frédéric, Herzog von La Rochefoucauld- (1747 bis 1827), Philanthrop, Mitglied der Akademie der Wissenschaften. 365

Linguet, Simon-Nicolas-Henri (1736–94), Jurist und Publizist. 385

Livius, Titus (59 v.–17 u. Z.), röm. Geschichtsschreiber. 329

Lix, Fürstin von. 237

Lixin, Fürstin von, 1739/43 Frau des Marschalls Charles-Pierre-Gaston-François de Lévis, Herzog von Mirepoix. 256

Locke, John (1632–1704), engl. Philosoph, Begründer des Empirismus. 135, 143, 236, 269, 283

Lombez, Louis-François-Ferdinand de La Mothe-Fénelon, 1771/87 Bischof von. 380

Loménie de Brienne, Anne-Gabrielle de Chamillart de Villatte, Gräfin von (geb. 1692). 364

Loménie de Brienne, Étienne-Charles (1727–94), Sohn der vorigen, Kardinal, 1763/88 Erzbischof von Toulouse, 1788/90 von Sens, 1787/88 Finanzminister Ludwigs XVI. 364, 381, 389, 407

Longuerue, Louis Dufour, Abbé de (1652 bis 1733), Historiker und Polyglott. 327

Lorry, Anne-Charles (1726–83), Arzt. 354, 372

Louis, s. *Dauphin.*

Louis de France, s. *Dauphin.*

Louis-Joseph-Xavier-François de France, s. *Dauphin.*

Louvois, François-Michel Le Tellier, Sieur von Châville, später Marquis von (1641–91), Kriegsminister Ludwigs XIV. 426

Löwendal, François-Xavier-Joseph, Graf von, Sohn des folgenden, Feldmarschall. 363

Löwendal, Ulrich Friedrich Waldemar, Graf von (1700–55), Marschall von Frankreich. 363

Lucan(us), Marcus Annäus (39–65), röm. Epiker. 144

Luchet, Frau des Literaten Jean-Pierre-Louis de Luchet, Marquis von La Roche du Maine. 392

Ludwig der Heilige, IX., König von Frankreich 1226–70. 214

Ludwig XI., König von Frankreich 1461 bis 1483. 232

Ludwig XIII., König von Frankreich 1610–43. 148, 232, 341

Ludwig XIV., König von Frankreich 1643–1715. 148, 216, 285, 320, 327, 330, 348, 358, 378, 381, 390, 394f., 426f., 430, 433f., 442, 444f., 448, 451, 463

Ludwig XV., König von Frankreich 1715–74. 287, 339, 342, 345–348, 352, 354f., 357, 360–363, 369ff., 373f., 378, 383, 387, 390, 392f., 395ff., 399ff., 403, 427, 434, 467f., 470

Ludwig XVI., König von Frankreich 1774–92. 338f., 351, 369, 373f., 395, 425, 451, 462

Ludwig Georg, Markgraf von Baden 1727–61. 244

Luise Maria Josephine von Savoyen (gest. 1810), Frau des Grafen von Provence, des späteren Königs Ludwig XVIII. 454

Lukian(os) (etwa 120–180), griech. Satiriker. 263

Lukrez, eigtl. Titus Lucretius Carus (etwa 95–55 v. u. Z.), röm. didaktischer Dichter und epikureischer Philosoph. 322

Luther, Martin (1483–1546), dtsch. Reformator. 335

Luxembourg, Anne-Paul-Emmanuel-Sigismond, Fürst von (1742–90). 336

Luxembourg, François-Henri de Montmorency Bouteville, Herzog von (1628–95), Marschall von Frankreich. 467

Luxembourg, Madeleine-Angélique de Neuville-Villeroy, Marquise von Boufflers, Herzogin von (1707–87), Frau des Marschalls Charles-François-Frédéric, Herzog von Luxembourg, Leiterin eines Salons. 361, 381, 403

Luxembourg, Ausrufer der Comédie Française um 1770. 438

Luynes, Charles d'Albert, Herzog von (1578–1621), Günstling und Kanzler Ludwigs XIII., 1621 Konnetabel. 148

Luynes, Paul d'Albert de (1703–88), Kardinal, 1753/88 Erzbischof von Sens. 366

Lyon, 1759/88 Erzbischof von, s. *Montazet*, Antoine de Malvin de.

Machault d'Arnouville, Jean-Baptiste (1701–94), Finanzminister Ludwigs XV. 1745/54. 346, 352, 360

Mailly, Louis de, s. *Nesle*, Graf, später Marquis von.

Maine, Anne-Louise-Bénédicte de Bourbon-Condé, Herzogin von (1676 bis 1753). 344, 469

Maintenon, Françoise d'Aubigné, Marquise von (1635–1719), Geliebte, dann heimlich angetraute zweite Frau Ludwigs XIV. 390, 394f.

Mairan, Jean-Baptiste Dortous de (1678 bis 1771), Physiker und Mathematiker, ständiger Sekretär der Akademie der Wissenschaften. 255, 344, 436

Malesherbes, Chrétien-Guillaume de Lamoignon de (1721–94), Innenminister Ludwigs XVI. 1775/76, Freund der Enzyklopädisten. 342, 351, 375, 435

Ma'mun, Abdallah al, s. *Alamon.*

Mandeville, Bernard de (1670–1733), engl. Satiriker. 263

Marbeuf, Yves Alexandre de, s. *Autun*, 1767/88 Bischof von.

Marchand, Advokat. 437

Mareschal, Georges (1685–1736), erster Leibarzt Ludwigs XIV., Mitbegründer der Kgl. Chirurgischen Akademie. 336

Maria Anna Christine Victoria, s. *Maria Christine von Bayern.*

Maria Anna Victoria, Königin von Portugal, s. *Portugal*, Königin von.
Maria Antoinette (1755–93), Frau Ludwigs XVI. 287, 348, 356, 454
Maria Christine von Bayern, eigtl. Maria Anna Christine Victoria (1660–90), Frau des Großen Dauphins. 448
Maria Josepha von Sachsen, s. *Dauphine*.
Maria Leszczynska (1703–68), Frau Ludwigs XV. 394, 454, 470
Maria Stuart, Königin von Schottland 1542–68. 473
Maria Theresia, röm.-dtsch. Kaiserin und Königin von Ungarn und Böhmen, Erzherzogin von Österreich 1740 bis 1780. 155, 343
Maria Theresia von Österreich (1638–83), Frau Ludwigs XIV. 451
Maria Theresia von Savoyen, s. *Artois*, Gräfin von.
Maria Theresia Antoinette von Spanien (gest. 1746), erste Frau des Dauphins Louis, Sohns Ludwigs XV. 451
Marie-Clotilde de France, s. *Clotilde*.
Marivaux, Pierre Carlet de Chamblain de (1688–1763), Romanschriftsteller und Komödiendichter. 435
Mark Aurel, eigtl. Marcus Aurelius Antoninus, röm. Kaiser 161–180, stoischer Philosoph. 417
Marlborough, John Churchill, Graf, später Herzog von (1650–1722), engl. Feldherr im Span. Erbfolgekrieg gegen Ludwig XIV. 232, 243, 247, 343
Marmontel, Jean-François (1723–99), Tragödiendichter und Romanschriftsteller, Enzyklopädist und Memoirenautor. 367, 379
Marokko, Achmed Deby, Sultan von (1730–57). 230
Marsan, Marie-Louise de Rohan, Gräfin und Fürstin von (geb. 1700). 341
Marville, Claude-Henri Feydeau, Chevalier von (1705–87), Polizeipräfekt von Paris. 360
Masham, Abigail Hill, Lady (1686–1734), engl. Hofdame, Kammerfrau und Freundin von Königin Anna. 236
Massillon, Jean-Baptiste (1663–1742), Kanzelredner, Bischof von Clermont. 361, 431

Maugiron, Louis-François, Graf od. Marquis von (etwa 1725–67), Generalleutnant. 398
Maupertuis, Pierre-Louis Moreau de (1698–1759), Physiker und Mathematiker, Präsident der Preuß. Akademie. 227, 257, 433
Maurepas, Jean-Frédéric Phélypeaux, Graf von (1701–81), 1725/49 Minister des Hofstaats und Marineminister Ludwigs XV., 1774/81 Premierminister Ludwigs XVI. 349, 351, 360f., 363, 369, 401, 424
Maurepas, Gräfin von, Frau des vorigen. 363
Maury, Jean Siffrein (1746–1817), Kardinal und Kanzelredner, Mitglied der Académie Française, 1789/92 monarchistischer Abgeordneter der Nationalversammlung, 1810/14, Erzbischof von Paris. 343, 363, 380, 470
Maynard, François (1582–1646), Lyriker. 326
Mazarin, Françoise de Mailly, Herzogin von (1688–1742), Hofdame Maria Leszczynskas. 348
Mazarin, Jules (1602–61), Kardinal, 1643 bis 1661 Premierminister. 432, 445
Mazarin, Louise-Jeanne de Durfort-Duras, Herzogin von (1735–81), Tochter des Marschalls Emmanuel-Félicité de Durfort, Herzog von Duras. 402
Medici, Katharina von, s. *Katharina von Medici*.
Meibom, Markus, s. *Meibomius*.
Meibomius, eigtl. Meibom (Meibaum), Markus (1630–1711), dtsch. Musikwissenschaftler. 443
Ménage, Gilles (1613–92), Sprachforscher. 174
Mesmes, Henri de (1585–1650), Vorstand der Kaufmannschaft von Paris, dann Parlamentspräsident. 469
Michon, Pierre, s. *Bourdelot*, Abbé.
Mignot, Abbé Vincent (1725–91), Neffe Voltaires, Historiker. 398
Milton, John (1608–74), engl. Epiker. 271, 414
Miotte de Ravannes, Agnès de, s. *Olonne*, Herzogin von.
Mirabeau, Honoré-Gabriel-Victor Riqueti, Graf von (1749–91), führender

Politiker des ersten Revolutionsabschnitts. 344
Mirabeau, Victor Riqueti, Marquis von (1715–89), Vater des vorigen, physiokratischer Ökonom. 440
Mirepoix, Anne-Marguerite-Gabrielle de Beauvau, Herzogin von (1707–91), Frau des Marschalls Charles-Juste, Fürst von Beauvau, Leiterin eines Salons. 362f., 394
Miromesnil, Armand-Thomas Hue de (1723–96), Großsiegelbewahrer Ludwigs XVI. 1774/87. 356f.
Molière, eigtl. Jean-Baptiste Poquelin (1622–73), größter franz. Komödiendichter. 134, 327, 368
Molières, Abbé Joseph Privat de (1676 bis 1742), Philosophieprofessor. 351
Mongault, Nicolas-Hubert de (1674–1746), klassischer Philologe. 242
Montagu, John, 2. Herzog von (etwa 1688–1749), engl. Hofmann und Offizier, Freund Montesquieus. 255
Montaigne, Michel Eyquem de (1533–92), skeptischer Moralphilosoph. 134, 145, 263, 293
Montazet, Antoine de Malvin de (1712–88), Bischof von Autun 1748/59, dann Erzbischof von Lyon 1759/88. 383, 387, 402
Montbarey, Louis-Marie-François, Fürst von Saint-Mauris, Chevalier von (1756–94), Hauptmann der Schweizergarde des Grafen von Provence, späteren Ludwigs XVIII. 373
Montcalm de Saint-Véran, Louis-Joseph, Marquis von (1712–59), General im Krieg gegen die Engländer in Kanada. 469
Montéclair, Michel Pignolet de (1666–1737), Kammermusik- und Opernkomponist. 144
Montesquieu, Charles de Secondat, Baron von La Brède und von (1689–1755), rechts- und geschichtsphilosophischer Schriftsteller, Präsident am Parlament von Bordeaux. 283, 382, 444
Montesquiou-Fezensac, Anne-Pierre, Marquis von (1739–98), Feldmarschall, auch Dramatiker. 349
Montesson, Charlotte-Jeanne Béraud de La Haie de Riou, Marquise von (1737–1806). 338

Monteynard, Louis-François, Marquis von (1703–91), Kriegsminister Ludwigs XV. 382
Montgolfier, Jacques-Étienne (1745–99), Bruder des folgenden, an dessen Ruhm er teilhatte. 428
Montgolfier, Joseph-Michel (1740–1810), Erfinder des Warmluftballons. 428
Montmorency, Anne I., Herzog von (1493–1567), Konnetabel und Premierminister. 373
Montmorency, Guy-Marie-Anne-Louis de, s. *Laval*, Marquis von.
Montmorin de Saint-Hérem, Gräfin von (1742–94). 352
Montpensier, Anne-Marie-Louise d'Orléans, Herzogin von, gen. »Große Mademoiselle« (1627–93), Tochter von Gaston-Jean-Baptiste, Herzog von Orléans, Anhängerin der Fronde. 359, 465
Monville, Höfling z. Z. Ludwigs XV. 390
Moses (etwa 1225 v. u. Z.), jüd. Religionsstifter. 352
Motteville, Françoise Bertaut, Dame Langlois de (etwa 1621–89), Vertraute Annas von Österreich, Memoirenverfasserin. 377
Mouchy, Anne-Louise d'Arpajon, Herzogin von (1718–94), Hofdame von Maria Leszczynska und Maria Antoinette. 394
Murville, Pierre-Nicolas-André de (1754–1815), Episteldichter und Dramatiker. 449
Musson, Spaßmacher der Gesellschaft. 469

Nadaillac, Herr von. 472
Naquart, Frau von. 331
Narbonne, zwischen 1748 u. 55 Bischof von: Louis Berton de Crillon od. Charles-Antoine de La Roche-Aymon. 387
Narbonne-Lara, Louis, Graf (1755–1813), Generalleutnant, 1791/92 Kriegsminister. 446
Narcissus (gest. 54), röm. Freigelassener, einflußreicher Günstling von Kaiser Claudius. 276, 299
Naudé, Gabriel (1600–53), Bibliograph und Historiker, Bibliothekar von Richelieu und Mazarin. 442

ERLÄUTERNDES PERSONENREGISTER 501

Navailles, Philippe de Montault de Bénac, Graf, später Herzog von (1619-84), Marschall von Frankreich. 433

Necker, Jacques (1732-1804), schweiz. Bankier, 1777/81 u. 1788/90 Finanzminister Ludwigs XVI. 374, 382, 424, 440, 442

Necker, Suzanne Curchod de La Nasse (1739-94), Frau des vorigen, Leiterin eines Salons. 338, 382

Nemours, Marie d'Orléans-Longueville, Herzogin von (1625 bis 1707). 397

Néricault-Destouches, s. *Destouches*.

Nesle, Louis de Mailly, Graf von Rubempré, später Marquis von (geb. 1700), Generalleutnant. 369

Nesle, Marquise von, Frau des vorigen, Hofdame Maria Josephas von Sachsen. 369

Neuville, Charles Frey de (1693-1774), Kanzelredner. 396

Newton, Isaac (1642-1727), engl. Physiker, Mathematiker und Astronom. 200, 236, 255

Nicole, Pierre (etwa 1625-95), Theologe und Moralist, Theoretiker des Jansenismus. 232

Nivernois (Nivernais), Louis-Jules Mancini-Mazarini, Herzog von (1716-98), Diplomat und Literat. 339

Noailles, Adrien-Maurice, Graf von Ayen, später Herzog von (1678-1766), Marschall von Frankreich. 382f., 419, 471

Noailles, Catherine-Françoise-Charlotte de Cossé-Brissac, Herzogin von (1724 bis 1794), Frau des vorigen. 358, 432

Noailles, Louis, Herzog von (1713-93), Marschall von Frankreich, Günstling Ludwigs XV. 371, 382

Noailles, Louis-Marie, Vicomte von (1756-1804), Feldmarschall, konstitutioneller Abgeordneter der Nationalversammlung. 381, 410

Noverre, Jean-Georges (1727-1810), Opernballettmeister. 351

O'Hara, James, s. *Tyrawley*, 2. Lord.

Olivet, Pierre-Joseph Thoulier, Abbé d' (1682-1768), Grammatiker und Übersetzer. 392

Olonne, Charles-Anne-Sigismond de Montmorency-Luxembourg, Herzog von (1721-77), Feldmarschall. 451

Olonne, Herzogin von, Frau des vorigen: dieser heiratete nacheinander Étienne de Bullion de Fervaques (gest. 1749), Agnès de Miotte de Ravannes (gest. 1756), Marie-Jeanne-Thérèse de L'Espinay de Marteville (gest. 1776). 451

Orléans, Françoise-Marie de Bourbon, Herzogin von, vorher gen. Mlle. de Blois (1677-1749), Tochter von Ludwig XIV. und Mme. de Montespan, Frau des Regenten (s. u.). 394

Orléans, Louis-Philippe, Herzog von (1725-85), Enkel der vorigen, Generalleutnant. 230

Orléans, Louis-Philippe-Joseph, Herzog von, s. *Chartres*, Herzog von.

Orléans, Louise-Henriette de Bourbon-Conti, Herzogin von (1726 bis 1759), Frau des vorletzten. 391

Orléans, Louise-Marie-Adélaïde de Bourbon-Penthièvre, Herzogin von (1753-1821), Frau des vorletzten. 462

Orléans, Philippe, Herzog von, vorher Herzog von Chartres, gen. Regent (1674-1723), Regent von Frankreich 1715-23. 349, 359f., 368, 387, 391, 433f., 440, 467

Ormesson d'Amboile, Henri-François de Paule Le Fèvre d' (1751 bis 1807), Finanzminister Ludwigs XVI. 1783. 393

Ornano, Jean-Baptiste, Graf von (1742-94), Statthalter von Bayonne. 425

Orry, Philibert, Graf von Vignory (1689-1747), Finanzminister Ludwigs XV. 1730/45. 397

Orsai, Pierre-Gaspard-Marie Grimod-Dufort, Graf von (geb. 1748), Offizier. 345f.

Osmond, René-Eustache, Marquis von (1751-1838), Offizier, dann Gesandter in Rußland. 456

Parabère, Marie-Magdeleine de La Vieuville, Gräfin von (1693-1750), Mätresse des Regenten. 434

Paris, François de Harlay de Champvallon (1625-95), 1671/95 Erzbischof von. 399

ERLÄUTERNDES PERSONENREGISTER

Pascal, Blaise (1623–62), Mathematiker und Philosoph, Apologet des Christentums. 134, 170, 195, 200, 311

Pechméja, Jean de (1741–85), Literat, Mitarbeiter an Raynals ›Geschichte beider Indien‹. 379 f.

Peixoto, Bankier des Marschalls Louis-François-Armand de Vignerot du Plessis, Herzog von Richelieu. 287

Pellegrin, Abbé Simon-Joseph (1663 bis 1745), Lyriker und Dramatiker. 144

Penthièvre, Louis-Joseph, Herzog von, s. *Vendôme*, Herzog von.

Périgord, Charles-Maurice de Talleyrand-, Fürst von Benevent, zuerst gen. Abbé de (1754–1838), Bischof von Autun, dann Diplomat, 1797/1807 u. 1814 Außenminister, 1815 Premierminister. 356

Perrault, Charles (1628–1703), Märchendichter, Urheber des Streits um die Alten oder Neuern. 327

Peter der Große, I., Zar von Rußland 1682–1725. 335, 346

Pétiot, Abbé, Literat. 447

Pezay, Alexandre-Frédéric-Jacques Masson, Marquis von (1741–77), Offizier und Literat, Taktiklehrer des Dauphins, späteren Ludwigs XVI. 442

Philipp II., König von Mazedonien 359–336 v. u. Z. 335

Philipp V., König von Spanien, s. *Spanien*, König von.

Pinetti, Giuseppe, ital. Taschenspieler, der 1784 ›Physikalische Belustigungen‹ herausgab. 323

Pitt, Anne (etwa 1720–99), engl. Schauspielerin. 468

Plantin, Christophe (etwa 1520–89), franz. Buchdrucker und Verleger in Antwerpen. 326

Plato(n) (427–347 v. u. Z.), griech. Philosoph, Vater der Ideenlehre. 214, 323

Pléneuf, Jean-Étienne Berthelot de (1663–1727), Kriegslieferant. 360

Plinius Cäcilius Secundus, d. J., Gajus (etwa 60–115), röm. Epistolograph. 215

Plutarch(os) (etwa 45–125), griech. Biograph und eklektischer Philosoph. 222, 280, 455

Poissonnier, Pierre (1720–98), Arzt. 356

Polemon (etwa 340–275 v. u. Z.), griech. Philosoph, Leiter der Akademie. 323

Polen, König von (1704–09 u. 1733–35), s. *Stanislaus* I. Leszczynski.

Polignac, Melchior de (1661–1741), Kardinal und Diplomat. 234, 254

Pompadour, Jeanne-Antoinette Poisson, Marquise, später Herzogin von (1721–64), einflußreiche Mätresse Ludwigs XV. 346, 352, 355, 363, 373, 382

Pont-de-Veyle, Antoine de Ferriol, Graf von (1697–1774), Lyriker und Komödiendichter. 340

Pope, Alexander (1688–1744), engl. klassizistischer Dichter. 319, 453

Porquet, Abbé Pierre-Charles-François (1723–96), Lyriker. 399

Portugal, Joseph I. Emanuel, König von (1750–77). 402

Portugal, Maria Anna Victoria, Königin von, Frau des vorigen. 402

Pradon, Nicolas (1632–98), Tragödiendichter. 468

Praslin, César-Gabriel de Choiseul, Herzog von (1712–85), Bruder des Herzogs von Choiseul, 1761/66 Außen-, 1766/70 Marineminister Ludwigs XV. 354

Prätendent, s. *Jakob (III.) Franz Eduard* Stuart u. *Karl Eduard* Stuart.

Preußen, Friedrich II., König von (1740–86). 356, 366, 372 ff., 376, 389, 395, 399, 428, 433 f., 445, 447, 460, 464 f.

Preußen, Friedrich Wilhelm I., König von (1713–40). 232

Prévost d'Exiles, Abbé Antoine-François (1697–1763), Romanschriftsteller. 442

Prie, Jeanne-Agnès Berthelot de Pléneuf, Marquise von (1698 bis 1727), Mätresse von Louis-Henri, Herzog von Bourbon, Prinz von Condé, Premierminister 1723/26. 360

Pulteney, William, Graf von Bath (1684–1764), engl. Kriegsminister unter Georg I. 244

Quinault, Philippe (1635–88), Dramatiker, Textbuchdichter Lullys. 144, 327

Quinault d. J., Jeanne-Françoise (1699–1783), Schauspielerin an der Comédie Française, auch bekannt durch ihren Salon. 389

Racine, Jean-Baptiste (1639–99), größter franz. Tragödiendichter. 124, 131, 134, 144, 200, 327, 393, 407, 441, 468

Raffael, eigtl. Raffaello Santi (1483–1520), ital. Hochrenaissancemaler. 213

Ramus, Petrus, eigtl. Pierre La Ramée (1515–72), humanistischer Philologe, Mathematiker und Philosoph, Gegner der aristotelischen Scholastik. 463

Raschid, Harun al, eigtl. Harun er Raschid, bedeutendster abbasidischer Kalif 786–809. 216

Raynal, Abbé Guillaume-Thomas-François (1713–96), Historiker, Freund der Enzyklopädisten. 343, 374

Recupero, Giuseppe (1720–78), sizilian. Domherr, Mineraloge. 435

Regent, s. *Orléans*, Philippe, Herzog von.

Regulus, Marcus Atilius (etwa 250 v. u. Z.), röm. Feldherr im 1. Punischen Krieg, der nach der Sage als Gefangener zu Friedensverhandlungen nach Rom gesandt wurde, aber selbst zur Fortsetzung des Krieges riet, wofür er bei seiner Rückkehr zu Tode gefoltert wurde. 214

Renel, Abbé Jean-François du Bellay du (1692–1761), Mitglied der Akademie der Wissenschaften, Übersetzer Popes. 339

Renneval, Joseph-Mathias-Gérard de (1746–1812), Diplomat. 425

Retz, Jean-François-Paul de Gondi, Baron von (1613–79), Kardinal, einer der Führer der Fronde, Memoirenautor. 473

Richelieu, Armand-Emmanuel du Plessis, Herzog von, s. *Chinon*, Graf von.

Richelieu, Armand-Jean du Plessis, Herzog von (1585–1642), Kardinal, 1624/42 Premierminister. 173, 341, 381

Richelieu, Louis-François-Armand de Vignerot du Plessis, Herzog von, vorher Herzog von Fronsac (1696–1788), Marschall von Frankreich, Diplomat. 339, 355, 387, 390, 437, 441, 454

Rochefort, Marie-Thérèse de Brancas, Gräfin von (1716–82), geistreiche Frau aus dem Kreis von Hénault, Montesquieu, Duclos, Mme. du Deffand. 392, 394, 431

Rochester, John Wilmot, 2. Graf von (1648–80), engl. Satiriker. 395

Rohan, Henri-Louis-Marie de, s. *Guéménée*, Fürst von.

Rohan, Louis-René-Édouard, Fürst von (1734–1803), Kardinal, 1772/74 Botschafter in Wien. 342, 344, 347, 380, 472

Rohan, Herzogin von. 257

Rohan-Chabot, Guy-Auguste, Graf von, s. *Chabot*, Graf von Rohan-.

Rohan-Chabot, Louis-Antoine-Auguste, Herzog von, s. *Chabot*, Herzog von Rohan-.

Rollin, Charles (1661–1741), Althistoriker. 178

Roquemont, Gardekommandeur unter Ludwig XV. und Ludwig XVI. 342

Roucher, Jean-Antoine (1745–94), Lyriker unb Publizist. 384

Roure, Louise-Victoire de Caumont de La Force, Gräfin von, Mätresse des Großen Dauphins. 381

Rousseau, Jean-Baptiste (1671–1741), Lyriker. 173, 224

Rousseau, Jean-Jacques (1712–78), Aufklärungsphilosoph und Romanschriftsteller. 280, 303, 319, 358, 365f., 398, 441

Rousseau, Spaßmacher der Gesellschaft. 469

Routhe, Charles-Édouard, Graf von (geb. 1710), Leutnant. 403

Roy, Pierre-Charles (1683–1764), Librettist und Epigrammatiker. 438, 454

Royère, Jean de, s. *Castres*, Bischof von.

Rubens, Peter Paul (1577–1640), niederländ. Barockmaler. 326

Rulhière, Claude-Carloman de (1735–91), Historiker. 448

Sabatier de Castres, eigtl. Antoine Sabatier (1742–1817), Literaturhistoriker, Lyriker und Pamphletist. 386

Sablière, Freund von Beaumarchais. 357

Sachsen, Hermann Moritz, Graf von, gen. Marschall von (1696–1750). Marschall von Frankreich. 356, 468

Saint-Ange, Ange-François Fariau de (1747–1810), Lyriker und Komödiendichter, Ovidübersetzer. 449

Saint-Brieuc, Hugues-François-Régis de Bellaize, (1732–96), 1775 bis 94 Bischof von. 343

Saint-Évremond, Charles de Marguetel de Saint-Denys de (1610–1703), Moralist. 95

Saint-Florentin, Louis Phélypeaux, Graf von, s. *La Vrillière*, Herzog von.

Saint-Foix, Germain-François Poullain de (1698–1776), Literat und Historiograph. 424

Saint-Germain, Claude-Louis, Graf von (1707–78), Generalfeldmarschall, 1775/77 Kriegsminister Ludwigs XVI. 435

Saint-Huberty, eigtl. Antoinette-Cécile Clavel (1756–1812), Opernsängerin. 338

Saint-Julien, François-David-Bollioud de (geb. 1713). 353

Saint-Pierre, Abbé de, eigtl. Charles-Irénée Castel (1658–1743), politischer Schriftsteller. 429

Saint-Pierre, Marquise von. 437

Saint-Pol, Jean-François de La Marche, 1772/1801 Bischof von. 338

Saint-Priest, François-Emmanuel Guignard, Graf von (1735–1821), Gesandter in Lissabon und Konstantinopel, dann Innenminister Ludwigs XVI. 364

Saint-Priest, Jean-Emmanuel Guignard, Vicomte von (1714–85). Vater des vorigen, Intendant des Languedoc. 364, 382

Saint-Simon-Sandricourt, Charles-François, s. *Agde*, Bischof von.

Saint-Sulpice, Jean-Baptiste-Joseph Languet de Gergy (1675–1750), 1714/48 Pfarrer von. 357

Sair (od. Ser), engl. Bankier um 1780. 357

Sanson, Nicolas (1600–67), Geograph. 326

Sardinien, Karl Emanuel I., als Karl Emanuel III. Herzog von Savoyen, König von (1730–73). 395

Saurin, Bernhard-Joseph (1706–81), Dramatiker. 347

Savoyen-Carignan, Franz Eugen, Prinz von s. *Eugen*, Prinz.

Scaliger, Joseph-Juste (1540–1609), klassischer Philologe. 320

Scaurus, Marcus Ämilius (163–89 v. u. Z.), röm. Feldherr und Konsul. 329

Schuwalow, Iwan Iwanowitsch, Graf (1727 bis 1798), russ. Höfling, Günstling und Oberkammerherr von Zarin Elisabeth. 373

Scipio Africanus d. Ä., Publius Cornelius (etwa 235–183 v. u. Z.), röm. Feldherr im 2. Punischen Krieg. 329

Scipio Nasica Serapio, Publius Cornelius (gest. 132 v. u. Z.), röm. Oberpriester, Anstifter des Mords an Tiberius Gracchus. 329

Sébourg, Vicomte (später Graf?) von. 340

Seguerand, Abbé de. 388

Ségur, Philippe-Henri, Marquis von (1724–1801), Marschall von Frankreich, 1781/87 Kriegsminister Ludwigs XVI. 418

Sejanus, Lucius Älius (etwa 20 v.–31 u. Z.), röm. Prätorianerpräfekt, Günstling von Kaiser Tiberius. 276, 329

Seneca, Lucius Annäus (etwa 5 v.–65 u. Z.), röm. stoischer Philosoph, Erzieher von Kaiser Nero. 99, 144, 225, 269, 299

Senevoy, Herr von, Offizier unter Ludwig XV. und Ludwig XVI. 355

Sens, 1788/90 Erzbischof von, s. *Loménie de Brienne*, Étienne-Charles.

Ser, s. *Sair*.

Sesmaisons, Claude-François, Marquis von (1709–79), Feldmarschall. 393

Sevac, Frau von. 256

Sévigné, Marie de Rabutin-Chantal, Marquise von (1626–96), größte franz. Epistolographin. 431

Shaftesbury, Anthony Ashley Cooper, 3. Graf von (1671–1713), engl. Moralphilosoph. 236, 264

Silhouette, Étienne de (1709–67), Finanzminister Ludwigs XV. 1759/67. 403, 473

Sillery, Charles-Alexis Brulart, Marquis von, s. *Genlis*, Graf von.

Simiane, Pauline Adhémar de Monteil de Grignan, Marquise von (1674–1737). 442

Sixtus V., Papst 1585–90. 442

Sokrates (469–399 v. u. Z.), griech. Philosoph, erster Ethiker. 190, 214, 218, 323

Soubise, Charles de Rohan, Fürst von (1715–87), Marschall von Frankreich. 370

Sourches, Jean-Louis du Bouchet, Vicomte von (geb. 1750). 370

Spanien, Philipp V., Herzog von Anjou, König von (1700–46). 133

Speroni degli Alvarotti, Sperone (1500 bis 1588), ital. Renaissanceschriftsteller, Verfasser heute vergessener Dialoge und Abhandlungen. 325

Speusippos (etwa 395–335 v. u. Z.), griech. Philosoph, Nachfolger Platos als Leiter der Akademie. 323

Staël-Holstein, Anne-Louise-Germaine Necker, Baronin von, gen. Mme. de Staël (1766–1817), Romanschriftstellerin 421

Stafford, Lady. 257

Stainville, Étienne-François, Graf von, s. *Choiseul*, Herzog von.

Stainville, Jacques-Philippe de Choiseul, Graf von, Marschall von Frankreich unter Ludwig XVI. 359

Stanislaus I. Leszczynski, König von Polen, 1704–09 u. 1733–35, dann Herzog von Lothringen und Bar 1735–66. 341, 359, 371, 394, 399, 446, 470

Starhemberg, Georg Adam, Fürst von (1724–1807), österrch. Gesandter in Spanien und Frankreich, dann Innenminister 367

Sulla, Lucius Cornelius (138–78 v. u. Z.), röm. Patrizier, 82/79 v. u. Z. Diktator. 329

Sully, Louise-Gabrielle de Châtillon, Herzogin von (geb. 1731). 372

Sully, Maximilien de Béthune, Baron von Rosny, Herzog von (1559–1641), Freund und Finanzminister Heinrichs IV. 434

Swift, Jonathan (1667–1745), engl. Satiriker. 263, 319

Sydney, Thomas Townshend, 1. Viscount (1733–1800), engl. Innenminister unter Georg III. 428

Tacitus, Publius Cornelius (etwa 55–120), größter röm. Geschichtsschreiber. 304, 329

Talbot, Richard Francis, s. *Tyrconnel*, Herzog von.

Tallemant des Réaux, Gédéon (1619–92), Chronist seiner Zeit in anekdotenhaften Memoiren. 327

Talleyrand-Périgord, Alexandrine-Victoire-Éléonore de Damas d'Antigny, Gräfin von (gest. 1809). 356

Talleyrand-Périgord, Charles-Maurice de, s. *Périgord*, Abbé de.

Talmont, Marie Luise, Fürstin Jablonowska, Lady (gest. 1773), Kusine von Stanislaus Leszczynski. 231, 441

Tencin, Claudine-Alexandrine Guérin de (1685–1749), Romanschriftstellerin, Leiterin eines Salons. 340, 356

Tencin, Pierre Guérin de (1679–1758), Bruder der vorigen, Kardinal, Erzbischof von Lyon und Premierminister Ludwigs XV. 402, 473

Terrasson, Abbé Jean (1670–1750), Literat. 432

Terray, Abbé Joseph-Marie (1715–78), Finanzminister Ludwigs XV. 1769/74. 306, 393, 434, 459

Tessé, Adrienne-Catherine de Noailles, Gräfin von (geb. 1741). 371, 380

Themistokles (etwa 525–459 v. u. Z.), athen. Staatsmann und Feldherr, Sieger von Salamis. 321

Theophilos, oström. Kaiser, s. *Byzanz*, Kaiser von.

Theophrast(os) (etwa 372–287 v. u. Z.), griech. Philosoph, Schüler von Aristoteles. 331

Theresia von Jesu (1515–82), span. Mystikerin, Heilige. 331

Thiard, Claude de, s. *Bissy*, Graf von.

Thilorier, Françoise-Augustine de Sanctuary (Santuaré), Dame von, später Dame Duval d'Éprémesnil, gen. »Mutter der Armen« (1754–94). 353, 392 f.

Thomas, Antoine-Léonard (1732–85), Lobredenverfasser. 412, 449

Thyanges, Jean-Pierre Damas, Marquis von, später Graf von Damas d'Anlezy (1734–1800), Feldmarschall. 356

Tiberius Claudius Nero, röm. Kaiser 14–37. 329

Tibull(us), Albius (etwa 55–19 v. u. Z.), röm. Elegiendichter. 422

Tigellinus, Ofonius od. Sofonius (gest. 69), röm. Prätorianerpräfekt, Günstling von Kaiser Nero. 276

Timon (etwa 450 v. u. Z.), sprichwörtlicher athen. Menschenfeind. 396

Titus Flavius Sabinus Vespasianus, röm. Kaiser 79–81. 276, 329, 332, 423

Toskana, Leopold I. Peter Joseph Johann Anton Joachim Pius Gotthard, als Leopold II. röm.-dtsch. Kaiser 1790–92, Großherzog von (1765–90). 326

Toulouse, 1763/88 Erzbischof von, s. *Loménie de Brienne, Étienne-Charles*.

Townshend, Thomas, s. *Sydney*. 1. Viscount.

Tressan, Louis-Élisabeth de La Vergne, Graf von (1705–83), Generalleutnant und Literat, Oberhofmeister von Stanislaus Leszczynski. 339, 371, 401

Tristan, eigtl. François, L'Hermite (1601 bis 1655), Lyriker und Dramatiker. 326

Tronchin, Helene de Witt, Frau des folgenden, bekannt durch ihre Tugendhaftigkeit und Häßlichkeit. 460

Tronchin, Théodore (1709–81), schweiz. Arzt in Amsterdam, dann in Genf, 429

Trublet, Abbé Nicolas-Charles-Joseph (1697–1770), Kompilator. 340, 454

Turenne, Godefroi-Charles-Henri de La Tour d'Auvergne, Fürst von (1728 bis 1812), Feldmarschall. 373

Turenne, Henri de La Tour d'Auvergne, Vicomte von (1611–75), nach dem Großen Condé siegreichster Feldherr Ludwigs XIV. 63, 195, 373, 385, 398

Turgot, Anne-Robert-Jacques, Baron von l'Aulne (1727–81), physiokratischer Ökonom, 1774/76 Finanzminister Ludwigs XVI. 362, 364, 384, 399, 424

Tyrawley, James O'Hara, Lord Kilmaine und 2. Lord (1690–1773), engl. Feldmarschall, 1728/41 u. 1752/56 außerordentlicher Gesandter in Portugal. 439

Tyrconnel, Richard Francis Talbot, Herzog von (gest. 1752), Diplomat. 427

Ungarn, Königin von (1740–80), s. *Maria Theresia*, röm.-dtsch. Kaiserin.

Vaines, Jean de (1733–1803), Kommissar im Finanzministerium unter Turgot. 439

Valois, Adrien de (1607–92), Vater des Numismatikers Charles Valois de La Mare, königlicher Historiograph. 326

Vatri, Abbé René (1697–1769), Hellenist, Professor am Collège Royal. 431

Vaubecourt, Jean-Charles-François, Marquis von (1726–1822), Feldmarschall. 359

Vaubrun, Nicolas-Guillaume de Bautrou, Abbé de (1662–1746), königlicher Vorleser, Günstling von Louis-Auguste de Bourbon, Herzog von Maine. 255, 469

Vaucanson, Jacques de (1709–82), Mechaniker, Erfinder von Aufziehpuppen. 346

Vaudreuil, Joseph-Hyacinthe-François de Paule, Graf von (1740–1817), Generalleutnant, Freund und Mäzen Chamforts. 365, 448

Vendôme, Louis-Joseph, Herzog von, vorher Herzog von Penthièvre (1654 bis 1712), Generalleutnant. 397

Vergennes, Charles Gravier, Graf von (1717–87), Diplomat, 1774/87 Außenminister Ludwigs XVI. 347, 382, 400 f., 413, 416, 425, 441

Vergil(ius) Maro, Publius (70–19 v. u. Z.), größter röm. Epiker. 218, 245, 305, 386

Vernet, Claude-Joseph (1714–89), Marinemaler. 387

Vertot, René Aubert, Abbé de (1655 bis 1735), Historiker. 443

Victor Amadeus II., Herzog von Savoyen (1675–1730), König von Sizilien 1713–18 und Sardinien 1720–30. 319

Viète, François (1540–1603), Mathematiker. 319

Villars, Claude-Louis-Hector, Herzog von (1653–1734), Marschall und Pair von Frankreich. 254, 395, 460

Ville, Jean-Ignace de La, s. *La Ville*.

Villequier, Antoine d'Aumont de Rochebaron, Marquis von (1601–1669), Marschall von Frankreich, 1662/69 Gouverneur von Paris. 377

Villeroi, François de Neufville, Herzog von (1644–1730), Marschall von Frankreich, trotz mangelnder militärischer Fähigkeiten bleibender Günstling Ludwigs XIV. 254

Villeroi, Nicolas III. de Neufville, Seigneur von (1542–1617), Außenminister Karls IX., Heinrichs III., Heinrichs IV., und Ludwigs XIII. 434

Villette, Charles, Marquis von (1736–93), Lyriker und Journalist, girondistischer Abgeordneter des Nationalkonvents. 438, 472

Voisenon, Claude-Henri de Fusée, Abbé de (1708–75), Lyriker und Dramatiker. 427

Voiture, Vincent (1598–1648), galanter Lyriker und Epistolograph, Schöngeist. 176

Voltaire, eigtl. François-Marie Arouet (1694–1778), Dichter, Geschichtsschreiber und Philosoph, Repräsentant der Aufklärung. 131, 178, 197, 257, 319 f., 335, 340, 346, 356, 363, 366, 376, 386, 398, 438, 443 f., 447

Voyer d'Argenson, Marc-Antoine-René de, Marquis von Paulmy (1722–87), Gesandter in Genf, Warschau, Venedig. 410

Voyer d'Argenson, Frau des vorigen. 410

Waldegrave, James, 1. Graf (1685–1741), engl. Botschafter in Frankreich und Österreich. 254

Washington, George (1732–99), nordamerikan. Armeeoberbefehlshaber, 1789/1797 Staatspräsident. 448

Wycliffe, John (etwa 1325–84), engl. Reformator. 335

Xenokrates (gest. 314 v. u. Z.), griech. Philosoph, Schüler Platos und Leiter der Akademie. 323

Ximénès, Augustin-Louis, Marquis von (1726–1817), Literat, Sekretär Voltaires. 346

York, Herzog von, s. *Jakob II.*, König von England.

Zenobia, Septimia Augusta, Königin von Palmyra 267–272. 417

Sachregister

Aberglaube 217, 261
Abhängigkeit 122
Abneigung 75
Achtung 51, 60, 110 f., 138, 146 f., 161, 183, 224, 235 f., 265, 280, 376, 405 f., 440
Adel 91, 146, 174, 192, 207, 242, 328, 333, 373, 435
Afrika 264 f.
Akademie 143, 248, 276, 294, 310, 322, 339, 343 f., 363, 366, 379, 405, 407, 411, 430, 447
Albernheit 64, 193
Alter 56, 64, 66, 81 f., 85, 95 f., 119, 128, 135, 164, 172, 180, 186, 188, 190, 240, 242, 244, 250, 265, 279
Amerika 264
Angst 48, 53 f., 97 f., 181
Anlage 122
Anmaßung 113, 147, 161, 188, 242
Anmut 68, 130 f., 137, 240, 307
Ansehen 67, 147, 166, 173, 280, 287, 294 f., 330, 346
Antike 140
Arbeit 93, 108, 112, 123, 138, 200, 212, 308
Aristokratie 334
Armut 51, 113, 138, 150, 152, 168, 171, 307, 310, 428
Artigkeit 55
Asien 240, 264
Aufklärung 327, 337
Aufmerksamkeit 179, 242
Aufrichtigkeit 52, 62, 78, 104, 128
Aufsehen 64
Australien 264

Begabung 124, 320
Beharrlichkeit 61, 86
Benehmen 60
Beredsamkeit 68 f., 124, 133 ff., 143, 145, 159, 172, 200, 296, 323
Bescheidenheit 74, 100, 166, 235, 242, 284, 301
Beschränktheit 110
Beständigkeit 61, 186, 250
Betragen 61
Bildung 64, 199

Bosheit 86
Bücher 94, 143, 151, 165, 177, 183, 208, 236, 261, 265, 285 f., 319 f., 324
Bürgerrecht 337

Charakter 162, 166, 235, 249, 256, 266, 268, 271 f., 279 bis 282, 289, 291, 297, 302 ff., 308 ff., 312, 319, 321, 345, 421, 423

Dankbarkeit 66, 71, 73, 163
Demütigung 158
Demut 69, 77, 93, 235, 337
Denken 127, 132, 134, 139, 159, 173, 246, 249, 266, 294, 308, 314, 338, 377, 420
Despotismus 261, 330, 332, 334
Deutschland 239
Dichtkunst 135
Dünkel 99, 166, 221, 234, 287
Dummheiten 81, 280 ff., 287, 292, 295, 331

Echtheit 92
Edelmut 68, 155, 168, 307
Egoismus 412
Ehe 56, 239, 314, 316 ff., 376, 391, 399, 404, 407 f., 414, 416, 420, 422
Ehrbarkeit 64, 100
Ehre 51, 61 f., 65, 67, 70 f., 73, 82 f., 85, 101, 111 f., 122, 132, 138, 159, 166, 183, 185, 191, 199, 219, 230, 263, 271 f., 276, 280, 318, 376, 414, 420
Ehrgeiz 47, 49, 52, 54, 68, 72, 74, 87, 109, 129, 132, 147, 166, 172, 179, 197, 206, 220, 222, 242, 272, 276, 297, 314, 320, 345
Einbildungskraft 89
Einfachheit 154, 162, 177, 247
Einfalt 72, 161
Eifersucht 47, 49, 75, 77, 81, 83, 88, 91, 124, 135, 167 f., 239 f., 319
Eigendünkel 45 f., 97, 100
Eigenliebe 46 ff., 54, 66 bis 70, 75 f., 87, 89, 91, 95, 99 ff., 137, 189, 196, 232, 236 f., 266, 289, 301, 303, 309, 312 f., 317, 352, 404, 407
Eigennutz 50, 54, 59, 61 f., 66, 69, 73,

87, 91, 100, 111, 137 f., 159, 163, 167, 182, 189, 208 f.
Eigenschaft 53 f., 58, 60 f., 69, 76, 85, 102, 126, 134, 145 f., 150, 166, 168 f., 233, 238 f., 255, 316, 421, 441
Einsamkeit 157, 301 ff., 308, 321, 358, 408, 424
Einsicht 50, 140, 158, 167, 201
Eitelkeit 48 ff., 58, 60, 63, 65 f., 68, 70, 79, 82 f., 85 f., 90, 93, 101, 126, 129, 144 f., 159, 161, 165, 169, 184, 189, 195, 199, 233 bis 236, 238 f., 242, 253, 255, 264 f., 276 f., 279, 282 f., 304, 309, 312 bis 315, 317, 320, 324 f., 348, 425
Ekel 119
Empfindlichkeit 61, 93, 218
Empfindung 69, 85, 228, 291
Empfindsamkeit 71, 422
England 314, 319, 333 f., 346
Enthusiasmus 142, 307
Erfahrung 96, 170, 194, 199, 201, 250, 296, 310
Erkenntlichkeit 66, 73, 102
Erwartung 228
Erziehung 69, 175, 261 f.
Europa 197, 210, 213 f., 216, 240, 252, 264, 334, 415

Falschheit 180, 182
Fanatismus 393
Faulheit 99
Fehler 49 f., 54, 58 ff., 62 ff., 69, 74 f., 77 bis 83, 85, 87 f., 91 f., 101, 104, 109, 116 f., 120, 129, 136, 147, 154, 158, 165, 168, 173, 192, 194, 221, 235 f., 241, 250, 252, 256, 271, 278, 315, 330
Feigheit 64, 147
Feinheit 57, 177, 307, 319
Festigkeit 86, 117
Findigkeit 93, 104, 114
Fortschritt 218
Frankreich 216, 239, 297, 319, 325 f., 330 bis 333, 336, 345
Franzose 239, 328, 347
Frau 53, 58, 76 f., 81 f., 85 f., 88, 94, 103, 112, 152, 157, 179, 182, 184, 186, 199, 206, 226, 239 f., 245, 247 f., 253 f., 264, 268 f., 277, 283, 290, 309, 312, 315 f., 339 f., 352, 419 f., 422, 438, 444
Freigebigkeit 60, 70, 111, 187, 243
Freiheit 109, 138, 186, 239, 335

Freundschaft 53 f., 78, 81 ff., 85, 95, 99, 121, 138, 163, 168, 191, 223, 237, 241, 256, 280, 296, 306 f., 309, 312, 314, 349, 377, 405, 418, 420 f.
Freuden 67, 76, 82, 109 f., 126, 138, 141, 149, 157, 164, 206, 221 ff., 225 bis 229, 284, 306, 308, 318, 338, 376
Frieden 153, 157, 186, 197 f.
Frömmigkeit 48, 82, 107, 181, 245 f.
Fühlen 416
Furcht 48, 50, 62, 64 f., 68, 91, 98, 117, 141, 146, 162 f., 191, 228, 272, 278

Galanterie 80, 312 f., 315, 444
Geburt 158, 242, 295
Gedächtnis 54, 74, 125 f., 131, 194, 211
Gedanke 52, 108, 116, 118, 125, 133, 143, 149, 155, 158, 162, 165, 171, 178, 185, 189, 191, 193, 205, 207, 209, 236, 247, 249, 285, 300 f., 305, 320
Geduld 79, 118, 129, 189
Gefälligkeit 86, 115
Gefühl 59, 61, 74, 92, 95, 111, 113, 119, 127, 132, 136 ff., 142, 147, 162, 191, 195 f., 200, 238, 263, 271, 274, 281 f., 285, 305, 311, 313, 318, 388, 412
Gegenwart 198, 254
Geist 49, 52, 55 f., 62, 66, 69, 72, 76 f., 80 ff., 84, 86, 88, 94, 100, 108, 112 f., 115 f., 119 f., 122 f., 127 f., 130 ff., 135 bis 138, 140 bis 143, 145 ff., 152, 156 bis 159, 170, 172–177, 179 f., 184 ff., 189, 191 bis 195, 197 bis 200, 206, 210, 223, 229, 231, 235 f., 245 bis 249, 261, 264 bis 267, 273, 280, 282, 291, 293, 300, 310, 312, 314, 317, 320, 353, 405, 411, 421 f., 430
Geiz 48, 60, 87, 179, 188, 243 f., 250, 272, 276
Gelassenheit 48
Geld 244, 324, 421
Gelegenheit 76, 85, 113, 129, 139, 167, 263
Gelehrsamkeit 125
Gemeinschaft 54, 182, 199, 337
Gemüt 72, 100
Genie 126, 165, 182, 184 f., 192, 195, 267
Genius 173, 261
Genuß 96, 128, 205, 228, 244, 294, 305, 307, 314 f., 352
Gerechtigkeit 98, 120, 137 f., 151, 190, 224, 280, 304
Geschichte 130 f., 161, 266, 316, 328, 330

Geschick 102
Geschicklichkeit 65, 68, 114, 133, 180, 265, 293
Geschmack 51, 54, 69, 79, 96, 112, 124 ff., 132, 135, 152, 156, 162, 170, 177, 280, 305, 321, 324
Gesellschaft 58, 71, 112, 122, 155, 157, 168, 188, 193, 205, 208, 222, 233 f., 250, 255 f., 261 ff., 266, 271 f., 274 f., 279, 282, 285 f., 292 ff., 298, 301, 304 ff., 308, 311 ff., 315, 318 bis 321, 323 f., 331 f., 335 f., 348 f., 358, 361, 370, 376, 379, 382, 385, 388, 404, 406, 409 ff., 418, 420 f., 423 f., 437, 445 f.
Gesetz 122, 127, 138 f., 146, 153, 169, 172 f., 182 f., 198, 332, 334, 346
Gespräch 58, 82, 91, 159, 173
Gesundheit 62, 79, 93 f., 103, 113, 128, 135, 161, 183, 212, 278, 285, 309, 447
Gewalt 77 ff., 92, 114, 121 f., 157, 166, 168, 227
Gewandtheit 114, 127
Gewinnsucht 93
Gewissen 107, 111, 117, 270, 273, 288
Gewißheit 89
Gewohnheit 49, 82, 86, 110, 169, 181, 265, 272, 294, 297
Gleichgültigkeit 51, 61, 83, 89, 140, 199, 205, 251, 266, 278
Gleichheit 127, 165, 240
Gleichmut 65
Glück 48 ff., 64, 69, 73 f., 76, 86, 92 ff., 97 ff., 108 f., 111 ff., 127, 148, 152 f., 156 ff., 160, 164, 166 ff., 180, 183, 187, 206, 209 f., 219 bis 225, 227 bis 231, 233, 238, 241 ff., 246, 251, 264, 270, 277, 282, 284, 303, 306, 309, 321, 325, 355, 377, 416
Gnade 84
Grandseigneur 256
Greis 113
Größe 93, 127, 131, 178, 182, 223, 293, 313
Großherzigkeit 72, 103, 117, 147
Großmut 160
Güte 50, 67, 72, 78, 86, 129, 137, 251, 281
Gunst 51, 171, 295, 312
Gutherzigkeit 71, 103

Habsucht 87, 129, 243
Härte 183
Häßlichkeit 128
Halbheit 115

Harmonie 123
Haß 49, 51, 53, 75 f., 95, 121, 136, 138, 163, 191, 207, 280, 319
Heiterkeit 124, 135, 161, 183, 189, 265
Herz 45 f., 50, 53, 55 f., 61, 74, 76, 86, 92, 101, 112, 115 f., 119, 122, 137, 139 f., 150, 157, 159, 173, 200, 209, 211, 213, 229, 237 f., 250, 271, 273, 281, 293, 302, 309, 317 f., 335, 407, 411, 422
Heuchelei 65, 67, 72
Hochherzigkeit 68
Hochmut 129, 146, 171, 221, 235
Höflichkeit 55, 69, 174, 198
Hof 239, 433, 438
Hoffart 70
Hoffnung 50, 61 f., 84, 89, 91, 109, 128, 152, 158, 163, 180, 185, 213, 222, 237, 243
Hoheit 80
Huldigung 128

Idee 159, 236, 251, 261, 269, 281, 308, 323, 336, 347, 405, 437
Illusion 55, 185, 222, 237, 266, 269, 273, 282, 305, 310, 365, 404, 419 f.
Instinkt 117, 195, 406
Interesse 47, 52, 54, 71, 96, 101, 116, 133, 139, 160, 165, 197, 223, 281, 291, 301, 303, 309, 312, 329, 388, 407, 418, 422
Irrtum 95, 108, 110, 126 f., 132 f., 138, 161, 175, 185, 188, 192 f., 195 f., 270

Jahrhundert 133, 135, 140
Jansenismus 311
Jugend 56, 70, 76, 85, 109 f., 119, 131, 141, 146, 152, 184, 242, 244, 248, 250, 265, 269, 313

Kenntnis 161
Keuschheit 47, 111, 157
Kindheit 239
Klarheit 108
Klugheit 57, 61 f., 71, 93 f., 108, 117, 121, 136, 147, 156, 268, 279, 284, 307
Knechtschaft 109, 120
Körper 50, 52, 63, 66, 87, 91, 93 f., 113, 119, 122, 137, 142, 157, 164, 172 f., 183, 223, 231, 246, 305, 310, 313
Kokette 362, 419
Koketterie 56, 68, 75 f.
Kopf 422

SACHREGISTER

Kraft 119, 134 f., 139 f., 151, 158, 182 f., 196, 199, 220, 240, 251, 304
Krankheit 103, 117, 128, 200, 219, 246, 277
Krieg 109, 127, 167, 198, 251
Kritik 132, 136, 214
Kultur 138, 354
Kummer 67, 179, 194, 205, 209, 212
Kunst 47, 51, 55, 60, 69, 119, 123 f., 126, 129, 131 f., 134, 138, 141, 155 f., 171, 176, 180, 184, 197, 213, 216, 221, 271, 277, 282, 289, 296, 310, 325, 330, 335, 346

Lächerlichkeit 58, 73 ff., 81, 136, 145, 166, 209, 212, 218, 239, 257, 269, 294, 316, 323, 325, 388, 417 f., 443
Lässigkeit 86, 103, 297
Langeweile 93, 200, 205, 229, 245, 432
Last 114
Laster 62 f., 65, 69, 79, 83, 100 f., 110, 113, 116, 120, 123, 127, 137, 139, 162, 166, 169, 180, 186 f., 192, 200, 230, 280, 285, 292, 307, 330
Lauheit 76
Laune 47, 50 f., 61, 83, 85, 114, 116, 118, 153, 170, 193, 196, 198, 200, 233, 247, 312 f.
Leben 61, 63 ff., 86, 89, 91, 117 ff., 123, 135, 139, 141, 192, 220, 223 f., 231, 243, 250, 274, 277 f.
Lebhaftigkeit 72, 81, 124
Lebensart 79
Lebensführung 60
Leichtigkeit 297
Leichtsinn 96
Leid 85
Leiden 66, 70, 76, 82, 88, 126, 129, 165, 199, 221 ff., 225, 227 f., 306, 318
Leidenschaft 47 ff., 53, 57, 62, 69 ff., 75, 81 ff., 85 f., 92 f., 100 f., 103, 110, 116, 118 f., 128, 131 f., 138, 140 f., 145, 149, 158 ff., 166, 169, 173, 175, 182, 186, 188, 192 f., 224, 232, 238 f., 247, 262, 269, 272, 278, 286, 304, 307 f., 310, 312 ff., 318, 324 f., 410
Liebe 52 f., 58, 61, 64, 69 ff., 75 ff., 80 bis 88, 94 ff., 98, 103 f., 110 f., 117, 121, 130, 138, 157, 161, 172, 179, 186, 191, 196, 227, 235, 237 ff., 241 f., 256, 282, 296, 302, 305, 307, 311 bis 318, 345, 355, 416, 429
List 57, 168, 282, 292

Literatur 132, 216, 310, 321, 350
Lob 52, 59 ff., 67, 72, 100, 128, 173, 200, 214, 236, 406
Lügen 133 f., 162, 180, 199
Lügenhaftigkeit 115
Lust 85, 122, 141, 227
Luxus 103

Macht 92, 138, 143, 153, 165 f., 169, 194
Mäßigkeit 97, 99, 166, 208, 304
Mäßigung 72, 97, 113
Maßstab 193
Maxim 115, 138, 155 f., 171, 261, 282, 304, 351
Meinung 62, 67, 76, 95, 102, 117, 126, 140 f., 143, 162, 176, 233, 262, 265 f., 270 f., 274 f., 278 ff., 290, 298, 406, 410
Melancholie 324
Mensch 52 bis 55, 60, 66, 83, 92, 94, 102 f., 109 f., 114 f., 124, 128 f., 132, 134 f., 139, 159 bis 165, 168 f., 198 bis 201, 230, 233, 235 f., 241, 249 f., 266 f., 270 f., 274 f., 281 f., 294, 319 f., 332, 338, 423
Menschenfeind 324, 396, 402, 408, 411 f.
Menschengeschlecht 153, 157, 233, 306, 316, 358
Menschenrechte 333 f., 337
Menschheit 119, 122, 126, 136, 199, 210, 243, 291, 306, 315, 327 f.
Menschlichkeit 137, 151, 157, 161, 183, 250
Milde 120, 151
Minister 271, 287, 289 f., 294, 330, 359
Mitleid 70, 85, 88, 114, 138, 191, 241, 255, 272, 307
Mittelmäßigkeit 74, 78, 108, 112, 130, 139, 148, 162, 182, 271, 322, 333
Mittelmaß 112
Mißbrauch 109
Mißgeschick 67, 190, 231
Mißgunst 136
Mißtrauen 54, 74 f., 115, 140
Mode 93, 110, 126, 135, 166, 169, 174, 180, 184, 283
Moral 109 f., 120, 123, 136, 138, 140, 155 f., 192, 230, 254, 261, 271, 275, 277, 304, 307, 323, 327, 413
Moralisten 263, 304, 319
Mut 47, 59, 65, 78, 89, 117, 127, 156, 161, 179, 192, 280
Müßiggang 116, 118, 212

SACHREGISTER

Nachahmung 102, 157
Nachsicht 165, 281
Nachteil 411
Nachwelt 328, 391, 412
Name 162, 422
Narr 83, 114
Narrheit 64, 66, 73 f., 76, 81, 99, 124, 143, 175, 264, 271, 273, 282
Nation 138, 150, 209, 214, 217, 252, 290, 328, 335, 345, 421, 437
Natürlichkeit 142
Natur 50, 59, 62, 66, 78, 80, 86, 99, 109 ff., 114, 116 f., 121, 126 f., 129, 132, 136 f., 142, 145, 147, 151 bis 154, 158 f., 162, 168, 170 ff., 175, 177, 180, 188 f., 192, 205, 221, 228 f., 231, 236 f., 239 f., 261 ff., 270, 272 ff., 278, 282, 284, 294, 302, 305, 312 f., 315, 318 f., 329, 332, 337, 430
Neid 48 f., 71, 75, 78, 81, 86, 135 f., 184, 210, 218, 276, 341, 413
Neigung 79, 124, 136, 139
Neugier 61, 130, 245
Niedrigkeit 158
Nordamerika 333
Notwendigkeit 120, 129, 169, 183

Oberflächlichkeit 115, 131
Ordnung 122, 156, 238, 245, 262, 280
Offenherzigkeit 79
Originalität 115, 131

Partei 114, 133, 141, 162, 298
Pedanterie 265, 296
Pflicht 61, 66, 151
Phantasie 86, 116, 131, 134, 137, 142, 145, 175, 177 f., 188, 194, 315
Philosoph 51, 89, 92, 99, 134 f., 137, 141 ff., 152, 160, 164, 172, 175, 185, 189, 191, 219, 245, 264 f., 270, 272 f., 283 f., 292, 298 bis 301, 303 f., 315, 320, 324, 326, 336, 345, 379, 388, 410, 416
Philosophie 49, 118, 126, 132, 134 f., 170, 225, 228, 235, 245, 251, 264, 266, 295, 306, 322 f., 411 f., 430
Poesie 133, 144
Politik 48, 131, 138, 152 f., 155 f., 197 f., 271, 275, 313, 323, 327
Politiker 152, 170, 263
Prinzipien 162, 170, 252, 267, 271, 279, 308, 310, 347, 405, 418, 429

Publikum 60, 130, 136, 138, 215, 274, 280, 296, 302, 322, 339 f., 391, 409, 413, 438

Recht 109, 121 f., 313
Redlichkeit 61, 68, 111, 115, 156, 250, 292, 301
Reflexion 116, 119, 164
Reichtum 51, 73, 92, 96, 111 ff., 128, 145, 147, 160, 168, 180, 219, 243 f., 248, 278, 283, 309
Religion 107, 123, 155, 166, 195, 200, 211, 225, 235, 246, 262, 386
Reue 62
Revolution 102
Ruf 64, 67, 81, 89, 128, 130, 165, 185, 187, 248, 250, 255, 280, 287, 297
Ruhm 60, 63 ff., 67, 71, 89, 96, 102, 111 ff., 119, 121, 126 bis 129, 136 f., 145, 147, 152 f., 156, 160 f., 166, 180, 186 f., 192, 195, 199, 206, 216, 235, 251 f., 266, 273, 276, 278, 280, 283, 303, 323 ff., 340, 350, 376, 407, 412, 416
Ruhmsucht 115
Rußland 335

Scham 65 f., 235, 238 f.
Schande 64, 67, 83, 138, 150, 168, 187
Scharfsinn 72, 78, 81 f., 156, 163
Schicksal 50 ff., 59, 66, 79 f., 84, 95, 98, 101, 103, 111, 113 f., 122, 129, 151, 165, 168 f., 187, 193, 196, 280, 292
Schlaffheit 72
Schlauheit 57, 102, 115, 163
Schmeichelei 59 f., 75, 133 f., 236
Schmerz 67, 117 f.
Schönheit 59, 64, 68, 86, 100, 102, 110, 128, 152, 179, 225, 237, 240, 247, 253
Schrecken 140
Schriftsteller 109, 116, 124, 131 f., 148, 151, 154 f., 160 ff., 171, 173, 184, 194, 201, 321 bis 325, 415 f., 419, 438
Schüchternheit 61, 86, 209
Schuld 78, 151
Schwäche 48, 57 f., 62, 74 f., 83, 86, 103, 109, 117, 122 f., 129 f., 136, 138, 140 f., 145, 150 f., 158, 165 f., 169, 182, 186, 195, 199, 224, 252, 271, 275, 297
Schweigen 53
Seele 48 f., 52 f., 63, 65, 93, 98, 100, 103, 119, 133, 146 f., 164, 169, 177 f., 220, 222 f., 238 f., 246, 265, 279, 282, 289,

300, 305, 307, 310, 312, 317, 321, 325, 422
Selbstliebe 237
Selbstsucht 61
Selbstvergessenheit 118
Selbstvertrauen 102
Selbstzufriedenheit 51
Seligkeit 103
Sitte 156, 161 f., 174, 262, 265, 297
Sorglosigkeit 118
Sparsamkeit 60, 111, 146 f.
Sprache 76, 131, 134, 136, 142, 159, 189, 192, 268
Sprödigkeit 64
Staat 167, 172, 179, 198, 216
Stärke 49, 65, 140, 158, 166, 182, 250
Stand 306, 348
Standhaftigkeit 82
Stil 142, 177, 438
Stimmung 87, 117, 126, 128, 151, 237
Stolz 50, 57, 61, 66 bis 72, 77, 84 f., 97 f., 103, 146, 149, 169, 178, 183, 234, 256, 268, 276 f., 301
Strenge 78
Südamerika 327
Sympathie 52, 68, 312
System 133, 152 f., 155, 220, 254, 266 f., 304, 306, 315, 351

Tadel 52, 59, 406
Takt 57, 132, 301, 319, 321
Talent 72, 80, 85, 90, 112, 114, 128, 130, 133, 135, 137, 157, 166 f., 171, 187, 189, 217 f., 234, 246, 256, 267, 272, 280, 298, 309, 320, 433
Tapferkeit 64 f., 100 f., 127, 251
Tat 73
Temperament 65, 76, 89, 124, 135, 282
Tod 48 f., 65 f., 88 ff., 107, 117 ff., 127, 149, 163, 172, 181, 184, 186, 192, 194, 200, 220, 231, 237, 243, 265 f., 274, 277
Torheit 64
Trägheit 48, 61, 67, 70, 72, 80, 91, 103, 116, 128, 189, 191, 267
Trieb 61
Treue 98
Treulosigkeit 77, 82
Trost 140
Tugend 47, 49, 59, 61, 65, 69 f., 74 f., 77, 79 f., 83, 87 f., 91 f., 94, 100 f., 103, 110, 112 f., 116, 119, 122, 133, 135 ff., 147, 150 f., 155, 157 f., 161, 168 f., 172, 179, 183 f., 186 f., 190, 192 bis 195, 200, 221, 235 ff., 267, 272, 276 bis 280, 285, 295, 301, 304, 307, 311, 407, 416, 422, 433, 439

Überdruß 62, 123, 180, 229
Überlegenheit 80, 117, 122, 132, 139, 297
Überlegung 137, 263
Übermaß 101, 220
Unabhängigkeit 121
Unbeständigkeit 61 f., 96, 98
Undankbarkeit 55, 66, 73, 168, 191
Unechtheit 92
Unerschrockenheit 65, 101, 192
Unerschütterlichkeit 48
Ungerechtigkeit 53, 98, 171, 191, 198, 278
Ungleichheit 51, 127
Unglück 49, 52, 62, 74, 82 f., 85, 92, 94, 96, 99, 109, 129 f., 135, 150 f., 158, 219, 224, 229 ff., 241, 284, 313, 324, 327
Unrecht 84, 88, 153, 162
Unredlichkeit 268
Unschuld 85
Unterhaltung 159, 206, 208, 216, 223, 321
Unterwürfigkeit 146
Untreue 77, 79, 98
Unverschämtheit 87
Unvollkommenheit 180, 215
Unwahrheit 71, 88
Urteil 55, 59, 70 f., 84, 117, 124, 132, 158, 178, 194, 262, 266, 270

Vaterland 206, 210, 212, 242, 245, 331
Verachtung 48, 51, 141, 152, 185, 193, 196, 206, 224, 233 f., 247, 250, 262 f., 266, 289, 423
Verbrechen 85, 92, 101, 268
Verdacht 91
Verdienst 51, 60 f., 71, 74, 80, 102, 112, 129, 136, 166, 168, 187 f., 191, 230, 233 f., 237, 271, 280, 287, 292, 304, 309, 313, 321, 330, 349
Verehrung 92
Verfassung 102, 333 ff.
Vergangenheit 254, 431
Vergnügen 49, 54, 61, 69, 74, 112, 116, 140, 165, 205, 226, 239, 244 f., 246, 255, 262, 278, 280, 282, 376, 421 f.
Verleumdung 305
Vermögen 64, 67, 78, 87, 146, 187 f., 208 f., 212, 237, 244, 247, 251, 273, 282, 293, 309, 323, 328, 349

Vernunft 59, 65, 68 f., 75 f., 78, 85, 89 f., 109 f., 113, 116 f., 119, 122, 129, 136 bis 140, 142, 150, 166, 170, 172, 184 f., 188 ff., 192, 195 f., 199 f., 239 f., 250, 262, 268, 270 bis 273, 278, 282, 284 f., 301, 304, 307, 310, 312, 320 f.
Verschwendung 187
Verschwiegenheit 115
Verstand 53 ff., 58, 61, 65, 69 f., 72, 76, 82, 86, 99, 119, 125 f., 134, 147, 158, 162, 174, 193, 197, 200 f., 240, 256, 264, 319, 335, 338
Verstellung 162, 289
Vertrauen 78, 82, 86, 102, 255
Vertraulichkeit 115
Verzweiflung 129, 158
Vollkommenheit 102, 132, 154, 158, 164, 180, 250
Volk 48, 111, 116, 130 bis 133, 138 f., 141, 143, 148, 151, 153, 157 f., 161 f., 166, 181, 183, 263, 328 ff., 333 ff., 360, 421
Voreingenommenheit 237
Vorsicht 163
Vorteil 68, 87, 139, 156, 235, 273, 280, 308, 320, 411
Vorurteil 169, 405, 439
Vorzug 47 f., 78 ff., 88, 119, 166, 184, 272, 277, 298, 307 f., 310, 317, 319, 322, 330

Wahre, das 135
Wahrheit 52, 71, 84, 91, 102, 110, 124, 126, 128, 132 ff., 138, 140, 142 f., 145, 151 f., 156, 158 f., 162, 176, 182, 185, 189, 199, 266, 282, 289, 304 f., 311
Weisheit 64, 93, 99, 120, 134, 179, 186, 273, 278, 282, 304
Welt 51, 60, 63, 69, 71, 81, 83, 87, 101 f., 130, 139, 141 f., 145, 160 f., 166, 177, 179, 184, 193, 213, 235, 238, 242, 245, 252, 265 f., 268 bis 271, 279, 282, 285 f., 288 f., 291, 194 f., 297, 299 bis 302, 308 f., 321, 323, 348, 358, 376, 409, 411, 422, 440
Weltklugheit 68
Weltleute 288
Weltmann 157, 179, 265, 275, 279
Wille 49, 73, 104, 119, 135, 137, 180
Wissenschaft 123, 125 f., 138, 152, 155, 170, 173 f., 179, 184, 187 f., 190, 201, 210, 216 f., 255, 271, 296, 326
Witz 84, 130, 172, 291, 297, 418
Wohltaten 48, 70, 73, 83, 163, 198, 290, 305, 317, 415, 423
Wohltäter 74
Würde 69, 80, 98, 264

Zärtlichkeit 67, 71
Zeit 67, 115, 118, 121, 140, 278, 284
Zeitalter 141, 161, 252, 285, 316, 330
Zivilisation 157, 262
Zorn 100
Zufall 52, 76, 83, 89, 119, 271
Zufriedenheit 113
Zukunft 118, 254, 328, 431
Zuversicht 102
Zweifel 91

Wir empfehlen Ihrer Aufmerksamkeit

HERBERT ALBRECHT

Deutsche Philosophie heute

Probleme – Texte – Denker
427 Seiten, Ganzleinen, DM 22,–

Dieses Buch, das die wichtigsten gegenwärtigen Tendenzen in der deutschen Philosophie verdeutlicht, wendet sich, ohne Fachkenntnisse vorauszusetzen, an alle, die sich im Denken orientieren wollen, um sich die Voraussetzungen für ein Höchstmaß freier Entscheidung zu erarbeiten. Dabei kommen ohne Bevorzugung alle Richtungen und Denker (von Husserl bis zu Ludwig Wittgenstein und Herbert Marcuse), die die wichtigsten Philosophien der Zeit bestimmen und ihre Probleme artikulieren, zu Wort.

Der Dokumentarteil ermöglicht eine erste Begegnung des Lesers mit den Texten moderner Philosophen. Kurzbiographien und Sachworterklärungen machen das Buch zugleich als Nachschlagewerk verwendbar.

»Ein Buch für Liebhaber, die noch keine Experten sind und auch keine sein müssen, um es zu verstehen.«
Frankfurter Neue Presse

SCHÜNEMANN UNIVERSITÄTSVERLAG BREMEN